마르코 폴로의
동방견문록

마르코 폴로의
동방견문록

원제 : 세계의 서술

김호동 역주

사ㅁㅁ계절

마르코 폴로의 초상 | 로마의 Monsignore Badia 미술관에 소장된 작자 미상의 초상화. 폴로 사후에 만들어진 것이지만, 그의 모습을 가장 근사하게 전하는 것으로 평가받고 있다. (본문 p. 16 참조)

폴로 일가가 베니스를 떠나는 장면. (본문 p. 85 참조)

감옥에서 루스티켈로에게 구술하는 마르코 폴로. (본문 p. 38 참조)

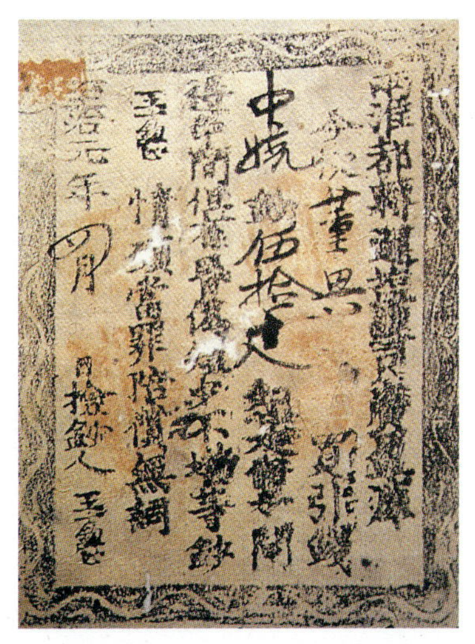

원대의 염인〔鹽引〕. 소금교환증서이지만 화폐로도 사용되었다. (본문 p. 271 참조)

마르코 폴로 일가가 쿠빌라이와 만나 예루살렘 성전의 등불 기름과 교황의 서한을 전달하는 장면. (본문 p. 88 참조)

중국의 서부 영하회족 자치구의 수도 은천〔銀川〕에 있는 서하왕릉〔西夏王陵〕. (본문 p. 204 참조)

사마르칸드의 중앙광장 레기스탄에 있는 이슬람식 건물. (본문 p. 163 참조)

이 책을 내면서

우리 주위에서 '마르코 폴로'라는 이름을 들어보지 못한 사람을 찾는 일은 그리 쉽지 않을 것이다. 또한 그가 『동방견문록』이라는 책을 지었으며, 그의 명성이 바로 이 책에서 비롯되었다는 것도 널리 알려진 사실이다. 이는 분명히 『동방견문록』이 동서양을 막론하고 인류가 소유하고 있는 가장 탁월한 '고전'의 하나임을 말해주고 있다. 그러나 막상 이 책을 읽은 사람은 의외로 많지 않은 듯하다. 물론 '고전'이라고 다 그런 것은 아니겠지만, 『동방견문록』도 필시 이름은 알되 읽지는 않는 그런 종류의 '고전'은 아닌지 모르겠다.

역자도 대학교에 다닐 무렵 이 책을 몇 번 들춰보기는 했지만 독파의 기쁨은 맛보았다고 자부하기 어렵다. 내가 『동방견문록』에 관심을 갖고 꼼꼼히 읽기 시작한 것은 몽골제국사를 연구하게 된 뒤의 일이었다. 전문적인 역사가들에 의해 편찬된 연대기(年代記)류의 사료들과는 달리 자신의 체험과 견문을 바탕으로 씌어진 이 책은 내게 다른 사료에서는 느낄 수 없는 흥미를 주었다. 형식에 얽매이지 않고 자못 치밀한 필치로 그려진 여러 도시와 주민들의 모습에서 나는 사료화(史料化)되고 화석화(化石化)되지 않은, 700년의 세월을 넘어서 전해지는 생생한 인간의 체취를 느낄 수 있었다.

『동방견문록』이 13세기 후반의 세계를 이해하는 데 필수적인 자료임을 깨달은 나는 외국에서 출판된 여러 종류의 간본과 연구서들을 모아서 읽기 시작했고, 그러는 과정에서 국내에서 기왕에 나와 있는 번역본들이 적지 않은 문제점들을 안고 있다는 사실을 알게 되었다. 비록『동방견문록』의 '원본'은 사라졌지만 학자들의 오랜 연구를 통해 원본에 가장 가까운 형태로 복원한, 말하자면 '결정본'이 있음에도 불구하고, 국내에서 우리가 접할 수 있는 것은 대부분 '포켓판'이나 '대중판'에 불과하거나 아니면 일본어 번역본을 다시 옮겨놓은 것이었다. 역자들도『동방견문록』에 등장하는 수많은 인명과 지명과 사건들에 대해서 전문적인 지식을 갖고 있지 못했기 때문에, 일일이 지적하기 힘들 정도로 많은 오류를 범했다. 내가『동방견문록』을 새롭게 번역하고 주석을 달기로 마음먹은 이유는 바로 여기에 있다.

나 자신도『동방견문록』이 다루고 있는 광범위한 지역들 가운데 극히 일부에 대해서만, 그것도 아주 피상적인 지식밖에 없는 사람이지만, 그 시대를 공부하는 학도로서 '원본'에 근사한 형태로 복원된 최상의 간본을 토대로 삼아 꼼꼼히 번역하고, 나아가 선학들이 남긴 여러 번역과 주석들을 참조하여 설명을 첨가한다면, 전보다는 조금 더 온전한 모습의『동방견문록』을 소개해줄 수 있지 않을까 생각했던 것이다. 내가 번역의 저본으로 삼은 것과 연구문헌들은 뒤에 나오는「해설」에 소개되어 있으니 여기서 따로 설명할 필요는 없겠지만, 작업을 시작하면서 이루고자 했던 일차적인 목표가『동방견문록』이라는 고전을 원래의 모습에 가깝게 재현하는 것이었고, 그러기 위해서 가능하면 원문을 충실하게 번역할 필요가 있었기 때문에, 때로는 문장의 번거로움과 장황함도 감수할 수밖에 없었다는 점은 말해두고 싶다. 그러나 나의 무지와 부주의로 인해 이러한 목표를 과연 만족할 만큼 성취했는지는 자신할 수 없으니, 앞으로 잘못된 부분들이 발견되면 수정해나갈 생각이다. 아울러 『동방견문록』의 내용을 독자들이 더욱 흥미를 갖고 읽을 수 있도록 사진자료들을 첨가했는데, 준비의 불충분으로 원래 계획했던 성과를 거둘지는 의심스럽다. 주석은 본문의 이해를 보다 쉽게 하기 위해서 달았고, 가능하면 어렵고 번잡한 논의는 피하려고 했으나, 더러 일반 독자들에게 생소한 내용도 포함되어 있을 것 같아 이 점 양해를 구하고 싶다.

　마지막으로 이 책의 출판을 위해 애써주신 사계절 출판사의 강맑실 사장님과 차창룡 팀장에게 감사의 뜻을 표시하고 싶다. 그리고 대학원 수업에서 초고 상태의 번역본을 같이 읽고 여러 가지 오류를 지적해준 학생들에게도 고맙다는 말을 하고 싶다. 결코 만족스럽지 않은 역주본이지만 이를 통해 『동방견문록』이라는 하나의 '고전'이 우리 독자들에게 조금 더 가까워질 수 있는 계기가 되었으면 하고 바랄 뿐이다.

2000년 6월

김호동

❶ 본 역서는 A.C.Moule & P.Pelliot의 집철(輯綴)·교감(校勘) 영역본(英
譯本)인 Marco Polo, *The Description of the World*(London ; George
Routledge & Sons Ltd., 1938)를 저본(底本)으로 삼았다.

❷ 단 Moule과 Pelliot의 역본(譯本)에 사용된 18종의 사본·간본을 모두
포함시키는 것은 현실적으로 어렵기 때문에, 본 역서에서는 그 가운데
가장 중요한 다음 3종의 사본·간본을 포함했다.
  (1)F본 | 프랑스 지리학회(Société de Géographie)본. 현재 사라진 원
  본에 가장 가까운 형태를 보존하고 있는 것으로 평가되어, 본 역서에
  서도 이를 근본으로 삼았다.
  (2)R본 | 라무지오(G.Ramusio)의 1558~1559년 인쇄본. F본에 없는 내
  용이 R본에 있을 경우, 본 역서에서 〔 〕 안에 넣어서 표시했다.
  (3)Z본 | 젤라다(Zelada)본. 라틴어 번역본으로 F본이나 R본에 없는 중
  요한 내용이 있어 〈 〉 안에 넣어서 표시했다.

❸ 마르코 폴로가 언급한 지명·인명 등의 고유명사는 사본에 기록된 대로
본문에 옮겼고, 그 정확한 음가나 현재의 지명 등은 주석에서 밝혔다.

| 차 례 |

마르코 폴로와 『동방견문록』

1. 시대적 배경

마르코 폴로의 아버지인 니콜로와 숙부 마페오, 이 두 형제가 해외무역을 위해 베니스를 떠나 콘스탄티노플로 향한 것은 1260년. 그해에 세계사는 이제까지 어느 누구도 상상하지 못했던 거대한 영토를 통치하게 될 위대한 군주의 출현을 보게 되었으니, 그가 바로 쿠빌라이 카안(Qubilai Qa'an)이었다. '카안'이라는 칭호는 '칸 중의 칸' 혹은 '대칸'이라는 뜻으로 그의 조부인 칭기스칸조차 감히 취하지 못했던 것이었다.

1206년 몽골리아 초원을 통일하고 '칭기스칸'이라는 존호로 불리게 된 그는 자신을 어디까지나 초원의 유목민을 통치하는 군주로 여겼다. 그러나 그 뒤 그는 중국 북방과 중앙아시아를 정복하고 나아가 서아시아를 유린했으며, 1227년에는 끝까지 복속을 거부하던 탕구트인들의 나라 서하(西夏)를 지상에서 소멸시켜버렸다. 1227년 사망할 때 그가 남겨준 거대한 '제국'을 물려받게 된 그의 후계자들에게 '칸'이라는 소박한 칭호는 더이상 어울리지 않게 되었다. 그의 뒤를 이어 제2대 군주가 된 우구데이는 비로소 처음으로 '카안'이라고 불렸고, 이후 그것은 몽골제국의 군주들을

쿠빌라이의 초상

부르는 공식적인 칭호로 서서히 정착되어갔다. 그리고 우구데이에서 구육으로, 다시 뭉케로 이어지면서 제국의 규모는 계속 커져만 갔다.

뭉케 카안은 1259년 여름 남송 정복전을 지휘하던 중 전선에서 병사하고 말았다. 그 다음해인 1260년 그의 동생 쿠빌라이가 내몽골의 금련천(金蓮川) 초원에서 쿠릴타이를 열어 스스로 '카안'을 칭했을 때 이미 제국은 역사상 초유의 거대한 규모였다. 한편으로는 다뉴브에서 파미르를 거쳐 태평양에 이르고 또 한편으로는 시베리아에서 천산을 넘어 인더스와 페르시아만에 미치게 된 이 제국을 당시의 몽골인들은 '대몽골 울루스'(Yeke Mongghol Ulus)라고 불렀다. '울루스'는 '나라·국가'를 의미하는 몽골어이다.

그러나 쿠빌라이와 대몽골제국 앞에는 시련과 도전이 동시에 가로놓여 있었다. 내몽골에서 급조된 쿠릴타이를 통해 즉위한 쿠빌라이에게 승복할 수 없었던 몽골의 황족과 장군들은 제국이 흥륭한 본거지에서 '적법'한 쿠릴타이를 다시 개최해 그 자리에서 뭉케 카안의 막내동생인 아릭 부케(Arigh Böke)를 '카안'으로 선출했기 때문이다. 쿠빌라이는 남송과의 전쟁에 투입되었던 막강한 몽골 군대와 중국의 막대한 물자지원을 배경으로 아릭 부케 일파를 누르고 1264년에는 그의 항복을 받아낼 수 있었다.

그러나 더 큰 도전이 쿠빌라이를 기다리고 있었는데, 그것은 바로 남송과의 전쟁이었다. 이미 금나라가 멸망한 직후인 1235년부터 시작된 이 전쟁에서 몽골인들은 예전의 그 가공할 파괴력을 보이지 못한 채 지리하고도 무기력한 장기전으로 빠져들고 있었다. 회하 이남은 운하와 호소로 뒤덮여 있어 초원의 기마군대는 아무런 힘을 쓰지 못한 채, 바다처럼 넓은 양자강은 남송의 강력한 해군이 장악하고 있었기 때문이다.

쿠빌라이는 먼저 양자강으로 유입되는 한수(漢水) 중류에 위치한 쌍둥이 도시 번성(樊城)과 양양(襄陽)을 함락하기 위해 바얀(Bayan)과 아줄(Ajul)이라는 두 명의 탁월한 장수에게 지휘를 맡기고, 서아시아에서 불러온 기술자들에게 거대한 투석기를 만들도록 지시했다. 80킬로그램이나 되는 돌덩이가 마치 우박처럼 쏟아지는 공격에 성벽이 부서지자 견디지 못한 수비대는 1273년 2월에 항복, 이로써 양자강으로 들어가는 길목이 열리게 되었다. 남송의 함대까지 손에 넣은 몽골군은 양자강을 따라 내려가면서 도시들을 하나씩 점령했고 남송측은 최후의 항전을 시도했지만 결국 1276년 수도 항주(杭州)가 함락됨으로써 40년 이상 끌었던 긴 전쟁은 막을 내렸다.

쿠빌라이는 남송을 접수함으로써 '대몽골 울루스'를 태평양에서 지중해에 이르는 전내륙지역을 지배하는 역사상 전무후무한 거대한 육상제국으로 발전시켰지만 그것에 만족하지 않았다. 그는 몽골제국의 팽창력에 옛 남송의 해군력을 결합시켜 해상으로의 진출을 과감하게 시도했는데, 그 첫 신호탄이 일본원정이었다. 1274년 남송과 전쟁을 하면서 일본에 원정군을 보냈다가 실패한 것을 만회하기 위해, 1281년에는 고려 해군까지 동원하여 무려 10만 명을 태운 3,500여 척의 대함대를 투입했다. 이러한 규모는 세계 해전사에서 20세기에 들어와 4,000척의 함선과 100만 명의 군대가 동원되었다는 노르망디 상륙작전에 의해 비로소 깨졌다. 물론

이 역시 거친 '풍도'(風濤)로 말미암아 실패로 끝나고 말았지만, 일본원
정은 유목민이 건설한 몽골제국의 놀라운 변신을 말해주는 것이다. 몽골
해군은 그 뒤 자바와 수마트라를 원정했고 말라카 해협을 넘어 인도양으
로까지 진출하게 된다.

그러나 이처럼 놀라운 위업을 달성한 쿠빌라이가 평생을 두고 해결하
지 못한 것은 카이두(Qaidu)와의 대결이었으니, 그루쎄의 표현을 빌리면
그는 쿠빌라이의 '반명제'였던 것이다.[1] 카이두는 칭기스칸의 뒤를 이었
던 우구데이의 손자로서 쿠빌라이에게는 조카뻘 되는 인물이었다. 그는
1251년 뭉케의 즉위와 함께 카안의 지위를 잃었을 뿐 아니라 피의 숙청
을 당해야 했던 우구데이 일문이 품고 있던 비분의 대변자이기도 했다.
초원의 수도 카라코룸을 버리고 중국 북부로 옮겨간 뒤 집권적인 정책을
강화하던 쿠빌라이에 대해 불만을 품고 소외된 초원의 유목 귀족들이 그
를 중심으로 모여들었다. 여기에 중앙아시아의 차가다이 가문과 러시아
방면의 조치 가문까지 그에게 가세함으로써 쿠빌라이는 그야말로 사면초
가의 지경에 빠지게 되었다.

쿠빌라이는 자기 아들 노무칸(Nomuqan)을 '북평왕'(北平王)으로 봉하
고 군대를 주어 초원 깊숙이 출진시켜 그를 제어하려고 했지만, 오히려
1276년에는 노무칸을 수행하던 왕족들이 반란을 일으켜 그를 카이두에게
넘겨주는 사태가 발생했다. 더구나 1287년에는 만주지방에 주둔해 대군을
호령하던 나얀(Nayan)까지 반란을 일으키며 카이두와 합세할 기세였다.

상황의 위중함을 깨달은 그는 사태를 그대로 방치했다가는 자신이 권
좌에서 밀려날지도 모른다는 위기감에 사로잡혔다. 비록 70세가 넘은 노
령이었지만 그는 코끼리 위에 설치된 가마를 타고 직접 군대를 지휘하여

---

1) 르네 그루쎄, 『유라시아 유목제국사』(김호동 · 유원수 · 정재훈 역, 사계절출판사, 1998),
   p. 421.

나얀에 대한 급습을 감행했다. 나얀의 반란을 진압한 그는 다시 1289년 카이두와 싸우러 몽골리아로 들어갔지만 별다른 성과를 거두지 못하고 돌아오고 말았다.

1294년 2월 쿠빌라이가 세상을 떠났을 때 카이두는 여전히 몽골초원에 건재하고 있었다. 그러나 1301년 카이두가 사망하자 그의 진영은 우구데이 가문과 차가다이 가문 사이의 불화로 약화되기 시작했고, 카이두의 아들 차파르(Chapar)가 1309년 원조에 투항함으로써 길고 긴 내전은 드디어 막을 내리게 되었다.

쿠빌라이의 치세기간은 34년으로서 그것은 몽골제국의 어느 군주보다도 긴 것이었다. 그러나 그가 세계사에 남긴 거대한 족적은 그의 긴 통치기간에서 비롯된 것만은 아니었다. 원조의 마지막 군주는 그보다 1년이 더 긴 35년이라는 치세를 누렸지만 오히려 그것 때문에 망국의 순간을 지켜보아야 했다. 쿠빌라이는 정치가로서의 원대한 안목과 전략가로서의 치밀한 판단력을 겸비했고, 군주로서의 그의 역량은 초원의 세계를 넘어 거대한 제국을 운영하기에 손색이 없었다. 그가 완성시킨 제국의 틀은 후계자들에 의해 존중되었고, 그의 시대에 시작된 동서문명의 교류는 세계사의 흐름을 바꾸어놓을 유산을 남겼다.

폴로 일가의 여행은 1260년 베니스를 출발하여 1295년 귀향함으로써 막을 내렸는데 그것은 바로 쿠빌라이의 치세와 거의 정확하게 일치하고 있으니, 『동방견문록』이라는 이름으로 알려진 마르코 폴로의 놀라운 기록은 바로 쿠빌라이 치세의 몽골제국과 그 주변세계에 대한 생생한 증언이자 이 위대한 시대가 남긴 지워지지 않는 기념물인 것이다.

이처럼 마르코 폴로의 『동방견문록』은 바로 쿠빌라이가 살던 13세기 후반의 몽골제국을 시대적 배경으로 하여 탄생했기 때문에 그의 글 페이지마다 그 시대의 모습이 배어나오는 것은 당연하다. 이 글을 읽는 누구나 전편에 드리워진 몽골제국의 그림자가 얼마나 큰지 느끼게 될 것이다.

베니스를 떠난 폴로 일행은 얼마 가지 않아 곧 제국의 영역에 발을 들여놓게 되는데, 그것은 이미 콘스탄티노플을 중심으로 한 조그만 지역으로 위축되어버린 비잔티움의 경계 너머 모두가 몽골인들의 천하였기 때문이다. 15세의 마르코가 베니스의 집을 떠나 41세의 나이에 다시 고향으로 돌아올 때까지 그는 이 몽골제국의 세계에서 거의 벗어날 수 없었다. 귀향길에 오른 그는 동남아시아와 수마트라·자바 등지의 수많은 섬과 해안을 거치면서 대카안의 종주권이 그곳까지 미치고 있음을 확인했고, 말라카 해협 너머에 있는 인도의 세일론섬이나 동아프리카 연안까지도 대카안 사신들의 발길이 미치고 있음을 보았다. 따라서 마르코 폴로에게 몽골제국은 단순히 하나의 제국이 아니라 '세계' 그 자체였다.

마르코 폴로가 쿠빌라이를 가리켜 "우리의 최초의 조상인 아담에서부터 지금 이 순간에 이르기까지 세상에 나타난 어떤 사람보다도 많은 백성과 지역과 재화를 소유한 가장 막강한 사람"(본서 76장)이라고 부른 것도 그 특유의 과장이라고 볼 수만은 없다. 그가 고향인 베니스 사람들에게 자신의 견문을 이야기할 때 걸핏하면 '백만'(百萬)을 운운했기 때문에 '떠벌이'라는 의미로 '밀리오네'(Milione), 즉 '백만'이 그의 별명이 되었다고 하지만 그의 이 같은 허장성세의 이면에는 그가 목도한 놀라운 세계에 대한 경이와 찬탄이 있음도 부인할 수 없다. '캄발룩'이라고 부른 대도(大都)의 궁전을 묘사하면서 대카안이 신하와 사신들을 맞이하는 접견실 안에서는 6,000명 이상이 그리고 밖에서는 4만 명이 한꺼번에 식사할 수 있다든가, 신년 원단을 축하하는 행사에 참석하는 사람들이 대카안에게 10만 마리 이상의 백마를 선물로 바쳤다든가, 대카안은 자신을 호위하는 1만 2,000명의 신하들에게 매년 13벌씩 모두 15만 6,000벌의 의상을 하사한다는 등의 이야기를 하면서, 그는 고향사람들이 도저히 믿지 않으리라고 예상했기 때문에 "이러한 것들을 보지 않은 사람들은 아무리 들어도 믿지 못할 것"이라는 표현을 잊지 않고 덧붙였던 것이다.

그는 자신이 직접 보았던 세계, 특히 쿠빌라이 제국의 광대한 영역, 무한한 재화, 거대한 도시들의 실태를 소개할 때 끊임없이 베니스나 유럽의 상황에 비추어 이야기하고 있다. 예를 들어 제국에서 널리 통용되던 지폐(鈔)의 제작과 그 종류에 대해서 설명하면서, 베니스 화폐 1베잔트의 무게에도 미치지 못하는 지폐가 10베잔트의 가치로 통용되는 것을 보고 대카안의 '완벽한 연금술'이라고 찬탄해 마지않았다. 또한 물자의 풍부함에 대해 말하면서 베니스 은화 1그로트의 가치를 꿩 세 마리나 생강 40~80파운드, 혹은 거위 두 마리와 오리 두 마리, 아니면 고급 도자기 세 개를 살 수 있을 정도라고 회상했다.

특히 그가 "하늘의 도시 킨사이"라고 부른 항주는 수많은 운하가 가로지르고 그 위에 1만 2,000개의 다리가 놓여 있어 물 위의 도시 베니스를 연상시켰는지 그 아름다움과 풍요로움에 대해서 많은 페이지를 할애하고 있다. '160만 가구'가 사는 거대 도시 항주 시내 도처에 자리잡은 광장에는 온갖 상점들이 들어서 있고, 그 사이를 연결하는 포장도로에는 사람을 실은 마차들의 행렬이 끊이지 않았다고 했다. 또한 3,000개소의 목욕탕과 1만 2,000개소의 점포로 들어찬 도심의 번화함 못지않게 그 서쪽에 있는 서호(西湖)에는 매일같이 호화로운 연회와 오락을 즐기려는 사람들로 붐볐다고 했다. 그의 눈에 비친 항주는 그야말로 몽골제국의 정화이자 도시와 문명생활의 극치였던 것이다.

그러나 마르코 폴로가 목격한 이러한 몽골제국은 삭막한 초원에서 흥기한 지 겨우 반세기밖에 되지 않았다. 1240년대와 1250년대에 제국의 수도 카라코룸을 찾았던 카르피니(Carpini)나 루브룩(Rubruck)의 글에서는 여전히 유목민의 소박하고 거친 체취가 강하게 느껴지는데, 불과 한 세대 지난 뒤인 폴로의 시대에는 몽골제국의 이미지가 이렇게 달라진 것이다. 북방의 극지대에서 남방의 아열대에 이르기까지 제국 전역을 연결하고 있는 도로와 운하는 역참(驛站) 시스템을 타고 마치 혈관처럼 뻗어 있었고, 그것을 이용한 상인과 물자의 이동은 주민들에게 번영과 부를 가져다 주었으며, 대카안은 각지에 막강한 군대를 주둔시켜 안정을 도모하고 지폐의 사용을 통해 경제적인 활력도 불어넣었다.

마르코 폴로는 몽골인들 사이에 벌어진 초원의 전투에 대해서도 여러 차례 묘사하고 있는데, 그것조차도 그의 눈에는 야만적인 유목민의 싸움이라기보다는 불굴의 정신과 용사의 당당함으로 무장된 기사도적인 로맨스처럼 비쳐졌던 것이다.

지금 우리가 마르코 폴로의 글을 읽을 때 그 속에 황당한 일화나 터무니없는 과장이 있음을 부인할 수 없지만, 동시에 다른 여러 역사자료들과의 비교를 통해 그가 얼마나 정확하고 세밀한 자기 시대의 기록자였는가 하는 점도 확인할 수 있다. 그러나 오늘날 그의 글의 내용을 '진실'과 '허구'로 가려내는 것은 우리의 관점일 뿐, 마르코 폴로 자신이 의식적으로 어떤 부분은 일부러 허구적인 내용을 쓰고 다른 부분에서는 사실대로 기록한 것은 아니었을 것이다. 그는 우리가 '진실'과 '허구'로 구분하는 그 모든 것이 뭉뚱그려진 전체를 하나의 '실상'으로 인식했음이 분명하다. 오히려 그와 동시대를 살았던 많은 유럽인들은 우리가 '진실'이라고 여기는 것조차 도저히 믿을 수 없다고 생각했는데, 그것은 유럽 이외의 세계에 대해서는 아주 적은 지식밖에 없었던 그들에게 마르코 폴로가 한꺼번에 너무나 많은 새로운 것들을 말해주었기 때문이다.

그러나 좁은 세계에 머물러 있던 그들에게 마르코 폴로가 묘사한 '대카안의 제국'이 비록 '허상의 카멜롯'처럼 보였을지는 몰라도, 그러한 이미지는 오랫동안 유럽인들의 상상을 자극하는 원천이 되었고, 나아가 그것을 '허구'가 아니라 '진실'이라고 믿으며 새로운 세계를 향한 탐구에 자신의 인생을 바친 콜럼버스와 같은 소수의 사람들에 의해 유럽은 근대로의 일보를 내딛게 된 원동력을 얻게 된 것이다.

2. 마르코 폴로의 생애

마르코 폴로는 1254년 베니스에서 태어났는데, 부친 니콜로는 그가 출생하기 직전에 자기 동생인 마페오와 함께 상업을 위해 해외로 떠났기 때문에 그의 출생을 볼 수 없었다. 부자가 상봉한 것은 그로부터 15년 뒤인 1269년, 폴로 형제가 쿠빌라이 카안의 특명을 받고 지중해 연안으로 다시 돌아왔을 때였다. 이 15년 동안 마르코가 베니스에서 어떠한 교육을 받고 어떻게 생활했는지에 대해 말해주는 자료는 전혀 찾아볼 수 없지만, 부친과 숙부가 모두 해외에 있고 모친마저도 세상을 떠난 상황에서 그의 처지가 어떠했을지는 충분히 짐작할 수 있다. 그가 정규적인 교육을 받았을 가능성은 희박하며 라틴어와 같은 교양어를 익혔으리라고는 더욱 생각하기 어렵다. 그런 그가 오랜 동안의 해외생활 끝에 베니스로 돌아온 뒤 자신의 이야기를 책으로 남길 때 직접 집필하지 않고 다른 사람에게 '구술'해서 만든 까닭도 아마 자기의 생각을 적절한 문어체의 문장으로 표현할 만큼 충분한 교육을 받지 못했기 때문이 아닐까 추측해볼 수 있다. 그러나 "대카안의 궁정에 온 지 얼마 지나지 않아서 그는 여러 언어와 네 가지 문자와 서법을 알게 되었다"고 한 것으로 보아 총기있는 젊은이였음은 짐작할 수 있고, 무엇보다도 『동방견문록』의 내용 자체는 그가 세밀한 관찰력과 기억력의 소유자였음을 입증하고도 남는다.

원래 그의 부친과 숙부는 동방무역을 위해 콘스탄티노플과 솔다이아(크리미아 반도에 위치)에 머물고 있었으나 전쟁으로 인해 귀향길이 막히게 되자, 동방으로 우회하려고 했다가 몽골인 고관을 만나 쿠빌라이의 조정으로 향하게 된 것인데, 그들로부터 유럽의 사정을 자세히 전해 들은 쿠빌라이가 그들을 다시 교황에게 사신으로 파견하여 베니스로 돌아올 수 있었던 것이다. 마르코의 부친이 베니스로 돌아왔을 때 마르코는 돌보아줄 사람 없는 고아나 다름없는 처지였기 때문에, 그의 부친은 두 번째

폴로의 초상 : 로마의 Monsignore Badia 미술관에 소장된 작자 미상의 초상화

폴로의 초상 : Francesco Salviati(1510~53)가 제작한 모자이크

로 동방을 향해 길을 나설 때 그를 데리고 갈 수밖에 없었다.

　1271년 지중해 동북 연안에 위치한 항구도시 라이아스(Laias)를 출발한 폴로 일가는 현재의 터키 동부를 지나 이란을 동남쪽으로 횡단하고 타브리즈(Tabriz), 야즈드(Yazd), 키르만(Kirman) 등지를 경유하여 페르시아만 입구에 위치한 호르무즈 해협에 도착하게 된다. 아마 거기서 인도양을 항해하여 중국으로 갈 생각이었던 듯하지만 곧 그것을 포기하고 말았다. 그 이유가 무엇인지 명시적으로 드러나 있지는 않으나 그곳의 선박이 너무나 조악하여 "그 같은 배로 항해하는 것은 무척 위험하고…… 인도양에서는 커다란 폭풍이 자주 일기 때문에 많은 배가 침몰한다"는 우려 때문이었던 것으로 보인다.

　해로를 포기한 이들은 동북방으로 방향을 틀어 이란의 사막을 통과한 뒤 아프가니스탄의 헤라트(Herat)와 발흐(Balkh)를 지나 파미르 산중의 바닥샨(Badakhshan) 지방에 도달하게 된다. 오랜 여행에 지친 탓으로 마르코는 병이 들었고, 산간의 공기가 맑아 건강에 좋기로 소문난 그곳에서 거의 1년 동안 요양하면서 머물렀다. 그 뒤 파미르를 넘은 폴로 일행은 현재 중국령 신강에 위치한 카쉬가르에 이르렀다가 거기서 타림 분지의 남쪽을 돌아서 하미(Hami)에 도착했다. 이어 계속 동진하여 숙주와 감주 및 내몽골의 '텐둑'(Tenduc) 지방을 거쳐 드디어 쿠빌라이의 여름 수도인 상도(上都)로 들어간 것이다. 마르코는 이 여행에 모두 3년 6개월의 기간이 소요되었다고 하니, 그의 말대로라면 1274년 여름에 도착한 셈이었다.

마르코 폴로는 자신이 '대카안' 쿠빌라이의 신하로 17년 동안 그곳에 머물렀다고 했는데, 그동안 그의 활동과 경력에 대해 우리가 갖고 있는 지식은 극히 미미하며, 이 점에서는 그의 글도 별다른 도움이 되지 않는다. 우선 그는 자신의 '현명함'을 인정받아 '마르코 폴로님(Master)'이라 칭해졌고 쿠빌라이로부터 '중요한 임무와 먼 곳으로의 임무'를 부여받아 사신이나 사절로 활약했다고 말하고 있다. 여기서 '님'이라는 호칭이 그가 어떤 관직을 부여받았기 때문에 붙여진 것인지 아니면 한 학자의 추측처럼 당시의 몽골인들이 귀족이나 수령들을 부를 때 사용하던 '노얀'(noyan)이라는 칭호를 옮긴 것인지는[2] 분명치 않으나, 그는 대카안의 궁정 안에서 능력을 인정받아 신분상으로도 특별한 대우를 받았던 것으로 보인다. 심지어 그는 '얀주', 즉 양주(揚州)라는 도시에 관해 설명하면서 자신이 3년 동안 그 도시를 '통치'했다고 서술하기도 했지만, 자신에게 부여되어 수행한 임무의 '중요성'이나 쿠빌라이로부터 받은 '대단한 신임' 혹은 중요 지방도시의 고관을 지냈다는 그의 주장에도 불구하고 동시대의 중국측 자료에서는 그에 관한 어떠한 언급도 찾아볼 수 없다.

이러한 마르코 폴로의 주장을 확인하기 위해 그의 존재를 중국사료에서 찾아보려는 시도가 오래 전부터 꾸준히 있어왔다. 일찍이 포티에

---

2) L.Olschki, *Marco Polo's Asia*(Berkeley, 1960), p. 101. 그는 nöyök이라고 엉뚱하게 잘못 표기했으나 아마 noyon/noyan을 의도했던 것으로 보인다.

(G.Pauthier)와 샤리뇽(A.J.H.Charignon)은 추밀부사(樞密副使)를 지내다가 일 칸국으로 파견된 바 있는 패라(孛羅 : 발음은 'Bolo')라는 인물과 동일시하기도 했으나, 이는 터무니없는 억단임이 밝혀졌다.[3] 사실 마르코 폴로가 오랫동안 원나라에서 생활하면서 라틴식 이름을 그대로 사용했으리라는 보장도 없기 때문에, '마르코' 혹은 '폴로'와 음성상 유사한 한자 이름을 찾으려는 기도 자체가 무망한 일인지도 모른다. 따라서 양주의 지방관 명단에서 그의 이름이 보이지 않는다고 해서 그의 주장이 사실무근이라고 속단해서는 곤란할 것이다. 오히려 양주나 그 부근의 강남 지방에 관한 그의 기록은 놀라울 정도로 정확하고 중국측 자료에 보이는 것과 잘 부합하고 있어 실제로 그곳에 있지 않았다면 썼다고 보기 어려울 정도이다. 3년이라는 임기도 『원사 · 백관지』(元史 · 百官志)에 명시되어 있듯이 당시 외임(外任)을 맡은 관리들이 한 곳에 근무할 수 있는 연한이었다. 또한 그는 양주의 관할하에 27개의 도시가 있고 대카안이 전국에 설치한 12개의 행정소재지 가운데 하나가 그곳에 있었다고 했는데, 중국의 한 학자는 쿠빌라이 시대의 지방 행정조직을 검토한 결과 바로 1282년에서 1285년 사이에 양주가 바로 그러했으며, 따라서 바로 그 시기에 마르코 폴로가 양주에 근무했을 것이라고 추정하기도 했다.[4] 이렇게 볼 때 마르코 폴로가 원제국 내에서의 자신의 위상을 과장했을 수는 있겠지만, 소위 색목인(色目人)들을 대거 활용했던 당시 원제국에서 그가 원지(遠地)로의 사신이나 양주와 같은 강남의 도시에서 관리로 일했을 가능성은 충분하다고 볼 수 있다.

폴로 일행이 17년간의 중국 생활을 청산하고 베니스로 다시 돌아올 수

---

3) 포티에와 샤리뇽이 주장하여 한때 널리 유포되었던 이 주장의 문제점에 대해서는 쑹仲勉,「樞密副使孛羅」,『馬可 · 波羅介紹與研究』(余士雄 主編 ; 北京, 1983), pp. 188~195 참조. 孛羅는 몽골식 이름 Bolod 혹은 Bolad를 옮긴 말로, 그는 두르벤(Dörben)이라는 부족 출신이다.
4) 彭海,「關于馬可波羅在揚州的時間」,『馬可 · 波羅介紹與研究』, pp. 135~141.

있었던 것도 실은 이같이 다양한 여행의 경험이 있었기 때문이다. 그들은 쿠빌라이에게 귀향의 희망을 여러 차례 건의했으나 허락을 얻지 못하였다. 그러던 차에 1286년 일 칸국의 군주인 아르군(Arghun, 1284~88)은 부인이 죽자 그녀를 대신할 왕녀를 보내달라는 요청과 함께 세 명의 사신을 쿠빌라이에게 파견했다. 이에 쿠빌라이는 '코카친'이라는 이름의 몽골 여자를 선발하여 사신과 함께 내륙아시아를 통해 보냈으나, 당시 몽골리아와 중앙아시아는 카이두측과의 전쟁으로 매우 불안한 상황이어서 도중에 길이 막혀 다시 돌아오고 말았다. 그때 마침 인도양을 다녀온 마르코 폴로의 이야기를 들은 사신들이 그에게 해로를 이용하여 함께 돌아가면 어떻겠느냐고 제안했고, 귀향의 희망을 거절당해온 폴로 일가도 그것이 절호의 기회라고 생각하여 동의하게 되었다.

결국 쿠빌라이는 그들 모두를 일 칸국에 보내기로 결정했고, 아울러 폴로 일가에게는 '교황, 프랑스의 국왕, 스페인의 국왕, 기독교권의 다른 국왕들에 대한 사절 임무'도 맡겼다고 한다. 현재 폴로 일행이 중국을 떠난 정확한 일자는 어떤 자료에도 나와 있지 않고 그동안 학자들 사이의 논란도 분분했지만, 대략 1290년 말이나 1291년 초였던 것으로 추정된다.[5]

이렇게 해서 폴로 일가와 왕녀를 호송하는 일행을 태운 14척의 선단이 천주(泉州)항을 출발하여 남지나해를 거쳐 인도양의 바람을 가르며 항해하여 26개월 만에 목적지에 도달했으니 계산상으로 1293년 상반기에 도착한 셈이 된다. 그러나 마르코 폴로의 말에 의하면, 그들이 도착했을 때 아르군은 이미 사망하여 그의 동생인 게이하투(Geikhatu, 1291~95)가 자리를 이은 뒤였기 때문에, 그의 명령에 따라 폴로 일행은 왕녀와 함께 아

---

5) 이 문제에 대해서는 F.W.Cleaves, "A Chinese Sources Bearing on Marco Polo's Departure from China and a Persian Source on His Arrival in Persia", *Harvard Journal of Asiatic Studies*, 34(1976), pp. 181~203 ; 愛宕松男, 「マルコ・ポーロ元朝滯在年次考」, 『愛宕松男東洋史學論集』 第5卷 : 東西交涉史(原論文 1951 ; 東京, 1989 再收), pp. 281~298 ; 楊志玖, 「關于馬可波羅的硏究」, 前揭 『馬可・波羅介紹與硏究』, pp. 179~187 등을 참조하시오.

폴로 일가의 귀향

르군의 아들 가잔(Ghazan)을 만나러 갔다고 한다. 그런데 그의 이 같은 주장은 당시의 일을 기록한 일 칸국측 자료들과 정확하게 부합하고 있다.

가잔 칸 밑에서 재상(宰相)을 지냈던 라시드 웃 딘(Rashid ad-Din)이 저술한 『집사』(集史)에 의하면 가잔은 1293년 봄 게이하투를 만나기 위해 타브리즈로 갔다가 회견을 거부당하고 자신의 주둔지인 이란 동부의 후라산(Khurasan) 지방으로 돌아가던 중이었는데, 테헤란 서북방 카즈빈(Qazvin)이라는 곳 부근의 아브하르(Abhar)에서 대카안이 보낸 사신과 쿠케친(=코카친) 왕비를 만나 그곳에서 그녀와 혼례를 치렀다고 한다.[6]

이와 유사한 내용은 와싸프(Waṣṣaf)가 쓴 글에도 나오고 있다.[7] 마르코 폴로에 따르면 일행은 "이별을 슬퍼하며 눈물을 흘리는" 왕녀를 가잔에게 무사히 넘겨주고 다시 게이하투가 있는 타브리즈 지방으로 갔다가, 그곳에서 9개월간 머문 뒤 흑해 남안의 트레비존드(Trebizond)로 가 드

---

6) *Jâmi at-tavârîkh*(B.Karimi本 ; Tehran, 1959), pp. 868~869.

7) 楊志玖, 「馬可·波羅到過中國的考證」, 『中西文化交流先驅 — 馬可·波羅』(北京, 1995), pp. 21~22.

디어 그곳에서 배를 타고 콘스탄티노플을 거쳐 베니스로 귀향할 수 있었으니, 1295년의 일이었다.

1559년에 출판된 『동방견문록』의 서문에서 라무지오(Giambattista Ramusio)는 폴로 일행이 베니스에 도착했을 때 벌어진 조그만 소동을 전하고 있다. 25년 가까이 해외에 머물면서 아무런 소식이 없었기 때문에 그들이 모두 죽은 줄로만 여겼던 고향사람들이 갑자기 남루한 차림으로 돌아온 그들을 알아볼 리 만무였다. 폴로 일행은 아무리 신분을 밝혀도 믿으려 하지 않자 동네사람들을 모아놓고 연회를 베풀었다. 그 자리에서 더러운 옷을 꿰맸던 실밥을 뜯어내자 거기서 루비와 다이아몬드와 에메랄드와 같은 각종 보석들이 쏟아져나왔고, 사람들은 그것을 보고서야 비로소 그들의 말을 믿게 되었다고 한다. 그러나 후대에 만들어진 것으로 보이는 '전설적'인 성격의 이러한 에피소드를 제외하고는 베니스로 돌아온 뒤 마르코 폴로의 행적에 대해서 우리가 아는 지식 역시 매우 단편적일 뿐이다. 그가 쿠빌라이의 지시대로 교황과 기독교권 국왕들에 대한 사절로서의 임무를 수행했다는 것을 입증할 만한 자료도 보이지 않는다.

마르코 폴로의 주장에 따르면 그는 1298년 제노아의 감옥에 갇혀 있었고, 거기서 피사 출신의 루스티켈로(Rustichello)라는 사람을 만나 자신의 놀라운 견문에 대해 구술하고 그로 하여금 기록하게 했다고 한다. 그러나 그가 언제 어떻게 해서 제노아의 감옥에 가게 되었는가는 아직 불분명하다. 이에 대해서는 두 가지 설이 있는데, 하나는 마르코 폴로와 동시대 사람인 도미니크 수도사 악쿠이(Acqui)가 『세계의 모습』(*Imago Mundi*)에서 말했듯이 1296년 라이아스 해안에서 벌어진 베니스와 제노아의 선박들간의 싸움에서 그가 포로로 잡혔다는 것이고,[8] 또 하나는 16세기 라무지오의 견해로 1298년 9월 8일 베니스와 제노아 두 도시국가 사이에 벌

---

8) H. Yule & H. Cordier, *The Book of Ser Marco Polo*(3rd ed. ; London, 1926), vol.1, p. 54.

어진 아드리아 해상의 쿠르졸라(Curzola) 해전에서 베니스측 갤리선의 지휘관으로 참가했던 마르코 폴로가 패전하여 포로가 된 것이라는 설이다.[9]

　지금까지 학자들은 대체로 라무지오의 견해를 추종하고 있으나, 이에 대해서도 다음과 같은 의문이 제기되고 있다. 첫째, 해전에서 패배한 약 7,000명의 베니스 포로들이 제노아의 감옥으로 이송된 것은 1298년 10월 16일이었는데, 어떻게 『동방견문록』과 같이 긴 책이 '1298년 제노아의 감옥'에서 구술되었다고 할 수 있겠는가 하는 점이다. 또 하나는 설령 1298년 말에 구술을 시작했다 하더라도, 마르코 폴로가 감옥에서 풀려난 시점이 1299년 여름인데 그 짧은 기간 안에 이처럼 긴 내용의 글을 완성할 수 있었 겠는가 하는 점이다.[10] 그러나 첫번째 설에 대해서도 동방에서의 오랜 체류를 끝내고 1295년 베니스로 돌아온 그가 1년 만에 곧바로 레반트 무역에 참가했을 가능성은 희박하다고 하여 마찬가지로 비판이 제기되고 있다.[11]

　제노아 감옥에서 풀려난 뒤 마르코 폴로의 활동을 말해주는 자료는 없 고 다만 그가 남긴 유서를 통해 그의 가족이나 재산에 관한 상황은 어렴 풋이 추측할 수 있다.[12] 그가 사망하기 직전에 작성된 이 유언장에는 도 나타(Donata)라는 이름의 부인과 판티나(Fantina), 벨렐라(Bellela), 모레 타(Moreta)라는 세 딸이 등장한다. 그가 죽기 직전인 1324년 1월 8일 공 증인이 참가한 가운데 만들어진 이 유언장에 의하면 그는 결코 '백만장 자' — 그의 별명인 '밀리오네'가 앞서 언급한 것처럼 '백만' 운운하는 그 의 허풍 때문이 아니라, 엄청난 재산을 소유한 '백만'장자였기 때문에 붙 여진 것이라는 견해도 있다[13] — 는 아니었던 것으로 보인다. 그의 유산

---

9)　A. C. Moule & P. Pelliot, *Marco Polo : The Description of the World*, vol.1 (London, 1938), pp. 34~35.

10) 같은 곳.

11) Olschki, *Marco Polo's Asia*, p. 103.

12) 이 유서의 원본 영인과 텍스트 및 영역은 Moule & Pelliot, *Marco Polo*, vol.1, pp. 523~525 ; Yule & Cordier, *The Book of Ser Marco Polo*, vol.1, pp. 70~73 참조.

쿠르졸라 해전

총액은 영국 파운드로 환산하면 불과 3,000파운드 정도였기 때문이다. 또한 1311년 그가 자신의 대리인이 1.5파운드의 사향을 판매한 대금의 일부를 주지 않는다고 하여 소송을 제기한 한 문서도 그의 넉넉지 못한 재정상황의 일면을 보여준다.

그러나 사망시 그가 소지했던 물품의 목록을 기록한 1366년의 한 사본이 현재까지 남아 있는데, 이에 의하면 상당량의 의복, 덮개, 금실로 짠 비단, 귀중품 등이 있어 자신이 여러 차례 책에서 기록한 것을 연상케 하며—무엇보다도 흥미로운 사실은—그가 떠날 때 쿠빌라이가 주었다는 '금패'가 이 목록 속에 포함되어 있다는 것이다. 뿐만 아니라 불교도들이 사용하는 염주, 몽골 기사들이 착용하던 은제 벨트, 귀한 보석과 금으로 장식된 여성용 모자 등도 기재되어 있어,[14] 그가 동방에서 갖고 온 물건

---

13) 한편 베네데토 교수는 milione 혹은 milio가 별명이 아니라 마르코 폴로의 진짜 이름(Emilio)을 나타낸 것일지도 모른다고 생각했다. Moule & Pelliot, *Marco Polo*, vol.1, p. 32.

14) Olschki, *Marco Polo's Asia*, p. 105.

들 중의 일부를 끝까지 소지했음을 알 수 있다.

  1324년 1월 8일 유언장 작성을 마친 이 위대한 여행가는 70세를 일기
로 세상을 떠나고 말았다. 그의 유해는 생전의 희망에 따라 베니스 시내
에 있는 산 로렌조(San Lorenzo) 교회에 있던 부친의 무덤 옆에 묻힌 것
으로 추정되지만, 후일 교회가 개축되면서 그의 무덤의 흔적은 찾아볼 수
없게 되었다.

3. 『동방견문록』의 내용과 특징

마르코 폴로의 글은 우리에게 『동방견문록』이라는 이름으로 널리 알려져
있지만, 사실 이 책의 원제목은 'Divisament dou Monde', 즉 『세계의
서술』[15]로서 그의 글 어디에서도 '동방견문록'이라는 표현은 보이지 않
는다. 책의 원제목은 마르코 폴로가 자신의 견문을 토대로 여러 지역에
대한 '진기하고 놀라운 것들'에 대해서 서술할 때 그것이 '동방'에 국한
되는 것이라고는 생각지 않았음을 보여준다. 따라서 '동양'과 '서양'이라
는 이분법적 사고가 보편화되어 있는 오늘날 『동방견문록』이라는 제목은
그의 생각과 의도를 호도할 위험성이 있다. 그의 글에서 다루고 있는 지
역의 대부분이 아시아였던 것은 사실이지만, 근대 이전 유럽에서는 현재
우리가 지리적으로 아시아라고 부르는 지역을 '아시아'라는 단어로 모두
포괄하지 않았으며, 세계 어느 문명권에서도 이 거대한 지역을 어떤 하나
의 용어로 지칭했던 예를 찾아볼 수 없다.[16] 마르코 폴로는 오히려 이란
의 일 칸국을 '동방'(Sunrising), 킵착 칸국을 '서방'(Sunsetting)[17]이라고

---

15) 영어로는 *Description of the World*로 옮겨지고 있다.

16) '아시아'라는 개념의 이러한 문제점에 대해서는 K.N.Chaudhuri, *Asia Before Europe*(Cam-
   bridge, 1990), pp. 22~23을 참조하시오.

불렀고, 그의 글에는 동아프리카 해안지역과 러시아까지도 포함되어 있다. 따라서 우리는 그가 자신이 살고 있는 유럽 외의 나머지 모든 '세계'에 대해 서술하려 했고, '세계의 서술'이라는 제목을 붙인 것도 이 때문이었음을 알 수 있다.

또 한 가지, '견문록'이라고 하면 통상 어느 지역을 다니면서 보고 듣고 느낀 것들을 정리해서 기술한 일종의 '여행기'와 같은 의미로 받아들이는데, 이 책을 여행기라고 부르기에는 여러 가지 문제점이 있다. 물론 마르코 폴로가 자신의 여행과 거기서 얻은 견문을 토대로 저술한 것은 사실이지만, 이 책에는 '여행기'나 '견문록'류에 보이는 개인의 감상이나 흥취가 극도로 억제되어 있다. 뒤에서 상술하듯이 그가 과연 이 책을 쓴 것이냐 하는 의문이 강하게 제기되는 것도 부분적으로는 이 때문이다. 그러나 그는 자신이 돌아보거나 직접 가보지 못한 세계 여러 지역에 대한 '체계적'인 서술을 목적으로 했기 때문에 '세계의 서술'이라는 제목을 붙인 것이고, 따라서 각 지역마다 그가 누구와 만나서 무엇을 했고 어떤 느낌을 받았는가 하는 개인적인 소회(所懷)를 피력하지 않은 것이다.

그런 의미에서 서구에서 이 책을 일컬어 『마르코 폴로의 여행기』(*The Travels of Marco Polo*)라고 부르고, 중국에서도 이를 그대로 옮겨 마르코 폴로의 『행기』(行記) 혹은 『유기』(遊記)라고 이름하는 것도 사실 원제목의 의미와 원작자의 의도를 적절히 나타낸 것이라고 보기는 어렵다. 이탈리아에서는 '백만'이라는 별명을 가진 마르코 폴로의 책이라고 하여 『백만의 책』(*Il Milione*)이라고 부르고 있지만, 이 역시 자의적으로 붙여진 것임은 두말할 필요도 없다.

우리나라에서는 『동방견문록』이라는 제목으로 알려져 있는데, 이는 일

---

17) 마르코 폴로는 동서남북이라는 방위를 Sunrising, Sunsetting, Midday, Tramontaine이라는 말로 표현했다.

본에서 널리 사용되는 제목을 차용한 것일 뿐이다. 그러나 이제는 워낙 오랫동안 사람들의 입에 회자되어 그것을 억지로 『세계의 서술』이라 바꾸어 부르기에도 어색하고 갑작스러운 느낌이 들기 때문에, 본서에서도 부득이 기존의 제목을 그대로 습용할 수밖에 없었다. 그러나 원래 제목이 무엇이고 마르코 폴로가 왜 그런 제목을 달았는가 하는 점을 잊어서는 안 될 것이다.

마르코 폴로의 글은 모두 232개의 장으로 이루어져 있으나, 기존 번역본들에서는 독자들의 이해와 편의를 위해 서편(序篇)을 비롯하여 모두 여덟 개의 편으로 나누는 것이 보통이다. 그의 글이 '세계의 서술'이라는 점에 비추어보아 본서에서도 그가 이해하고 파악한 세계를 몇 개의 지역으로 구분했다.

서편(序篇)은 마르코 폴로가 어떠한 연유로 여행을 떠나게 되었고 어떤 사정으로 돌아와 책을 구술하게 되었는가 하는 배경적 설명이지만, 1편은 대·소 아르메니아와 투르크메니아에서 시작하여 이라크와 페르시아 지방을 포함하는 서아시아에 대한 기술이고, 2편에서는 아프가니스탄에서 파미르를 넘어 타림 분지를 경유하는 중앙아시아를 다루고 있다. 3편은 쿠빌라이의 수도인 상도(上都)와 대도(大都)의 모습과 대카안의 통치내용을 다루고, 4편에서는 마르코 폴로가 원조에 체류하면서 체험했던 중국의 북부(카타이)와 사천·운남을 거쳐 버마에 이르는 지역을 설명하며, 5편은 당시 '만지'라고 불리던 남송의 영역, 즉 중국의 동남부를 포괄한다. 6편은 폴로 일가가 중국을 떠나 귀환하는 길에 보고 들은 인도양 각지(대인도·소인도·중인도)의 사정이고, 마지막으로 7편에서는 중앙아시아 대초원을 중심으로 러시아와 북극지방까지 설명하고 있다.

이처럼 그가 설명하는 지역의 범위는 북으로는 '암흑의 지방'이라고 부르는 극지대에서 남으로는 자바와 수마트라 및 잔지바르와 모가디슈에까지 이르고, 서로는 아나톨리아 고원에서 동으로는 일본에까지 미치고 있으니, 사실상 유럽을 제외하고는 당시까지 알려진 모든 '세계'를 포괄한 것이었다.

그는 이 광범위한 지역을 설명하면서 대체로 자신의 여행경로에 맞추었지만 전체적으로 하나의 체계를 갖추기 위해 그 경로에만 얽매이지는 않았다. 예를 들어 그는 중앙아시아의 하미에서 중국 서북부의 에치나 (Echina)를 거쳐 쿠빌라이가 있는 상도(上都)로 가는 여행로를 취했지만, 책에서의 서술 순서는 에치나를 지난 뒤 거기서 북상하여 과거 몽골인들의 수도였던 카라코룸을 설명하고, 이어 칭기스칸과 '프레스터 요한'의 전쟁에 관해 이야기했다. 그리고 더 북으로 올라가 바이칼 호수 부근의 바르구(Barghu) 지방에 대해서 기록한 뒤, 비로소 자신의 여정에 따라 다시 내몽골로 돌아와 거기에서 상도로 이어지는 지방을 설명한 것이다. 그가 에치나를 서술한 직후 직접 가보지도 않은 카라코룸과 바르구 등지를 삽입시킨 까닭은 에치나 부근에서 그것에 관한 이야기를 들었기 때문이 아니라, 자신의 글이 '세계의 서술'답게 여러 지역들을 순서에 따라 체계적으로 설명하려고 했기 때문이다.

뿐만 아니라 폴로 일행은 귀환할 때 인도양을 거쳐 호르무즈로 왔고 일 칸국의 게이하투와 가잔을 만나기 위해 여러 곳을 다녔지만, 3편에서 이에 관해 별다른 설명을 첨가하지 않은 것도 그러한 점을 보여주는 또 다른 예라고 할 수 있다. 이 같은 사실은 각 도시와 지역에 대한 그의 서술내용을 통해서도 확인된다. 마르코 폴로의 글에는 어느 도시에 대한 설명이든 거의 빼놓지 않고 들어가는 몇 가지 항목이 있음을 보게 된다. 먼저 방위와 거리인데, 한 도시에서 다음 도시까지 어느 방향으로 '며칠 거리'(days journeys)에 있는가를 밝힌다. 그는 해가 있는 동안 말을 탄 채 달리지 않고 갈 수 있는 거리(30킬로미터 정도)를 '하루 거리'로 잡고, 방위는 동·서·남·북과 동북·동남·서남·서북의 8방위 체계를 사용하되 경우에 따라서는 '동쪽과 동북쪽 사이' 등의 표현으로 좀더 구체적인 방향을 명시했다. 두 번째로 그는 주민들의 특징에 대한 설명도 빼놓지 않았는데, 종교적으로 기독교·이슬람('사라센')·불교('우상숭배자') 가운데 어디에 속하는지, 그들의 주식과 생업은 무엇인지, 또 어떠한 언어를 사용하는지, 정치적으로 누구에게 예속되어 있는가 하는 사항들이 기재되어 있다. 마지막으로 그 지방의 특기할 만한 물산이나 동식물을 적었다.

따라서 그의 글은 '견문록'이나 '여행기'처럼 필자와 독자 사이의 긴밀한 정서적 교류는 좀처럼 허용하지 않는다. 오히려 어떤 부분들은 무미건조하리만큼 기계적이어서 때로는 마치 '편람'을 읽는 듯한 느낌을 주기까지 한다.

그러나 물론 그의 책이 이러한 내용으로만 일관된 것은 아니며, 만약 그러했다면 그의 글이 오늘날까지 불후의 '고전'으로 꼽힐 수도 없었을 것이다. 서구에서 성경 다음으로 베스트셀러였다는 말이 나올 정도라면 그것은 수백 년에 걸쳐 많은 사람들에게 고갈되지 않는 상상과 영감을 불러일으키는 힘을 가진 책이기 때문일 것이다. 그 힘은 도대체 어디서 나오는 것일까.

그것은 아마 서구인들 가운데 어느 누구도 일찍이 밟아본 적이 없는, 혹은 밟아보았다 하더라도 구체적이고 자세하게 전해주지 못했던 세계의 다양한 지역과 주민들의 모습을 마치 눈앞에 파노라마가 펼쳐지듯 생생하게 그려주고 있기 때문일지도 모른다. 그의 글은 필자의 눈을 통해 여과되고 변색된 것이 아니라 그 자체로서 웅장하게 드러나는 세계의 모습이 무대를 꽉 채우면서 독자들을 압도하고 있다. 그러면서도 자신이 묘사하는 경이로운 것들이 허구와 상상에 의해 날조된 것이 아님을 강조하기 위해 "그것을 보지 않고도 믿을 사람은 아무도 없을 것이다" "들어도 믿기 힘들 정도다"와 같은 말로 상대방의 의구심을 사전에 봉쇄한다. 뿐만 아니라 "여러분에게 말하건대" "여러분이 곧 듣게 되듯이" "여러분에게 무엇을 말해줄까?" "여러분은 알아야 할 것이다" 등등의 '대화식' 표현들을 끊임없이 삽입시킴으로써 독자들에게 생생한 현장감을 주려고 했다. 극본이면서도 무대에서의 실연이 아닌 '읽는 드라마'로 씌어진 글과는 달리, 그의 글은 읽는 것이 아니라 말하고 듣는 사람을 위해 씌어진 것처럼 보일 정도이다. 이러한 효과는 이 글이 마르코 폴로가 책상에 앉아서 집필한 것이 아니라 다른 사람에게 '구술'하여 지어졌다는 특수한 정황에도 기인한다.

그의 글이 지니고 있는 힘은 마르코 폴로가 직접 본 것이든 아니면 들은 것이든 간에, 당시 유럽인들로서는 믿기 어려울 만큼 경이로운 이야기들로 가득 차 있고, 그것들은 모두 "아무런 거짓이 없는 올바르고 참된 것"이며 그가 "목도하거나 진실이라고 들은 갖가지 경이를 글로 쓰게 하지 않음으로써 그러한 것을 보지도 알지도 못하는 다른 사람들이 이 책을 통해서 알 수 있도록 하지 않는다면, 그것은 너무나 커다란 죄악이 될 것"이라고까지 단언했던 마르코 폴로의 확신에서 나오고 있다.

사실 당대에도 그의 이야기를 믿었던 사람은 많지 않았고 '허풍쟁이' 마르코가 꾸며낸 것이라고 생각했으며, 임종의 자리에서 친구들이 마르코 폴로에게 글 속에 기술한 거짓을 모두 취소하고 참회하라고 다그치자 그는 웃으면서 "아직 나는 내가 본 것의 반도 다 말하지 못했다"라고 했다는 일화[18]는 당대인들의 온갖 회의와 비방에도 불구하고 그가 얼마나 강한 신념을 갖고 있었는가 하는 사실을 반증해준다.

독실한 어느 구두쟁이의 기도가 바그다드 근처의 산을 움직여 기독교도들을 재난에서 구했다는 일화(27~30장), 높은 산중에 젖과 꿀과 포도주가 흐르고 온갖 교태를 부리는 여인들이 있는 마치 천국과도 같은 정원

---

18) 이 일화는 폴로와 동시대인인 악쿠이가 기록한 것으로 Yule & Cordier, *The Book of Ser Marco Polo*, vol.1, p. 54 참조.

을 꾸며놓고 젊은이들을 그곳으로 유인하여 그 열락을 맛보게 함으로써 자신의 명령에 따라 목숨을 던지는 무서운 암살자단을 거느린 '산상의 노인'에 관한 일화(41∼43장), 전설로만 듣던 동방의 기독교 군주 '프레스터 요한'의 이야기(65∼68장), 대카안 쿠빌라이의 장엄하고 화려한 샨두(上都)와 캄발룩(大都)의 궁전들(75, 84∼90장), 낯선 여행자들에게 기꺼이 아내나 딸을 내주어 동침케 하는 풍습을 지닌 지방들(59, 115, 117장), 세계 최대의 도시 킨사이(杭州)의 모습(152∼153장), 황금의 섬 치핑구(일본)에 관한 설명(159∼160장), 진주와 온갖 보석이 넘칠 정도로 풍부하고 성 토마스의 유해가 묻혀 있는 인도의 마아바르(174∼176장) 등, 그의 글 속에는 믿을 수도 그렇다고 믿지 않을 수도 없는 놀라운 이야기들이 펼쳐져 있었던 것이다.

그가 전해주는 이 일화들 가운데 지금 우리의 눈으로도 진실성에 의심가는 부분들이 있는 것은 사실이지만, 우리가 잊어서는 안 될 점은 14세기 마르코 폴로가 살던 시대의 인식의 수준이다. 다른 문명에 대해 거의 완전한 무지, 초자연적인 현상에 대한 경외, 종교적인 권위와 기적에 대한 무조건적인 맹신 등이 그들의 관념세계를 지배하지 않았던가. 우리 가운데 어느 누구도 한 구두쟁이의 기도가 바그다드의 산을 움직이게 했다든지, 손가락 하나 대지 않았는데 거대한 교회의 기둥이 지상에서 세 뼘이나 들어올려졌다든지, '루크'라는 거대한 새가 코끼리를 붙잡은 채 하늘을 날아갔다든지 하는 이야기를 쉽게 믿으려 하지는 않을 것이다.

그러나 그것이 마르코 폴로가 지어서 만들어낸 이야기는 더더욱 아니라는 점을 분명히 인식할 필요가 있다. 그는 '진실이라고 들은' 그대로를 옮겼을 뿐이며 또 자신이 그것을 '진실'이라고 생각했을 것이다. 오히려 그는 이러한 '허구'와 '상상'의 일화들을 통해 그 자신 및 동시대인들의 관념세계의 일부를 우리에게 생생하게 보여주고 있는 것이다.

그의 진실함을 의심해야 할 아무런 이유가 없음은 그가 '목도'한 것들에 대한 묘사의 놀랄 만한 정확성에서도 드러난다. 원제국에서 발행하여 통용시킨 지폐(鈔)에 관한 기록은 그 종류까지 정확하게 사실과 일치하고 있으며, 대카안을 시종하던 특수부대인 '쿠육치'(cuiucci)는 중국측 자료에 보이는 일종의 건각(健脚)의 전령(傳令), 즉 귀적(貴赤)에 상응하는 것이다. 상도·대도·항주·천주를 비롯한 원대의 도시들에 대한 묘사는 다른 사료들에 의해 그 신빙성이 입증되었을 뿐만 아니라 어디에서도 찾아볼 수 없는 디테일로 인해 지금도 그 시대를 연구하는 학자들에게 독보적인 가치를 지닌 일급의 사료로 평가받고 있다.

이처럼 그의 글은 그가 여행한 넓고 다양한 세계에 대해 믿기 어려울 정도로 신비로우면서도 정확한 내용을 전하고 있다. 마르코 폴로의 글은 당대의 사람들에게는 미지의 새로운 세계에 대한 호기심과 탐구욕을 자극했을 뿐만 아니라 오늘날 우리에게도 낯선 지역에 대한 흥미로운 안내서이기도 하지만, 무엇보다도 그가 살던 세계의 모습을 이해하고 또 그 시대인들이 가졌던 세계관의 단면을 살피는 데에 불가결한 지식의 원천인 것이다.

4. 마르코 폴로의 관점

13~14세기 몽골제국의 시대에 몽골리아나 중국을 다녀간 유럽인들이 다수 있었지만, 그들이 남긴 여행기와 마르코 폴로의 기록을 비교해보면 많은 차이를 느끼지 않을 수 없다. 예를 들어 1245~47년 몽골리아를 방문하여 구육의 즉위식까지 목격하고 돌아온 프란시스코 교단의 수도사 카르피니의 『행정록』(行程錄, *Itinerarium*)이나, 1253~54년 뭉케 카안을 만나고 돌아온 같은 교단 소속의 루브룩이 쓴 『몽골인의 역사』(*Ystoria Mongalorum*)는 서구에 새로운 위협으로 등장한 '타타르'들이 도대체 어

떤 사람들이고 그들의 궁극적인 목적이 무엇인가를 확인하는 동시에, 가능하면 기독교로 개종시켜 지중해 동부의 무슬림들과의 싸움에서 그들을 배후 지원세력으로 끌어들이려는 의도를 보여주고 있다. 따라서 그들의 글은 여행기임과 동시에 몽골인들의 의식주와 관련된 생활방식, 유목의 양태, 군사적 편제, 전쟁의 방법과 무기의 종류, 종교적 관념의 특징, 카안과 그 측근들의 태도, 궁정에서 벌어지는 각종 집회의 실상 등을 망라한 고도의 적정보고서(敵情報告書)의 성격을 띠고 있다.[19] 몽골인들의 직접적인 위협이 사라지고 원조 치하의 중국을 포교대상으로 삼아 도래한 오도릭(Odoric)이나 마리뇰리(Marignolli)와 같은 가톨릭 선교사들의 글에서 그러한 경계심은 상당히 누그러졌지만, 대신 각 종교집단의 실태를 파악하고 기독교의 교세를 확장시키려는 것이 최우선 관심사로 부각되어 있다. 그런가 하면 1340년대 피렌체의 기업인이었던 페골로티(F.B.Pegolotti)가 저술한 『상업실무서』(*Pratica della Mercatura*)는 제목이 시사하듯이 해외무역에 종사하는 상인들을 위한 실무지침서로서, 중국에 가기 위해 준비해야 할 품목들, 지역간 도량형과 환율의 비교, 각지에서 잘 팔리는 상품의 종류 등이 세밀하게 기록되어 있다.[20]

이에 비해 마르코 폴로의 관심은 너무나 다방면에 걸쳐 있었기 때문에 그의 글에 반영된 그의 입장은 상인이나 선교사 혹은 외교사절의 그 어느 것이라고도 하기 어렵다. 그의 기록은 실로 당시 유럽을 제외한 다른 나머지 지역에 대한 '지리지'이고 '박물지'이며 동시에 '민족지'라고 할 수 있다. 우선 그가 어디를 가든지 방향과 거리를 명시하며 각 도시와 지방의

---

19) C.Dawson, *Mission to Asia*(Toronto, 1980) ; P. Jackson & D.Morgan, *The Mission of Friar William Rubruck*(London, 1990).

20) 오도릭과 마리뇰리의 여행기, 그리고 페골로티의 글 가운데 중국과의 무역에 관한 부분은 H.Yule & H.Cordier의 *Cathay and the Way Thither,* vol.2(London, 1943)와 vol.3(1945), pp. 135~173에 나와 있다.

지리적 위치를 밝히려고 했음은 앞에서 설명했기 때문에 부연할 필요가 없을 것이다.

또한 그는 각 지방에서 발견되는 특이한 동식물과 광물에 대한 상세한 묘사를 빼놓지 않는다. 이런 식으로 그가 각 지방마다 관찰한 것들의 이름과 특징들만 나열해도 그 자체가 하나의 충실한 목록이 될 정도이다. 예를 들어 그 가운데에서 우리에게 낯선 특이한 동물들만 꼽아보아도, 알렉산더 대왕이 타고 다녔다는 뿔이 하나 달린 말 부케팔로(bucefalo), 후일 그의 이름을 따 'Ovis Poli'라는 학명이 붙여진 파미르 산지의 긴 뿔의 양, 북극 근처에 사는 작은 새인 바게를락(bagherlac), 자고새의 일종인 카토르(cator), 사향노루의 일종인 굿데리(gudderi), 베야미니(beyamini)라는 이름의 들소, 여우와 비슷하게 생겨 여행객들의 물건을 훔쳐 달아나는 파피오네(papione), 도마뱀의 일종으로 집 안에 들어와 사람을 무는 타란툴라(tarantula), 코끼리를 들어올리는 거대한 새 루크(ruc), 사람의 얼굴과 비슷한 성성이의 일종인 메르카트(mercat) 등을 열거할 수 있다. 또한 희귀한 식물로는 감송(spikenard), 방동사니(galingale), 새까만색의 나무 보누스(bonus, 즉 ebony), 육두구(nutmeg), 쿠베브(cubeb), 소방목(brazil), 정향목(clove), 파라오 호두(Pharaoh nut), 코일로민 소방목(coilomin brazil) 등이 나오고, 광물로는 안다니크(andanique), 투티(tutty), 스포디움(spodium), 청금석(azure) 등이 보인다. 특히 오늘날 석면(asvestos)으로 우리에게도 널리 알려진 물질은 중세 유럽에서는 살라만더(salamander)라는 이름으로 불렸으며 불에 타지 않는 속성을 지녀 과거에는 그것이 마치 불 속에 사는 동물로 여겨져왔는데, 마르코 폴로는 처음으로 그것이 산에서 채취하여 만들어지는 광물임을 보여주었다.[21]

---

21) 愛宕松男, 「マルコ・ポーロ所傳の火浣布(Salamander)について」, 전게 『東洋史學論集』, pp. 315~331. 그러나 그의 이 논문에는 수긍하기 힘든 推斷이 도처에 보이므로 주의를 요한다.

이밖에 바닥샨 산지에서 굴을 파서 채취하는 루비의 일종인 발라씨 (balasci), 호탄 부근의 강가에서 나오는 벽옥(碧玉 ; jasper)과 옥수(玉髓 ; chalcedony) 등의 보석, 갖가지 옷감과 향료에 대한 언급도 그의 글에서 찾아볼 수 있으며, 도자기를 의미하는 'porcelain'이라는 말도 마르코 폴로가 창안한 것은 아닐지라도 서구 문헌에서 발견되는 최초의 용례이다.

마르코 폴로는 각지 주민들의 생활방식에도 호기심을 가졌다. 그가 베니스라는 도시 출신이었기 때문에 도시민들의 생활에 많은 관심을 보였고, 어느 도시를 가든 주민들의 주된 생업이 무엇인지를 파악하려고 노력했다. 특히 그가 킨사이라고 부른 항주(杭州)의 도시생활에 대한 생생한 묘사는 전편의 백미를 이루고 있으며, 현존하는 중국의 어떤 사료와 비교해도 뒤떨어지지 않을 정도로 13세기 후반 항주의 모습을 재현하고 있다. 오가는 수많은 사람과 말과 수레로 시끌벅적한 도시의 거리, 호수 한가운데 떠 있는 유람선 안에서 금은으로 만들어진 식기에 담겨 나오는 최고급 술과 음식을 즐기는 사람들, 시내 광장 근처에 버젓이 유곽을 차려놓고 각종 외국인을 대상으로 호객행위를 하는 수많은 기녀들, 빽빽이 들어찬 2~3층짜리 목조건물로 인해 자주 발생하는 화재를 알리기 위해 탑 위에 설치된 나무판을 두드리는 소리, 야간 통행금지를 알리는 종과 종소리가 울린 뒤 갑자기 산통(産痛)이 찾아와 급하게 병원으로 실려가는 임산부의 모습……. 마치 눈앞에서 살아 움직이는 듯한 이러한 묘사들은 우리로 하여금 600년 전 중국의 번화한 도시로 시간여행을 떠나게 할 정도로 생동감이 넘친다. 프랑스의 석학 제르네(J.Gernet)가『몽골 침입 전야 항주의 일상생활』을 쓰면서 압도적으로 많은 부분을 마르코 폴로가 묘사한 '몽골 지배기의 항주'로 채울 수밖에 없었던 까닭도 아마 여기에 있었을 것이다.[22]

---

22) 제르네의 책은『전통중국의 일상생활』(김영제 역 ; 서울, 1995)이라는 제목으로 번역되어 있다.

또한 주민들의 풍습과 종교적인 의식에 대한 묘사 역시 이에 뒤지지 않는 압권을 이루고 있다. 이란 남부 호르무즈 지방의 주민들이 사막에서 불어오는 열풍을 피하기 위해 바다에 거대한 방풍망을 설치하고 그곳으로 피신하는 방식이라든가, 몽골인들이 펠트나 헝겊으로 사람 모양의 신상(神像 ; '나티가이')을 만들어 천막 안에 모셔두고 제사를 지내는 모습, 평생 금식과 고행을 하는 중국의 도사나 인도 요기(yogi)들의 생활, 술잔을 공중으로 부양시켜 대카안에게 바치거나 별자리를 관찰하여 길흉화복을 예언하는 주술사ㆍ마술사들의 갖가지 행태와 그들에 대한 주민들의 경외감, 혼전의 순결과 예절을 중시하여 처녀막이 손상될까 큰 걸음도 내딛지 않고 '베니스의 여인들'처럼 창 밖으로 몸을 내놓지도 않는 중국 규수들의 조심스러운 자태, 하루중 어느 특정한 시각을 불길하다고 보아 '코이악'이라고 부르는 그 시간에는 외출이나 거래도 일체 중단하고 언행을 삼가는 인도 연안 주민들의 관습, 소를 신성시하여 도살하지 않고 집안을 온통 쇠똥으로 칠하는 '가비'(gavi)라는 인도의 집단 등 일일이 다 예시하기도 힘들 정도이다.

그런데 흥미로운 사실은 이러한 풍습들을 세세하게 기록한 마르코 폴로의 글 안에서 다른 문화와 관습에 대한 경멸심, 후일 그의 후손들이 비서구사회를 보고 곧잘 느꼈던 서구문명에 대한 무한한 자부심과 우월감을 찾아보기 힘들다는 점이다. 우리는 그의 글에서 자기 문화의 잣대로 다른 문화의 이모저모를 저울질하고 재단하려는 태도보다는 신기하고 이질적인 것에 대한 놀라움과 호기심을 더 쉽게 발견할 수 있다.

그렇다고 그가 기독교도였고 자신이 믿는 종교에 대한 확신과 자부심까지 부정할 까닭은 없다. 그 역시 시대의 산물이었기 때문에 그의 종교관이 현대의 다원주의와 같은 것일 수는 없었을 것이다. 특히 십자군전쟁을 치른 유럽의 역사적 경험 때문인지 이슬람에 대한 그의 입장은 상당히 부정적이다. 바그다드에서 기독교도의 열렬한 기도로 산을 옮긴 이야기

를 마친 뒤 그는 "마호메트가 그들에게 준 율법은 그들의 율법을 믿지 않
는 모든 사람들에게 어떠한 해악을 가하거나 혹은 어떠한 것을 빼앗든 그
것은 죄가 되지 않는다고 했다. 이 때문에 만약 국가가 없었다면 그들은
더 많은 나쁜 짓을 행했을 것이다. 세상의 모든 사라센들은 이 같은 식으
로 행동한다"(30장)라고 덧붙였다.

또한 '중인도'에서 기독교도와 사라센 사이에 일어난 전쟁을 말하면서
'사라센놈들'(Saracen dogs)이라는 표현을 두 번이나 사용하고, 기독교
도가 이긴 까닭에 대해 "사라센놈들은 기독교도보다 결코 더 나을 수 없
기 때문"(193장)이라고 단언하고 있다.

그럼에도 불구하고 분명 기억해야 할 점은 종교에 대한 그의 전반적인
태도와 서술이 당시 유럽인들의 눈에는 '위험'할 정도로 자유로웠다는 사
실이다. 특히 그가 그토록 칭찬해 마지않던 대카안 쿠빌라이의 입을 통해
다음과 같이 기록하고 있다.

모든 사람이 숭배하고 존경하는 네 명의 예언자가 있다. 기독교도들은 자
기네 신이 예수 그리스도라 하고, 사라센은 마호메트라 하며, 유대인은 모세
라고 하고, 우상숭배자들은 여러 우상들 가운데 최초의 신인 사가모니 부르
칸(Sagamoni Burcan)이라고 한다. 나는 이 넷을 모두 존경하고 숭배하며,
특히 하늘에서 가장 위대하고 더 진실한 그분에게 나는 도움을 부탁하며 기
도를 올린다(81장).

나아가 마르코 폴로는 부처의 일생을 서술한 뒤 "정말로 그가 기독교
도였다면 우리 주 예수 그리스도와 함께하는 위대한 성자가 되었을 것이
다"(178장)라고 했으니, 이는 유럽의 중세적인 분위기에서 '신성모독'이
나 다름없지 않은가.

그의 종교적인 유연성은 서구 가톨릭에서 이단으로 낙인찍힌 네스토리

우스 교단에 대한 호의적인 평가에서도 다시 한 번 확인된다. 그가 동방
으로의 길을 떠난 뒤 고향으로 돌아갈 때까지 여러 지역에서 수많은 기독
교 공동체를 만났지만 그것은 거의 모두 네스토리우스 교단에 속했고, 그
의 글 속에서 신실한 기도의 힘으로 이적을 행하고 사라센의 박해를 극복
한 장본인들 역시 그들이었다.

　기독교나 다른 종교에 대한 그의 이러한 유연한 태도는 어려서 정규적
인 교육을 받지 못했기 때문에 서구 중세의 협애한 기독교 지상주의의 세
례를 덜 받은 탓도 있겠지만, 다양한 문화와 종교가 혼효하고 공존하는
세계에 오랫동안 살면서 특히 그러한 문화적 다원주의를 적극적으로 장
려했던 몽골제국의 독특한 분위기 속에서 자연스럽게 형성된 것이라고
보아야 할 것이다.

5. 『동방견문록』의 의문점들

마르코 폴로의 글을 읽어가다 보면 누구나 다음과 같은 의문을 품게 된다.
'도대체 감옥에 갇힌 사람이 기억을 더듬어서 이렇게 상세하고 치밀한 기
록을 남길 수 있을까?' 누구나 여행을 다녀온 뒤 느끼는 일이지만 현장에
서 그토록 선명하고 생생하게 가졌던 인상들은 시간이 지나면서 점점 엷
어지고 세월이 더 흐르면 결국 강렬하게 뇌리에 남는 몇몇 장면들을 제외
하고는 모두 망각 속으로 사라져버린다. 물론 17년이라는 장기체류에다
가 고향으로 돌아온 지 3년밖에 되지 않았다고는 하나, 도시와 도시 사이
의 거리나 방향, 각지의 특산물, 길이나 무게의 정확한 수치, 특히 캄발룩
(대도)이나 킨사이(항주)의 궁전과 도시 구조에 대한 설명 등은 아무리
'사진기와 같은 기억력'의 소유자라고 해도 불가능한 일처럼 보인다. 감옥
에 갇힌 마르코 폴로가 고향의 아버지에게 여행시에 적은 '비망록'을 보내

제노아의 감옥에 갇힌
마르코 폴로가 루스티켈로에게
구술하는 장면

달라고 해서 그것을 이용했다는 라무지오의 주장이 사실이냐의 여부는 차치하고라도, 적어도 그러한 것이 없었다면 마르코 폴로의 기록이 보여주는 상세함은 상식적으로 이해하기 어려운 게 사실이다.

실제로 우리는 폴로의 글 속에서 그가 그 같은 '노트'나 '메모'를 갖고 있었음을 보여주는 힌트를 찾아낼 수 있다. 대카안이 보낸 사신들은 귀환 후 파견된 임무 자체에 대해서만 보고했지만, 마르코 폴로는 "낯선 나라의 풍습과 관행과 신기한 것들"에 대해 "대카안에게 다시 설명할 수 있도록 모든 신기한 것과 이상한 것들에 주의를 기울였다"(16장)고 했고, 항주에 관한 부분에서는 "그곳의 모든 정황을 주목하고 이해하기 위해 많은 노력을 기울였으며, 아래에서 간략하게 서술되듯이 그의 노트에 그것들을 기록했다"(152장)고 밝히고 있기 때문이다.

그러나 마르코 폴로의 글 속에는 여러 사람들의 의아심을 불러일으킬 만한 점들이 많고, 그것 때문에 마르코 폴로나 『동방견문록』의 진실성을 의심하는 주장들이 제기된 것이다. 실제로 본 역서의 주석 여러 군데에서도 언급했지만 사람이나 연도를 언급할 때 상호 모순되는 부분들이 발견된다.

이미 폴로의 동시대인들도 그의 이야기가 '허구적'이라고 의심했다지만, 이러한 회의는 학자들에 의해서도 제기되어 오늘날까지 계속되고 있다. 19세기 전반 독일의 한 학자는 폴로의 글이 당시 서구의 시대적 분위기를 반영하여 서구인들에게 몽골인의 개종과 교역을 부추기기 위해 씌어진 것에 불과하고, 실제로 폴로는 중앙아시아까지밖에 못 갔는데 그곳에서 현지인들로부터 들은 이야기를 종합하여 더 동쪽 지방에 관해 쓴 것이며, 인도·페르시아·에티오피아 등에 대해서는 아랍인들의 저작을 차용한 것에 불과하다고 주장하였다.[23]

금세기에 들어온 뒤에도 프랑케(Herbert Franke)와 같은 중국 전문가들에 의해 회의적인 의견이 조심스럽게 개진되었다. 그는 폴로가 중국의 한자(漢字)나 차(茶)에 대해서 언급하지 않은 점이나, 자신의 주선으로 제작한 투석기로 양양(襄陽)을 함락했다고 했지만 그 도시는 이미 폴로가 도착하기 전에 함락되었다는 사실, 또 양주에서 3년 동안 통치했다는 그의 주장을 뒷받침할 만한 자료가 없다는 점 등을 지적한 것이다.[24] 이러한 회의적인 견해는 그 후로도 끊이지 않고 제기되어 해거, 클루나스, 우드 등에 의해 더욱 여러 가지 문제점들이 지적되었다.[25]

이러한 회의론들은 주로『동방견문록』자체의 내용을 분석하여 그 속에 보이는 의문점을 중심으로 제기된 것으로, 말하자면 '내재적인 증거'의 부족에 대한 비판이라고 할 수 있는데, 이러한 회의론을 지금까지 가장 적극

---

23) Yule & Cordier, *The Book of Ser Marco Polo*, vol.1, p. 116의 주. 이 독일 학자의 이름은 K.D.Hüllmann이다.

24) "Sino-Western Contacts under the Mongol Empire", *Journal of the Royal Asiatic Society, Hong Kong Branch*, 1966, no.6, pp. 49~72.

25) J.W.Haeger, "Marco Polo in China? Problems with Internal Evidence", *Bulletin of Sung-Yuan Studies,* vol.14(1979), pp. 22~30 ; C.Clunas, "The Explorer's Tracks", *The Times*, 1982년 4월 14일자 ; F.Wood, *Did Marco Polo go to China?*(London, 1995). Clunas의 글은 『馬可·波羅介紹與硏究』, pp. 58~60에 中譯되어 있다.

적으로 역비판하고 있는 학자는 중국의 양지구(楊志玖)이다. 그는 우선 차
(茶) 문제에 대해 당시 서역인이나 몽골인들에게는 음차(飮茶) 풍습이 널
리 퍼져 있지 않았기 때문에 주로 그들과 접촉하고 생활했던 마르코 폴로
가 차를 몰랐을 수도 있다고 보았고, 한자에 대한 언급이 없는 것도 폴로가
주로 몽골·투르크·페르시아인들과 지냈기 때문에 중국어나 한자에 대
한 지식을 갖지 못했기 때문이라고 해석했다. 또한 그는 양양 함락에 관한
기술이 잘못된 것이라는 점을 인정하면서, 그 까닭은 폴로가 도착한 뒤에
들은 일을 '자기 공으로 돌리려고' 했기 때문에 생겨난 것이라고 보았다.

무엇보다도 이 학자의 업적은 폴로의 '중국 체재'를 입증하는 중요한 근
거로『영락대전』(永樂大典) 권19418『참적』(站赤)에 나오는 한 기사를 발
견한 것이다. 이 기사는 1290년 음력 8월 17일 쿠빌라이의 지시에 따라 우
루우다이(兀魯鰈), 아비시카(阿必失呵), 호자(火者) 등 세 사람에게 마아
바르(馬八兒) 루트를 경유하여 일 칸국의 아르군에게로 보냈음을 보여주
는데, 여기서 언급된 세 사신의 이름은 마르코 폴로가『동방견문록』18장
에서 서술하듯이 아르군이 사별한 부인의 뒤를 이을 여자를 구하기 위해
원나라로 보낸 세 명의 사신 '울라타이'(Oulatai), '아푸스카'(Apusca),
'코자'(Coja)와 정확하게 일치하며, 따라서 폴로 일가가 바로 이 사신들과
함께 인도양을 거쳐 일 칸국에 갔다가 베니스로 귀향했다는 기록의 신빙
성을 입증한다는 것이다.[26]

필자 역시『참적』에 수록된 위의 기사는 폴로가 중국에 다녀왔다는 사
실을 뒷받침하는 매우 강력한 증거라고 생각한다. 이 기사 가운데 폴로
일가의 이름이 나오지 않는다고 하여 그것이 '결정적인' 증거가 되지 못
한다는 비판도 있다. 그러나 이 세 사신의 이름이 한 자료에 동시에 나오

---

26) 楊志玖는 자신의 주장을 입증하기 위해 일련의 논문을 발표했는데 그의 논고들은『馬可·波羅
介紹與研究』(余士雄 主編 ; 北京, 1983)와『中西文化交流先驅—馬可·波羅』, 그리고 그의 論
集인『元史三論』(1985)에 게재되어 있다.

마르코 폴로의 유언장의 일부(원본 길이
26.4인치, 폭 9.4인치)

는 것은 위의 기사가 유일하고, 그것도 1940년대에 들어와서야 비로소
『참적』이라는 흔치 않은 서적 가운데에서 발견될 정도니, 폴로가 당시 널
리 알려진 사실을 듣고 자기 글에 적어넣은 것이라고 보기는 어렵다. 더
구나 마르코 폴로에 따르면 세 사신 가운데 두 명은 인도양에서 사망하고
'코자'라는 사람만이 생존해서 귀환했다고 하는데, 이 역시 일 칸국측의
자료에 보이는 내용과 정확하게 일치하고 있다. 만약 마르코 폴로의 이름
이『참적』의 기사에 보이지 않는다고 문제삼는다면, 정작 세 명의 사신이
호위하고 간 가장 중요한 인물인 왕녀 쿠케친(코카친)의 이름도 거기에
언급되지 않은 사실은 어떻게 설명할 것인가. 그러나 앞에서도 지적했듯
이 일 칸국의 사신이 쿠케친을 원나라에서 데리고 와 가잔에게 인도한 것
은 무슬림측 자료에서도 확인되는 바이다. 그래도 의심을 더하여, 중국에
머물다가 이 사신들을 대동하고 돌아온 사람이 폴로가 아니라 제3의 인

물이고 폴로는 단지 그 사람에게서 이 이야기를 듣고 마치 자기가 그랬던 것처럼 꾸몄다고 볼 수도 있겠지만, 그것은 아무래도 억지춘향이라고 할 수밖에 없지 않을까.

최근 일본의 스기야마 마사아키(杉山正明)와 같은 학자는 마르코 폴로라는 인물이 이 글을 썼다는 사실 자체를 부정했다. 즉『동방견문록』은 동방에 대한 당시 유럽인들의 지리 지식의 집적이며 "여러 명의 마르코 폴로"에 의해 수정 · 보충되어 완성된 것이 아니냐는 의문을 제기했는데,[27] 이는 마르코 폴로라는 인물의 실존을 입증할 만한 '외재적'인 물증이 없다는 주장이다.

그러나 사물을 일단 의심의 눈으로 보기 시작하면 끝이 없는 법이다. 현재 베니스에는 마르코 폴로 임종시인 1324년 1월 8일에 작성된 유언장이 한 통 남아 있고, 이는 과학적인 분석을 통해 당시의 종이와 필체임이 입증되었다. 그럼에도 불구하고 스기야마는 이 유언장의 주인공이 과연 마르코 폴로라는 '증거'가 어디에 있느냐고 의심을 품으면서, 당시 북부 이탈리아에는 폴로라는 성을 가진 집안이 몇 개나 있었고 마르코라는 이름도 극히 흔한 이름이었다고 주장하고 있다. 과연『동방견문록』의 저자 마르코 폴로의 '실재'를 증명할 만한 자료는 없는 것일까?

필자는 그렇지 않다고 생각한다. 우선 1324년 유언장을 남긴 마르코 폴로라는 인물은 자신을 "성 요한 크리소스톰(St. John Chrysostom) 교구에 속하는 나 마르코 폴로"라고 했고, 이에 앞서 1300년에 작성된 그의 이복동생 마페오(Maffeo the Younger)의 유언장에는 자신의 아버지를 "성 요한 크리소스톰 구역의 고(故) 니콜로 폴로"라고 부르면서, 숙부의 이름을 '마페오 폴로'로, 형을 '마르코 폴로'라고 했다.[28] 여기서 우리가

---

27)『몽골세계제국』(임대희 · 김장구 · 양영우 역 ; 서울, 1999), pp. 16~20.

28) 이 유언장들의 내용은 Yule & Cordier, *The Book of Ser Marco Polo*, vol.1, p. 26, pp. 64~65, pp. 70~73을 참조하시오.

마르코 폴로의 구택(舊宅)이 있던 구역으로 여겨지는 베니스의 '코르테 델 밀리오네'(Corte del Milione)

확인할 수 있는 사실은 마르코 폴로가 『동방견문록』에 제시한 가족관계, 즉 니콜로와 마페오는 형제였고 자신은 니콜로의 아들이었다는 관계와 '성 요한 크리소스톰'의 마페오가 남긴 1300년의 유언장에 나타난 가계와 정확하게 일치하고 있으며, 따라서 1324년에 유언장을 남긴 '성 요한 크리소스톰 교구'의 마르코 폴로는 바로 『동방견문록』의 주인공 본인일 수밖에 없다는 점이다. 더구나 이 교구는 후일 '코르테 델 밀리오네'(Corte del Milione), 즉 마르코 폴로의 구택(舊宅)이 위치한 곳이었다.

마르코 폴로의 실존성은 다른 자료들에 의해서도 입증된다. 1310년 2월 6일에 작성된 마르코의 숙부 마페오 폴로의 유언장에는 폴로 일가가 중국에서 이란을 거쳐 귀환할 때 트레비존드에서 상당한 재산손실을 보았다는 사실과 '타타르들의 위대한 칸'으로부터 받은 세 개의 금패(golden tablets)가 언급되어 있고, 자신의 조카로 마르코 폴로라는 이름이 거명되어 있다.[29] 뿐만 아니라 폴로와 동시대 사람인 악쿠이(Acqui)는 마르코 폴로가 제노아와의 해전에서 포로로 잡혀간 사실을 적으면서, 그가 '백만'(Milione)이라는 별명으로 불렸고 아버지와 숙부와 함께 타타르 지방(Tartary)에 오래 머물다가 돌아왔으며, 제노아의 감옥에 있으면서 세상의 놀라운 것들에 관한 책 한 권을 지었다는 기록을 남겼다.[30] 이상의 여러 '물증'들은 마르코 폴로라는 인물이 실존했고, 부친 니콜로와 숙부 마페오와 함께 세계 여러 지역을 여행한 뒤 베니스로 돌아왔으며, 자신의 여행을 기초로 책을 저술했음을 분명히 확인시켜주고 있다.

그렇다면 마르코 폴로가 '제노아의 감옥'에서 루스티켈로에게 '구술'해서 책을 완성했다는 주장은 얼마나 신빙성이 있는 것일까? 우선 현재까지 원본에 가장 가까운 것으로 평가받고 있는 F본(이에 관해서는 다음 절 참조)을 꼼꼼히 연구한 대부분의 학자들은 구어체 용어들의 빈번한 사용과 동일한 구절들의 계속적인 반복을 지적하며 『동방견문록』이 '구술'에 근거했으리라는 점을 인정하고 있다. 심지어 219장에는 "대양에 관한 이야기를 시작했는데 그것을 글로 옮기려고 한 것에 대해서 곧 후회하는 마음이 들었다. 왜냐하면 많은 사람들이 그것에 대해 잘 알고 있기 때문이다. 따라서 그것은 그만두고 다른 것에 대해서 이야기하도록 하자"라는 구절도 보인다. 또한 F본에서 동일한 사람의 이름이 불과 몇 줄도 지나지 않아 다른 철자로 표기되기도 한다. 예를 들어 유울(Yule)은 일 칸국의 군주인 게이하투의 이름이 'Acatu, Achatu, Cocatu, Chiato, Quiacatu' 등으로 상이하게 표기되어 있는데, 이것은 귀에 들리는 대로 받아 적었기 때문에 생긴 현상이라고 보았다.[31]

만약 이 책이 구술에 기초한 것이 사실이라면 그 기록자는 과연 마르코

---

29) Moule & Pelliot, *Marco Polo*, vol.1, pp. 28~29. 유언장의 전문은 같은 책, pp. 529~536에 전재되어 있다.

30) Yule & Cordier, *The Book of Ser Marco Polo*, vol.1, p. 54.

31) 같은 책, pp. 85~86.

폴로가 말했듯이 루스티켈로였는가? F본에 사용된 표현과 루스티켈로의 다른 작품 속에 보이는 표현과의 사이에 보이는 유사성에 대해서는 이미 여러 학자들에 의해서 지적된 바이기 때문에 여기서 새삼 강조할 필요는 없을 것이다. 다만 최근의 한 연구는 그러한 표현들은 반드시 루스티켈로의 글뿐만 아니라 13세기 프랑스어로 된 작품들 속에서 흔히 보이며, 폴로의 글에서 전투를 묘사하는 장면들에서 사용된 상투적이고 반복적인 표현 방식은 오히려 루스티켈로의 글에서는 나타나지 않는다는 사실을 지적하면서, 구술에 있어서 루스티켈로의 역할을 부인할 수는 없겠지만 현존하는 F본이 그의 손에 의해 '완성'되었다고 보기는 어렵다고 주장한다.[32] 사실 F본을 자세히 살펴보면 마르코 폴로에 대한 호칭은 대부분이 3인칭이지만 드물지 않게 1인칭으로도 등장하고 있음을 알 수 있다.

따라서 이 글이 1298년 제노아의 감옥에 있을 때 루스티켈로에게 구술하여 기록한 것이라는 마르코 폴로의 말을 믿는다고 하더라도, 현재 '원본'에 가장 근접한 F본조차도 그 후 가필이 가해진 것이라고 볼 수밖에 없다. 가필하는 과정에서 또 다른 작가(들)가 동원되었고 마르코 폴로 자신의 손길이 직접 가해졌을 가능성도 있다. F본에는 없지만 R본에만 보이는 '아크마트 피살사건'에 관한 긴 묘사도 감옥에서 나온 폴로가 후일 가필한 것으로 여겨지고 있다.

마르코 폴로의 『동방견문록』은 많은 필사자들의 손을 거치면서 내용에 조금씩의 가감이 가해졌을 것이고, 현존하는 많은 사본들(심지어 F본도 포함해서) 속에는 폴로 자신이 말한 부분이 아닌 것도 필사자들에 의해 첨가되었을 것이다. 그럼에도 불구하고 현재 우리가 갖고 있는 여러 자료들이나 『동방견문록』 자체의 내용은 적어도 그것을 완전히 뒤집을 만한 새로운 결정적인 반증이 나오기 전까지는 이 글의 원작자가 마르코 폴로

---

32) John Critchley, *Marco Polo's Book*(Aldershot ; Variorum, 1992), pp. 2~29.

라는 사실을 의심할 수 없게 한다.[33]

6. 사본과 역주

현존하는 사본의 숫자는 거의 120종에 가깝지만 그 어느 하나 정확하게
일치하는 것이 없을 정도이다. 이 가운데 중요한 사본들의 특징과 상호관
계에 대해서는 이미 베네데토(L.F.Benedetto) 교수의 상세한 연구가 있기
때문에, 여기서는 이를 정리한 모울과 펠리오의 서술에 기초하여 설명하
도록 하겠다.[34]

앞에서도 지적했듯이 마르코 폴로가 제노아의 감옥에서 루스티켈로에
게 구술하여 만들어진 최초의 사본은 그 뒤 폴로 자신에 의해, 혹은 다른
사람에게 다시 구술하여 수정이 가해졌고 이렇게 해서 완성된 것을 '원
본'이라고 할 때, 현존하는 여러 사본 가운데 원본의 '내용'에 가장 가까운
것은 1559년 라무지오가 인쇄본으로 출간한 이탈리아어 번역본(R본)과
1932년 스페인 톨레도의 대성당에 있는 'Chapter' 도서관에서 발견된 사
본(Z본)이지만, 원본의 원래 '언어'를 가장 잘 보존하고 있는 것은 파리 국
립도서관에 소장된 사본(F본)이다. 이 F본 계열에 속하는 다른 중요한 사
본으로는 궁정 프랑스어(Court French)본(FG), 투스카나(Tuscan)본
(TA), 베네치아본(VA) 등이 있다. 따라서 여러 사본들 가운데에서도 '내

---

33) 필자가 이 원고를 마친 뒤 입수한 John Larner의 *Marco Polo and the Discovery of the
World*(New Haven, 1999)도 역시 필자와 거의 동일한 내용의 검증을 통해 마르코 폴로의 기
록의 신빙성을 입증하고 있음을 밝혀둔다.

34) 여러 사본에 관해서는 베네데토가 쓴 *Marco Polo, Il Milione*(Firenze, 1928)의 221페이지에
달하는 긴 서문에서 상세하게 분석되어 있다. 이 책은 600부 한정판이고 입수하기가 매우 힘들
어 본 역자도 직접 참고하지 못했고, Moule & Pelliot, *Marco Polo*, pp. 40~52를 참고했다.
이밖에 岩村忍의 『十三世紀東西交涉史序說』(東京, 1939), pp. 285~297의 요령있는 설명도
도움이 된다.

용'과 '형식'면에서 가장 중요한 것은 F본, R본, Z본이라고 할 수 있으며, 이하 이 세 사본의 특징에 대해서 간략하게 설명하겠다.

F본은 14세기 전반 이탈리아에서 필사된 것이며, 292×205mm 크기의 양피지 112장으로 되어 있다. 이 사본은 1824년 프랑스 지리학회(Société de Géographie)에 의해 처음으로 '문자 그대로' 인쇄본으로 출판되었기 때문에 '지리학회본'이라고 불리기도 하며, 1928년 베네데토 교수가 이 사본을 교감한 뒤에 다시 출판했다. 이 사본에 사용된 언어는 프랑스어와 이탈리아어가 혼합된 소위 '프랑코-이탈리아어'(Franco-Italian)인데, 마르코 폴로의 '원본'이 바로 이 언어로 씌어졌고 따라서 이것은 원본을 가장 완벽한 모습으로 전하고 있는 셈이다. 그러나 이 사본의 결점은 마르코 폴로가 후일 '추가'한 중요한 부분들이 빠져 있다는 점이고, 그것은 R본과 Z본에 의해 보충될 수밖에 없다.

R본은 라무지오의 인쇄본이다. 16세기 베니스의 관리이자 지리학자인 라무지오가 『항해와 여행』(*Navigationi et Viaggi*)이라는 제목으로 일련의 서적을 출판했는데, 1550년에 제1권이 그리고 1556년에 제3권이 간행되었고 마르코 폴로의 글은 제2권으로 출판될 예정이었다. 그러나 그가 제2권의 출판을 위한 준비를 모두 끝내고 자신의 '서문'까지 완성한 상태에서 1557년 7월 사망하여 출판이 실현되지 못했는데, 그해 11월에 출판사에 화재가 발생하여 일부 자료들이 소실되고 말았지만, 다행히 마르코 폴로의 글은 피해를 면하여 1558~59년에 인쇄·출판되었다. 베네데토 교수가 이 인쇄본을 정밀하게 분석한 결과 라무지오본은 피피노(Pipino)가 번역한 라틴어본을 기초로 하되 그 당시까지 알려져 있지 않던 또 다른 사본으로 보충했다는 사실을 밝혔다. 이 보충된 부분의 상당수는 후일 Z본에 있는 것과 일치하고 있으나, '아크마트의 피살사건'이나 '킨사이 궁전'에 관한 서술은 Z본에도 보이지 않는다. 따라서 라무지오는 우리가 알지 못하는 어떤 미지의 사본을 참조했음이 분명하며 그 사본은

현재까지 발견되지 않은 상태이다.

Z본은 라틴어 번역본으로 '젤라다'(Zelada)본이라고도 불리는데, 그 존재는 베네데토 교수가 밀라노의 한 도서관에서 Z본에서 필사된 사본을 발견하면서 처음으로 알려지게 되었다. 이 사본은 1795년 로마의 추기경 프란시스코 자비에르 드 젤라다(Fracisco Xavier de Zelada)가 소장하던 Z본에서 필사한 것인데, 그 뒤 이 사본의 원본인 Z본의 소재가 묘연해졌다가 1932년 톨레도에서 퍼시벌 데이비드(Percival David)에 의해 발견되었고, 모울과 펠리오가 이를 인쇄본으로 출판했다. 이 사본은 전반부에서는 상당한 축약이 보이나 147장(신주에 관한 부분)부터는 축약 없이 F본의 내용과 거의 일치한다. 이러한 축약은 필사자 혹은 번역자가 실수로 범한 것이 아니라 의도적인 것으로 보인다. Z본에는 F본에 보이지 않는 문단이 약 200개에 이르는데 이 가운데 3/5은 R본에서도 동시에 발견되는 것이다. 또한 Z본에만 보이는 부분들은 결코 번역자나 필사자가 자기 마음대로 상상해서 삽입한 것이라기보다는 그 내용의 역사적 · 지리적인 신빙성으로 보아 모두 '원본'의 내용을 반영하고 있는 것으로 보인다. 예를 들면 '유구리스탄'에 관한 부분(59장), '푸주의 기독교도'(156장), 러시아에 관한 긴 설명(218장)이 그러하다.

위에서 설명한 세 가지 이외에 연구자들의 주목을 받았던 것으로는 궁중 프랑스어본 — 그레고아르(Gregoire)본이라고도 불림 — 과 투스카나 방언본이 있다. 전자는 F본 계열에 속하는 것으로서, 프랑스의 '미남왕' 필립(Phillip Le Belle)의 지시에 따라 베니스를 방문한 티보 드 세푸아(Thibault de Cepoy)가 1307년 마르코 폴로로부터 직접 사본 하나를 받았다는 메모가 적혀 있어 유명하지만, 베네데토는 이 메모에 대해 신빙성을 두지 않았다. 후자는 14세기 초 제노아에서 만들어진 사본이 투스카나로 전해져 투스카나 방언으로 옮겨진 것이다.

나머지 대다수의 사본(약 80여 종)은 베네치아본 계열로서 마르코 폴로와 동시대 사람이었던 피피노의 라틴어 번역본과 그것에 기초한 각종 서구어로 번역된 것들이 이에 속한다. 이렇게 해서 모두 120종이 넘는 사본들이 만들어졌고 또 인쇄술이 발명된 이후로는 280종에 이르는 활자본이 출간되었다는 사실은 마르코 폴로의 글이 지닌 중요성와 인기를 단적으로 말해주고 있다. 마르코 폴로의 글을 현대어로 번역하거나 혹은 글 속에 나오는 지명과 인명들을 고증하려는 연구들도 수없이 출판되었다. 한 일본인 학자의 조사에 의하면 1983년까지 세계 각국에서 출판된 번역과 연구는 모두 2,337편에 이르고 있다.[35]

이 가운데 현재 학술적으로 중요한 업적으로 평가받고 있는 것들을 소개해보면 대체로 다음과 같다. 먼저 영어로는 1579년 프램튼(John Frampton)에 의해 처음 번역되었고, 이 역본은 1929년 펜저(N.M.Penzer)가 수정·보충하고 서문과 주석을 달아 다시 출간되었다. 그러나 이것은 베네치아본 계열을 스페인어로 번역한 것을 다시 영어로 옮긴 것이기 때문에 '원본'과는 상당한 거리가 있다. 한편 라무지오의 인쇄본에 근거한 마르스덴(W.Marsden)의 영역본이 1818년에 출간되었는데, 1854년 라이트(T.Wright)에 의해 수정·출판되고, 후일 메이스필드(J.Masefield)가 서문을 쓰고 더 보충하여 'Everyman's Library' 시리즈에 포함되었다.

유울(H.Yule)과 코르디에(H.Cordier)에 의해 완성된 영역본은 궁중 프랑스어본을 저본으로 삼았는데, 번역보다는 상세한 주석으로 높은 학술적인 평가를 받고 있다. 마지막으로 이탈리아의 베네데토의 교감본 텍스트를 근거로 한 리치(A.Ricci)의 영역본이 있는데, 이것 역시 학술적으로 높은 가치를 지닌다. 이밖에도 콤로프(M.Komroff)나 라탐(R.Latham)의 영역본이 있는데, 일종의 '포켓북'으로 읽기는 간편하나 학술적인 중요성은 높지 않다고 할 수 있다.

---

35) Watanabe Hiroshi comp., *Marco Polo Bibliography, 1477~1983*(Tokyo, 1986).

영어 이외에 프랑스어 번역본으로는 포티에의 인쇄본(궁중 프랑스어본에 기초)을 샤리뇽이 현대 프랑스어로 옮기고 주석을 더 추가한 것이 있다. 한문사료를 널리 동원한 매우 상세한 주석이 아직도 가치를 지니고 있지만, 마르코 폴로를 『원사』(元史)에 나오는 추밀부사 패라(孛羅)로 보는 등 엉뚱한 추측도 적지 않기 때문에 조심할 필요가 있다. 이탈리아어로는 베네데토의 간본이 있는데, 이것은 지리학회본을 중심으로 다른 여러 사본에 나오는 중요한 부분들을 보충해서 만든 일종의 교감본이라고 할 수 있지만, 사본의 출처를 밝히지 않았기 때문에 각각의 구절들이 어느 사본에서 나온 것인지 알 수 없다는 것이 흠이다. 무엇보다도 장문의 서론을 통해 각 사본·판본의 특징과 계통을 분석한 것이 지금까지 뛰어난 업적으로 평가받고 있다. 리치의 영역은 바로 그의 이탈리아어 간본을 옮긴 것이고, 일본의 오타키 마츠오(愛宕松男)는 리치의 영역본을 일본어로 옮겼으며, 우리나라에서 통용되는 번역본 가운데 일부는 이 일역본을 다시 번역한 것이다.

마지막으로 1934년 출간된 모울과 펠리오의 영역본이 있다. 이것은 마르코 폴로의 '원본'의 형태를 가장 잘 보존하고 있는 지리학회본(F)을 저본으로 삼고, 라무지오본(R)과 젤라다본(Z)을 비롯하여 모두 18개의 중요한 사본들을 대조하여 F본에 없는 내용을 보충하되 그 출처를 표시하고 교감을 가한, 말하자면 '교감(校勘)·집철(輯綴) 영역본'이라고 할 수 있다. 따라서 지금까지 출간된 여러 번역본에 비해 '원본'의 형태와 언어를 제대로 반영하고 있을 뿐 아니라 다른 사본에 있는 중요한 내용까지 보충했기 때문에 '결정판'(definitive edition)이라고 말할 수 있다.

필자가 이 판본을 우리말 번역의 텍스트로 삼은 이유도 여기에 있다. 모울과 펠리오는 이 영역본을 1938년 제1권으로 출간한 뒤, 1932년 톨레도에서 발견된 젤라다본의 원문을 활자화하여 제2권으로 냈고, 이어 펠리오가 상세한 주석을 준비함으로써 그가 죽은 뒤 *Notes on Marco Polo*라는 제목의 두 권의 책으로 출판되었다. 동서양의 각종 사료들에 대한 그의 해박한 지식이 총동원된 이 주석서는 마르코 폴로 연구의 최고봉을 이루고 있다.

일본에서는 1912년 우리유 하지메(瓜生寅)의 번역이 최초이고, 현재 통용되는 것으로는 유울과 코르디에의 영역본을 옮긴 아오키 토미타로(靑木富太郎)의 번역본(1954)과 리치의 영역본을 옮긴 오타키 마츠오(愛宕松男)의 번역본(1970)이 있다. 이와무라 시노부(岩村忍)는 모울-펠리오 영역본을 옮기려고 시도했지만 일부분만 출간한 채 끝나고 말았다. 중국에서는 마르스덴의 영역본을 옮긴 위역(魏易)의 『元代客卿馬哥博羅游記』(1913)가 최초이고, 이후 포티에-샤리농 불역본을 옮긴 풍승균(馮承鈞)의 번역본, 리치의 영역본을 옮긴 장성랑(張星烺)의 번역본이 나왔다.[36] 우리나라에도 몇 종의 번역본이 있으나 일역본을 다시 옮긴 것이거나, 콤로프와 같은 포켓판을 근거로 삼은 것, 혹은 저본이 무엇인지 불명확한 것들이다.

7. 본 역서의 지침

본 역서는 모울-펠리오의 영역본을 저본으로 삼았다. 그 까닭은 앞에서도 설명했듯이 마르코 폴로의 '원본'이 가장 잘 보존되어 있는 F본을 토대로 중요한 사본들을 집철시켜 만든 것으로 학계에서 가장 탁월한 텍스트로 인정받고 있기 때문이다. 그러나 이 '집철본'에는 모두 18종의 사본들이 동원되어 있고 그 출처들이 점(·)에 의해 본문 속에 일일이 표기되

---

36) 중국에서의 번역본에 대해서는 「『馬可波羅游記』在中國的飜譯與硏究」, 『馬可 · 波羅介紹與硏究』, pp. 39~51 참고.

어 있어, 그 하나하나를 모두 우리말로 옮기고 사본의 출처를 밝힌다면 독자들은 지나친 번잡을 피할 수 없을 게 분명하다. 더구나 18종 사본의 보충부분들을 면밀히 살펴보면 F · R · Z를 제외한 다른 사본들은 대체로 문맥을 부드럽게 하기 위한 표현상의 보충에 불과한 것들이 대부분이기 때문에 '서지학적'인 연구에 종사하는 극소수의 사람들에게나 필요한 것들이다. 따라서 본 역자는 F · R · Z가 아닌 다른 사본들의 문구는 옮기지 않았고, R · Z본의 경우에도 '매우' '상당히' 등과 같은 단어들이 한 문장 안에 여러 번 되풀이되는 경우에는 본뜻에 손상이 가지 않도록 생략하기도 했다. R은 〔 〕로, Z는 〈 〉로 표시하여 독자들이 알 수 있도록 했으나, 모울-펠리오 영역본에서도 마찬가지로 R본과 Z본이 서로 일치하는 경우 둘 가운데 하나만 표시되어 있으므로 〔 〕의 부분이 반드시 R본에만 있는 것을 의미하지는 않는다.

우리말 번역은 최대한 원문에 충실하려고 했으나, F본이 '구술'에 근거한 것이고, 때로 '여러분', '엄청난', '대단히'와 같은 단어들이 '백만'이라는 마르코 폴로의 별명이 무색하지 않을 정도로 쏟아져나오기 때문에, 그대로 우리말로 옮길 경우 매우 어색한 느낌을 줄 우려가 있어, 번역상 최소한의 '타협'이 불가피했다. 물론 부드럽고 훌륭한 우리 언어로 전달할 수 있음에도 불구하고 역자 자신의 능력이 미치지 못해 그렇게 하지 못한 부분 역시 적지 않으리라 생각하기 때문에 독자들의 관대한 이해를 구하는 바이다.

본 역서의 주석들에 대해서 역자는 나 자신의 독창적인 연구의 결과라고 말할 수 없다. 이미 질량면에서 상당한 주석들이 축적되어 있어 그것을 넘는 자신의 창견을 제시하기도 어려울 뿐더러, 포티에-샤리뇽, 유울-코르디에, 펠리오 등의 주석은 평생을 바쳐 연찬한 결과이고 고유명사 하나에 대해서도 장편의 논문들이 있는 상황에서 역자가 감히 무엇을 더 보태었다 해도 구우일모(九牛一毛)에 불과할 것이다. 오히려 역자가 주석을 달 때 더 큰 문제는 기존의 여러 주석들이 상치된 주장을 할 때 어떠한 판단을 내리느냐에 있었다. 역자 나름대로 자료를 찾고 연구들을 참조하여 결정하기는 했지만 그 과정을 일일이 적지는 않았다. 그러기 위해서는 기왕의 주석들을 다시 되풀이하면서 논지를 전개해야 하고, 결국 본문의 몇 배가 되는 주석을 달지 않을 수 없기 때문이다.

따라서 본서에서는 주석을 원문의 이해를 돕기 위한 간략한 보충설명으로 한정시켰고 학술적인 논변은 가능하면 삼가려고 했다. 고유명사의 영문표기의 경우 모울-펠리오 교감본은 대체로 F본을 따랐으나, 일부 다른 R · Z본에 있는 표기법을 따르거나 혹은 그들의 독자적인 판단에 의해 제3의 형태를 제시하기도 했다. 본서의 주석에서는 F · R · Z사본이 본문의 표기와 다를 경우에만 명시해 두었는데, 본문의 표기를 F본에서 취했을 경우에는 주석에서 F본이라는 표시를 따로 하지 않았다.

아울러 독자들의 이해를 돕기 위해 필요한 시각 자료들을 삽입시키려고 노력했다. 마르코 폴로가 설명하는 지역과 행로를 알기 위해서는 무엇보다도 지도의 도움이 필요하고, 또 그 속에 기재된 여러 지역의 동식물, 건축, 풍습 등을 이해하기 위해서는 사진이나 삽화들이 유용하리라 생각했다. 특히 유울-코르디에의 책에 나오는 다양한 삽화들이 많이 이용되었다.

8. 주요 역주서와 연구문헌

각국에서 출판된 번역본, 주석서, 연구서와 논문의 숫자는 실로 헤아리기조차 어려울 정도인데, 그 전모를 알고 싶으면 와타나베 히로시(渡邊宏)의 *Marco Polo Bibliography, 1477~1983*(『マルコ · ポ-ロ書誌』; Tokyo, 1986)을 참고하기 바란다. 여기서는 중요한 번역 · 주석서와 연구문헌만 열거하기로 한다.

1. 번역 및 역주서

The Travels of Marco Polo, Greatly amended and enlarged from valuable early manuscripts recently published by the French Society of Geography, and in Italy by count Baldelli Boni, Tr., by Hugh Murray, Edinburgh ; Oliver & Boyd, Tweeddale Court, 1844.

Travels of Marco Polo, Intr. John Masefield, Everyman's Library, London, 1908 ; repr., 1967.

The Travels of Marco Polo, Revised from Marsden's translation and edited with an introduction by Manuel Komroff, New York ; The Modern Library, 1926.

Le Livre de Marco Polo, Tr., A.J.H.Charignon(1867년 G.Pauthier본의 현대 프랑스어 번역 및 상세한 주석), vols. 3, Pekin ; Albert Nachbaur editeur, 1924~28.

The Book of Ser Marco Polo, vols. 2, Henry Yule, Revised by Henri Cordier, London ; John Murray, 1926.

The Travels of Marco Polo, F.Benedetto의 이탈리아어본을 Aldo Ricci가 번역, London ; Routledge & Kegan Paul, 1931년 ; 3판, 1950.

Marco Polo, The Description of the World, Tr., A.C.Moule & P.Pelliot, London ; George Routledge & Sons Ltd., 1938.

The Travels of Marco Polo, Tr., Ronald Latham, New York ; Penguin Books, 1958.

The Travels of Marco Polo, New York ; Orion Press, 1958.

『馬哥·孛羅遊記』, 張星烺譯, 上海 ; 商務印書館, 1936(萬有文庫 No. 932), 臺北 ; 商務印書館, 1979, Ricci 영역본에 근거.

『馬可波羅行記』 3冊, 馮承鈞 譯註, 上海 ; 商務印書館, 1936, Pauthier/Charignon 프랑스어본에 근거.

『マルコ·ポーロ紀行』, 瓜生寅 譯, 東京 ; 博文館, 1912, Write의 영역본에

근거.

『マルコ・ポ-ロ東方見聞錄』, 佐野保太郎 譯, 東京, 1914, H.Murray 영역
　　본에 근거.

『マルコ・ポ-ロの研究 1』, 岩村忍 譯, 東京；筑摩書房, 1948, Moule 영역
　　본에 근거, 1권만 출간되고 중단.

『マルコ・ポ-ロ旅行記』, 靑木富太郎 譯, 東京；河出書房, 1954, Yule &
　　Cordier 영역본에 근거.

『マルコ・ポ-ロ東方見聞錄』, 2권, 愛宕松男 譯, 東京；平凡社, 1970(東洋
　　文庫, 158, 183), Ricci 영역본에 근거.

『東方見聞錄：마르코・포로 大旅行記』, 마뉴엘・콤로프 編, 金永基 譯, 東
　　方文化研究院, 1956.

『東方見聞錄』, 鄭雲龍 譯, 을유문화사, 1964.

『東方見聞錄』, 曺佐鎬 譯, 삼진사, 1975.

『東方見聞錄』, 蔡義順 譯, 학원출판공사, 초판 1978, 1993(세계사상대전집,
　　권11).

『東方見聞錄』, 權美英 譯, 일신서적출판사, 1991(세계교양사상백선, 권3).

『東方見聞錄』, 최호 譯, 홍신문화사, 1994(홍신사상신서, 권49).

2. 연구문헌

Clunas, Craig, *"The Explorer's Tracks"*, *The Times China Supplement*,
　　April 14, 1982.

Critchley, John, *Marco Polo's Book*, Hampshire；Variorum, 1992.

Franke, Herbert, "Sino-Western Contacts under the Mongol Empire",
　　Journal of the Royal Asiatic Society, Hong Kong, 1966.

Haeger, John W, "Marco Polo in China? Problems with Internal
　　Evidence", *Bulletin of Sung and Yuan Studies*, vols. 14(1979),
　　pp. 22~30.

Larner, John, *Marco Polo and the Discovery of the World*, Yale

University Press, 1999.

Olschki, Leonardo, *Marco Polo's Asia*, Berkeley ; University of California Press, 1960.

Pelliot, Paul, *Notes on Marco Polo*, vols. 3, Paris ; Librairie Adrien-Maisonneuve, 1959~1973.

Ross, Sir E.Denison, *Marco Polo and His Book*, London ; Oxford University Press, 1935(27p).

Rugoff, Milton, *Marco Polo's Adventures in China*, New York ; American Heritage Pub. Co., 1964.

Watanabe, Hiroshi(渡邊宏) 編, *Marco Polo Bibliography, 1477~1983* (マルコ・ポーロ書誌), Tokyo ; The Toyo Bunko, 1986.

Wood, Frances, *Did Marco Polo go to China?*, London ; Secker & Warburg, 1995.

余士雄 主編,『馬可·波羅介紹與研究』, 北京 ; 第目文獻, 1983.

『中西文化交流先驅 ― 馬可·波羅』, 北京 ; 商務印書館, 1995.

岩村忍,『十三世紀東西交涉史序說』, 東京 ; 三省堂, 1939.

岩村忍,『マルコ・ポーロ：西洋と東洋を結んだ最初の人』, 東京 ; 岩波書店, 1951(岩波新書 67).

愛宕松男,『愛宕松男東洋史學論集』第5卷：『東西交涉史』, 東京 ; 三一書房, 1989.

佐口透,『マルコ・ポ＝ロ：東西を結んだ歷史の證人』, 東京 ; 清水書院, 1984.

마르코 폴로의
동방견문록

원제 : 세계의 서술

목차[*]

서 편

1장 │ 여기서 『세계의 서술』이라는 이 책의 서편이 시작된다

2장 │ 어떻게 니콜로님과 마페오님이 콘스탄티노플을 출발해 세상을
　　　찾아나섰는가

3장 │ 어떻게 니콜로님과 마페오님이 솔다니아를 출발했는가

4장 │ 어떻게 두 형제가 사막을 지나 부카라시에 이르렀는가

5장 │ 어떻게 두 형제가 대카안에게로 가는 사신을 믿게 되었는가

6장 │ 어떻게 두 형제가 대카안에게로 왔는가

7장 │ 어떻게 대카안이 두 형제에게 기독교도들의 일에 관해
　　　물어보았는가

8장 │ 어떻게 대카안이 두 형제를 로마 교황에게 자신의 사신으로
　　　보냈는가

9장 │ 어떻게 대카안이 두 형제에게 금패를 주었는가

10장 │ 어떻게 두 형제가 아크레시에 도착했는가

11장 │ 어떻게 두 형제가 니콜로님의 아들 마르코를 데리고 베니스를
　　　떠나 대카안에게 돌아갔는가

12장 │ 어떻게 두 형제와 마르코가 아크레를 떠났는가(어떻게 두 형제가
　　　로마 교황에게로 갔는가)

13장 │ 어떻게 두 형제가 로마 교황에게로 갔는가(어떻게 두 형제와
　　　마르코가 대카안이 있는 곳인 케메인푸시에 당도했는가)

---

[*] F본은 이 목차부터 시작된다. 각 편의 제목과 각 장의 번호는 본 역자가 독자들의 이해를 위해 임의로
　추가한 것이다.

1편 서아시아

2편 중앙아시아

3편   대카안의 수도

4편　중국의 북부와 서남부

5 편　**중국의 동남부**

7편 **대초원**

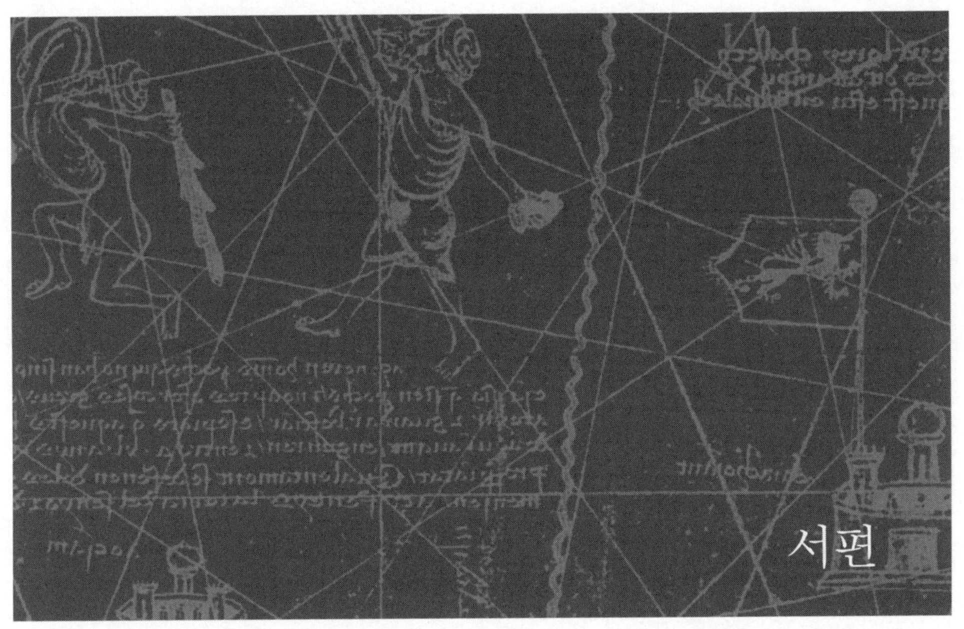

서편

| 1장~ 19장 |

1장 | 여기서 『세계의 서술』이라는 이 책의 서편이 시작된다

황제, 국왕, 공작, 후작, 백작, 기사, 시민들 그리고 여러 시대의 인간들과 여러 지역의 다양함에 대해서 알기를 원하는 분들이여, 이 책을 잡고 읽어보시라. 여기서 여러분은 대아르메니아[1]와 페르시아, 타타르(Tatar)[2]와 인도, 그리고 여러 지방의 가장 경이롭고 매우 다른 것들을 모두 알게 될 것이다. 왜냐하면 베니스의 현명하고 고귀한 시민이신 마르코 폴로님께서 자기 눈으로 직접 본 것에 관해서 우리의 이 책은 그가 말해주는 순서대로 분명히 서술할 것이기 때문이다.

그러나 거기에는 그 자신이 보지는 못했지만 인용해도 될 만한 사람들로부터 들은 진실된 이야기들도 있다. 따라서 우리는 이 책이 아무런 거짓이 없는 올바르고 참된 것이 될 수 있도록 본 것은 보았다고, 또 들은 것은 들었다고 밝힐 것이다.

이 책을 읽거나 듣는 사람은 누구나 믿어도 좋을 것이다. 왜냐하면 모든 것이 진실이기 때문이다. 또한 우리 주 하느님께서 그의 손으로 우리의 최초의 조상인 아담을 빚어낸 이후 지금 이 순간에 이르기까지 기독

---

1) 본서에서는 '대아르메니아'와 '소아르메니아'라는 명칭이 등장한다. 대아르메니아는 코카서스 산간지방에 위치한 오늘날의 아르메니아는 물론, 남쪽으로는 반(Van) 호수에까지 이르고 서쪽으로는 에르주룸(Erzurum : 본서의 Argiron)과 에르진잔(Erzincan : 본서의 Arçingan)까지 포함하는 비교적 넓은 지역을 가리킨다. 소아르메니아는 유프라테스강 상류 서쪽에 위치한 지역을 가리키며 시스(Sis)와 라이아스(Laias)가 중요한 도시이다. 소아르메니아는 고대 킬리키아(Cilicia) 지방에 해당하며 현재는 터키 영내에 속한다. 12세기 말부터 하나의 왕국을 이루었는데, 몽골에 복속했던 헤툼 1세의 치세(1224~69)에 전성기를 구가했지만, 1375년에 멸망하고 맘룩 왕조에 편입되었다.

2) 당시 대부분의 유럽인들이 그렇게 불렀듯이 폴로도 '몽골'을 '타타르'라는 이름으로 부르고 있다. 아마 '몽골'이라고 했을 경우 무엇인지 모르지만 유럽의 독자들을 생각해서 그렇게 했을 수도 있다. 그러나 이 책 74장에는 '몽굴'(즉 몽골)이라는 표현도 한 번 보이는데, 그것은 타타르들이 사는 지역을 가리키는 지명으로 사용되고 있다. 따라서 17년간이나 원조에 머물렀다는 마르코 폴로가 '몽골'이라는 말의 참뜻을 몰랐을 리도 없었을 텐데 왜 그런 뜻으로 사용했을까 하는 의구심을 지우기 힘들다.

교도든 이교도든 혹은 타타르든 인도인이든, 아니 어떤 종족에 속한 인간이든 간에, 이 마르코님이 찾아다니고 알고 있는 만큼 세상의 여러 곳과 정말로 놀라운 것들에 대해 알거나 탐구했던 사람은 아무도 없었기 때문이다.

그러므로 그는 자신에게 이렇게 말한다. 자기가 보거나 진실되게 들은 갖가지 놀라운 것들을 글로 쓰게 하지 않음으로써 그러한 것을 보지도 알지도 못하는 다른 사람들이 그것을 모르게 내버려둔다면, 너무나 커다란 죄악이 될 것이라고.

뿐만 아니라 내가 여러분께 말하건대, 그는 〔아주 젊었을 때부터 40세의 나이가 될 때까지〕 무려 26년 동안이나 그런 여러 지방에 머물렀기 때문에 이런 것들을 알게 된 것이다.[3] 그리고 그 뒤 그가 제노아의 지하감옥에 갇혀 있을 때, ⟨게으름을 피우지 않고 독자들에게 즐거움을 선사하기 위해 상술한 책을 펴내야겠다고 생각했다. 그는 아직도 기억에 남아 있는 몇 가지에 관해서만 자기 손으로 써놓았다.⟩ 〔만약 그가 우리가 사는 이곳으로 다시 돌아올 것을 알았다면 적어두었을지도 모를 수많은 것들과 비교해볼 때, 그것은 정말 아무것도 아니다. 그러나 그는 타타르들의 임금인 대카안을 모시는 일에서 떠나는 것이 거의 불가능하다고 생각했기 때문에, 자신의 비망록에다 몇 가지 간단한 것들만 기록해놓았던 것이다.〕 예수 그리스도가 강림하신 지 1298년 되는 해에 그는 바로 같은 지하감옥에 있던 피사의 루스티켈로(Rustichello)[4]님에게 이 모든 것들을 다시 서술하도록 한 것이다.

---

3) 1254년에 출생한 그는 열여섯 살 때인 1270년에 아버지를 따라 베니스를 떠나 1295년에 귀환했으니, 26년간 고향을 떠나 있었던 셈이다.
4) F본에는 Rustaciaus로 되어 있고, 사본에 따라 Rustaciano로도 표기된다.

무역거점 솔다니아(=수닥)에 건설된 요새의 모습

2장 | 어떻게 니콜로(Nicolau)님과 마페오(Mafeu)님이 콘스탄티노플 (Constantinople)을 출발해 세상을 찾아나섰는가

보드윈(Baudoin)이 콘스탄티노플의 황제[5]였을 때인 1250년,[6] 마르코님의 부친인 니콜로 폴로님과 니콜로님의 동생인 마페오 폴로님, 이 두 형제는 자신들의 상품을 갖고 베니스를 떠나 콘스탄티노플시에 있었다. 그들은 점잖고 현명했으며 사려도 깊어서 실수를 저지르지 않았다. 그들은 서로 의논하여 수입과 이익을 올리기 위해서 '대해'(Greater Sea)[7]로 나가보자고 말했다. 그리고 그들은 많은 보석을 구입한 뒤 콘스탄티노플에서 배를 타고 떠나 솔다니아(Soldanie)[8]로 갔다.

---

5) 동로마 제국의 황제 볼드윈(Baldwin) 2세를 가리키며 치세는 1237~61년이다.

6) 유울은 이것이 1260년이 되어야 옳다고 보았다. 왜냐하면 폴로 형제는 마르코 폴로가 태어나기 직전인 1253~54년에 베니스를 출발해서 1261년에는 볼가강에 도달한 것으로 추정되기 때문이다. 따라서 그들이 콘스탄티노플에 체류했던 것은 그보다 1년 전인 1260년으로 보아야 할 것이다.

7) 흑해를 지칭한다.

8) 크리미아 반도 남단의 항구도시. 솔다이아(Soldaia), 솔다키아(Soldachia)라고도 불렸으며, 무

그들은 솔다니아에 얼마간 머문 뒤, 더 멀리 앞으로 나가보는 것이 어떻겠는가 하고 생각했다. 이것에 대해 내가 여러분에게 무엇을 말해줄 수 있을까. 그들은 솔다니아를 출발하여 여정에 올라 별다른 일 없이 기행(騎行)하다가, 타타리아(Tartary) 한 지역의 군주로 그 당시 볼가라(Bolgara)와 사라이(Saray)에 있던 베르카 카안(Berca[9] Kaan)[10]이 있는 곳에 도착했다. 베르카는 니콜로님과 마페오님을 극진히 우대했고 그들의 도착을 매우 반겼다. 두 형제는 갖고 온 보석 모두를 그에게 바쳤는데, 베르카는 이를 기꺼이 받았다. 이 보석들이 그를 얼마나 기쁘게 했는지 그는 보석의 값을 두 배로 보상하고〔또한 매우 풍부하고 많은 선물들을〕주라고 했다. 그는 그것들을 여러 곳으로 보내 팔도록 했으며, 그것들은 매우 잘 팔렸다.[11]

그들이 베르카의 땅에 1년 머무를 즈음, 베르카와 동방(the Sunrising)의 타타르 군주인 울라우(Ulau)[12] 사이에 전쟁이 일어났다. 그들은 전력

슬림들의 자료에는 수닥(Sudak)이라고도 표기되었고, 고대 중국문헌에도 粟特으로 기록되었다. 당시 몽골인들의 지배 아래 있었으나 러시아와의 교역에 중요한 거점이었다.

9) F(barca, barch, berca), R(barcha), Z(berca, bercha).

10) 그의 이름을 정확하게 표기하면 베르케(Berke)이다. 바투(Batu)의 동생이자 그의 뒤를 이어 킵착 칸국의 제2대 군주(1257~67)였다. 볼가라는 볼가강 중류, 즉 오늘날 타타르 자치공화국 영내에 있는 볼가라촌(村)에 그 유적지가 남아 있고, 사라이는 아스트라한구(區)의 샐리트렌느이 하라발린스키(Selitrennyi Kharabalinskii)촌에 그 유적지가 남아 있다. 흔히 바투가 죽은 뒤 그 중심지('사라이 바투')를 베르케가 다른 곳('사라이 베르케')으로 옮긴 것으로 생각하고 있으나 이는 고고학적 자료에 의해 부정되었고, 소위 'New Saray'는 1330년대에 가서야 건설되었다. V.L.Egorov, *Istoricheskaia geografiia Zolotoi Ordy v XIII~XIV vv*(Moskva, 1985), p. 95, pp. 112~117 참조.

11) R본은 이 마지막 문장을 "그는 보석들을 여러 곳에 맞추어 넣도록 보냈고, 그것들은 매우 잘 맞추어졌다"라고 표현하고 있다. Ricci 역본, p. 3 ; Olschki, p. 78 참조. 여기서는 F본을 옮긴 모울의 영역에 따랐다.

12) F(alau), R(alau, vlau), Z(alau, ulau, vlau). 일 칸국의 초대군주이며 쿠빌라이의 친동생인 훌레구(Hülegü : 1265년 사망)를 가리킨다. 당시 몽골어에서 어두음 h는 매우 불안정했다. 한문자료에 보이는 그의 이름 旭烈兀도 어두음 h가 탈락된 형태로 '울레우'의 음을 나타내고 있다.

을 다해 상대방과 싸웠고 이쪽이나 저쪽이나 모두 엄청난 피해를 입었지
만, 결국은 울라우가 승리를 거두었다.[13] 바로 그 전쟁으로 인해 어느 누
구나 길을 나서면 포로가 될 수밖에 없었고, 그들이 왔던 쪽으로도 사정
은 마찬가지였다.

그러나 앞쪽으로는 안전하게 갈 수 있었기 때문에 두 형제는 서로 이렇
게 말했다. "이제 우리는 상품을 갖고 콘스탄티노플로 되돌아갈 수 없게
되었다. 그러니 [아직 알려지지 않은 길을 거쳐 베르카의 영역을 우회할
수 있을 때까지] 동쪽으로 계속해서 가보자. 그러면 베니스로 되돌아갈
수 있을 것이다."

그들은 거기서 여장을 챙겨 베르카가 있는 곳을 떠나 서방(the Sun-
setting)의 군주[14]의 영역 끝에 있던 우카카(Oucaca)[15]라는 이름의 도시
로 갔다. 그리고 우카카에서 출발하여 티그리(Tigri)강[16]을 건넜고 열이레
거리의 사막을 지났다. 그들은 아무런 읍이나 촌락도 보지 못했고 다만 천
막을 갖고 가축을 기르며 생활하는 타타르 사람들만 보았을 뿐이었다.[17]

---

13) 양측의 전쟁은 1262년 말에서 1263년 초에 걸친 겨울 동안에 코카서스 산맥의 데르벤트 북방
초원을 중심으로 벌어졌는데, 폴로의 진술과는 달리 양측의 승패는 엇갈렸다. 뿐만 아니라 펠
리오도 주목했듯이 이 전쟁의 무대가 테렉(Terek)강의 북쪽으로까지 확대된 적이 없었기 때문
에 그 전쟁으로 인해 폴로 형제가 콘스탄티노플을 거쳐 베니스로 돌아가는 길이 막혔다고 보기
는 어렵다. 그들이 서쪽으로 돌아가지 못한 것은 차라리 킵착 칸국과 콘스탄티노플 양측 사이
에 벌어진 분쟁과 전투 때문일 가능성이 있다.
14) '서방의 군주'는 베르케를 지칭한다.
15) F(oucaca, ouchacca), R(ouchacha). 볼가강 우안의 사라이와 볼가라 중간쯤 되는 지점에 위
치해 있었다. 사라토프(Saratov) 남방 6마일 되는 지점에 있는 Uwek이라는 마을이 그곳에 해
당된다.
16) R · Z(tigris). 유울은 중세 유럽인들 사이에 천국에서 내려온 강물(즉 오늘날의 볼가강)이 카스
피해로 들어갔다가 그것이 지하로 伏流한 뒤 다시 지상으로 용솟음쳐 나와 티그리스강이 되었
다는 전설이 유포되어 있었다는 주석을 달았다. 여기서 볼가강을 '티그리(=티그리스)강'이라
고 부른 것도 이런 생각과 관련이 있는 것으로 보인다. 이는 '나일강의 복류설' 및 '황하의 복
류설'과도 같은 구조로 상통하고 있어 흥미롭다.
17) 그들은 현재 카자흐스탄의 초원과 반사막을 통과한 것이다.

4장 | 어떻게 두 형제가 사막을 지나 부카라(Bucara)[18]시에 이르렀는가

그들은 사막을 지난 뒤 부카라라고 불리는 도시에 이르렀는데, 그곳은 대단히 위품있고 거대했으며 그 지방 역시 부카라라는 이름으로 불렸다. 그곳의 왕은 바락(Barac)[19]이라는 이름을 가진 사람이었다. 그 도시는 페르시아 전역에서 가장 빼어났다. 이 도시에 도착한 두 형제는 앞으로 나아갈 수도 뒤로 돌아갈 수도 없게 되었고 그래서 그곳에 3년 동안 머물렀다.[20]

그들이 그곳에 머물고 있는 동안 동방의 군주 울라우가 보낸 사신이 왔는데, 그는 쿠블라이(Cublai)[21]라는 이름을 가진 모든 타타르 사람들의 대군주에게로 가던 참이었다. 이 사신은 그 나라에서는 라틴 사람을 한 번도 본 적이 없었기 때문에 니콜로님과 마페오님을 보자 매우 신기해했다. 그는 두 형제에게 "귀하들! 만약 당신들이 나를 믿는다면 굉장한 이익을 얻고 대단한 존경도 받게 될 것이오"라고 말했다. 두 형제는 만약 자신들의 능력으로 할 수만 있는 일이라면 기꺼이 그를 믿겠노라고 말했다. 그러자 그 사신은 "귀하들! 타타르의 대군주께서는 아직 라틴 사람은 단 한 사람도 보지 못했기 때문에 그런 사람을 보기를 간절히 바라고 있소. 만약 당신들이 그가 있는 곳까지 나와 함께 간다면, 내가 말하건대 그는 당신들을 매우 기쁘게 맞이할 것이고 극진하게 대접하고 좋은 일을 많이 해줄 것이오. 뿐만 아니라 당신들은 나와 함께라면 안전하고 아무런

---

18) F(boccara, bucara), R(bocara), Z(bucharra). 현재 중앙아시아 우즈베크공화국에 있는 도시 부하라(Bukhara).

19) R · Z(barach).

20) 바락은 차가타이 칸국의 7대 군주인 Baraq(1266~71). 폴로 형제가 부하라를 출발해서 원조로 향한 것은 1264년의 일이다. 따라서 그들이 부하라에 3년간 머물렀다는 것이 사실이라면 1262년에 그곳에 도착했어야 한다. 그러나 바락이 중앙아시아를 통치하기 시작한 것은 빨라야 1266년 봄의 일이다. 폴로 형제가 쿠빌라이의 사절로 일시 유럽으로 돌아갈 때는 바락이 칸으로 통치하고 있었다.

21) F · R · Z본 모두 이 철자를 썼으나 Z에는 coblai, cublay 등도 보인다. 즉 쿠빌라이 카안(Qubilai Qa'an)으로 원의 세조(世祖)이다.

방해도 받지 않고 갈 수 있을 것이오"라고 말했다.[22]

5장 | 어떻게 두 형제가 대카안에게로 가는 사신을 믿게 되었는가

두 형제는 이 사신이 한 말을 듣자 채비를 차린 뒤 기꺼이 그와 함께 가겠노라고 말했다. 그러고 나서 그들은 이 사신과 함께 길을 떠나 북쪽과 동북쪽 방향으로 1년간 가서야 그곳에 도달했다. 그들이 발견한 수많은 놀랍고 신기한 것들에 관해서는 여기서 여러분께 말하지 않겠다. 왜냐하면 니콜로님의 아들인 마르코님이 이 모든 것들을 다 보았고 이 책의 뒷부분에서 분명히 이야기할 것이기 때문이다.

6장 | 어떻게 두 형제가 대카안에게로 왔는가

니콜로님과 마페오님이 대군주에게로 오자, 그는 이들을 환대한 뒤 성대한 잔치를 베풀어 즐겁게 해주었다. 그는 이들이 온 것을 크게 기뻐했고 많은 것들을 물어보았는데, 먼저 황제들에 관해서 그들이 어떻게 군주권을 유지하고 정의로써 나라를 다스리는지, 그리고 그들이 어떻게 전투에 나가는지 또 어떻게 행동하는지에 대해 물어보았다. 그러고 나서 그는 왕공들과 제후들에 대해서 물어보았다.

7장 | 어떻게 대카안이 두 형제에게 기독교도들의 일에 관해 물어보았는가

그러고 난 뒤 그는 교황에 관해 물어보고, 로마 교회가 하는 일과 라틴 사람들의 풍속에 대해 자세히 물어보았다. 니콜로님과 마페오님은 타타르 사람과 타타레스크(Tartaresque)[23] 사람의 말을 잘 아는 현명한 사람답게

---

22) 몽골의 군주들이 라틴인을 한 사람도 보지 못했다는 것은 사실과 다르다. 이미 루브룩이나 카르피니와 같은 기독교 수도사들의 글을 통해서 확인되듯이 몽골제국의 수도 카라코룸에는 적지 않은 수의 유럽인들이 살고 있었다.

23) -esque는 '……을 닮은, ……방식의'라는 뜻을 지닌 어미이다. 따라서 '타타레스크'는 '타타르

모든 진실을 조리있고 슬기롭게 잘 말해주었다.

8장 | 어떻게 대카안이 두 형제를 로마 교황에게 자신의 사신으로 보냈는가

온 세상과 모든 지방과 왕국과 경역, 지상의 그 넓은 지역에 있는 모든 타타르 사람들의 군주이며 쿠블라이 카안이라는 이름을 갖고 있는 그 대군주는 라틴 사람들이 하는 모든 일에 관해 두 형제가 요령있게 말하는 것을 듣고는 더할 수 없이 기뻐하며 교황에게 사신으로 보내야겠다고 마음을 먹었다. 그리고 그는 두 형제에게 자신의 신하 한 사람과 함께 이 사절단으로 가지 않겠느냐고 부탁했고, 그들은 마치 주군의 명령처럼 그의 모든 지시를 따르겠노라고 대답했다. 그러자 대군주는 코가탈(Cogatal)[24]이라는 이름의 신하를 불러오게 하여, 그가 두 형제와 함께 교황에게 갔으면 좋겠다고 말했다. 그러자 그는 "폐하! 저는 폐하의 사람입니다. 모든 힘을 다해 폐하의 명령을 수행할 것입니다"라고 말했다. 그리고 나서 대군주는 교황에게 보내는 편지들을 투르크어로 쓰도록 하여 그것을 두 형제와 그 신하에게 맡기고는, 자신이 교황에게 하고자 하는 말을 그들이 전달하라고 했다.[25]

여러분은 그가 보낸 이 서한과 사절단의 임무가 무엇이었는지 알아야 할 것이다. 들어보시오! 그는 교황에게 기독교의 현자 100명 — 일곱 가

인을 닮은 사람'을 뜻하며, 아마 투르크계 사람들을 지칭하는 것으로 보인다. 어떤 사본에는 '투르키'(turchi)라고 씌어져 있기도 하다. 당시 제국 안에서는 투르크인들의 정치·경제적 역할이 컸기 때문에 폴로 형제가 투르크어를 배웠으리라는 데는 충분한 개연성이 있다.

24) R(chogatal). 펠리오는 이 이름이 Kökötei를 잘못 옮긴 것이 아닐까 추측하고, 그렇더라도 그런 이름을 중국측 자료에서 찾을 수 없다고 했다.

25) 몽골의 군주들이 서방의 교황이나 국왕들에게 보낸 서한들이 발견되어 그 내용의 일단을 알게 되었으나, 아직 쿠빌라이가 보낸 서한은 발견된 것이 없다. 또한 현존하는 서한들은 모두 몽골어(원문)나 페르시아어·라틴어(번역문) 등으로 되어 있고 투르크어로 작성된 것은 찾아볼 수 없다. 다만 몽골제국의 3대 군주 구육 칸이 교황에게 보낸 서한(1920년 바티칸 서고에서 발견)의 서두 부분이 투르크어로 되어 있을 뿐이다. 그러나 당시 투르크어나 페르시아어는 내륙아시아에서 국제어로 널리 사용되었기 때문에, 쿠빌라이가 작성토록 지시한 서한(아마 원문은 몽골어)이 투르크어로 번역되어 보내졌을 가능성을 배제할 수 없다.

지 기예[26]에도 능하고 논쟁하는 방법에도 뛰어나며, 우상숭배자들[27] 및 다른 부류의 사람들에게 그들이 오류에 빠져 있으며 집과 사당에 모셔놓고 있는 모든 우상들이 사악한 것이라는 사실을 명백하게 보여줄 수 있고, 기독교라는 종교가 그들의 것보다 더 낫다는 것을 합리적이고 분명히 보여줄 줄 아는—을 보내달라고 요청한 것이다.

또한 대군주는 예루살렘에 있는 주님의 성묘 위에 타고 있는 등잔의 기름을 조금 가져오라고 두 형제에게 지시했다. 여러분이 이제 들은 그런 것이 대군주가 두 형제를 통해 교황에게 보낸 사절단의 임무였던 것이다.

9장 | 어떻게 대카안이 두 형제에게 금패(金牌)를 주었는가

대군주는 교황에게 보내는 두 형제와 신하를 비롯한 모든 사절단에게 임무를 부여할 때 금으로 된 패자(牌子)[28]를 하나 주었는데, 거기에는 세 사람의 사신이 어디를 가든지 그들이 필요로 하는 모든 숙소는 물론, 한 곳에서 다른 곳으로 이동할 때 그들을 데리고 가는 사람과 말도 지급되어야 한다는 내용이 들어 있었다. 니콜로님과 마페오님과 또 다른 사신이 필요로 하는 모든 것들의 준비가 완료되자, 그들은 정말로 대군주에게 작별을 고한 뒤 말을 타고 길을 떠났다.

그들이 얼마인가 갔을 때, 두 형제와 동행하던 타타르 신하가 병이 들어 더 이상 길을 갈 수 없어 어느 도시에 머무르게 되었다. 니콜로님과 마페오님은 그가 병에 걸렸기 때문에 그를 놓아둔 채 길을 떠났다. 여러분에게 말하건대 그들은 어디를 가나 요구하는 것이면 무엇이든 지급받았고 봉사와 접대를 잘 받았다. 이것에 대해 내가 무엇을 말해줄 수 있을

---

26) 고대 이래로 서구 지식인들에게 중시되던 문법, 논리학, 수사학, 산수, 기하학, 음악, 천문학 등 일곱 가지 분야의 학문을 가리킨다.
27) 폴로의 글에서 '우상숭배자'는 거의 대부분 '불교도'를 지칭한다.
28) 패자의 종류와 그 기능에 대한 자세한 내용은 81장을 참조.

까? 그들은 매일같이 여행을 계속해서 라이아스(Laias)[29]에 이르렀는데,
여러분에게 말하건대 그들은 거기에 도착할 때까지 3년 동안이나 고생을
했다. 그 이유는 날씨가 나쁘거나 눈이 오거나 혹은 강물이 불면 여행을
할 수 없었기 때문이다.

10장 | 어떻게 두 형제가 아크레(Acre)[30]시에 도착했는가

라이아스를 출발해 아크레로 떠난 그들은 예수 그리스도가 강림하신 지
1260년[31] 되던 해 4월 그곳에 도착했으나 교황이 사망했다는 사실을 알게
되었다. 니콜로님과 마페오님은 교황의 서거 소식을 듣고 이집트 전역에
서 로마 교회를 대표하는 특사(legate)였던 어느 학식 높은 성직자를 찾아
갔다. 그는 대단한 권위를 지닌 인물로 '플라젠체의 테알드'(Teald of
Plajence)라고 불렸다.[32]

그들은 타타르의 대군주가 교황에게 사신을 보낸 이유에 대해 설명했
고, 두 형제의 말을 들은 그 특사는 크게 놀라며 그것은 기독교권을 위해
매우 좋은 일이자 대단한 영광이기도 하다고 생각했다. 그는 두 형제에게
"귀하들! 당신들도 알다시피 교황께서 돌아가셨으니 새 교황이 나올 때까
지 기다리는 것이 옳을 것이오. 그리고 새 교황이 선출되면 당신들도 임무
를 수행할 수 있을 것이오"라고 말했다. 특사의 말이 옳다고 판단한 두 형

---

29) R(la giazza), Z(aiaç). 지중해 동쪽 끝 이스켄데룬(Iskenderun)만에 위치한 항구도시로서
　　Laias, Ayas 등 다양하게 표기되었다. 동방의 물품들이 이곳에 집하되었다가 이탈리아의 도시
　　들로 운송되는 교역의 중요한 거점이었다. 현재는 과거의 명성을 잃고 조그만 촌락으로 퇴락한
　　상태이다.
30) 이스라엘 북쪽에 위치한 지중해 동안의 항구도시로 현재의 지명은 Akko. 폴로가 활약하던 시
　　대에는 지중해무역의 주요 거점이었다.
31) 1269년이 되어야 맞을 것이다.
32) Plajence 혹은 Piacenza는 이탈리아 북부 포강 남안에 위치한 지방의 이름. Teald라는 이름은
　　Thebaldo, Theobald 등 다양하게 표기되며, 그는 교황 클레멘트 4세(1268년 11월 29일 사망)
　　의 뒤를 이어 그레고리 10세로 즉위한 인물로 재위기간은 1271~76년이다.

제는 교황이 선출될 때까지 기다리는 동안 베니스로 가서 자기 집을 보고 싶노라고 말했다.

그러고 나서 그들은 아크레를 출발하여 네그레폰트(Negrepont)[33]로 갔다가, 네그레폰트에서 배를 타고 항해해서 집으로 왔다. 니콜로님은 아내가 이미 죽었지만 마르코(Marc)라는 이름의 열다섯 살 난 사내아이를 남겨두었다는 사실을 알게 되었으니, 바로 그가 이 책에서 말하는 마르코이다. 니콜로님과 마페오님은 교황이 선출되기를 기다리며 베니스에 2년간 더 머물렀다.

11장 | 어떻게 두 형제가 니콜로님의 아들인 마르코를 데리고 베니스를 떠나 대카안에게 돌아갔는가

여러분도 들었다시피 그렇게 오랫동안 기다려도 새 교황이 선출되지 않자, 두 형제는 대카안에게 돌아가지 않은 채 너무 오래 지체했다고 생각하여, 그의 아들 마르코를 데리고 베니스를 출발하여 곧장 아크레로 가서 내가 앞에서 얘기한 그 특사를 만나보았다. 그들은 이러한 것들에 관해 그와 많은 이야기를 나눈 뒤, 대카안이 요청한 그리스도의 등잔기름을 가져가기 위해 예루살렘으로 갈 수 있도록 허가해 달라고 부탁하자, 특사는 그들이 갈 수 있도록 허가를 내주었다. 그래서 두 형제는 아크레를 떠나 예루살렘으로 가 그리스도의 성묘에 있는 등잔의 기름을 조금 받았다. 그리고는 다시 아크레에 있는 특사에게로 돌아와 그에게 "각하, 교황이 선출되지 않는 것 같고 또 저희는 너무 오래 머물렀기 때문에 대군주에게로 돌아갔으면 합니다"라고 말했다. 로마 교회의 위대한 지도자들 가운데 한 분인 그 특사께서는 그들에게 "당신들이 대군주에게로 돌아가기를 희망한다니 나도 기쁘오"라고 말한 뒤, 니콜로님과 마페오님이 그들의 소임을 다하기 위해 어떻게 왔는지

---

33) 그리스의 섬 Euboea 서안에 위치한 항구도시.

또 교황에게 유고가 생기는 바람에 어떻게 임무를 수행할 수 없게 되었는지 하는 것들을 설명하는 서한을 대카안에게 보내도록 했다.

12장 | 어떻게 두 형제와 마르코가 아크레를 떠났는가(어떻게 두 형제가 로마 교황에게로 갔는가)[34]

두 형제는 특사의 서한을 받아들고는 아크레를 출발하여 대군주에게로 돌아가는 길에 올랐다. 그런데 그들이 라이아스에 도착한 직후 그 특사가 교황으로 선출되어 '플라젠체 출신의 교황 그레고르(Gregor)'라고 불리게 되었다. 두 형제는 이 소식을 듣고 매우 기뻐했는데, 교황으로 선출된 그 특사가 니콜로님과 마페오님에게 보낸 사자가 그 직후에 라이아스에 도착하여, 만약 그들이 아직 출발하지 않았으면 자기에게로 꼭 돌아오라는 전갈을 가져왔다. 두 형제는 이를 크게 반기며 기꺼이 그렇게 하겠노라고 했다. 내가 이에 대해 여러분에게 무엇을 말해줄 수 있겠는가. 아르메니아의 왕[35]은 두 형제를 위해 갤리선을 한 척 장만해주고는 그들을 정중히 모셔 그 특사에게로 보냈다.

13장 | 어떻게 두 형제가 로마 교황에게로 갔는가(어떻게 두 형제와 마르코가 대카안이 있는 곳인 케메인푸시에 당도했는가)

아크레로 온 그들은 교황에게 공손하게 경하를 올렸다. 교황께서는 그들

---

34) F본에는 12 · 13 · 14 · 15장의 제목이 잘못 표기되어 있다. 모울은 다른 사본들과 비교해본 결과, 15장 제목의 첫부분이 12장에 속하는 것이고, 12 · 13 · 14장의 제목들이 차례로 13 · 14 · 15장의 제목에 해당하며, 15장 제목의 뒷부분이 15장의 본래 제목이 된다는 사실을 확인했다. 따라서 여기서는 정확하게 고쳐진 제목을 먼저 적고 잘못 기재된 제목은 괄호 안에 넣어두었다.
35) Leon 2세(혹은 Livon 2세)를 지칭한다. 그의 부친 헤툼(Hethum : 1271년 사망) — 하이톤(Hayton)이라고도 함 — 은 뭉케 카안의 부름을 받고 카라코룸까지 갔고, 후일 훌레구를 따라 서아시아의 무슬림 세력의 공략을 적극적으로 도왔던 인물이다. 그의 행적은 Kirakos Ganjak의 기록을 통해서 잘 알려져 있다. 그는 1269년 아들에게 왕위를 물려주었다.

폴로 일가의 베니스 출항동
(옥스퍼드대 보들레이 도서
관 소장)

을 환대하면서 축복을 내리고 그들을 위해 연회를 베풀어주었다. 그러고
나서 교황은 니콜로님과 마페오님에게 당시 그 지역에서 정말로 학식이
높은 두 명의 도미니크파 수도사를 맡겼다. 한 사람은 니콜로 드 비첸세
(Nicolau de Vicense)라는 이름의 수도사였고, 다른 한 사람은 기욤 드
트리풀(Guilielme de Tripule)이라는 수도사였다.[36]

그는 그들에게 서임장(privileges)과 서한을 주었고 대카안에게 보내는
말을 전달하는 임무도 맡겼다. 니콜로님과 마페오님 그리고 두 사람의 도
미니크파 수도사들은 서임장과 서한과 교황의 사신으로서의 임무를 부여
받음과 동시에 그의 축복도 받았다.

그러고 나서 그들 네 명은 모두 함께 떠났는데, 니콜로님의 아들 마르코
도 그들과 같이 있었다. 그들은 곧바로 라이아스로 갔다[가 거기서 다시

---

36) 두 수도사 가운데 후자의 존재는 다른 자료에 의해 확인된다. 유울에 따르면 그는 1220년경 시
리아의 트리폴리에서 출생했고('기욤 드 트리풀'은 '트리폴리 출신의 기욤'을 의미한다), 책도
한 권 저술하여 교황 그레고리 10세에게 헌증했다고 한다.

육로를 이용해서 아르메니아로 갔다]. 그들이 거기에 이르렀을 때, 바빌로니아의 술탄인 본독다이르(Bondocdaire)가 대군을 이끌고 아르메니아로 쳐들어와 온 사방을 파괴했기 때문에 이 사신들 역시 죽음의 위험에 처하게 되었다.[37] 이를 본 두 명의 도미니크파 수도사들은 더 이상 나아가기를 무척 두려워했고 도저히 더 이상은 갈 수 없노라고 말했다. 그들은 갖고 있던 서임장과 서한을 모두 니콜로님과 마페오님에게 건네주고는, 그들과 헤어져 성당기사단의 대장(Master of Temple)[38]과 함께 떠나버렸다.

14장 | 어떻게 두 형제와 마르코가 대카안이 있는 곳인 케메인푸(Che-meinfu)시[39]에 당도했는가(어떻게 두 형제와 마르코가 갔는가)

니콜로님과 마페오님 그리고 니콜로님의 아들 마르코가 길을 떠나 [어떠

---

37) 본독다이르는 이집트에 세워진 노예 왕조, 즉 맘룩 왕조의 술탄(=군주)인 루큰 웃 딘 바이바르스 알 분둑다리(Rukn ad-Din Baybars al-Bunduqdari ; 1260~77)를 가리킨다. 그 역시 킵착의 노예 출신으로 al-Bunduqdari는 그의 별명이다. 그의 원래 주인이 '분둑다르'(Bunduqdar)라 불렸기 때문에 그에게 그러한 별명이 지어진 것이다. 또 '바빌로니아'는 카이로를 지칭하는 것으로, 그 까닭은 로마시대에 그곳에 세워진 군영지가 '바빌론'이라는 이름으로 불렸기 때문이다. 그는 1265~66년 군대를 이끌고 십자군이 점령하던 도시들을 빼앗고 이어 실리키아 지방을 공격하여 소아르메니아의 중요 도시인 라이아스와 시스(Sis) 등지를 철저히 유린한 적이 있었다. 그 뒤 1271년 10월경 몽골군이 시리아 방면을 침입하자 다마스쿠스에 있던 바이바르스는 급히 카이로에서 군대를 불러와 11월 12일경 알레포로 진군했다. 그는 휘하의 한 부대를 소아르메니아 지방의 마르아쉬(Mar'ash)와 하란(Harran)—시스 북방에 있는 도시들—등지로 보내기도 했다. 따라서 당시 소아르메니아의 라이아스에 있던 폴로 일행이 위협을 느꼈던 것은 당연한 일이었다. 우리는 이 사실을 통해 폴로 일행이 라이아스를 출발한 것이 1271년 11월이나 12월경이었음을 확인할 수 있다. 愛宕松男도 같은 결론에 도달한 바 있다(「元朝滯在年次考」, 『東洋史論集』, pp. 289~290).

38) 성당기사단(Knights Templar)은 십자군 시대에 예루살렘 등으로 성지순례를 떠나는 기독교도들을 무슬림들의 약탈로부터 보호하고 호송하기 위해 12세기 초에 만들어진 유럽 기사들의 조직으로, 전성기에는 그 숫자가 2만 명을 헤아릴 정도였고 정치·경제적으로도 커다란 영향력을 행사했다.

39) F(clemeinfu), R(clemenfu). '開平府'를 옮긴 말. 몽골인들은 이를 Keyibüng으로 발음했지만, 라시드 웃 딘의 『집사』에는 '카이밍푸'(Kaymingfu)로 표기되어 있다. p/b/m은 모두 순음이기 때문에 쉽게 혼동된다. 쿠빌라이는 1260년 내몽골에 위치한 '개평'에서 자기를 추종하는

한 위험과 고난도 마다하지 않고, 길고 긴 사막과 수없이 험난한 고개를 넘으면서 동북쪽과 북쪽을 향해〕 겨울이든 여름이든 여행을 계속하여, 마침내 케메인푸라는 매우 풍요롭고 거대한 도시에 있던 대카안에게로 갔다. 그들이 도중에 본 것들에 대해서는 여러분에게 말하지 않겠다. 왜냐하면 이 책 뒤에서 그에 관해 모두 순서대로 설명할 것이기 때문이다. 하지만 여러분이 알아두어야 할 것은 그들이 무려 3년 반 동안이나 여행했다는 사실인데, 그렇게 된 것은 눈과 비 그리고 커다란 강 때문이었고 또한 겨울에는 여름처럼 갈 수 없었기 때문이다. 그리고 그가 진실로 말하건대 대카안은 니콜로님과 마페오님이 돌아온다는 것을 듣고 그들을 마중하러 거의 40일 거리까지 사신을 보냈다고 한다. 그들은 극진한 대접과 온갖 환대를 받았다.

15장 | 어떻게 두 형제와 마르코가 궁정의 대카안 앞으로 갔는가(어떻게 두 형제와 마르코가 아크레를 떠나 궁정의 대카안 앞으로 갔는가)

이에 대해 내가 여러분에게 무엇을 말해줄 수 있을까. 니콜로님과 마페오님 그리고 마르코는 그 거대한 도시에 당도하여 대카안이 수많은 신하(baron)들과 함께 있는 주궁(主宮)으로 찾아갔다. 그들은 그의 앞에 무릎을 꿇고 자신들이 할 수 있는 최대의 경의를 표했다. 대카안은 그들을 똑바로 일으켜 세우고 극진히 맞이하면서 성대한 연회를 베풀도록 했다. 그리고 그는 그들이 그동안 어떻게 살았는지, 또 무엇을 했는지 여러 가지를 물어보았다. 두 형제는 그가 건강하고 기운이 넘치니 자신들도 매우 잘 지

사람들만 참석한 쿠릴타이를 열어 거기서 '카안'으로 즉위했다. 이곳은 上都 — 마르코 폴로의 샨두(Ciandu) — 라고도 불렸으며, 쿠빌라이 이래 제국의 카안들에게 여름 수도(夏都)로서 기능했다. 한 가지 이상한 점은 마르코 폴로가 '케메인푸'와 '샨두'가 동일한 도시라는 사실을 어디에서도 밝히지 않았다는 것이다. 그가 원조에 그렇게 오래 있었다면 양자가 같다는 것을 모를 리 없을 텐데, 펠리오는 마르코가 알고 있으면서도 단지 같다는 것을 설명하지 않은 것에 불과하다고 보았다.

폴로 일가가 쿠빌라이와
회견하는 장면

냈다고 대답했다.

그러고 나서 그들이 대카안에게 보내는 교황의 서임장과 서한을 바치자 그는 이를 매우 기뻐했다. 다음에 그들이 성유를 건네주자 그는 크게 즐거워하며 소중하게 받아들었다. 대카안이 젊은 청년인 마르코를 보고 누구냐고 묻자, 니콜로님은 "폐하, 저의 아들이자 폐하의 사람입니다"라고 대답했다. 대카안은 "그를 환영하노라"라고 말했다.

내가 여러분에게 장황하게 이야기를 늘어놓는 까닭이 무엇이겠는가. 여러분은 대카안과 그의 모든 신하들이 이 사신들의 도착을 크게 기뻐하고 즐거워했다는 것과 그들이 극진한 대접을 받고 갖가지 환대를 받았다는 사실만은 꼭 알아두기 바란다. 그들은 궁정에 머물며 다른 어떤 신하들보다 더 좋은 대우를 받았다.

16장 | 어떻게 대카안이 마르코를 자기 사신으로 보냈는가

니콜로님의 아들 마르코는 타타르들의 풍습과 언어 그리고 그들의 문자를 잘 익히게 되었다. 여러분에게 진실로 말하건대 대카안의 궁정에 온

지 얼마 지나지 않아 그는 여러 언어들과 네 가지 문자와 서법을 알게
되었다.[40] 그는 비할 수 없이 현명하고 사려가 깊었으며, 대카안은 그가
지니고 있는 선량함과 용맹함을 매우 아꼈다.

마르코가 매우 현명하다는 것을 알게 된 대카안은 그를 6개월 이상이
나 걸리는 곳에 사신으로 보냈다. 이 청년은 사신으로서의 임무를 훌륭
하고 현명하게 수행했다. 뿐만 아니라 그는 대카안이 세계의 여러 곳으
로 보낸 사신들이 돌아와서 파견된 일에 관해서만 말할 뿐 그들이 찾아
갔던 지방들에 관한 다른 소식을 전해주지 못하는 것을 보고 바보 같고
어리석다고 하면서 사실 그가 듣고 싶은 것은 파견된 일 그 자체보다는
낯선 나라의 풍습과 관행과 신기한 것들이라고 말했던 것을 여러 번 보
고 들은 적이 있었다.[41] 그래서 이 모든 것을 잘 알고 있던 마르코는 사
신의 임무를 띠고 가게 되었을 때, 대카안에게 다시 설명할 수 있도록
모든 신기한 것과 이상한 것들에 주의를 기울였다.

17장 | 어떻게 마르코가 사신으로서의 임무를 마치고 돌아와 대카안에게 보고했는가

임무를 마치고 돌아온 마르코는 대카안에게로 가서 자신에게 맡겨진 모
든 일에 대해, 그리고 자신이 그것을 얼마나 잘 수행했는지에 대해 보고
했다. 그리고는 도중에 보았던 신기한 일들에 관해 어찌나 훌륭히 이야기

---

40) 이 네 문자가 무엇일까에 대해 선학들의 여러 주석이 있으나 어디까지나 추측일 뿐 확실한 근
　거는 없다. 원제국 안에서 흔히 사용되던 '문자'로는 위구르와 팍파(양자 모두 몽골어를 표기
　할 때 사용), 아랍(아랍어와 페르시아어를 표기), 한자 등이 있었지만 마르코 폴로가 이 네 문
　자를 모두 익혀 사용할 정도였다고는 생각하기 어렵다.
41) 陳得芝(「馬可·波羅補注數則」, 『中西文化交流先驅』, pp. 37~39)는 원대의 虞集이라는 사람
　이 쓴 「司執中西遊漫稿序」(『通園類稿』卷19)에서도 이와 비슷한 내용의 기록을 찾아내었다.
　즉 쿠빌라이는 사신들에게 다녀온 지방의 豊凶·險易·民情·習俗·人才·治迹 등에 대해
　물었다고 한다.

했던지 대카안은 물론 그의 말을 들은 모든 사람들이 대단히 놀라면서, "이 젊은이가 오래 산다면 반드시 놀라운 지혜와 뛰어난 용기를 갖춘 인물이 될 거야"라고 자기들끼리 수군거렸다.

이에 대해 내가 여러분에게 무엇을 말해줄 수 있을까. 사신의 임무를 완수한 뒤 이 젊은이는 '마르코 폴로님'[42]이라고 불리게 되었고, 이 책에서도 앞으로는 그렇게 부르겠다. 사실 그는 현명하고 경험이 풍부했기 때문에 그렇게 부르는 것이 정말 당연할 것이다.

내가 더 이상 장황하게 이야기해서 무엇 하겠는가. 여러분도 잘 알다시피 마르코님은 대카안과 함께 무려 17년을 지냈고[43] 그동안 그는 끊임없이 임무를 부여받아 다녀오곤 했다. 왜냐하면 대카안은 마르코님이 여러 곳의 소식을 자기에게 그처럼 잘 전해주고 또 부여받은 임무를 매우 훌륭하게 수행한다는 것을 알게 되었기 때문인데, 바로 그런 이유로 중요한 임무와 먼 곳으로의 임무는 모두 마르코님에게 맡겼다. 그리고 그는 그런 임무를 매우 잘 수행해냈고, 또한 수많은 신기하고 이상한 것들에 관해 어떻게 이야기해줄지를 잘 알고 있었다.

마르코님의 행동이 대카안을 얼마나 흡족시켰는지 그는 마르코님에게 축복을 내렸고 그를 소중히 여겨 항상 자기 근처에 두고자 했으니 다른 신하들이 몹시 속상해할 정도였다. 바로 이런 까닭으로 마르코님은 다른 어느 누구보다도 그 나라의 일들을 많이 알게 되었다. 이는 그가 지금까지 태어난 어떤 사람보다도 그 이상한 지역들을 두루 찾아다녔고, 또 그것에 대해 알려고 깊은 주의를 기울였기 때문이었다.

---

42) 모울의 영역본에는 'Master'로 되어 있지만, 사본에 따라서 'Ser, Messer'로 표기하기도 한다.

43) 마르코 폴로 일행이 쿠빌라이의 궁정에 도착한 것은 1274년 상반기의 일이었고, 이로부터 17년을 헤아리면 1291년 상반기가 될 것이다. 마르코 폴로가 언제 중국을 떠났는가 하는 점에 대해서는 異說이 있지만, 1290년 말이나 1291년 초경에 떠났다고 주장하며 적절한 증거를 댄 楊志玖의 연구가 설득력이 있으며, 중국에 17년간 있었다는 마르코 폴로의 얘기와도 잘 부합된다.

18장 | 니콜로님과 마페오님 그리고 마르코님이 어떻게 카안에게 출국의 윤허를 청했는가

여러분이 들은 것처럼 니콜로님과 마페오님 그리고 마르코님은 오랫동안 대카안과 함께 머문 뒤, 이제 고향으로 돌아가면 어떨까 하고 자기들끼리 이야기했다. [비록 그들은 값비싼 보석과 황금으로 아주 부유해졌지만 고향을 다시 보고 싶은 열망이 항상 마음에서 떠나지 않았고, 은총과 환대를 받고 있으면서도 오로지 그 생각밖에 없었다. 또한 대카안이 매우 늙었기 때문에 그가 죽기 전에 그곳을 떠나지 않으면 자신들은 영원히 고향으로 돌아가지 못할지도 모른다는 걱정도 들었다. 왜냐하면 귀환하는 여정이 너무나 길고 그 앞에는 수많은 위험이 가로놓여 있었기 때문이다. 그러나 그가 살아 있는 한은 돌아갈 수도 있을 것 같았다.

그래서 하루는 대카안의 기분이 매우 좋은 것을 보고 니콜로님이 그 앞에 무릎을 꿇고 앉아 세 사람을 대신해서 탄원을 올렸다. 이 말에 그는 몹시 섭섭해하면서 그들이 다른 무엇을 원한다면 무엇이든 들어주겠다고 말했다.] 그들은 대카안에게 여러 번 윤허를 청하면서 진심으로 그에게 간청했다. 그러나 대카안은 그들을 너무나 아껴서 어떻게 해서든지 자기 주위에 두려고 했기 때문에 세상에 무슨 일이 있어도 그런 허락을 내리려고 하지 않았다.

그때 마침 동방의 군주 아르곤(Argon)[44]의 부인인 볼가나(Bolgana)[45] 왕후가 죽었다. 그 왕후는 어떠한 여인일지라도 자신과 같은 혈통이 아니

---

44) Z(argun). F에는 argon 이외에 argo라는 철자도 보인다. 일 칸국의 제4대 군주인 아르군 (Arghun ; 1284~88).

45) F(balgana, bolgara), R(bolgana). 바야우트(Baya'ut) 씨족 출신의 불루간 카툰(Bulughan Khatun)을 지칭한다. 『집사』의 기사에 따르면 그녀는 원래 제2대 군주인 아바카(Abaqa ; 1265~82)의 부인이었으나, 그가 죽은 뒤 아들인 아르군의 부인이 되었다. 아르군은 그녀를 무척 아껴 다른 부인들보다 더 총애했으나, 그녀는 1286년 4월 20일 사망하고 말았다. 아르군은 그녀를 대신할 부인을 청하러 세 명의 사신을 원조로 보냈는데, 『站赤』에 의하면 이들이 도착한 것은 1287년 4월이었다.

면 자기의 자리를 이을 수 없고 아르곤의 부인이 되어서도 안 된다는 유언을 남기고 떠났다. 그러자 아르곤은 세 명의 신하를 불렀는데 그들의 이름은 다음과 같다. 첫째는 울라타이(Oulatai), 둘째는 아푸스카(Apusca), 셋째는 코자(Coja)였다.[46] 그는 이들을 상당한 숫자의 일행과 함께 대카안에게 보내 죽은 자신의 부인 볼가나와 같은 핏줄에 속하는 여인을 한 명 보내달라고 요청했다. 세 신하는 대카안에게로 와서 그들이 왜 오게 되었는지를 설명했다.

대카안은 그들을 정중하게 맞아들이고 연회를 베풀어주었다. 그리고는 볼가나 왕후와 같은 집안의 열일곱 살 난 예쁘고 참한 코카친(Cocacin)[47] 이라는 이름의 숙녀를 불러오게 했다. 그는 세 신하에게 그녀가 그들이 찾고자 하는 바로 그런 여자 가운데 하나라고 말하자, 그들도 무척 마음에 든다고 대답했다. 〔필요한 모든 것들이 준비되자, 이 새 신부를 아르곤 왕에게 모시고 갈 대규모 호위대가 대카안의 허락을 얻어 그들이 왔던 것과 똑같은 길로 8개월 가량 기행했다. 그러나 그들은 타타르의 어떤 왕들 사이에 새로 벌어진 전쟁으로 인해 길이 막히게 되자, 더 이상 앞으로 나아가지 못하고 하는 수 없이 대카안의 궁정으로 다시 돌아와 그들이 겪은 모든 것을 보고했다.〕[48]

---

46) F(coia), R(goza)로 되어 있으나 coja로 추정된다. 이들의 이름은 『站赤』에 兀魯𩜾·阿必失呵·火者로 기록되어 있고, 라시드 웃 딘의 『集史』에서는 Abishqa와 Khwaja 두 사람의 이름만 확인할 수 있다. 兀魯𩜾은 Uru'udai를 옮긴 것으로 보이기 때문에 마르코 폴로의 Oulatai와는 약간의 차이가 있다. 그러나 펠리오는 Waṣṣaf의 글에 언급된 Uladai라는 아르군의 部將이 바로 이 책의 Oulatai일 가능성이 높다고 보았다.

47) F(cocacin, cogatin), R(cogatin). 쿠케친 카툰(Kökechin Khatun). 『站赤』에는 그녀에 대한 기록이 없고, 다만 失氬氬 등 남송의 궁녀 세 명을 하사하는 내용만 보인다. 그러나 『집사』에는 카안이 불루간 카툰의 일족 가운데 그녀를 골라 보냈으며, 가잔 칸이 1293년 봄경 그녀와 혼인했다고 분명히 기록되어 있다.

48) 이는 시기적으로 1288~89년의 일로 추정된다. 이때는 카이두(Qaidu)의 세력이 극도로 커져서 이를 저지하기 위해 파견된 카말라(Qamala) 휘하의 원조 군대도 패배하자 카이두는 몽골리아의 최대 요충인 카라코룸까지 점령하게 되었다. 사태의 위중함을 깨달은 쿠빌라이는 74세의 고

그때 마르코님이 인도에서 아주 낯선 해양을 거쳐 돌아와 그 나라의 진기한 것들에 관해 이야기했다. 그러자 세 사람의 신하는 라틴 사람이자 현명한 니콜로님과 마페오님과 마르코님을 보고 자기들끼리 이들과 함께 바다로 가면 좋겠다고 이야기하면서, 대카안에게로 가서 자신들이 해로를 이용해 돌아갈 수 있도록, 그리고 세 명의 라틴인들이 자기들과 함께 가도록 해달라는 청원을 올렸다.

내가 여러분에게 이미 말했듯이 이 세 명을 그토록 아꼈던 대카안은 못내 섭섭해하면서도 청원을 받아들여, 세 명의 라틴인이 세 명의 신하와 그 숙녀와 함께 떠나도 좋다는 허락을 내리게 되었다.[49]

19장 | 여기서 그는 니콜로님과 마페오님 그리고 마르코님이 어떻게 대카안으로부터 떠나왔는지에 대해 설명한다

대카안은 니콜로님과 마페오님 그리고 마르코님이 가야 한다는 것을 깨달

령에도 불구하고 1289년 7월 군대를 이끌고 親征에 나서지 않으면 안 되었다. 따라서 이런 전쟁의 와중에서 중앙아시아의 내륙지역을 통과해서 이란으로 간다는 것은 사실상 불가능했을 것이다. 마르코가 인도에서 귀환한 것도 이즈음, 즉 1289년경이었을 것이다.

49) R본(3f)에는 이 부분의 서술이 다음과 같이 되어 있다. "이때 인도의 어떤 지역에서 배를 타고 돌아온 마르코님이 카안에게 그 지역의 여러 신기한 것들과 그가 끝낸 여행에 관해서, 특히 무엇보다 그 바다가 항해하기에 매우 안전하다는 점에 대해 이야기했다. 그런데 이 이야기가 벌써 3년이나 고향을 떠나 있었기 때문에 무척이나 고국으로 돌아가고 싶어했던 아르곤 왕의 사신들의 귀에 들어갔다. 그들은 니콜로님과 마페오님 그리고 마르코님을 찾아갔는데, 이들 역시 어떻게 해서든지 다시 고향을 보고 싶어한다는 것을 알고는 계획을 짜내게 되었다. 그 계획은 왕후와 동행할 위에서 말한 세 명의 사신이 대카안을 찾아가서, 바다를 통해 안전하게 아르곤 왕이 있는 곳까지 갈 수 있다는 사실과 그곳을 항해한 마르코님이 말한 것처럼 바다로는 시간도 적게 걸리므로 여행기간도 짧아지리라는 것을 설명하고, 폐하께서 자신들이 바다를 통해 돌아갈 수 있도록 그리고 그곳 바다를 항해해본 적이 있는 이 세 명의 라틴인, 즉 니콜로님, 마페오님, 마르코님과 자신들이 아르곤 왕이 있는 곳까지 동행하게 해달라고 간청하는 것이었다. 이 청원을 들은 대카안은 이 세 명의 라틴인이 떠나가는 것을 원치 않았기 때문에 대단히 불쾌한 모습을 보였다. 그렇지만 그도 달리 방법이 없었기 때문에 그들의 부탁을 모두 들어주었다. 만약 이처럼 그가 받아들이지 않으면 안 될 정도로 그렇게 강력한 이유가 아니었다면, 그 라틴인들은 결코 떠날 수 없었을 것이다."

고 그들 세 사람을 불렀다. 그리고 그는 자신의 영역 어디에서든 그들이 자유로우며 어디를 가든간에 그들 자신에게 혹은 그들의 일행에게 소요되는 경비를 마땅히 취할 수 있게 하는 내용의 칙령과 함께 두 개의 패자를 그들에게 주었다. 그는 그들에게 교황, 프랑스의 국왕, 스페인의 국왕, 기독교권의 다른 국왕들에게 보내는 사절 임무도 맡겼다. 그리고 각각 네 개의 돛대를 갖고 12폭의 돛으로 항해하는 선박을 14척 마련해주었다.

나는 여러분에게 그에 대해 자세히 말할 수 있지만 너무 이야기가 길어질 것같아 여기서는 언급하지 않겠다. 〔지금 말한 배들 가운데에는 250~260명의 선원이 탈 정도의 배가 적어도 4~5척은 있었다.〕 배가 준비되고 세 명의 신하와 그 숙녀, 그리고 니콜로님과 마페오님과 마르코님은 대카안에게 작별을 고하고, 매우 많은 사람들과 함께 배에 올랐다. 대카안은 그들에게 10년[50] 동안 필요한 경비를 주도록 했다.[51]

이것에 관해 내가 여러분에게 무엇을 말해줄 수 있겠는가. 그들은 항해를 시작하여 족히 석 달을 순항한 뒤 남쪽 방향에 있는 자바(Java)라는 섬에 도착했다.[52] 그 섬에는 앞으로 이 책에서 여러분에게 말해줄 놀라운 것들이 수없이 많았다. 그 뒤 그들은 이 섬을 출발하여 인도양을 거의 18개월 항해한 뒤 비로소 그들이 가고자 했던 곳에 다다를 수 있었다. 이 책에서 여러분에게 다시 설명하겠지만 그들은 매우 놀라운 것들을 수없이 목격했다.

---

50) F사본에는 10년이라고 되어 있으나, 다른 사본들은 대부분 2년으로 되어 있다. 2년이라고 하는 것이 상식적으로 타당해 보인다.

51) 뒤에서도 언급하듯이 마르코 폴로는 14척의 선박에 600명 정도가 출항했다고 주장한다. 그러나 중국측 자료에는 세 명의 사신과 함께 동행했던 인원수는 160명이라고 기록되어 있다. 이에 대해 楊志玖는 160명은 국가에서 여행경비를 지급받은 인원으로 개인적인 상인들은 이 숫자에서 제외되었기 때문이라고 설명한다. 「關于馬可·波羅離華的一段漢文記載」, 『中西文化交流先驅』, pp. 24~25.

52) F(jaua, iaua), R(giaua), Z(çaua).

그러나 그곳에 도착한 그들은 아르곤이 이미 죽었다는 사실을 알게 되었다. 그래서 그 숙녀는 아르곤의 아들인 카찬(Caçan)[53]에게 주어졌다. 내가 분명히 말하건대 그들이 배에 올랐을 때는 선원을 빼고도 무려 600명이나 있었지만, 이제는 단지 18명을 제외하고 모두 죽었다. 〔세 명의 사신 가운데에는 코자라는 사람만 살아 남았고, 부인과 처녀들 가운데에서는 한 사람만 사망했다.〕[54]

그들은 키아카투(Quiacatu)[55]가 아르곤의 왕위를 계승한 것을 보고, 〔자기들은 아르곤 왕의 명령을 받들어 왕후를 데려왔지만 이제 그가 명령하는 대로 따르겠노라는 말을 전했다. 그는 마땅히 그 여자를 아르곤 왕의 아들인 카찬에게 주어야 한다고 대답하자 그들은 그대로 행했다. 당시 그는 페르시아의 변경에 위치한 '마른 나무'(Dry Tree)[56]라는 곳에 6만 명의 사람들과 함께 주둔하면서, 적들이 들어와 그의 영역을 약탈하지 못하도록 길목들을 지키고 있었다.〕 그들은 그 여자를 그에게 맡겼고, 그것으로 사신으로서의 임무를 모두 완수했다. 그리고 니콜로님과 마페오님과 마르코님은 그 여자에 관한 모든 임무와 대카안이 위임한 책무를 수행한 〔뒤 키아카투에게로 돌아갔는데, 그것은 그들이 가는 길이 그쪽이었기 때문이다. 거기서 그들은 9개월 동안 머물렀다.〕

그들은 거기서 출발하여 길을 떠났다. 키아카투는 대카안이 보낸 세 사신, 즉 니콜로님과 마페오님과 마르코님에게 권위의 상징인 네 개의 금

---

53) F(caçan, casan), R · Z(casan). 즉 일 칸국의 7대 군주인 가잔(Ghazan ; 1295~1304).

54) 『集史』에는 Abishqa에 대해서 "카안에게 사신으로 갔다"고만 기록되어 있고, 사신단이 돌아올 때 언급된 이름은 Khwaja뿐이어서, 본서의 이 기사의 신빙성을 강화시켜준다.

55) F(acatu, achatu, cocatu, chiato, quiacatu), R(chiacato), Z(chyacato). 일 칸국의 5대 군주인 게이하투(Geikhatu ; 1291~95).

56) F(arbre seche), R(arbor secco), Z(arbor sica, arbor sicca, arbor sicus). 본서에서는 '외로운 나무'라고도 불린다. 마르코 폴로는 이란의 동북방 후라산 지방에 있는 거대한 나무(플라타너스)를 가리키는 동시에 그 지방을 지칭하는 명칭으로도 쓰고 있다. 자세한 내용은 '40장'의 기사와 주석을 참조하시오.

패, 즉 매가 새겨진 패자 두 개, 사자가 새겨진 패자 하나, 그리고 보통의 패자 하나를 주었다. 〔이들은 모두 길이가 1완척(腕尺, cubit)이고 너비가 5지척(指尺, finger),[57] 무게가 3~4마르크(mark)[58]이고,〕 거기에는 〔영원한 신의 힘에 의해 대카안의 이름은 영원히 경배되고 찬미되어야 하며 거역하는 사람은 모두 처형되고 그의 재물은 압류된다는 것과,〕 이 세 사람의 사신이 그의 전영역 안에서는 마치 그 자신인 것처럼 존중되고 대접받아야 하며, 말과 모든 경비 그리고 호위대가 주어져야 한다는 글귀가 새겨져 있었다. 그리고 실제로 그대로 되었다. 그들은 그의 영역 어디에서든지 말과 경비와 필요로 하는 모든 것들을 풍부하게 그리고 마음대로 가질 수 있었다.

분명히 여러분에게 말하건대 그들은 기마병 200명의 호위를 받은 적이 여러 차례 있었는데, 한 지역에서 다른 지역으로 안전하게 여행하기 위해서는 대강 그 정도가 필요했다. 더구나 키아카투는 적법한 군주도 아니어서 사람들은 적법한 군주의 치하에 있을 때보다 더 거리끼지 않고 나쁜 짓들을 했기 때문에 더욱 그러한 것이 필요했다. 〔니콜로님과 마페오님 그리고 마르코님은 이 여행을 하는 동안 대카안이 이 세상에서 하직을 고했음을 알게 되었고, 따라서 그들은 그곳으로 돌아가려는 생각을 포기하게 되었다.〕[59]

여러분에게 이 세 사신이 고귀한 지위에 있었음을 잘 보여주는 이야기 한 가지를 더 해주겠다. 내가 진실로 말하지만 뒤에서도 설명하듯이 마페

---

57) 손가락의 두께를 1finger라고 하며, 0.75인치 즉 1.9센티미터에 해당한다. 4finger는 1 palm(뼘)을 이루고 6palm이 1cubit을 이룬다. cubit은 팔꿈치에서 손가락끝까지의 길이를 말한다. 따라서 1palm은 7.6센티미터, 1cubit은 45.7센티미터에 해당하는 셈이다.

58) 1mark는 약 8온스, 즉 약 250그램에 해당된다. 따라서 牌子는 폭 10센티미터, 길이 46센티미터, 무게 750~1000그램이었던 셈이다.

59) 쿠빌라이는 1294년 2월 28일에 사망했다. R본에만 있는 이 문장은 뒤에 쿠빌라이가 생존해 있는 것처럼 이야기되는 부분(예를 들어 77장)과 서로 어긋난다.

오님과 니콜로님과 마르코님은 정말로 대단한 권위를 지녔었다. 대카안이 그들을 그토록 신임하고 아꼈기 때문에 그들에게 코카친 왕후를 맡기고 만지(Mangi)의 왕녀[60]도 맡겨서 이들을 모든 동방의 군주인 아르곤에게 데려가도록 했다는 것에 대해서는 여러분도 알고 있을 것이다. 그리고 그들은 내가 방금 말한 바와 같이 그렇게 많은 일행과 엄청난 경비를 들여 바다를 통해 호송했다.

뿐만 아니라 이 세 사람의 사신들은 두 고귀한 숙녀를 마치 자신의 딸처럼 안전하게 보호하고 보살폈기 때문에, 매우 젊고 어여쁜 그 숙녀들도 이 세 사람을 마치 자기 아버지처럼 생각하고 따랐다. 그리고 이 세 사람은 그들을 주군의 손에 인도해주었다. 진실로 여러분에게 말하건대 지금 통치하고 있는 카찬의 부인이 된 코카친 왕후는 그녀의 주군과 함께 세 사신에 대해 마치 그녀 자신의 아버지에게 하는 것처럼 무엇이라도 빼놓지 않고 해줄 정도로 축복을 빌어주었다. 그녀가 이 세 사람의 사신이 고향으로 돌아갈 때 이별을 슬퍼하며 울었으리라는 것은 여러분도 알 수 있으리라.

이제 두 숙녀가 세 사람의 사신에게 맡겨져 그토록 먼 곳에서 자기들의 남편이 있는 곳까지 어떻게 오게 되었는지에 대해 이야기했는데, 이것은 미리 이야기해도 괜찮은 부분이다. 이제 그것은 이 정도로 그만 해두고 다른 이야기를 계속해보도록 하자.

내가 여러분에게 무슨 이야기를 해줄 수 있을까. 세 사신은 키아카투를 떠나 긴 여행을 시작하여 마침내 트레페손데(Trepesonde)[61]에 도착했고,

---

60) '만지'란 漢字로 '蠻子'를 옮긴 말이며, 남중국 즉 남송 치하에 있던 지역·주민들을 일컫는 용어였다. 몽골인들은 '南家子'라는 말을 옮긴 낭기아스(Nangias) 혹은 낭기아다이(Nangiadai)라는 표현도 사용했다. 여기서 남송 출신의 왕녀는 앞에서도 언급했듯이 失鴆鴆을 가리키는 듯하다.

61) 현재 터키의 트라브존(Trabzon) 혹은 트레비존드(Trebizond). 흑해 동남안에 위치해 있다.

트레페손데에서 콘스탄티노플로 왔다가 네그레폰트로, 네그레폰트에서 베니스에 도착하게 되었다. 이것은 그리스도가 강림하신 지 1295년 되던 해의 일이었다. 지금까지 여러분도 들었다시피 〔서장〕에 관한 모든 사실을 이야기했으니, 이제부터는 이 책의 본론을 시작해보도록 하자.

서아시아

| 20장 ~ 43장 |

20장 | 여기서 그는 소아르메니아에 대해 이야기한다

여러분이 알아야 할 것은 대·소의 두 아르메니아가 있다는 사실이다.[1] 소아르메니아에는 나라를 공평하게 잘 다스리는 왕이 있고[2] 그는 타타르 사람들에게 복속하고 있다. 거기에는 많은 읍과 촌락들이 있고 모든 것이 끝도 없이 풍부하다. 또한 멋진 오락을 즐길 수 있는 곳이며 무엇보다도 짐승과 새를 사냥하기에 좋다.

그러나 여러분에게 말하지만 그곳은 건강에 좋은 곳이 아니며 오히려 아주 해로운 곳이다. 옛날에는 남자들이 용감했고 무기를 다루는 데에도 능숙했으나, 지금은 말라빠지고 천박하며 호주가(好酒家)일 뿐 아무런 미덕도 없다.

해안에는 라이아스라고 불리는 도시가 하나 있는데 대단한 교역이 이루어진다. 여러분도 잘 알겠지만 내륙에서부터 갖가지 향료와 의류를 비롯하여 온갖 진귀한 것들이 이 도시로 운반돼오고, 베니스와 제노아 그리고 사방에서 상인들이 그곳으로 모여들어 그것들을 산다. 또한 내륙으로 가려는 모든 사람과 상인들은 이 도시에서 출발한다.

〈소아르메니아 왕국의 경계는 다음과 같다. 남쪽으로는 사라센 사람들이 차지하고 있는 '약속의 땅'이고, 북쪽으로는 카라마니(Caramani)라고 불리기도 하는 투르코맨(Turcomain)이라는 이름의 족속이 있고,[3] 동쪽과 동북쪽으로는 투르키아(Turquie)[4]·카이세리아(Caiserie)[5]·세바스토를

---

1) 대·소 아르메니아에 대해서는 1장의 주석을 참조하시오.

2) R본에는 이 왕이 세바스토(Sevasto), 즉 현재의 시바스(Sivas)라는 도시에 거주하고 있다는 구절이 삽입되어 있다. 그러나 뒤에서 나오듯이 세바스토는 소아르메니아가 아니라 투르코마니아 지방에 속해 있는 도시이다.

3) '카라마니'는 '카라만 사람'이라는 뜻으로, 셀주크 왕조가 무너진 뒤 1223년 아나톨리아 중부지방에 왕국을 건설한 카라만(Qaraman)이라는 사람으로부터 이 이름이 비롯되었다. 당시 그 지역의 주민들은 목축생활을 하는 오구즈 계통의 투르크맨(즉 '투르코맨') 부족민들이었다.

4) 폴로는 아나톨리아 고원의 중부와 남부 지방을 투르코마니아라고 불렀는데, 때로는 이를 투르키

비롯하여 모두 타타르에 예속된 여러 도시들이 있고, 서쪽으로는 기독교도의 땅으로 항해해 갈 수 있는 바다가 있다.〉 이제까지 여러분에게 소아르메니아를 설명했으니, 이제 투르코마니아에 대해서 이야기해보도록 하자.

21장 | 여기서 그는 투르코마니아(Turcomanie) 지방에 대해서 이야기한다

투르코마니아에는 세 가지 부류의 사람들이 있다. 마호메트(Mahomet)를 숭배하고 그의 종교를 신봉하는 투르코맨들이 있는데, 그들은 무지할 뿐만 아니라 언어도 야만스럽다. 그들은 산간이나 초원에서 지내는데, 가축을 기르며 생활하기 때문에 그곳 어디에 좋은 목지가 있는지 잘 알고 있다. 여러분에게 말하건대 그곳에서는 훌륭한 투르코맨 말들과 매우 값비싸고 좋은 노새가 사육되고 있다. 그밖의 다른 사람들로는 읍이나 촌락에서 그들과 섞여 살며 교역과 수공업으로 살아가는 아르메니아인과 그리스인이 있다.

여러분은 세상에서 가장 좋고 아름다운 카펫이 그곳에서 만들어지고, 또한 진홍빛 비단으로 된 옷감과 여러 가지 색깔의 매우 아름답고 사치스런 옷감들, 그리고 다른 많은 물건들이 만들어진다는 사실을 알아두어야 할 것이다. 유명한 도시로는 코모(Como),[6] 카이세리아, 세바스토가 있다. 그밖에도 여러 도시와 마을들이 있지만, 너무 이야기가 길어질 것 같아 여러분에게 다 말하지는 않겠다. 그들은 동방의 타타르 왕에게 예속되어 있다. 타타르 왕은 그곳을 자신의 지배하에 두고 있다. 이제 이 지방을 떠나 대아르메니아에 대해 이야기해보도록 하자.

아라고도 했다. 그러나 그는 내륙아시아의 초원(특히 카이두 지배하의 지역)도 투르키아라고 불렀기 때문에 혼동을 피하기 위해서 후자를 '대투르키아'라는 이름으로 구별하기도 했다. 이븐 바투타도 아나톨리아 지방을 '알 투르키아', 그 주민들을 '투르크만'(Turkman)이라고 불렀다.

5) F(casserie) · R(cayssaria) · Z(chayseria). 오늘날의 카이세리(Kayseri).

6) R(cogno). 아나톨리아 중부의 코냐(Konya). 고대의 이코니움(Iconium)이며, 셀죽 왕조 시대에 수도가 두어진 곳이기도 했다.

22장 | 여기서 그는 대아르메니아에 대해서 이야기한다

대아르메니아는 넓은 지방이다. 이 지방은 세상에서 가장 좋은 부크람 (buckram)[7]이 만들어지는 아르친간(Arçingan)[8]이라고 불리는 도시에서 부터 시작한다. 또 이곳에는 지상에서 가장 아름다운 목욕탕과 최고의 샘 물이 있다.

주민들은 아르메니아인으로, 타타르의 종복들이다. 많은 마을과 도시 들이 있는데 가장 훌륭한 도시는 대주교가 있는 아르친간이고, 다른 곳으 로는 아르지론(Argiron)[9]과 아르치치(Arçiçi)[10]가 있다. 이곳은 매우 광 대한 지방으로서, 여러분에게 말하건대 이 지방에는 여름에 가축에게 안 성맞춤인 좋은 목지가 있기 때문에 여름이 되면 동방에 있는 모든 타타르 집단들이 가축과 함께 그곳에서 지낸다.

그러나 겨울이 되면 엄청난 폭설과 추위로 인해 가축들이 살 수 없기 때문에 그들도 그곳에 머무르지 않는다. 이 때문에 타타르들은 겨울에는 동물에게 많은 풀과 좋은 목지를 찾아줄 수 있을 만한 따뜻한 곳으로 가 버린다. 〈그리고 파페르스(Paperth)[11]라고 불리는 한 마을에는 매우 큰 은광이 있는데, 이 마을은 트레페손데에서 타우리스(Tauris)[12]로 가는 도 중에 있다.〉

---

7) F(bocaran, bocarans, bocorain, bocoran), R(boccassini, bochassini), Z(bucherani, bucheranum). 면포를 가리킨다. 펠리오는 이 말의 기원을 중앙아시아의 도시 Bukhara에서 찾고 있다.

8) F(arçinga, arçingal), R(arcingan), Z(arcinga). 오늘날의 에르진잔(Erzincan).

9) 오늘날의 에르주룸(Erzurum).

10) F(darçiçi), R(darziz). 반(Van) 호수 동북 연안에 위치한 에르지쉬(Ercish). 13세기 초 戰禍를 입은 이후에는 폐허가 되어버렸다.

11) R본에는 Paipurth로 표기되어 있다. 현재 트라브존과 에르주룸 사이에 위치해 있는 바이부르 트(Bayburt)가 이에 해당한다.

12) F(toris, touris), R(tauris, thauris), Z(thauris). 이란 서북방 아제르바이잔성의 수도인 타브리 즈(Tabriz).

또 여러분에게 말하건대 이 대아르메니아의 높은 산 위에 노아의 방주가 있다. 〈사실 그것은 네모난 모양[13]의 매우 크고 높은 산으로, 그 위에 노아의 방주가 놓여 있다고 하고, 이 때문에 노아의 방주의 산이라고 불린다. 그 산은 얼마나 길고 큰지 이틀에 다 돌 수 없고, 산꼭대기에는 항상 엄청난 양의 눈이 쌓여 있어 아무도 그 꼭대기로 올라갈 수 없으며, 눈이 전부 녹아내리는 법이 없다.〉

〔그러나 평지 쪽으로 뻗은 산기슭에는 눈이 녹을 때 아래로 흘러내리는 습기로 인해 풀이 빽빽하고 풍성하게 자라나, 여름이 되면 사람들은 먼 곳에서도 모두 가축을 그곳으로 데리고 와 머문다. 더구나 눈이 녹아서 흘러내리기 때문에 산에는 깊은 진창이 생겨났다.〕[14]

그곳은 남쪽에서 동쪽에 걸쳐 기독교도들이 사는 모술[15]이라는 왕국과 접경을 이루고 있다. 그들은 야콥파 교도(Jacobites)와 네스토리우스파 교도(Nestorians)들로, 그들에 대해서는 아래에서 설명하겠다. 북쪽으로는 조르지아인들(Giorgiens)과 접하고 있는데, 그들에 대해서도 아래에서 설명하겠다.

그리고 조르지아인들과의 경계에 있는 한 샘에서는 100척의 배에 한꺼번에 실을 정도로 엄청난 양의 기름이 뿜어져나오지만 식용으로는 좋지 않다. 그러나 불이 잘 붙고, 가려움병이나 옴이 붙은 낙타에게 발라주면 좋다. 사람들은 아주 멀리서부터 이 기름을 구하기 위해 오고, 근처에 있는 모든 지방들에서도 이것말고는 결코 다른 기름을 태우지 않는다. 이제 대아르메니아를 떠나서 조르지아 지방에 대해 여러분에게 이야기해주도

---

13) 모울에 의하면 "컵 모양"으로 읽을 수도 있다고 한다.
14) 이란과 아르메니아가 접하는 터키 동부 변경지역에 있는 해발 5,185미터의 아라라트(Ararat)산을 가리킨다. 폴로의 말처럼 실제로 이 산의 꼭대기는 만년설에 덮여 있다. 이 산의 명칭은 그 지역에서 번영을 누렸던 고대국가인 우라르투(Urartu)와 연관된 것이라고 한다. 현지 주민들은 노아의 방주가 이 산의 정상에 머물렀다고 믿고 있으나 아직 과학적으로 입증된 바는 없다.
15) 24장의 주를 참조하시오.

록 하겠다.

23장 | 여기서 그는 조르지아의 왕과 주민들의 사정에 대해 이야기한다

조르지아니아(Giorgianie)[16]에는 언제나 다비드 멜릭(David Melic)[17]이라고 불리는 왕이 있었는데, 이는 프랑스어로는 '다비드 왕'을 의미한다.[18] 그는 타타르에게 복속하고 있다. 옛날 그 지방의 왕들은 모두 오른쪽 어깨에 독수리의 표지를 지니고 태어났다. 주민들은 잘생겼고 무기를 다루는 데 빼어났으며 전투시에는 훌륭한 궁수이자 뛰어난 전사였다. 그들은 기독교도이고 그리스의 법률을 지키며, 머리는 사제처럼 짧게 하고 다닌다.

그리고 이곳은 알렉산더가 서방으로 가려고 했을 때 길이 좁고 위험하여 지나가지 못한 지방이기도 했다. 왜냐하면 한쪽으로는 바다가 있고 다른쪽으로는 말을 타고 갈 수 없을 정도로 커다란 산이 있기 때문이다. 그 산과 바다 사이로 난 길은 매우 좁은데, 이 좁은 길은 4리그(league)[19] 이상 계속된다. 그래서 불과 몇 사람만 그 길목을 막고 있으면 온 세상과 대적할 수 있을 정도이다. 이것이 바로 알렉산더가 지나가지 못했던 까닭이다. 여러분에게 말하건대 알렉산더는 거기에 망루 하나를 세우게 하고 요새도 하나 짓게 하여 그 사람들이 그곳을 통과해서 자신을 공격하지 못하도록 했으니, 그것을 '철문'(鐵門)이라 불렀다.[20] 그곳이 바로 『알렉산더

---

16) 즉 조르지아. 러시아식 발음으로는 '그루지야'.

17) F(dauit melic), R(dauid melich), Z(dauid melic).

18) '멜릭'은 아랍어로 왕을 뜻하는 말릭(malik)에서 나온 말이니 폴로의 설명은 맞는 셈이다. 폴로가 중국으로 갈 때와 올 때 그곳의 군주는 다비드 5세(1243~72)와 다비드 6세(1292~1308)였기 때문에, 그는 조르지아 지방의 군주가 언제나 '다비드'라는 이름을 갖는다고 오해했던 것 같다.

19) 1리그=3마일.

20) 『집사』와 같은 페르시아 사료에도 '테무르 카할카'(Temür Qahalqa : 철문이라는 뜻)로 표기되어 있다. 아랍인들은 '문'(al-Bab) 혹은 '문 중의 문'(Bab al-abvab)이라고도 불렀다. 현재

이야기』(*The Book of Alexander*)[21]에서 그가 두 개의 산 사이에 타타르 사람들을 가두어두었다고 한 곳이다. 그러나 그 당시에는 타타르라는 것이 없었기 때문에 그들이 타타르였다는 것은 사실이 아니고, 그들은 코맨(Comain)[22]이라고 불리는 종족 및 다른 여러 족속들이었다.

거기에는 읍과 촌락들이 많고, 넘칠 정도로 충분한 비단이 있는데, 거기에서 만들어지는 비단과 금실로 짠 옷감은 사람이 이제까지 본 것 가운데 가장 아름다운 것이다. 거기에는 세계 최고의 참매(goshawk)도 있다. 모든 것이 풍성하며 주민들은 교역과 노동으로 살아간다. 그 지방은 온통 협소한 통로와 요새가 있는 큰 산들로 둘러싸여 있기 때문에 타타르들도 그곳을 완전히 장악하지는 못했다. 〈그 지방의 일부는 타타르 왕에게 예속되어 있지만 다른 곳들은 요새들 덕분에 그가 아니라 다비드 왕에게 복속하고 있다. 그리고 이들 요새와 산에서는 회양목(box)을 제외한 다른 나무라고는 찾아볼 수가 없다.〉

또한 그곳에는 성 리오나르드(Saint Lionard)라고 불리는 수도원이 하나 있는데, 거기에서는 다음과 같은 놀라운 일이 일어난다. 여러분은 성 리오나르드 교회 근처의 산에서 흘러나오는 물로 이루어진 커다란 호수

다게스탄 지방의 인구 8만 명 정도의 데르벤트(Derbent)가 위치한 곳이다. 서쪽으로는 코카서스 산맥과 동쪽으로는 카스피해 사이에 폭 약 2~3킬로미터밖에 안 되는 매우 협소한 통로가 길게 이어져 있어, 그곳에 성벽을 쌓고 철문을 만들어 그곳을 통하지 않고는 왕래할 수 없게 되어 있다. 알렉산더가 이 성을 쌓았다는 전설 때문에 '알렉산더의 성벽'(Sadd-i Iskandar)이라고 불리기도 했고, 그것을 축성한 장본인이 페르시아의 사산(Sasan) 왕조에 속하는 군주들이라는 주장도 있었다. 이처럼 협곡에 성을 쌓고 성문을 만들어 방어의 거점이 되었기 때문에 '철문'이라고 불리는 곳이 이외에도 여러 곳이 있었다.

21) 즉 『알렉산더 로맨스』. 이는 알렉산더의 영웅담을 기초로 기원후 2세기경 이집트의 알렉산드리아 지방에서 그리스어로 처음 씌어진 이래, 여러 유럽어는 물론 이슬람권과 심지어 동아시아의 여러 언어로까지 번역되어 널리 유포된 설화적 내용의 글이다.

22) R · Z(cumani). 몽골 침입 전에 카스피해와 흑해 북부의 초원을 중심으로 활동하던 투르크 계통의 유목민 킵착(Qipchaq)을 가리킨다. 그 지방을 가리켜 '킵착 초원'이라고 부르게 된 것도 바로 그들 때문이다. 이들은 비잔티움에서는 코만(Coman), 러시아에서는 폴로브치(Polovtsy) 등 다양한 이름으로 불렸다.

데르벤트

가 있다는 사실을 알아야 할 것이다. 그 산에서 내려온 물에는 고기라고는 크든 작든 1년 내내 보이지 않지만, 오로지 사순절 첫날에 고기들이 내려오기 시작해서 성 토요일, 즉 파스크(Pasque)[23]가 되기 전날까지는 사순절 동안 매일 내려온다. 그리고 이 기간에는 내내 많은 고기가 보이지만 다른 기간에는 전혀 보이지 않는다.

---

23) 부활절.

〈지금 말한 지방은 두 개의 바다를 바라보고 있는데, 하나는 북쪽에 있는 '대해'라 불리는 것이고〉 내가 지금 말한 바다는 산 옆에 있고 '겔(Gel) 혹은 켈란(Chelan) 바다'[24]라고 불리는 것이다.[25] 주위가 700[26]마일이고 〈다른 바다와 섞이지 않기 때문에 호수와 같다.〉 그리고 그것은 다른 바다들로부터 적어도 열이틀 거리는 떨어져 있고, 유프라테스강과 다른 많은 강들[27]이 거기서 끝난다.[28] 그것은 사방이 산과 육지로 둘러싸여 있다.

〈그 안에는 사람이 꽤 사는 섬들이 많고 훌륭한 도시들도 있다. 이 섬들에는 대타타르들이 평민들의 지배하에 있던 페르시아 왕국을 모두 정복하자 그들을 피해 도망온 사람들이 살고 있다. 이 사람들은 도망치다가 보다 안전하리라고 믿은 이들 섬과 산지로 왔고 그렇게 해서 이 섬들에 사람이 살게 된 것이다. 지금 말한 바다에서는 많은 고기가 나는데, 특히 철갑상어와 연어 그리고 다른 큰 고기들도 있다.〉 최근 제노아의 상인들이 이 바다에 배를 띄워 항해했고, 그 뒤 겔라(ghella)[29]라고 불리는 비단을 들여오게 되었다.[30]

---

24) F(gleuechelan), R(geluchalat).

25) 이것은 카스피해를 지칭한다. '겔' 혹은 '켈란'은 카스피해 동남 연안의 지방을 가리키는 '길란'(Ghilan)이라는 말에서 연유한 것임이 분명하다. 현재 길란은 이란의 한 '省'을 이루며 그 성도는 라쉬트(Rasht)이다.

26) 사본에 따라 숫자가 일치하지 않으며, Z본에는 2,800으로 되어 있다. 실제로 카스피해는 남북의 길이가 약 750마일, 동서의 폭이 200마일이기 때문에 그 둘레는 최소한 2,000마일이 넘는다.

27) R본에는 Herdil, Geichon, Cur, Araz와 같은 강이름이 씌어져 있다.

28) 물론 여기서의 유프라테스가 오늘날 지도상의 유프라테스는 아니다. 그것이 카스피해로 들어가는 강들 가운데 구체적으로 어느 것인지는 분명치 않지만, 볼가강이 아님은 확실하다. 폴로는 볼가강을 가리켜 '티그리'(Tigri)라고 불렀기 때문이다. 다만 그가 유프라테스강이 카스피해로 들어간다고 한 것으로 보아, 그 역시 에덴동산에서 네 개의 하천이 흘러나온다는 「창세기」의 기록에 영향을 받은 듯하다. 즉 홍해로 들어가는 유프라테스와 티그리스가 카스피해로 들어가는 것이 아님에도 불구하고 폴로가 그렇게 말한 것은, 천국에서 발원한 이들 하천이 카스피해로 들어가 '伏流'하다가 다시 지상에서 용출하는 것으로 보았기 때문이다.

29) F(gelle), R(ghellie).

〈이 지방 가까이에 티플리스(Tyflis)[31]라는 이름의 아름답고 매우 큰 도시가 있는데, 그 주변에는 이곳에 예속된 마을과 읍들이 많으며 기독교도, 즉 아르메니아인과 조르지아인, 그리고 소수의 사라센과 유대인이 살고 있다.〉〔여기서 비단이나 다른 여러 가지로 짜여진 옷감들이 만들어진다. 사람들은 수공업으로 살아가고 타타르의 대왕에게 예속되어 있다. 이 지방에 관해서는 단지 두세 개의 중요한 도시들만 기록했을 뿐, 특별히 경이로운 것이 없으면 일일이 적기가 번거로워 생략한 것들도 많다는 사실을 여러분은 기억해두어야 할 것이다. 그러나 앞에서 말한 지역들에 위치해 있지만 그냥 지나쳐버린 것들 가운데 일부는 뒤에 보다 자세히 설명될 것이다.〕

이제 여러분에게 북쪽에서부터 아르메니아의 이웃 지역에 대해 이야기했으니, 남쪽과 동쪽 사이에 위치한 다른 인접 지역에 대해서도 설명해보도록 하자.

24장 | 여기서 그는 모술(Mosul)[32] 지방에 대해 이야기한다

모술은 여러 종족이 사는 큰 왕국인데 이제부터 그곳에 대해 여러분에게 설명해주도록 하겠다. 그곳에는 마호메트를 신봉하는 아라비(Arabi)라는 종족[33]이 있다. 또한 기독교의 율법을 지키고 있기는 하지만 많은 문제들에서 잘못을 범해서 로마 교회와는 구별되는 또 다른 종족이 있는데, 그들

---

30) 길란 지방은 비단으로 매우 유명했으며, '겔라'라는 이름도 그 지명에서 유래된 것임이 분명하다. 다른 주석가들이 지적했듯이 13~14세기 이탈리아에서 길란 지방의 비단을 가리켜 'seta guieli' 혹은 'seta ghella'라고 부른 용례들이 보인다.

31) 현재 그루지야공화국의 수도 트빌리시(Tbilisi).

32) F(mosul), R(mosul, moxul), Z(moxul, musul). 티그리스강 중류에 위치한 도시. 중국측 문헌 가운데 860년경 段成式의 『酉陽雜俎』에는 勿斯離로 표기되었고, 그 뒤 12~13세기의 『嶺外代答』이나 『諸蕃志』에도 같은 글자로 사용되었다. 『元史』에는 毛夕里로 표기되어 있다.

33) 즉 아랍인.

은 네스토리우스교도 · 야콥교도라고 불린다.

그들은 '자톨릭'(Jatolic)[34]이라 부르는 총주교(Patriarch)를 갖고 있는데, 이 총주교는 마치 로마 교황이 그러하듯이 대주교와 주교, 수도원장과 모든 성직자들을 임명하고 그들을 인도와 카타이(Catai)[35]와 바우닥(Baudac)[36] 등 사방으로 파견한다.[37] 뿐만 아니라 내가 여러분에게 말하건대, 내가 말한 이 모든 지역에 있는 기독교도들은 전부 네스토리우스파와 야콥파이다.[38]

그리고 비단과 금실로 짠 모술린(mosulin)[39]이라 불리는 옷들은 모두 거기에서 만들어진다. 마찬가지로 우리에게로 엄청난 양의 값비싼 향료들을 들여오는 '모술린'[40]이라는 이름의 대상인들도 이 왕국에서 온 사람들이다. 이 지역의 산지에는 네스토리우스파와 야콥파 기독교도인 쿠르

---

34) F(iatolic), R(iacolit), Z(çatholic).

35) F(cata, catai), R(cataio, cattayo, ouchach, ouchacha), Z(alcathay, alochayray). 몽골제국 시대에 '카타이' 혹은 '키타이'(Kitai)는 金朝 치하에 있던 북중국 지방을 가리키는 말이다. 이 말은 원래 '契丹'(Kitan)을 옮긴 말로서, 遼가 북중국을 지배할 때 그 지역에 대한 명칭으로 알려지게 되었다.

36) R · Z(baldach), Z(baldac), 즉 바그다드.

37) '자톨릭'은 '카톨리쿠스'(Catholicus : 總主敎)에서 나온 말로, g/k를 자주 j로 발음하거나 표기하는 아랍식 발음에 근거한 것이다. 원래 네스토리우스 교단의 총주교좌는 바그다드(본서의 '바우닥')에 있고 인도나 북중국 등지로 자기 대리인을 파견했다. 그러나 여기서 바그다드가 마치 총주교의 대리인이 머무는 도시처럼 서술된 까닭은 일 칸국 시대의 총주교는 그 수도가 있던 마라가(Maragha)로 가서 상주하는 경우가 많았기 때문이다.

38) 네스토리우스파는 5세기 전반 콘스탄티노플의 총주교였던 네스토리우스의 교리를 추종하던 기독교의 한 종파이다. 네스토리우스는 神母說을 비판하고 예수의 神人一人格說을 부정한다는 혐의를 받아 431년 에페수스 종교회의에서 이단으로 낙인찍혔고, 그를 추종하던 집단은 박해를 피해 동로마를 떠나 서아시아나 중앙아시아로 근거지를 옮겨 전교활동을 벌였다. 야콥파는 6세기경 에데싸(Edessa)의 주교로 예수의 單性論(monophysitism)을 주장하던 야콥 바라데우스(Jacob Baradaeus)를 추종하던 교파로서 그들 역시 이단으로 여겨졌기 때문에 서아시아 지방을 근거지로 삼았다.

39) R(mossulini). 폴로의 설명과는 달리 무슬린(muslin)은 가늘고 얇게 짠 면포를 가리키며, 이 말은 도시명 '모술'에서 비롯되었다.

40) 사본에 따라서는 모술리니(Mosulini)로 표기되기도 한다.

드(Curd)[41]라는 종족이 살고 있는데 그 일부는 마호메트를 믿는 사라센이기도 하다. 그들은 용맹하지만 사악한 민족이어서 상인들을 마음대로 노략질한다. 〈이밖에 무스(Mus)와 메리딘(Meridin)이라는 지방이 있는데,[42] 거기서는 굉장한 양의 면화를 재배하고 부크람을 비롯하여 많은 물품들을 제작한다.〉 이제 모술 지방을 떠나 거대한 도시 바우닥에 대해서 말해보도록 하자.

25장 | 여기서 그는 대도시 바우닥(Baudac)[43]이 어떻게 정복되었는가에 대해 이야기한다

바우닥은 굉장히 큰 도시이며 그곳에는 세상의 모든 사라센들 위에 군림하는 칼리프(calif)[44]가 있었는데, 마치 로마에 세상의 모든 기독교도들의 본부가 있는 것과 같다. 도시 한가운데로 굉장히 큰 강 하나가 지나고, 그 강을 따라가면 무사히 인도양에 도달할 수 있으며, 상인들은 상품을 갖고 그곳을 왕래한다. 여러분은 그 강이 바우닥에서 인도양까지 족히 열여드레[45] 거리이며, 인도양으로 가려는 상인들이 그 강을 따라 키시(Chisi)[46]

---

41) F(card), R(curdi). curd라는 표기법은 Z본에서 취한 것이다. 쿠르드(Kurd)족을 가리키며 현재 터키 동부, 이란 서북부, 이라크 북부에 걸쳐 거주하며 서부 이란어를 사용한다. 이들 지역에 사는 쿠르드족의 인구는 대략 1,500만 명에 이른다. 쿠르드족의 이슬람으로의 개종은 이미 7세기부터 시작되었으나, 폴로 시대에도 그들 중 일부가 기독교도로 남아 있었음을 알 수 있다.

42) 무스는 아르메니아 지방에 있는 '무쉬'(Mush)를 가리키며, 메리딘은 시리아와 접경하고 있는 터키 동남 지방의 '마르딘'을 지칭한다. 그러나 이 두 곳은 120마일이나 떨어져 있어 폴로의 말처럼 하나의 '지방'을 이루었다고 보기는 어렵다.

43) 바그다드가 중국 사료에 처음 등장한 것은 8세기 말 縛達이었다. 그 뒤 白達·報達 등으로 표기되다가, 『元史』에는 八哈塔·八吉打로 씌어졌다. 마르코 폴로는 중국으로 갈 때 타브리즈에서 곧바로 이란으로 들어갔지 바그다드에 들르지 않았기 때문에 이 부분에 대한 그의 설명은 傳聞에 의한 것이다. 뒤에서 지적하듯이 키시에 대한 부정확한 설명 역시 그 때문에 생겨난 것이다.

44) F(calif, calis), R(califa), Z(calif, alchalif, califus).

45) R본에는 열이레.

46) F(chisi, qisci), R(chisi, chisti), Z(chis, chysci, chisci, qisci). 키시는 『諸蕃志』에 記施로, 『元

라는 도시까지 내려가 거기서 인도양으로 들어간다는 사실을 알아야 할 것이다.[47] 여러분에게 말하건대 그 강을 따라가다보면 바우닥과 키시 사이에는 바소라(Basora)[48]라는 커다란 도시가 있고, 이 도시 주변은 세계 최고의 대추야자를 맺는 나무들로 가득하다.

바우닥에는 금실과 비단으로 짠 여러 종류의 옷감이 있고, 동물이나 새 무늬로 장식된 여러 종류의 나시치(nascici) · 낙크(nac) · 크레모시(cremosi)[49] 등이 직조된다. 〈또한 인도에서 기독교권으로 운반되는 진주의 대부분이 바우닥에서 세공된다. 바우닥에서 사람들은 마호메트의 율법을 비롯하여, 마술 · 물리 · 천문 · 점술 · 관상학을 공부한다.〉 그곳은 그 지역의 어느 곳보다 당당하고 큰 도시이다.

뿐만 아니라 여러분은 정말로 바우닥의 칼리프가 여태까지 어느 누구보다 더 많은 금은보화를 소유하고 있다는 것을 알아야 할 것이다. 이제 여러분에게 그것에 관해서 말해주겠다. 그리스도가 태어나신 지 1255[50]년쯤 되던 해 지금 재위중인 대군주의 동생이며 울라우라는 이름의 타타르들의 대군주가 매우 많은 무리를 모아서 바우닥을 덮쳐 힘으로 빼앗아

史』에는 怯失로 표기되어 있다.

47) 유울이 지적했듯이 이 부분은 마치 바그다드에서 티그리스강을 따라 내려가면 바다로 들어가는 항구도시 '키시'를 만나는 듯한 인상을 준다. 그러나 인도양 무역의 주요 거점 항구인 키쉬(Kish)는 티그리스 하구에서 동남쪽으로 200마일이나 떨어진 해안에 위치해 있다.

48) F · Z(bascra), R(balsara). 티그리스강 하구 근처의 바스라(Basra). 『諸蕃志』의 弼斯羅.

49) R(cremesina), Z(crimisi). 중세의 여러 자료에 고급 비단옷감의 이름으로 낙크(naq)와 나시치(nasich)에 대한 언급이 보인다. 『몽골비사』에 보이는 naqud와 nachidud도 그 복수형을 나타낸 것이다. 낙크는 금실로 짠 옷감인데 이미 『隋書』「西域傳」에 '諾'이라는 글자로 표기되고 있다. 나시치 역시 금실로 문양을 넣어 짠 옷감으로 『元史』에는 納失失 · 納失石 · 納失思로 표기되었다. 이에 대해서는 T.Allsen의 최근 연구 *Commodity and Exchange in the Mongol Empire : A Cultural History of Islamic Textiles*(Cambridge, 1997)을 참조하시오. 크레모시는 진홍색 벨벳을 가리키는데, 홍색 안료의 재료가 되는 케르메스(kermes)라는 곤충에서 기원한 말이다.

50) 1258년이 되어야 옳다.

버렸다.[51] 사실 그것은 대단히 어려운 일이었는데, 그 까닭은 바우닥에 보병을 빼놓고도 10만 명 이상의 기병이 있었기 때문이다. 그곳을 탈취한 그는 칼리프에게 금은 및 갖가지 보물들로 가득 채워진 탑이 있음을 알게 되었다. 얼마나 많았는지 언제 어디에서도 본 적이 없을 정도였다.

그는 이처럼 많은 보물을 보고 크게 놀라 사람을 보내 칼리프를 불러오게 했다. 그리고는 "칼리프여! 그대는 어찌하여 이토록 많은 보물을 끌어모았는가? 도대체 무엇을 하려 했는가? 그대는 내가 그대의 적이고 이처럼 많은 군대와 함께 그대를 넘어뜨리기 위해 왔다는 것을 알지 못했는가? 그대가 그것을 알진대 어찌해서 기병과 용병들에게 보물을 나누어주어 그대와 그대의 도시를 지키도록 하지 않았는가?"라고 물었다. 칼리프는 어떻게 말해야 할지 몰랐기 때문에 아무런 대답도 하지 못했다.

울라우는 그에게 "칼리프여! 이제 그대가 그토록 보물을 좋아한다는 것을 알았으니, 그대에게 그것을 먹이겠노라"라고 말했다. 그러고 나서 그는 칼리프를 보물이 있는 탑으로 데리고 가, 먹을 것과 마실 것을 일체

---

51) F본은 여기서 바그다드를 "힘으로" 빼앗았다고 간략하게 적고 말았지만, R본(그리고 부분적으로 Z본도)은 다음과 같이 비교적 상세한 내용을 전하고 있다. "타타르의 군주들이 지배하기 시작했을 당시 네 명의 형제가 있었는데, 그들 중 연장인 몽구(Mongu)가 왕좌에 군림했다. 그때 막강한 힘으로 중국과 그 주변나라들을 복속시키고, 그러고도 이에 만족하지 않고 더 많이 갖고 싶어 그들은 전세계를 굴복시키기로 했다. 그래서 그들은 세상을 네 부분으로 나누어, 영토를 차지하기 위해 한 사람은 동쪽으로 가고, 다른 한 사람은 남쪽으로, 그리고 나머지는 다른 두 지역으로 가기로 했다. 남쪽 지역은 그들 중 울라우라는 인물에게 떨어졌다. 그는 먼저 엄청난 군대를 모아 그 지역들을 억척스럽게 정복하기 시작했고 1250년 그곳에 있는 바우닥에 이르렀다. 그러나 그곳에는 대단히 많은 사람들이 있어 그 힘의 막강함을 알고는 힘보다는 계략으로 차지하려고 생각했다. 그는 보병을 빼고도 10만 명의 기병을 갖고 있었지만 도시 안에 있던 칼리프와 사람들에게 일부러 적게 보이려고, 도시로 접근하기 전에 비밀리에 군대의 일부를 도시 한쪽에 배치하고 다른 일부는 반대편 숲 속에 배치한 뒤, 나머지 병사들과 함께 성문으로 말을 몰았다. 칼리프는 그의 군대가 얼마 되지 않음을 보고 아무런 주의도 하지 않은 채 단지 마호메트의 깃발만 믿고 적을 격멸하려 생각하면서 즉각 도시 안에서 사람들과 함께 나왔다. 이를 본 울라우는 도망가는 척하면서 그를 자기 병사들이 숨어 있는 나무와 숲 뒤로 유인했다. 여기서 그들을 가운데로 에워싼 뒤 격파하여 칼리프와 함께 도시를 차지한 것이다."

주지 말라고 명령했다. 이어 그는 "칼리프여, 보물을 그토록 좋아했으니 마음대로 실컷 먹어라. 그대는 이 보물 이외에 어떠한 것도 먹어서는 안 될 것이다"라고 말했다.

그 뒤 그는 탑 속에 버려져 나흘째 되던 날 마지막에 거기서 죽었다.[52] 그가 모든 것을 잃고 백성들과 함께 죽는 것보다는 갖고 있던 보물을 사람들에게 나누어주어 그의 땅과 백성을 지켰다면 더 좋았을 것이다. 이 칼리프 뒤로는 더 이상 칼리프가 없게 되었다. 다음에는 타우리스에 대한 이야기를 하겠는데, 물론 그들의 사정과 풍습에 관해 이야기할 수도 있지만, 너무 길어질 것같아 내 이야기를 줄인 것이다. 그 대신 여러분에게 대단히 놀라운 이적에 대한 이야기를 해주도록 하겠다.

26장 | 여기서 그는 타우리스(Tauris)[53]라는 훌륭한 도시에 대해 말한다[54]

타우리스는 이락(Yrac)이라고 불리는 지방에 있는 커다란 도시인데, 거기에는 도시와 마을들도 많지만 타우리스가 그 지방에서는 가장 당당한 도시이기 때문에 여러분에게 그것에 대해 말해주겠다. 그곳에서는 금실

---

52) 마지막 칼리프 무스타으심(Musta'sim ; 1242~58)의 이 같은 죽음에 관해 폴로와 유사한 이야기는 다른 여러 자료에서도 발견된다. 이미 Boyle의 연구가 밝히고 있듯이 당시 상황을 직접 목격한 작가의 기록에 따르면, 바그다드를 함락한 훌레구(울라우)가 칼리프를 불러와 금으로 된 접시를 그에게 먹으라고 하면서, 그렇게 금을 많이 모으고서도 병사들에게 나눠주지 않은 칼리프를 질책한 것은 사실이다. 그러나 후일 이를 기초로 그의 죽음은 상상과 과장이 덧붙여져 그를 굶겨죽였다, 혹은 금을 녹여 그의 입에 부어넣어 죽였다는 식으로 묘사되었다. 폴로의 글도 그 하나의 예이다. 그러나 실제로 칼리프는 교외로 끌려나가 카펫에 말린 상태에서 말발굽에 밟혀 죽음을 당했는데, 이것은 귀족의 피가 땅을 적시면 지진이 일어나 많은 피해가 일어날지도 모른다는 당시 몽골인들의 관념 때문이었다. J.A.Boyle, "The Death of the Last Abbasid Caliph", *Journal of Semitic Studies*, 6-2(1961), pp. 145~161 참조.
53) 오늘날 이란 서북부 아제르바이잔 지방의 타브리즈(Tabriz).
54) 모울도 지적했듯이 여기서부터 30장까지의 배열에는 불분명한 점이 있다. 25장 마지막 부분의 서술로 보나 문맥의 흐름으로 보나, 26장이 30장 뒤에 오는 것이 자연스러울 것이다. 또 그런 순서로 씌어진 사본들도 있다. 그러나 모울은 F본에 기록된 순서를 존중하여 옮겼고, 본 역서에서도 그대로 따랐다.

과 비단 그리고 값비싼 것으로 짠 옷감들이 만들어지기 때문에, 타우리스 사람들은 교역과 수공업으로 살아간다.

이 도시가 얼마나 좋은 위치에 있는지, 인도와 바우닥, 모술과 쿠르모스(Curmos),[55] 그리고 다른 여러 곳에서 상품들이 들어오고, 수많은 라틴 상인들도 낯선 지역에서 들어오는 물건을 사기 위해 그곳으로 모여든다. 그리고 거기서 나는 엄청난 양의 보석도 그곳으로 운반된다. 순회 상인들이 막대한 이익을 올리는 도시이기도 하다. 주민들은 하찮은 일들을 하며 여러 종류의 사람들과 섞여서 살고 있다. 거기에는 아르메니아인, 네스토리우스교도, 야콥교도, 조르지아인, 페르시아인이 있고, 마호메트를 숭배하는 사람들도 있다. 이들이 '타우리신'(Taurisin)이라고 불리는 그 도시의 주민들이다. 도시는 여러 과실들로 가득찬 정원과 유원지로 둘러싸여 있다. 타우리스의 사라센은 매우 사악하고 불충하다.

〔타우리스 영내에 있는 성 바르사모(Barsamo) 수도원에 대하여.[56] 타

---

55) F(formose, cormos, cremosa, cremosor, curmos, curmosa), R(cremessor, ormus), Z(chormos, cormos, curmos). 호르무즈(Hormuz)를 지칭하며 이 말은 조로아스터교의 최고 신 아후라 마즈다(Ahura Mazda)에서 기원한 것이다. 이 도시는 이미 고대 그리스 문헌에 보이고 있으나 본격적인 번영을 누린 것은 12세기에 들어온 뒤부터였다. 당시 이 도시는 바닷가에 면한 육지에 있었으나, 폴로가 다녀간 직후에 전쟁으로 파괴되어 그곳과 마주보는 제룬(Jerun)이라는 섬으로 옮겨졌다. 따라서 본서에서의 쿠르모스는 호르무즈섬이 아니라 육지에 있던 호르무즈 舊都를 가리킨다. 중국측 자료에는 11세기 후반 송나라 때 胡盧沒이라고 처음 표기되었고, 『元史』에는 忽里模子로 되어 있다.

56) 이 부분은 R본에만 보이는 내용이지만, 유울과 펠리오가 지적했듯이 라무지오가 이것을 잘못된 위치에 삽입시켜놓은 듯하다. '성 바르사모 사원'은 458년에 사망한 單性論者인 성 바르사우마(St. Barsauma)를 기리기 위해 13세기에 아르메니아인들이 지은 것이고, 그 위치는 현재 터키 동남부 말라티아(Malatya) 지방이다. 펠리오의 분석에 따르면 라무지오가 타브리즈로부터 서쪽으로 700킬로미터 떨어진 곳에 있는 바르사모 사원에 관한 이야기를 타브리즈 다음에 삽입시킴으로써 마치 그곳이 마르코 폴로가 동방으로 갈 때 타브리즈 다음에 나타나는 지점인 양 생각케 한 것은 잘못이며, 그런 거리감을 약화시키기 위해 바르사모 사원이 '타우리스의 경역 안에 있다'는 구절을 삽입한 것이다.

우리스의 경역 안에는 성 바르사모라는 이름을 가진 대단히 경건한 수도원이 하나 있다. 수도원장 한 사람과 여러 명의 수도승들이 있는데 마치 카르멜(Carmel)파[57]와 같은 복장을 하고 있다. 그들은 나태함에 빠지지 않으려고 쉬지 않고 모직 혁대를 만들어서는 전례의식을 올릴 때 성 바르사모의 제전에 바친다. 그리고 그들은 마치 '성령파 수도사'(Brothers of the Holy Spirit)[58]들이 그러하듯이 걸식하며 지방을 돌아다니는데, 그때 그 혁대를 친구들이나 귀족에게 준다. 그 까닭은 그것이 몸에 있는 고통을 없애는 데 좋기 때문이며, 이러한 이유로 모두 그것을 어떻게 해서든지 가지려고 한다.]

27장 | 바우닥에서 일어난 산의 커다란 경이에 대하여

여러분에게 바우닥과 모술 사이에서 일어난 커다란 이적에 대해 말해주겠다. 사실 그리스도가 강림하신 지 1275년[59] 되던 해, 기독교도들에 대해 대단히 사악한 생각을 품고 있던 칼리프가 바우닥에 있었는데, 그는 어떻게 하면 자신의 영역 안에 있는 기독교도 모두를 사라센으로 개종시킬 수 있을까, 그리고 만약 그것이 안 되면 어떻게 그들을 전부 처형시킬 수 있을까 하고 밤이나 낮이나 생각하고 있었다. 그리고 이에 대해 그는 수도승 및 사제[60]들과 매일 상의했는데, 그들은 모두 기독교도에 대해 커다란 해악을 바라고 있었다. 세상의 모든 사라센들이 세상의 모든 기독교도들에 대해 아주 몹쓸 것을 바라는 것은 사실이다.

그러다가 우연히 칼리프는 자신의 주위에 있던 현자들과 함께 내가 여

---

57) 12세기 중반 이스라엘 지방에서 창단된 수도승단.
58) 병들고 가난한 사람들을 도우려는 정신으로 1160년 몽펠리에(Montpellier)에서 창단된 수도승단.
59) Z · R본에는 1225년으로 되어 있다. 이 이야기의 사실 여부는 차치하더라도 압바스 칼리프조가 붕괴한 것이 1258년이므로 연대는 그 이전이 되어야 옳을 것이다.
60) 원문은 casses인데 이는 아랍어로 '사제'를 의미하는 kashish를 옮긴 말이다.

러분에게 말하려고 하는 한 구절을 찾아냈다. 복음서에서 만약 하나의 겨자씨만큼의 신앙을 가진 기독교도가 있다면 그는 주 하나님께 기도를 올려 두 개의 산을 합칠 수 있을 것이라고 한 대목[61]을 보게 된 것이다. 그들은 이 구절을 발견하자, 이것이야말로 기독교도를 사라센으로 개종시키거나 아니면 모조리 처형할 수 있게 할 수 있는 것이라고 생각하며 매우 기뻐했다. 그리고 그는 자기 영역 안에 있는 정말로 많은 수의 네스토리우스파와 야콥파 기독교도들을 모두 불러오게 했다.

칼리프는 그들이 자기 앞으로 불려오자 그들에게 그 복음서를 보여주고 그것을 읽으라고 했다. 그들이 그것을 읽고 나자 그는 "사실이 과연 그러한가?"라고 물었고, 기독교도들은 그것이 진실이라고 대답했다. 칼리프가 "그렇다면 너희는 한 톨의 겨자씨만한 신앙이라도 있는 기독교인이라면 하나님에게 드리는 기도로 두 개의 산을 합칠 수 있다고 말하는 것이냐?"고 묻자, 기독교도들은 "진실로 우리는 그렇게 말합니다"라고 대답했던 것이다.

칼리프는 "그러면 내가 너희에게 하나의 선택을 제시하겠노라. 너희 기독교도들이 그렇게 많으니 너희들 가운데 한 사람 정도는 그렇게 작은 신앙이라도 갖고 있는 사람이 있어야 하리라"고 말하고는, 가까이에 있는 산을 가리키면서 "그래서 내가 말하노니, 저기 보이는 저 산을 너희가 말하는 하나님의 힘으로 옮겨놓아라. 그렇지 않으면 나는 너희 모두를 잔혹한 죽음으로 처벌할 것이다. 왜냐하면 너희가 그것을 옮겨놓지 못한다면, 그것은 너희에게 아무런 신앙도 없다는 것을 보여주는 것이기 때문이다. 내가 너희를 모두 처형하든가, 아니면 너희는 우리의 예언자 마호메트가 주신 좋은 율법으로 귀의하여 신앙을 갖고 구원받아야 할 것이다. 그리고 이를 위해 너희에게 지금부터 열흘 동안의 유예기간을 주겠노라.

---

61) 「마태복음」 17장 20절.

만약 그때까지 너희가 이 일을 해놓지 못하면 너희 모두를 처형시키겠노라"고 말했다. 그러고 나서 칼리프는 더 이상 아무 말도 하지 않고 기독교도들을 물러가게 했다.

28장 | 어떻게 기독교도들은 칼리프가 한 말을 크게 두려워했는가

기독교도들은 칼리프의 말을 듣고 커다란 분노와 죽음에 대한 두려움에 사로잡혔다. 그렇지만 그들은 창조주가 이 크나큰 위험으로부터 구해주리라는 굳은 희망을 갖고 있었다. 대주교, 주교, 사제가 많았기 때문에 지도자였던 이들 현명한 기독교인들이 모두 모여 상의를 했다. 그러나 그들이 상의할 수 있는 것이라고는 주 하나님께 이 문제에 관해 동정과 자비로써 인도해주기를, 그리고 만약 칼리프가 요구한 것을 하지 못했을 경우 그가 내릴지도 모를 잔혹한 죽음으로부터 구원해주기를 기도하는 것뿐이었다. 내가 여러분에게 무엇을 말해줄 수 있을까. 진실로 여러분은 이 기독교도들이 밤낮으로 기도하면서 하늘과 땅의 창조주께서 자비를 베풀어 자신들이 처한 이 엄청난 위험으로부터 구원받을 방도를 세워주시기를 성심으로 기도했다는 것을 알아야 할 것이다. 기독교도들은 남자든 여자든 아이든 어른이든 여드레 낮과 밤을 이 같은 극진한 간구와 기도로 보냈다.

그런데 그들이 이렇게 간구하고 있을 때 성스러운 생활을 하던 한 주교에게 한 천사가 하나님의 사신으로 나타나 말하기를, "오, 주교여! 이제 그대는 눈이 하나밖에 없는 구두쟁이를 찾아가라. 그리고 그에게 그 산을 옮겨달라고 부탁하라. 그러면 산이 당장에 옮겨질 것이리라"고 했다. 내가 여러분에게 이 구두쟁이가 어떠한 사람이었고 어떤 생활을 했었는지에 대해 이야기해주겠다. 그는 매우 존경할 만하고 순수한 사람이며, 금식생활을 하면서 어떠한 죄도 짓지 않았다. 그는 매일 교회에 가 예배를 드렸으며, 그가 갖고 있던 빵을 매일 하나님께 바쳤다. 그는 이처럼 선량하고 성스러운 생활을 했기 때문에 그보다 더 훌륭한 사람은 원근을 막론하고 어디에서도 찾아볼 수 없을 정도였다.

여러분에게 그가 진실된 신앙과 선량한 생활을 하는 착한 사람이었음을 입증해주는 그의 행동 한 가지를 더 말해보겠다. 사실 그는 눈이 너희를 죄로 이끌고 가면 너희는 그것을 머리에서 뽑아내든가 아니면 죄를 범하지 못하도록 눈을 멀게 하라는 복음서를 듣고 또 읽었다.[62] 그런데 하루는 예쁘게 생긴 부인이 신발을 사러 이 구두쟁이의 집에 왔다. 이 장인은 그 여자의 발에 어떤 구두가 맞는지 보기 위해 그 여자에게 다리와 발을 내보이라고 했다. 그 여자는 즉시 보여주었는데, 과연 그 다리와 발은 여러분이 더 이상 아름다운 것을 요구하기 힘들 정도로 아름다웠다. 내가 이야기했던 것처럼 그토록 선량한 이 장인이 여자의 다리와 발을 보았을 때, 그의 눈이 탐욕스럽게 그것을 바라볼 정도로 그는 심한 유혹을 느꼈다. 그는 여자에게 신발을 팔지 않고 돌아가게 하였다. 그리고 그 여자가 가버린 뒤에 그는 "아! 나의 생각이 얼마나 떳떳지 못하고 사악한가. 나로 하여금 죄를 짓게 한 내 눈에 대해 큰 복수를 하고야 말리라!" 하고는 갑자기 조그만 막대기를 집어들어 그것을 날카롭게 만든 뒤 자기 눈 한가운데를 찔러 그 안에서 터뜨려버림으로써 더 이상 볼 수 없게 했다.

여러분이 들은 바로 그런 방식으로 이 구두쟁이는 눈 하나를 터뜨려버린 것이니, 참으로 성스럽고 선량한 사람이었다. 이제 본론으로 되돌아가보도록 하자.

29장 | 구두쟁이의 기도가 산을 움직이리라는 계시가 어떻게 주교에게 나타났는가

여러분은 이 같은 계시가 그 주교에게 여러 번 나타나서 구두쟁이를 불러와 그의 기도로써 산을 움직이게 하라고 했음을 알아야 할 것이다. 이

---

62) 「마태복음」 5장 29절, 18장 9절 ; 「마가복음」 9장 47절.

주교는 그것을 다른 기독교도들에게 낱낱이 이야기해주었고, 기독교도들은 그 구두쟁이를 불러와야 한다는 데에 동의했기 때문에 그를 불러오도록 했다.

그가 오자 그들은 주 하나님께 기도하여 산을 움직이게 해달라고 부탁했다. 이 구두쟁이는 주교와 다른 기독교도들의 말을 듣고 자기는 주 하나님이 자신의 기도를 듣고 그처럼 위대한 일을 할 정도로 선량한 사람이 아니라고 말했다. 그래도 기독교도들은 하나님께 기도해야만 한다고 그를 달랬다. 내가 여러분에게 무엇을 더 말하겠는가. 그들이 그에게 얼마나 간청했는지 그는 부탁을 받아들여 창조주에게 기도를 올리겠노라고 대답하고 말았다.

30장 | 어떻게 기독교도의 기도가 산을 움직였는가

정해진 날짜가 되었을 때 기독교도들은 남녀노소를 불문하고 아침 일찍 일어나 교회로 가 성스러운 찬송가를 불렀다. 그들이 노래를 부르고 우리 주 하나님께 드리는 의식을 모두 마친 뒤, 구세주의 십자가를 앞세우고 모두 함께 그 산이 있는 평원으로 나아갔다. 10만 명은 족히 될 기독교도들은 평원으로 나와 우리 주님의 십자가 앞에 자리를 잡았다. 칼리프도 정말 놀랄 만큼 많은 사라센들이 함께 그곳에 있었는데, 그들은 산이 움직이리라는 것을 전혀 믿지 않았기 때문에 기독교도들을 죽이러 온 것이다. 어른이든 아이든 기독교도들은 모두 크게 두려워했고 떨었으나, 여전히 창조주에 대한 단단한 희망만은 갖고 있었다.

기독교도와 사라센, 이 모든 사람들이 평원에 모였을 때 구두쟁이가 십자가 앞에 무릎을 꿇고 하늘을 향해 손을 벌린 뒤 구세주께 저 산을 움직여서 그곳에 있는 수많은 기독교도들이 잔혹한 죽음을 당하지 않도록 해달라고 기도했다. 그가 〈"성부와 성자와 성령의 이름으로, 저 산은 거기서 움직여 성령의 힘으로 저쪽으로 가도록 명령하노라!" 하는 큰소리로〉 기도를 마치자, 산은 한순간의 지체도 없이 흔들리며 〈칼리프가 명령한 평원으로 1마일〉 움직이기 시작했다. 이를 본 칼리프와 사라센들은 크게 경탄했고, 이로 인해 많은 사람들이 기독교도가 되었다. 칼리프 자신도 기독교도가 되었으나 그것은 비밀로 했다. 그가 죽었을 때 그의 목에서 〈항상 옷 안에 숨겨서 걸고 다니던〉 십자가가 발견되었다. 그래서 사라센들은 그를 다른 칼리프와 함께 묘지에 묻지 않고 다른 곳에 안치했다.

이 기적은 여러분이 들은 것처럼 그렇게 일어났다. 마호메트가 그들에게 준 율법은 그들의 율법을 믿지 않는 모든 사람들에게 어떠한 해악을 가하거나 혹은 어떠한 것을 빼앗더라도 그것은 죄가 되지 않는다고 했다. 이 때문에 만약 국가가 없었다면 그들은 더 많은 나쁜 짓을 행했을 것이다.[63] 세상의 모든 사라센들은 이 같은 식으로 행동한다. 이제 타우리스를 떠나 페르시아에 대해 이야기를 시작해보도록 하자.

31장 | 여기서 그는 페르시아라는 거대한 지방에 대한 이야기를 시작한다

페르시아는 정말로 거대한 지방으로 옛날에는 매우 훌륭하고 강력했으나 지금은 타타르들이 파괴하여 황폐하게 만들었다. 페르시아에는 사바(Sava)[64]라고 불리는 도시가 있는데, 예수 그리스도를 경배하러 온 세 명의 동방박사(magi)가 출발한 곳이다. 이 도시에는 세 명의 동방박사가 묻혀 있는 매우 크고 아름다운 성묘가 세 개 있는데, 성묘 위에는 지붕이 돔으로 된 매우 정성스럽게 만들어진 네모난 집들이 서로 나란히 붙어서 세워져 있다. 그들의 유해는 아직 온전하여 머리카락과 수염도 그대로 있

---

63) 여기서 '국가'는 33장에서도 나오듯이 '동방의 타타르들의 나라', 즉 일 칸국을 가리키는 것으로 보아야 할 것이다. 즉 몽골인들의 국가가 없었다면 서아시아에서 기독교도들은 무슬림들의 박해를 견디기 어려웠을 것이라는 뜻으로 받아들일 수 있다. 몽골의 지배에 대한 마르코 폴로의 호의적인 입장을 보여주는 대목이다.

64) F(saba, saua), Z(saua). 테헤란에서 서남쪽으로 약 122킬로미터 되는 지점에 있는 사바(Savah). 『元史』에는 撒瓦로 표기되어 있다.

조로아스터교의 신전
(아제르바이잔의 수도
바쿠 소재)

다. 한 사람은 발타사르(Baltasar)[65]라는 이름을 가졌고, 두 번째는 가스파르(Gaspar), 세 번째는 멜키오르(Melchior)였다. 마르코님은 이 세 동방박사에 대해 그 도시의 많은 사람들에게 물어보았는데, 아주 오래 전에 그곳에 세 사람이 묻혔다는 것 이외에 이에 대해 더 이상 말해줄 수 있는 사람이 아무도 없었다. 그러나 그가 알아낸 것이 있는데, 그것을 내가 여러분에게 말해주겠다.[66]

전방으로 사흘 거리를 더 가다 보면 칼라 아타페리스탄(Cala Ataperi-stan)[67]이라는 마을이 하나 있는데, 프랑스어로는 '불을 숭배하는 사람들

---

65) F(beltasar), Z(baldasar).
66) 마르코 폴로가 전하는 것과 내용이 약간 다르기는 하지만 동방박사에 관한 설화가 기독교권에 널리 퍼져 있었음은 물론이지만, 마스우디(Mas'udi)와 같은 무슬림들의 문헌에도 그에 관한 기록들이 보인다. 이 설화와 관련된 보다 자세한 내용에 관해서는 유울의 상세한 주석을 참조하시오.
67) '칼라이 아테쉬페리스탄'(Qala-i Ateshperistan)으로 표기해야 정확하며 그 뜻은 폴로가 설명한 그대로이다.

의 마을'이라는 뜻이다. 사실 그 마을사람들은 불을 숭배하고 있는데, 그들이 왜 불을 숭배하는지 여러분에게 설명해주겠다. 그 마을사람들이 말하는 바에 의하면, 옛날에 그 지방의 세 왕이 갓 태어난 한 예언자를 경배하여 세 가지 헌물, 즉 황금과 유향과 몰약을 갖고 그 예언자가 하나님인지 아니면 지상의 왕인지 혹은 치유자인지를 알아보러 갔다고 한다.

그들은 만약 그가 황금을 받으면 지상의 왕일 것이고, 유향을 받으면 하나님일 것이며, 만약 몰약을 받으면 치유자일 것이라고 생각했다. 그들이 아이가 태어난 곳으로 왔을 때, 세 왕 가운데 가장 나이가 어린 사람이 홀로 그 아이를 보러 들어갔는데, 그는 그 아이가 나이나 생김새가 자기와 닮았다는 것을 발견하고는 무척 놀라 밖으로 나왔다. 그 뒤 중간 나이이던 두 번째 왕이 가서 앞의 경우와 마찬가지로 그가 생김새나 나이에서 자신과 비슷한 것을 보고, 매우 놀라서 밖으로 나왔다. 마지막으로 나이가 가장 많은 세 번째 왕도 들어갔는데 다른 두 사람과 똑같은 일을 경험하고는 생각에 잠겨 다시 밖으로 나왔다. 세 왕은 함께 모여 자기들이 본 것에 대해 서로 이야기를 주고받았다. 그들은 크게 놀라, 세 명이 다같이 들어가보자고 말했다. 그래서 그들이 모두 함께 아이에게로 갔을 때 비로소 그의 본래의 모습과 나이, 즉 그가 생후 열사흘밖에 되지 않았음을 확인하게 되었고, 그들은 그에게 경배하고 황금과 유향과 몰약을 바쳤다. 그 아이는 그들 세 사람 모두를 맞이하고 헌물을 받아들였으며, 그들에게 봉함된 상자를 하나 주었다. 그리고 세 왕은 자기 나라를 향해 출발했다.

32장 | 여기서 그는 하나님을 신봉하게 된 세 동방박사에 대해 이야기한다

그들은 며칠간 여행을 하다가 그 아이가 준 것이 무엇인지 보고 싶어서 그 상자를 열어보았더니 돌멩이 하나만 있었다. 그들은 이것이 무엇일까 하고 크게 의아해했지만, 실은 그 아이가 그것을 준 의미는 그들이 이제 막 갖기 시작한 신앙이 바위처럼 단단해야 한다는 것을 보여주기 위해서

동방박사의 방문

였다. 즉 세 왕은 아이가 세 가지 선물을 모두 받는 것을 보고 그가 하나
님이자 지상의 왕이요 치유자라 생각했고, 그 아이는 이 세 왕이 그 같은
믿음을 갖게 된 것을 알았기 때문에 그들이 믿는 것에 대해 굳고 변함없
어야 한다는 징표로 돌을 준 것이다.

그러나 세 사람의 왕은 그 돌이 왜 자기들에게 주어졌는지를 알지 못했
기 때문에 그것을 우물 속에 던져버렸다. 그 돌이 우물 속에 던져지자마
자 타오르는 불이 하늘에서 내려와 곧바로 돌이 던져진 그 우물 속으로
들어갔다. 〈그리고는 갑자기 거대한 불기둥이 우물구멍을 통해 솟구쳐
오르기 시작했다.〉 세 왕은 이 놀라운 기적을 보고 당황하면서 돌을 던져
버린 것을 후회했다. 그제서야 그것이 커다란 의미와 효용을 갖고 있음을
깨달았던 것이다.

그들은 즉시 그 불을 채취하여 자기 나라로 가져가서 매우 아름답고 훌
륭한 교회에 안치했다. 그리고는 그것이 항상 타오르도록 했고, 그 불을
마치 하나님처럼 숭배했으며, 번제를 드릴 때는 모두 그 불로 굽도록 했

다. 그들은 그 불이 혹시라도 꺼지는 일이 생기면, 그 불을 숭배하며 같은 신앙을 갖고 있는 다른 사람에게 가서 그 교회에 있는 불을 약간 달라고 하여 다시 불을 붙였다. 그들은 여러분에게 내가 말한 그 불이 아니면 결코 취하지 않았으며, 그 불을 찾기 위해 열흘 거리를 가는 일도 많다. 내가 말한 이러한 연유로 그 고장사람들은 불을 숭배하는 것이다.

여러분에게 말하지만 그들의 숫자는 많다. 그리고 이 모든 것은 그 마을 사람들이 마르코 폴로님에게 이야기해준 그대로이며 모두가 진실이다. 다시 한 번 말하지만 세 동방박사 가운데 한 사람은 사바에서, 두 번째는 아바(Ava)[68]에서, 그리고 세 번째는 내가 불을 숭배한다고 말한 그 마을[69]에서 나왔다. 이제 이 같은 사실을 여러분에게 모두 이야기했으니, 다음에는 페르시아의 여러 도시들과 그곳에서의 사정과 풍습에 대해 이야기해보도록 하자.

33장 | 여기서 그는 페르시아의 여덟 왕국에 대해 이야기한다

여러분은 페르시아가 매우 커다란 지방이며 그 안에는 여덟 개의 왕국이 있음을 알아야 할 것이다. 그 이름을 열거해보면, 우선 첫번째 왕국은 카스빈(Casvin)[70]이라는 이름을 가졌고, 남쪽에 있는 두 번째는 쿠르디스탄(Curdistan)[71]이라 불리고, 세 번째는 로르(Lor),[72] [북쪽에 있는] 네 번째는 시엘스탄(Cielstan),[73] 다섯 번째는 이스파안(Ispaan),[74] 여섯 번째는

---

68) F · Z(aua). 사바(사베) 남쪽 25킬로미터 지점에 있는 도시인 아바(Avah).

69) 일부 사본에는 마을의 이름이 '카샨'(Caxan)이라고 되어 있는데, 카샨(Kashan)은 테헤란에서 남쪽으로 약 180킬로미터 떨어진 곳에 위치해 있는 도시이다.

70) F(casum), R(casibin), Z(chasuin). 테헤란 서북쪽 약 150킬로미터 지점에 위치한 도시. 뒤에 나오듯이 엘부르즈 산중에 있는 암살자단의 근거지 알라무트(Alamut)가 그 근처에 있다.

71) 당시 쿠르디스탄(Kurdistan)은 바그다드 동쪽 산지를 가리킨다.

72) 루리스탄(Luristan)은 이스파한 서쪽의 산지를 가리킨다.

73) R · Z(suolistan). 시라즈(Shiraz) 서북방에 있는 슐리스탄(Shulistan).

74) F(istanit), R(spaan), Z(yspaan). 이스파한(Ispahan)을 지칭하므로 Ispaan으로 복원.

치라츠(Çiraç),[75] 일곱 번째는 손카라(Soncara),[76] 그리고 페르시아로부터 빠져나가는 곳에 있는 여덟 번째는 투노카인(Tunocain)[77]이다. 이 왕국들은 모두 남쪽에 있지만, 단 하나 즉 '외로운 나무'(Lone Tree)[78] 근처에 있는 투노카인만은 그렇지 않다.

이들 왕국에는 훌륭한 군마가 많은데, 그 다수를 인도로 가져가 판매한다. 여러분은 그것이 매우 값비싼 말이기 때문에 한 마리를 거의 200파운드의 투르누와(tournois)[79]에 팔고 있으며 대부분이 이 정도의 가격이라는 것을 알아야 할 것이다. 또한 세상에서 가장 아름다운 나귀가 있는데, 빨리 달리거나 천천히 걷는 것에 모두 능숙한 그것들은 한 마리의 가격이 은화 30마르크[80]는 충분히 나간다.

〈그 나귀들은 적게 먹고 많은 짐을 운반하며 하루에 장거리를 간다. 그러나 말이나 노새는 고된 일을 견디지 못한다. 그곳의 상인들은 한 지방에서 다른 지방으로 갈 때 넓은 사막, 즉 모래가 많고 황량하고 메마르며 말에게 먹일 마땅한 사료나 풀이라고는 어디에도 없는 그런 곳을 지나가야 한다. 뿐만 아니라 우물이나 신선한 물이 있는 곳과의 거리가 멀기 때문에, 동물에게 마실 것을 찾아주기 위해서는 긴 행진을 하지 않으면 안 된다. 그러나 말은 이를 참지 못하기 때문에 상인들은 빠르고 잘 걸으며 비용도 적게 드는 나귀만을 이용하는 것이다. 나귀들이 말보다 더 많이

---

75) F(ceraçi), R(siras). Z본의 표기를 따름. 시라즈(Shiraz)를 가리킨다.

76) Z(soticara). 시라즈 남쪽의 샤반카라(Shavankarah).

77) F(tonocain, tucoain, tunocain), R(timocaim, timochaim), Z(tunocain, tunochayn). 쿠히스탄(Kuhistan) 동부의 중요 도시인 툰(Tun)과 카인(Qain)을 합쳐서 부른 것이다. 즉 '툰과 카인'(Tun-o-Qain)의 뜻이다. 툰(현재 지도상에는 Ferdous로 표기)은 N 34° 1′, E 58° 9′이고, 카인(Qayen)은 N 34° 44′, E 59° 11′이다.

78) F(arbre seche), R(arbor secco), Z(arbor sica).

79) 프랑스의 화폐단위. 당시 유럽에서 군주에게 헌정된 최고급 말 두 필의 가격이 500투르누와였다는 기록이 있는 것으로 보아, 한 필의 가격이 200투르누와였다면 대단히 높은 가격이었던 게 분명하다.

80) 30마르크는 88파운드에 해당. 따라서 앞서 말한 말 가격의 반이 채 못 되는 셈이다.

팔리는 것도 이런 이유 때문이다.〉

〔또한 그들은 많은 짐을 운반하고 비용도 적게 드는 낙타를 이용하기도 하지만 그것도 나귀만큼 빠르지는 못하다.〕〈그리고 인도에서는 더위가 너무 심하기 때문에 도저히 말을 부리거나 키울 수 없다는 것도 명심해야 한다. 말이 태어난다 하더라도 그것은 사지에 결함이 있거나 기형이어서 아무 쓸모도 힘도 없는 괴상한 것뿐이다.〉 이들 왕국의 사람들은 내가 말한 말을 멀리 인도양 연안에 있는 두 도시인 키시와 쿠르모스까지 데려가 거기서 상인들에게 팔고, 그 상인들은 그것을 인도로 운반해 거기서 내가 말한 것처럼 비싸게 파는 것이다.

이들 왕국에는 잔인한 사람들과 살인자들이 많아서 매일같이 서로 살육을 저지른다. 만약 국가, 다시 말해 동방의 타타르들의 나라조차 무서워하지 않는다면 그들은 여행하는 상인들에게 큰 해를 가할 것이다. 〔그래서 동방의 군주는 그들을 준엄하게 처벌하는 한편, 모든 위험한 길목에 사는 주민들에게는 만약 상인들이 요구할 경우 그들의 보호와 안전을 위해 한 곳에서 다른 곳까지 세심하고 믿을 만한 호위를 제공해주라 하고, 그 호위에 대한 대가로 거리에 따라서 짐 하나에 2~3그로씨(grossi)[81]를 받도록 하라는 명령을 내렸다.〕 국가에서 그렇게 했음에도 불구하고 그들은 자주 피해를 입혔는데, 만일 상인들이 무기나 활을 잘 갖추고 있지 않으면 죽이거나 함부로 대한다. 여러분에게 분명히 말하지만 그들은 모두 그들의 예언자 마호메트의 율법을 지키는 사람들이다.

도시에는 교역과 노동으로 살아가는 상인과 장인들이 많으며, 금실과 온갖 비단으로 짠 옷감들이 만들어진다. 그곳에서는 목화가 많이 자라며, 밀·보리·기장·수수와 같은 온갖 곡식, 그리고 포도주와 갖가지 과일

---

81) 베네치아의 화폐는 금화 두카트(ducat)와 그로쏘(grosso ; grossi는 복수형)가 있는데, 1두카트는 18그로씨와 같다. 폴로가 사용하는 화폐단위에 대해서는 Yule & Cordier, *The Book of Ser Marco Polo*, vol.1, pp. 426~430 ; vol.2, pp. 590~592를 참조하시오.

이 풍부하다. 〈혹자는 그들의 율법이 금지하고 있기 때문에 사라센이 포도주를 마셔서는 안 되지 않느냐고 말할지도 모르지만, 이에 대해서는 다음과 같이 답변할 수 있다. 즉 그들은 만약 포도주를 끓여서 부분적으로 증발시킴으로써 달콤하게 만들면 율법의 계율을 어기지 않고도 마실 수 있다고 율법의 조문을 해석하고 있는 것이다. 그래서 그들은 맛이 바뀌면 이름도 바뀌어야 한다면서 그것을 더 이상 포도주라고 부르지 않는다.〉 이제 이 왕국들을 떠나 대도시 야스드의 갖가지 사정과 풍습에 대해 이야기하도록 하자.

34장 | 여기서 그는 야스드(Iasd)[82] 시에 대해 이야기한다

야스드는 페르시아에 있는 매우 훌륭하고 당당한 도시로서 그곳에서는 활발한 무역이 이루어진다. 야스디(Iasdi)라고 불리는 비단옷이 대량으로 만들어지며, 상인들은 그것을 여러 곳으로 가져가 이익을 얻는다. 주민들은 마호메트를 신봉한다. 이곳을 출발하여 앞쪽으로 이레 거리의 평지를 가게 되면 세 군데를 제외하고는 머물 곳이 없다. 아름다운 숲이 많고 말을 타고 갈 수 있다. 사냥감도 충분하며 자고새와 메추라기가 많기 때문에 그쪽으로 가는 상인들은 그것을 사냥함으로써 대단한 즐거움을 맛볼 수 있다. 아주 멋지게 생긴 야생나귀도 있다. 이레 거리의 끝에 있는 것이 케르만이라고 불리는 지방이다.

35장 | 여기서 그는 케르만(Cherman)[83] 지방에 대해 이야기한다

케르만은 페르시아에 있는 왕국이다. 옛날에는 세습에 의해 군주가 되었

---

82) F·R(iasdi), Z(jasd). 이란 중부에 위치한 도시 야즈드(Yazd)를 가리킨다.

83) F(creman, cremain, crerman), R(chermain, chiermain), Z(chermam). 야즈드의 동남쪽에 위치한 도시이자 지방의 이름. 보통 케르만(Kerman) 혹은 키르만(Kirman)으로 표기되며, 금나라 劉郁의 『西使記』에 보이는 乞里彎이 그것이다.

지만, 타타르들이 정복한 뒤 지배권은 세습으로 전해지지 않고, 타타르가 원하는 사람을 군주로 정해 그곳으로 보낸다. 이 왕국에서는 투르크석(turquoise)이라고 부르는 돌이 산출되는데,[84] 사람들은 그것을 산에서도 찾아내고 암석에서도 캐내기 때문에 그 양은 정말로 많다. 또한 강철과 안다니크(andanique)[85]의 광맥도 풍부하다.

그들은 기병용 마구, 즉 재갈·안장·박차·검·활·활통과 모든 장비들을 각기 용도에 따라 잘 다룰 줄 안다. 그리고 부인과 처녀들은 온갖 색깔의 비단으로 된 옷감에 맹수나 새, 기타 다른 여러 문양을 수놓는 바느질에 능숙하다. 그들은 귀족과 고관들의 〔침대에 쓰는〕 커튼을 보기에도 감탄스러울 정도로 훌륭하고도 현란하게 만들며, 침대 덮개와 쿠션과 베개도 매우 섬세하게 만든다. 이 지방의 산에는 세상에서 가장 좋은 매가 서식하고 있는데, 그것은 페레그린(peregrine)매[86]보다는 작고, 가슴 및 다리 사이의 꽁지부분이 붉은색이다. 뿐만 아니라 여러분에게 말하건대 그 매는 얼마나 재빠른지 어떠한 새도 그 손아귀에서 벗어날 수 없다.

케르만시를 떠나 〔평지로〕 이레 거리를 가는 동안 줄곧 마을과 읍과 집들을 볼 수 있다. 사냥감과 자고새도 풍부하기 때문에 대단히 즐거운 여행이기도 하다. 이 이레 거리의 평지를 다 가면 굉장히 큰 산과 내리막길이 나오고, 줄곧 언덕 아래로 이틀을 가는 동안 계속 여러 종류의 과실이 풍성하게 있는 것을 발견할 수 있다. 오래 전에는 집들이 있었으나 지금

---

84) 케르만 지방에는 투르크석을 캐는 광산이 여러 곳에 있다. 그러나 최상의 투르크석은 후라산 지방의 니샤푸르(Nishapur) 근처에서 나온다.

85) F(ondanique, undanique), R(andanico), Z(andaniqui). 철의 일종. 펠리오는 유울이 이것을 온다니크(ondanique)로 읽은 것이 잘못되었다고 비판하면서, 다만 그 어원을 '인도의 철'(Hinduwani)에서 찾으려는 유울의 추정은 맞을지도 모른다고 생각했다. 브레트슈나이더(Bretschneider)는 안다니크가 중국에서 鑌鐵로 알려진 것과 동일하다는 사실을 밝혔다. '鑌'은 산스크리트어의 pina를 옮긴 것이라고 한다.

86) 학명은 Falco peregrinus. 몸길이가 33~48센티미터 정도. 고공에서 굉장히 빠른 속도로 하강해서 움켜쥔 발톱으로 목표물에 강한 타격을 주어 쓰러뜨린다.

은 아무것도 없고 풀을 뜯는 가축을 데리고 다니는 사람들만이 있을 뿐이
다. 케르만시에서 이 내리막길에 이르는 곳은 겨울에는 어찌나 추운지 옷
과 외투를 잔뜩 껴입어도 추위를 피하기 힘들 정도이다.

〈여기서 여러분에게 케르만 왕국에서 행해진 실험 한 가지를 소개해
주겠다. 케르만의 주민들은 착하고 순박하고 겸손하고 평화로우며 힘닿
는 데까지 서로를 도와준다. 그래서 케르만의 왕은 그의 현자들이 앞에
있을 때 그들을 향해서 "경들! 우리 지역과 그토록 가까이에 있는 페르시
아 왕국에는 서로를 끊임없이 살육하는 사악하고 못된 사람들이 있는데,
우리들 사이에서는 남을 해치는 일도 남에게 성내는 일도 생기지 않으니,
그 이유가 무엇인지 알 수 없소"라고 말했다. 현자들은 그에게 대답하기
를 땅에 바로 이유가 있다고 했다. 그래서 왕은 페르시아의 각지로, 사악
함에 있어서는 어느 누구에게도 뒤지지 않는 주민들이 사는 앞서 말한 이
스파안 왕국으로 사람을 보내, 현자들의 자문에 따라 일곱 척의 배에 흙
을 실어오라고 했다.

그 흙이 도착하자 그는 그것을 방안에 마치 타르를 칠하듯 깔도록 한
뒤, 카펫을 덮어 그 위에 있어도 미세한 흙이 묻지 않도록 했다. 그러고는
그 방안에 자리를 잡고 식사를 했는데, 그들은 음식을 먹고 난 즉시 서로
상대방에게 모욕적인 언행을 하며 대들었고 서로에게 상처를 입혔다. 그
제서야 비로소 국왕은 바로 땅이 그 원인이라는 사실을 선언했다.〉

36장 | 여기서 그는 카마디(Camadi)[87]시에 대해 이야기한다

여러분에게 이야기한 그 이틀 거리를 내려오면 아주 드넓은 평원이 나오
고 그 평원의 초입에 카마디라는 도시가 있다. 한때는 거대하고 놀랄 만

---

87) F(camandi), R(camandu), Z(camadi). 케르만 동남쪽으로 186킬로미터 떨어진 곳에 위치한
지루프트(Jiruft) 부근에 있는 카마딘(Qamadin).

큼 당당한 도시였지만, 다른 지방에서 온 타타르들이 여러 차례 폐허로 만들어놓았기 때문에 지금은 그렇게 크지도 훌륭하지도 못하다.

여러분에게 말하지만 그 평원은 매우 덥다. 지금 우리가 막 들어선 지방은 레오바르(Reobar)라고 불리는데, 과실은 대추야자, 〈석류, 시트론,〉 천국의 사과,[88] 피스타치오, 그리고 추운 곳에서는 볼 수 없는 것들이 있다. 〈먹이가 될 만한 과일이 많기 때문에 그곳에는 헤아릴 수도 없을 정도의 많은 산비둘기가 살고 있지만, 사라센들은 그것을 싫어하여 아무도 잡아먹지 않는다. 꿩과 다른 여러 새들도 있다.〉 이 평원에는 우리가 프랭콜린(francolin)이라고 부르는 새들이 있는데, 검고 하얀색이 섞여 있고 다리와 주둥이는 붉은색이어서 다른 지방의 프랭콜린과는 다르다.[89]

짐승들도 다른데 먼저 소에 대해 이야기해보자. 소들은 몸집이 매우 크고 색깔이 모두 눈처럼 희다. 그 털은 짧고 부드러운데 더운 곳이라서 그렇다. 뿔은 짧고 굵지만 날카롭지는 않다. 양어깨 사이에는 거의 두 뼘 정도 높이의 혹이 나 있다. 정말로 세상에서 가장 아름다운 것들이다. 그리고 짐을 실으려고 하면 마치 낙타가 그러하듯이 주저앉고 짐을 다 실으면 일어나며, 비할 수 없을 정도로 힘이 세기 때문에 짐도 아주 잘 운반한다.[90] 나귀만큼 몸집이 큰 양들도 있는데, 그 꼬리가 얼마나 두껍고 굵은지 30파운드는 족히 나간다.[91]

이 평원에는 사방을 뒤지고 다니며 노략질하는 카라우나스(Caraunas)[92]

---

88) 감귤류(citrus)에 속하는 과일의 일종이라고 한다.

89) 자고새의 일종으로, 페르시아에서는 darraj라고 부른다.

90) '혹소'(zebu)라고도 불리는 이런 종류의 소는 이미 앗시리아 시대의 조각에도 나타나 있다.

91) 굵은 꼬리의 양에 대해서는 이미 고대 그리스의 작가들도 주목한 바이고, 중국의 馬端臨과 같은 사람도 그 특징을 묘사한 적이 있다.

92) F(caraunas, caraonas). 카라우나스(qara'unas)는 1250년대 뭉케 카안의 시대에 아프가니스탄과 후라산 지방을 정복하기 위해 파견되었다가 그곳에 주둔한 몽골의 군대를 가리키는 이름이었다. 아르군의 치세인 1280년대 전반에 만호로 편성되었지만, 폴로의 글에서도 나타나듯이 반란을 일으키거나 인근지역들을 약탈하는 횡포를 자행한 것으로 유명했다. 이 집단의 기원에 관

카라우나스 약탈자의 모습

인들을 막기 위해 흙으로 만든 높고 두터운 방벽으로 둘러싸인 마을과 읍
이 여럿 있다. 그들이 카라우나스라는 이름으로 불리는 까닭은 그들의 어
머니는 인도인이고 아버지는 타타르이기 때문이다. 그리고 사방을 헤집
고 다니며 노략질을 할 때면 그들은 요술과 마법을 부려 한낮이라도 캄

해서는 Aubin의 "L'ethongénèse des Qaraunas", Turcica, I, 1969(pp. 65~94)와 志茂碩敏의
『モンゴル帝國史研究序說』(東京, 1995, pp. 36~96)이 상세하다. 그런데 이 말의 의미와 어원
에 대해서는 여러 학자들의 다양한 추측이 있었지만 그 대부분이 오류였음은 펠리오의 상세한
언어·문헌적인 분석에 의해 밝혀진 바이다(Notes, pp. 183~196). 이 말은 원래 몽골어의
qar'aunas(qara'una, 즉 qaraghuna의 복수형)를 옮긴 것이며, 그것은 검은색이 도는 나무나 혹
은 몸에 검은 반점이 있는 새를 칭할 때 사용되었다. 16세기의 저술인 『라시드史』(Tarikh-i
rashidi)는 차가타이 칸국의 서부에 사는 유목민들이 동부의 유목민(즉 모굴인)들을 가리켜 '제
테'(jete) — '강도'(thieves) — 라고 비하해서 불렀고, 동부 사람들은 다시 서부인들을 지칭하여
'카라우나스'라고 불렀다는 기록을 남기고 있다. 바르톨드(Barthold)는 폴로의 설명에 근거하
여 카라우나스가 '잡종'을 뜻한다고 보았다. 그러나 펠리오는 이 말의 어근이 qara에서 나온 것
으로 보아—qara는 검은색을 뜻하거나 혹은 비천한 것을 나타낼 때 사용되었다—그들의 얼굴
에 검은색이 돌기 때문에 혹은 '불한당'(brigands)이라는 뜻으로 사용된 것이라고 추측했다.

캄하게 만들기 때문에 사람들은 멀리 보지 못하거나 아예 아무것도 볼
수 없게 된다. 그들은 이 어두움을 이레 거리에까지 뻗치게 할 수 있다.
그들은 이 지방을 매우 잘 알아서 그렇게 어둡게 만든 뒤에는 서로 옆에
붙어서 행진하는데, 때로는 거의 1만 명이, 때로는 그보다 많거나 적은
인원이 약탈하려는 평원 전체를 포위하기 때문에 사람이든 동물이든 물
건이든 평원에 있는 어떤 것들도 도망칠 수 없게 된다. 그들은 남자들을
붙잡으면 나이 든 사람들은 전부 죽이고 젊은이들은 종이나 노예로 팔아
버린다.

그들의 왕은 네고다르(Negodar)[93]라고 불린다. 이 네고다르는 거의 1
만 명이나 되는 사람을 데리고 대카안과 형제간인 차가타이(Ciagatai)[94]
의 궁정으로 가서 그와 같이 지냈다. 왜냐하면 차가타이는 그의 숙부이자
막강한 군주였기 때문이다. 네고다르는 그와 함께 머무는 동안 자기 멋대
로 생각하여 매우 커다란 죄를 범하고 말았는데, 이제 여러분에게 그것에
대해 이야기해주겠다.

그는 아주 잔인하고 못된 거의 1만 명에 달하는 자기 부하들을 데리고
대아르메니아에 있던 숙부 차가타이[95]로부터 도망쳐서, 바다샨(Bada-
scian)[96]을 거쳐서 파샤이(Pasciai)[97]라고 불리는 지방을 지나 케시미르

---

93) F(nogodar, nugodar), R(nugodar). 폴로가 말하는 것처럼 차가타이의 조카 중에는 '네고다
르', 즉 네구데르라는 사람은 없고, 다만 차가타이의 손자 가운데 그런 이름을 발견할 수 있다
(펠리오는 그의 이름을 '테구데르'로 읽어야 한다고 주장한다). 그러나 그 손자를 폴로의 '네
고다르'로 보기에는 어려운 점들이 많다. 펠리오는 폴로가 말하는 '네고다르'가 뭉케 카안이 훌
레구를 서아시아로 보낼 때 조치 가문에 속하는 군대를 지휘했던 네구데르라는 장군일 것이라
고 추정했다. 이 네구데르는 1262년 훌레구와 베르케 사이에 분쟁이 일어나자 후라산 지방으
로 도망쳐 가즈니 지방을 점령한 뒤 인도 접경지역에 대한 약탈도 감행했다. 13세기 말과 14세
기 초에 페르시아 동부지방을 근거로 약탈과 노략을 일삼던 '네구데리'(Negüderi)라는 집단도
그의 이름에서 비롯된 것으로 보이며, 과거 그 지방에 주둔하던 카라우나스 군대에 속했던 병
사들이 그 집단으로 다수 유입되었다.

94) F(ciagatai, ciagati, cigatai), R(zagathai), Z(agathay).

95) 차가타이는 대아르메니아에 있었던 적이 없다.

(Chescemir)[98]라는 이름의 또 다른 지방을 지났는데, 길이 좁고 나빴기 때문에 거기서 많은 사람과 동물을 잃어버렸다. 이 지방들을 모두 거친 뒤 그들은 인도로 들어가 딜리바르(Dilivar)[99]라는 지방으로 갔다. 그들은 딜리바르라는 이름의 매우 큰 도시를 점령한 후 거기에 머물렀다. 그는 강력하고 부유한 아시딘 솔단(Asidin Soldan)[100]이라는 왕으로부터 왕국을 빼앗아버렸다.

〔그는 그 왕을 갑작스럽게 덮친 뒤 지배를 시작했다. 그리고 흰 타타르들이 검은 인도 여자와 섞이기 시작하여 카라우나스, 즉 그들의 언어로 '혼혈아'를 뜻하는 카라우나스라고 불리는 아이들을 낳았으니, 이들이 바로 레오바르 지방과 다른 지방들을 마음놓고 헤집고 다니는 사람들이다. 그들은 딜리바르에 온 뒤 어둠을 부르고 한낮의 태양을 가리는 마법과 요술을 배운 것이다. 그래서 가까이에 있지 않으면 옆사람조차 볼 수 없을 정도로 만든다.[101] 〈그들은 때로 레오바르 쪽으로 30~40일 거리를 행군하기도 하는데,〉 그것은 쿠르모스로 교역하러 가는 모든 상인들이 겨울에 오랜 여행으로 여위어버린 노새나 낙타를 데리고 레오바르 평원으로 가서 풍부한 목초로 살찌우면서 인도 지방에서 오는 상인들이 도착하기를 기다리기 때문이다. 이들 카라우나스는 그들을 기다렸다가 덮쳐서 모

---

96) 자세한 내용은 47장의 주를 참조하시오.

97) 자세한 내용은 49장의 주를 참조하시오.

98) 49장의 주를 참조하시오.

99) F(diliuar, dili diliuar), R(dely). 델리(Delhi)를 가리키는 것으로 보인다.

100) R(asidin soldano). 델리 술탄국의 군주였던 기야스 웃 딘(Giyath ad-Din ; 1265~86). '솔단'은 술탄(sultan)을 옮긴 말이다. 네구데르 일당이 델리를 약탈한 것은 사실이나 왕국을 점령하고 빼앗았다는 것은 과장이다.

101) 이것은 사막 지방에서 가끔 볼 수 있는 '카라 부란'(qara buran), 즉 하늘이 온통 검게 변하면서 심한 먼지와 모래를 동반하는 폭풍을 연상케 한다. 마술을 통해 이러한 이변을 부른다는 폴로의 말은 내륙아시아의 투르크·몽골 유목민들 사이에 유명한 '자다(jada)術'을 말하는 것이 아닐까 싶다. '자다'란 원래 牛馬의 몸 속에 생긴 結石을 가리키는 말인데, 이를 이용한 비와 바람을 부르는 주술도 의미한다.

든 것을 빼앗아가고 남자는 잡아서 팔아버린다. 그러나 몸값을 지불할 수 있는 사람들은 놓아주기도 한다.]

거기서 네고다르는 자기 부하들과 머무르며 아무도 겁내지 않고, 자기 왕국의 주위에 사는 다른 타타르들과 전쟁을 한다. 이제까지 이 평원과 노략질을 위해 어둠을 부르는 사람들에 대해 이야기했는데, 내가 여러분에게 말하건대 마르코님 자신도 어둠 속에서 그 사람들에게 붙잡힐 뻔했지만 카노살미(Canosalmi)[102]라는 한 마을로 도망쳤다. 그의 동료들 중여럿이 붙잡혀 팔렸고 일부는 살해되기도 했다. 그러면 이제 여러분에게 다른 이야기를 해보도록 하겠다.

37 장 | 여기서 그는 거대한 내리막길에 대해 이야기한다

이 평원은 사실 남쪽으로 닷새 거리나 계속되고, 닷새 거리가 끝나면 다시 줄곧 20마일을 내려가야만 하는 또 다른 경사가 나온다. 길이 매우 험하고 약탈하는 나쁜 사람들이 있기 때문에 위험하다. 그러나 이 경사지를 다 내려가면 정말로 아름다운 평원이 하나 나오는데, 그것은 쿠르모스 평원이라고 불리며 그 길이는 이틀 거리나 뻗쳐 있다.[103]

거기에는 아름다운 강들과 많은 대추야자가 있고, 프랭콜린과 앵무새 그리고 우리들의 것과는 다른 여러 새들이 있다. 거기서 이틀 거리를 더 가면 큰 바다가 나오는데, 그 해안에는 항구를 갖추고 있는 쿠르모스라는

---

102) R(consalmi). 이곳의 정확한 위치와 명칭은 아직도 분명히 밝혀지지 않은 상태이다. 코르디에는 이곳이 지루프트(Jiruft) 지방에 있는 카마살(Kamasl) = 카니아살(Kahn-i asal)이라는 마을에 해당될 것이라고 추정한 바 있다.

103) 유울과 코르디에는 케르만에서 호르무즈에 이르기까지의 여정에 대해 마르코 폴로가 묘사한 것이 얼마나 정확한지를 꼼꼼하게 고증했다. 즉 케르만을 떠나 평원을 지나 산에 오르기까지의 이레 거리, 산에서 내리막길의 이틀 거리, 레오바르 평원의 닷새 거리, 20마일의 내리막길 하루 거리, 호르무즈 평원의 닷새 거리. 이 모두를 합하면 17일이 소요되는 셈인데, 19세기 이곳을 지난 서구인들의 기록도 정확하게 17일이 걸렸음을 보여준다.

도시가 있다.

여러분에게 말하건대 상인들은 인도에서 갖가지 향료와 보석과 진주, 비단과 금실로 짠 옷감, 상아 등 여러 가지 물품들을 배에 싣고 그곳으로 와서 다른 사람들에게 판매한다. 그러면 그 사람들은 전세계로 또 다른 사람들에게 옮겨다 파는 것이다. 그곳은 엄청난 양의 교역이 이루어지는 도시이다. 여러 도시와 마을들이 그곳에 속해 있고 왕국의 수도이다. 왕은 루크네딘 아크마트(Rucnedin Acmat)[104]라는 이름으로 〔폭군처럼 다스리지만 케르만 국왕에게 예속되어 있다.〕

그곳은 태양이 매우 뜨겁기 때문에 굉장히 더워서 건강에 좋지 않은 지방이다. 다른 지방에서 온 상인이 거기서 죽으면 왕은 그의 재산을 모두 몰수한다. 그리고 이 지방에서는 대추야자에 여러 가지 향료를 넣어 포도주를 빚는데 매우 좋다. 만일 그것을 마시는 데 익숙지 않은 사람이 마시면 설사를 일으켜 완전히 배설하게 되지만, 그 뒤로는 몸에 좋아 살도 꽤 찌게 된다. 사람들은 우리와 같은 음식을 먹지 않는데, 그 까닭은 그들이 밀빵이나 날고기를 먹으면 탈이 나기 때문이다. 그들은 건강을 위해서 대추야자와 소금에 절인 다랑어 같은 생선을 먹고 양파도 먹는다. 그들이 이런 음식을 먹는 것은 내가 방금 말한 것처럼 몸에 탈이 나지 않기 위해서이다.

그들의 배는 매우 조악하게 만들어졌다. 쇠못을 쓰지 않기 때문에 상당수는 못쓰게 되어버린다. 〈그 까닭은 도자기처럼 깨지기 쉬운 종류의 단단한 나무로 되어 있어서 못을 박아넣는 순간 그대로 갈라져버리기 때문이다.〉〔그래서 쇠로 만든 송곳으로 매우 조심스럽게 나무판에 구멍을 낸 뒤 나무못으로 고정시키고, 그러고 난 뒤에 끈으로 묶는다. 아니면〕 인도산

---

104) F(rucumodi acamat, ruemedan acomat), R(ruchmedin achomach). 1246년부터 1278년까지 43년 동안 호르무즈를 통치하던 루큰 웃 딘 마흐무드(Rukn ad-Din Mahmud)를 가리키므로 Rucnedin Acmat로 복원. 폴로는 '마흐무드'를 '아흐마드'로 혼동한 것이다.

밤나무 껍데기로 만든 끈으로 꿰매어 붙이는데, 그 껍데기를 물에 담가 〔그 물질이 삭아서〕 말총같이 되면 그것으로 끈을 만들어 배를 꿰매는 것이다. 그것은 바다의 소금물에도 썩지 않고 오래 견딘다.

배에는 돛대 하나와 돛 하나, 그리고 키가 하나 있고 갑판은 없다. 짐을 실을 때는 물건 위에다 동물 가죽을 덮고, 덮개를 했을 경우에는 물건 위에 인도로 데려가 팔 말들을 싣는다. 그들은 못을 만들 쇠가 없기 때문에 나무로 된 핀을 만들어서 실로 꿰맨다. 이 때문에 그 같은 배로 항해하는 것이 무척 위험한데다가 인도양에서는 커다란 폭풍이 자주 일기 때문에 많은 배가 침몰할 수밖에 없다.

주민들은 피부색이 검고 마호메트를 신봉한다. 여름에는 도시에 머물지 않는데, 그것은 너무나 더워 그곳에 있다가는 모두 죽어버리기 때문이다. 그래서 그들은 강과 물이 풍부한 전원으로 나간다. 이렇게 함에도 불구하고 내가 이제 여러분에게 이야기하려는 그런 것이 아니라면 그들은 더위를 피하지 못할 것이다. 사실 여름에는 그 평원 주변에 있는 사막 쪽에서 바람이 불어오는데, 얼마나 뜨거운지 사람을 죽일 정도이다. 그래서 그 열풍이 오는 것을 보면 사람들은 즉시 물 속으로 뛰어들어간다. 〔거기서 그들은 창살 같은 것으로 물 위에 덮개를 만들고는, 한쪽은 물 속에 박아놓은 기둥에 묶고 다른쪽은 둑에 묶는다. 그러고는 그 위를 나뭇잎으로 덮어 햇볕을 가린다.〕 이런 방식으로 그들은 뜨거운 바람을 피하는 것이다.

〔지금 말한 바람의 뜨거움을 입증해주기 위해 마르코님은 자신이 그곳에 있을 때 일어난 다음과 같은 사건을 이야기해주었다. 쿠르모스의 군주가 케르만의 왕에게 공납을 바치지 않자, 왕은 쿠르모스의 사람들이 도시를 벗어나 내륙에 머무르는 계절에 그를 덮친다는 계획을 세우고 1,600명의 기병과 5,000명의 보병을 준비시켜 레오바르 지역을 지나 그들을 급습하러 보냈다. 그런데 하루는 길을 잘못 들어 목적지에 도착하지도 않았는

데 밤이 되어, 쿠르모스에서 그리 멀지 않은 숲 속에서 쉬게 되었다. 그들이 아침에 출발하려고 할 때 앞서 말한 바람이 덮쳐 그들 모두가 질식해 죽음으로써 아무도 그들의 왕에게 그 소식을 전하지 못했다. 쿠르모스의 사람들이 이를 알고 그 시체들로 공기가 오염되지 않도록 그것을 묻으러 갔다. 그들이 구덩이에 넣기 위해 팔을 잡아끌면, 엄청난 열로 인해 얼마나 말라버렸는지 팔이 몸에서 떨어지려고 할 정도였다. 이 때문에 그들은 시체 가까운 곳에 구덩이를 파고 그 속에 던져넣어야만 했다.〕

여러분에게 다시 말하지만 그들은 11월에 밀과 보리 그리고 다른 곡식들을 심고 어디에서든 3월에 수확한다. 모든 과일이 3월이면 끝나고 거두어지기 때문에, 5월 중순까지 남아 있는 대추야자를 제외하고는 땅 위에서 어떠한 식물도 찾아볼 수 없다. 이는 모든 것을 말려버리는 대단한 열기 때문이다. 그리고 그들의 배에 관해서 말해보면, 그들은 〔썩는 것을 막기 위해〕 타르를 바르지 않고 어떤 생선의 기름을 바르며, 〔뱃밥으로 틈새를 막는다〕는 것을 말해주고 싶다.

또한 남자나 여자가 죽으면 성대한 장례를 치르는데, 부인들은 죽은 사람을 생각하며 죽은 뒤 4년 동안 적어도 매일 한 번은 운다. 그들은 친척과 이웃이 모두 모여 죽은 사람을 위해 크게 울고 통곡하며 슬퍼한다. 〈죽는 사람이 자주 생기기 때문에 이런 식으로 장례를 치르는 일은 끊임없이 계속된다. 그래서 죽은 남자나 여자를 위해 어떤 날이든 정해주기만 하면 일정한 대가를 받고 와서 능숙하게 곡(哭)을 해주는 여자들도 있다.〉

이제 이 도시를 떠나기로 하자. 여러분에게 지금 인도에 대해서는 이야기하지 않겠다. 그곳에 대해서는 이 책 뒷부분에서 때와 장소를 가려 분명히 이야기할 것이다. 지금은 북쪽으로 돌아가 그쪽 지방에 대해 이야기하도록 하자. 일단 또 다른 길을 거쳐 여러분에게 설명했던 케르만시로 되돌아가야 하는데, 그 까닭은 케르만시로 돌아가야만 내가 이제 이야기하려는 지방으로 들어갈 수 있기 때문이다.

지금 막 설명을 마친 그곳의 왕 루크네딘 아크마트는 케르만 국왕의 가신이다. 쿠르모스에서 케르만으로 돌아가는 길은 매우 아름다운 평원이고 먹을 것도 풍부하다.[105] 또한 뜨거운 온천이 많다. 자고새도 많고 값도 싸며, 과일과 대추야자가 풍성하다. 이곳의 밀빵은 익숙해진 사람이 아니면 너무 써서 도저히 먹지 못할 정도인데, 그것은 물이 아주 쓰기 때문이다. 위에서 내가 말한 온천은 대단히 뜨거운 샘물로 여러 가지 질병과 가려움증에 아주 좋다. 나는 이제 북쪽으로 가면서 만나게 되는 지방들에 대해서 이 책에서 하나씩 이야기해주려고 한다. 그것쪽이 어떠한지는 여러분이 곧 듣게 될 것이다.

38장 | 사람들은 어떻게 황량하고 메마른 지방을 지나가는가

케르만을 떠나면 매우 험난한 길을 이레 동안 기행해야 하는데, 그것이 어떠한지 여러분에게 말해주겠다. 사흘 거리 동안은 강이라곤 아예 없거나 거의 없는 〈사막을 지나간다.〉 다만 물맛이 짜고 색깔이 목장의 풀처럼 푸른 것이 있는데, 너무나 써서 아무도 마실 수 없다. 만약 그것을 한 모금이라도 마신다면 열 번 이상은 설사를 하게 되며, 또한 그 물에서 추출한 소금을 조금만 먹어도 마찬가지로 굉장한 설사를 하게 된다. 따라서 그 길로 가는 사람은 마실 것을 갖고 가야 하는데, 동물들은 지독한 갈증 때문에 할 수 없이 그 물을 마시게 되고 그러면 그로 인해 말할 수 없이 심한 설사를 하게 되는 것이다. 이 사흘 거리 내내 거주지라고는 찾아볼 수 없고 온통 사막과 혹심한 가뭄이 있을 뿐이다. 먹을 만한 것을 아무것도 찾을 수 없기 때문에 동물도 있을 수 없다.

---

105) 여기서 호르무즈에서 케르만으로 돌아가는 길은 케르만에서 왔던 길과는 다른 것이다. 현재의 지도상에서도 이 두 지점을 잇는 도로가 두 개 있는데, 하나는 동남쪽으로, 또 하나는 서남쪽으로 이어지는 길이다. 마르코 폴로는 호르무즈로 갈 때는 동남쪽 루트로 갔다가, 케르만으로 돌아갈 때는 서남쪽 루트를 이용한 것으로 보인다.

〔네 번째 날에는 신선한 물이 땅 밑으로 흐르는 강에 도달하게 되는데, 어떤 곳에서는 강줄기를 따라 구멍들이 패여 있어 그곳을 통해 물이 지나가는 것이 보이지만 곧 땅 속으로 사라져버린다.[106] 그렇지만 충분한 물을 얻을 수 있어 사막을 지나며 고통으로 지친 여행자들이 이 부근에서 휴식을 취하고 동물들과 함께 생기를 회복한다.〕 사흘 거리가 끝나면 또다시 메마른 사막과 쓰디쓴 물, 그리고 나무도 없고 동물이라고는 나귀밖에 없는 나흘 거리가 이어지는 또 다른 곳을 통과해야 하는데, 이 나흘 거리의 마지막에 비로소 케르만 왕국이 끝나고 코비난시가 나온다.

39장 | 여기서 그는 크고 훌륭한 코비난(Cobinan)[107]시에 대해 이야기한다

코비난은 큰 도시로 주민들은 마호메트를 신봉한다. 쇠와 강철 그리고 안다니크가 많고, 강철로 된 매우 아름답고 커다란 거울이 만들어진다. 그곳에서는 투티(tutty)[108]도 만들어지는데 눈의 〈질병에〉 매우 좋다. 그곳에서는 스포디움(spodium)도 만들어지는데, 그들이 그것을 어떻게 만드는지 여러분에게 이야기해주겠다. 그들은 이것을 만들기 위해 좋은 흙덩이를 캐내어 불타는 용광로에 넣는데 용광로 위에는 석쇠가 있다. 그 흙에서 나오는 연기와 증기가 석쇠에 붙어 〔식으면서 굳는데〕 그것이 투티이고, 불에 타고 남은 흙이 스포디움이다. 그러면 이제 이 도시를 떠나 앞으로 더 가보도록 하자.

---

106) 지하수로인 카레즈(karez) 혹은 카나트(qanat)를 말하고 있다.
107) F(cobian, cobinan), Z(cobina). 현재의 쿠바난(Kubanan, Kubonan, Kuh Banan)에 해당하며, 케르만에서 서북방으로 145킬로미터에 위치. 다만 폴로의 말처럼 이레 거리라고 하기에는 너무나 가깝기 때문에 주석가들이 설명하는 데에 애를 먹고 있다.
108) 酸化亞鉛.

'외로운 나무'

40장 | 어떻게 사막을 지나가는가

이 코비난시를 떠나면 거의 여드레 거리에 달하는, 매우 건조하고 과일이나 나무도 없고 물 또한 쓰고 해로운 사막을 지나가야 한다. 동물들이 마실 물을 빼놓고는 먹고 마실 것들을 모두 가져가야 한다. 동물들은 매우 고통스러워하지만 〈갈증 때문에 쓴 물을 억지로〉 마시게 하는데, 〈물에다 밀가루를 섞어 마시기 좋게 유혹한다.〉 이 여드레 거리의 끝에는 투노카인 이라는 지방이 나온다. 많은 도시와 마을이 있고 페르시아의 북쪽 변경에 있다. 그곳에는 매우 광활한 평원이 있고 그 안에 '외로운 나무'가 있다. 기독교도들은 그것을 '마른 나무'라고 부르는데, 여러분에게 그것이 어떻게 생겼는지 설명해주겠다.[109]

---

109) '외로운 나무'(arbre sol 혹은 arbre seul)는 과거 여러 학자들에 의해 '태양의 나무'로 잘못 해석돼왔다. 이 나무는 동남 유럽과 인도에 걸쳐 자생하며, 때로는 30미터 높이의 거대한 東洋種 플라타너스(Oriental Plane, *Platanus orientalis*)를 가리키는 듯하다. 나무가 드문 건

그 나무는 굉장히 크고 굵으며, 한쪽 잎사귀는 푸르고 다른쪽은 하얗다. 밤송이처럼 가시로 덮인 열매가 열리지만 그 안에는 아무것도 없고, 나무는 단단하고 상자처럼 노란색이다. 10마일 정도나 가야 겨우 나무들이 나오는 한쪽 방향을 제외하면 근처 100마일 이내에 나무라곤 한 그루도 없다. 그 지방의 사람들은 거기서 알렉산더와 다리우스 사이에 전투가 벌어졌었다고 말한다. 그 지방은 지나치게 덥지도 춥지도 않기 때문에, 도시와 마을에는 좋고 훌륭한 갖가지 것들이 매우 풍부하다. 사람들은 모두 마호메트를 신봉하며, 용모가 아름다운 사람들이 있고 특히 그곳의 여자는 말할 수 없을 정도로 아름답다. 이제 이곳을 떠나 '산상의 노인'이 살았다고 하는 곳, 즉 물렉테(Mulecte)[110]라는 지방에 대해 이야기를 해보도록 하자.

조한 황야나 초원에 홀로 우뚝 서 있는 이런 거대한 나무는 종종 사람들에게 聖樹로 여겨져 경외의 대상이 되기도 했다. 13세기 몽골인들의 문헌 기록에도 '각차 모둔'(gaǧcha modun)이라는 말이 보이는데 문자 그대로 '외로운 나무'를 뜻한다. 마르코 폴로에 의하면 기독교도들은 이 나무를 '마른 나무'라고도 부르며, 『알렉산더 로맨스』라는 책에도 그런 이름으로 나온다고 한다. 이것은 페르시아 제국의 다리우스가 알렉산더에게 패배해 '마른 나무'가 있는 곳에서 죽음을 맞았다는 설화와 연관된 것으로, 마르코 폴로는 이란 동북방의 후라산 지방에서 본 '외로운 나무'를 설화 속의 '마른 나무'와 동일시한 것이다. 이 나무에 대해서는 펠리오의 상세한 주석을 참조하시오. *Notes on Marco Polo*, vol.1, pp. 627~637.

110) F(mulecte, milect), R(mulehet), Z(mulhee). 이 말은 아랍어로 '이단자'를 뜻하는 물라히다(mulahidah : 단수형은 mulhid)를 옮긴 말로, 시아파 중에서 소위 이스마일리(Isma'ili)파에 대한 별칭이다. 그들은 알리의 후손들 가운데 제7대 이맘인 이스마일이 '마흐디'(Mahdi)라는 일종의 구세주로 재림할 것을 믿는다. 몽골시대의 중국측 자료에도 다양한 글자로 표기되었는데, 이에 대해서는 *Notes on Marco Polo*, vol.2, pp. 785~787을 참조하시오. 또한 폴로도 자세히 설명했지만, 이들은 '하시시'(hashish)라는 마약을 흡입한 청년들을 시켜 정적들을 암살했다는 비난을 받아, 서구에서는 '암살자단'(assassin)으로도 널리 알려졌다. 이에 대해서는 Bernard Lewis의 *The Assassins*(London, 1967)를 참고할 만하다. 어쨌든 '물렉테'를 '지방'의 이름이라고 한 폴로의 설명은 정확하다고 볼 수 없다. 뒤에서 폴로가 말하듯이 만약 '알라오딘'이 살던 곳이라면 엘부르즈 산중에 위치한 알라무트(Alamut)겠지만, 44장에 기록되어 있는 것처럼 만약 '이 성채'에서 엿새 거리의 지점에 '사푸르간'이 위치해 있다면, 그것은 도저히 알라무트가 될 수 없다. '투노카인'이 있는 쿠히스탄 지방에는 당시 이스마일리파의 근거지가 다수 분포되어 있었기 때문에, 폴로가 알라무트를 근거로 하던 '알라오딘'의 이야기로 비약한 것이 아닌가 추측된다.

41장 | 여기서 그는 '산상의 노인'과 암살자[111]들에 대해 이야기한다

물렉테는 오래 전에 '산상의 노인'이 살았던 지방이다. 물렉테는 사라센〔의 말로 이단자들이 있는 곳〕을 의미한다. 그가 어떤 행동을 했는지에 대해 이제 마르코님이 여러 사람으로부터 들은 대로 여러분에게 모두 이야기하겠다.

'노인'은 그들 말로 알라오딘(Alaodin)[112]이라 불렸다. 그는 두 산 사이의 계곡에 여태까지 본 것 중에서 가장 크고 아름다운 정원을 짓도록 했다. 세상에서 좋은 과일은 거기 모두 다 있었다. 여기에 그는 지금껏 본 중에서 가장 아름다운 집과 가장 아름다운 궁전들을 짓게 하고, 세상의 온갖 멋진 것들로 치장하고 장식하도록 했다. 게다가 그는 도랑을 파서 그 중 어떤 것에는 포도주가 흐르고, 어떤 것에는 우유가, 어떤 것에는 꿀이, 어떤 것에는 물이 흐르게 했다. 다른 어떤 여자들보다 무슨 악기든 잘 타고 노래하며 춤을 추는, 세상에서 가장 아름다운 부인과 아가씨들을 두었다. 〔더구나 그들은 상상할 수 있는 모든 기교와 교태를 남자들에게 부리는 데에도 능숙했다. 그리고 금과 비단으로 된 옷으로 아름답게 치장한 이 아가씨들이 정원 사이로 궁전 사이로 끊임없이 장난치며 다니는 모습은 볼 수 있지만, 시중을 들어주는 부인들은 실내에 가두어 야외에서는 결코 보이지 않도록 했다.〕

그 '노인'은 자기 밑에 있는 남자들에게 그 정원을 천국으로 생각하게 했다. 그리고 이를 위해 그는, 마호메트가 사라센들에게 천국에 가는 사람

---

111) F(asciscin, asescin, asisim), Z(sassinum).

112) R(aloadin). 알라무트 성채를 근거로 이스마일리파를 지휘하던 지도자 알라 웃 딘 무함마드('Ala ad-Din Muhammad)를 가리킨다. 그는 1212년에 태어나 1221년에 아버지의 뒤를 이어 제7대 교주가 되었고, 1255년 몽골군에 의해 포위된 상태에서 부하에게 피살되었다. 뒤를 이은 그의 아들인 루큰 웃 딘 후르샤(Rukn ad-Din Khurshah)는 1256년 훌레구에게 투항을 결심했고, 그의 권유에 따라 몽골리아에 있던 뭉케 카안을 방문했다가 자신이 도리어 '암살' 당하고 말았다.

들은 희망하는 대로 마음껏 아름다운 여자를 소유할 것이며 포도주와 우유와 꿀과 물이 흐르는 강들을 볼 것이라고 하며 천국에 대해 생각하게 했던 그러한 방식으로, 즉 마호메트가 사라센들에게 말했던 그 천국과 비슷한 정원을 만들도록 했던 것이다. 그 지방의 사라센들은 그 정원이 천국이라고 진실로 믿었다. 〔그는 사람들에게 자신이 예언자이며 마호메트의 벗이고 누구라도 원한다면 지금 말한 천국으로 가게 할 수 있다고 믿도록 했다.〕이 정원 안에는 그가 암살자로 만들고자 하는 사람을 빼놓고는 누구도 발을 들여놓지 못했다. 그는 그 정원 입구에 견고한 성채를 갖고 있어세상의 어느 누구도 두려워하지 않았다. 〔비밀통로로 들어오는 경우를 빼놓는다면〕 그곳을 거치지 않고는 다른 곳으로 들어올 방도가 없었다.

그 '노인'은 그 지방에 사는 열두 살에서 스무 살 사이의 모든 청년들을 자기 궁전에 데리고 있었다. 그들은 용사가 되고자 하는 사람들이었고, 그들의 예언자 마호메트가 말했듯이 천국이란 내가 방금 말한 그런식으로 만들어져 있다고 귀동냥으로 잘 알고 있고 또 진실로 그렇게 믿는사람들이었다. 이에 대해 내가 여러분에게 무엇을 말해줄 수 있을까. '노인'은 이 젊은이들을 네 명씩, 열 명씩, 스무 명씩, 이런 식으로 마음내키는 대로 그 천국에 집어넣었는데, 그는 그들에게 마실 것을 주고 잠에 떨어지면 그들을 그 정원으로 데려가게 한 뒤 깨우는 것이다.

42장 | 어떻게 '산상의 노인'이 암살자들을 완벽하게 순종하도록 만드는가

그 젊은이들은 깨어나 자신이 그곳에 있음을 알게 되고 내가 여러분에게 말한 이 모든 것들을 보게 된다. 〔아가씨들이 하나씩 옆에 붙어 노래와 연주를 하고, 그들이 상상할 수 있는 온갖 교태를 부리며 애무를 하고, 정말로 맛있는 음식과 포도주를 준다. 그래서 그토록 많은 즐거움과, 우유와포도주가 흐르는 작은 물줄기에 취해〕 그들은 자신들이 정말로 천국에 있다고 믿는 것이다. 여인과 아가씨들은 하루종일 연주하고 노래하며 극도의 쾌락을 주면서 그들과 함께 있고, 그들은 그 여자들에게 하고 싶은 대로 한다. 이 젊은이들은 자신이 바라는 모든 것을 소유하게 되었기 때문에 결코 제 발로 거기서 나오려고 하지 않는다. 그 '노인'은 정말 수려하고 웅장한 궁전에서 지극히 고상하게 살면서 산간에서 그 주위의 모든 순박한 사람들로 하여금 그가 예언자라고 믿게 한 것이고, 또 그들은 정말로 그렇게 믿는 것이다.

'노인'이 그들 중 누군가를 어떤 곳으로 보내 다른 사람을 암살하려고 하는 경우, 먼저 그에게 마음껏 마실 것을 주게 하여 잠에 곯아떨어지게 한 뒤 그를 자신의 궁전으로 데리고 온다. 잠에서 깨어난 이 젊은이들은 자신이 궁전의 성채 안에 있음을 발견하고 크게 놀라며 상심하게 된다. 왜냐하면 그들은 여태까지 자기가 있었던 천국에서 자기 발로 떠날 생각이 전혀 없었기 때문이다. 그들은 즉시 그 '노인'에게로 가서 그가 위대한 예언자임을 믿는 사람들이 하는 것처럼 극도로 공손하게 행동한다. '노인'이 그들에게 어디서 왔는지 물으면 그들은 천국에서 왔다고 말한다. 그들은 거기에서 보았던 모든 것들을 하나씩 열거하면서, 마호메트가 그들의 조상에게 말해준 것처럼 그곳이 정말로 천국이라고 말한다. 그곳에 있지 않았던 사람들은 이것을 듣고 천국에 가고자 하는 커다란 열망을 갖게 되고, 그곳에 갈 수만 있다면 죽어도 좋겠다고 하며 그곳에 갈 날을 갈망한다.

〔그러면 '노인'은 "만약 너희가 내 말을 듣는다면 그 같은 은총을 베풀어주겠노라!"고 말한다. 이렇게 해서 '노인'의 적이었던 많은 군주들과 다른 사람들이 그의 이러한 부하와 암살자들에 의해 살해되었다. 그것은 모두 지금 말한 '노인'의 명령과 뜻을 수행하기 위해 죽음을 두려워하지 않고, 마치 미친 사람처럼 현세를 경멸하며 주군의 적과 함께 죽기를 바라면서 자신을 내던졌기 때문이다. 바로 이러한 이유로 그 지방에서는 모두 그를 폭군으로 여기며 두려워했다.〕

그 '노인'은 어떤 중요한 군주를 살해하고자 할 때 자신의 암살자들 가운데에서 누가 더 나은지를 시험해본다. 그는 그 지방에서 그다지 멀지 않은 곳으로 몇 사람을 보내 어떤 사람을 살해하라고 명령한다. 그들은 즉시 가서 주군의 명령을 수행하는데, 일부는 잡혀 죽기도 하지만 일부는 그 사람을 살해하고 도망쳐 궁중으로 돌아온다.[113]

43장 | 어떻게 암살자들이 사악한 짓을 하도록 훈련받는가

도망쳐 주군에게로 돌아온 사람들이 자신이 임무를 제대로 수행했음을 보고하면 그 '노인'은 대단히 기뻐하며 그들을 위해 커다란 잔치를 베풀어준다. 그는 사람을 죽이는 데 누가 가장 대담하고 뛰어난가를 보고하도록 하기 위해 자기 부하들 몇 명에게 지시하여 하나씩 뒤따라가도록 했기 때문에, 누가 더 큰 용기를 보였는지 잘 알고 있었다. 그리고 '노인'이 어떤 군주나 다른 사람을 죽이고자 할 때 그는 이 암살자들 가운데 몇 명을 골라 지정한 곳으로 보내면서 이렇게 말한다. 즉 그들을 천국으로 보내주고 싶은데 그러기 위해서는 가서 그 사람을 죽여야만 되며, 만약 자신들이 죽는다 하더라도 곧바로 천국으로 가게 될 것이라고. '노인'에게 이러한 명령을 받은 사람들은 기꺼이 그 일을 하려 했고 즉시 가서 '노인'이 명령한 것들을 남김없이 수행했다. 이렇게 해서 '산상의 노인'에게 지목되기만 하면

---

113) 劉郁의 『西使記』에는 常德이 1259년 뭉케의 명령을 받고 훌레구를 만나기 위해 서쪽으로 다녀온 내용이 기록되어 있는데, 여기에 '木乃奚'(즉 물라히)라는 '刺客'들에 대해서 폴로와 거의 같은 내용이 보여 그 부분을 옮겨보면 다음과 같다. "그 나라의 병사들은 모두 자객인데, 남자들 가운데 용맹한 자가 있으면 그를 유인하여 父兄을 죽이도록 한 뒤에 병사로 충원한다. 술에 만취시켜 동굴로 데리고 간 뒤, 음악과 미녀로써 즐겁게 하고, 그렇게 며칠을 마음대로 즐기게 한 뒤 원래 그가 있던 곳에 데려다 놓는다. 그가 술이 깨어 자신이 본 것이 무엇이냐고 물으면, 자객으로 일한다면 죽은 뒤에도 그러한 복을 누릴 것이라고 말하고, 그에게 주문을 가르쳐주고 매일같이 읊도록 하여 그의 마음을 조종하여 죽어도 후회가 없도록 한다. 그래서 복속하지 않는 나라에 밀사로 보내 그 군주를 반드시 암살하도록 하니, 설령 부인이라도 마찬가지이다."

눈 덮인 엘부르즈 산맥

엘부르즈 산중에 남아 있는 '암살자단'의 근거지 알라무트 요새

죽지 않고 살아 남을 사람은 아무도 없었다. 더구나 여러분에게 진실로 말하건대 수많은 왕과 고관들은 그가 혹시 자기를 죽일지도 모른다는 공포심 때문에 그에게 선물을 바치고 좋은 관계를 유지하려고 했다.

이제 여러분에게 '산상의 노인'과 그의 암살자들의 행동에 대해 이야기했으니, 이번에는 그가 어떻게 그리고 누구에 의해 파멸되었는가에 대해서 이야기하도록 하자. 그런데 지금 막 끝낸 그 이야기와 관련해 다른 한 가지를 덧붙이고 싶다. 이 '노인'은 자신을 따르며 자신의 모든 방법과 관행, 즉 젊은 청년들에 대한 지시까지도 그대로 따라 하는 〔두 명의 대리인을 두었다〕. 그는 한 사람을 도마스(Domas) 지방[114]으로 보내고, 다른 한 사람은 쿠르디스탄으로 보냈다. 〔그래서 아무리 중요한 인물이라도 이 '노인'의 적이라면 죽음을 피할 수 없었다.〕 이제 이쯤 해두고 그의 파

---

114) R(damasco). 다마스쿠스를 가리킨다. 원대 중국에서는 的迷失곱로 표기되었는데, 이는 이 도시의 아랍식 발음인 디미쉬크(Dimishq)를 옮긴 것이다.

멸을 보도록 하자.

그리스도가 태어나신 지 1262년쯤 되던 해에,[115] 동방의 타타르의 군주 울라우는 이 '노인'이 암살자들과 함께 못되게 행한 모든 짓들을 알고 그를 파멸시키겠다고 다짐했다. 그래서 그는 신하 몇 명을 골라 많은 병사들과 함께 이 성채로 보냈다. 그들은 거의 3년 동안이나 포위했으나 손에 넣을 수 없었다. 아마 성채 안에 먹을 것이 남아 있었다면 결코 빼앗지 못했을지도 모른다.

그러나 3년째 되던 해 마지막에 성채 안에 더 이상 먹을 것이 없어져버리자 그곳은 함락되었고, 알라오딘이라는 이름의 그 '노인'은 부하들 모두와 함께 살해되고 말았다. 이 '노인' 이후에 이 순간까지 어떠한 '노인'이나 암살자도 없었고, '산상의 노인'이 과거에 행했던 지배와 해악은 그로써 모두 끝나버린 것이다.

---

115) 이 연대는 잘못된 것이다. 훌레구의 원정군이 이란에서 작전을 개시한 것은 1253년 봄이었고, 1256년 말에는 루큰 웃 딘이 일가족과 함께 투항했고 알라무트의 성채는 파괴되고 말았다.

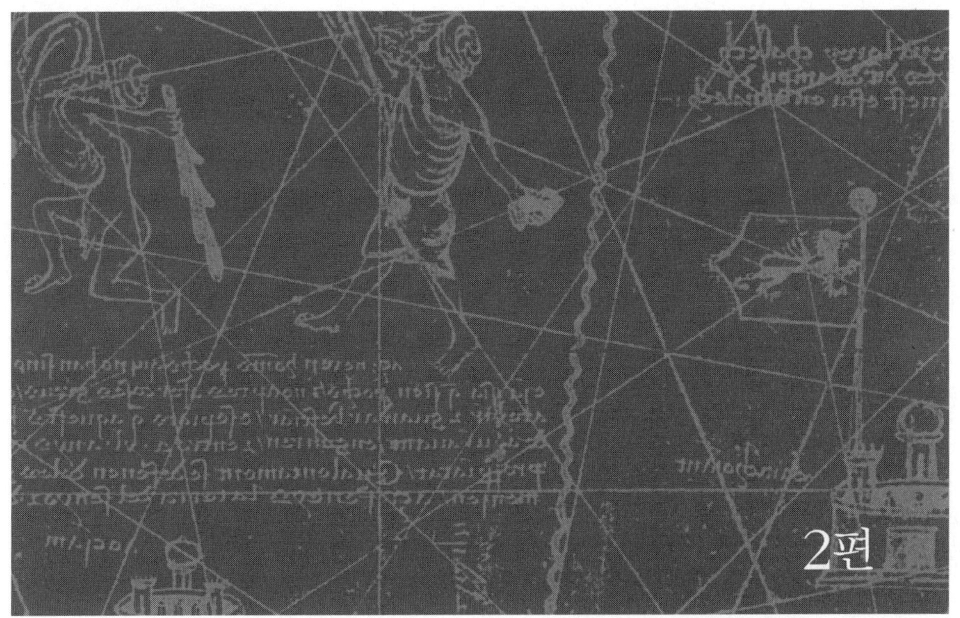

중앙아시아

| 44장~74장 |

44장 | 여기서 그는 사푸르간(Sapurgan)[1]시에 대해 이야기한다

이 성채[2]를 벗어나면 아름다운 평원과 계곡과 산기슭을 지나게 되는데, 거기에는 풍부한 풀과 좋은 목지가 있고 과일과 모든 것들이 넘칠 정도로 충분하다. 그러한 풍요로움 때문에 군대가 그곳에 잘 머물곤 한다. 그리고 이 지방은 거의 엿새 거리나 이어지고, 읍과 마을들이 있으며 주민들은 마호메트를 신봉한다. 때로는 50~60마일 정도 물이 없어서 필요한 것을 갖고 가야만 하는 사막을 만나기도 한다. 동물들은 그 사막에서 빠져나와 물을 찾을 수 있는 곳에 올 때까지 물을 마시지 않는다. 내가 말한 그 엿새 거리를 기행하면 사푸르간이라 불리는 도시를 만나게 된다.

그곳은 모든 것이 풍부한 도시이다. 여러분에게 말하지만 거기에는 세상에서 가장 맛좋은 멜론이 엄청나게 많이 있는데, 주민들은 다음과 같은 방법으로 그것을 건조시킨다. 즉 마치 가죽끈처럼 돌아가면서 껍질을 도려내 햇볕에 널어 말리는 것이다. 그러면 그것은 꿀처럼 달게 되고, 사람들은 이것을 상품으로 만들어 내다 팔기도 한다. 또한 이곳에는 사냥할 만한 야수와 새가 수없이 많다. 이제 이 도시를 떠나 발크라는 이름을 가진 또 다른 도시에 대해 이야기해보도록 하자.

45장 | 여기서 그는 거대하고 훌륭한 도시 발크(Balc)[3]에 대해 이야기한다

발크는 훌륭하고 거대한 도시이다. 전에는 더 멋있고 컸으나 타타르와 다

---

1) 현재 아프가니스탄 북방의 셰베르간(Shebergan). 마자리 샤리프(Mazar-i Sharif)의 서쪽 120킬로미터에 위치한 지점.

2) 앞의 주에서도 지적했듯이 '이 성채'가 알라무트가 아님은 분명하다. 그렇다면 투노카인 부근에 많던 이스마일리파의 한 근거지를 가리키는 것으로 보아야 할 것이다.

3) R(balach), Z(balch). 아프가니스탄 북부의 발흐(Balkh). 셰베르간에서 동쪽으로 100킬로미터 지점에 위치해 있다. 『北史』의 薄羅, 『元史』의 巴里黑.

른 사람들이 약탈하며 망쳐놓았다. 이전에는 아름다운 궁전과 좋은 집들이 많았는데 지금은 부서져 폐허로 남아 있다. 더구나 그 도시사람들이 말하는 바에 따르면 이 도시에서 알렉산더가 다리우스의 딸을 아내로 맞았다고 한다. 주민들은 마호메트를 신봉한다. 그리고 동방의 타타르들의 군주의 땅이 이 도시까지 미치고, 이 도시가 동쪽과 동북쪽으로 페르시아의 경계를 이룬다는 것을 여러분은 알아야 할 것이다.

이제 이 도시를 떠나 도가바(Dogava)[4]라고 불리는 또 다른 곳에 대해 이야기를 계속해보도록 하자. 지금 내가 말한 이 도시를 떠나면 동쪽과 동북쪽 사이로 거의 열이틀 거리를 기행하게 되는데, 주민들은 사악한 사람들과 해를 끼치는 군인들을 두려워하여 모두 산 속의 요새로 도망가버렸기 때문에 마을이라고는 찾아볼 수가 없다. 그곳에는 물과 사냥감이 풍부하고 사자도 조금 있다. 그러나 이 열이틀 거리 내내 먹을 것을 찾을 수 없기 때문에, 그 길을 가는 사람들은 자신과 말들에게 필요한 음식을 가져가야 한다.

46장 | 여기서 그는 소금산에 대해 이야기한다

이 열이틀 거리를 가면 타이칸(Taican)[5]이라 불리는 마을이 나오는데, 그곳에는 커다란 곡물시장이 있다. 굉장히 아름다운 지방에 위치해 있고, 그 남쪽에 있는 매우 큰 산들은 모두 소금으로 되어 있다. 주위 30일 거리에 있는 각처의 사람들은 세상에서 가장 좋은 이 소금을 구하러 오지만, 너무나 단단해서 커다란 쇠곡괭이가 아니면 파낼 수가 없다. 그것이

---

4) F(dogaua). 일부 주석가들의 견강부회가 있기는 하지만, 사실상 이 지명은 뒤에 나오는 타이칸이 잘못 표기된 것으로 보아야 할 것이다.

5) R(thaican). 발흐에서 동쪽으로 직선거리 235킬로미터 지점에 위치한 Taliqan. 아프가니스탄 동북방의 소도시. 이보다 서쪽에 있는 또 하나의 '탈리칸' —발흐와 메르브 사이에 위치—과 혼동해서는 안 된다. 『元史』에 1221년 칭기스칸이 정복한 塔里寒이나, 권63 「西北地附錄」에 나오는 塔里干은 서쪽에 있는 탈리칸을 가리킨다.

얼마나 많은지, 여러분에게 말하건대 온 세상사람 모두가 세상이 끝날 때까지 먹어도 충분할 정도이다. 〈또 어떤 산에는 아몬드와 피스타치오가 정말로 풍부하여 그곳에 매우 큰 시장이 열린다.〉

이 도시를 떠나 동북쪽과 동쪽 사이로 사흘 거리를 가는 동안 줄곧 많은 집과 충분한 과일·곡식·포도나무가 있는 아름다운 지방을 지나게 된다. 〈그 주민들은〉 마호메트를 신봉하지만, 그들은 나쁜 사람들이고 믿지 못할 살인자들이다. 그들은 술마시기를 좋아하고 잘 빚은 포도주가 많기 때문에 대부분 술집에서 지낸다. 머리에는 아무것도 쓰지 않으나 열 뼘 정도 길이의 끈을 머리에 감고 있다. 매우 훌륭한 사냥꾼이어서 동물을 많이 포획한다. 그들은 잡은 동물의 가죽으로만 옷을 해 입는다. 그것을 이용하여 옷과 신발을 만드는데, 그들 모두 자기가 잡은 동물의 가죽을 처리하는 방법을 알고 있다.

그렇게 사흘 거리를 가면 스카셈(Scassem)[6]이라는 도시가 나온다. 그곳은 어떤 공작에게 예속되어 있고, 그에게 속한 그밖의 도시와 마을들은 산중에 있다. 도시 한가운데로 제법 큰 강이 지나고 있다. 그곳에는 고슴도치가 많은데, 사냥꾼들이 그것을 잡으려고 개를 풀어놓으면 고슴도치들은 모두 함께 모여 개를 향해 등과 옆구리에 있는 가시를 쏘아대며 여러 군데 상처를 입힌다. 이 스카셈은 매우 커다란 지방 안에 위치해 있고 자기들 고유의 언어를 갖고 있다. 가축을 키우는 촌사람들은 산중에 머물며 동굴을 파서 그럴 듯한 큰 거처를 만드는데, 산이 흙으로 되어 있기 때문

---

6) F(scasem, scasunen), R(scassem), Z(scassemo). 탈리칸에서 동쪽으로 직선거리 180킬로미터 지점에 위치해 있는 이쉬카셈(Ishkashem). 현재 타지키스탄과 아프가니스탄 국경으로 나뉘어 있다. 『新唐書』「識匿傳」에 보이는 護密國의 수도 塞迦審城이 바로 이곳이다. 유율은 탈리칸에서 사흘 거리로는 너무 멀다고 하여 탈리칸과 페이자바드(Fayzabad) 사이에 있는 케셈(Keshem)으로 비정했다. 그러나 탈리칸에서 케셈까지는 불과 50킬로미터에 불과하여 사흘 거리라고 하기에는 너무 가깝고, 더구나 대부분의 사본들에서 지명이 '스카'(sca-)로 시작하고 있어 Keshem과는 음의 차이도 크기 때문에 그의 견해는 받아들이기 힘들다.

에 쉽게 동굴을 팔 수 있다. 내가 위에서 말한 스카셈을 떠나 사흘 거리를 가는 동안에는 사람 사는 곳도 없고 먹고 마실 것도 찾을 수 없기 때문에, 여행자들은 그런 것들을 갖고 가야 한다. 사흘 거리의 마지막이 되면 바다샨 지방이 나오는데, 이제 그곳이 어떠한지에 대해서 이야기해주겠다.

47장 | 여기서 그는 바다샨(Badascian)[7]이라는 커다란 지방에 대해서 이야기한다

바다샨은 마호메트를 신봉하고 자기들 고유의 언어를 갖는 사람들이 사는 지방이다. 그 영역은 광대하여 〔길이가 거의 열이틀 거리나 되고,〕 알렉산더 왕과 페르시아의 다리우스 대왕의 딸 사이에서 출생한 가문에 의해 대대로 지배를 받고 있다. 그들은 아직도 알렉산더 대왕을 흠모하여 그 군주들을 모두 자기네 언어인 사라센어로 출카르네인(Çulcarnein)이라고 부르는데, 이는 프랑스어로 알렉산더를 의미한다.[8]

이 지방에서는 발라시(balasci)[9]라고 부르는 매우 아름답고 굉장히 값진 보석이 산출된다. 그들은 이것을 산의 암석에서 캐내는데, 마치 은광을 팔 때 그러하듯이 산에 커다란 굴을 파고 지하로 깊이 내려간다. 이것은

---

7) F(badasciam, badausiam, badascian, badasian, balasian, balascian), R(balaxan, balaxiam), Z(balaxian). 파미르 남부의 바닥샨(Badakhshān) 산지. 『大唐西域記』의 鉢鐸創那, 『新唐書』의 拔特山, 『元史』의 巴達哈傷이 이에 해당된다.

8) F(Çulcar ne in), R(zulcarnen). 아랍어 Dhu al-Qarnayn을 옮긴 말로 그 뜻은 '두 뿔을 지닌 사람'이다. 『쿠란』이나 무슬림권의 글에서는 알렉산더가 이런 이름으로 불린다. '두 뿔'이 무엇이냐에 대해서, 예를 들어 그가 '동방과 서방'을 모두 정복했기 때문이라든가 혹은 그의 머리에 달린 두 개의 장식 때문이라는 등 여러 추측이 있다. 페르시아에서는 알렉산더를 시칸다르(Sikandar) 혹은 이스칸다르(Iskandar)라는 이름으로 부르기도 하는데, 알렉산더의 후예임을 자부하는 사람들이 오늘날에도 파미르 산중의 카피리스탄(Kafiristan)이라는 곳에 살고 있다.

9) R(balassi), Z(balassi, balasi). 원래는 '바닥샨'의 형용사형인 '바닥시'(badakhshi)가 정확한 표기일 것이다. 그러나 중세의 일부 저술에서 바닥샨이 발락샨(Balakhshan)으로도 표기되었기 때문에 그 형용사도 '발라시'(balasci)라는 형태로 유럽에 전해지게 된 것이다. 바닥샨은 다른 무엇보다도 루비(ruby, 紅寶石)의 산지로 유명하며, 폴로가 말하는 '발라시'는 바로 그 루비를 가리키는 것이다.

파미르 산중을 흐르는 강

오로지 시기난(Sighinan)[10]이라 불리는 산에만 있다. 여러분은 그곳의 왕이 사람을 시켜 그 산에 가서 자기 자신을 위해서만 그것을 파도록 하고, 다른 누구라도 그 산에 가서 발라시를 파내면 즉시 처형한다는 것을 알아야 할 것이다. 그는 또한 어느 누구라도 그의 왕국에서 그것을 가지고 나가는 사람은 자신의 머리와 재산을 그 대가로 바치게 될 것이라고 말한다. 왜냐하면 그 왕은 다른 왕이나 다른 귀족들 혹은 위세있는 영주들에게 자기 사람을 통해 그것을 보내는데, 더러는 공납으로, 더러는 애정의 표현으로 보내고, 또 더러는 은을 받고 팔기도 한다. 왕은 그렇게 함으로써 이 발라시가 귀하고 대단히 값진 것으로 여겨지게 하는 것이다. 만약 다른 사람들이 그것을 캐내어 세계 각지로 가져가도록 내버려둔다면, 너무나 많은 양이 빠져나가 그것은 그렇게 귀하지도 값지지도 않게 되기 때문이다. 이

10) 아프가니스탄과 타지키스탄의 경계지역에 위치한 시그난(Shighnan) 산지를 가리킨다. 지금도 이쉬카셈에서 북쪽으로 약 85킬로미터 되는 지점에 셰그난(Shegnan)이라는 국경마을이 있다. 『大唐西域記』의 尸棄尼, 『新唐書』의 識匿이 이에 해당한다.

같은 이유로 왕은 그의 허락 없이는 아무도 가지고 나갈 수 없도록 그렇게 가혹한 형벌을 정한 것이다. 또한 이 고장의 다른 산에서는 청금석[11]을 만드는 돌이 나는데, 그것은 세상에서 가장 훌륭하고 가장 좋은 청금석이라는 것을 여러분은 알아야 할 것이다. 그리고 내가 지금 말했듯이 청금석을 만드는 그 돌은 다른 암석들처럼 산에 있는 광맥에서 나온다. 다시 여러분에게 말해두지만 엄청나게 풍부한 은이 나오는 광맥이 있는 산도 있다.

그곳은 매우 추운 고장이다. 거기에는 정말로 훌륭한 말이 자라고 있는데, 대단히 잘 달릴 뿐만 아니라 발에는 쇠발굽도 하지 않는다는 것을 여러분은 알아두어야 할 것이다. 그들은 항상 산 속을 다니고 [사람들은 그것을 타고 다른 동물들은 달릴 수도 없고 달릴 엄두조차 내지 못하는 산등성을 달린다. 그리고 얼마 전까지만 해도] 〈이 지방에는 알렉산더 왕이 타고 다니던 부케팔로(bucefalo)[12]라는 말의 혈통을 이어받은 말들이 있었는데, 모두 부케팔로처럼 앞머리에 뿔을 하나씩 갖고 태어났다고 한다. 그것은 암말들이 바로 그렇게 생긴 수말의 새끼를 배기 때문이다. 그러나 그 종자는 후일 모두 절멸되었다. 그 종자는 현재의 왕의 숙부가 통치하고 있을 때까지만 있었는데, 왕은 그가 한 마리도 안 주려고 하자 숙부를 죽였고 남편의 죽음에 원한을 품은 그 부인이 그 종자를 절멸시켜버렸던 것이다.〉

또한 그곳 산에는 매우 멋있고 날렵하게 나는 사카르 매가 자라고, 랜너 매 역시 그곳에 서식한다. 사냥감이 될 만한 짐승과 새들도 무척 많다. 밀은 훌륭하고 보리는 껍질이 없다. 〈즉 모두가 알맹이뿐이어서 떼어낼 거가 전혀 없는 것이다.〉[13] 그들은 올리브에서 기름을 짜지 않고 깨와 호

---

11) F본에는 açur로 표기되어 있으며, 현재 영어의 azure도 이 말에서 연원했다. 폴로는 옛날부터 바닥샨의 특산물로 유명한 lapis lazuli를 이러한 이름으로 부른 것이다.

12) Z(bucifalch).

13) 이곳을 여행한 사람들이 주목했듯이 사실 이 보리는 껍질이 없는 것이 아니라, 익으면 껍질이 벌어지면서 저절로 떨어져서 그렇게 보이는 것뿐이다.

두에서 기름을 짜낸다.

이 왕국에는 좁은 산길과 요새가 많아 누군가가 와서 그들을 해칠지도 모른다는 걱정이 없다. 그리고 그들의 도시와 마을은 커다란 산 속의 매우 험난한 곳에 위치해 있다. 〈또한 그 산들의 특징은 다음과 같다. 그 산들이 얼마나 높은지 아침에 올라가더라도 밑바닥에서 꼭대기까지 다 올라가기도 전에 해질녘이 되어버린다. 더구나 산꼭대기에는 수많은 풀과 나무가 있는 광대한 평원이 있고, 크고 맑은 샘물이 바위 위를 지나 마치 강물처럼 아래로 흘러내린다.〉〔이 샘물에는 송어를 비롯하여 맛있는 고기들이 많다.〕

〈산꼭대기의 공기는 어찌나 맑은지 그곳에 머물면 건강이 무척 좋아진다. 그래서 만약 산 근처의 계곡에 있는 도시나 집에 사는 사람이 어떤 종류의 열병, 이를테면 사흘걸이나 나흘걸이 혹은 매일 계속되는 열병에 걸려도 산 위에서 〔2~3일간〕 휴식을 취하면 병이 달아나고 건강을 되찾게 된다. 마르코님 자신이 바로 이 같은 경험을 했다고 한다.〉〔그는 병이 들어 그곳에서 거의 1년간 지냈는데, 사람들의 충고를 받아들여 지금 말한 그 산으로 올라간 즉시 회복되었던 것이다.〕

〈뿐만 아니라 유황을 함유한 산이 두세 개 있는데, 그 산에서 나오는 물에는 항상 유황기가 섞여 있다. 야생양도 굉장히 많아서〉〔때로는 400, 500, 600마리가 한 무리를 이루며 다닌다. 많이 포획해도 결코 고갈되지 않는다.〕 주민들은 뛰어난 궁사이자 훌륭한 사냥꾼이다. 옷감이 크게 부족하여 대부분 짐승의 가죽을 걸치고 다닌다. 지위가 높은 부인과 남자는 다음과 같이 생긴 바지를 입는다. 어떤 부인은 다리를 덮는 바지 한 벌에 거의 100치(ell)[14]의 면포를, 어떤 사람은 80치, 혹은 60치의 면포를 가지고 〔온통 주름을 잡는다〕. 그들은 자기가 얼마나 커다란 엉덩이를 갖고 있

---

14) 1ell=45인치.

는지 보여주기 위해 이렇게 하는데, 왜냐하면 그곳 남자들은 살찐 여자들을 좋아하여 〈더 뚱뚱하게 보일수록 아름답다고 생각하기〉 때문이다. 이 왕국에 대해서는 이 정도로 해두고, 여기에서 남쪽으로 열흘 거리에 있는 또 다른 사람들에 대해 이야기해보도록 하자.

48장 | 여기서 그는 파샤이(Pasciai)[15]라는 커다란 지방에 대해 이야기한다

바다샨에서 남쪽으로 열흘 거리 떨어진 곳에 파샤이라 불리는 지방이 있는데, 그곳 주민들은 고유의 언어를 갖고 있고 우상숭배자들이며 피부가 검다. 그들은 주술과 마법에 대해 많이 알고 있다. 남자들은 귀에 귀걸이를 달고, 금은과 진주 그리고 보석이 많이 박인 버클을 차고 다닌다. 그들은 사악한 사람들이고 풍습도 나쁘다. 이 지방은 매우 더우며, 주민들은 고기와 쌀을 주식으로 삼는다. 이제 이곳을 떠나 여기에서 동남쪽으로 이레 거리에 있는 케시미르라는 이름을 가진 지방에 대해 이야기해보자.

49장 | 여기서 그는 케시미르(Chescemir)[16] 지방에 대해서 이야기한다

케시미르 역시 우상숭배자들이 있고 자기들 고유의 언어를 가진 사람들이 있는 지방이다. 그들은 악마의 주술에 관해 놀라울 정도로 잘 알고 있고 우상으로 하여금 말을 하게 할 정도이다. 주술로 날씨를 변하게 하고

---

15) R(bascia), Z(paxay). 카불의 북방에 힌두쿠시 산맥을 두고 남북으로 두 곳의 파샤이(Pashai)가 있는데, 약 90킬로미터 정도 떨어져 있다. 하나는 힌두쿠시의 남쪽 북위 35° 3′, 동경 69° 24′에 있고, 또 하나는 힌두쿠시 북쪽 북위 35° 52′, 동경 69° 37′에 위치해 있다. 여기서는 북쪽의 파샤이를 가리키는 것으로 보인다. 율은 카불 동북쪽 코나(Kona) 강 부근의 산지를 파샤이로 보고 있다.

16) F(chesciemur, chesinmur, kesimur, quesmur), R(chesmir, chesmur), Z(chesmir). 카쉬미르(Kashmir)를 가리키며, 漢·魏시대의 罽賓, 『往五天竺國傳』의 伽葉彌羅, 『元史』의 怯失米兒가 이에 해당한다.

칠흑같이 어둡게도 한다. 주술과 지혜로 어떤 일들을 하는지 그것을 보지 않은 사람은 누구도 믿지 않으려 할 것이다. 내가 여러분에게 말하건대 그들은 다른 우상숭배자들의 우두머리이며, 우상은 그들로부터 비롯된 것이다.

그리고 이곳에서는 인도양으로 갈 수 있다. 주민들은 검고 야위었지만 여자들은 검은 피부치고는 매우 아름답다. 그들의 음식은 고기와 쌀이다. 너무 덥지도 춥지도 않은 적당한 기후의 땅이다. 많은 도시와 마을이 있고, 수풀과 사막, 그리고 엄청나게 많은 험난한 산길들이 있어 아무도 두려워하지 않는다. 그들은 누구에게도 예속되어 있지 않고 정의로써 다스리는 왕이 있다.

그들의 관습에 따라 은신처에 머무는 은자들이 있는데, 이들은 먹을 것과 마실 것을 탐하지 않고 잘 절제하기 때문에 매우 정결하며, 신앙에 어긋나는 어떠한 죄악도 범하지 않으려고 아주 조심스럽게 행동한다. 여러분에게 말하건대 그들은 사람들로부터 매우 성스럽게 여겨지고 또 굉장히 장수한다. 그들 역시 그 종교 나름의 사원과 수도원을 많이 갖고 있고, 〈승려들은 엄격한 생활을 하며 마치 도미니크파나 프란시스코파의 수도승들처럼 삭발을 하고 있다. 더구나 그 지방의 사람들은 어떤 동물이든 죽이지 않으며 피를 흘리게 하지 않는다. 그러나 그들과 어울려 사는 사라센들이 도살한 동물은 먹는다.〉 우리 고장에서 실려 나가는 산호가 그곳에서처럼 잘 팔리는 곳도 없다.

이 지방에 대해서는 이 정도로 그만두도록 하자. 그러나 더 이상 앞으로는 가지 않겠다. 왜냐하면 만약 우리가 앞으로 간다면 인도로 들어가게 되는데, 나는 이 시점에서 그곳으로 가지 않으려 한다. 우리의 여행에서 돌아올 때 순서에 따라 인도에 관한 모든 것을 여러분에게 이야기해주겠다. 그래서 다시 바다샨 지방으로 되돌아가도록 하자. 왜냐하면 그 길말고 다른쪽으로는 갈 수가 없기 때문이다.

폴로의 이름을 따 '오비스 폴리'라는 학명이 붙여진 양

50장 | 여기서 그는 바다샨의 매우 큰 강에 대해서 이야기한다

바다샨을 떠나 동쪽과 동북쪽 사이로 바다샨 군주의 한 형제에게 속한 강을 거슬러 열이틀 거리를 가는 동안 많은 마을과 집들을 볼 수 있다. 그 주민들은 마호메트를 신봉한다. 열이틀 거리의 마지막에 보칸(Vocan)[17]이라 불리는, 사방이 사흘 거리밖에 되지 않아 그리 크지 않은 지방에 도착하게 된다. 그 주민은 마호메트를 신봉하고 그들 나름의 언어를 갖고 있으며 내로라 하는 전사들이다. 프랑스어로 '공작'을 의미하는 논(None)[18]이라는 호칭의 군주가 있는데 바다샨의 군주에게 복속하고 있다. 야수와 갖가지 사냥감이 풍부하다.

---

17) 현재 아프가니스탄 가장 동북쪽 끝에 위치한 와한(Wakhan) 계곡을 가리키며, 폴로가 말하는 '커다란 강'은 판자(Panja) 강이다. 와한은 『後漢書』에는 休密로 나오고, 唐代에는 護密 혹은 胡密 등으로 표기되었다.

18) 이 칭호가 무엇을 가리키는지 분명치 않다. 펠리오는 이것이 혹시 몽골어의 수령을 의미하는 '노얀'(noyan)일 가능성을 조심스럽게 제시하면서도, 첫째는 음의 차이, 둘째는 그 같은 칭호가 비몽골인에게 주어진 예가 없다는 점 때문에 회의적인 입장도 견지하고 있다.

이곳을 떠나면 동북방으로 산지를 지나 사흘 거리를 가는데, 세상에서 가장 높은 곳이라고 말해도 좋을 정도로 높이 올라간다. 그리고 그 정상에 오르면 두 산 사이로 매우 아름다운 강이 흐르는 평원을 만나게 된다. 그곳에는 세상에서 가장 좋은 목지가 있어, 말라빠진 동물도 거기서 열흘만 있으면 살찌게 된다.

정말로 여러 종류의 야생동물이 많고, 뿔이 거의 여섯 뼘, 혹은 적어도 서너 뼘은 되는 야생양이 많이 있다.[19] 양치는 사람들은 이 뿔을 갖고 식사할 때 사용하는 커다란 그릇을 만들기도 하고, 그 뿔로 동물을 가두어 두는 장소를 둘러치기도 한다. 〈또한 그러한 양들을 잡아먹는 늑대들이 수없이 많아,〉〔길가에 무수히 널린 그 뿔과 뼈가 커다란 둔덕을 이루어 여행자들에게 길을 가르쳐준다.〕

이 평원을 거쳐 거의 열이틀 거리를 가는데 그곳은 파미르(Pamier)[20]라고 불린다. 이 열이틀 거리 내내 집이나 숙소도 없어서 여행자들은 스스로 음식을 갖고 가야 하며, 너무 높고 추운 곳이어서 날아가는 새들조차 전혀 찾아볼 수 없다. 또한 여러분에게 말하건대 그처럼 극심한 추위로 인해 불마저 그리 밝지 않고 다른 곳에서와 같은 색깔도 띠지 않으며 요리도 제대로 되지 않는다.[21]

이제 이곳을 떠나 동북쪽과 동쪽으로 더욱더 먼 다른 곳에 대해 이야기해보도록 하자. 내가 여러분에게 말한 이 사흘 거리를 다 가면, 동북쪽과 동쪽 사이로 거의 40일 거리를 줄곧 산과 능선과 계곡을 지나고 수많은 강과 황야를 거쳐서 기행해야 한다. 이 40일 거리 내내 집도 숙소도 없기 때

---

19) 마르코 폴로가 처음으로 이처럼 긴 뿔을 가진 양을 서구에 소개했고, 그 후 학자들이 그의 이름을 따서 '오비스 폴리'(Ovis Poli)라는 학명을 그 양에게 붙여주었다.
20) '파미르'는 『漢書』에는 蔥嶺이라고 되어 있지만, 『大唐西域記』에는 波迷羅, 『新唐書』에는 播密로 표기되어 있다.
21) 이는 물론 고지대에서는 기압이 낮아 비등점이 내려가기 때문에 생겨나는 현상이다.

문에, 여행자들은 스스로 음식을 갖고 가지 않으면 안 된다. 이 지방은 벨로르(Belor)[22]라고 불리는데, 사람들은 매우 높은 산에 살고 우상숭배자들로서 매우 야만적이며 오로지 짐승들을 사냥해서 먹고 산다. 그들의 의복은 동물 가죽으로 만들어졌고, 그들은 힘이 세고 사악한 사람들이다. 이제 이 지방을 떠나 카스카르 지방에 대해 이야기해보도록 하자.

51장 | 여기서 그는 카스카르(Cascar)[23] 왕국에 대해 이야기한다

카스카르는 그 전에 하나의 왕국이었지만 지금은 대〈카안〉에게 복속하고 있고,[24] 그 주민들은 마호메트를 신봉한다. 많은 읍과 마을이 있는데 그 중 가장 크고 훌륭한 것이 카스카르이며, 역시 동북쪽과 동쪽 사이에 위치해 있다. 그들은 교역과 수공업으로, 〈특히 면직물을 만들어서〉 생활한다. 매우 아름다운 과수원과 포도밭과 훌륭한 정원이 있으며 목화가 많이 자란다.

그리고 이 지방 출신의 수많은 상인들은 장사를 하며 온 세상을 돌아다닌다. 그들은 정말 천박하고 인색한 사람들이어서 먹고 마시는 것은 형편없다. 이 고장에는 자기들의 교회와 종교를 갖는 〈투르크인〉 네스토리우스파 기독교도들도 약간 있다. 이 지방사람들은 자기 나름의 언어를 갖고 있다. 이 지방을 다 지나기 위해서는 닷새 거리를 가야 한다. 이제 이 고장을 떠나 사마르칸에 대해서 이야기해보자.

---

22) R(beloro). 볼로르(Bolor)를 가리키며, 唐代의 勃律은 그 음을 옮긴 것이다.

23) R(caschar), Z(carschar). 중국령 신강 최서단에 위치한 喀什(Kashghar). 한대에서 당송시대에 이르기까지 중국문헌에는 줄곧 疏勒이라는 이름으로 알려졌지만, 이미 북위시대부터는 '카쉬'라는 음을 나타낸 竭石·竭叉라는 표기가 등장하고 있다. 『大唐西域記』에는 佉沙, 『往五天竺國傳』에는 伽師祇離로 표기되었고, 『元史』에는 合失合兒·可失哈兒로 나타난다.

24) 폴로는 투르키스탄의 도시들 가운데 사마르칸드와 야르칸드를 제외하고는 모두 '대카안' 쿠빌라이에게 예속되어 있다고 서술했지만 사실로 받아들이기 어렵다. 물론 '명목상'의 지배권을 말한다면 모르겠지만, 실제로 쿠빌라이의 지배력은 하미('카물') 정도까지만 미쳤을 뿐이다.

오늘날 사마르칸드에서는 교회를 찾아보기 힘들고,
이러한 거대한 모스크들이 시내의 경관을 압도하고 있다.

52장 | 여기서 그는 사마르칸(Samarcan)[25]이라는 커다란 도시에 대해 이야기한다

사마르칸은 대단히 크고 훌륭한 도시이며, 주민들은 기독교도와 사라센 들이다. 그들은 대카안의 조카[26]에게 예속되어 있는데, 그는 대카안과 친 하지 않아서 여러 차례 불화가 일어났다. 그곳은 서북쪽에 위치해 있다.

---

25) 현재 우즈베키스탄의 사마르칸드(Samarkand). 고대 희랍인들의 글에는 마라칸다(Mara-kanda)로 등장하고, 중국인들은 康居라고 불렀다. 후일 세미즈켄트(Semizkent)라는 음을 옮 긴 尋思干으로 표기되기도 했다. 『元史』에는 尋思干·薛迷思干 등과 함께 撒麻耳干이라는 글 자도 보인다.

26) FB본에는 그의 이름이 Caidu로 되어 있다. 카이두(Qaidu)는 우구데이의 손자이고 쿠빌라이의 조카뻘 되는 셈이니, 다른 주석가들과 마찬가지로 '대카안의 조카'를 카이두로 보는 것이 합당 할 것이다. 그러나 폴로가 그를 '대카안의 조카'로 본 것은 차가타이와 쿠빌라이를 '친형제' 사 이로 착각하고 차가타이의 뒤를 그의 아들이 계승했다고 생각했기 때문이다. 폴로는 앞에서 자 기 부친과 숙부가 부하라를 통과할 때 그곳의 지배자가 바락(1266~71)이었다고 했는데, 그 뒤 를 이어서 투카 티무르(1272~74), 두와(1274~1306)가 지배했다. 이 세 사람은 차가타이의 증 손자 혹은 고손자에 해당되기 때문에, 쿠빌라이의 '조카'라고 하기는 어려운 인물들이다.

여러분에게 이 도시에서 일어난 놀라운 기적에 대해 이야기해주겠다. 대 카안과 친형제간인 차가타이가 기독교도가 되고 이 고장과 다른 여러 곳의 군주가 된 것은 그리 오래 전 일이 아니다.[27] 사마르칸시의 기독교도들은 그 군주가 기독교도임을 알고 매우 기뻐하면서, 그 도시에 세례 요한을 기념하는 거대한 교회를 짓고 그 교회도 그 이름으로 불렀다. 그들은 사라센이 소유하던 매우 아름다운 돌을 가져와 교회 중앙에다 지붕을 받치는 기둥의 주춧돌로 놓았다.

그런데 차가타이가 죽었다.[28] 그가 죽은 것을 알게 된 사라센 사람들은 그동안 기독교도들이 그 돌을 가져가 교회 안에 놓은 것에 대해 몹시 분노하고 있었기 때문에, 이제 자기들 마음대로 강제로 그 돌을 빼앗아오기로 정했다. 그들은 기독교도보다 열 배나 많았기 때문에 충분히 그렇게 할 수 있었다. 그래서 몇몇 지위가 높은 사라센들이 성 요한 교회로 가서 그곳에 있던 기독교들에게 자기들의 소유였던 그 돌을 달라고 요구했다. 기독교도들은 만약 그 돌을 빼내가면 교회가 커다란 손상을 입을 것이기 때문에 그 돌을 그대로 놓아두는 대신 그들이 바라는 것이 있다면 무엇이든 들어주겠노라고 했다. 하지만 사라센들은 그들이 원하는 것은 황금도 보물도 아니고 무슨 일이 있어도 그 돌을 되돌려받는 것뿐이라고 말했다.

이에 대해 내가 여러분에게 무엇을 말하겠는가. 그곳을 지배하던 대카안의 조카는 기독교도들에게 그로부터 이틀 안에 그 돌을 사라센들에게 돌려주라고 명령했다. 이 명령을 받은 기독교도들은 매우 당황하여 어찌해야 할 바를 몰랐다. 그런데 이제 여러분에게 이야기하려는 그 기적이 일어난 것이다.

---

27) 그러나 R본은 여기에 "벌써 120년이 되었다"고 적었다. 또한 차가타이가 기독교로 개종했다는 폴로의 주장은 사실과 다르다.
28) R본은 여기에 차가타이가 죽은 뒤 그의 아들이 뒤를 이었다는 구절을 삽입하고 있다.

그 돌을 돌려주기로 한 날 아침이 되었을 때, 그 돌 위에 있던 기둥이 우리 주 예수 그리스도의 뜻에 의해 돌로부터 적어도 세 뼘이나 올라가 마치 그 아래에 돌이 놓여 있는 것처럼 그대로 떠 있었다. 그 날 이후 그 기둥은 그렇게 있었고 지금까지도 그런 상태로 있다.[29] 이것은 세상에서 일어난 크나큰 기적의 하나로 여겨지고 있다. 이제 이 정도로 해두고 앞으로 나아가서 야르칸이라 불리는 지방에 대해 이야기해보기로 하겠다.

53장 | 여기서 그는 야르칸(Yarcan)[30] 지방에 대해서 이야기한다

야르칸은 닷새 거리나 되는 지방이다. 주민들은 마호메트교를 믿지만 일부 네스토리우스파 기독교도들도 있다. 그들은 내가 위에서 말한 대카안의 바로 그 조카에게 예속되어 있다.

그곳에는 모든 것이 풍부하며, 〔주민들은 뛰어난 수공업자이다.〕 〈그 지방의 주민 대부분은 한 발은 크고 한 발은 작지만 매우 잘 걷는다.〉 〔다리는 부어올라 있는데 그것은 그들이 마시는 물 때문이다.〕[31] 이곳에 대해 따로 언급할 만한 것이 아무것도 없기 때문에 이곳을 떠나 코탄에 대해서 이야기하기로 하자.

---

29) 중국측 기록인 『至順鎭江志』는 사마르칸드에 있는 한 사원을 말하면서, 네 개의 거대한 나무 기둥이 있는데 그 중 하나가 바닥에서 한 자(尺) 정도 공중에 떠 있다는 기록을 싣고 있다.

30) F(yarcan, tarchan), R(carchan), Z(jarchan). 신강에 있는 莎車(Yarkand). 카쉬가르에서 동남쪽으로 157킬로미터 지점에 위치. 고대 중국에서는 莎車로 알려졌고, 『元史』에는 鴨兒看, 押兒牽, 也里虔 등으로 표기되었다.

31) 모울의 교정본에 따르면 L본에는 "그들은 목에 혹을 달고 있다"라는 구절이 삽입되어 있다. 1867년 이곳을 방문한 영국인 의사는 이러한 증상을 goiter 혹은 bronchocele(甲狀腺腫)라고 진단하면서, 이는 카쉬가르에서 호탄에 이르기까지 다 보이지만 특히 야르칸드에서 심하게 나타났다고 했다. 현지인들은 이러한 증상을 '부칵'(buqaq)이라 불렀고, 그 원인은 물 때문이라고 보았다. 즉 주민들이 먹고 마시는 물이 깨끗하지 않아 그 속에 사는 유충들이 몸 속에 들어가 자라난 결과 혹으로 발전한 것이다. Cf. *Report of a Mission to Yarkund in 1873* (Calcutta, 1875), pp. 67~69.

54장 | 여기서 그는 코탄(Cotan)[32]이라는 커다란 지방에 대해서 이야기한다

코탄은 동쪽과 동북쪽 사이에 있는 지방으로 그 길이는 여드레 거리에 이른다. 그들은 대카안에게 속해 있고, 주민들은 모두 마호메트를 신봉한다. 많은 도시와 마을이 있으며, 그 중 가장 훌륭한 도시이자 그 나라의 수도를 코탄이라 부르는데, 그것이 그 지방의 이름이기도 하다. 모든 것이 풍부하고 면화가 많이 자란다. 포도밭과 울타리와 정원이 많고, 주민들은 교역과 수공업으로 생활하지만 전사들은 아니다. 이제 이곳을 떠나 또 다른 지방에 대해서 이야기하겠다.

55장 | 여기서 그는 펨(Pem)[33]이라는 지방에 대해서 이야기한다

펨은 동쪽과 동북쪽 사이에 있으며 길이가 닷새 거리인 지방이다. 주민들은 마호메트를 신봉하고 대카안에게 예속되어 있다. 많은 읍과 마을이 있고 그 중 가장 훌륭한 도시이자 그 나라의 수도는 펨이라고 불린다. 벽옥(碧玉, jasper)과 옥수(玉髓, chalcedony)라는 돌이 많이 발견되는 강도 하나 있다.[34] 모든 것이 풍부하며 면화가 많이 자라고, 주민들은 상업과 수

---

32) R(cotam), Z(cotran). 야르칸드 동남쪽 275킬로미터 지점에 위치해 있는 和闐(Khotan). 중국 고대사서에는 于闐으로 표기되었다. 이 이름은 원래 산스크리트어의 구스타나(Gustana)에서 나온 것이며, 『大唐西域記』의 瞿薩旦那가 바로 그 음을 나타낸 것이다. 『元史』에는 斡端 혹은 忽炭 등으로 표기되어 있다.

33) F(pein, peiu), R(peym). Z(pem). 『大唐西域記』의 媲摩가 이에 해당된다. 스타인은 이곳을 호탄 동쪽 80킬로미터 지점에 있는 우준 타티(Uzun Tati ; 현재의 策勒=Chira)로 비정했다. Cf. *On Ancient Central Asian Tracks*(Intr. J.Mirsky ; Chicago, 1964), p. 70.

34) 璧玉과 玉髓는 모두 옥의 일종. 호탄의 옥은 이미 고대부터 유명하여 중국의 고대문헌에 '禹氏의 玉'이라는 이름으로 기록되어 있고, 玉이 중국으로 운반될 때 통과하는 敦煌 서쪽의 관문을 玉門關이라고 부른 것도 그 때문이다. 호탄 지방에서는 봄과 여름에 눈이 녹으면서 불어난 강물이 계곡 아래로 흐르면, 옥돌이 거기에 휩쓸려 깎이고 다듬어지면서 아래로 내려온다. '카라카쉬'(Qaraqash, 즉 黑玉河)와 유룽카쉬(Yurungqash, 즉 白玉河)라는 이름도 색색의 옥이 많이 나오는 강이라는 뜻에서 붙여진 것이다.

공업으로 살아간다.

여러분에게 다음과 같은 그들의 풍습 하나를 이야기해주겠다. 어떤 여자가 남편과 사는 도중에 만약 그 남편이 여행을 떠나 20일 이상 밖에 머물러 있게 된다면 그 여자는 남편이 여행을 떠나자마자 즉시 다른 남편을 맞아들일 수 있다. 그들의 관습에 따라 이런 일은 충분히 가능하며, 남자 역시 어디를 가나 부인을 취할 수 있다. 그리고 카스카르에서 여기까지 내가 말한 모든 지방〔즉 카스카르, 코탄, 펨〕, 그리고〔롭이라는 도시에 이르기까지〕 앞으로 설명할 또 다른 지방들이 모두 대투르키아에 속한다는 것을 여러분은 알아야 할 것이다.[35] 이제 이곳을 떠나 차르찬이라 불리는 지방에 대해서 이야기해보도록 하자.

56장 | 여기서 그는 차르찬(Ciarcian)[36]이라는 지방에 대해서 이야기를 시작한다

차르찬은 동북쪽과 동쪽 사이에 위치한 대투르키아에 속하는 한 지방이다.[37] 〈전에는 매우 훌륭하고 비옥한 고장이었으나 타타르들에 의해 많이 황폐해졌다.〉 주민들은 마호메트를 신봉하며 많은 읍과 마을이 있다. 그

---

35) 폴로는 현재 신강 지방에 있는 도시들을 모두 '대투르키아'에 속한다고 했다. 그러나 그는 뒤에서 이 대투르키아가 카이두의 지배권 아래에 있는 것으로 보고 있어, 여기의 기술과 서로 잘 맞지 않는다.

36) 현재 신강의 且末(Charchan)縣. 漢代의 且末이 이에 해당한다.

37) 마르코 폴로의 글에서 '대투르키아'는 보통 카이두의 영역을 가리키며, "대투르키아에 속한다"는 말은 곧 카이두에 예속된 지방이라는 의미로도 해석될 수 있다. 폴로가 서로 대립하는 두 진영의 군대 사이에서 곤혹스러워하는 주민들의 상황을 묘사한 것으로 보아, 쿠빌라이와 카이두의 세력이 서로 쟁패를 벌이던 지역이었던 것으로 추측된다. 폴로에 의하면 '대카안의 조카', 즉 카이두에게 예속되어 있는 사마르칸드 이외에, 카쉬가르 · 야르칸드 · 호탄 · 펨 · 롭 등지는 모두 대카안에게 예속되어 있었다. 당시 천산 북방을 근거로 한 카이두의 세력은 쿠차 · 투르판과 같은 타림분지 북쪽의 도시들을 장악하고 차르찬에서 쿠빌라이의 군대와 일진일퇴의 공방을 벌였으며, 쿠빌라이는 타림분지 남쪽의 여러 도시들을 장악했던 것으로 보인다. 『元史』(p. 54) 「世祖本紀」 1274년 4월조에 "호탄(斡端) · 야르칸드(鴨兒看) · 카쉬가르(合失合兒) 등의 도시에 조칙을 내려 안위케 했다"는 기사도 이러한 사정을 말해준다.

차르찬 근처의 사막을 지나가는 길의 모습

나라에서 주요한 도시는 차르찬이다. 청옥과 옥수를 싣고 흘러내려오는 강들이 있는데, 그 양이 워낙 풍부하고 질 또한 좋기 때문에 그들은 이것을 카타이로 가져가서 팔아 많은 이익을 올린다. 이 지방은 온통 사막이다. 코탄에서 펨까지도 사막이고 펨에서 여기까지도 역시 사막이다. 대부분의 물은 쓰고 질도 나쁘지만, 감미롭고 질 좋은 물도 몇 군데 있다.

군대가 이 고장을 지나갈 때, 만약 그들이 적이라면 주민들은 처자식과 가축을 데리고 사막 한가운데에서 2~3일 거리 떨어진, 물이 있고 가축과 함께 살 수 있는, 그들만이 알고 있는 곳으로 도망간다. 더구나 여러분에게 말해두지만, 바람이 그들이 간 길을 모래로 덮어버리기 때문에 그들이 어디로 갔는지 보이지도 않거니와, 아예 사람이나 동물이 그리로 간 것처럼 느껴지지도 않는다. 그런 방법으로 그들은 지금 내가 말한 적으로부터 피신한다.

만약 군대가 같은 편인 경우라면 동물들만 피신시키는데, 그것은 그것들이 잡혀먹히기를 바라지 않기 때문이다. 그 군대는 자기들이 가져가는 것에 대해 값을 치러주지 않는다. [또한 주민들은 곡식을 추수한 뒤 군대를 두려워하여 주거지에서 멀리 떨어진 사막이나 동굴 같은 곳에다가 저장해두고 나서 달마다 필요한 만큼만 집으로 가져온다. 바람이 불어 그들의 발자국을 즉시 덮어버리기 때문에, 그들 자신 이외에는 어느 누구도 그 장소를 알지 못하고, 누구도 그들이 어디로 가는지 알지 못한다.]

차르찬에서 떠나면 거의 닷새 거리를 사막을 통해 행진하게 되는데, 거기에는 쓰고 나쁜 물도 있지만 곳에 따라 맛있고 좋은 물도 있다. 그곳에 관해 이 책에서 더 이상 언급할 것은 없다. 닷새 거리의 마지막에 커다란 사막의 끝에 있는 한 도시를 만나지만, 사람들은 사막을 건너기 위해서 음식을 가져가야 한다. 이제 그만 해두고 다른 곳에 대해서 이야기해보도록 하자.

57장 | 여기서 그는 롭(Lop)[38] 이라는 도시에 대해서 이야기한다

마지막에 있는 커다란 도시가 롭인데, 거기서 롭 사막이라고 불리는 커다란 사막으로 들어가게 되며, 그곳은 동쪽과 동북쪽 사이에 있다. 이 도시는 대카안에게 속하고 주민들은 마호메트를 신봉한다. 여러분에게 말해두건대 그 사막을 건너고자 하는 사람은 이 도시에서 자신이나 동물들의 원기를 회복하기 위해 일주일은 쉬어야 한다. 일주일이 지나면 자신과 동

---

38) 현재 롭 노르(Lop Nor) 부근의 지점을 가리키는 것으로 보인다. 『元史』에는 羅卜·羅不 등으로 표기되어 있다. 여기서 롭 사막이라는 곳은 아마 若羌(Charqliq) 동북쪽에 있는 사막일 것이다. 한 가지 의문스러운 점은 폴로가 무엇 때문에 카쉬가르에서 야르칸드·호탄·롭을 거치는 소위 '南道'를 가야만 했느냐 하는 것이다. 7세기에 玄奘도 이 길을 지나가긴 했으나, 이미 폴로 시대에는 이 길보다는 '北道', 즉 카쉬가르에서 쿠차와 투르판을 거쳐 하미로 들어가는 루트가 더 수월할 뿐 아니라 자주 이용되었고, 南道는 砂漠化로 인해 통행에 큰 어려움이 있었다. 예를 들어 페골로티(Pegolotti)가 14세기에 상인들을 위해 저술한 『商業實務書』에도 北道가 묘사되어 있고, 마리뇰리(Marignolli)나 고에즈(Benedict Goes) 등도 모두 그 길로 여행했다. 혹시 마르코 폴로가 지나갔던 1270년대 전반에는 카이두측이 北道 연변의 도시를 장악하고 있어, 쿠빌라이의 '사신'이었던 폴로 일행이 부득이 南道—폴로에 따르면 그 주변도시들이 대부분 대카안의 지배를 받고 있었다—를 택한 것은 아니었을까.

물을 위해 한 달분의 음식을 챙긴 뒤[39] 이 도시를 떠나 사막으로 들어간
다. 여러분에게 말하건대 그 길이 어찌나 긴지, 그들 말에 의하면 끝까지
가는 데 1년이 걸리고, 그리 넓지 않은 곳에서도 부지런히 가도 한 달이
걸린다고 한다. 온통 산지와 사막과 계곡뿐이어서 먹을 것이라고는 아무
데에서도 찾을 수 없다.

그러나 겨울철에는 하루 낮과 밤을 가면 샘물을 발견할 수 있는데, 상
당히 큰 무리가 마실 정도는 아니고 가축과 함께 50명이나 100명 정도라
면 괜찮을 정도이다. 사막을 지나는 동안에는 물을 찾기 위해 항상 하루
낮과 밤을 가야만 한다. 여러분에게 말해두지만 서너 군데에만 쓰고 짠
샘물이 있고, 28군데 정도 되는 다른 곳들은 모두 좋다. 먹을 것이 아무
것도 없기 때문에 거기에는 짐승도 새도 없다.

그런데 여러분은 다음과 같은 놀라운 일들도 벌어진다는 사실을 알아
야 할 것이다. 〔사람들이 단언해 말하는데 그 사막에는 수많은 정령들이
살고 있어서 여행자들에게 놀랍고도 엄청난 환상을 불러일으켜 결국 죽
음으로까지 몰고 간다는 것이다.〕 밤에 이 사막을 거쳐 행진할 때 만약
누구든 잠을 자기 위해서든 혹은 다른 이유에서든 동료들로부터 떨어져
있다가 다시 동료들과 합류하기 위해 가려고 하면, 정령들이 마치 동료인
것처럼 말을 걸고 어떤 때는 그들의 이름을 불러 길에서 벗어나 다시는
동료들을 찾을 수 없게 만들기도 한다. 이렇게 해서 예전에는 많은 사람
들이 죽었다. 여러분에게 말해두지만, 심지어 낮에도 정령들의 목소리가
들리고 여러 악기, 특히 북소리〔와 무기가 부딪치는 소리〕가 들리는 경우
가 많다고 한다.[40] 〔때문에 그들은 매우 엄격하게 무리를 지어 다니는 데

---

39) R본에는 여기에 "만약 사막을 다 건너기 전에 동물들이 쓸모없어지면 그것을 잡아먹지만, 낙
   타는 대부분 데리고 간다"는 구절이 삽입되어 있는데, 전후 문맥상 의미가 어색하기 때문에 본
   문에서는 생략했다.
40) 玄奘이 서역의 사막을 통과할 때에도 이와 비슷한 소리를 들었듯이, 사막을 지났던 사람들은

익숙해져 있고, 잠이 들기 전에 자기들이 여행해야 할 방향으로 표시를 해 둔다.〕 이 사막은 여러분이 들은 것처럼 이러한 방법으로 엄청난 고생을 하면서 건넌다. 이제 여러분에게 사막에 대한 이야기는 모두 했으니 이 정도로 그만하고, 이 사막에서 벗어나면 만나게 되는 다른 지방에 대해 이야기하도록 하자.

58장 | 여기서 그는 탕구트(Tangut)[41] 지방에 대해서 이야기한다

내가 여러분에게 말한 30일 거리의 그 사막을 기행으로 건너면 대카안에게 속한 사초우(Saciou)[42]라는 도시를 만난다. 그 지방은 탕구트라고 불리며, 주민들은 우상숭배자이지만 일부는 네스토리우스파 기독교도이고 사라센들도 있다. 우상숭배자들은 자기들만의 고유한 언어를 갖고 있다.[43] 그 도시는 동북쪽과 동쪽 사이에 위치해 있다. 그들은 교역에 의해서가 아니라 땅에서 거두는 곡식의 혜택으로 살아간다. 수도원과 사원들이 많은데, 그곳에는 그들이 바친 엄청난 제물과 대단히 경건하고 성스럽게 여기는 갖가지 우상들로 가득하다.

이와 공통된 경험을 많이 했다. 이러한 소리는 모래언덕의 모래들이 쓰러져 내릴 때 나는 것이거나, 혹은 밤중에 사막에서의 급격한 온도 변화에 의해 초래되는 것이라고 한다.

41) 이 명칭은 원래 靑海 지방에 살던 티베트계 종족의 이름으로, 중국에서는 남북조시대 이래 黨項·唐兀 등의 이름으로 알려졌다. '탕구트'는 이들을 가리키는 몽골어 복수형이다. 그들은 후일 吐蕃이 강성해져 압력을 가하자 동쪽으로 이주하여 섬서 북부와 감숙 동남부 지방에 자리를 잡았고, 9~10세기가 되면서 이들 세력을 규합한 李德明·李元昊 父子가 西夏를 건국하게 된다. 西夏는 칭기스칸에 의해 무너졌지만 몽골제국 시대에는 이 西夏의 舊領土가 '탕구트'라는 이름으로 불리게 되었으며, 甘州·肅州·永昌·沙州·亦集乃·寧夏府·兀剌海 등의 路를 포함하는 甘肅行省이 되었다. 『集史』의 설명에 따르면 탕구트는 중국어로 '河西'라 칭해지고, 그 안에는 Kinjanfu(京兆府), Qamjiu(甘州), Eriqai(銀川), Khalajan(寧夏), Aqbaligh를 비롯한 24개의 큰 도시들이 속해 있었다고 한다.

42) F(sacion), R(sachion). 沙州를 옮긴 말이며 오늘날 敦煌을 가리킨다.

43) 유울은 '고유한 언어'를 갖는 주민들이 티베트 계통이 아닐까 추측했다. 그러나 明初의 沙州 지방의 주민들 다수는 불교를 신봉하는 漢人들이고 이밖에 소수의 위구르(畏兀)인들도 섞여 있었던 것으로 보인다.

아이들이 있는 사람은 우상을 모시기 위해 양을 한 마리 기르는데, 1년의 시작이나 우상들의 제삿날이 되면 그렇게 기른 양을 아이들과 함께 데리고 가서 우상에게 공손하게 경배한다. 이것을 마친 뒤에는 양을 전부 요리해서 우상 앞에 매우 경건하게 갖다 놓고는, 그들의 아이들을 살게 해달라는 축문과 기도를 올린다. 그들은 우상들이 그 고기를 먹는다고 말한다. 이것이 끝나면 그들은 우상 앞에 놓았던 고기를 자기 집이나 희망하는 다른 곳으로 가져간 뒤 친척들을 불러모아 큰 잔치를 열고 아주 경건한 태도로 먹는다. 고기를 다 먹은 뒤에는 그 뼈를 모아 상자 안에 안전하게 보관한다.

여러분은 세상의 어떤 우상숭배자들도 일단 사망하면 다른 사람들이 그 시신을 태운다는 사실을 알아야 할 것이다. 이 우상숭배자들이 집에서 화장터로 옮겨질 때, 죽은 사람의 친척들은 미리 길 중간 어느 곳에 작대기로 집을 만들어 금이나 은으로 짠 천으로 덮어둔다. 이렇게 장식된 그 집 앞으로 시신이 옮겨져오면, 사람들은 그곳에서 멈추고는 술과 음식을 시신 앞에 놓는다. 〔그들은 죽은 사람의 영혼이 자기 몸이 타는 것을 보기 위해 거기에 있다고 여기며, 죽은 사람의 영혼이 이로써 약간이나마 기분을 돌리고 기운도 차릴 것이라고 생각한다.〕 그들은 그가 저세상에서도 이와 같은 대접을 받을 것이라고 생각하기 때문에 그렇게 하는 것이다.

화장할 장소로 시신이 옮겨지게 되면 친척들은 종이를 잘라 사람, 말, 낙타, 베잔트 금화만한 크기의 돈을 만들어서는 이 모든 것들을 시체와 함께 태우는데, 그들은 죽은 사람이 저승에서 종이를 잘라 만들어 태운 것만큼 많은 수의 노예와 짐승과 양들을 갖게 될 것이라고 말한다.[44] 그리고 시체를 태우러 가는 동안 그 시체 앞에서 갖가지 악기를 연주하며 행진한다.

---

44) 장례식 때 태우는 紙錢(일명 買路錢)을 말한다. 元代의 법률자료에도 紙錢 이외에 종이로 房, 金錢, 人馬, 彩帛, 衣服, 帳幕 등을 만들어 매장하는 厚葬의 풍습이 성행하여, 나라에서 이를 금지한 사례가 보인다. 史衛民, 『元代社會生活史』(北京, 1996), p. 291.

우상숭배자가 죽으면 그들은 점쟁이에게 사람을 보내 죽은 사람의 출생, 즉 그가 언제 태어났는지, 무슨 달 무슨 날 무슨 시인지를 말해준다. 점쟁이는 이것을 듣고 점을 치고 주술을 부리는데, 이를 마치고 나면 시체를 언제 화장하라고 말해준다. 여러분에게 말하지만 점쟁이는 때로 화장하지 않은 채 일주일을, 혹은 한 달이나 6개월씩 기다리게도 한다. 그러면 죽은 사람의 친척들은 그 기간 동안 시체를 집 안에 보관해야만 하는데, 그것은 점쟁이가 태워도 좋다고 말한 날이 되기 전에는 절대로 화장하지 않기 때문이다. 시체를 태우지 않고 그런 식으로 집 안에 보관하는 동안, 그들은 한 뼘 두께의 판자들을 잘 짜맞추고는 멋있게 칠해 관을 만든 뒤 시체를 그 안에 안치해둔다. 그리고 〔비단〕 천으로 그것을 덮고 장뇌와 다른 향료들로 시체를 처리하여 썩는 냄새가 집 안에 전혀 나지 않도록 한다.

또한 죽은 사람의 친척, 즉 그 집의 주인들은 시체가 머무는 동안 그가 마치 살아 있기라도 한 것처럼 그를 위해 상을 준비해서 매일같이 그 위에 먹을 음식과 마실 것을 놓는다. 그들은 그것을 시체가 안치된 관 앞에 갖다놓고 먹었다고 생각될 때까지 거기에 두고는 그의 영혼이 그 음식을 먹었다고 말한다. 그런 방식으로 그들은 화장하는 날까지 시체를 보관하는 것이다.[45]

여러분에게 그들이 하는 또 다른 것을 말해주겠다. 이 점쟁이들은 죽은 사람의 친척에게 시체를 집의 현관문을 통해 싣고 나가는 것이 좋지 못하다고 말하는 경우가 많은데, 어떤 별 혹은 어떤 다른 사물이 문 쪽을 향해 있다는 것을 구실로 든다. 그러면 죽은 사람의 친척들은 시체를 다른 문

---

[45] 元代에는 시신을 入棺한 뒤 장례를 마치지 않고 그대로 놓아두는 풍습이 유행했는데, 이를 '停柩' 혹은 '停棺'이라고 불렀다. 코르디에는 그렇게 하는 이유가 오랜 기간을 두고 木棺에 칠을 해서 매장 후에도 균열이 생기지 않도록 하기 위해서라는 지적을 소개하고 있다. 특히 福建 지방에서 유행했는데 10~20년씩 놓아두는 경우도 있어, 한 집에 시체가 3~4구씩 쌓이는 일도 있었다고 한다. 史衛民, 『元代社會生活史』, p. 292.

으로 싣고 나가기도 하고 벽을 허무는 경우도 많다. 〔그렇게 하지 않으면 죽은 사람의 영혼이 그 집에 사는 사람들에 대해 화가 나서 집에 큰 해를 끼칠지도 모른다고 말한다. 만약 그 집의 누군가가 불행을 당하거나 죽는 일이 벌어지면 점쟁이는 즉시 죽은 사람의 영혼이 그렇게 한 것이라고 말하면서, 그렇게 된 까닭은 그가 태어난 별자리가 뜨지도 않았을 때, 아니 그와 정반대가 되었을 때, 혹은 시체를 싣고 나갈 때 그 집에서 마땅히 이용되었어야 할 곳이 아니라 다른 곳으로 나갔기 때문이라고 한다.〕[46] 세상의 모든 우상숭배자들은 내가 여러분에게 말한 그런 방식으로 세상을 떠난다. 이제 이 정도로 마치고 서북쪽 방향으로 사막의 변두리에 가까운 다른 도시들에 대해서 이야기하도록 하자.[47]

59장 | 여기서 그는 카물(Camul)[48] 지방에 대해서 이야기한다

카물은 과거에 하나의 왕국을 이루던 지방이다. 많은 읍과 마을이 있고, 그 중에서 가장 큰 읍을 카물이라고 부른다. 이 지방은 두 사막 사이에 위치해 있는데, 한쪽으로는 큰 사막이 있고 다른쪽으로는 사흘 거리의 작은 사막이 있다. 주민들은 모두 우상숭배자이며 자기들 나름의 언어를 갖고 있다. 그들은 땅에서 나는 과실을 먹고 살며, 먹고 마실 것이 충분하기 때문에 그 길을 지나는 여행자들에게 팔기도 한다. 그들은 오락을 매우 즐겨, 오로지

---

46) 유울이 소개했듯이 이처럼 문을 통하지 않고 벽에 별도의 구멍을 내어 시신을 밖으로 내는 풍습은 다른 민족들 사이에서도 보인다. 그렇게 함으로써 집안에 재앙이 미치는 것을 피할 수 있다고 생각했기 때문인 듯하다.

47) 이하 서술되는 카물, 유구리스탄, 긴긴 탈라스 등지는 사주보다 서쪽 혹은 서북쪽에 위치해 있으므로 지리적으로 서술의 순서가 거꾸로 된 셈이다. 이렇게 순서가 거꾸로 된 까닭은 마르코 폴로가 자신이 직접 가본 것이 아니라 부친이나 숙부로부터 들은 내용을 전했기 때문이 아닐까 추측된다.

48) R(chamul). 신강 동쪽 끝에 있는 哈密. 현지인들은 카물(Qamul) 혹은 코물(Qomul)이라고 발음한다. 고대 중국에서는 伊吾로 알려졌고, 『元史』에는 哈密力·슴迷里 등으로 다양하게 표기되었다.

악기를 연주하고 가무를 즐기며 육체적 향락을 즐기는 데에만 몰두한다.

내가 여러분에게 말하건대 만약 어떤 나그네가 자신의 집에 머물려고 오면 그는 너무나 기뻐하면서 자기 아내에게 나그네가 원하는 것은 뭐든 다 해주라고 말한다. 그러고는 집에서 나와 일하러 가서는 2~3일간 머문다. 나그네는 그의 부인과 집 안에 있으면서 자기가 하고 싶은 대로 하는데, 그녀가 마치 자기 아내인 양 동침하기도 한다. 그들은 계속해서 환락을 즐긴다. 말하자면 이 도시와 지방의 주민들은 모두 자기 아내에게 모욕을 당한 셈이다. 그러나 내가 여러분에게 말하건대 그들은 그것을 수치로 여기지 않는다. 〔오히려 나그네가 휴식을 필요로 할 때 그렇게 친절하게 맞아주었기 때문에 우상이 자기들을 매우 가상히 여길 것이라고 생각한다. 또 그 덕분에 물건과 자식과 재산도 불어나고 갖가지 위험으로부터 보호받으며, 모든 일이 아주 행복하게 되고 성공하리라고 생각하는 것이다.〕 부인들은 미모가 빼어나고 명랑하며 자유분방하고 〔남편의 모든 명령에 극도로 순종적이다〕.

그러다가 이런 일이 일어났다. 타타르의 군주인 몽구 카안(Mongu Kaan)[49]이 지배할 때 그는 카물의 주민들이 어떻게 자기 아내들로 하여금 나그네와 간통을 저지르게 하는지에 대한 보고를 받았다. 그러자 몽구는 그들에게 나그네를 재우면 엄한 처벌을 받을 것이라는 칙명을 보냈다. 카물 사람들은 이 명령을 받고는 크게 비통해하며 〔왕의 칙명을 약 3년간 슬픈 대로 준수했는데, 마침내 늘상 토지에서 수확하던 과일들이 열매를 맺지 않고 집안에도 나쁜 일들이 자꾸만 생겨나자,〕 서로 상의하여 다음과 같이 하기로 결정했다. 즉 그들은 엄청난 선물을 갖고 몽구에게로 가서 자기 조상들이 했던 방식대로 아내를 사용할 수 있게 해달라고 탄원한 것이다. 그리고 그들은 조상들이 해준 이야기, 즉 자기 아내와 물건들로

---

49) 몽골제국의 4대 군주인 뭉케 카안(Möngke Qa'an ; 1251~59).

나그네를 즐겁게 해주었기 때문에 그들의 우상이 매우 기쁘게 생각했고 그런 까닭에 그들이 생산하는 곡식과 지상에서의 노동이 곱절로 보상받게 되었다는 이야기를 그에게 해주었다. 이 말을 들은 몽구는 "너희들이 수치를 원한다면 그렇게 하도록 하라! 가라! 〔그리고 너희 풍습대로 살면서 너희 아내를 나그네에게 보시로 선물하도록 하라!〕"고 말하면서, 그들이 원하는 대로 하도록 내버려두었다. 내가 여러분에게 말하건대 그들은 그 같은 풍습을 항상 지켜왔고 지금도 지키고 있다.[50]

이제 이 정도로 그만하고 여러분에게 북쪽과 서북쪽 방향 사이에 있는 다른 곳에 대해 이야기하도록 하자. 이 지방은 대카안에 속해 있다는 것을 여러분은 알아야 하리라. 〈유구리스탄(Iuguristan)[51]〉은 상당히 큰 지방이며 대카안에게 속해 있다. 그곳에는 도시들과 많은 촌락이 있지만 가장 주요한 도시는 카라호초(Carachoço)[52]이다. 이 도시는 그 아래에 다른 도시와 촌락들을 거느리고 있고 주민들은 우상숭배자들이다. 그러나 네스토리우스파 규율을 따르는 기독교도들도 많고, 얼마간의 사라센들도 있다. 기독교도들이 우상숭배자들과 결혼하는 경우도 아주 흔하다.

그러나 그들이 말하는 바에 따르면 그들이 모셨던 최초의 왕은 인간에게서 기원한 것이 아니라, 나무의 수액(樹液)에 의해 형성된 어떤 버섯(fungus) — 우리가 에스카(esca)라는 이름으로 부르는 것[53] — 에서 기원했으며 그로부터 모든 다른 사람들이 생겨나게 되었다고 한다.[54] 우상숭

---

50) 팔라디우스도 지적했듯이 위구르인들의 이 같은 관습에 대한 묘사는 洪皓의 『松漠紀聞』에도 보인다.

51) Z(jvguristam). 위구리스탄(Uighuristan), 즉 '위구르인들의 땅'을 의미한다. 폴로는 이 말로 투르판 부근의 지방을 가리키고 있다.

52) 투르판 근처에 있는 카라호자(Qarakhoja). 수·당대까지 중국에는 高昌으로 알려졌다. 『元史』에서는 哈剌火者·哈剌火州·哈剌霍州 등 다양한 표기가 사용되었다.

53) 폴로의 설명과는 달리 라틴어의 esca 혹은 프랑스어의 esche 등은 '버섯'이 아니라 '부시'(tinder)를 뜻했다.

54) 이것은 위구르의 뵈귀 카간(Bögü Qağan)의 탄생설화로, 이와 유사한 내용이 『元史』 권122

포도를 따는 하미 농촌의 위구르 농부

배자들은 자신들의 규칙과 풍습에 관해서 매우 해박하며 언제나 문예를 닦는다. 그 지역에서는 곡식이 잘 자라고 매우 훌륭한 포도주가 있지만, 겨울의 추위는 세상 어느 곳보다 더 혹심하다.

60장 | 여기서 그는 긴긴 탈라스(Ghinghin Talas)[55] 지방에 대해서 이야기한다

긴긴 탈라스는 북쪽과 서북쪽 방향 사이의, 역시 사막 근처에 있는 지방

「巴而朮阿而朮的斤傳」, 虞集의 『道園學古錄』 권24 「高昌王世勳碑」에도 보인다. 거기에는 '버섯'이 아니라 '혹'(癭)이라고 표현되어 있다. 이밖에 한 무슬림 역사가는 이 설화와 관련하여 두 나무 사이에 생겨난 '土丘'에 대해 언급했다(J.A.Boyle tr., *The History of the World-Conqueror*, Cambridge, Mass., 1958, vol.1, pp. 55~61).

55) 이 지명의 뜻과 위치에 대해서는 諸家들의 견해가 분분하다. 일본의 愛宕松男은 이것이 '行省管區'의 몽골어인 hsing-hsing darasi를 옮긴 말이고, 이는 行省이 두어졌던 비쉬발릭(別失八里)을 가리키는 것이라는 新說을 제시한 바 있다. 그러나 대부분의 사본들에 Chinchin 혹은 Ghinghin으로 되어 있는 것으로 보아, 초반부의 발음은 '싱싱'이 아니라 '킨킨'이나 '긴긴'이 되어야 옳다. 또한 몽골어 daruġa에 투르크어의 어미 si를 붙여서 daruġasi 〉 darasi라는 설명

이다. 그 크기는 열엿새 거리이며 대카안에게 속해 있다. 도시와 촌락이 여럿 있다. 세 종류의 사람들이 있는데, 우상숭배자들과 마호메트를 숭배하는 사람들과 네스토리우스파 기독교도들이다. 이 지방의 북쪽 경계에는 철과 안다니크 광맥이 매우 많은 산이 하나 있다. 바로 그 산에는 살라만더(salamander)[56]를 채취하는 광맥도 있다. 살라만더는 혹자가 말하듯이 짐승이 아니라 내가 이야기하려는 다음과 같은 것임을 여러분은 알아야 할 것이다. 여러분도 잘 알다시피 어떠한 짐승, 아니 어떠한 동물도 본질상 불 속에서 살 수 없는데, 그것은 모든 동물이 네 가지 요소로 만들어졌기 때문이다. 사람들은 살라만더에 대해 확실히 알지 못하므로 지금도 여전히 그렇듯 과거에도 살라만더를 어떤 짐승이라고 말했던 것이다. 그러나 그것은 진실이 아니다.

이제 내가 여러분에게 말하겠노라. 내게는 출피카르(Çulficar)[57]라는 이름의 동료가 한 사람 있었는데, 투르크인으로 아는 것이 매우 많았다.[58] 그는 대카안을 위해 3년 동안 그 지방에 머물면서 그 살라만더와 안다니

은 도저히 받아들이기 힘들고, 당시 darasi라는 단어가 실제 사용된 예도 전혀 찾아볼 수 없다. 그의 주장대로라면 이 말은 한자어 '行省'＋몽골어 daruǧa＋투르크어 어미 si의 합성어가 되는 셈이니, 매우 기묘한 조합이다.

56) 石綿(Asbetos). 『元史』 권6(p. 116), 至元 4년(1267) 冬十月 辛酉條에는 쿠빌라이가 "別怯赤山에서 石絨을 캐내 옷감으로 짜니 불에 타지 않는다"는 보고를 받고 그것을 채취하라는 지시를 내렸다는 기사가 있다. 같은 책, p. 4, 558 참조.

57) F(Çurficar). 줄피카르(Dhu al-Fikar)를 옮긴 말이다. 愛宕松男은 歐陽玄의 『奎齊文集』 권11 「高昌偰氏家傳」에 나오는 위구르인 脫烈普華와 같은 인물로 보았으나, 脫烈普華가 천산 지방의 광산작업을 감독했다는 분명한 기록도 없거니와 '脫烈普華'는 '줄피카르'를 옮긴 것이 아니라 차라리 Töre Buqa의 對音으로 보아야 할 것이다.

58) 지금까지 話者는 루스티켈로였고, 마르코 폴로를 언급할 때에는 '마르코님'이라는 3인칭을 사용했다. 그런데 여기서 갑자기 마르코 폴로가 출피카르라는 인물을 자신의 동료라고 하면서 1인칭으로 등장하고 있다. 루스티켈로에게 구술시켜 완성된 사본을 후일 마르코 폴로 자신이 읽으면서 추가한 부분이 아닐까 추측된다. 만약 이 부분을 마르코 폴로가 직접 쓰지 않았다면, 화자의 인칭을 갑자기 바꾸거나, 혹은 石綿을 설명하는 데 군이 '출피카르'라는 실명의 동료를 내세울 필요는 없지 않았을까? 따라서 이 부분은 본서가 마르코 폴로에 의해 구술·작성된 것임을 방증하는 중요한 근거가 될 수 있다.

크와 철 등 모든 것을 캐내었다. 대카안은 언제나 고관 한 사람을 그곳에
보내 3년 동안 그 지방을 지배하고 살라만더에 관한 사무를 처리하도록
한다. 내 동료가 내게 그 사실을 말해주었고 나도 내 눈으로 직접 보았다.

내가 여러분에게 말하건대, 산에 가서 내가 방금 말한 광맥에서 그것을
약간 캐내 파쇄하면 그것은 뒤엉키면서 마치 양털과 같은 실이 된다. 따라
서 누군가 이 광맥에서 그것을 캐내면 그것을 건조시킨 뒤 동으로 만든 커
다란 절구에 넣고 빻는다. 그리고 나서 그것을 물에 씻어내면 내가 여러분
에게 말한 그 실만 남고 쓸모없는 흙은 떨어져나간다. 그리고 양털 같은
이 실을 짜서 그것으로 수건을 만든다. 그렇게 만들어진 수건은 결코 흰색
이 아니지만, 그것을 불 속에 던져넣고 한동안 놓아두면 그 수건은 눈과
같이 희어진다. 그래서 사람들은 살라만더 수건이 더러워지거나 얼룩이
묻으면 그것을 불 속에 넣고 한동안 놓아두어 눈처럼 희게 만든다.

내가 여러분에게 이야기한 살라만더의 이야기는 진실이며, 그것에 관
해 남들이 이야기하는 다른 모든 것들은 거짓말이고 꾸며낸 말이다. 여러
분에게 다시 한 번 말하건대 그러한 수건이 로마에 하나 있는데 그것은
대카안이 교황에게 값진 선물로 보낸 것이다. 그래서 우리 주 예수 그리
스도의 성의(聖衣)를 그 안에 넣어둔 것이다. 이제 이 지방에 대해서는
이 정도로 해두고, 여러분에게 동북쪽과 동쪽 사이에 있는 다른 지방들에
대해서 이야기하도록 하겠다.

61장 | 여기서 그는 숙추(Succiu)[59] 지방에 대해서 이야기한다

내가 말한 그 지방을 떠나 동북쪽과 동쪽 사이로 열흘 거리를 가는 동안
에는 줄곧 어디에서도 집을 거의 찾아볼 수 없고 이 책에서 언급할 만한
것은 아무것도 없다. 열흘 거리의 마지막에 숙추라고 불리는 지방을 만나

---

59) 肅州를 지칭하며, 오늘날 감숙성 酒泉에 해당한다.

게 되는데, 그곳에는 도시와 촌락이 많고 으뜸되는 도시도 숙추라고 부른다. 기독교도도 있고 우상숭배자들도 있는데, 그들은 대카안에게 속해 있다. 내가 앞에서 이야기했던 두 곳을 포함해 이 지방이 위치해 있는 거대한 지역을 탕구트라고 부른다. 그 산지 어디에서나 대황(大黃, rhubarb)이 엄청나게 많이 나며, 상인들은 거기서 그것을 구입하여 세계 각지로 팔러 나간다.[60] 주민들은 토지에서 수확하는 것으로 먹고 살며 장사에는 전혀 능하지 못하다. 이제 이곳에 대한 이야기는 이 정도로 해두고 캄프초라고 불리는 도시에 대해서 여러분에게 이야기하겠다.

62장 | 여기서 그는 캄프초(Campçio)[61] 시에 대해서 이야기한다

캄프초는 탕구트 안에 있는 매우 크고 훌륭한 도시이며, 탕구트 지방 전체의 수부(首府)가 있는 곳이다. 주민들은 우상숭배자이지만 마호메트를 숭배하는 사람도 더러 있다. 기독교도들도 있는데 그들은 이 도시에 세 개의 크고 아름다운 교회를 갖고 있다. 우상숭배자들은 그들의 풍습에 따라 많은 사원과 수도원을 갖고 있고 엄청나게 많은 우상들을 모신다. 더구나 여러분에게 말하건대 그것들 가운데 어떤 것은 크기가 10보(pace)[62]나 되고, 나무나 흙이나 돌로 만들어졌다. 모두 금칠이 되어 있으며 정교하게 만들어졌다. 이 거대한 우상들은 누워 있으며, 여러 개의 작은 우상들이

---

60) 대황은 蓼科 大黃屬에 속하는 宿根草의 총칭으로 아주 덥거나 추운 지역을 빼놓고는 아시아 거의 전역에 분포되어 있다. 그러나 瀉下劑·健胃劑로서 일찍부터 명성을 얻은 것은 중국산 대황, 특히 감숙에서 청해에 걸치는 지역에서 자라는 대황의 뿌리이다. 마르코 폴로도 바로 이 지역의 대황을 말하고 있는 것이다. 대황에 대해서는 羽田明, 「大黃のセレンガ地方原産説について」, 『中央アジア史研究』(京都, 1982)를 참조하시오. 『輟耕錄』 卷2 「大黃愈疾」에 의하면, 1226년 칭기스칸이 서하 원정길에 靈武를 함락시켰을 때, 耶律楚才는 두 마리 낙타분의 대황을 싣고 나와, 후일 軍中에 질병이 돌자 그것으로 수만 명의 목숨을 구했다고 한다.
61) F(cancipu, canpitiu, capicion, canpicion), R(campion). 이 표기는 Z본에 의거한 것이다. 甘州를 지칭하며, 오늘날 감숙성 張液에 해당.
62) 1pace＝152센티미터.

장액(캄프초)에 위치한
대불사(大佛寺) 안의
와불(臥佛)

마치 공손하게 경배를 드리는 것처럼 그 큰 우상을 둘러싸고 있다.[63]

내가 여러분에게 우상숭배자들이 어떻게 하는지에 대해 모두 말하지 않았기 때문에 여기서 이야기해두고자 한다. 우상숭배자들 가운데 수도승들은 다른 우상숭배자들에 비해 더 정결한 생활을 한다는 것을 여러분은 알아야 한다. 그들은 정욕으로부터 스스로 거리를 두지만 그렇다고 그것을 크나큰 죄악으로 여기는 것은 아니다. 〈그렇기 때문에 만약 어떤 여자가 먼저 그들을 불러들인다면 그녀와 동침해도 죄로 여기지 않지만, 반대로 그들이 여자를 불러들인다면 그것은 죄가 되는 것이다.〉 여러분에게 말하지만 그들은 어떤 사람이든 여인과 불륜 관계를 맺는 사람을 발견하면 사형에 처한다.

또한 그들은 마치 우리가 성월(聖月)들을 헤아리듯이 음력을 사용한다. 어떤 달들에는 세상의 모든 우상숭배자들이 닷새 동안 어떠한 짐승이

---

63) 지금도 張液에는 1098년 西夏시대에 창건된 大佛寺 안에 길이가 35미터에 달하는 석가모니 涅槃 臥佛像이 존치되어 있다.

나 새들도 죽이지 않고 그 닷새 동안 살해된 어떠한 고기도 먹지 않는다. 이 닷새 동안 그들은 다른 기간에 비해 더 정결한 생활을 한다.

그들은 아내를 30명까지 둘 수 있는데, 얼마나 부유한가 또는 거느릴 만한 능력이 있는가에 따라 많아지기도 적어지기도 한다. 남자들은 아내에게 신부대(新婦貸)로 자기 능력이 닿는 만큼 가축과 노예와 현금을 준다. 그러나 그들은 첫 부인을 최고로 여긴다. 만약 어떤 남자가 아내들 가운데 누구라도 자기를 만족스럽게 하지 못한다고 생각하면 그녀를 쫓아내고 자기가 하고 싶은 대로 할 수 있다. 그들은 사촌을 아내로 맞이하며 자기 아버지의 부인을 맞이하기도 한다. 그들은 마치 동물처럼 살기 때문에, 우리가 심각한 죄라고 여기는 것들도 그렇게 생각하지 않는다. 그러니 이제 이 정도로 마치고 북쪽에 있는 다른 곳들에 대해 이야기해보도록 하자. 더구나 여러분에게 말하건대 니콜로님과 마페오님과 마르코님은 자기들의 일 때문에 이 도시에 1년간 머물러 있었지만 그에 관해 언급할 필요는 없을 것이다.[64] 그러므로 이곳을 떠나 북쪽으로 엿새 거리를 가보도록 하자.

63장 | 여기서 그는 에치나(Eçina)[65]시에 대해서 이야기한다

캄프초시를 떠나 열이틀 거리를 기행하면 에치나라고 불리는 도시를 만나게 된다. 그곳은 사막 끄트머리에서 북쪽 방향으로 위치해 있으며 탕구트 지방의 일부를 이룬다. 주민들은 우상숭배자이고, 낙타와 가축들을 많

---

64) 궁중 프랑스어 계열의 사본에는 세 사람의 폴로가 공적인 임무로 감주에 1년간 머물렀다고 했으나, F본과 R본에는 개인적인 일로 머문 것으로 되어 있다. 펠리오는 이들이 아크레에서 상도로 여행하는 도중 1년간 감주에 머물렀던 것으로 추측하고 있다.

65) R(ezina), Z(azina). 현재 내몽골 자치구의 額濟納旗. 元代에 甘州 북방에 위치해 있던 亦集乃路. 고대중국에서는 居延으로 알려졌던 곳이기도 하다. 西夏의 주요 거점이었고, 금세기 초 러시아의 코즐로프(Kozlov) 탐험대에 의해 이곳에서 西夏 및 元代의 遺物·文獻들이 다량 발견되었다.

이 소유하고 있다. 래너 매와 사카르 매가 자라고 있는데 그들은 품종이 매우 뛰어나다. 그들은 토지의 수확물과 가축에 의존해 생활하며 장사꾼들은 아니다. 이 도시에서 40일 거리 동안은 필요한 음식을 챙겨가야 한다. 그 까닭은 이 에치나시를 출발해 북쪽으로 40일 거리를 사막을 거쳐 기행하는 동안에는 거주지도 여인숙도 없고 여름이 아니면 아무도 머물지 않기 때문이다. 사실 산과 계곡에는 야수들이 많고 야생나귀도 굉장히 많으며 소나무도 상당히 많다. 이 사막을 거쳐 40일 거리를 기행하면 북쪽 방향으로 한 지방에 도달하게 되는데, 이제 그곳에 대해서 여러분에게 이야기해주도록 하겠다.

64장 | 여기서 그는 카라코롬(Caracorom)⁶⁶⁾시에 대해서 이야기한다

카라코롬은 하나의 도시이고 둘레가 3마일이다. 그곳은 타타르들이 자기 고향에서 밖으로 나온 뒤 건설한 최초의 도시이다. 〈그 도시는 실제로 단단한 흙벽으로 둘러싸여 있는데 그것은 석재를 구할 수 없기 때문이다.〉〔그 근처 바깥으로는 굉장히 큰 성채가 하나 있는데 그 안에는 군주가 거주하는 정말로 아름다운 궁전이 있다.〕 이제 여러분에게 타타르들이 무엇을 했고, 또 그들이 어떻게 지배하며 어떻게 온 세상으로 퍼지게 되었는지에 대해 모두 이야기해주겠다.

　타타르들이 북방에서 초르차(Ciorcia)⁶⁷⁾〔와 바르구(Bargu)⁶⁸⁾〕 부근에

---

66) F(caracoron), R(carachoran, carchoran), Z(caracoran). 울란바토르에서 서남쪽으로 약 320 킬로미터 떨어진 곳에 위치한 카라코룸(Qaraqorum)을 가리킨다. 元代에는 哈剌和林 혹은 줄여서 和林으로도 표기되었다. 주지하듯이 쿠빌라이가 북중국으로 수도를 옮기기 전까지 몽골제국의 수도였지만, 폴로는 이곳에 가본 적이 없었기 때문에 지나칠 정도로 간략하게 기록하고 있다. 카라코룸의 역사적 변천과정에 대해서는 李玠奭, 「元代의 카라코룸, 그 興起와 盛衰」, 『몽골학』 제4호(1996), pp. 27~67 참조.

67) R(ciorza, zorza), Z(çorça). 女眞(원래의 발음은 Jurchen)을 가리키는 말. 『元朝秘史』에는 Jürche, 『集史』에는 Jûrche로 표기되었다. 여기서는 여진인들이 사는 만주 지방을 가리키는 지명으로 사용되었다.

우구데이 카안이 건설한 만안궁(萬安宮)이 있던 자리. 멀리 보이는 것이 후대에 세워진 라마사원 '에르데니 조'이다.

살았다는 것은 사실이다. 그 지역에는 도시나 촌락과 같은 거주지라고는 아무것도 없는 거대한 평원이 있다. 그러나 좋은 목장과 커다란 강들이 있고 물도 풍부하다.

그들에게 군주는 없었지만, 그래도 그들 언어로 웅칸(Uncan)[69]이라 부르는 대군주에게 세금을 바쳤던 것은 사실이다. 그는 프랑스어로 말하자면 프레스터 요한(Prester Johan)[70]을 뜻하는데, 그가 바로 온 세상사람들이

---

68) F(baigu), R(bargu). 바이칼호 동안에 위치한 지방. 『秘史』에는 Barǧujin Töküm, 『集史』의 Barǧûjîn Tûkûm이 이에 해당되며, 지금도 지도에서 바르구진(Bargujin)이라는 지명이 확인된다. 몽골제국 시대에 그곳에 살던 부족의 이름도 '바르구트'(Barǧut)였다.

69) 케레이트部의 수령인 옹 칸(Ong Qan, 王汗). 칭기스칸과 더불어 몽골리아 초원의 주도권을 두고 쟁패를 벌였던 인물로, 원래 이름은 토그릴(Toǧril)이었으나 금나라로부터 '옹 칸'이라는 칭호를 받았다.

70) '프레스터 요한', 즉 '사제왕 요한'은 중세 유럽인들의 상상 속에 존재했던 허구적인 인물. 그들은 동방 어디엔가 기독교를 믿는 군주가 있어, 그가 배후에서부터 무슬림들을 격파하고 기독교도들을 도우러 올 것이라고 믿었다. 이러한 허구적인 설화가 만들어지고 유포된 배경에는 실제로 당시 몽골리아에 네스토리우스파 기독교를 믿었던 유목민들이 상당수 있었기 때문이다. 옹 칸 자신이 기독교도였는지는 불분명하지만, 그의 조부인 마르구즈(Marǧuz)와 아버지인 쿠르자쿠스(Qurjaqus)는 Markus와 Kiriyakus를 옮긴 이름을 갖고 있었던 것으로 보아 기독교도였을 가능성도 있다. 폴로는 당시 유럽에 파다하게 퍼졌던 이 설화의 주인공이 바로 옹 칸이라고 생각한 것이다.

그 위대한 통치에 대해 말하는 프레스터 요한이다. 타타르들은 그에게 짐승 열 마리에서 한 마리를 세금으로 바쳤다. 그러다가 그들의 인구가 크게 늘어나게 되었다. 프레스터 요한은 타타르 백성들의 숫자가 그렇게 많아진 것을 보자, 그들이 자신을 해칠지도 모른다고 걱정하여 그들을 여러 지역으로 흩어놓으려고 했다. 〔그래서 어떤 수령들이 반란을 일으키면 그것을 구실로 타타르들 100명 가운데 서너 명을 뽑아서 그곳으로 보내 그들의 힘을 약화시켰으며, 다른 일이 생겨도 그와 비슷한 조치를 취했다.〕 그는 이 같은 조치를 취하기 위해 자기 신하들 가운데 몇 사람을 보냈는데, 프레스터 요한이 무엇을 하려고 하는지를 알게 된 타타르들은 비통해했다. 〔그들은 자신들이 노예처럼 너무도 비참한 처지가 되었음을 깨달았으며, 서로 떨어져 살기를 바라지 않았다. 그가 바라는 것이 오직 자신들의 파멸뿐이라는 사실을 알게 된 그들은〕 모두 함께 길을 떠나 북쪽으로 사막을 통과해 프레스터 요한의 손길이 미치지 못하는 곳으로 가버렸다. 그들은 그에게 반란을 일으켰고 세금도 내지 않았으며 그곳에 한동안 머물렀다.

65장 | 어떻게 칭기스(Cinghis)[71]가 타타르 최초의 칸이 되었는가

그러다가 1187년[72] 타타르들은 그들 언어로 칭기스칸(Cinghis Kan)이라는 이름을 가진 사람을 왕으로 추대했다. 그는 매우 용맹하고 현명했으며 또한 대담한 사람이었다. 더구나 여러분에게 이야기하건대 이 사람이 왕으로 선출되었을 때 그 낯선 지방에 흩어져 살던 온 세상의 타타르들이 모두 그에게로 와서 그를 군주로 떠받들었다. 이 칭기스칸은 훌륭하고 공정하게 통치했으니, 이에 대해 내가 여러분에게 무엇을 더 이야기하겠는가. 얼마나 많은 타타르들이 그곳에 모여들었는지 정말 놀랄 정도였다.

---

71) F(chinchin, cinchins, cinchis, cinghins, cingin, cingins, cinghis), R(cingis), Z(cingiscan, cinghyscan). 사실 '칭기스'는 人名이 아니라 칭호의 일부일 뿐이다.
72) R본에는 1172년으로 되어 있고, 어떤 사본들엔 1287년으로 되어 있다.

이렇게 많은 사람들을 갖게 된 칭기스칸은 활과 다른 무기들로 무장하고 그곳의 다른 지역들을 정복하러 나서, 거의 여덟 개나 되는 지방을 정복했다. 〔이런 것이 가능했던 까닭은 당시 그곳의 여러 지방들이 공동지배를 받거나 아니면 여러 명의 왕이나 수령에 의해 통치를 받고 있어서 서로 통합을 이루지 못하고 있었고, 따라서 그렇게 많은 수의 군대에 도저히 저항할 수 없었기 때문이다. 그러나 그는 그러한 지방과 도시들을 손에 넣은 뒤 총독들을 보내서 정의롭게 다스리도록 했고,〕 아무런 피해도 가하지 않았으며 물건을 빼앗지도 않았다. 다만 다른 사람들을 정복할 때 그들을 데리고 갔을 뿐이다. 이런 식으로 그는 지금 여러분이 들은 것처럼 그렇게 엄청나게 많은 사람들을 정복하게 되었고, 그 사람들 역시 군주의 훌륭한 통치와 넓은 관용을 보고는 기꺼이 그를 따라 나섰다.

칭기스칸은 온 세상을 뒤덮을 정도로 그렇게 많은 사람들을 모으자 세상 대부분의 지역을 정복하고 싶어했다. 그는 프레스터 요한에게 사자들을 보냈는데, 〔그것은 프레스터 요한이 자기 말을 듣지 않으리라는 것을 미리 알았기 때문에 위장전술로 그렇게 한 것이었다〕. 그리스도가 탄생한 지 1200년 되던 해의 일이었다.

그는 프레스터 요한의 딸을 아내로 맞이하고 싶다는 말을 전했다. 칭기스칸이 자기 딸을 아내로 달라는 말을 전해왔다는 이야기를 들은 프레스터 요한은 그를 크게 꾸짖으면서 이렇게 말했다. "칭기스칸은 내 딸을 아내로 요구할 정도로 그렇게 뻔뻔스럽단 말인가? 그는 자기가 내 부하이자 노예라는 사실을 모른단 말인가? 돌아가 그에게 전하라. 내 딸을 그에게 아내로 주느니 차라리 그녀를 태워버리겠노라고! 그리고 그에게 말하라. 나도 그에게 전갈을 보내노니, 그는 자기 주군에게 반항했고 불충했으니 내가 마땅히 그를 반역자로 처단할 것이라고!" 그는 사자들에게 즉시 떠나서 다시는 돌아오지 말라고 말했다. 사자들은 이 말을 듣고 즉시 출발해서 마침내 주군에게 돌아간 뒤, 프레스터 요한이 말한 것을 순서대

프레스터 요한의 초상
(대영도서관 소장 필사본)

로 하나도 틀리지 않게 그에게 전해주었다.[73]

66장 | 어떻게 칭기스칸이 백성들로 하여금 프레스터 요한을 치도록 했는가

칭기스칸은 프레스터 요한이 자신에게 가한 엄청난 모욕을 전해 듣고는 분노로 뱃속이 거의 터져나갈 지경이 되었다. 여러분에게 말하건대 그는 정말로 탁월한 인물이었다. 잠시 후 그는 입을 열어 주위에 있던 사람들 모두에게 들릴 정도로 큰 소리로 만약 프레스터 요한이 자신에게 가한 끔찍한 모욕에 대해서 여태까지 어떤 인간에게 가해졌던 모욕보다도 더 비싼 대가를 그로 하여금 치르게 하지 않는다면 자신은 군주의 자리를 내놓

---

73) 이 이야기는 다른 사료에 의해서도 확인된다. 칭기스칸은 옹 칸의 딸인 차우르 베키(Cha'ur Beki)를 자기 며느리로 맞아들이는 대신, 자기 딸인 코진 베키(Qojin Beki)를 옹 칸의 손자에게 부인으로 보내어, 婚姻同盟을 맺으려고 했다. 그러나 옹 칸측의 반대로 성사되지 못했고, 이후 양측의 관계가 악화되었다. 『秘史』 165절 참조.

겠노라고 말했다. 그리고 자기가 그의 노예인지 아닌지를 보여주고야 말겠노라고 했다.

그는 자기 백성을 불러모아서 여태까지 듣지도 보지도 못할 정도로 대대적인 준비를 시켰다. 그는 프레스터 요한에게 사람을 보내 자기가 있는 힘을 다해 공격할 테니 그도 최선을 다해 방어해보라고 알려주었다. 프레스터 요한은 칭기스칸이 얼마나 많은 사람들과 함께 자신을 공격하러 올는지 분명히 알면서도, 그들은 전사들이 아니라고 말하면서 비웃었고 아무렇게도 여기지 않았다. 그러나 그는 여전히 자신이 할 수 있는 일은 모두 다 할 것이며, 만약 그가 온다면 그를 혹독한 죽음에 처하겠다고 다짐했다. 그리고 나서 그는 많은 지역에 흩어져 있던 자기 백성을 불러모아 정렬케 했다. 정말로 그가 모은 군대가 얼마나 많았는지 그보다 더 큰 군대가 있었다는 말은 들어본 적이 없을 정도이다.

여러분에게 말했듯이 이렇게 해서 한 민족이 다른 민족과 서로 대치하게 된 것인데, 내가 이 이야기를 장황하게 늘어놓는 이유가 어디 있겠는가. 칭기스칸은 자기의 모든 군사들과 함께 프레스터 요한에게 속했던 텐둑(Tenduc)[74]이라 불리는 거대하고 아름다운 평원으로 나와서 그곳에 진영을 쳤다. 얼마나 많은 사람들이 있었는지 누구도 그 숫자를 알 수 없을 정도였다. 거기서 그는 프레스터 요한이 오고 있다는 소식을 듣고 기뻐했는데, 그것은 그곳이 광활하고 평평한 초원이라서 진영을 넓게 펴서 전투할 수 있었기 때문이다. 그래서 그는 그곳에서 기다리며 적이 와서 싸움을 걸기를 바라고 있었다. 그러면 여기서 칭기스칸과 그의 군대에 관한 이야기는 잠시 중단하고, 프레스터 요한과 그의 군대에 대해서 살펴보

---

74) F(tenduc, senduc, tanduc, tenguc), R(tenduc, tenduch), Z(tenduc). 天德을 옮긴 말이다. 金朝가 내몽골 초원에 설치한 天德軍에서 기원한 것으로, 元代에는 豊州와 雲內州 등이 두어졌던 곳이다. 현재 내몽골 자치구의 수도인 후흐호트(呼和浩特) 부근이다. 그러나 옹 칸과 칭기스칸 사이의 전투는 이곳이 아니라 외몽골 초원에서 벌어졌다.

도록 하자.

67장 | 어떻게 프레스터 요한이 백성들과 함께 칭기스칸에 맞서러 갔는가

칭기스칸이 자기의 모든 군대를 데리고 공격하러 오고 있다는 것을 안 프레스터 요한도 자기 군대를 모두 데리고 그와 맞서기 위해 나섰고, 이 텐둑 평원에 도착할 때까지 행군하여 칭기스칸이 캠프를 친 곳에서 20마일 정도밖에 안 되는 곳에 진영을 쳤다. 양측 모두 전투 당일에 생생한 기운을 갖기 위해 휴식을 취했다. 이 거대한 규모의 두 군대는 내가 여러분에게 설명한 그런 모양으로 텐둑 평원에 주둔하고 있었다.

하루는 칭기스칸이 기독교도와 사라센 점쟁이들을 불러서 자신과 프레스터 요한 가운데 누가 전투에서 이길 것인지 말해보라고 명령했다. 점쟁이들은 나름대로 점을 쳤는데, 사라센들은 진실을 알아내지 못했으나 기독교도들은 거기서 그것을 분명히 보여주었다. 그들은 대나무 조각을 갖고 나와 가운데를 세로로 길게 자른 뒤, 하나를 한쪽에 놓고 다른 하나는 다른쪽에 놓고는 아무도 그것을 붙들지 않았다. 그러고 나서 그들은 반쪽의 대나무에는 칭기스칸의 이름을, 다른 반쪽에는 프레스터 요한의 이름을 붙여놓은 뒤, 칭기스칸에게 말하기를 "폐하! 이제 이 댓가지들을 보십시오. 여기에는 폐하의 이름이, 저기에는 프레스터 요한의 이름이 보이지요? 이제 우리가 주문을 외울 것입니다. 한 사람의 대나무가 다른 사람의 대나무를 덮칠 텐데, 그가 바로 전투에서 승리하는 사람입니다"라고 했다.

칭기스칸은 과연 그런지 보고 싶다며 점쟁이들에게 가능하면 빨리 보여달라고 독촉했다. 그러자 기독교도 점쟁이들은 「시편」을 들고 그 가운데 일부를 읽으며 주문을 외웠다. 그랬더니 아무도 건드리지 않았는데 칭기스칸의 이름이 씌어 있던 대나무 가지가 스스로 프레스터 요한의 이름이 씌어진 다른 가지로 가서 붙더니 그것을 덮쳤다. 그곳에 있던 모든 사람들이 그 장면을 목격했다. 칭기스칸은 이 광경을 보고 매우 기뻐했다. 기독교도들이 진실하다는 것을 깨달은 그는 그 뒤 기독교도들을 항상 크게 우대해주었고, 그들을 진실하고 믿을 만한 사람들로 여겼으며, 그 후로도 언제나 그렇게 생각했다.[75]

68장 | 여기서 그는 프레스터 요한과 칭기스칸 사이에 벌어진 큰 전투에 대해서 이야기한다

이 일이 있은 지 이틀 뒤 양측 군대는 무장을 하고 격렬한 전투를 벌였다. 여지껏 아무도 본 적이 없는 정말로 큰 전투였다. 양쪽 모두가 막대한 피해를 입었지만 마침내 칭기스칸이 승리를 거두었다. 프레스터 요한은 전투에서 사망하고 그 후 자신의 영토를 상실해버린 반면, 칭기스칸은 정복을 계속해 나가 그 모두를 지배하에 두게 되었다.

또한 내가 여러분에게 말하건대 칭기스칸은 그 전투 이후 6년 동안 군림하면서 수많은 성채와 지방들을 정복하러 다녔다. 그러나 6년이 지난 뒤 그는 카아주(Caagiu)라는 이름의 성채를 치러 갔다가, 거기서 무릎에 화살을 맞아 그 상처로 죽고 말았다.[76] 그는 사려깊고 현명한 사람이었기 때문에 타타르들은 그의 죽음으로 많은 것을 잃게 되었다.

---

75) 네스토리우스파 사제들이 이처럼 대나무 조각으로 주술을 부리는 모습은 뭉케 카안의 조정을 방문했던 루브룩에 의해서도 목격되었다. C.Dawson tr., *Mission to Asia*(1955 ; Toronto, 1980 repr.), p. 169 ; P. Jackson & D. Morgan tr., *The Mission of Friar William of Rubruck* (London, 1990), p. 199.

76) R(thaigin). 칭기스칸의 死因에 관해 후일 여러 가지 설화적인 이야기들이 생겨났으며, 폴로의 서술도 사실과 다르다. 실제로 그는 옹 칸이 죽고 나서 24년 뒤인 1227년 西夏를 원정하다 죽었으며 그 원인도 화살에 의한 부상이 아니었다. 유울은 '카아주'를 甘州의 곱寫로 보고, 폴로가 뭉케의 사망지인 合州를 칭기스칸의 사망지로 착각한 것이라고 생각했다. 그러나 펠리오는 일부 사본에 이 지명이 Calacuy, Calicuy — c와 t는 쉽게 혼동되었다 — 로 표기된 것에 주목하면서, 포티에의 견해를 더욱 발전시켜 그것을 『元史』에 나오는 칭기스칸의 사망지 哈老徒로 비정했다.

여러분에게 타타르들이 처음에 어떻게 칭기스칸이라는 군주를 갖게 되었는가에 대해 설명했고 또 그들이 처음에 어떻게 프레스터 요한을 정복했는가를 설명했으니, 이제 그들의 풍습과 습관에 대해 이야기하고자 한다.

69장 | 여기서 그는 칭기스칸 사후에 군림했던 칸에 대해서 이야기한다

진실로 여러분은 칭기스칸 다음에는 쿠이 칸(Cui Kan)[77]이었고, 세 번째는 바투 칸(Batu[78] Kan), 네 번째는 울라우 칸, 다섯 번째는 몽구 칸, 여섯 번째는 다른 어느 누구보다도 위대하고 강력한 쿠블라이 칸임을 알아야 할 것이다.[79] 다른 다섯을 다 합해놓아도 이 쿠블라이만큼 강력하지는 않을 것이다. 무엇보다도 놀라운 사실은 지상의 어떤 황제나 기독교도와 사라센의 어떤 왕들도 이 쿠블라이 대카안처럼 그렇게 막강한 힘을 가진 사람이 없을 뿐 아니라, 그처럼 마음대로 할 수 있는 사람도 없다는 것이다. 그리고 이 점에 대해서는 내가 이 책에서 아주 분명히 보여주겠다.

여러분은 칭기스칸의 계통에서 나온 모든 대카안들은 알타이(Altai)[80]라

---

77) 구육 칸(Güyüg Qan)을 가리킨다.

78) F(bacui), F · Z(patu), R(bathyn).

79) 여기서 폴로가 제시한 군주들의 순차는 잘못된 것이다. 즉 칭기스칸→우구데이→구육→뭉케 →쿠빌라이가 되어야 맞다. '바투'와 '울라우'는 각기 제국의 일부인 킵착 초원과 서아시아를 지배했을 뿐 제국 전체의 군주인 '대카안'은 아니었다. 원조에 오랫동안 있었던 폴로가 이처럼 기록한 까닭이 단순히 착각 때문인지, 아니면 당시의 정치적 상황을 반영하는 것인지는 좀더 연구해볼 문제이다.

80) F(alcai), R(altay). 칭기스칸을 비롯한 몽골제국의 군주들이 묻혀 있는 정확한 지점은 아직도 밝혀지지 않고 있다. 최근 일본과 몽골 양측이 공동으로 수년에 걸쳐 고도의 장비를 동원해서 그 무덤을 찾기 위한 '구르반 골(Gurban Gol) 프로젝트'를 추진했으나, 여전히 정확한 지점에 대해서는 명시적인 결과가 보고되지 않았다. 『集史』는 '부르칸 칼둔'(Bûrqân Qâldûn)에 '大禁 區'(ğorûq-i bozorg)가 있다고 기록되어 있는데, 몽골인들이 聖山으로 여기던 그곳은 현재 몽골리아 북부의 헨테이 산지 일대를 가리키는 것으로 여겨지고 있다. 『元史』에는 역대 군주들의 매장지를 '起輦谷'이라고 이름했는데, 펠리오는 이를 한자의 의미로 새겨서 '수레에서 영구를 내려놓은 계곡'이라고 보았다. 그러나 내몽골의 학자 에린친(亦隣眞)은 起輦谷을 『秘史』에 나오는 '구렐구'(Gürelgü)의 音譯이라는 매우 설득력있는 새로운 가설을 제시했다. 폴로가 말한 '알타이'는 현재 우리가 알고 있는 몽골 초원 서부의 알타이 산지는 아닌 듯하다. 아마 칭기스

고 불리는 커다란 산으로 운구되어 매장된다는 사실을 분명히 알아야 할 것이다. 타타르들의 대군주들은 어디에서 사망하든, 설사 그 산에서 100일 거리나 떨어진 곳에서 죽었다 할지라도, 그들의 시신은 그곳 장지로 운구되어야만 한다. 더구나 내가 말하건대 이 대카안들의 시신이 그 산으로 운구되는 동안, 심지어 그것이 40일 거리 정도나 떨어져 있는 경우에도, 도중에 부딪치는 모든 사람들은 그 시신을 옮기는 사람들의 칼에 베인다. 그러면서 그들은 "가서 저승에서 너의 주군을 섬겨라!"고 말한다. 그들은 정말로 자기들이 죽이는 사람들이 모두 저승으로 가서 주군을 섬긴다고 믿고 있다. 그들은 말에 대해서도 똑같이 행한다. 그래서 주군이 죽으면 그가 소유하던 최고의 말들을 모두 죽이는데, 그렇게 함으로써 주군이 저승에서 그것들을 갖도록 한다는 것이다. 여러분은 몽구 칸이 죽었을 때 그의 시신이 장지로 운구되는 동안 2만 명 이상의 사람들이 모조리 죽음을 당했다는 사실을 알아야 할 것이다.[81]

여러분에게 타타르들에 대한 이야기를 시작했으니 그들에 관해 더 상세한 것들을 말해 주겠다. 타타르들은 겨울에는 풀을 찾을 수 있고 좋은 목장이 있는 따뜻한 곳과 평원에서 지내고, 여름에는 물과 나무와 목초가 있는 산간이나 계곡의 시원한 곳에서 지낸다. 그들은 나무로 만든 집을 갖고 있고 그것을 펠트로 덮어씌우는데 둥그런 모양이다. 그들은 어디를 가나 그것을 〔사륜마차 위에 싣고〕 다닌다. 매우 단단하고 정연하게 나무 막대들을 붙들어 맺기 때문에 쉽게 운반할 수 있다. 그들은 그것을 펼쳐서 집을 세울 때면 문은 꼭 남쪽을 향하게 한다. 〔바퀴가 두 개만 달리고〕 검은

칸을 비롯한 몽골제국의 군주들과 관련된 것들에 대한 경칭으로 '황금'(altan/altai)이라는 단어가 자주 사용된 것으로 보아, 그들의 시신이 묻힌 산지를 '알타이'라고 표현한 것이 아닌가 생각된다.

81) 『集史』의 저자 라시드 웃 딘도 칭기스칸의 시신이 운구되는 동안 마주치는 사람들이 모두 살해되었고, 장례 때에는 40명의 소녀들이 함께 매장되었다고 기록했다.

펠트를 지붕으로 덮은 수레도 있는데, 얼마나 잘 덮었는지 하루종일 비가 내려도 수레 안쪽으로는 물이 스며들지 않을 정도이다. 소나 낙타로 하여금 그것을 끌게 하며, 수레 위에 아내들과 자식들을 태운다.[82]

여러분에게 말하건대 아내들은 물건을 사거나 팔기도 하고, 남편과 자신들에게 필요한 모든 일들을 처리한다. 왜냐하면 남자들은 사냥과 전쟁과 매사냥 이외에는 아무것도 신경쓰지 않기 때문이다. 그들은 고기와 젖과 사냥감을 먹으며 생활하고, 또한 평원 한가운데 땅 속에 서식하는 수많은 파라오 쥐(Pharaoh's rat)[83]들도 잡아먹는다. 그들은 심지어 말이나 개고기도 먹고 암말의 젖을 마시며 모든 종류의 고기를 먹는다. 그들은 무슨 일이 있어도 다른 사람의 아내를 건드리지 않으려고 하는데, 그것은 그런 일을 매우 사악하고 비열한 짓이라고 생각하기 때문이다. 아내들은 선량하고 남편에게 충직하며 가사일을 아주 잘 돌본다.[84]

혼인은 다음과 같은 방식으로 이루어진다. 각자 자기가 원하는 만큼 아내를 둘 수 있는데, 만약 데리고 있을 능력만 있다면 100명까지도 둘 수 있다. 남자는 아내의 어머니에게 신부대를 주지만, 아내들은 남자에게 아무것도 주지 않는다. 그러나 그들은 아내들 가운데 첫째 아내를 다른 사람에 비해 더 높고 훌륭하게 여기는데, 그 까닭은 내가 말한 것처럼 그렇게 많은 수의 아내를 갖고 있기 때문이다. 그들은 종형제들을 취하기도 하고 아버지가 죽으면 큰아들은 자신의 생모가 아닌 한 아버지의 부인들을 아내로 삼는다. 또한 자기 형제가 죽으면 그 부인도 취한다. 그들은 아내를 맞이할 때 거창한 혼례를 올린다.

---

82) 당시 몽골리아를 방문했던 카르피니는 유목민이 두 종류의 천막형 주거를 사용했음을 기록했다. 하나는 분해와 조립이 간편한 것으로 동물의 등에 지워서 이동하는 것이고, 또 하나는 수레 위에 얹혀 있으며 분해할 수 없는 것이다.

83) 몽골어로 타르바간(tarbağan)이라 부르는 커다란 쥐를 가리킨다. 『秘史』에는 칭기스칸이 어려서 일가족이 곤경에 처해 있을 때 이 들쥐를 잡아먹으며 살았던 기록이 보인다.

84) 몽골 부인들의 정숙함에 대해서는 카르피니도 주목한 바 있다.

70장 | 여기서 그는 타타르들의 신과 그들의 종교에 대해서 이야기한다

그들의 종교는 다음과 같다. 그들이 숭배하는 신들 가운데 하나가 나티가이
(Natigai)[85]라고 부르는 것인데, 그들의 자식과 가축과 곡식을 보호하는 대
지의 신이라고 한다. 그들은 그를 극도로 숭배하고 존귀하게 여기며 각자 집
안에 모시고 있다. 그들은 펠트나 헝겊으로 이 신상을 만들어 집안에 둔다.
이 신의 부인과 아들들을 만들어 모시기도 하는데, 부인은 그 왼쪽에, 아들
들은 그 앞에 안치하고는 매우 소중하게 여긴다.[86] 그리고 먹을 때가 되면
그들은 비계를 떼어서 그 신과 부인과 자식의 입에 바른 뒤, 국물을 조금 떠
서 집 문 밖에다 뿌린다. 이것을 마치고 나면 그들은 신과 그 가족에게도 몫
을 바쳤다고 말한 뒤에 자기들도 먹고 마신다. 그들은 말젖을 마시는데, 마
치 백포도주처럼 마시기 좋게 만든 그것을 케미스(chemis)[87]라고 부른다.

그들의 의복은 이러하다. 부유한 사람은 금실이나 비단으로 짠 옷, 검
은 담비나 흰 담비 혹은 다람쥐나 여우 등의 좋은 모피로 잘 차려 입는다.
그들이 사용하는 장식물 또한 매우 아름답고 굉장히 비싼 것이다. 그들의
무기는 활과 칼과 몽둥이인데, 뛰어난 궁사들이기 때문에 다른 어느 것보

---

85) F(nacigai, nacygai), R(natigay), Z(naçagay). 이것은 카르피니의 여행기에 나오는 Ytoga와
   같은 것이며, 폴로의 말대로 '대지의 신'인 Ötügen(혹은 Etüugen, Itügen)을 나타낸 것으로
   추정된다. 아마 원본의 Atigai에 n이 첨가되어 혼동이 빚어진 것으로 보인다. 폴로는 104장에
   서 다시 한 번 이것에 대해서 언급한다.
86) 몽골인들은 헝겊이나 버터를 재료로 조그만 神像을 만들어 일종의 수호신처럼 집 안 혹은 문간
   에 걸어두는데, 이를 옹곤(ongğon ; 복수형은 ongğot)이라 부른다. 유울은 '나티가이'라는
   말을 '옹고트'와 연관시켜 해석하려 했으나 잘못이다.
87) F(chemins), R(chemurs). 몽골어로 馬乳酒(오늘날 중국에서는 馬奶酒라 부른다)를 뜻하는
   qumis를 옮긴 말이며, 루브룩의 여행기에는 cosmos(←comos)로 표기되어 있다. 암말의 젖
   을 가죽푸대에 담은 뒤 거기에 신우유를 약간 섞어두면 酸化가 시작된다. 그때 막대기를 넣어
   격렬하게 저으면 공기가 들어가면서 酸化作用이 멈추고 쿠미스가 만들어지는 것이다. 쿠미스
   가운데 고급으로 정제된 것을 '카라 쿠미스'(qara qumis)라고 불렀다. 『元史』(권128)에도 "色
   이 맑고 맛도 좋아 黑馬乳라 부른다"라는 기사가 보인다. 이 黑馬乳를 관장하는 관리를 '카라
   치'(哈剌赤)라 불렀다.

다도 활을 애용한다. 들소 가죽이나 혹은 끓여서 매우 딱딱해진 다른 동물의 가죽을 갑옷으로 만들어 등에 걸치고 다닌다. 그들은 전투에 능하고 대단히 용맹한 사람들이다.

그들이 다른 사람들에 비해 얼마나 열심히 일을 하는지 이야기해주겠다. 그들은 만약 필요하기만 하면 아무런 음식도 없이, 단지 말젖을 마시거나 포획하는 사냥감의 고기만을 먹으면서 한 달씩 행진하기도 하고 한 곳에 머물기도 한다. 말은 방목되는 초원이 어떤 곳이든 거기서 풀을 뜯어먹기 때문에 보리나 건초를 따로 준비해야 할 필요가 없다. 말들은 주인에게 매우 고분고분하다. 여러분에게 말하건대 만약 필요하다면 그들은 무기를 들고 밤새도록 말 위에 타고 있으며, 말은 그러는 동안에도 줄곧 풀을 뜯어먹는다. 그들은 일이나 어려움을 감내하는 데 세상 어느 누구보다도 뛰어나고 또 가장 검소한 사람들이며, 여러 지역과 왕국들을 정복하기에 가장 탁월한 사람들이다.

그들의 조직은 내가 아래에 설명하는 방식으로 되어 있다. 여러분은 타타르의 군주가 전쟁에 나갈 때 10만 명의 기병들과 함께 나간다는 사실을 알아야 할 것이다. 그가 그 같은 원정을 어떻게 계획하는지 들어보라. 그는 10명, 100명, 1,000명, 만 명마다 한 사람의 수령을 둔다. 따라서 그들은 단지 10명과 상의하기만 하면 되니, 만 명을 지휘하는 사람도 10명과 상대하고, 1,000명을 지휘하는 사람도 10명하고만 상대한다. 마찬가지로 100명을 지휘하는 사람도 10명만 상대한다. 여러분이 들었듯이 이렇게 해서 각자 자신의 수령에게만 책임지는 것이다. 〔십인장 10명은 모두 백인장에게 책임지고, 백인장 10명은 천인장에게 책임지며, 천인장 10명은 만인장에게 책임진다. 이런 식으로 각 수령은 달리 방도를 세우거나 신경쓸 필요 없이 10명만 부르면 된다.〕[88]

---

88) 이것이 칭기스칸이 통일과 함께 전몽골사회를 조직시킨 '千戶制'라는 것이다. 그러나 이러한

10만 명의 군주가 누군가를 어디로 파견하기를 원한다면, 그는 만인장에게 1,000명을 내놓으라고 명령하고, 만인장은 천인장에게 그의 몫을 내놓으라고 명령하며, 천인장은 백인장에게, 또 백인장은 십인장에게 명령하여 그들에게 할당된 몫, 즉 1,000명에 필요한 몫을 내놓으라고 하면 되는 것이다. 그러면 그들 각각은 즉시 알아서 그만큼을 보낸다. 그들 모두 명령받은 것에 대해서는 이 세상 어느 민족보다도 순종적이다. 여러분은 십만인대를 툭(tuc)[89]이라 부르고 만인대를 토만(toman)[90]이라고 부르며, 천인대·백인대·십인대의 순으로 되어 있다는 사실을 알아야 할 것이다.[91]

군대가 행진할 때에는 그곳이 평지든 산지든간에 200명의 병사를 전방 이틀 거리까지 보내 정탐케 하는데, 뒤와 옆으로, 즉 네 방향 모두로 사람을 보낸다.[92] 군대가 습격당하는 것을 막기 위해서 이렇게 하는 것이다. 장거리 원정을 갈 때 그들은 [잠잘 때 필요한 물건과 같은] 준비도구를 전혀 휴대하지 않는다. [그들은 대부분 말젖을 먹으며 견디는데, 각자 18필의 말과 암말을 데리고 간다. 도중에 말이 지치면 다른 말로 바꾸어 탄다.] 또한 두 개의 가죽통을 갖고 가는데 거기에는 마실 젖을 넣어두며, 흙으로 빚은 조그만 토기도 휴대하는데 거기에다 고기를 요리한다. 비가 올 때 들어가 있을 조그만 텐트도 휴대한다.

내가 여러분에게 또 다른 이야기를 해주겠다. 필요하다면 그들은 음식

什進的인 편제는 이미 匈奴와 같은 고대 유목국가에서도 보인다.

89) F(tut), R(tuc).

90) F(tamain, tomain, toman), R(toman), Z(thoman).

91) '툭'은 纛·旗를 뜻하는 tuq을, '토만'은 萬을 뜻하는 tuman을 옮긴 말이다. 몽골인들은 천인대를 minggǎn, 백인대를 ja'un, 십인대를 harban이라 불렀다. 십만을 tuq으로 부른 예는 찾아볼 수 없으나, 만호장이었던 무칼리(Muqali)와 같은 인물이 특수한 깃발을 하사받은 예는 있다.

92) 몽골인들의 군대편성은 中軍(ǧol)·左翼(je'ün)·右翼(bara'un)으로 구성된 三翼制를 근간으로 한다. 여기에 전방으로는 前衛(mangalay)를 두고 그 앞에 斥候(qara'ul)를 보낸다. 후방으로는 後衛(gejige)가 있고 제일 뒤에는 가족과 가축들이 머무는 留守陣(a'uruq)이 있다.

이나 지필 불이 없어도 열흘 거리를 말을 타고 행군할 수 있다. 그들은 말의 피로도 연명하는데, 각자 자기 말의 핏줄을 찔러 그 피를 마시는 것이다.[93] 또한 반죽처럼 반쯤 응고된 젖을 갖고 가는데, [응고시키는 방법은 이러하다. 젖을 끓인 뒤 맨 위에 뜨는 크림을 걷어 다른 그릇에 담아두어 버터를 만든다. 왜냐하면 그것이 젖과 함께 있는 한 젖은 응고되지 않기 때문이다. 그 뒤 젖을 햇볕에 놓아두면 응고한다. 그들은 전쟁에 나갈 때 이러한 응유를 10파운드 정도 갖고 간다. 아침에 각자 반 파운드 정도의] 응유를 떼어서 [병처럼 생긴 조그만 가죽통에 넣어] 물과 함께 섞으면 응유가 풀어지고 그러면 그것을 마시는 것이다.

그들은 적과 전투할 때 다음과 같은 방식으로 패배시킨다. 그들은 적으로부터 도망치는 것을 수치로 여기지 않고 [절대로 적과 뒤섞이는 법이 없다. 다만] 적의 주위를 맴돌며 여기저기로 활을 쏘아댄다. 말을 얼마나 잘 훈련시켜놓았는지 마치 개가 그러듯이 신속하게 이곳저곳으로 방향을 바꾼다. 또한 그들은 추격당할 때 도망가면서도 싸우는데 마치 적과 마주보며 싸우듯이 능숙하고 완강하게 행동한다. 그들은 도망치면서 활을 들고 재빨리 몸을 뒤로 돌려 엄청난 화살세례를 퍼부어 적진의 말과 사람들도 죽인다.[94] 적이 그들을 무찌르고 정복했다고 믿었다가 도리어 많은 말과 사람들이 살해되어 패배하고 마는 것이다. 타타르들은 적의 말과 사람들이 일부 쓰러졌다는 사실을 알아채면 그들을 향해 방향을 돌리고는 능숙하고 용맹하게 달려들어 적을 굴복시켜버린다. 이런 방식으로 그들은 이미 많은 전투에서 승리를 거두었고 많은 민족을 정복했다. 내가 여러분에게 말한 이 모든 것들은 진정한 타타르들의 생활방식과 관습이다. 그러나

---

93) 『秘史』 151절에는 곤경에 처한 옹 칸이 도망다니다가 낙타를 찔러 피를 마시는 기사가 보인다.

94) 금속으로 된 鐙子를 사용하기 시작한 파르티아인들이 말에서 몸을 일으켜 뒤로 돌아 활을 쏘아댔기 때문에 로마인들에게 '파르티아식 활쏘기'(Parthian shooting)라는 이름으로 널리 알려진 것이기도 하다. 이러한 방식은 고구려의 고분벽화에도 잘 묘사되어 있다.

지금 그들은 매우 타락하고 말았다. 카타이 지방에 사는 사람들은 우상숭배자들의 생활방식과 행동과 관습을 따르고 자신들의 법도를 버렸고, 레반트(Levant) 지방에 사는 사람들은 사라센들의 행동을 따르고 있다.

그들은 다음과 같은 방식으로 치안을 유지한다. 누군가가 가져서는 안 될 조그만 물건을 훔치면 그는 태형을 당하게 되는데, 그가 무엇을 훔쳤느냐에 따라 7대·17대·27대·37대·47대, 이런 식으로 107대에 이르기까지 점차 10대씩 증가되어간다. 많은 사람들이 이 태형으로 죽기도 한다. 만약 누군가 말이나 다른 물건을 훔쳐 그가 사형에 처해지면 칼로 그를 두동강낸다. 그렇지만 도적질한 사람이 훔친 것보다 9배나 더 많이 배상한다면 처형을 피할 수도 있다.[95]

각 수령들이나 가축을 많이 소유한 사람들은 수말이나 암말, 낙타와 암소와 황소, 그리고 다른 커다란 가축들에다 자기 낙인을 찍고는, 평지든 산지든 한 사람의 파수꾼도 없이 그대로 풀어놓고 풀을 뜯게 한다. 만약 가축들이 서로 섞이면 낙인의 주인에게 가축을 돌려준다. 그러나 숫양과 암양과 염소는 사람들이 지켜보아야 한다. 그 무리는 엄청나게 많고 모두 살이 통통하게 쪘기 때문에 정말로 훌륭하다.

한 가지 더, 내가 깜박 잊고 기록하지 않은 또 한 가지 놀라운 관습 하나를 여러분에게 말해주겠다. 만약에 두 사람이 있는데, 한 사람에게는 죽은 아들—아마 4년 정도 되었을지도 모른다—이 있고 또 한 사람에게는 죽은 딸이 있다면, 그들은 죽은 여자 아이를 죽은 남자 아이에게 아내

---

95) 元朝에도 笞·杖·徒·流·死의 五刑이 두어졌다. 『元史』「刑法志」에 의하면 7대에서 57대까지는 笞를 사용하고, 67대에서 107대까지는 杖을 사용했다. 이처럼 笞와 杖이 7의 숫자로 끝나게 된 원인에 대해서 葉子奇의 『草木子』는 쿠빌라이가 10의 단위에서 '하늘과 땅과 자기 자신'의 3을 빼서 감해준 결과라고 설명하고 있지만, 그보다는 차라리 홀수를 중시하는 몽골인들의 관념을 반영한 것으로 보인다. 또한 罰金刑의 도입과 九倍의 報償도 元朝 형법제도의 중요한 특징의 하나로 지적되고 있다. 이에 대해서는 P. Chen, *Chinese Legal Tradition under the Mongols*(Princeton, 1979), pp. 49~61을 참조하시오.

로 주어 혼인을 맺게 하고 그에 관한 문서도 만든다. 그러고 나서 그들은 이 문서를 태우는데, 연기가 공중으로 날아가면 그 문서가 저승에 있는 아이들에게로 가서 그들이 남편과 아내 사이가 되었다는 것을 알게 된다고 한다. 그들은 성대한 혼인잔치를 베풀고 이리저리 음식을 던지는데, 이렇게 해서 그것이 저승에 있는 아이들에게 도달한다고 말한다. 그들은 또 종이에 노예 모습의 사람, 말, 의복, 금화, 가구 등을 색칠하여 그려넣고 그것을 태운 뒤, 저승에 있는 아이들이 자기들이 그려서 태운 그런 모든 것들을 가질 것이라고 말한다. 이렇게 한 뒤 그들은 서로를 친척이라고 여기고 살아 있는 한 그런 관계를 유지한다.[96]

이제까지 나는 여러분에게 타타르들의 생활과 풍습을 분명히 묘사해주었다. 그러나 모든 타타르들의 대군주인 대카안의 놀랍고 대단한 업적들에 대해서, 또 그의 거대한 황궁에 대해서는 이야기하지 않았다. 그런 것들을 글로 옮기면 정말로 놀라울 텐데, 이 책의 적절한 곳에 이르면 이야기해주겠다. 그러면 이제 우리의 이야기로 되돌아가서, 타타르에 대해서 설명을 시작했던 그 대평원으로 돌아가보도록 하자.[97]

71장 | 여기서 그는 바르구 평원과 그곳 주민들의 여러 풍습에 대해서 이야기한다

내가 위에서 말했듯이 타타르들의 시신을 묻어두는 알타이와 카라코룸에서 길을 떠나 북쪽 방향으로 거의 40일 거리를 지나면 바르구 평원이라 불리는 지방에 도착하게 된다. 주민들은 메크리트(Mecrit)[98]라고 불리는

---

96) 유울과 코르디에에 의하면 중국 북부에서 특히 이 같은 혼인이 행해졌다고 한다.
97) 폴로는 카라코룸에 대해서 설명하다가 프레스터 요한과 타타르 사이의 대립, 칭기스칸의 즉위 등에 대해서 서술했기 때문에, 여기서 '대평원'으로 돌아간다는 것은 카라코룸이 위치한 몽골리아 초원을 가리키는 것으로 볼 수 있다.
98) 당시 몽골 초원의 북방에 살던 메르키트(Merkit) 사람들을 가리킨다. 『集史』의 저자 라시드 웃딘도 적었듯이 이들은 메크리트(Mekrit)라고도 불렸다.

야인들로 가축을 기르며 생활하는데 그 대부분은 사슴이다. 여러분에게 말하건대 그들은 이 사슴을 타고 다닌다. 〔마찬가지로 그들은 새를 잡아 생활하기도 하는데, 그곳에 호수와 연못과 늪지가 많고 그 평원이 북쪽으로 바다와 접해 있기 때문이다. 털갈이를 하는 새들이 여름의 대부분을 이 물가에서 보내기 때문에, 주민들은 털이 완전히 빠져 날 수 없게 된 새들을 마음대로 포획한다. 그들은 또 물고기로도 살아간다.〕 그들의 생활과 관습은 타타르들과 비슷하며 대카안에게 예속되어 있다. 곡식이나 술은 없다. 여름에는 야수와 새를 많이 사냥하지만 겨울에는 굉장한 추위 때문에 짐승이나 새가 보이지 않는다.

40일 거리를 가면 바다에 이르는데,[99] 거기에는 페레그린 매들이 둥지를 틀고 있는 산이 있다. 여러분은 그곳에 남자도 여자도 짐승도 새도 아무것도 없고 단지 바게를락(bagherlac)[100]이라 불리는 일종의 새만이 살고 있기 때문에 매들이 그것을 먹고 살아간다는 사실을 알아두어야 할 것이다. 그것의 크기는 자고새만하고 다리는 앵무새 같으나 꼬리는 제비와 같으며 매우 빨리 날아다닌다. 대카안은 페레그린 매의 새끼를 몇 마리 갖고 싶으면 그곳까지 사람들을 보내서 잡아오게 한다.

그 바다 근처에 있는 섬들에는 해동청(gerfalcon)이 서식하고 있다. 여러분에게 말해두지만 이곳이 얼마나 북쪽으로 치우쳐 있는지 북극성이 약간 남쪽으로 기울어져 있을 정도이다. 또한 내가 위에서 말한 섬들에는

---

99) 폴로가 말하는 '바다'가 정확히 어디를 가리키는지는 분명치 않다. 포티에는 그것이 北氷洋일 것이라는 주장에 대해 당시는 아직 그 같은 바다의 존재조차 알려지지 않았을 때라고 하면서 일축했고, 대신 黑龍江 河口지방을 가리키는 것으로 추정했다. 따라서 그는 폴로가 말하는 '메크리트'는 메르키트가 아니라 靺鞨을 지칭하는 것이라고 주장했다. 그러나 툰드라 지대의 순록 사육민들을 묘사한 『集史』의 기록은 당시 이미 極北지대나 北極海에 대한 정보가 어렴풋이나마 전해지지 않았을까 추측케 한다. 폴로의 '바다'가 바이칼호 연안의 바르구 지방에서 북으로 40일이나 되는 지점이라면 북극해로 보아도 무방하지 않을까? 『元史』 권48 「天文」에도 北海와 北極에 대한 서술이 보인다.

100) F(bargherlac), R(bargelach).

해동청이 굉장히 많이 서식하고 있어서 대카안은 자기가 갖고 싶은 만큼 소유한다. 기독교도의 땅에서 그 같은 매를 타타르들에게 반출하는 사람들이 있는데, 그들이 그것을 대카안에게 가져가는 것이라고 오해하지 않기를 바란다. 그들은 레반트 지방의 아르곤(Argon)에게, 또 그곳에 있는 다른 영주들에게 갖다 주는 것이다.

이로써 저 멀리 바다에 이르기까지 북쪽 지방에 관한 모든 사실들을 여러분에게 상세하게 이야기했으니, 이제부터는 다른 지방에 대해 이야기하도록 하자. 대카안이 있는 곳까지 길을 거꾸로 돌아가서, 우리가 이 책에서 기록한 캄프초라는 지방으로 되돌아가보자.

72장 | 여기서 그는 에르주울(Ergiuul)[101] 대왕국에 대해서 이야기한다

내가 여러분에게 말했던 캄프초를 떠나 닷새 거리를 가다 보면 정령들이 주로 밤에 말하는 것을 들을 수 있다. 동쪽으로 그 닷새 거리의 끝에서 에르주울이라 불리는 한 왕국을 만나게 된다. 그곳은 대카안에게 속하고, 몇 개의 왕국을 두고 있는 탕구트 지방의 일부이기도 하다. 대부분의 주민들은 네스토리우스파 기독교도이고, 우상숭배자와 마호메트를 숭배하는 사람들도 있다. 그곳에는 여러 도시들이 있는데, 그 중 도읍이 되는 것이 에르주울이다.

이 도시로부터 동남쪽으로 가면 카타이 지역으로 들어갈 수 있으며, 카타이 지역으로 가는 이 동남쪽 방향의 길에서 실링주(Silingiu)[102]라 불리는 도시를 만나게 된다. 그곳도 탕구트의 일부로 대카안에게 속해 있다.

---

101) F(ergiuul, erguul), R(erginul), Z(erguiul). 당시의 서량(西涼), 즉 오늘날의 양주(涼州)를 가리킨다. 『秘史』 265절에도 Erije'ü로 표기되어 있고 '西涼'으로 방역되어 있다. 명대의 한문 기록에 額兒焦로 음사되기도 했다.

102) F(singiu), R(singui), Z(singui, silingui). 西寧州를 옮긴 말로 silingiu로 복원. 유울의 지적처럼 티베트인들은 西寧을 '질링'(Ziling)이라 했고, 몽골인들은 '셀링 호토'(Seling Khoto)라고 불렀다.

주민들은 우상숭배자이며 마호메트를 숭배하기도 하고 약간의 기독교도들도 있다. 코끼리처럼 큰 야생소가 있는데, 등을 빼놓고는 모두 털로 덮여 있어 보기에 매우 아름답다. 털은 흰색과 검은색이 있고 길이는 세 뼘쯤 되는데, 얼마나 아름다운지 보기만 해도 찬탄이 나올 정도이다. 이런 종류의 소 가운데에는 순화된 것들이 많다. 그것은 사람들이 그 야생소들을 잡아 기르기 때문이고, 그렇게 해서 굉장히 많은 숫자를 갖게 된 것이다. 짐을 싣거나 밭을 갈 때 그것들을 부리는데, 내가 여러분에게 말하지만 그들은 힘이 세어서 다른 소보다 두 배나 더 밭을 잘 간다.[103]

그리고 이 고장에서는 최고의 사향(麝香)이 나오는데, 세상에서 가장 고급품이다. 여러분은 사람들이 지금 내가 설명하는 방식으로 사향을 구한다는 사실을 알아야 할 것이다. 마치 영양(羚羊)만한 크기의 조그만 짐승이 있는데 그 생긴 모습은 이러하다. 즉 털은 사슴과 같지만 매우 무성하고, 발은 영양처럼 생겼으며, 뿔은 없고, 꼬리는 영양을 닮았다. 이빨은 위에 두 개, 아래에 두 개로 모두 네 개가 있다. 손가락 세 개 정도의 길이로서 가늘고, 두 개는 위로 두 개는 아래로 뻗어 있다.

아름다운 동물인 사향을 구하는 방식은 다음과 같다. 그것을 잡아보면 배 가운데 배꼽부분의 가죽과 살 사이에 핏덩어리가 있는 것을 알 수 있는데, 그 가죽을 모두 벗겨낸 뒤 그 핏덩이를 끄집어낸다. 그 핏덩이가 바로 사향으로, 거기서 그렇게 대단한 향기가 나오는 것이다. 여러분은 사향이 이 지방에 매우 많이 있으며 그 품질도 내가 말한 대로 매우 좋다는 것을 알아야 할 것이다.

사람들은 교역과 수공업으로 살아가며 곡식이 풍부하다. 이 지방의 크기는 25일 거리이다. 우리나라에 있는 것보다 두 배나 큰 꿩들이 있는데,

---

103) 청해나 티베트 고지대에 사는 야크(yak)를 말한다. 16세기 중반 미르자 하이다르가 쓴 『라시드사』에는 '쿠타스'(kutas)라는 이름으로 언급되었지만, 현지인들은 '동'(dong)이라고 부른다.

크기가 거의 공작만하거나 약간 작다. 꽁지는 긴 것이 열 뼘 정도이고, 아홉 뼘이나 여덟 뼘 되는 것도 많고, 작은 것은 일곱 뼘 정도이다. 공작도 있는데 크기나 모양은 우리나라의 것과 동일하다. 이밖에 매우 아름다운 깃털과 색깔을 지닌 다른 새들도 여러 종류 있다.

우상숭배자인 주민들은 몸이 뚱뚱하고 코가 작으며 머리털은 까맣다. 수염이 무성하지는 않고 턱밑에 약간의 털이 나 있다. 부인들은 머리를 제외하고는 털이 없으며 다른 어디에도 털이 없다. 그들은 어디를 보나 아주 잘생겼다. 여러분은 그들이 성적인 쾌락을 무척이나 즐기며 여러 명의 아내를 두고 있다는 사실을 알아야 할 것이다. 왜냐하면 그들의 종교나 풍습 어느 것도 그런 것을 금지하지 않아서 자기가 바라는 만큼, 또 능력이 닿는 만큼 많은 아내를 둘 수 있기 때문이다.

또 여러분에게 말하지만, 어떤 고관이나 대인이 만약 출신이 비천한 아름다운 여자가 있어 그녀의 아름다움에 반해 아내로 맞고 싶어한다면, 그녀의 어머니와 합의하여 충분한 은을 건네주고 아내로 맞아들인다는 것이다. 이제 이곳을 떠나 동쪽에 있는 또 다른 지방에 대해 이야기해보도록 하자.

73장 | 여기서 그는 에그리가야(Egrigaia)[104] 지방의 왕국에 대해서 이야기한다

에르주울을 떠나 동쪽으로 여드레 거리를 가다 보면 에그리가야라고 불리는 한 지방을 만난다. 도시와 촌락이 많으며 탕구트에 속한다. 도읍은

---

104) 寧夏를 가리키며 오늘날 寧夏回族自治區의 수도인 銀川이 이에 해당한다. 펠리오는 『集史』와 『秘史』(365절)에는 Îrqayâ와 Eriqaya로 각각 표기되어 있고, 『元史』에는 也里合牙(Eriqaya), 也吉里合牙(Egriqaya) 등으로 나오는 예들을 지적하며, 폴로식으로 표기하면 Egricaya가 정확할 것이라고 지적했다. Palladius는 알라샨 지역의 몽골인들은 아직도 그곳을 Yargai라고 부른다고 했다.

은천에 있는 서하 왕릉. 탕구트인 왕국 서하는 칭기스칸에 의해 멸망했다.

칼라샨(Calacian)[105]이라 불린다. 사람들은 우상숭배자이지만 네스토리우스파 기독교도들의 교회도 세 개가 있다. 모두 대타타르에 예속되어 있다. 이 도시에서 낙타의 털로 짠 낙타천이 만들어지는데 그것은 세상에서 가장 아름답고 훌륭한 것이다. 또한 흰색의 낙타천으로 만든 모직은 매우 아름다울 뿐만 아니라 많은 양이 만들어진다. 상인들은 거기서 그것들을 갖고 나와 여러 곳을 거쳐 카타이로, 또 세계 여러 다른 곳으로 운반해간다. 이제 이 지방을 떠나 동쪽으로 가면 텐둑이라는 프레스터 요한의 땅에 들어가게 된다.

---

105) R(calacia). 이미 Palladius가 지적했듯이 '칼라샨'은 『秘史』의 Alashai, 『集史』의 Alashâî, 한 문서적의 賀蘭山에 해당된다. 물론 이것은 폴로가 말하는 것처럼 '도읍'이 아니라 山地名으로, 그가 직접 가보지 않고 傳聞에 근거해서 기록했기 때문에 이러한 착오가 생겨난 것으로 보인다.

텐둑은 동쪽에 위치한 지방이며 읍과 촌락이 많다. 대카안에게 속해 있는데, 그것은 프레스터 요한의 후손들이 대카안에게 예속되어버렸기 때문이다. 도읍은 텐둑이라는 이름으로 불린다. 프레스터 요한의 가계에서 나온 한 사람이 이 지방의 왕으로 사제이기도 한 그의 이름은 조르지(Giorge)이다.[107] 그는 대카안을 위해 이 땅을 다스리는데, 프레스터 요한이 갖고 있던 모든 지역이 아니라 그 일부분만을 다스린다. 여러분에게 말하건대 대카안은 자기 딸들과 일족을 프레스터 요한의 후손으로 그곳을 지배하는 왕들에게 주었다.

이 지방에서는 청금석을 채취할 수 있는 돌들이 많이 발견된다. 그것은 양도 많고 질도 뛰어나다. 낙타털로 만든 낙타천도 매우 훌륭하다. 주민들은 가축과 곡식으로 살아가며, 얼마간의 교역과 수공업도 행한다. 내가 말했듯이 통치권은 기독교도에게 있지만 우상숭배자들이나 마호메트를 숭배하는 사람들도 꽤 많다. 그곳에는 아르곤(argon)이라 불리는 한 종족이 살고 있는데, 그 말은 프랑스어로 '혼혈아'(guasmul)를 의미한다.[108] 다시

---

106) 이에 대해서는 66장의 주석을 참조하시오.

107) F(giorge, giorgie, ior), R(georgio), Z(georgi, jorgius). 『元史』권118에 立傳된 옹구트(雍古)부의 수령 闊里吉思를 가리킨다. 이는 Giorigis를 한자로 음사한 것이며, 그의 이름은 옹구트부의 王城趾인 올론 숨(Olon Süme)에서 발견된 비석에서도 확인되었고, 쿠빌라이의 駙馬이기도 했다. 그가 케레이트부 옹 칸의 후손이라는 폴로의 주장은 전혀 사실과 다르다. 옹구트부는 네스토리우스파 기독교를 신봉했던 것으로 유명한데, 아마 이 때문에 '조르지'를 프레스터 요한의 후손이라고 생각하게 된 것이 아닌가 보인다. 그러나 '조르지'는 로마교회에서 파견된 선교사 몬테코르비노(Montecorbino)의 교화를 받아 가톨릭으로 개종했다.

108) 폴로의 '아르군'을 元代에 기독교도를 지칭하는 '에르케운'(erke'ün, 也里可溫)과 동일한 것으로 보는 사람도 있지만, 음운상 양자를 연결시키기도 어렵거니와 폴로의 '아르군'은 기독교도와는 거리가 먼 집단이라는 점을 생각해 볼 때, 그런 주장을 받아들이기는 힘들다. 폴로가 '아르곤'이라는 말을 '혼혈아', 즉 라틴인과 그리스인 사이에 태어난 guasmul과 같은 뜻이라고 한 것으로 보아, 투르크에서 이와 유사한 의미를 지닌 arğun을 나타낸 것이 아닐까 추정된다. 『元史』(권4, 권122)에 豊州・蕁麻林・夏水 등지에 배치된 阿剌渾(혹은 阿兒渾)軍도

말해 그들은 텐둑 주민들의 혈통과 마호메트를 숭배하는 사람들의 혈통, 이 두 종족 사이에 태어났다는 것이다. 그들은 그 지역의 다른 사람들보다 더 잘생겼고, 더 현명하고 뛰어난 상인이다.

여러분은 프레스터 요한이 타타르들과 그 주변의 모든 지방과 왕국들을 다스렸을 때 그의 도읍지가 이 지방에 있었다는 사실을 알아야 할 것이다. 그리고 내가 말한 이 조르지는 이미 앞에서 이야기했던 것처럼 프레스터 요한의 혈통으로, 프레스터 요한 이후 여섯 번째 군주이다. 또한 이곳은 우리나라에서 곡(Gog)과 마곡(Magog)이라고 부르는 곳으로, 이곳에서는 웅(Ung)과 몽굴(Mongul)이라고 부른다. 이들 지방에는 각각 다른 종족들이 있었는데 웅에는 곡이, 몽굴에는 타타르가 살았다.[109]

여기서 카타이를 향해 동쪽으로 이레 거리를 기행하면서 이 지방을 통과하는 동안 많은 도시와 촌락을 만나게 된다. 거기에는 마호메트를 숭배하는 사람들과 우상숭배자들 및 약간의 네스토리우스파 기독교도들이 살고 있는데, 그들은 교역과 수공업으로 살아가며 나시치라고 부르는 금실로 짠 옷감, 고급천인 낙크, 그밖의 여러 종류의 비단천들을 만든다. 우리가 각종 모직물을 갖고 있는 것처럼 그들은 금실과 비단으로 짠 많은 종류의 옷감을 갖고 있다. 주민들은 모두 대카안에게 속해 있다.

이와 동일한 집단으로 추측된다.

109) '곡과 마곡'은 「창세기」와 「요한계시록」을 비롯한 『성경』 여러 곳에 보이며, 인류 최후의 날에 사탄의 부림을 받아 파멸과 재앙을 가져다 주는 존재로 묘사되어 있다. 『알렉산더 로만스』에는 알렉산더 대왕이 동방의 끝까지 원정을 가서 거기에 거대한 방벽을 쌓고는 곡과 마곡을 가두어 두었다는 전설이 기록되어 있으며, 폴로가 말하는 것은 바로 그 내용을 가리킨다. 폴로가 제시한 '웅과 몽굴'이라는 지명도 흥미로운데, '몽굴'은 외몽골, '웅'은 내몽골을 가리키는 것으로 보인다. 이와 관련하여 여러 사람들이 왜 폴로가 萬里長城에 대해 명시적인 언급을 하지 않았는가에 대해서 의문을 제기한 바 있다. 그러나 오늘날 우리가 보는 거대한 長城은 明代에 수축된 것이기 때문에 폴로의 시대에는 존재하지도 않았다. 다만 金代에 축조된 '界壕'라 불리는 긴 참호가 내몽골 지방에 있었을 뿐이다. 루브룩이나 카르피니도 장성에 대해서 언급하지 않았을 뿐 아니라, 라시드 웃 딘이 『集史』에서 언급한 바 있는 '防壁'도 실은 界壕를 지칭한 것이었다.

신다추(Sindaciu)[110]라고 불리는 도시에서는 갖가지 물건을 만드는 수공업이 행해지고 군대에서 필요로 하는 장비들이 제작된다. 이 지방의 산간에 있는 이디푸(Ydifu)[111]라 불리는 곳에는 매우 훌륭한 은광이 있어 많은 양의 은이 산출된다. 짐승과 새와 같은 사냥감도 풍부하다.

이제 이 지방과 도시를 떠나 사흘 거리를 가면 차간노르(Ciagannor)[112]라고 불리는 도시를 만나게 된다. 거기에는 대카안에게 속하는 거대한 궁전이 있다. 대카안은 이 도시에 있는 궁전에 머물기를 즐기는데, 그 까닭은 거기에 호수와 강이 여럿 있어서 백조가 많기 때문이다. 또한 아름다운 들판도 있는데 그곳에는 두루미와 공작과 자고새와 다른 여러 종류의 새들이 많다. 대카안은 멋진 매사냥을 위해 그곳에 머물면서 즐거움을 만끽한다. 그는 해동청과 매를 이용해 매사냥을 하면서 즐기고 또 큰 연회를 벌이면서 많은 새를 포획한다.

학에는 다섯 종류가 있는데 이제 내가 그것에 대해서 여러분에게 설명해주겠다. 첫번째 종류는 까마귀처럼 온통 까만 것으로 몸집이 매우 크다. 두 번째 종류는 온통 하얗고 날개가 매우 아름다우며, 깃털들은 마치 공작새처럼 어디에나 동그란 눈모양 무늬로 가득하고, 색깔은 황금빛으로 너무도 찬란하다. 머리는 붉고 검으며 목은 하얗고, 다른 어느 것들보

---

110) 宣德州를 옮긴 것이며, 오늘날 내몽골의 宣化에 해당된다.

111) 현재까지 이곳이 어디를 가리키는지 확인된 바 없다. 宣德州에서 上都로 가는 연변에 그와 유사한 지명이 보이지 않기 때문이다. Palladius는 '幽州'(Yuciu)를 잘못 필사한 것이 아닐까 의심한 바 있다. 愛宕松男은 宣德州 근처의 銀鑛인 鷄鳴山과 聚陽山이 폴로가 말하는 지점일 것이라고 추정했다. 본 역자도 그 지점에 대해서는 찬동하지만, 그가 Ydifu라는 음에 가까운 지명을 찾지 못해 결국 페르시아어로 fidda-kura('銀의 마을')라는 단어를 만들어내서 서로 연관시킨 것은 아무래도 지나친 견강부회로 보인다. 본 역자의 생각으로는 Ydifu의 fu는 '府'를 옮긴 듯하다. 宣德州 근처의 銀鑛이 있는 지역으로 '府'는 '雲需府'를 꼽을 수 있을 뿐이며, 그 府治인 雲州는 宣德州와 차간노르 중간에 위치해 있어 폴로의 설명과도 부합된다. 그렇다면 폴로의 Ydifu는 그 발음이 잘못 옮겨진 것으로 보는 것이 옳지 않을까?

112) F(ciagannuor), R(cianganor). 내몽골에 위치한 차간노르(Chaǧan Nor, 察罕腦兒). 몽골어로 '백색의 호수'라는 뜻이다.

다 몸집이 크다. 세 번째 종류는 우리의 것과 비슷하다. 네 번째 종류는 몸집이 작고 귀가 길며, 붉고 검은 깃털이 매우 아름답다. 다섯 번째 종류는 온통 회색이고 머리는 붉고 검으며, 매우 잘생겼고 굉장히 크다.

이 도시 가까이에 계곡이 하나 있는데 대카안은 거기에 여러 개의 조그만 집들을 짓도록 했다. 그는 그 안에다 매우 많은 수의 카토르스(ca-tors)[113]를 기르고 있는데 그것은 우리가 큰 자고새라고 부르는 것이다. 〔대카안은 그들의 먹이를 위해 그 새들이 좋아하는 기장이나 수수나 다른 곡식을 여름 동안 구릉에 심게 하고, 새들이 실컷 쪼아먹을 수 있도록 아무도 그것을 거둬가지 못하도록 지시했다.〕 그는 여러 사람을 시켜 이 새들을 지켜보도록 했다. 〔또한 겨울에는 새들에게 기장을 던져주기도 하는데, 그들은 땅에 던져주는 먹이에 익숙해져서 사람이 휘파람을 불기만 하면 어디에서든지 그에게로 날아온다.〕 그것들은 얼마나 많은지 보는 것만으로도 놀라움을 느낄 정도이다. 따라서 대카안은 그 고장에 자기가 원하는 만큼 이 새들을 기를 수 있다. 〔겨울이 되면 그들은 살이 찐다. 그 기간에는 혹한으로 인해 그가 머물지 않으므로, 그는 어디를 가든지 새들을 낙타 위에 실어 운반하게 한다.〕 이제 여기를 떠나 북쪽과 동북쪽 사이로 사흘 거리를 여행해보도록 하자.

---

113) 이 말은 라틴어의 coturnix에 대응하는 것으로 '메추라기'(quail)를 가리킨다. 그러나 자고새보다 더 작은 메추라기를 본문에서 '큰 자고새'라고 부른 것은 아무래도 이해하기 힘들기 때문에, 유울은 cators를 페르시아·중앙아시아에 서식하는 자고새의 일종인 chakor와 연관지으려고 했다. 펠리오는 그의 추론을 비판하고 중세 이탈리아어에서 cotorno라는 말이 '큰 자고새'를 지칭하는 것으로 사용되었던 예를 지적하며, cators가 어원상으로는 '메추라기'를 뜻하지만 실제로는 '큰 자고새'를 가리키는 것이라고 결론지었다.

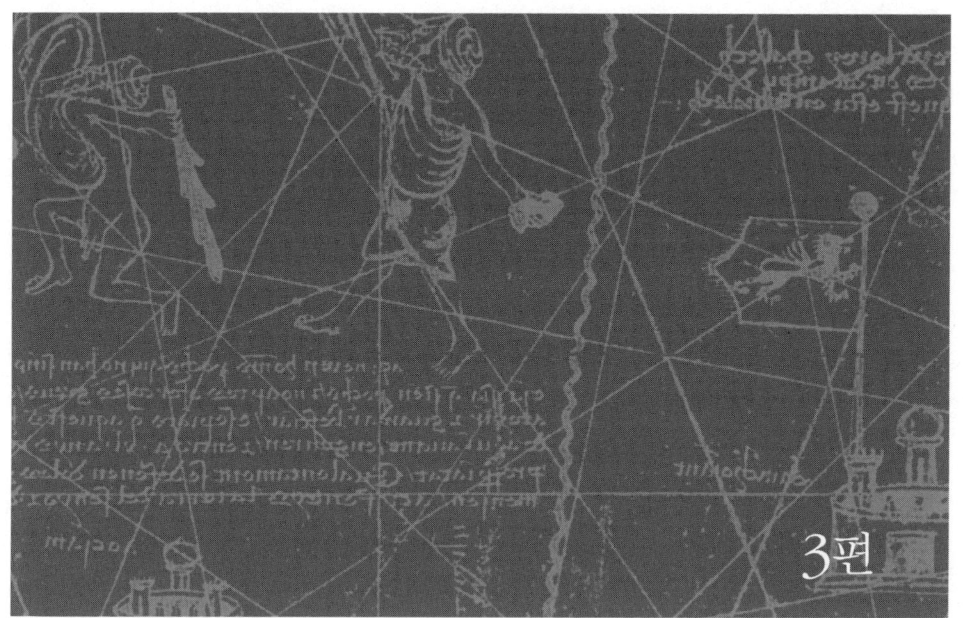

대카안의 수도

|75장~104장|

75장 | 여기서 그는 샨두(Ciandu)[1]라는 도시와 대카안의 멋진 궁전에 대해서 이야기한다

내가 위에서 거명한 도시를 떠나 사흘 거리를 가면 샨두라는 도시에 이르게 된다. 그곳이 바로 쿠블라이 카안라는 이름의 대카안이 있는 곳이며, 쿠블라이 카안은 이 도시 안에 대리석과 다른 돌로 지은 거대한 궁전을 세우도록 했다. 〔그 한쪽 끝은 도시의 중앙과 접해 있고 또 다른쪽 끝은 그 성벽과 접해 있다.〕 접견실들과 방들은 모두 금칠이 되어 있는데, 정말로 놀라울 정도로 아름답고 정교하게 만들어져 있다. 이 궁전에서부터 〔두 번째의〕 담이 둘러쳐져 있는데, 〔한쪽 면은 도시의 성벽과 접해 있는 궁전과 맞닿아 있고, 다른 면은 궁전을 마주보면서 그 맞은편으로〕 주위 16마일의 땅을 둘러싸고 있어서, 〔그 궁전을 거치지 않고는 그 둘러쳐진 곳으로 들어갈 수 없도록 만들어져 있다.〕

그 안에는 샘물들과 강과 잔디밭이 많다. 대카안은 그곳에 각종 짐승들, 즉 숫사슴과 영양과 노루 따위를 키워서 그곳 새장 안에 기르고 있는 해동청이나 매에게 먹이로 준다. 200마리 이상의 해동청이 있어 그는 매주 한 번씩 그것을 직접 보기 위해 새장을 찾는다. 그리고 대카안은 담으로 둘러싸인 이 정원에서 종종 말을 타고 다니는데, 말 엉덩이에 표범 하나를 묶어서 데리고 다니다가 생각이 나면 그놈을 풀어주어 숫사슴이나 영양이나 노루를 공격하게 한 뒤, 그것을 새장 안에 있는 해동청에게 먹이로 주곤 한다. 그는 자신의 기쁨과 오락을 위해서 이렇게 하는 것이다.

또한 여러분은 담으로 둘러싸인 그 정원 한가운데에 대카안이 오로지 대나무를 재료로 사용해서 커다란 궁전을 만들도록 했다는 것을 알아야

---

1) R · Z(Xandu). 원조의 여름 수도인 上都를 가리키며, 영국의 시인 코울리지가 말한 '자나두'(Xanadu)이기도 하다. 내몽골 초원의 開平府(폴로의 케메인푸)에 건설된 인공 도시였지만, 지금은 성벽의 흔적만이 남아 있을 뿐이다.

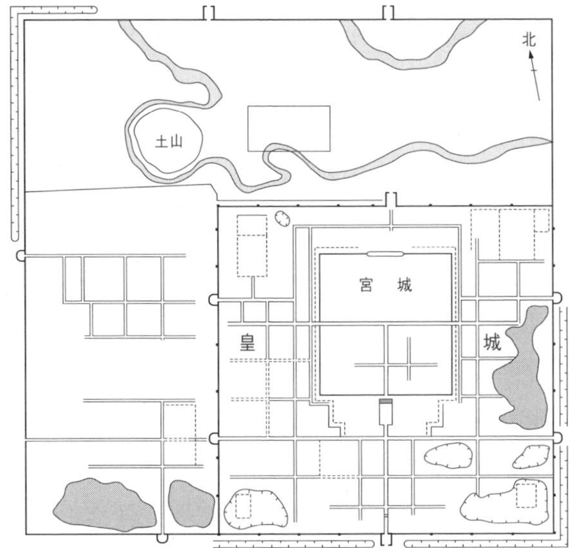

상도 평면도

상도 대안각 토대

할 것이다. 내부는 온통 금칠이 되어 있고 짐승과 새들의 문양이 아주 교묘하게 장식되어 있다. 지붕 역시 모두 대나무로 되어 있지만 어찌나 꼼꼼하고 두텁게 칠했는지 비가 와도 끄떡없을 정도이다. 여러분에게 대나무로 그것을 어떻게 만드는지 말해주겠다. 그 대나무들은 굵기가 세 뼘이 넘고 길이는 10보 내지 15보 정도이다. 그것을 반으로 갈라 한 마디씩 자르면 조각들이 만들어지게 되는데, 이 대나무들은 어찌나 굵고 큰지 그것으로 집의 지붕을 덮고 처음부터 끝까지 모든 일을 마칠 수 있다. 내가 위에서 말한 이 궁전 역시 모두 대나무로 되어 있다.

뿐만 아니라 대카안은 자기가 원하기만 하면 그것을 이동할 수 있도록 제작하게 했다. 〔대나무가 가벼워 바람에 궁전이 쓰러질지도 모르기 때문에〕 200개 이상의 비단끈으로 묶어서 지탱한다. 여러분에게 말하지만 대카안은 1년에 석 달, 즉 6월과 7월과 8월은 그곳에 머무는데, 그 까닭은 그곳이 덥지도 않고 오락을 마음껏 즐길 수 있기 때문이다. 이 석 달 동안 대카안은 대나무 궁전을 그대로 유지하지만 그외의 기간에는 조각으로 분해해서 보관한다. 그가 마음만 먹으면 조립했다가 분해할 수 있도록 만든 것이다. 매년 8월 28일이 되면 대카안은 이 도시와 궁전을 떠나는데, 왜 그러는지 여러분에게 곧 그 까닭을 설명해주겠다.

그는 흰색의 말들과 아무런 잡색이 없는 눈처럼 흰 암말들을 갖고 있는데 그 수는 엄청나게 많다. 암말의 숫자는 1만 마리 이상이 될 것이다. 이 흰색 암말의 젖은 황제의 가문, 즉 대카안의 혈통이 아니면 아무도 감히 마시지 못한다. 그렇지만 호리아트(Horiat)[2]라는 이름의 또 한 종족이 그

---

2) R(boriat). 이것이 오이라트(Oyirat)를 가리킨다는 것은 이미 주석가들이 지적한 바이다. 그런데 펠리오는 이 부족의 이름에 어두음 h가 첨가된 경우는 하나도 없었음을 지적하면서, 황족 이외에 그들만이 백마의 젖을 마셨다는 폴로의 주장에 대해서도 회의적인 입장을 취하고 있다. 물론 오이라트의 수령이 칭기스칸에게 투항하고 북방 원정에 길안내를 했지만, 그것이 다른 여러 부족들이 갖지 못하는 특권을 누릴 정도로 각별한 공헌이라고 하기는 어렵다.

것을 마신다. 칭기스칸은 오래 전에 그들이 자신과 함께 싸워서 승리를
거두었기 때문에 이 같은 영광을 부여한 것이다. 더구나 내가 여러분에게
말하건대 이 하얀 동물들이 방목되어 이동할 때 사람들은 대단히 깊은 경
의를 표한다. 지위가 높은 영주라 할지라도 감히 이 동물들 사이를 지나
가지 못하고, 그들이 다 지나갈 때까지 기다리거나 아니면 아주 멀리 앞
쪽으로 우회해서 지나가든가 할 정도이다.

점쟁이들과 우상숭배자들은 대카안에게 매년 8월 28일에 약간의 젖을
공중이나 대지에 뿌려야 한다고 말한다. 그래야 정령들이 그것을 마시고
우상들이 그의 모든 것들, 즉 남자와 여자와 가축과 새와 곡식 등을 보호
해줄 것이라고 말한다. 그러고 나서 대카안은 그곳을 떠나 다른 곳으로
간다.[3]

여러분에게 깜박 잊고 있었던 놀라운 이야기 하나를 해주겠다. 대카안
이 그의 궁전에 머물고 있을 때 하루는 비가 오고 안개가 끼는 나쁜 날이
있었다. 그의 휘하에는 현명한 점쟁이들과 마술사들이 있었는데, 이들이
지식과 마술을 사용해서 궁전 위에 있는 구름과 나쁜 날씨를 모두 없애버
렸다. 그래서 다른 곳은 모두 나쁜 날씨가 계속되는데도 궁전 위만 개어
있었던 것이다.

이 같은 일을 하는 현자들을 테베트(Tebet)[4] 또는 케시미르라는 이름
으로 부르는데, 이것은 우상을 숭배하는 두 민족의 이름이다. 그들은 다
른 어떤 사람들보다 요술과 마술을 잘 알고 있고, 또한 자신들이 요술로
써 행하는 것을 다른 사람들에게는 위대한 성령과 신의 도움으로 행하는

---

3) 폴로가 말하는 이 제사가 루브룩의 여행기에는 5월 9일에 거행되는 것으로 기록되어 있다. 한편
   張德輝는 여행기에서 그 같은 제사가 봄(음력 4월 9일)과 가을(음력 9월 9일) 두 차례에 걸쳐
   행해진다고 했다. 한편 『元史』 권77 「祭祀·六」에 보이는 酒馬嬭子라는 몽골인들의 '國俗儀
   禮'는 음력 6월 24일에 거행되었다.
4) 티베트.

것처럼 믿게 한다.

내가 여러분에게 말한 바로 이 사람들은 다음과 같은 관습을 지니고 있다. 어떤 사람이 사형선고를 받아 국가에 의해 처형되면, 그들은 그를 끌고 가서 요리해 먹는다. 그러나 자기 수명을 다하여 죽은 사람의 시체는 결코 먹는 법이 없다.

그리고 여러분은 내가 위에서 말한 이 박시(bacsi)[5]들이 얼마나 많은 마술을 부릴 줄 알고 또 얼마나 놀라운 일들을 하는지 알아야 할 것이다. 이제 그것에 대해 이야기해주겠다. 대카안이 대전(大殿)에 있는 높이 여덟 완척의 탁자에 앉으면, 전실(殿室)의 통로 중앙에 잔들을 놓아두는데 탁자로부터는 거의 10보나 떨어져 있고, 거기에는 포도주와 젖과 다른 좋은 음료들이 가득 담겨져 있다. 그러면 내가 위에서 말한 박시라고 불리는 현명한 마술사들이 어떻게 마술과 주술을 거는지, 술이 가득 찬 술잔에 아무도 손대지 않았는데 술잔은 그것이 놓여 있던 통로에서 스스로 떠올라 대카안이 있는 앞으로 가버린다. 〔그리고 대카안이 술을 마시고 나면 그 잔은 다시 원래 있던 자리로 되돌아간다.〕 만 명이나 지켜보는 가운데 그들이 이런 일을 행하니, 이것은 아무 거짓도 없는 진실이고 분명한 사실이다. 정말로 여러분에게 말하건대 주술을 할 줄 아는 현자들은 그런 일을 충분히 할 수 있다.

또한 이들 박시는 우상신들에게 제사지내야 할 때가 오면 대카안에게로 가서, "폐하! 우리의 이러이러한 신의 제사가 다가옵니다"라고 말하면서 그들이 마음에 둔 우상신의 이름을 댄다. 그리고 나서 그에게 말하기를, "공정하신 폐하께서도 아시다시피 만약 제물과 번제를 바치지 않는

---

5) R(bachsi). 과거 이 말은 인도의 Bhikshu에서 나온 것으로 여겼지만, 현재 학자들은 그것이 한자어 '博士'에서 나온 말이라고 확신하고 있다. 원대에는 티베트 출신의 불승들을 '박시'(bakhsi)라고 불렀다. 漢人 佛僧들은 '和尙'이라는 이름으로 불렀고, 儒敎 지식인들은 '秀才'라고 불렀다.

다면 이 신은 날씨를 나쁘게 만들어 우리의 재물과 가축과 곡식을 상하게 할 것입니다. 그러므로 공정하신 폐하께 청원하나니 저희들에게 이만한 숫자의 머리가 검은 양, 이만한 양의 향, 이만큼의 향목(lign aloe), 또 이러이러한 물건들을 이만큼 내려주십시오. 그래서 우리의 신에게 많은 경배와 희생을 드려 우리 자신과 우리의 몸, 우리의 가축과 곡식을 보호할 수 있게 해주십시오"라고 한다.

박시들은 대카안 측근의 신하들과 권력있는 사람들에게 이런 이야기를 하고, 그러면 그들이 대카안에게 전하는 것이다. 그들은 우상에게 제사를 드리기 위해 요청한 모든 것들을 갖게 된다. 이 박시들은 요청한 모든 것을 갖게 되면 우상들에게 거창한 예배를 올리는데, 크게 노래를 부르고 성대한 행사를 연다. 그들은 각종 향료의 좋은 냄새가 나는 향을 피우고, 고기를 요리해서 우상 앞에 갖다 놓으며, 약간의 국물을 여기저기에 뿌리면서 우상들에게 원하는 만큼 실컷 먹으라고 한다. 이런 방식으로 그들은 제삿날에 우상에게 예배를 올리는 것이다. 여러분은 모든 우상들이 마치 우리의 경우처럼 각기 고유한 제삿날을 갖는다는 사실을 알아야 할 것이다.

그들은 매우 커다란 사원과 수도원을 갖고 있다. 여러분에게 말하지만 조그만 도시 크기만한 큰 사원들도 있어 그 안에는 고유한 관습을 따르는 2,000명 이상의 승려가 살고 있다. 그들은 다른 사람들보다 더 고상하게 옷을 입고, 머리는 삭발하며 수염도 깎는다. 그들은 어디에서도 본 적이 없을 정도로 밝은 등불을 밝히고 노래를 크게 부르면서 우상에게 아주 거창한 제사를 올린다. 이들 박시 가운데 어떤 사람들은 교단에 따라 아내를 가질 수 있고 또 그렇게 하여 아이들도 많이 둔다.

또 다른 부류의 종교인들이 있는데, 센신(sensin)[6]이라 불리는 사람들이다. 그들은 자기 나름의 고유한 관습에 따라 매우 금욕적이어서, 다음

---

6) '先生'을 옮긴 말로, 당시 道敎의 道士를 지칭하던 말이다.

과 같이 매우 고된 생활을 해나간다. 여러분은 그들이 밀을 벗기면 나오는 껍질, 즉 밀기울만을 먹고 평생을 살아간다는 사실을 알아야 할 것이다. 그들은 이 밀기울을 뜨거운 물에 넣고 얼마간 그대로 놓아두었다가 먹는다. 그들은 1년에도 여러 번 금식을 행하며 내가 말한 밀기울 이외에는 지상에서 나는 어떤 것도 먹지 않는다. 그들은 정말로 많은 우상들을 섬기며 때로는 불을 숭배하기도 한다. 다른 승려들은 이토록 극도의 금욕적인 삶을 살아가는 이 사람들에 대해 자신들과 같은 방식으로 우상을 섬기지 않기 때문에 이단자나 마찬가지라고 한다. 그들 사이에는 엄청난 차이가 있고 서로간 규율도 다르다.

이들은 세상에 무슨 일이 있어도 아내를 맞아들이지 않고, 머리는 삭발하지 않으나 수염은 깎는다. 그들은 삼베로 만든 검은색과 청색의 옷을 입고, 비단으로 된 옷이라고 해도 내가 말한 그러한 색으로 만들어서 입는다. 그들은 돗자리 위에서 잠을 자면서 이 세상 어떤 사람들보다 더 힘든 생활을 영위한다. 그들의 우상은 모두 여성이며 여성의 이름을 갖고 있다.

이제 이 정도로 그만 하고 타타르들의 군주들 가운데 대군주, 즉 쿠블라이라는 정말로 훌륭한 대카안이 행한 엄청난 업적들과 경이로운 일들에 대해 이야기해보도록 하자.

76장 | 여기서 그는 지금 군림하고 있는 쿠블라이 카안이라는 대카안의 업적에 대해서 이야기하고, 또 그가 궁정을 어떻게 이끌고 있고 그의 백성을 극도의 공정함으로 다스리고 있는가에 대해서, 또 그의 행적들에 대해서 이야기한다

이제 나는 여러분에게 이 책에서 쿠블라이 카안 — 우리 말로 하면 이 말은 군주들 가운데 대군주를 의미하며, 모든 사람들은 정말로 이 대카안이야말로 우리 최초의 조상인 아담에서부터 지금 이 순간에 이르기까지 세상에 나타난 어떤 사람보다도 많은 백성과 지역과 재화를 소유한 가장 막강한 사람이라는 사실을 알고 있다 — 이라고 불리며 현재 군림하고 있는 대카안[7]이 행한 모든 위대한 업적들과 모든 위대한 경이들에 대한 이야기를 시작하고자 한다. 그리고 그것이 진실이라는 점에 대해서 나는 여러분에게 이 책에서 매우 분명하게 보여줄 것이며, 그래서 한 사람 한 사람 모두에게 그가 여태까지 이 세상에 존재했던, 또 현재 존재하는 누구보다도 위대한 군주라는 사실을 확신시키고자 한다.

77장 | 여기서 그는 대카안과 그의 숙부 나얀(Naian)[8] 왕 사이에 벌어진 큰 전투에 대해서 이야기한다

이제 여러분은 그가 칭기스 카안(Cinghis Kaan)[9]의 직계 황통을 직접 잇고 있으며, 그것은 전타타르들의 군주가 그 혈통에서 직접적으로 나온 사람들에게만 한정되어 있기 때문이라는 사실을 알아야 할 것이다. 이 쿠블라이 카안은 제6대 대카안인데,[10] 이는 그가 전타타르들을 다스리는 여섯 번째 대군주라는 것을 의미한다. 여러분은 그가 그리스도가 탄생하신 1256년 바로 그해부터 통치하기 시작했고, 그의 친척과 형제들이 그가 대권을 장악하지 못하도록 막았기 때문에 자신의 용맹함과 대담함, 그리

---

7) R본은 19장에서 쿠블라이가 사망했다고 한 사실을 기억하시오.

8) F(naian, naiam), R(naiam). 나얀의 반란에 대해서는 『元史』(권14 「世祖 · 11」)와 『集史』에 모두 기록되어 있다. 그런데 『元史』 권107 「宗室世系表」에는 乃顔이 칭기스칸의 異腹兄弟인 別里古台(벨구테이)의 증손자로 되어 있는데 이는 사실과 다르며, 그는 『集史』에 기록되어 있듯이 칭기스칸의 末弟인 테무게 옷치긴(Temüge Otchigin)의 후손이다. 펠리오는 『元史』 권107의 '乃顔'이 나얀의 반란에 동참했던 納牙(Naya'a : 벨구테이의 후손)가 잘못 표기된 것으로 보았다. 어쨌든 나얀을 두고 쿠블라이의 '숙부'라고 한 폴로의 기술은 옳지 않다. 나얀은 동방의 諸王들인 시두르(勢都兒 : 조치 카사르의 후예)와 카단(哈丹 : 카치운의 후예) 등과 연합하여 1287년(至元24) 봄 반란을 일으켰지만 쿠빌라이의 親征에 의해 진압되었다.

9) 폴로가 칭기스칸을 가리켜 '카안'(Kaan)이라고 부른 것은 77장과 83장의 단 두 번뿐이다. 쿠빌라이의 치세에도 드물기는 하지만 칭기스칸을 '칭기스 카안'이라고 높여 부르는 경우가 있었음을 보여주는 흥미로운 사례이다. 『비사』에는 255절에서 단 한 번 '칭기스칸'이라고 되어 있을 뿐 나머지는 모두 '칭기스 카안'으로 표기되어 있다.

10) 앞의 69장의 내용 참조. 쿠빌라이는 실제로 5대 군주이다.

고 자신의 뛰어난 지식으로 그것을 장악했다는 사실을 알아야 할 것이다. 그가 군림하기 시작해서부터 1298년인 지금 이 순간까지 42년이 흘렀다. 그의 나이도 족히 여든다섯 살은 되었을 것이다.[11]

　군주가 되기 전에는 거의 항상 전쟁에 나갔고 무기를 다루는 데 탁월했으며 훌륭한 지휘관이었다. 그러나 군주가 된 뒤로는 전쟁에 나가지 않았다. 여기에 단 한 번의 예외가 1286년에 있었으니 이제 왜 그랬는지 여러분에게 이야기하겠다. 나얀이라는 이름을 가진 사람이 있었는데, 그는 쿠블라이 카안의 숙부로서 젊은 귀공자였다. 수많은 지역과 지방을 지배하는 군주여서 족히 40만 명의 기병을 모을 수 있을 정도였지만, 그의 선조들이 그러했던 것처럼 그 자신 역시 대카안에 예속되어 있었다. 그러나 내가 말한 것처럼 그는 30대의 젊은이였기 때문에 자신이 40만 명의 기병을 전쟁터에 투입시킬 정도로 강력한 군주라고 자만에 빠져버렸다. 그는 더 이상 대카안의 휘하에 있지 않겠노라고 하며, 오히려 할 수만 있다면 그로부터 대권을 빼앗아버리겠다고 말했다.

　그 뒤 나얀은 카이두[12]에게 전령을 보냈는데, 그는 강력한 대군주로서 대카안의 조카였고 마찬가지로 그에 대항해서 반란을 일으켰으며 대카안이 매우 잘못되기를 바라고 있었다. 나얀이 보낸 전갈은 그쪽에서 대카안에게 공격을 가하면 자신은 이쪽에서 공격을 가해 대카안의 영토와 대권을 빼앗아버리자는 것이었다. 나얀의 이 제안은 카이두를 매우 기쁘게 했고, 그는 서로 합의한 시간에 맞추어 백성을 준비시켜 대카안을 공격하겠다고 말했다. 여러분은 이 사람이 실제로 10만 명의 기병을 소집해서 전쟁터에 투입시킬 수 있다는 것을 알아야 할 것이다. 내가 이에 대해서 무

---

11) 쿠빌라이는 1215년 乙亥生이며, 1260년 上都 開平에서 카안으로 즉위하여 35년 동안 帝位에 있은 뒤 1294년에 80세의 나이로 사망했다.
12) Z(caydu). 우구데이의 손자인 카이두(海都)가 쿠빌라이에게 반기를 든 사실에 대해서는 여러 차례 앞에서 언급했다.

엇을 더 말하겠는가. 이 두 대신, 즉 나얀과 카이두는 대카안을 공격하기 위한 준비에 착수하여 대규모의 기병과 보병을 소집했다.[13]

78장 | 어떻게 대카안이 나얀에 대해 원정을 나갔는가

대카안은 이러한 일을 알게 되었을 때 전혀 당황하지 않았다. 오히려 현명한 사람이나 대단히 용맹한 사람이 그러하듯이 백성과 함께 준비를 했고, 이 두 반역자와 불충한 자들을 죽음으로 응징하지 못한다면 자신은 절대로 왕관을 쓰지도 영토를 소유하지도 않을 것이라고 말했다. 여러분은 대카안이 22일 만에 모든 계획을 완료했으며 각료들을 제외하고는 아무도 알지 못하게 은밀히 추진했다는 사실을 알아야 할 것이다. 〔그는 나얀과 카이두의 영지로 이어지는 곳에 위치한 모든 관문에 지체없이 수비대를 배치하고, 그가 무엇을 하려고 하는지 그들이 모르도록 했다. 그리고 나서 그는 즉시 캄발룩(Cambaluc)[14]시 주위 열흘 거리까지에 있는 사람들을 신속하게 모으라고 명령을 내렸다.〕 그는 거의 36만 명의 기병과 10만 명의 보병을 소집했다.

그가 모은 이 숫자는 그의 주변에 있던 군대로만 충당한 것이기 때문에 적은 것이었다. 12개 군단으로 이루어진 정말로 엄청난 숫자에 달하는 그의 다른 군대는 여러 방면으로 영토를 정복하기 위한 전쟁에 멀리 나가 있었기 때문에 시간에 맞추어 그곳에 도착할 수 없었던 것이다. 〔그러기 위해서는 30일이나 40일 동안 행군해야 하는데, 그렇게 되면 계획이 미

---

13) 실제로 1287년 봄 나얀이 동방의 제왕들을 규합하여 반란을 일으켰을 때, 카이두는 그것에 호응하여 서방에서 궐기했다. 나얀이 카이두에게 전령을 보냈다는 마르코 폴로의 주장은 한문자료에서도 확인된다. 『元史』 권128 「土土哈傳」 참조.

14) F(cabaluc, ganbalu, cambalu, canbalu, garibalu), R(cambalu), Z(cambaluc, canbalu). Qanbaliq, 즉 투르크어로 '칸의 도시'를 뜻하며 쿠빌라이 시대에 上都와 함께 원조의 수도였던 大都(오늘의 북경)를 지칭한다. 가장 정확한 표기인 cambaluc은 Z본에만 보이고, F · R본에는 cambalu, canbalu 등으로 표기되어 있다.

리 새어나가 카이두와 나얀은 서로 연합해서 자기들이 선택한 요충지로 가서 자리잡았을 것이다. 그러나 그는 나얀이 준비하지 못하게 서둘러 행동함으로써 고립된 상태에서 그를 치려고 했다. 왜냐하면 그래야 그가 연합해 있을 때보다 더 쉽게 정벌할 수 있었기 때문이다.

현재 여기에서 대카안의 군대에 대해서 대략 말해두는 것이 좋을 것 같다. 카타이와 만지의 모든 지방, 그리고 그의 다른 모든 영역 안에는 신의 없고 불충한 사람들이 많아서 할 수만 있다면 군주에 대해서 반란을 일으키려 한다는 사실을 알아야 할 것이다. 따라서 커다란 도시와 주민들이 많은 지방에는 모두 군대를 주둔시켜야 할 필요가 있었다. 이들은 도시로부터 4~5마일 정도 떨어진 곳에 머물며, 그들이 원하면 언제든지 입성할 수 있도록 도시에는 성문과 성벽이 없다. 대카안은 이 군대들을 2년에 한 번씩 교체하는데 그들을 지휘하는 지휘관도 마찬가지이다. 이런 억제수단 때문에 백성은 조용히 지내며 어떠한 움직임이나 변화도 시도하지 않는다. 대카안은 각 지방의 세금수입에서 그들에게 봉급을 계속 지급해주지만, 이 군대는 그밖에도 그들이 보유한 무수한 가축들과 도시에 내다 파는 젖으로도 생계를 유지하며, 그렇게 해서 필요한 것들을 구입한다. 그들은 30일, 40일, 60일 거리에 달하는 여러 다른 장소에 흩어져 있다.]

만약 그가 휘하의 병력을 모두 소집했다면 자기가 희망했던 만큼 많은 수의 기병을 갖게 되었을 것이고, 그것은 아마 들어도 믿지 못할 정도로 엄청나게 많은 숫자였을 것이다. 그가 소집한 이 26만 명[15]은 그의 매꾼들[16]과 그의 근처에 있던 사람들이었다. 대카안은 내가 위에서 말한 이들 소수의 사람들을 준비시킨 뒤, 점쟁이들에게 과연 자신이 적을 패배시킬 수 있을지 혹은 좋은 결과가 나올지를 알아보라고 했다. 그들은 그

---

15) 앞에서는 36만 명이라고 했다.
16) 몽골어로는 시바우치(shiba'uchi ; 昔寶赤)라 불렸다.

가 마음먹은 대로 적을 요리하게 될 것이라고 말했다.

그러자 대카안은 휘하 군사들과 함께 원정길에 나섰다. 그들은 나얀이 거의 기병 40만 명에 달하는 휘하 전병력과 함께 머물고 있는 거대한 평원에 20일 만에 도착하게 되었다. 그들은 어느 날 매우 이른 아침에 그곳에 도착했는데, 적들은 그것에 대해 아무것도 모르고 있었다. 그 까닭은 대카안이 연도를 모두 장악하여 오가는 사람을 모두 잡아놓도록 했기 때문이다. 바로 그 때문에 적들은 그들의 도착에 대해 아무것도 몰랐던 것이다. 여러분에게 말하건대 이들이 그곳에 도착했을 때 나얀은 자기 천막에서 아내와 함께 침대에 있었고, 그녀를 매우 아꼈기 때문에 그녀와 즐기고 있던 중이었다.

79장 | 여기서 그는 대카안과 숙부 나얀 사이의 전투에 대한 이야기를 시작한다

내가 이에 대해 무엇을 이야기하겠는가. 전투의 날 동이 트자 나얀의 천막이 있던 평원에 위치한 구릉 위에 대카안이 나타났을 때, 나얀측은 누가 그곳으로 와 자기들에게 해를 끼치리라고는 세상에 꿈도 꾸지 않으면서 느긋하게 진을 치고 있었다. 그들은 너무도 안심한 나머지 천막 주변에 경계를 세우지도 않았고, 또 전방이나 후방에 척후를 보내지도 않았다. 대카안은 내가 말한 그 구릉 위에서 네 마리의 코끼리 위에 만든 목제 가마에 앉아 있었다.[17] 그는 온 사방에서 잘 볼 수 있을 정도로 〔해와 달의 문양이 그려진 황제의〕 깃발을 높이 올리게 했다. 사람들은 3만 명 단위로 정비되어 순식간에 진영 전체를 포위했다. 모두 말 위에 오르고, 보

---

17) 나얀 원정시 쿠빌라이가 코끼리 위에 세워진 가마를 타고 갔다는 사실은 『集史』(Boyle tr., *The Successor of Genghis Khan*, New York, 1971, p.299)에서도 지적되었다. 『元史』 권11, 至元 17(1280)년 10월 丙申條에 "처음으로 코끼리 수레(象輦)를 만들었다"라는 기사가 보인다.

병은 말 엉덩이 뒤에서 손에 창을 들고 뒤따랐다.[18] 여러분이 들은 바로 그런 식으로 대카안과 그의 군대는 나얀을 치기 위해 그 진영 주위에 부대들을 포진했다. 나얀과 그의 부하들은 대카안이 군대와 함께 진영을 포위한 것을 보자 모두 경악하여 무기를 잡으러 달려갔다. 그들은 순식간에 대열을 갖추고 부대들을 정연하게 배치했다.

양측이 대열을 갖추고 공격만을 기다리고 있을 때, 눈에 보이고 귀에 들리는 것이라곤 오로지 여러 악기들과 수많은 피리소리, 그리고 시끄러운 노랫소리뿐이었다. 여러분은 그런 것이 타타르들의 관습임을 알아야 할 것이다. 그들은 부대별로 나뉘어 전투하기 위해 정렬했을 때에도 지휘관의 북소리가 들리기 전에는 결코 전투하러 달려들지 않는다. 그리고 북소리가 울리지 않는 동안 대부분의 타타르들은 자신들의 악기로 소리를 낸다. 이런 까닭으로 이쪽이나 저쪽이나 모두 그렇게 큰 소리로 연주하고 노래하는 것이다. 양측의 모든 사람들이 준비를 마치자 대카안의 거대한 북이 소리를 내기 시작했고, 북소리가 나기 시작하자마자 그들은 지체없이 상대방을 향해 활과 칼과 몽둥이와 창을 들고 돌진했다. 보병들은 석궁과 다른 많은 무기들로 무장하고 있었다. 내가 이에 대해 무엇을 이야기하겠는가.

그들은 정말로 잔인하고 끔찍한 전투를 시작했다. 화살을 쏘아대자 하늘은 마치 비가 오듯이 온통 그것으로 뒤덮여버렸다. 기병과 말들이 땅바닥에 나뒹구는 모습이 보였다. 비명소리가 어찌나 크고 시끄러운지 설사 신이 벼락을 친다고 해도 듣지 못할 지경이었다. [사람들의 고함과 무기들이 부딪치는 소리가 얼마나 무서운지 듣는 사람 모두가 전율을 느낄 정

---

18) R본은 보병과 기병의 구성에 대해서 다음과 같이 보다 상세하게 기록하고 있다. 〔쿠블라이는 다음과 같은 방식으로 군대를 조직했다. 그는 1만 명씩의 사수들로 이루어진 30개 부대의 기병을 셋으로 나누어, 좌익과 우익으로 하여금 나얀의 군대를 아주 멀리서 포위하며 포진하도록 했다. 각 기병 부대의 전방에는 짧은 창과 칼을 든 보병 500명씩을 배치했는데, 그들은 훈련받은 대로 다음과 같이 행동했다. 즉 기병이 앞으로 달려나가기만 하면 말 엉덩이에 잽싸게 올라타서 같이 가고, 기병이 정지하면 말에서 뛰어내려 창으로 적을 찔러 죽이곤 했던 것이다.〕

도였다. 그들은 활을 쏘고 난 뒤, 창과 칼과 쇠몽둥이를 들고 적의 진영에 가까이 접근했다. 수많은 사람들, 특히 말들의 시체가 너무 많이 쌓여서 한쪽 군대가 상대방이 있는 곳으로 가기조차 힘든 지경이었다.〕여러분은 나얀이 세례 기독교인으로 전투에서 깃발 위에 그리스도의 십자가를 달고 있었다는 사실을 알아야 할 것이다.[19]

내가 무엇 때문에 이야기를 장황하게 하겠는가. 그러나 여러분은 그것이 여태까지 본 어떤 전투보다도 가장 위험하고 또 가장 무서운 것이었음을 알아야만 할 것이다. 심지어 지금 이 시대에도 그렇게 많은 사람들, 특히 그렇게 많은 기병이 한 전쟁터에 모인 적은 없었다. 양쪽에서 얼마나 많은 사람들이 죽었는지 보기에도 끔찍할 정도였다. 이 전투는 아침부터 낮까지 계속되었는데, 〔그 까닭은 나얀을 따르는 사람들이 매우 관용스러웠던 자기 군주에 대한 애정 때문에, 등을 돌려 도망치기보다 끝까지 버티며 죽음을 택했기 때문이었다.〕결국 대카안이 승리를 거두었다. 나얀과 그의 군인들은 더 이상 저항할 수 없음을 알게 되자 도망치기 시작했다. 그러나 그것도 아무 소용이 없었다. 나얀은 붙잡히고 그의 모든 신하들과 병사들도 무기를 들고 대카안에게 투항하고 말았다.

80장 | 대카안은 어떻게 나얀을 죽였는가

대카안은 나얀이 잡혔다는 것을 알게 되자 그를 처형하라고 명령했는데, 그는 내가 지금 여러분에게 말하려는 그런 방식으로 처형되었다. 그를 카

---

19) 나얀이 기독교도였음을 명시한 중국측 자료는 없다. 다만 1893년 러시아의 포즈드네예프 (A.M.Pozdneev)가 내몽골의 應昌에서 1325년(泰定 2년)에 새겨진 한 비문을 발견했는데, 쿠빌라이가 나얀의 반란을 평정한 사실을 기록한 이 비문 가운데 '乃顔離佛正法'이라는 구절이 바로 폴로가 말한 것처럼 나얀이 기독교였음을 방증하는 것이라고 보았다. Cf. *Mongolia and the Mongols*(Bloomington, 1977), vol.2, pp. 212~215, pp. 362~363. 펠리오도 나얀의 추종자들 가운데 남쪽 멀리 定海縣으로 유배간 사람들에 관한 『輟耕錄』(권2, p. 48)의 기록을 들면서 나얀이 기독교도였음을 추측케 하는 것이라고 지적한 바 있다.

펫에 말아 넣은 뒤 여기저기로 거칠게 끌고 다녀서 죽였던 것이다. 그를 이런 방식으로 죽이는 까닭은 황제 일족의 피가 땅에 흐르지 않기를, 그래서 태양도 공기도 그것을 보지 않게 되기를 바랐기 때문이다.[20] 이렇게 해서 대카안이 전투에서 승리를 거두자 모든 병사들과 신하들이 〔와서 복속했다.〕 내가 그 네 지방의 이름을 말해주겠다. 첫째는 초르차, 둘째는 카울리(Cauli),[21] 셋째는 바르스콜(Barscol),[22] 넷째는 시킨팅주(Sichintingiu)[23]였다.

대카안이 이렇게 함으로써 전투에서 승리하자, 하나님을 믿지 않던 그곳의 사라센, 우상숭배자들, 유대인, 기타 많은 백성과 민족들은 나얀이 깃발 위에 달고 온 십자가를 조롱했고, 그곳에 있던 기독교도들을 비난하

---

20) 몽골인들은 귀족을 처형할 때 사람을 카펫 안에 말아서 죽임으로써 피가 흘러나와 밖으로 보이거나 땅을 적시는 일이 없도록 했다. 칭기스칸은 자신의 맹우였던 자무카를 처형할 때 '피가 안 나오게' 죽였고(『秘史』 201절), 구육의 부인인 오굴 가이미쉬도 펠트에 말아 넣어 물에 빠뜨려서 죽였다(Boyle, *The Successors*, p. 215).

21) R(carli). '카울리'는 물론 '高麗'의 중국식 발음을 옮긴 것이다. 이미 마르코 폴로에 앞서 몽골리아를 방문하고 돌아온 루브룩의 글에 'Caule'라는 이름이 보이며, 『集史』와 같은 페르시아측의 문헌에도 '카울리'(Kawlî)라는 명칭이 보인다. '카울리'는 쿠빌라이 치하의 세 번째 省(shîng)을 구성하며 Kawlî wa?(두 번째 단어는 분명치 않으나 Bâkawmî, Ûkawl 등으로 읽을 수 있다)라는 지명으로 보인다. Cf. Boyle, *The Successors*, p. 282. 당시 몽골제국에서는 Kawli와 Solanqa를 구별했는데, 전자는 高麗를 가리키고 후자는 그 이북의 한반도 북부와 압록강 유역을 가리켰다. 『集史』의 Solanqa는 『秘史』의 Solangi, 루브룩의 Solanga에 해당된다. 그 이북의 만주지방은 '주르체', '초르차' 등으로 표기되었다.

22) 이 이름은 투르크어 Bars-köl(호랑이 호수) 혹은 몽골어 Bars-ğol(호랑이 강)을 옮긴 것으로 추정된다. Bar(s)köl이라는 지명이 멀리 신강지방에 있기는 하지만 나얀의 본거지가 있던 만주지방과는 너무 멀리 떨어져 있다. 펠리오는 나얀의 分地가 그곳에 있었기 때문일지도 모른다고 조심스러운 추측을 했지만 그럴 개연성은 적어 보인다. 『元史』 권160 「哈刺八都魯傳」에 '乃顔故地' 가운데 물고기가 많이 잡히는 '阿八剌忽者'라는 지명이 보이고, 箭內亘은 이것이 권100 「兵志 · 屯田」의 '不魯古赤'의 異名으로 보면서, 이것들이 모두 마르코 폴로의 '바르스콜'과 같은 곳을 가리키는 것이 아닐까 추정했다. Cf. 箭內亘, 『蒙古史研究』(東京, 1930), pp. 618~621.

23) R(sitingui). 이것 역시 확인되지 않은 지명이다. 펠리오는 팔라디우스의 '西建州'설, 유율의 '上京―東京'설을 비판하고, '始興'설을 제기했으나 자신의 가설도 그다지 개연성이 높지 않다고 보았다. 箭內亘은 이것이 始興 · 肇州를 동시에 나타낸 것이 아닐까 추측했다.

면서 "보라! 당신들의 하나님의 십자가가 기독교도인 나얀을 어떻게 도왔는지를!"이라고 말했다. 그들은 어찌나 크게 놀려대고 요란하게 조롱을 했는지 대카안 앞에서도 그렇게 할 정도가 되었다.

그것을 들은 대카안은 자기 앞에서 그렇게 조롱하는 사람들을 저주했다. 그러고 나서 그는 그곳에 있던 많은 기독교도들을 불러서 위로하기 시작했고, "만약 너희 하나님의 십자가가 나얀을 돕지 않았다면 그것은 매우 올바른 일이다. 왜냐하면 만약 부당하고 그른 일이라면 그것을 절대로 행하지 않는 것이 좋기 때문이다. 나얀은 자신의 주군에 대해서 불충하고 반역했기 때문에 그가 당한 일은 너무나 당연한 것이고 너희 하나님의 십자가가 올바르지 않은 그를 돕지 않은 것은 잘한 일이다. 왜냐하면 올바르지 않은 일을 행하지 않는 것이야말로 좋은 일이기 때문이다"라고 말했다.

기독교도들은 대카안에게 대답하여 말하기를 "가장 위대하신 폐하! 정말로 진실을 말씀하셨습니다. 십자가는 자기 주군에 대해 반역하고 불충한 나얀이 한 것과 같은 나쁜 일과 불충한 일은 하지 않습니다. 그는 마땅히 그가 받아야 할 것을 받은 것입니다"라고 했다. 나얀이 군기 위에 매달고 온 십자가에 대해서 대카안과 기독교들이 주고받은 말은 이런 것들이었다.

81장 | 대카안이 어떻게 캄발룩시로 귀환했는가

대카안은 여러분이 들은 것처럼 나얀을 정벌한 뒤 수도인 캄발룩으로 되돌아갔다. 그는 거기에 머물면서 성대한 연회를 열고 크게 즐겼다. 〔부활절이 있는 2월과 3월까지 그렇게 지내다가, 그 시기가 우리의 중요한 절기라는 사실을 안 그는 모든 기독교도들을 부르게 했다. 그리고 그들에게 4복음서가 있는 서책을 가져오게 하고, 여러 번 거기에 향을 쐬게 하며 성대한 의식을 치른 뒤, 그 책에 신실하게 입맞춤을 하고는 그 자리에 있던 자기 신하와 수령들 모두에게 똑같이 하라고 했다. 그는 부활절이나

성탄절과 같이 기독교도가 중요하게 여기는 절기가 되면 언제나 이러한
행사를 치렀다. 그는 사라센이나 유대인이나 우상숭배자들의 주요 절기
에도 마찬가지로 행했다.

그렇게 하는 이유가 무엇이냐는 물음에 대해 그는 "모든 사람이 숭배
하고 존경하는 네 명의 예언자가 있다. 기독교도들은 자기네 신이 예수
그리스도라 하고, 사라센은 마호메트라 하며, 유대인은 모세라고 하고,
우상숭배자들은 여러 우상들 가운데 최초의 신인 사가모니 부르칸
(Sagamoni Burcan)[24]이라고 한다. 나는 이 넷을 모두 존경하고 숭배하
며, 특히 하늘에서 가장 위대하고 더 진실한 그분에게 나는 도움을 부탁
하며 기도를 올린다"라고 대답했다. 그렇지만 대카안의 행동은 그가 기
독교 신앙을 가장 진실하고 뛰어난 것으로 여기고 있음을 보여준다. 왜냐
하면 그는 기독교가 오로지 선하고 신성한 것만 지시한다고 말하고 있기
때문이다. 그리고 기독교도들이 십자가를 앞에 들고 가지 못하도록 했는
데, 그것은 그리스도와 같이 위대한 사람이 십자가 위에서 매질을 당하고
처형되었기 때문이다.

어떤 사람들은 "그가 기독교를 최고의 신앙으로 여겼다면 왜 그것을
믿고 기독교도가 되지 않는가"라고 말할지도 모른다. 그 이유는 이러하

---

24) F(sergamoni borcain, sergomoni borcan, sorgomon saint, sergomoni borcan),
R(sogomombar can, sogomonbarchan), Z(sogomoni, sogomoni burchan, sogomoni
burghan). 석가모니를 가리키는 이 이름은 사본에 따라 달리 표기되어 있으며, 여기에 표시된
형태는 펠리오가 재구성한 것이다. 이 말은 '샤카모니 부르칸'(Šakamoni Burqan)을 옮긴 것이
분명하다. '부르칸'은 이미 11세기 마흐무드 카쉬가리의 『투르크어 사전』에서도 보이는 것으로
보아 몽골제국이 출현하기 오래 전부터 투르크인들 사이에서 사용되었다. Ross와 같은 학자는
이 말의 어원에 대해서 소그드인들이 불경을 한문으로 옮길 때 Buddha를 '佛'(*bur 〈 *b'iut)로
하고, 여기에 다시 'qan'을 붙여 Burqan이 된 것이라고 보았다. 『비사』에는 몽골인들의 聖山으
로 '부르칸'산이 등장한다. 우리나라의 '弗咸'을 '부르칸'으로 이해하려는 견해도 있으나 아직
검증된 바는 없다. 펠리오는 '샤카모니 부르칸'이라는 표현이 『集史』「中國誌」에도 사용되고 있
음을 지적했다.

다. 그가 니콜로님과 마페오님을 사신으로 임명하여 교황에게 보내면서
—그들은 그에게 기독교에 대해 여러 번 이야기했었다—다음과 같이 말
했다. "너희들은 어찌해서 나를 기독교도로 만들려고 하느냐? 너희들도
보다시피 이곳의 기독교도들은 극도로 무식하기 때문에 아무것도 할 줄
모르고 아무런 힘도 없다. 그러나 이 우상숭배자들은 무엇이나 행하지 않
는가? 내가 식탁에 앉으면 그들은 접견실 한가운데 있는 잔에 포도주나
다른 음료수를 가득 채운 뒤 손도 대지 않고 내게 날라주어서 내가 마실
수 있게 하지 않는가? 그들은 마음대로 폭풍을 이동시키고 수많은 경이
로운 일들을 행한다. 또한 그들의 우상들은 말도 하고 바라는 것은 무엇
이나 예언도 하지 않는가? 만약 내가 기독교로 개종하고 나 자신이 기독
교도가 된다면, 기독교를 믿지 않는 나의 신하와 백성은 이렇게 말할 것
이다. '무슨 이유로 세례를 받고 그리스도의 종교를 믿게 된 것입니까?
폐하는 도대체 그에게서 어떤 기적과 덕성을 발견한 것입니까?' 이 우상
숭배자들은 자신이 행하는 기적이 우상들의 성스러움과 덕성의 힘 때문
이라고 말한다. 그러면 내가 그들에게 무엇이라고 대답할 수 있겠는가?
그렇게 되면 그들 사이에 큰 소란이 일어나고 이 우상숭배자들은 자기의
기술과 비법을 사용하여 나를 쉽게 죽일 수도 있지 않겠는가? 그러니 너
희들은 교황에게로 가서 너희들의 종교를 믿는 100명의 현자들을 짐에게
로 보내달라고 나를 대신하여 청원하라. 그래서 이 우상숭배자들 앞에서
그들의 행동을 꾸짖고, 자신들이 그런 일을 할 수는 있지만 그것이 악마
와 악령의 사술이기 때문에 하지 않을 뿐이라는 사실을 말해줌으로써, 그
들이 감히 그런 일을 하지 못하게 억제하면 어떻겠는가? 그런 것을 보게
되면 우리는 그들과 그들의 율법을 비난하고, 나는 세례를 받게 될 것이
다. 내가 세례를 받으면 나의 신하와 대인들도 세례를 받을 것이고, 그러
고 나면 나의 백성도 받게 되어, 아마 너희들 고장보다도 더 많은 기독교
도가 생겨날 것이다." 처음에 말했듯이 만약 교황께서 우리의 신앙을 그

에게 포교할 만한 적절한 사람을 보냈더라면 이 대카안은 기독교도가 되었을 것이다. 왜냐하면 그가 그렇게 되기를 간절히 바라고 있었다는 것은 분명한 사실이기 때문이다.〕

카이두라는 이름을 지닌 또 다른 왕은 나얀이 패배하여 처형되었다는 소식을 듣고 크게 당황하여 전쟁을 시작하지 못한 채 다만 나얀이 당한 것과 같이 되지 않을까 해서 극도로 무서워하며 떨기만 할 뿐이었다. 여러분은 대카안이 그때 단 한 번 친히 전쟁에 나갔다는 것을 들었을 것이다. 그밖에 다른 전쟁이나 필요한 경우에는 모두 자기 아들들이나 대신들을 보냈지만, 이 경우만은 다른 사람을 보내려고 하지 않았다. 왜냐하면 그 사람의 오만함이 도를 넘어서 너무나 지나친 악행을 저지르고 있다고 생각했기 때문이다. 이제 그것에 대해서는 이 정도로 해두고, 대카안의 정말로 위대한 업적들에 대한 이야기로 다시 돌아가기로 하자.

나는 여러분에게 그의 혈통과 나이를 말해주었다. 이제 그가 전투에서 훌륭하게 처신한 대신들, 또 비천하고 비굴하게 행동한 사람들에게 어떻게 했는지에 대해서 이야기해주겠다. 〔대카안은 12명의 현명한 신하들을 거느리고 있는데, 그들은 무엇보다도 원정과 전쟁을 하러 나간 지휘관과 병사들이 벌이는 작전 내용을 확인하고 그것을 대카안에게 보고하는 임무를 맡고 있다.〕 자신의 능력을 발휘한 사람들에게, 그가 백인대의 수령이었다면 천인대의 수령으로 만들어주고 지엄한 명령이 적힌 패자와 은그릇들을 선물로 하사한다. 백인대의 지휘관에게는 은패가, 천인대의 지휘관에게는 금패나 도금한 은패가, 만인대의 지휘관에게는 사자두의 문양이 붙은 금패가 주어진다.[25]

---

25) 蒙元시대의 牌子는 크게 보아 金虎符・金牌・銀牌의 세 종류로 나뉜다. 폴로가 말하는 '獅子頭'의 문양이 새겨진 금패란 실은 金虎符를 가리키는 것이다. 『元史』 권91 「百官志」(p. 2310) 의 기사는 萬戶・千戶・百戶의 수령들에게는 등급에 따라 이 패자들이 발급된 사실을 적고 있어 폴로의 글이 정확함을 입증해준다. 이외에도 海靑牌(圓牌라고도 불림)라는 것이 있었는데

여러분에게 이 패자들의 무게를 말해보면, 백인장과 천인장의 것은 120삭기(saggi)[26]이며 사자두가 붙은 것은 220삭기이다. 이들 모든 패자에는 다음과 같은 칙령이 적혀 있다. "위대한 신의 힘과 그가 우리 황제에게 준 위대한 은총에 기대어, 카안의 이름에 축복이 있을지라! 순종하지 않는 모든 자들은 죽음을 당하고 멸망을 입을 것이니라!"[27] 다시 여러분에게 말하건대 이러한 패자들을 소유한 사람들은 모두 지휘관으로서 마땅히 행해야 할 모든 것을 적어놓은 위임장도 갖고 있다. 이제 여러분에게 이러한 사실들을 설명했는데, 이와 같은 것에 대해 조금 더 이야기하도록 하겠다.

10만 명을 지휘하는 최고사령관이나 막대한 전군을 지휘하는 수령은 중량이 300삭기인 금패를 갖고 있는데, 거기에는 앞에서 말한 바로 그러한 글귀가 적혀 있다. 그리고 패자 아래쪽에는 사자 모양이 새겨져 있고 위쪽에는 해와 달 모양이 그려져 있다. 그들은 극도의 권위와 권력을 상징하는 특권장(特權狀)[28]을 갖는다. 이러한 중요한 패자를 소지한 사람들은 말을 타고 어디를 가든지 그가 지닌 위대한 권력의 상징으로 머리 위에 양산을 쓰고 가야만 하며, 언제나 은제 의자 위에 앉아야 한다. 그리

급한 군사적인 용무가 있을 때에만 발급되었다. 몽골제국의 패자에 관한 箭內亘의 『蒙古史研究』를 참조하시오.

26) 베네치아에서 통용되던 중량의 단위 삭기오(saggio)의 복수형. 1삭기오는 1/6온스, 즉 4.8그램 정도이다.

27) 실제로 킵착 칸국에서 사용되던 은패가 드네프르강 부근에서 발굴되었는데, 거기에 위구르 문자로 씌어진 다음과 같은 글은 폴로가 전하는 내용과 흡사하다. "영원한 하늘의 힘에 기대어! 위대한 威靈(yeke suu jali)의 가호에 의해! 압둘라(=칸의 이름)의 칙유에 따르지 않는 자는 누구라도 처벌되어 죽음을 당할 것이다!"라고 되어 있다. 킵착 칸국에서 사용되던 또 다른 패자로 파스파 문자가 씌어진 것도 발견되었는데, 그 내용 역시 "영원한 하늘의 힘에 기대어! 카간의 이름을 신성케 할지어다! 존경을 바치지 않는 자는 처형되고 죽음을 당할 것이다!"라고 되어 있다.

28) 몽골어로 칙령을 뜻하는 '자를릭'(jarlig ; 『집사』의 yârlîg)이며, 한문자료에는 鋪馬聖旨라고 표기되어 있다. 역참에서 필요한 馬匹의 징발을 보장하는 聖旨가 적혀 있는 문서를 가리킨다. 箭內亘, pp. 889~891.

원나라에서 사용된 원패(圓牌). 에르미타쥬 박물관 소장. 파스파 문자로 기록되어 있다.

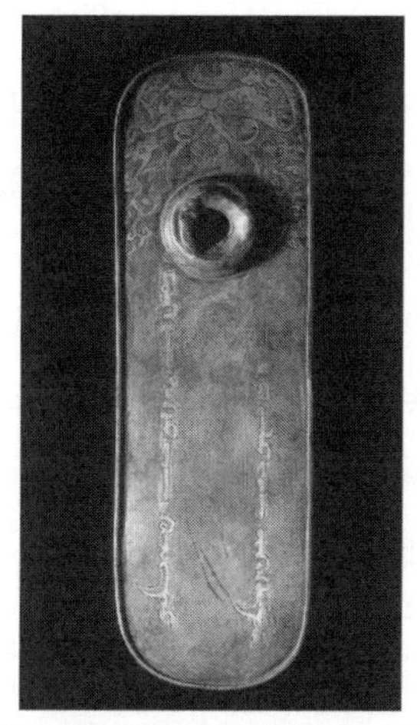

킵착 칸국에서 사용된 은패(銀牌). 위구르식 몽골문자로 기록되어 있다.

고 대군주는 이런 것들과 함께 해청패를 하사하는데, 이 패자는 자기 자신만큼 전권을 행사해도 좋을 아주 높은 고관들에게 주어진다. 그래서 만약 그가 사신 또는 다른 사람을 어디론가 보내려고 할 때, 그는 원하기만 한다면 왕의 말도 취하여 사용할 수 있다. 내가 왕들의 말도 취할 수 있다고 했으니, 여러분은 그가 어떤 다른 사람으로부터도 말을 취할 수 있음을 알아야 할 것이다. 이제 이 정도로 그만 해두고 대카안의 풍모와 얼굴에 대해서 이야기하도록 하겠다.

82장 | 여기서 그는 대카안의 풍모에 대해서 이야기한다

군주들 중의 대군주인 쿠블라이 카안은 이렇게 생겼다. 그는 크지도 작지도 않은 중간의 알맞은 체격이고, 아주 보기좋게 살이 올라 있으며 신체 모든 부분이 균형이 잘 잡혀 있다. 그의 얼굴은 마치 장미처럼 희고 붉으며, 눈동자는 까맣고 아름다우며, 코는 잘생긴 모습으로 자리잡고 있다. 그는 네 명의 부인을 언제나 자신의 진정한 아내로 여기고 있는데, 이 네

명의 부인들 가운데서 출생한 가장 큰 아들이 대카안이 죽은 뒤 제국의 군
주가 될 마땅한 권한을 지닌다. 그녀들은 황후라고 칭해지며 각자의 이름
으로 불린다. 그리고 이 부인들은 모두 각각의 궁전을 갖고 있으며, 모두
다 적어도 300명 이상의 매우 예쁘고 친절한 여인들을 부리고 있다.[29] 그
들은 시중을 드는 수많은 내시들 외에도 여러 남녀를 두고 있어, 이들 부
인 각각의 궁전에 있는 사람들의 숫자는 족히 1만 명은 된다. 그가 이들 네
부인들 가운데 누구와 잠자리를 같이하고 싶으면 그녀를 자기 방으로 오
도록 했지만, 때로는 그가 부인의 방으로 가기도 한다. 또한 그는 많은 첩
들도 두었는데, 그것이 어떤 식인지 여러분에게 이야기해주겠다.

타타르 종족 가운데 웅그라트(Ungrat)[30]라고 불리는 사람들이 있는데
매우 잘생겼고 〔피부는 흰색이다〕. 매년[31] 그 종족 가운데 가장 아름다운
100명의 아가씨들을 대카안에게 데려간다. 〔대카안은 그 지방으로 사신
들을 보내 자신이 제시한 미의 기준에 맞는 가장 아름다운 소녀들을 찾도
록 하고, 그들은 합당하다고 생각되는 400~500명 정도를 보낸다.

이 소녀들에 대한 평가는 다음과 같은 방식으로 이루어진다. 사신들은
도착해서 그 지방의 모든 소녀들을 불러 모은다. 이 목적을 위해 파견된
판정관들은 모든 사람의 신체부위, 즉 머리, 얼굴, 눈썹, 입, 입술, 그리고
다른 부위들이 신체의 균형과 맞는가를 살피고 검사한 뒤, 그들이 얼마나
예쁜가에 따라 16카라트(carat)[32] 혹은 17·18·20카라트 등으로 평가를

---

29) 페르시아측 자료인 『五族譜』에는 쿠빌라이의 카툰(khatun)으로 모두 여덟 명을 들고 있고,
　　『集史』에는 여섯 명만 언급되어 있다. 한편 『元史』 권106 「后妃表」에 의하면 세조 쿠빌라이의
　　부인들은 네 개의 '오르두'(斡耳朶)로 나뉘어 있었다.
30) F(ungrac), R(vngut). ungrat로 수정. 『집사』의 '쿵그라트', 『비사』의 '옹기라트', 『원사』에는
　　弘吉烈·甕吉剌 등으로 표기되어 있다. 대대로 칭기스칸 일족과 혼인관계를 맺은 것으로 유명
　　하다. 이 씨족 여인들의 미모에 대해서는 『비사』 64절에 잘 묘사되어 있다.
31) R본에는 "2년에 한 번"이라고 되어 있다.
32) '카라트'는 원래 다이아몬드의 무게나 금의 순도를 나타내는 단위이다. 폴로가 몽골어의 어떤
　　말을 '카라트'로 표현했는지 불분명하나, 純金을 24k(즉 24카라트)라고 하듯이 최고 24까지

내린다. 만약 대카안이 그들에게 20이나 21카라트의 가치가 있는 소녀를 데리고 오라고 지시했다면, 그들은 명령받은 그 기준에 맞추어 데리고 간다. 그리고 그들이 그의 어전으로 오면 그는 다시 다른 판정관들에게 평가하도록 한 뒤, 그들 가운데 가장 높은 카라트로 평가된 30~40명을 선택하여 자기 침실에 배당케 한다.〕

그리고 그녀들을 궁정의 부인들에게 맡겨서 한 침대에서 자도록 한다. 그렇게 함으로써 그녀의 숨결이 고운지, 그녀가 처녀인지 아닌지, 또 모든 면에서 건전한지를 살피게 한다. 그 뒤 그들은 군주에게로 내가 이제 말하려는 방식대로 보내지게 되는 것이다. 사흘 낮과 밤을 여섯 명의 여인들이 방에서 침대에서 군주를 모시며 그가 필요로 하는 모든 일을 수행하고, 대카안은 자신이 하고 싶은 대로 그녀들에게 행한다. 사흘 낮과 밤이 끝나면 두 번째 여섯 명의 여인들이 들어온다. 이렇게 사흘 낮과 밤마다 여섯 명씩의 여인들이 1년 내내 바뀌는 것이다.

〔한 조의 여인들이 군주의 침실에 있는 동안 다른 조는 옆방에서 대기하고 있다. 만약 그가 어떤 특별한 것, 예를 들어 술이나 음식 혹은 그외의 것들을 원하면 군주의 방에 있던 여자들은 다른 방에 있는 여자들에게 준비하라고 지시하고, 그러면 그들은 즉시 그것을 수행한다. 이처럼 군주 옆에서 시중드는 사람은 오로지 여자들뿐이다. 보다 낮은 카라트의 판정을 받은 여자들은 군주의 다른 여자들과 함께 궁전에 머물면서 바느질하는 법이나 장갑을 자르는 일 외에 다른 고상한 일들을 배운다. 그래서 만약 어떤 귀공자가 부인을 구한다면 대카안은 매우 많은 지참금과 함께 그 여자들 가운데 하나를 보내준다. 이런 식으로 그는 그 여자들 모두에게 좋은 지위에 있는 남편을 찾아주는 것이다.

혹시 "상술한 그 지방의 남자들은 대카안이 자기 딸들을 빼앗아가는

카라트의 등급이 매겨졌다.

것을 싫어하지 않을까" 하는 의문을 제기할지도 모르겠지만, 분명히 그렇지 않다. 오히려 그들은 그것을 커다란 은총이자 영광으로 생각하며, 황송스럽게도 군주에게 가납될 정도의 어여쁜 딸을 두었다는 것을 기쁘게 여긴다. 그리고 "만약 내 딸이 좋은 별자리와 행운을 안고 태어났다면, 나 자신은 도저히 할 수 없지만 군주께서는 그녀를 더 잘되게 하여 좋은 집안으로 시집보내실 것이다"라고 말하고, 만약 그 딸이 행동을 올바로 하지 못하거나 행운이 따르지 않게 되면, 아버지는 "그녀의 별자리가 나빠서 그런 것이다"라고 말한다.〕

83장 | 여기서 그는 대카안의 아들들에 대해서 이야기한다

여러분은 대카안이 네 명의 부인들로부터 모두 22명의 남자 아이들을 두었다는 사실을 알아야 할 것이다.[33] 큰아들의 이름은 훌륭한 칭기스 카안을 기리기 위해 친킴(Cinchim)[34]이라고 했다. 이 사람은 대카안이 되어 제국 전체의 군주가 되었어야 했다. 그러나 그는 죽어버렸고 테무르(Temur)라는 이름을 가진 아들을 하나 남겼다. 이 테무르는 대카안과 군주가 될 것이 분명하다. 그가 대카안의 큰아들의 아들이기 때문에 그것은 당연한 일이다. 나아가 여러분에게 말하건대 이 테무르는 현명하고 사려

---

33) 『집사』「쿠빌라이紀」에는 일곱 명의 부인에게서 출생한 12명의 아들들의 이름만이 기재되어 있고, 『원사』권107「宗室世系表」에는 쿠빌라이의 10명의 아들이 기록되어 있다. 이를 종합해 보면 다음과 같다. ①도르지(Dorji, 朵而只), ②燕王 친킴(Chinkim, 眞金), ③安西王 망갈라(Manggala, 忙哥剌), ④北安王 노무간(Nomuğan, 那木罕), ⑤코리다이(Qoridai), ⑥雲南王 후게치(Hügechi, 忽哥赤), ⑦西平王 오그룩치(Oğruqchi, 奧魯赤), ⑧아야치(Ayachi, 愛牙赤), ⑨寧王 쿠쿠추(Kököchü, 闊闊赤), ⑩쿠틀룩 테무르(Qutluq Temür, 忽都魯帖木兒), ⑪鎭南王 토곤(Toğon, 脫歡), ⑫姓名 未詳. 이렇게 볼 때 이들 가운데 일곱 명만이 지방의 이름이 명시된 王號를 갖고 있어, 뒤에서 일곱 명의 왕자들이 광대한 왕국을 다스린다는 마르코 폴로의 주장과 일치한다.

34) R(cingis). 한문자료의 眞金(1243~85). 그는 제1황후인 차비(Chabi : 『원사』의 察必, 『집사』의 Chabui)의 소생으로 폴로의 말과는 달리 次子이다.

깊으며, 이미 전쟁에서도 여러 차례 탁월한 능력을 보여주었다.[35] 또한 여러분은 대카안에게는 비빈들에게서 출생한 25명의 다른 아들들이 있는데, 그들은 무기를 능숙하고 용맹하게 다루며 그들 하나하나가 모두 고위 대신이라는 사실을 알아두어야 할 것이다.

그가 네 명의 정후들로부터 낳은 아들들 가운데 일곱 명은 광대한 지방과 왕국의 왕들이며, 모두 현명하고 사려깊기 때문에 잘 다스리고 있다. 그도 당연한 것이 그들의 아버지 대카안이야말로 가장 현명하고 모든 것을 가장 잘 갖춘 인물이며, 백성과 제국을 다스리는 가장 위대한 군주이자, 타타르의 모든 종족들 사이에 여태까지 존재했던 어떤 사람보다 뛰어난 용맹함을 갖고 있기 때문이다. 이제 여러분에게 그의 아들들에 대해서 이야기했으니 이제 그가 궁정을 어떻게 거느리고 어떻게 행동하는가에 대해서 말해보도록 하겠다.

84장 | 여기서 그는 대카안의 궁정에 대해서 이야기한다

여러분은 대카안이 1년에 석 달, 즉 12월과 1월과 2월은 캄발룩이라 불리는 카타이의 수도에 머문다는 사실을 알아두어야 할 것이다.[36] 그는 이

---

35) 몽골제국의 역사는 대칸의 계승이 반드시 예상대로 이루어지지 않았던 예를 수없이 보여준다. 더구나 1285년 친킴이 죽고 난 뒤 쿠빌라이가 테무르를 皇太子로 임명한 것은 1293년 음력 6월의 일이었고, 폴로 일행이 중국을 떠난 것은 그보다 전인 1290~91년경이었다는 점을 생각하면, 쿠빌라이의 뒤를 그 손자인 테무르(Temür)가 이을 것이 분명하다는 폴로의 예측이 적중한 것은 놀랍다고 할 수 있다. 더구나 쿠빌라이의 장손이자 테무르의 동복 형인 카말라(Qamala, 甘麻刺)도 무시할 수 없는 후보였다. 테무르는 중국사에서 成宗으로 알려져 있고 치세는 1294년에서 1307년까지이다.

36) 쿠빌라이는 내몽골 초원의 上都(폴로의 상두)와 현재의 북경에 해당하는 大都(폴로의 캄발룩)라는 두 개의 수도를 두고 巡幸했고, 그를 계승한 원조의 황제들도 그러했다. 巡幸의 날짜가 고정된 것은 아니나 대체로 음력 2월이 되면 大都를 떠나 북상을 시작하여 4월이 되면 上都에 도착한다. 上都에서 다시 大都로 돌아오는 시점은 대체로 9월경이지만 때에 따라 8월이나 10월이 되는 경우도 있었다. 따라서 쿠빌라이는 음력 10월에 시작하여 겨울을 넘기고 그 다음 해 2월까지 대략 4~5달 가량 캄발룩에 머물렀던 셈이다.

도시 안의 〔신도시 근처에서 남쪽 방향으로〕 거대한 궁전을 갖고 있는데 그 생김새에 대해서 여러분에게 묘사해주겠다.[37] 먼저 사각형의 성벽이 있는데 한 면의 길이는 1마일, 즉 전체 둘레가 4마일이 된다.[38] 그것은 매우 두껍고 10보 정도의 높이이며, 모두 흰색이고 총안이 뚫려 있다. 이 성벽의 각 모서리에는 매우 아름답고 화려한 큰 누각들이 있어 그곳에 대 칸의 장비들이 보관되어 있다. 즉 활, 활통, 안장, 말고삐, 활시위, 그리고 기타 군대에 필요한 갖가지 물자들이 그곳에 있다. 또 모서리에 있는 누 각과 같은 것들이 성벽의 면을 따라 모두 여덟 개가 있는데, 이 여덟 개의 누각들은 대카안의 장비들로 가득 차 있다.

여러분은 그 각각에 오로지 한 가지씩만, 즉 활이 있는 곳에는 활만, 안 장이 있는 곳에는 안장만 보관되어 있다는 사실을 알아야 할 것이다. 이 성벽에는 남쪽으로 다섯 개의 성문이 있는데, 가운데 있는 것이 정문으로 대카안이 들어가고 나갈 때를 제외하고는 결코 열리는 법이 없다. 그리고 이 정문 이외에 양옆으로 두 개의 문이 있어 다른 모든 사람들은 그곳을 통해 들어온다. 또한 모서리 쪽으로 대단히 큰 문이 양옆으로 하나씩 있 는데, 그곳으로도 역시 다른 사람들이 들어온다.

---

37) R본에는 이 다음에 〔우선 한 면의 길이가 8마일인 사각형의 성벽이 있고 그 주변에는 깊은 해자 가 파여 있다. 각 면의 중앙에는 성문이 하나 있어 각지에서 모여드는 사람들이 그리로 출입한다. 그 다음에 또 하나의 성벽이 나오는데 한 면이 6마일이다. 남쪽 면으로 세 개의 성문이 있고 북쪽 면으로도 세 개의 성문이 있으며, 가운데 있는 것이 더 크며 언제나 잠겨 있다. 카안이 들어가고 나갈 때가 아니면 절대로 열리지 않는다. 그 양편에 있는 다른 두 개의 작은 문은 항상 열려 있어 그리로 사람들이 출입한다. 이 성벽의 모서리와 각면에 아름답고 널찍한 누각이 세워져 있어, 성 벽을 따라 모두 여덟 개의 누각이 있는 셈이다. 그 안에는 대카안의 장비들이 보관되어 있는데, 한 곳에 한 종류씩, 즉 재갈, 안장, 등자를 비롯하여 각종 마구들이 있는가 하면, 다른 곳에는 활, 시위, 활통, 화살 등 궁술에 필요한 물건들이 쌓여 있다. 또 다른 곳에는 胸甲이나 腹甲처럼 무두 질한 가죽제품들이 있다〕라는 문장이 적혀 있다. 그러나 이 가운데 앞부분은 85장의 내용과 유사 하고, 뒷부분은 본장의 서술과 흡사하므로 중복을 피하기 위해 본문에는 삽입시키지 않았다.

38) 皇城을 가리킨다. 실제 大都城의 둘레는 20리, 즉 11킬로미터 정도였다. 大都의 궁성과 궁궐 의 구조에 대한 묘사로는 『輟耕錄』 권21 「宮闕制度」가 가장 상세하고, 이외의 연구서로는 陳 高華의 『元大都』(北京, 1982)가 좋다.

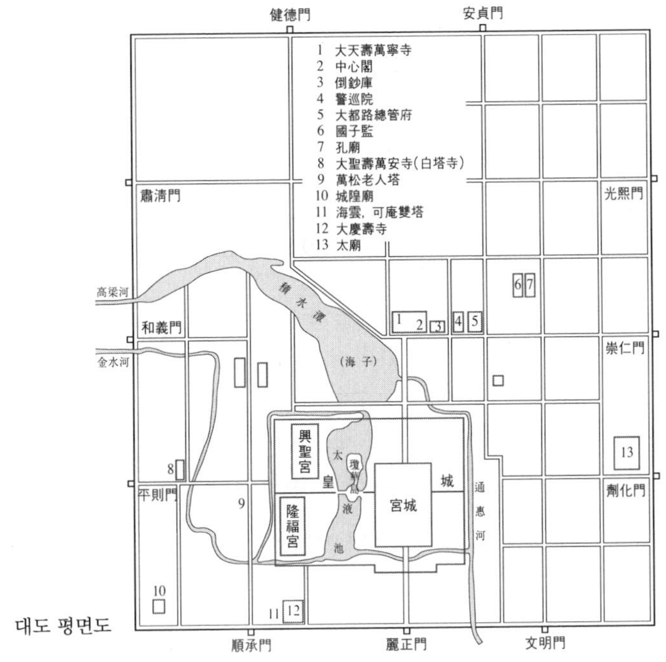

대도 평면도

 이 성벽 안쪽으로 또 다른 성벽이 있는데, 넓다기보다는 길쭉하게 생겼
다.[39] 외벽의 경우와 마찬가지로 이 성벽을 따라서도 여덟 개의 누각이
있으며, 역시 대군주의 장비들이 그 안에 보관되어 있다. 남쪽 면으로 다
섯 개의 성문이 있는데, 이는 앞에서 이야기한 외벽과 꼭 같다. 다른 면에
도 각각 하나씩의 성문이 있으며, 내가 여러분에게 말한 외벽의 경우도
마찬가지이다. 이 성벽 가운데 대군주의 궁궐이 있는데, 그것이 어떻게
생겼는지 여러분에게 말해주겠다.

 그것은 여태까지 본 것 가운데 가장 거대하다. 〔그것은 북쪽으로 지금
상술한 성벽에 연접해 있고, 남쪽으로는 대신과 병사들이 지나다니는 빈

---

39) 宮城을 가리킨다. 폴로의 말대로 남북으로 긴 장방형이며 둘레는 약 3.4킬로미터였다.

공간이 있다.〕건물은 이층으로 되어 있지는 않지만, 바닥이 다른 곳보다 열 뼘 정도 더 높이 올라와 있고, 지붕이 대단히 높다.〔그 둘레에 바닥과 같은 높이의 대리석 담이 있는데 두께는 2보이다. 궁궐을 두른 담은 마치 산책로처럼 꾸며져, 사람들은 그 위로 황궁을 한 바퀴 돌 수 있고 밖을 내다볼 수도 있게 되어 있다. 담 바깥 가장자리에는 사람이 기댈 수 있을 만한 매우 아름다운 난간이 기둥과 함께 세워져 있다.〕[40]

접견실과 방들의 벽은 모두 금과 은으로 색칠해져 있고, 용, 짐승, 새, 기병 등 여러 모습들이 그려져 있다. 천장 역시 금칠과 그림 이외에는 아무것도 보이지 않게 만들어져 있다. 접견실은 어찌나 크고 넓은지 6,000명 이상이 한꺼번에 식사할 수 있으며, 얼마나 많은 방들이 있는지 놀라울 정도이다. 또 얼마나 크고 잘 만들어졌는지 그보다 더 잘 만들 만한 지식을 갖고 있는 사람은 세상 어디에서도 찾아볼 수 없을 것이다. 꼭대기 지붕은 모두 적색, 녹색, 청색, 황색 등 갖가지 색깔의 타일로 덮여 있는데, 어찌나 곱고 교묘하게 잘 만들어졌는지 수정처럼 투명해서 황궁 주변 아주 멀리까지 빛을 내뿜는다.

또한 여러분은 그 천장이 오랜 세월에 견딜 수 있을 만큼 강하고 단단하게 짜맞추어져 있다는 사실을 알아야 할 것이다.〔황궁 뒤로는 커다란 집과 방과 접견실들이 있는데, 그곳에는 군주가 사유하는 물건들, 즉 그의 모든 보물과 금은, 귀금속, 진주, 금은 집기들이 있으며 또 그곳에는 그의 정후와 비빈들이 거처하면서 마음내키는 대로 편안하게 사무를 처리할 수 있다. 다른 사람은 그곳에 들어가지 못한다.〕

내가 여러분에게 말한 두 성벽 사이에는 잔디밭과 아름다운 나무들이 있어 흰 숫사슴, 사향노루, 노루, 황갈색 사슴, 다람쥐를 비롯한 각종 아

---

40) 가장 중요한 궁궐인 大明殿을 가리키는 것이다. 동서가 60미터, 남북이 40미터, 높이가 30미터에 달하는 거대한 건물이며, 그 밑바닥은 지상에서 솟아오른 臺基 위에 세워져 있고, 龍과 鳳凰이 조각된 漢白石의 난간으로 둘러쳐져 있었다.

름다운 동물들과 진기한 동물들이 뛰어다닌다. 성벽 안에 있는 모든 공간에는 사람들이 걸어다니는 길을 제외하고는 모두 이들 아름다운 동물들로 가득 차 있다. [정원에는 잔디가 풍부하다. 모든 길은 땅바닥에 비해 2큐빗 더 높게 포장되어 있어 흙에 묻지도 않을 뿐 아니라 빗물도 고이지 않고 잔디로 흘러가기 때문에 토양을 비옥하게 하고 풀이 더 잘 자라게 한다.][41]

서북쪽 모퉁이에는 매우 큰 호수가 하나 있는데, [거기에서 파낸 흙이 언덕 하나를 이루고 있다.] 거기에는 각종 물고기가 있는데 대군주는 마음만 먹으면 언제나 잡을 수 있도록 여러 종류의 고기를 그곳에 넣도록 했다. 더구나 여러분에게 말하건대 매우 커다란 강이 그곳으로 흘러들어와 [앞서 말한 구덩이를 채워서 호수를 만들고, 동물들이 그곳으로 와서 물을 마신다. 그리고는 거기에서] 흘러나와 [앞서 말한 언덕 근처의 수로를 통과하여, 대카안의 황궁과 그의 아들 친킴의 궁전 사이에 있는 또 다른 크고 깊은 웅덩이를 채운다. 거기서 파낸 흙도 앞서 말한 그 언덕에 쌓인다. 그리고 강은 호수의 다른쪽으로 빠져 흘러나간다.] 그러나 고기들은 도망쳐나갈 수 없도록 설계되어 있는데, 쇠와 놋쇠로 만든 그물을 쳐놓았기 때문이다.[42]

또한 여러분에게 말하건대 그는 궁전에서 북쪽으로 활을 쏘아 닿을 만한 거리에 언덕 하나를 짓도록 했다. 이 언덕은 높이가 거의 100보이고 둘레는 1마일 이상이나 된다. 이 언덕은 1년 내내 잎이 지지 않는 항상 푸르른 나무들로 뒤덮여 있다. 대군주는 누군가 아름다운 나무 한 그루가 있다고 말하면 그곳이 어디든 많은 흙과 함께 뿌리째 그것을 가져오게 했는데, 코끼리에 실어서 그 언덕으로 운반하도록 했다. 나무가 아무리 크

---

41) 황성 안에 위치한 정원(御苑)과 동물원(靈囿)으로, 오늘날 북경 시내의 景山公園이 이에 해당된다.

42) 궁궐 서쪽에 위치한 太液池(즉 玄武池)에 대한 묘사로서, 오늘날 북경의 北海가 이에 해당된다.

다 할지라도 그것을 옮겨오게 한다. 이런 방식으로 세상에서 가장 아름다운 나무들은 모두 그곳에 모아진다.

또한 대군주는 그 언덕을 모두 초록색 돌로 덮어서, 나무도 초록색이요 언덕도 초록색이 되게 만들었다. 초록색을 제외하고는 아무것도 보이지 않으므로 그것을 '녹색 언덕'(Green Hill)이라고 부른다. 그 언덕 꼭대기 한가운데 있는 아름답고 커다란 전각 역시 모조리 초록색이다. 여러분에게 말하지만 이 언덕과 나무와 전각은 너무나 아름답기 때문에 그것을 관상하는 사람은 기쁨과 열락을 느끼게 된다. 대군주가 그것을 만들도록 한 것도 그 같은 아름다운 풍경을 보기 위해서이며, 그것이 그에게 안락과 기쁨을 주기 때문이다.[43]

85장 | 여기서 그는 카안의 뒤를 이어 통치하게 될 그의 아들의 궁전에 대해서 이야기한다

다시 한 번 여러분에게 말하건대 대군주는 이 궁전 근처에 자기의 것과 똑같은 또 다른 궁전을 짓도록 했는데 그것 역시 하나도 부족함이 없도록 했다. 그래서 그의 아들이 통치하고 군림하게 되면 그것을 소유할 수 있도록 했다. 그렇기 때문에 그 궁전의 크기나 성벽의 숫자도 내가 위에서 설명한 대카안의 것과 똑같이 만들게 했다.

친킴의 아들, 즉 내가 위에서 마땅히 군주가 될 것이라며 거명했던 그는 대카안이 되기에 합당한 모든 예절과 관습과 행동을 알고 행하는데, 그것은 대카안이 죽으면 즉시 그가 군주로 선택될 것이기 때문이다. 사실 그는 교서를 내리고 권위의 인장을 지니고는 있지만, 대카안이 살아 있는 한 그와 완전히 똑같은 권력은 행사하지 못한다.[44] 여러분에게 궁전들에 대해

---

43) 太液池 안에 있는 인공의 섬 瓊華島(일명 萬壽山 혹은 萬歲山)를 가리키며, 그 위에 있는 전각은 廣寒殿에 해당된다. 이에 관한 상세한 설명은 『輟耕錄』 권1 「萬歲山」을 보시오.
44) 폴로의 이 기록은 테무르가 황태자로 임명되지 않았다면 이해하기 힘들 정도이다.

설명했으니, 이제는 이 궁전들이 있는 카타이의 대도시에 대해서, 그것이 어떻게 또 무슨 연유로 만들어졌는지에 대해서 이야기해보도록 하겠다.

캄발룩―우리 언어로는 '군주의 도시'를 의미한다―이라는 이름의 거대하고 훌륭한 옛 도시가 있었다. 대카안은 그의 점쟁이들로부터 이 도시가 반드시 국가에 대해서 반란을 일으키고 크게 반항할 것이라는 말을 들었다. 이런 까닭으로 대카안은 그 옆에다가 이 도시를 건설하도록 했다. 그 사이에는 단지 강이 하나 있을 뿐인데, 그는 모든 사람들을 그 옛 도시로부터 새로 지은 도시로 이주하도록 하고, 그것을 타이두(Taidu)[45]라고 불렀다. 〔신도시에는 너무 많은 사람들이 들어가 살 수 없었기 때문에, 반란을 일으킬 우려가 없는 사람들은 그대로 옛 도시에 살도록 내버려두었다.〕

이제 그것이 얼마나 큰지 여러분에게 이야기해주겠다. 그 둘레는 24마일이고 한 면이 다른 면보다 더 길지 않은 정사각형으로 되어 있다. 그것을 둘러싼 흙으로 된 성벽은 아랫부분의 두께가 10보이고 높이는 20보이다. 그러나 윗부분은 아랫부분만큼 두껍지 않다. 밑에서부터 위로 올라갈수록 점점 좁아져서 꼭대기의 두께는 3보 정도이다. 온통 흰색의 총안들이 설치되어 있다. 12개의 성문이 있고 각 성문 위에는 매우 크고 보기좋은 누각이 세워져 있다. 그래서 성벽의 각면에는 세 개의 성문과 다섯 개의 누각이 있는데, 그 까닭은 모퉁이마다 또 하나의 누각이 세워졌기 때문이다. 이들 누각에는 커다란 방이 있어 도시를 수비하는 병사들이 그곳에 주둔하고 있다.[46]

---

45) 즉 '大都'.

46) 대도의 外城에 대한 설명이다. 당시 외성에 대해 '周圍六十里十一門'이라는 말이 있었는데, 60리는 대략 33킬로미터에 해당한다. 오늘날 학자들의 실측에 의하면 26.6킬로미터라고 한다. 마르코 폴로의 24마일(=38킬로미터)은 상당히 정확한 편이다. 성벽의 두께에 대해서 底部가 10보(15미터), 上部가 3보(4.5미터), 높이가 20보(30미터)라고 했는데, 底部가 24미터인 실측 결과와는 차이가 있다. 외성에 두어진 성문도 마르코 폴로는 12개라고 했고 이 점에서는 후일

또한 여러분에게 말하건대 시내의 도로들은 얼마나 곧고 넓은지 한쪽 끝에서 다른쪽 끝을 볼 수 있을 정도이며, 각각의 성문들이 서로 보이도록 설계되어 있다. 아름다운 누각과 아름다운 여인숙과 가옥들이 많다. 〔시내 전역의 가옥들이 세워져 있는 택지들은 모두 방형으로서 선으로 구획되어 있으며, 각 구역에는 넓고 커다란 전각과 거기에 부수된 안뜰과 정원들이 있다.

이와 같은 택지들은 각 가문의 가장들에게 주어지는데, 예를 들어 어떤 씨족의 모씨에게는 이곳의 택지를, 또 다른 어떤 씨족의 모씨에게는 저곳의 택지를 하는 식으로 직접 전달해준다. 그러한 방형의 택지 주변에는 보행자 도로가 있다. 이런 방식으로 도시의 모든 내부는 마치 바둑판처럼 방형으로 꾸며져 있고, 뭐라고 설명하기가 불가능할 정도로 아름답고 정교하게 설계되어 있는 것이다.〕[47]

도시 중앙에는 거대한 시계가 있는 매우 커다란 종루가 있어 밤이 되면 종소리를 낸다. 세 번의 소리가 울린 뒤에는 아무도 시내를 다녀서는 안 된다. 사실 종이 그 횟수만큼 울리고 난 뒤에는 어느 누구도 감히 시내를 다닐 수 없는데, 다만 아이를 낳는 여자들이나 병자들의 경우는 예외로 그들은 반드시 등불을 휴대하고 가야 한다. 각각의 성문에는 1,000명의 경비병들이 지키고 있는데, 그들은 다른 사람들이 공격할까 하는 두려움에서 지키는 것이 아니라는 점을 여러분이 이해하기 바란다. 그들은 그 안에 살고 있는 대군주의 명예를 위하여, 또 강도들이 시내에서 나쁜 짓을 하는 것을 막기 위해서 지키고 있는 것이다.[48] 〔[49]그럼에도 불구하고 점쟁이들

Odoric도 마찬가지였다. 그러나 실제로 성문은 11개 — 동 · 서 · 남면에 각각 세 개씩이고, 북면에 두 개 — 밖에 없었다.

47) 이 역시 大都의 도시 플랜을 정확하게 표현하고 있다. 大都는 남북으로 수직교차하며 지나가는 폭 24보(36미터)의 大路들에 의해 坊이라고 불리는 구역들로 바둑판처럼 나뉘어 있었다.

48) 황궁 북쪽으로 대도의 중앙에 中心閣이 있고 그 바로 서쪽으로 鼓樓와 鐘樓가 위치하여, 이들이 大都의 중심구역을 이룬다. 고루와 종루에서는 시간을 알리는 북과 종이 울리는데, 一更(일

의 말 때문에 카타이 사람들을 의심의 눈으로 보고 있다.

이밖에도 경비병들은 밤에는 줄곧 30명씩 혹은 40명씩 말을 타고 도시를 순찰하면서 혹시 누군가 늦은 시간, 즉 종이 세 번 울린 뒤에 시내를 다니는 사람이 있는가 수색하고 조사한다. 만약 누군가가 적발되면 그를 체포하고 즉시 투옥시킨다.

아침이 되면 이런 일을 담당하는 관리들이 그를 조사하여, 만약 그가 어떤 범죄를 저질렀다는 것이 밝혀지면 그 정도에 따라 곤장 몇 대를 맞을지 처벌을 내리며, 더러는 그렇게 맞아서 죽기도 한다. 이런 방식으로 사람들은 죄에 대한 처벌을 받는다. 그러나 그들은 피를 흘리는 것을 원치 않는데, 그것은 박식한 점쟁이인 박시들이 사람의 피를 흘리게 하는 것은 나쁜 짓이라고 말했기 때문이다. 타이두시의 내부에 대해서 이야기했으니, 이제 카타이인들이 시내에서 반란을 일으키려 한 것에 대해 말해보도록 하자.

캄발룩시에서 반란을 기도했던 음모와 그 주동자들이 붙잡혀 처형된 것에 대한 이야기

아래에서 이야기되겠지만 토지와 행정 및 다른 모든 사무들을 최상의 판단에 따라 처리하는 권한을 지닌 12명이 지정되어 있다. 그들 중 하나가 아크마트(Acmat)인데 영리하고 권세있는 사람으로서, 다른 사람들에 비해 대카안에 대해서 더 큰 영향력과 권위를 행사했다.[50] 군주가 그를 얼마나 총애했는지 그는 어떤 일도 마음대로 할 수 있었다. 그의 사후에 밝혀진 것이지만 아크마트는 주문으로 그에게 마술을 걸어서 군주는 그의

몰, 즉 밤 8시)에 三點(세 번 울림)하여 통행이 금지되고, 五更(일출, 즉 아침 6시)이 되면 다시 三點하여 통행이 재개된다.

49) 여기서부터 F본에는 없는 長文이 R본에 삽입되어 있다.

50) F(acomant, acomat), Z(Acmat, Acmath). 아흐마드(Ahmad)라는 이름을 옮긴 것이며 한문 자료에는 阿合馬로 나와 있다. 쿠빌라이의 신임을 받아 중서성 평장정사를 지내며 專權을 휘두르다가, 1282년(至元 19) 王著와 高和尙 등에 의해 피살된 인물이다.

모든 말을 극도로 신임했고, 그는 희망하는 모든 일을 하게 되었다. 행정처리와 관직의 수여 및 죄인의 처벌 등 모든 일을 처리했던 것이다. 그리고 그가 미워하는 어떤 사람을 죽이고자 한다면 그것이 합당하든 아니었든간에, 그는 군주에게로 가서 "아무개가 폐하께 이런 잘못을 저질렀으니 죽음을 당해야 마땅합니다"라고 말했다. 그러면 군주는 "네가 원하는 대로 하라!"고 했고, 그러면 그 사람을 즉시 처형시켰다.

이렇게 해서 사람들은 그가 전권을 휘두르는 것을 보게 되고, 또 어느 누구도 그에게 대항할 수 없을 정도로 군주가 그의 말을 완전히 신임한다는 것을 알았기 때문에, 그를 두려워하지 않을 만큼 신분이 높고 권력이 강한 사람은 아무도 없었다. 만약 어떤 사람이 아크마트에 의해 사형에 처해져야 마땅하다는 비판을 받고 자신의 변호를 희망한다고 해도 그는 자신의 결백을 증명할 수 없을 것이다. 왜냐하면 어느 누구도 감히 아크마트에 대항해서 말하려 하지 않고 누구도 그의 편을 들어주지 않을 것이기 때문이다.

이밖에도 만약 아크마트는 원하기만 하면 자기 마음대로 손에 넣지 못할 어여쁜 여인은 없었다. 그녀가 혼인하지 않았다면 자기 아내로 취하고, 혼인했더라도 그녀로 하여금 동의하게 만들었다. 누군가가 예쁜 딸을 두었다는 사실을 알면 그는 휘하의 불량배들을 그 소녀의 아버지에게로 보내 "어찌하겠느냐? 당신에게는 딸이 있는데, 그녀를 바일로―즉 아크마트를 가리킨다. 우리가 '장관님'이라고 하듯이 그는 '바일로'(Bailo)[51]라고 불렸다―에게 아내로 바치면, 당신에게 3년간 이러이러한 수령직을

---

51) 'bailo'는 콘스탄티노플이나 시리아에 주재하던 베네치아 총독을 가리키는 칭호로, 폴로의 동시대인들에게는 널리 알려져 있었다. 따라서 본문에서 "우리가 '장관님'이라고 하듯이"라고 굳이 설명을 붙일 필요가 없는 말이다. 또한 만약 그것이 서구식 칭호였다면 '바일로 아크마트'라고 썼어야 옳은데, 뒤에서 '아크마트 바일로'라고 표기하고 있다는 점도 어색하다. 펠리오는 문맥상으로 볼 때 아흐마드를 부르던 어떤 고유한 칭호가 그것을 잘 모르는 필사자에 의해 '바일로'로 잘못 표기된 것이 아닐까 추측하고 있다. 그는 아흐마드의 관직명이던 '핀잔'(pinjan ←平章)이 '바일로'로 오사되었을 가능성을 지적했다.

혹은 이러이러한 관직을 내리도록 그에게 말해주겠다"라고 했다. 그러면 소녀의 아버지는 딸을 주었다. 그러면 아크마트는 군주에게 "어떤 관직이 어떤 날에 공석 혹은 만기가 되는데, 이러이러한 사람이 그 자리에 적당합니다"라고 말하면, 군주는 "네가 옳다고 판단하는 대로 처리하라"고 대답했다. 이렇게 해서 그는 소녀의 아버지를 즉시 그 관직에 임명했다.

더러는 관직에 대한 욕심으로 때로는 이 아크마트를 두려워하여 사람들은 자신의 딸을 그에게 바친 것이다. 이렇게 해서 그는 모든 어여쁜 여자들을 아내로 맞아들였고 자기 마음대로 소유하게 된 것이다. 그는 25명 정도의 아들도 두었는데 그들은 모두 높은 관직에 있었다. 그들 중 일부는 아버지의 이름과 보호 아래 아버지와 같은 간행을 범했는데, 이루 말로 할 수 없이 많은 나쁜 짓을 저질렀다. 어떤 관직을 바라는 사람들은 모두 상당한 선물을 그에게 보냈으므로 이 아크마트는 수많은 재산을 모으게 되었다. 그는 이런 권력을 22년 동안 누렸다.

마침내 이 지역의 주민들, 즉 카타이 사람들은 아크마트가 그들과 자신의 부인들에게 저지른 끝없는 해악과 말 못할 범죄를 보고 더 이상 참을 수 없다며 그를 암살하고 그 도시의 지배에 대해 반란을 일으키기로 계획을 세웠다. 그들 가운데 1,000명을 거느린 첸쿠(Cenchu)라는 이름의 카타이인이 있었는데, 그의 어머니와 딸과 부인은 모두 아크마트에게 겁탈당했다. 그는 머리끝까지 분노가 치밀어 만인대의 수령이던 또 다른 카타이 사람 반쿠(Vanchu)와 함께 이 사람을 파멸시키자고 이야기했다.[52] 그들은 대카안이 석 달 동안 캄발룩에 머문 뒤 샨두로 떠났을 때 거사하기로 결정했다. 대카안은 그곳에서도 석 달 간 머물고 그의 아들인 친킴도

---

52) 여태까지 Vanchu는 '반추'로 읽혀져 아흐마드를 격살한 王著를 나타낸 것으로 생각해왔으나, 모울의 지적처럼 '반쿠'로 읽어 萬戶를 옮긴 것으로 보는 것이 옳을 것이다. 그렇다면 '첸쿠'도 마땅히 '千戶'로 해석해야 할 것이다. 폴로 자신도 '첸쿠'는 천인대의 수령이었고, '반쿠'는 만인대의 수령이었다고 적고 있다.

마찬가지로 통상적인 장소로 떠나기 때문에, 아크마트는 도시의 관리와 경비를 위해서 남아 있다가 어떤 사건이 터지면 샨두의 대카안에게 알리고 대카안은 그에 대한 자신의 대답을 보내주곤 했다.

이들 반쿠와 첸쿠는 이러한 계획을 함께 꾸민 뒤 그 지역의 고위 카타이인들에게 알렸고 그들의 전체적인 동의를 받아 다른 많은 도시와 그들의 친구들에게도 다음과 같이 알렸다. 즉 어떠어떠한 날에 이런 거사를 하기로 계획했으니 봉화를 보는 즉시 수염을 기른 사람들은 모두 죽이고, 다른 도시들에서도 봉화를 올려 마찬가지의 행동을 하라는 것이었다. 무엇 때문에 수염을 기른 사람들을 모조리 죽이라고 했는가 하면 카타이인들은 선천적으로 수염이 없지만 타타르·사라센·기독교도들은 수염을 기르기 때문이었다.

카타이 사람들은 대카안의 통치를 증오했는데, 그것은 그가 타타르들, 아니 대부분 사라센들을 통치자로 임명해서 보냈고, 카타이인들은 마치 노예처럼 취급당해서 견디기 힘들었기 때문이다. 또한 대카안의 카타이 지방에 대한 지배권은 마땅한 권리에 의해서 갖게 된 것이 아니라 무력에 의해서 장악한 것이었기 때문에 그들을 믿지 못했다. 따라서 그의 집안에 충실하고 카타이 지방 출신이 아니었던 타타르·사라센·기독교도들에게 그 지방에 대한 통치권을 맡긴 것이다.

이렇게 해서 앞서 말한 반쿠와 첸쿠는 정해진 날짜가 되자 야음을 타서 궁전으로 들어갔다. 반쿠는 보좌에 앉아 그의 앞에 많은 촛불을 켜게 한 뒤, 옛 도시에 살고 있는 아크마트 바일로에게 대카안의 아들 친킴의 명령이라면서 자신의 전령을 보냈는데, 친킴이 그곳에 도착했으니 즉시 그에게로 오라는 내용이었다. 이를 들은 아크마트는 매우 의아해했지만 그를 무척 두려워했기 때문에 즉각 입궁했다. 도시의 성문으로 들어서는데 마침 1만 2,000명을 휘하에 거느리면서 항상 도시를 경비하고 있던 코가타이(Cogatai)[53]라는 한 타타르를 만났다. 그가 "이렇게 늦게 어디로 가

십니까?"라고 묻자, "지금 막 도착한 친킴에게"라고 대답했다. 코가타이는 "어떻게 내가 알지도 못하게 그가 비밀리에 돌아올 수 있을까"라고 말하면서, 부하 일부를 데리고 그를 따라갔다.

한편 이 카타이인들은 "만약 우리가 아크마트만 죽인다면 누구도 두려워할 사람이 없다"라고 했다. 아크마트는 궁전으로 들어오는 순간 너무나 많은 촛불이 켜져 있는 것을 보고, 반쿠가 친킴이라고 믿으며 그 앞에 엎드렸다. 그때 칼을 들고 기다리고 있던 첸쿠가 그의 머리를 내리쳤다. 궁전 입구에서 제지당해 있던 코가타이는 이를 보고 "반역이다!"라고 하면서 보좌에 앉아 있던 반쿠에게 즉각 화살을 쏘아 그를 죽이고, 자기 부하들을 불러서 첸쿠를 체포하도록 했다. 그리고 누구라도 집 밖에 나와 있는 사람이 있으면 그 자리에서 처형하라고 전 도시에 명령을 내렸다. 타타르들에게 음모가 발각되어 두 사람의 수령 가운데 하나는 죽고 또 하나는 포로가 되었음을 알게 된 카타이 사람들은 집으로 숨어버렸고, 계획한 대로 반란을 일으키도록 다른 도시에 신호를 하는 것조차 할 수 없게 되었다.

코가타이는 즉시 대카안에게 전령을 보내 일어났던 모든 일들을 순서대로 알렸다. 그러자 그는 사건을 철저히 조사해서 잘못을 저지른 사람들에 대해서는 받아야 마땅한 처벌을 내리라고 지시했다. 아침이 되자 코가타이는 모든 카타이인들을 조사했고 음모에 가담한 대표로 판명된 많은 사람들을 처형시켜버렸다. 그 같은 반란에 동참했음이 알려진 다른 도시에서도 마찬가지의 일이 벌어졌다.

대카안은 캄발룩으로 돌아온 뒤 무엇 때문에 이런 일이 벌어졌는지를 알고 싶어했고, 그는 이 저주받은 아크마트가 본인은 물론 그의 아들들까지도 얼마나 많은 악행을 저질렀고 그 정도가 위에서 말한 것처럼 얼마나 엄청났는가를 알게 되었다. 그와 그의 일곱 아들들이 수도 없이 많은 여자

---

53) 이러한 역할을 했던 인물로 『집사』에는 '투르겐'(Türgen)이 있고, 『원사』에는 高觿라는 인물이 있으나, 모두 '코카타이'(몽골어 Köketei를 옮긴 것)와 부합되지 않는다.

들을 부인으로 취했고 그것도 강제로 그렇게 했음이 드러났다. 그러자 대카안은 아크마트가 옛 도시에서 축적한 모든 재화를 신도시로 옮겨와서 자신의 재화로 편입시켰는데 실로 그것은 끝도 없었다. 그는 무덤에서 아크마트의 시체를 파내 길가에 던져놓고 개들이 뜯어먹도록 했고, 아버지를 본받아 사악한 짓을 범한 그의 아들들은 산 채로 살갗을 벗기도록 했다. 그리고 그는 사라센들의 저주받을 종교가 모든 죄악을 합법적으로 만들고 자기들 율법을 따르지 않으면 누구든 죽일 수 있다는 이유로 저 저주받을 아크마트와 그의 아들들이 자기들은 죄악을 범하는 것이 아니라고 생각하게 되었다는 사실을 깨닫고는 그 종교를 경멸하고 혐오하게 되었다.

그는 사라센들을 불러서 그들의 율법이 명령하는 것들 가운데 많은 것들을 금지시켰다. 그리고 그들에게 타타르들의 법에 따라 부인을 맞아들여야 하고, 칼로 동물의 목을 따지 말고 배를 갈라서 잡아야 한다고 명령했다. 이런 일이 벌어지던 바로 그때 마르코님은 그 궁전 안에 있었다.]54)

이제까지 여러분에게 도시에 대해서 이야기했다. 이제부터 그가 어떻게 궁정을 이끌어 나갔는지, 또 그의 다른 업적은 무엇인가 하는 것에 대해서 이야기해보도록 하자.

86장 | 대카안은 어떻게 1만 2,000명 기병들의 호위를 받는가

대카안은 자신의 권위를 위해 1만 2,000명의 기병들로 하여금 호위토록 했는데, 그들은 케시탄(quesitan)55)이라 불렸으며 프랑스어로는 '기사,

---

54) 아크마트 살해사건에 대한 마르코 폴로의 기록은 중국측이나 페르시아측 기록과 대체로 일치하고 있다. 다만 여기서는 이 사건이 타타르·사라센·기독교도들에 대한 중국인들의 증오의 표현으로 묘사되고 있다는 점이 흥미롭다. 물론 폴로가 말하는 것처럼 이 사건이 일어난 뒤 이슬람식 도살이 금지된 것은 아니고 이미 1280년에 그 같은 금령이 내려졌지만, 아흐마드 피살 이후 무슬림에 대한 정서가 악화된 것은 사실이다. I. de Rachewiltz ed., *In the Service of the Khan*(Wiesbaden, 1993), pp. 550~555 참조.

55) F(quecitain, quesitam), R(casitan, quiecitari). 원래의 발음을 참조하여 quesitan으로 복원.

군주의 신임을 받는 사람'을 의미한다. 누군가 자신을 해칠까 두려워서 그가 그들을 필요로 하는 것은 아니다. 이들 1만 2,000명에게는 네 명의 지휘관이 있는데, 그 각각은 3,000명의 지휘관이다. 이 3,000명은 대군주의 황궁에서 사흘 낮과 사흘 밤을 지내면서 거기서 먹고 마신다. 이 3,000명은 사흘 낮과 사흘 밤 동안 호위한 뒤 비로소 나가고, 그 다음으로 두 번째 3,000명이 다시 사흘 낮과 사흘 밤을 호위한다. 그들은 모두 호위를 마칠 때까지 이렇게 한 뒤, 그리고 나서는 처음부터 다시 시작하며, 이런 식으로 연중 계속되는 것이다. 〔나머지 9,000명은 낮 동안 궁궐에서 벗어나서는 안 된다. 그러나 누군가 대카안에게 용무가 있거나 자신의 사무를 처리할 일이 있으면 조장의 허락을 얻은 뒤 비로소 자리를 비울 수 있다. 만약 아버지나 형제 혹은 친족 가운데 누군가가 막 죽으려 한다거나 아니면 어떤 큰 불행이 닥쳐 신속하게 귀대할 수 없을 것 같은 그런 위중한 사태가 벌어지면, 그는 주군에게 외출을 신청해야만 한다. 그러나 밤이 되면 이 9,000명은 분명히 집으로 돌아간다.〕[56]

대카안이 궁중 행사를 위해 연회를 베풀고자 할 때는 다음과 같은 방식으로 한다. 대군주의 식탁은 다른 것들보다 훨씬 높다. 그는 북쪽에 앉고 그의 얼굴은 남쪽을 향한다. 첫째 부인이 그의 왼쪽에 앉고, 약간 낮게 오른쪽에는 아들들이 당당한 모습으로 앉는다. 손자들, 그리고 황실에 속하는 친족들은 머리가 대군주의 발에 올 정도의 위치에 앉는다. 그리고 다른 대신들은 더 낮은 식탁에 앉는다. 여자들도 같은 방식으로 앉는데, 대군주의 아들들의 부인, 그의 손자와 친족의 부인들은 왼쪽에 역시 약간

---

56) 몽원 제국의 친위대인 케식(keshig ; 怯薛) — 케식텐(keshigten ; 怯薛丹) 혹은 케식테이 (keshigtei ; 怯薛歹)라고도 불림 — 은 1206년 칭기스칸 즉위시 모두 1만 명을 헤아렸으나, 그 뒤 숫자가 점차 증가하여 쿠빌라이 이후에는 1만 명이 넘었던 것이 분명하다. 이들은 모두 네 개 조로 나뉘어 3일 주야를 근무한 뒤 교대하는 방식으로 임무를 수행했다. 이에 대해서는 箭 內亘, 「元朝怯薛考」, 『蒙古史研究』, p. 242 ; 蕭啓慶, 「元代的宿衛制度」, 『元代史新探』(臺北, 1983) 참조.

낮은 자리에 앉는다. 대신과 기사들의 부인들이 그 다음에 역시 더 낮게 앉는다.[57] 그들은 군주의 지시에 의해 자기가 어디에 앉아야 할지 각자의 자리를 알고 있다.

식탁들은 대군주가 모두를 볼 수 있도록 배치되어 있고 숫자는 굉장히 많다. 〔모두가 식탁에 앉는다고 생각해서는 안 된다. 오히려 훨씬 더 많은 수의 기사와 신하들은 식탁 없이 접견실 카펫 위에서 식사를 한다.〕이 접견실 밖에서도 4만 명 이상이 식사를 할 수 있다. 수많은 사람들이 엄청나게 많은 선물을 갖고 그곳에 오는데, 그들은 외국에서 진기한 물건들을 갖고 오며, 개중에는 이미 영지를 하나 갖고 있으면서도 하나 더 갖기를 원해서 오는 사람도 있다. 이런 사람들은 대카안이 궁정을 열어 연회를 베푸는 날에 맞추어 온다.

이 접견실의 중앙, 대카안의 식탁이 있는 곳에는 〔크고 멋있게 생긴 네모난 상자 모양의 물건이 있는데, 각변의 길이가 3보이고 도금한 동물들의 모습이 아름답고 정교하게 새겨져 있다. 파여 비어 있는 그 안쪽에는〕 정금(精金)으로 제작된 커다란 술통이 놓여져 있는데, 그것은 술을 담을 수 있는 커다란 버트(butt) 술통 정도의 크기이다. 그리고 이 술통의 둘레, 즉 각각의 모서리에는 더 작은 것들이 있는데 〔포도주를 담는 통만한 크기이다. 그 중 하나에는 암말의 젖이 들어 있고, 또 하나에는 낙타의 젖이 있으며, 나머지 것들에도 다른 종류의 음료수가 들어 있다. 앞서 말한 큰 상자 위에는 군주가 사용하는 잔들이 놓여 있어, 그는 그것으로 음료수를 마신다.〕 그 큰 상자로부터는 술이 나오고 작은 것들로부터는 다른 음료가 나온다.

거기에 있는 술이나 값비싼 음료는 금칠이 된 커다란 그릇에 채워져 내

---

57) 몽골인들의 풍습은 右(bara'un)를 左(je'ün)보다 더 높이 본다. 따라서 좌석 배치에서도 右便
    이 左便보다 더 높고, 관직에서도 右가 左보다 더 상위이다.

오는데, 정말 그것에는 얼마나 많은 포도주를 담을 수 있는지 여덟 명이나 열 명도 충분히 마실 정도이며, 그것들은 식탁에 앉아 있는 두 사람에하나씩 놓인다. 이때 두 사람은 각각 손잡이가 달린 금잔을 갖고 있는데, 그 잔으로 금칠이 된 그 커다란 그릇에서 술을 뜨는 것이다. 남자들과 마찬가지로 여자들 앞에도 두 사람 사이에 큰 그릇 하나와 잔 두 개가 놓인다. 여러분은 이 그릇과 집기들이 정말로 값진 것임을 알아야 한다. 내가 말하건대 대군주가 얼마나 많은 금은 그릇들을 보관하고 있는지 그것을 보지 않고 믿을 사람은 아무도 없을 것이다.[58]

〔또한 궁정의 관례를 알지 못하는 외래인 방문객들에게 적절한 자리를 안배해주기 위해 임명된 신하들도 몇 명 있다. 이 신하들은 끊임없이 접견실 이곳저곳을 다니면서 식탁에 앉아 있는 사람들에게 혹시 원하는 것이 있는지, 아니면 술이나 젖이나 고기나 다른 무엇이든 필요한 것이 있는지 물어서, 하인들에게 즉시 갖다주도록 하는 일을 한다. 접견실의 모든 문 앞에, 혹은 군주가 있을 만한 곳 어디에든 거인처럼 큰 두 사람이 서 있는데, 하나는 문 이쪽에 또 하나는 저쪽에서 손에 몽둥이를 들고 있다.

어느 누구도 문지방을 건드려서는 안 되고 발을 뻗어 건너야만 한다. 만약 부주의로 누군가 그것을 건드리게 되면 상술한 보초들이 그의 옷을 빼앗은 뒤 그것을 되사가도록 한다. 만약 그 옷을 빼앗기지 않으려면 정해놓은 횟수만큼 매를 맞아야 한다. 이렇게 하는 것은 문지방을 건드리는 것을 불길한 징조로 여기기 때문이다. 그러나 만약 규칙을 모르는 외래인이 있다면, 지정된 신하들이 그들에게 미리 그 같은 규정을 알려주고 경고해준다. 그러나 접견실에서 나올 때 일부는 술에 너무 취해 자기 자신

---

58) 大明殿에 들어가면 안쪽에 카안의 御榻과 카툰의 玉座가 놓여 있고, 殿室 중앙에는 시간을 알려주는 시계인 七寶燈漏와 술을 담아두는 酒甕 및 樂器들이 비치되어 있었으니, 마르코 폴로의 기록은 정확하다고 할 수 있다.

을 가누기도 힘들어지므로 그 같은 금령이 해제된다.]59)

여러분은 대카안에게 음식과 음료를 바치는 사람들 가운데에는 신하들도 많다는 사실을 알아야 할 것이다. 또한 내가 말하건대 그들은 비단이나 금실로 만든 아름다운 수건으로 입과 코를 가리는데, 그것은 그들의 숨과 냄새가 밖으로 나와 대군주의 음식과 음료로 들어가지 않도록 하기 위해서이다. 그리고 대군주가 음료를 마시려고 할 때 수많은 종류의 악기들이 연주되기 시작한다. 대군주가 손에 잔을 들면 그곳에 있던 신하들과 사람들이 모두 무릎을 꿇고 극도의 겸손함을 표시한다. 그러고 난 뒤 대군주는 마시는 것이다. [그가 다 마시면 연주가 멈추고 사람들이 일어난다.] 그가 마실 때마다 내가 말한 그런 식으로 한다. 음식에 대해서는 얼마나 많은지 여러분이 짐작하고도 남을 테니 나는 여기서 아무 이야기도 하지 않겠다.

여러분에게 말하지만 어떠한 신하나 기사도 부인을 동반하지 않으면 그곳에서 식사할 수 없고, 부인들은 다른 부인들과 함께 식사한다. 그들이 식사를 마치고 식탁이 치워지면 그곳 접견실의 대군주와 여러 손님들 앞으로 재주꾼과 곡예사들 그리고 여러 가지 마술을 할 줄 아는 사람들이 많이 나온다. 그들은 대군주의 어전에서 오락과 축제를 벌이고 사람들은 그것을 보고 웃음을 터뜨리고 매우 즐거워하고 기뻐한다. 이 모든 것이 끝나면 사람들은 떠나서 각자 자기의 거처나 집으로 돌아간다.

87장 | 여기서 그는 대카안 생탄일의 대연회에 대해서 이야기한다

여러분은 타타르들이 모두 자기들의 생일을 축하한다는 사실을 알아야 할 것이다. 대카안의 생탄일은 9월 28일로,60) 이날에는 뒤에서 여러분에게

---

59) 몽골인들은 특히 남의 집을 방문할 때 문지방 밟는 것을 극도로 꺼리던 풍습을 갖고 있었는데, 루브룩, 카르피니, 오도릭과 같이 몽골리아를 방문한 서구인들은 모두 이에 대한 기록을 남기고 있고, 이는 마크리지(Makrizi)와 같은 무슬림들의 글에서도 보인다.
60) 쿠빌라이의 생일(天壽節)은 1215(乙亥)년 음력 8월 28일(乙卯)이었다. 이날 치러지는 축하의

가족들과 함께 있는 쿠빌라이

쿠빌라이의 생일잔치

설명하게 될 새해 첫날의 잔치만큼은 아니지만 대단히 성대한 연회를 개최한다. 생탄일에 대카안은 금박으로 된 고귀한 옷을 입는데, 1만 2,000명에 달하는 신하와 기사들도 대군주의 것과 동일한 색깔과 똑같은 모양으로 된 의상을 입는다. 물론 대카안의 것만큼 값비싼 것은 아니지만, 색깔도 같고 비단과 금실로 만들어졌으며 모두 커다란 혁대를 찬다. 이들 의상은 대군주가 하사해준 것이다.

또한 여러분에게 말하건대 이들 의상 가운데 어떤 것들은 거기에 달린 귀금속과 진주와 함께 1만 베잔트의 금화보다 더 비싼 가격이다. 이런 종류의 의상은 적지 않다. 〔예를 들어 충성심을 갖고 군주를 가장 가까이에서 모시는 케시탄이라 불리는 신하들의 옷이 그러하다.〕 여러분은 대카안이 1년에 열세 번 값비싼 의상을 그들 1만 2,000명의 신하와 기사들에게 나누어주고, 그들 모두에게 자신의 것과 모양도 비슷하고 값도 비싼 옷들을 입힌다는 사실을 알아야 할 것이다. 이는 실로 대단한 일이니, 계속해서 그렇게 할 수 있는 사람은 이 세상에서 오로지 그분밖에는 없을 것이다.[61]

식은 天壽聖節受朝儀라 불렸다(『元史』 권67 「禮樂志」).
61) 카르피니는 구육의 즉위시 4일 동안 벌어진 연회에서 사람들이 매일 색깔을 맞추어가며 옷을 갈아입었다고 했고, 루브룩도 뭉케 카안의 궁정에서 벌어진 연회에서 동일한 풍습을 보았다.

88장 | 다시 한 번 카안의 생탄일에 치르는 축전에 대하여

여러분은 카안의 생일에 이 세상의 모든 타타르들, 그에게 예속된 모든 지방과 지역에서 그에게 많은 선물을 보내온다는 사실을 알아야 할 것이다. 각각은 자기에게 적절한 것을 갖고 오거나 마땅히 지정된 것을 갖고 온다. 또한 많은 선물을 갖고 오는 사람들도 있으니, 그들은 카안에게 어떤 영지를 달라고 부탁하려는 사람들이다. 대군주는 이런 사람들에게 적절한 영지를 배분하는 일을 처리하기 위해 12명의 신하들을 임명해두었다.

이날 모든 우상숭배자들과 기독교도와 사라센과 온갖 종족들은 그들의 우상과 신에게 군주를 보호하고 그에게 장수와 기쁨과 건강을 달라고 열렬한 간구와 기도를 올린다. 내가 여러분에게 이야기한 그날은 그런 식으로 그의 생일을 즐거워하며 축하한다. 이제 이 정도로 그만 하고 '흰색의 축제'(white feast)라고 불리는 신년 원단에 벌어지는 또 다른 성대한 축제에 대해서 이야기하기로 하자.

89장 | 여기서 그는 대카안이 신년 원단에 거행하는 성대한 축전에 대해서 이야기한다

그들은 2월을 한 해의 시작으로 삼는다.[62] 대군주와 그에게 복속하는 모든 사람들은 이제 내가 이야기하려는 그런 식으로 축제를 벌인다. 관습에 따라 대카안과 그의 속민들은 남자든 여자든 그럴 능력만 있으면 모두 흰 옷을 입는다. 그들이 이렇게 하는 이유는 흰 옷이 그들에게 행운과 축복을 가져다 준다고 생각하기 때문이고, 그래서 신년 원단에 그것을 입어 1년

---

62) 이 의식은 『원사』 권67 「禮樂志」에 나오는 '元正受朝儀'(正旦)인데, 신하들이 여러 차례 경배를 올리고 예물을 바친 뒤 연회를 베푸는 의식 순서는 폴로의 기록과 거의 일치하고 있다. 다만 『元史』에는 흰색의 옷을 입는다는 내용이 보이지 않으나, 몽골인들은 정월을 '차간 사라'(chaǧan sara), 즉 '흰색의 달'이라고 불렀다는 점을 생각해보면 白衣를 입었을 가능성은 충분하다. 몽골인에게는 흰색을 숭상하는 풍속이 있었다고 한다(『輟耕錄』 권1 「白道子」).

내내 축복과 기쁨을 누릴 수 있도록 하는 것이다.

그리고 이날 그에게 예속된 모든 백성과 모든 지방, 지역과 왕국들은 금과 은, 진주와 귀금속, 흰색의 고급스런 천으로 된 수많은 값진 선물들을 그에게 바친다. 그들이 이렇게 하는 이유는 그들의 군주가 1년 내내 풍부한 재물을 갖고 아울러 기쁘고 행복하게 되기를 기원하기 때문이다. 또한 여러분에게 말하건대 신하와 기사들과 모든 백성은 서로 흰 것들을 주고받으며 서로 껴안고 기쁘게 잔치를 벌인다. 그들이 이렇게 하는 이유는 그들이 1년 내내 행복하게 되고 행운을 갖게 되기를 바라기 때문이다.

여러분은 바로 이날 10만 마리 이상의 매우 아름답고 훌륭한 백마들이 대카안에게 바쳐진다는 것을 알아두어야 한다. 〔그들 전부가 흰색은 아닐지라도 적어도 대부분은 하얗다. 그 지방에는 매우 많은 수의 백마들이 있다. 또한 그들의 관습 가운데 하나는 대카안에게 선물을 바칠 때 모든 지방들이 가능하면 다음과 같은 방식을 준수하는 것이다. 즉 각각의 선물은 9의 9배를 해야 한다. 다시 말해 만약 어떤 지방에서 말을 상납하려고 하면 아홉 마리의 9배, 즉 81마리를 바쳐야 한다. 만약 금을 바친다면 아홉 조각의 9배를 해야 하고, 의복이라면 아홉 벌의 9배를 해야 하는데, 다른 모든 것들도 마찬가지이다. 이런 까닭으로 어떨 때 그는 10만 마리의 말을 갖게 되는 것이다.〕[63]

또한 그날 그가 소유한 거의 5,000마리의 코끼리들은 갖가지 짐승과 새의 문양이 수놓인 아름다운 천으로 덮어씌운다. 코끼리들은 아름답고 값진 상자 두 개씩을 등에 싣고 나오는데, 그 속에는 궁중에서 흰색의 축제를

---

63) 몽골인들은 홀수를 聖數로 여겼고, 특히 아홉(yisün)은 무한함을 상징했다. 따라서 예물이나 공납은 9의 배수로 바쳐지는 것이 상례였다. 淸代에 몽골인들이 황제에게 바치는 공물이 여덟 마리의 흰 말과 한 마리의 흰 낙타로 구성되어 있어, '九白之貢'(yisün chağan-u alban)이라고 불렸다. 이 점에서는 투르크인들도 마찬가지여서 '아홉의 아홉 배'(toquz toquz)의 숫자로 공물을 바치곤 했다.

올리는 데에 필요한 군주의 접시와 화려한 장식품들로 가득 차 있다. 또한 엄청나게 많은 수의 낙타들도 들어오는데 그것들 역시 천으로 덮어씌워져 있고 그 축제에 필요한 물건들을 싣고 있다. 그들은 모두 대군주 전면을 통과하는데, 그것은 이제까지 본 어떤 것보다 더 아름다운 광경이다.

다시 여러분에게 말하건대 식탁이 차려지기 전에 왕들과 모든 공작, 후작, 백작, 남작, 점쟁이, 의사, 매꾼 등을 비롯하여, 각 지방과 백성과 군대를 관할하는 많은 관리와 수령들이 거대한 접견실 내의 군주 앞으로 들어오고, 그럴 수 없는 사람들은 궁전 밖에 머물러 있되 대군주가 그들 모두를 잘 볼 수 있는 곳에 자리를 잡는다.

여러분에게 말하건대 그들은 다음과 같은 방식으로 도열한다. 먼저 그의 아들과 손자들과 그의 직계 일족들, 다음에는 왕들과 공작들이, 다음에는 적절한 순서에 따라 하나하나 도열하는 것이다. 그리고 그들이 모두 자기 자리에 앉으면 고위 관리가 일어나서 "경배!"라고 크게 소리친다. 이 말이 끝나자마자 그들은 즉시 절을 하는데, 이마를 땅에 대고 군주를 향해 축원을 드리고 마치 그가 신이라도 되는 것처럼 그에게 경배한다. 〔그리고 나서 의전장이 "신께서 우리 주군께 기쁨과 장수를 주시기를!"이라고 선창하면, 모두들 "신께서 그렇게 하옵소서!"라고 화답한다. 의전장이 두 번째로 "신께서 나라를 더욱 넓혀주시고 더욱 발전케 하시며, 그에게 복속된 모든 백성이 평화와 안정 속에 살고, 나라 안의 모든 일들을 번영케 하옵소서!"라고 소리치면, 모두들 "신께서 그렇게 하옵소서!"라고 대답한다.〕[64] 이런 식으로 그들은 그에게 네 차례에 걸쳐 경배를 드린다.

---

64) 『元史』「禮樂志」에는 丞相이 무릎을 꿇고 "하늘 아래 온 천하여! 하늘과 땅이 홍복을 내리셔서 황제와 황후께서 억만년 장수할 수 있기를 기원합니다!(溥天率土 祈天地洪福 同上皇帝 皇后 億萬歲壽)"라고 祝贊을 외치면, 宣徽使가 "그대로 이루어지소서!(如所祝)"라고 화답하는 것으로 되어 있다. 절을 할 때는 무릎을 꿇고 이마를 땅에 대는 소위 '叩頭'의 예를 취하는데, 『집사』에는 tikishmishi라는 말로 표현되어 있다.

그리고 그들은 매우 잘 치장되어 있는 제단으로 가는데, 그 제단 위에는 대카안의 이름이 적힌 붉은색 패자와 함께 향로가 놓여 있다. 그들은 그 패자와 향로 앞에서 아주 공손하게 향불을 피운다.[65] 그리고는 자기 자리로 되돌아간다. 이것을 모두 마치면 그 다음에는 예물을 헌정하는데, 그것이 얼마나 귀하고 값진 것인가에 대해서는 내가 이미 설명한 바이다.

예물 헌정이 끝나고 대군주가 그것들을 모두 보고 나면 식탁이 차려지고, 식탁이 다 차려지면 사람들은 아까 내가 설명했던 순서대로 착석한다. 대군주는 높은 식탁에 앉는데, 그의 왼쪽에는 첫째 부인이 아닌 다른 사람은 누구도 앉을 수 없다. 그리고 나면 다른 사람들도 내가 말했던 것처럼 순서대로 착석하는 것이다. 부인들은 내가 설명한 대로 황후 옆에 자리를 잡는다. 식탁이 배치되는 방식은 내가 앞에서 설명했던 그대로이다. 그들이 식사를 모두 마치면 재주꾼들이 나와 참석자들을 즐겁게 하는데, 이 역시 앞에서 말했던 바이다. 이 모든 것을 마치면 그들은 각자의 거처와 집으로 돌아간다.

지금까지 신년 원단에 행해지는 흰색의 축전에 대해 말했으니, 이제는 대군주가 행하는 매우 고상한 관례, 즉 그가 정해진 축제일에 찾아오는 신하들에게 의상을 하사하는 관례에 대해 이야기해보도록 하겠다.

90장 | 여기서 그는 축제에 온 1만 2,000명의 신하들에 대해서 이야기한다

이제 여러분은 대군주가 케시탄 ― 군주가 가장 신임하는 측근을 의미한다 ― 이라고 불리는 1만 2,000명의 신하들을 구별해놓았음을 알아야 할 것이다. 그는 그들 각각에게 색깔이 서로 다른 옷을 13벌 하사한다. 그것

---

65) 이것은 쿠빌라이 자신의 이름이 아니라 아마 先帝들의 이름이 적힌 位牌 앞에서 분향하는 의식을 가리키는 듯하다.

들은 진주와 보석 그리고 여러 값지고 고귀한 것들로 치장되어 있어 가격이 엄청나게 비싸다. 그는 또한 이 1만 2,000명의 신하들 각각에게 매우 아름답고 매우 값비싼 황금 혁대를 하나씩 준다. 또한 각자에게 카무트(camut) 가죽[66]으로 만든 장화를 주는데, 은실로 꿰매지고 매우 정교하게 만들어진 그것은 아름답고 비싸다. 그들은 너무나 고귀하고 아름다운 장식품들을 갖고 있어 그것들을 걸치면 모두 왕처럼 보인다.

13번의 축제가 있을 때 이 의상들 가운데 어느 것을 입어야 되는지 명령이 내려온다. 대군주도 신하들처럼 색깔이 다른 옷을 13벌 갖고 있는데, 다만 더 고귀하고 값지며 더 화려하게 장식되어 있을 뿐이다. 그는 언제나 신하들과 같은 옷을 입는다.

여러분에게 1만 2,000명의 신하들이 군주에게서 받은 13벌의 의상에 대해 이야기했는데, 그것을 합하면 모두 15만 6,000벌이 된다. 내가 이야기한 대로 그것들이 얼마나 비싸고 값진지, 또 얼마만한 보물에 해당하는지는 이루 셈하기도 힘들 정도인데, 혁대나 장화와 같은 귀중한 것들을 빼놓고도 그러하다. 대군주가 이런 것들을 주는 까닭은 축제를 더 품위있고 더 거창하게 치르기 위해서이다.

여러분에게 또 하나의 놀라운 일을 말해주려고 하는데, 이 책에서 그것을 묘사하는 것이 비교적 적절해 보인다. 대군주 앞으로 끌려나온 한 마리의 커다란 사자가 그를 보자마자 앞에 엎드려 마치 그가 자신의 군주임을 알기라도 하는 듯 극도로 공손한 태도를 취한다. 사자가 사슬에 채워지지도 않은 채 그의 앞에 앉아 있는 것은 정말로 경탄해 마지않을 일이다. 이제 이쯤에서 그만 하고 여러분에게 대군주가 행하는 거대한 사냥에

---

66) F본에는 camu, R본에는 camoscia로 표기되어 있는데, 펠리오는 이 말이 원래 '말이나 나귀의 둔부로 만든 가죽'을 뜻하는 페르시아어 kimukht에서 나온 것으로 보아, camut로 철자를 수정했다. 일부 사본에는 '카무트, 즉 부르갈(bourgal)'이라고 되어 있는데, burğal은 bolğar의 자음도치(metathesis)형이며, 이 역시 말가죽을 의미한다.

대해서 이야기해주도록 하겠다.

91장 | 어떻게 대카안이 그의 백성에게 사냥감을 갖고 오라고 명령했는가

이제 여러분은 대군주가 카타이의 도읍에 12·1·2월 석 달 간 머무르는 동안 자신이 머무는 궁전 주변의 60일 거리가 되는 지역 안에 사는 사람들은 모두 사냥하고 새를 잡아야 한다고 지시했다는 사실을 알아야 할 것이다. 또한 백성과 지방의 영주들은 포획한 야생 멧돼지, 숫사슴, 영양, 노루, 곰, 그리고 다른 짐승들, 즉 몸집이 큰 동물들 대부분을 그에게로 갖고 오라는 명령과 지시를 받는다. 〔그들은 그것들을 잡을 때 다음과 같은 방식으로 한다. 각 지방의 영주들은 그곳의 모든 사냥꾼들을 불러모은 뒤 동물이 있는 곳이라면 어디든 찾아나선다. 빙 둘러서 그것들을 에워싼 뒤 개들을 풀어서, 또 대부분의 경우에는 화살을 쏘아서 죽인다.〕 바로 이런 방식으로 모든 사람들이 사냥을 하는 것이다.

그리고 그들이 대군주에게 보내려고 하는 짐승들의 경우에는 뱃속에 있는 내장들을 모두 꺼낸 뒤 수레 위에 실어서 군주에게 보낸다. 30일 거리에 떨어져 있는 사람들이 그렇게 하며, 그런 사람들의 숫자는 굉장히 많다. 60일 거리에 떨어져 있는 사람들은 거리가 너무 멀기 때문에 고기를 보내지는 않지만, 가죽은 모두 무두질한 뒤 대군주에게 보내서 그가 무기를 제작하거나 군인들에게 필요한 것들을 위해 사용할 수 있도록 한다. 여러분에게 사냥하는 것에 관해서 이야기했으니, 이제 대군주가 기르고 있는 맹수들에 대해서 말해보도록 하자.

92장 | 여기서 그는 동물들을 잡도록 조련된 사자와 표범과 살쾡이에 대해서, 또 해동청과 매와 다른 새들에 대해서 이야기한다

여러분은 대군주가 사냥에 뛰어나고 동물을 잘 잡는 표범을 많이 갖고 있다는 사실을 알아야 할 것이다. 그는 또한 짐승을 포획하도록 훈련되어 있고 사냥감을 추격하는 데에 아주 능한 살쾡이도 엄청나게 많이 갖고 있다. 또한 많은 수의 사자도 기르고 있는데, 그 몸집은 바빌로니아산보다 훨씬 더 크며, 흑·적·백색의 띠가 길이로 나 있어 가죽과 색깔이 매우 아름답다.[67] 이들은 야생 멧돼지, 들소, 곰, 야생나귀, 숫사슴, 숫영양 및 다른 동물들을 포획하도록 조련되어 있다.

또 여러분에게 말하건대 사자와 같은 맹수가 그 같은 동물들을 맹렬하고 신속하게 덮치는 모습을 보는 것은 대단히 신나는 일이다. 그들은 울 안에 넣어져 수레에 실려 운반되는데,〔훈련용 작은 개도 따라간다. 그것들을 울 안에 넣어 운반하는 이유는 짐승을 덮칠 때 너무나 사납고 공격적이어서 제지하기가 어렵기 때문이다. 또한 그들을 운반할 때는 바람을 마주보고 가야 하는데, 그것은 만약 동물들이 그들의 냄새를 맡게 되면 그들이 올 때까지 그 자리에 있지 않고 곧바로 도망쳐버리기 때문이다.〕그는 또 늑대와 여우와 영양과 노루를 포획하도록 훈련된 많은 수의 독수리를 소유하고 있으며, 그들은 사실 많이 잡는다. 그런데 늑대를 잡도록 훈련된 것들은 엄청나게 크고 힘 또한 아주 세다. 여러분은 아무리 큰 늑대라 하더라도 이 독수리들에게 잡히지 않고 도망갈 수 있는 것은 없다는 것을 알아야 할 것이다. 여러분에게 이 이야기를 했으니, 이제는 대군주가 얼마나 많은 수의 좋은 개들을 기르고 있는지 말하도록 하겠다.

93장 | 여기서 그는 사냥개를 돌보는 두 형제에 대해서 이야기한다

대군주의 신하들 가운데 바얀(Baian)[68]과 밍간(Mingan)이라는 이름을 가진 두 형제가 있는데, 그들은 쿠육치(cuiucci)라고 불린다. 이 말은 사나운 개들을 돌보는 사람을 뜻한다.[69] 이 두 형제는 휘하에 각각 1만 명

---

67) 마르코 폴로는 이 책에서 호랑이를 두고 사자라고 부르는 경우가 많다.
68) Z(bayan).
69) F(cuiuci), R(ciuici). 쿠육치는 몽골어의 구육치(güyükchi)를 옮긴 말이며, 한자로는 貴赤 혹

을 거느리고 있으며, 한 무리의 1만 명은 모두 한 가지 색깔의 옷을 입고 다른 무리의 1만 명은 또 다른 한 가지 색깔의 옷을 입는데, 하나는 적색이고 다른 하나는 청색이다. 이들 1만 명 가운데 2,000명은 각기 거대한 맹견 한두 마리 혹은 그 이상을 갖고 있으므로 그 숫자는 엄청나게 많다. 대군주가 사냥을 갈 때면 이들 형제 가운데 한 사람은 1만 명의 부하들과 거의 5,000마리의 개와 함께 그의 한쪽 옆에서 가고, 또 다른 한 사람은 그가 이끄는 1만 명과 개들과 함께 다른쪽 옆에서 간다. 그들은 서로 어느 정도 거리를 두면서 같이 가는데 그것은 하루 거리 이상이 된다. 따라서 그들에게 포획되지 않은 짐승은 하나도 없게 된다.

사냥감을 추격하는 것, 또 개들과 사냥꾼들이 움직이는 모습은 정말로 장관이다. 여러분에게 말하건대 대군주가 신하들과 함께 탁 트인 넓은 공간으로 말을 달리며 매를 날리면, 이 개들 가운데 일부가 곰이나 숫사슴이나 다른 짐승들을 양쪽에서 몰아대는 것을 볼 수 있다. 그것은 정말로 보기에도 멋진 광경이다. 〔이 두 형제는 10월부터 3월 말까지 매일 대카

은 貴由赤으로 표기되어 있다. 그 뜻은 폴로의 설명과는 달리 '走者'를 뜻한다. 『輟耕錄』 권1에는 다음과 같은 설명이 보인다. "貴由赤은 빨리 가는 사람을 뜻한다. 매년 한 번씩 경기가 열리는데 그것을 '放走'라고 부른다. 다리 힘이 좋아서 빨리 달리는 사람에게는 상이 내려진다. 그런 까닭에 감독관은 사람들을 정렬시키고 끈으로 막아서, 누가 먼저 출발했느니 하는 싸움이 없도록 한다. 그러고 나서 끈을 치워 달리게 한다. 大都에서의 경기는 河西務에서 출발하고, 上都에서의 경기는 泥河兒에서 출발한다. 여섯 시간 만에 180里(=72킬로미터)를 달려 곧바로 御前에 도착한 뒤, 엎드려서 '만세!' 하고 소리친다. 먼저 도착한 자에게 은 한 덩어리(1錠)를 주고, 다른 사람들에게는 각기 다른 비단을 하사한다." 구육치의 수령인 밍간(Minggan)의 列傳이 『元史』 권135에 있다. 캉글리(康里) 출신인 그는 1276년 쿠빌라이의 조칙에 따라 집합된 1만여 명의 구육치의 수령이 되었다. 그 후 그는 御駕를 호위하며 다녔고, 貴赤軍을 이끌고 몽골리아로 원정을 가 카이두의 군대와 전투를 벌이기도 했다. 貴赤軍은 1284년 貴赤親軍都指揮使司로 편성되었고, 밍간은 그 都指揮使가 되었다. 따라서 구육치는 폴로가 말하는 것처럼 단지 카안의 개들을 돌보는 것 이상으로 카안의 親軍으로 그를 호위하고 원정에 투입되는 등 중요한 임무들을 수행했음을 알 수 있다. 한편 펠리오는 바얀(Bayan)이라는 이름이 중국사료에는 보이지 않으나 『集史』에서 '바얀 쿠육치'(Bâyân Kûyûkchî)라는 이름을 찾아내었다(이스탄불 사본, 209r). Boyle, *The Successors*, p. 286에는 Nayan Küyükchi로 잘못 표기되어 있다.

안의 궁정에 짐승과 새 1,000마리를 바치도록 되어 있다. 뿐만 아니라 최선을 다해 물고기들도 바치는데, 세 사람이 한 끼에 배부를 정도로 먹을 양의 물고기를 짐승 한 마리로 계산한다.] 여러분에게 사냥개들을 돌보는 사람들에 대해 이야기했으니, 이제 대군주가 또 다른 석 달을 어떻게 보내는지에 대해 이야기해보도록 하자.

94장 | 여기서 그는 카안이 짐승과 새를 잡기 위해 사냥을 가는 것에 대해서 이야기한다

대군주는 내가 여러분에게 앞에서 말한 그 도시에 석 달 간, 즉 12월, 1월, 2월을 머문 뒤, 3월에는 이 도시를 떠나 남쪽으로 이틀 거리 떨어진, 바다가 있는 곳을 향해서 간다. 그는 1만 명이나 되는 매꾼들과 5,000마리나 되는 해동청과 페레그린 매와 송골매를 데리고 가며, 또한 강가에서 새를 잡는 데 쓸 많은 수의 사냥용 매도 데리고 간다. 그러나 이들을 모두 한 곳에 넣어서 기른다고는 생각하지 않기 바란다. 그는 이들을 여기저기에 100마리 혹은 200마리 혹은 그 이상으로 나누어놓는다. 이 사냥용 새들이 잡은 새들은 대부분 대군주에게 바쳐진다.

여러분에게 말하건대 대군주는 송골매나 다른 새들을 데리고 매사냥을 나갈 때면 휘하에 두 명씩 짝지어진 1만 명의 사람들을 거느린다. 그들은 토스카오르(toscaor)라 불리며 우리 말로는 '망보는 사람'을 의미한다.[70] 사실 그들은 둘씩 짝을 지어 여기저기 흩어져 넓은 지역을 감시한다. 그들은 매를 부르고 붙잡아둘 수 있도록 각기 호각과 보자기를 갖고 있다. 그리고 대군주가 매를 날리기를 원한다고 해도 날리는 사람들이 매를 데

---

70) R본의 toscaol이 더 정확한 표기이며 이는 투르크어의 tusqaul을 옮긴 것으로 보아야 할 것이다. 그 어원은 tut-('붙잡다')이며, '야경꾼'을 의미하는 tutğaq 혹은 tutğa'ul의 파생어가 있다. 이것이 몽골어로 전해지면서 tutqa'ul 혹은 tusqa'ul로 되었고, 자음도치의 형태로 tuqta'ul이 되기도 했으며, '파수꾼' '파수대'의 의미로 통용되었다.

리러 갈 필요가 없다. 왜냐하면 내가 위에서 말한 그 사람들이 여기저기
에 서서 그 매들을 잘 감시하고 있기 때문이다. 그 매들은 이 사람들의 눈
밖에 벗어날 수 없으며, 만약 매들이 도움을 필요로 하면 그들은 즉시 달
려가서 돕는다.

대군주와 신하들이 기르는 새들은 모두 은으로 만든 조그만 꼬리표를
발에 달고 있는데, 거기에는 그 새를 소유하고 기르는 사람의 이름이 적
혀 있다. 이렇게 하기 때문에 잡힌 새는 그 신원이 확인되어 소유주에게
로 되돌려진다. 만약 누구의 것인지 알 수 없으면 불라르구치
(bularguci)[71] ― 주인을 못 찾는 물건들의 보관인을 의미한다 ― 라 불리
는 신하에게 갖다 준다. 여러분에게 말하지만 만약 누군가 말, 칼, 새 혹
은 다른 사물을 습득하여 그것이 누구의 것인지 알 수 없으면 이 신하에
게 가져가고 그는 이것을 받아서 보관해야 한다. 만약 즉시 그 신하에게
가져다 주지 않으면 도적으로 간주된다. 물건을 분실한 사람들은 이 신하
에게로 가는데, 만약 그가 그것을 보관하고 있으면 주인에게 즉시 되돌려
준다. 또 이 신하는 언제나 모든 무리들 가운데 가장 높은 지점에 자신의
표지를 세우고 머무는데, 그것은 물건을 잃어버린 사람들이 곧바로 자기
를 볼 수 있게 하기 위해서이다. 이런 식으로 해서 어떤 물건도 분실되는
일 없이 주인에게 되돌려지는 것이다.

내가 이야기한 길을 따라 대군주가 바다 근처로 갈 때, 길가에서 짐승

---

71) R(bulangazi). '불라르구치'(bularğuchi)는 몽골어로 분실물을 뜻하는 '불라르구'(bularğu)
와 사람을 나타내는 접미사 '치'(-chi)가 결합한 형태로, 주인을 잃은 물건이나 동물을 보관·
관리하는 사람을 뜻한다. 몽골제국 시대에는 도주한 노예나 유랑민을 관리하는 임무를 맡은 사
람을 불라르구치라고 불렀다. 중국측 자료에는 孛蘭奚라는 말이 자주 등장하는데, 이는 '부랄
기'(buralgi)를 옮긴 것으로 보이며 無籍流浪民을 의미했다. 이 말은 bularğu의 자음도치형에
서 파생된 것이 아닐까 추측된다. 사람의 이름에도 '부랄기'('주워온 아이'를 뜻함)라는 말이
쓰이는데, 이것은 액땜을 목적으로 아이들에게 일부러 나쁜 뜻의 이름을 지어주던 당시 몽골인
의 풍습 때문에 생긴 현상이다.

대카안의 사냥

과 새들을 잡는 멋진 광경들을 많이 볼 수 있다. 그것에 비견할 만한 오락은 이 세상 어디에도 없을 것이다. 대군주는 매사냥을 갈 때 일부 지역에서는 길이 좁기 때문에 한 마리 혹은 두 마리의 코끼리를 타고 가지만, 그 외의 경우에는 항상 네 마리의 코끼리를 타고 간다. 그 위에는 나무로 만든 아름다운 가마가 실려 있는데, 그 안은 온통 금박으로 입혀져 있으며 밖은 사자 표피로 덮여 있다. 〔대카안은 매사냥을 갈 때는 항상 그 가마를 이용하는데 그것은 그가 통풍(gout)으로 고생하고 있기 때문이다.〕 또한 대군주는 그 안에서 항상 12마리의 최상의 해동청을 데리고 있고, 그를 즐겁게 하고 말벗이 되기 위해 몇 명의 신하들도 함께 있다.

여러분에게 말하건대 대군주가 코끼리 위의 가마를 타고 갈 때, 그의 주위에 있는 신하들은 그에게 "폐하! 두루미들이 날아가고 있습니다"라고 말한다. 그러면 대군주는 장막을 걷게 한 뒤 두루미들을 보고, 그 두루미들을 잡기 위해 마음에 드는 해동청을 골라 날려 보낸다. 그는 해동청이 두루미들을 잡는 것을 항상 침상에서 바라보는데, 그에게는 그것이 대단한 오락이자 즐거움이다. 다른 신하들과 기사들은 군주의 주위에서 말을 타고 따라간다. 여러분은 이 세상에서 그분처럼 대단한 오락과 즐거움을 누릴 수 있는 사람이 과거에도 또 지금도 없으리라는 사실을 알아야 할 것이다.

그가 〔몇 시간 매사냥으로〕 멀리 가서 칵차 모둔(Caccia modun)[72]이라는 곳에 이르면, 거기에는 그와 그의 아들 또 대신들과 후비들의 천막이 쳐져 있다. 정말로 아름답고 사치스러운 그 천막들은 1만 개 이상을 헤아린다.[73]

이제 여러분에게 그의 장전(帳殿)이 어떻게 만들어져 있는지에 대해서 설명하겠다. 그가 어전회의를 여는 장전은 정말 얼마나 큰지 1,000명의 기사들이 그 안에 들어가 앉을 수 있을 정도이다. 천막의 문은 남쪽으로 열려 있고, 접견실에는 신하들과 다른 사람들이 대기하고 있다. 그것과 맞닿아 있고 서쪽을 향한 또 다른 천막이 있는데, 그곳은 군주가 기거하는 곳으로 누군가와 말하고 싶을 때에는 그 안으로 불러들인다. 커다란 접견실 뒤로는 크고 아름다운 방이 하나 있어 대군주는 거기서 취침한다. 이밖에도 다른 방과 천막들이 있는데 대카안의 천막과 접해 있지는 않다.

내가 말한 두 개의 접견실과 침실이 어떻게 만들어져 있는지 이제 이야기해주도록 하겠다. 각 접견실에는 향나무로 정교하게 만들어진 세 개의 기둥이 서 있고, 바깥은 모두 사자 가죽으로 덮여 있는데 흑·백·적색의 줄이 나 있어 매우 아름답다. 어찌나 잘 만들어졌는지 비바람이 전혀 들이치지 않는다. 안쪽은 흰 담비와 검은 담비의 모피로 되어 있는데, 이 두 가지는 어떤 모피보다도 아름답고 가장 사치스러우며 가장 비싼 모피이

---

72) F(cacciar modun), R(caczarmodin). 펠리오는 이것을 몽골어 Gaǧcha Modun('외로운 나무')으로 읽어야 한다고 보고, 『元史』 권100 「兵志·馬政」에 나오는 哈察木敦과 같은 지점으로 추정했다. 이곳은 大都의 東隣에 위치한 通州에서 남쪽으로 45리(18킬로미터) 떨어진 곳에 있는 柳林으로 추정된다. 쿠빌라이는 물론 그 후 원조의 군주들도 大都를 나서 上都로 올라가기 전에 먼저 그곳에 들러 사냥을 즐긴 경우가 많았다. 펠리오는 상기 『元史』의 기사에서 哈察木敦과 함께 언급된 希徹禿이 hichetü를 옮긴 것이며 그 뜻이 '버드나무(hichesün)가 있는 곳'이기 때문에, 柳林을 그대로 몽골어로 옮긴 것이라고 보았다.

73) 이곳에는 1281년 쿠빌라이의 지시에 의해 지어진 '行宮'이 있었다.

다. 한 사람의 코트를 만들 정도의 검은 담비털의 경우, 상급품은 금화 2,000베잔트, 중급품은 1,000베잔트의 가격에 달한다. 타타르들은 그것을 '모피의 왕'이라고 부른다. 그것의 크기는 긴털족제비만하다. 대군주의 커다란 두 접견실은 이 두 가지 모피로 장식되어 있어 보기만 해도 탄성이 나올 정도이다.

군주가 취침하는 방은 이 두 접견실과 접해 있는데, 그것 역시 바깥은 사자 가죽으로, 안쪽은 검은 담비와 흰 담비의 모피로 장식되어 있으며, 매우 기품있게 만들어져 있다. 접견실과 방을 지탱하는 끈들은 모두 비단이다. 이 세 천막은 얼마나 비싸고 값진 것인지 군소 국왕들은 그것을 사지도 못할 것이다.

이 천막들 주위에 도열해 있는 다른 천막들은 정연하게 배치되어 있다. 군주의 후비들도 화려한 천막을 갖고 있다. 또한 해동청과 매들과 다른 새와 동물들도 굉장히 많은 수의 천막 속에 배치되어 있다. 그것에 대해 내가 더 무엇을 말하겠는가. 여러분은 이 캠프 안에 얼마나 많은 사람들이 있는지 정말로 보기에도 놀라울 정도라는 점을 알아야 할 것이다. 그가 소유한 도시들 가운데에서도 가장 좋은 것처럼 보인다. 사람들은 사방에서 그리로 몰려든다. 그 역시 자기 주변의 모든 시설들을 그대로 갖고 오게 하고, 의사, 점쟁이, 매꾼, 그밖의 여러 관리들도 동행케 한다. 그곳의 모든 것들은 마치 그의 수도 한가운데에 있는 것처럼 질서정연하다.

여러분은 그가 초봄, 즉 우리의 부활절에 해당되는 시기가 될 때까지 그곳에 머무른다는 사실을 알아야 할 것이다. 그동안 그는 쉬지 않고 호수나 강으로 매사냥을 나가며, 거기서 두루미와 백조를 비롯한 새들을 많이 잡는다. 또한 그의 주변 여러 곳에 널리 퍼져 있는 사람들도 사슴을 비롯한 사냥감들을 갖다 바친다. 그 기간에 그는 세상에서 최상의 즐거움을 맛보며 지낸다. 그것을 보지 않고도 믿을 사람은 세상에 한 사람도 없을 것이다. 왜냐하면 그의 위엄과 직무와 열락은 내가 여러분에게 말하는 것보다 훨씬 더 크기 때문이다.

여러분에게 또 다른 것에 대해 말해보도록 하겠다. 어떠한 상인이든 장인이든 시골사람들이든 누구도 감히 매사냥에 사용하는 매와 같은 새들이나 사냥에 쓰는 개를 소유할 수 없다. 이것은 대군주가 머무는 곳 주위로 20일 거리의 범위에 대해서 적용된다. 그러나 그외의 그의 영토 안에 있는 다른 모든 지방에서는 새나 개를 데리고 마음대로 사냥할 수 있다.

또한 여러분이 알아두어야 할 것은 대군주가 지배하는 모든 지역에서 어떠한 왕이나 신하나 사람도 토끼나 황갈색 사슴이나 노루나 사슴과 같이 3월에서 10월 사이에 새끼를 낳는 동물들은 결코 사냥할 수 없다는 점이다. 이것을 어기고 그런 짓을 범하는 사람은 대단히 후회하게 될 것이다. 대군주가 지엄한 명령을 내렸기 때문에, 토끼나 사슴이나 그밖에 내가 말한 동물들이 다가온다고 할지라도 어느 누구도 그것들을 건드리거나 해코지하지 않을 정도로 그 명령은 철저하게 지켜지고 있다.

여러분에게 이야기한 그런 방식으로 대군주는 부활절 무렵까지 이곳에 머무른다. 그는 그때까지 머물고 난 뒤 거기서 휘하의 모든 사람들을 데리고 출발하여 곧장 캄발룩시로 가는데, 그들은 올 때와 똑같은 길을 사냥과 매사냥으로 기쁨을 만끽하며 돌아간다.

95장 | 대카안이 어떻게 거대한 회의를 개최하고 성대한 연회를 여는가

자신의 도읍인 캄발룩에 오면 그는 제일 커다란 궁전에서 3일간만 머물 뿐 그 이상은 머물지 않는다. 그는 거대한 회의와 성대한 연회를 열고, 자신의 부인들과 잔치를 하면서 큰 즐거움을 나눈다. 이 사흘 동안 대군주가 베푸는 거대한 연회는 보기에도 놀라울 정도이다.[74] 여러분에게 말하

---

74) 이 부분에서 FB본과 FA본은 쿠빌라이의 이동에 대해서 더 자세히 부연하여 설명하고 있다. 즉 大都에서 사흘을 지낸 그는 上都로 가서 거기서 5월 1일부터 8월 27일까지 머물다가, 8월 28일에 흰 암말의 젖을 뿌리는 의식을 마친 뒤 大都로 출발하고, 大都로 돌아와서 생일축하연을

건대 이 사흘 동안 대군주가 개최하는 거대한 행사들을 보는 것은 경이로운 일이다. 더구나 이 도시에는 도성의 내부와 외부에 굉장히 많은 가옥과 주민들이 있다.

여러분은 커다란 성문이 12개 있으며 〔각 성문 바깥에 있는〕 교외들이 얼마나 많고 큰지 어느 누구도 그 수를 헤아릴 수 없다는 사실을 알아야 할 것이다. 성안에 사는 사람들보다 성밖에 사는 사람들이 훨씬 더 많다. 그리고 상인들이나 장사를 위해 그곳에 온 다른 모든 사람들이 이 교외에 머무는데 그 숫자도 엄청나게 많다. 그들은 대군주를 위해서, 혹은 이 도시가 매우 좋은 시장이기 때문에 오는 것이고, 장사나 다른 용무로 많은 사람들이 그곳으로 온다. 또한 여러분에게 말하지만 교외에도 성안 못지않게 아름다운 집과 궁전들 ─ 물론 대군주의 궁전은 예외지만 ─ 이 있다. 성안에서 사망한 사람은 어느 누구도 성안에 매장되지 못한다. 만약 그가 우상숭배자라면 그의 시신은 모두 교외에 위치한 화장지까지 실려 나간다. 다른 종파의 사망자들의 경우에도 모두 교외에 매장된다.

또 여러분에게 말하지만 죄를 지은 여자는 성안에 감히 살 수 없는데, 이들은 돈을 위해 남자에게 봉사하는 천한 여자들로서 교외에 산다. 그 숫자가 얼마나 많은지 여러분은 도저히 믿기지 않을 것이다. 돈 때문에 남자를 위해 봉사하는 여자들의 숫자는 2만 명은 족히 될 것이다.[75]

여러분에게 말하지만 그들이 필요한 것은 매일같이 그곳을 드나드는

벌인다는 것이다. 그래서 大都에서는 10, 11, 12, 1, 2월까지 머물고, 3월 1일에서부터 '5월 중순'(앞에서는 5월 1일이면 上都에 도착한다고 했다!)까지 바다 근처의 야영지에서 사냥을 즐긴다는 것이다. 이 같은 FA · FB본의 기록은 마르코 폴로나 루스티켈로의 손에 의한 것일 수도 있지만, 후대 편집자들에 의한 보충일 수도 있다.

75) 뒤에 항주에 관한 부분에서도 폴로는 많은 수의 妓女 · 娼女들에 대해 언급하고 있다. 몽골인들은 이러한 부류 여자들의 거주지를 제한했던 것으로 보인다. 폴로의 기록에 따르면 大都에서는 시내가 아니라 교외에 별도로 정해진 거주구역이 있었으며, 항주에서는 시내 거주가 허용되었으나 광장 근처로 제한되어 있었던 것으로 보인다.

엄청나게 많은 수의 상인과 외래인들 때문이다. [총감독이 한 사람 있고, 100명과 1,000명에 한 사람씩 두어지는 우두머리들은 모두 총감독에게 예속되어 있다. 이 여자들에게 감독을 두는 이유는 다음과 같다. 즉 외국의 대사들이 대카안에게 용무가 있어 찾아오면, 대군주는 자신의 경비로 그들을 묵게 하고 매우 후한 대접을 해주는데, 바로 그 감독이 앞서 말한 대사와 그 일행 각각에게 매일 밤 창부를 한 사람씩 제공해주기 때문이다. 창부들은 매일 밤 교체되며 아무런 보수도 받지 않는데, 그들이 대카안에게 바치는 세금이 바로 그것이기 때문이다.] 천한 여자들이 내가 말한 정도로 많다면 여러분은 캄발룩의 주민이 얼마나 많은지 알 수 있을 것이다.

여러분은 가장 비싸고 가장 진귀한 물건들이 이 세상 어느 도시보다도 이 캄발룩시로 몰려든다는 사실을 알아야 할 것이다. 그것이 어떠한지 여러분에게 이야기해주겠다. 우선 인도에서 이 도시로 들어오는 값진 것들에는 귀금속과 진주 및 기타 진귀한 것들이 있다. 또한 카타이와 다른 여러 지방에서 나오는 갖가지 아름답고 진귀한 것들도 들어온다. 그 까닭은 그곳에 군주와 후비들과 신하들이 살고, 또한 군대에 속한 사람들이 있으며, 대군주가 거기서 주재하는 회의에 참석하러 오는 사람들의 숫자가 엄청나게 많기 때문이다. 내가 설명한 이러한 이유로 보다 진귀한 것, 보다 값진 것들이 이 도시로 들어오는데 이 세상 어느 도시보다 더 많이 유입되며, 더 많은 상품이 매매된다.

여러분은 비단을 실은 1,000량 이상의 수레가 매일같이 이 도시로 들어온다는 사실을 알아야 할 것이다. 왜냐하면 거기서 금실과 비단으로 된 많은 옷들이 만들어지기 때문이다. 또한 이 도시 주위에는 멀리 혹은 가까이에 200개 이상의 [읍들이] 있는데, 이 도시에는 이 읍주민들이 필요로 하는 것들이 있기 때문에 그들은 여러가지 물건을 사기 위해 이 도시로 온다. 따라서 내가 여러분에게 말한 그렇게 많은 물건들이 이 캄발룩시로 들어온다는 것이 그리 놀라운 일은 아니다.

내가 여러분에게 이 놀라운 것들을 자세히 그리고 요령있게 이야기했으니, 이제는 이 캄발룩시에서 행해지는 주전과 조폐에 대해서 말해보도록 하겠다. 그래서 대군주가 내가 여러분에게 말한 것보다 혹은 내가 이 책에서 장차 이야기하려는 것보다 훨씬 더 많은 일을 행하고 더 많이 소비할 수 있다는 것을 분명히 보여주겠다.

96장 | 어떻게 대카안이 종이를 화폐로 사용할 수 있게 했는가

이 캄발룩시에는 대군주의 조폐소[76]가 있는데, 그것이 어떤 식으로 되어 있는지는 대군주가 완벽한 연금술을 행한다고 말하기에 충분할 정도이다. 이제 여러분에게 그것에 대해 말해주겠다. 그는 화폐를 다음과 같은 방식으로 만들게 한다. 즉 나무―비단을 만드는 누에가 그 잎을 먹는 뽕나무―의 껍질을 벗기게 하는데, 나무의 겉껍질과 속살 사이의 얇은 껍질을 갖고 오게 한다. 그리고 그 얇은 껍질로 종이와 같은 낱장들을 만드는데 모두 검은색이다. 이 같은 낱장들을 만든 뒤 그것을 다음과 같은 방식으로―〔큰 것과 작은 것으로, 또 사각형으로 길이를 폭보다 더 길게 잘라서 화폐의 형태를 만든다〕―자른다. 작은 것은 0.5의 소형 토르네셀(tornesel)의 가치에 준하고, 그 다음 것은 1소형 토르네셀, 그 다음은 은화 0.5그로트, 베니스의 은화 1그로트, 2그로트, 5그로트, 10그로트, 그 다음은 1베잔트, 3베잔트, 그리고 이렇게 해서 10베잔트까지 올라간다.[77]

---

76) 交鈔提擧司라 불렀다.

77) 『元史』 권93 「食貨志·鈔法」에 의하면 1260년(中統元年)에 中統元寶交鈔를 만들어 10文부터 2貫까지 모두 10등급의 지폐를 두었고, 1287년(至元 24)에 至元通行寶鈔를 다시 만들어 5文에서 2貫까지 11개 등급의 지폐를 통용케 했다. 마르코 폴로가 제시한 0.5토르네셀에서부터 10베잔트까지의 10등급은 지폐의 실제가치를 나타내는 것이 아니라 交鈔의 등급을 표시하기 위한 것으로 보이며, 10등급인 것으로 보아 1287년 이전에 통용되던 中統鈔의 종류를 나타낸 것으로 추측된다.

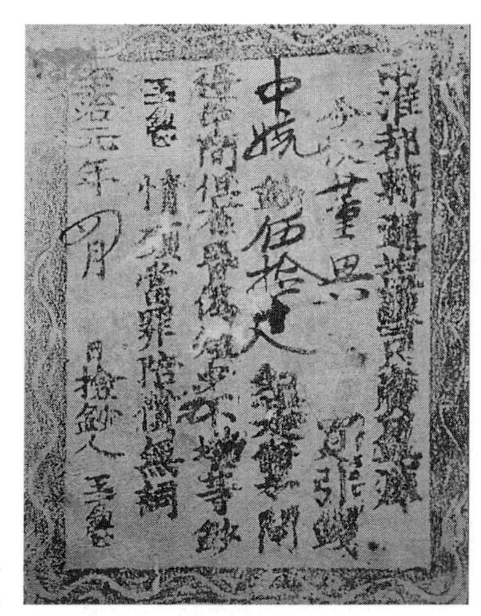

원대의 염인(鹽引).
소금교환증서이지만 화폐로도 사용되었다.

이 모든 지폐에는 대군주의 인장이 찍혀 있다.〔그리고 그것들은 마치 순금이나 순은인 것처럼 강력한 권위와 절차를 거쳐 제조된다. 이 같은 일을 책임지는 많은 관리들이 화폐 위에 자신들의 이름을 써서 표지를 남긴다. 모든 것들이 응당한 절차대로 이루어지면, 군주가 임명한 총책임자는 자신에게 맡겨진 인장을 인주에 묻혀 화폐 위에 찍어서, 인주가 묻은 인장의 문양이 거기에 인쇄되도록 한다. 그러면 그 화폐에는 권위가 부여되는 것이다. 만약 누군가 그것을 위조하면 그는 극형으로 처벌된다.〕 대군주는 세상의 모든 재물들의 값을 지불할 수 있을 정도로 많은 지폐를 보유하고 있다.[78]

그는 이러한 지폐들을 내가 여러분에게 말한 방식대로 만들게 한 뒤 그것으로 모든 것을 지불케 하고 그가 통치하는 모든 지역과 지방, 그리고

---

78) 현존하는 交鈔의 모습은 폴로의 설명이 정확함을 입증해주고 있다. 中統鈔와 至元鈔의 외양에 관한 자세한 설명은 前田直典의 「元の紙幣の樣式に就て」, 『元朝史の硏究』, 東京, 1973을 참조하시오.

왕국들 사이에서 통용되도록 했다. 목숨이 아까워 아무도 그의 명령을 감히 거역하지 못한다. 여러분에게 말하건대 그의 지배를 받는 모든 사람들과 지역에서는 이 같은 지폐를 지불수단으로 기꺼이 받아들이는데, 그 까닭은 그들이 어디에서든 상품이든 진주든 귀금속이든 금 혹은 은이든 모든 것을 사는 데 그것으로 지불할 수 있고 또 어떤 것을 사든 내가 말한 그 지폐를 지불수단으로 사용할 수 있기 때문이다. 뿐만 아니라 10베잔트에 해당하는 지폐의 무게는 1베잔트에도 미치지 못한다.

여러분에게 말하지만 1년에 여러 차례 수많은 상인들이 진주와 귀금속과 금은 혹은 다른 것들을 갖고 대군주를 찾아와서는 그것들을 대군주에게 모두 헌납한다. 대군주는 이러한 일들을 처리하기 위해 선발된 매우 현명한 12명의 현자들을 불러들여, 그들에게 상인들이 갖고 온 물건들을 살펴보게 한 뒤 응당한 가격을 내가 여러분에게 말한 그 지폐로 지불해주라고 명령한다. 상인들은 그것을 매우 기쁘게 받아들이는데, 그 까닭은 그들이 후에 대군주 지배하의 어떤 지방에서나 그것으로 어떤 물건이든 구입할 수 있기 때문이다. 여러분에게 착오 없이 말하지만 상인들이 1년에 여러 차례 갖고 오는 물건들은 무려 40만 베잔트에 달하고, 대군주는 모두 이 지폐로 지불한다. 다시 한 번 말하는데 그는 1년에도 여러 차례 도시 전체에 대해 귀금속이나 진주나 금은을 갖고 있는 사람들은 대군주의 조폐소로 가져오라는 명령을 내린다. 그러면 그들은 물건들을 실제로 셀 수 없을 정도로 많이 가지고 와서 모두 지폐로 그 대가를 보상받는다. 이렇게 해서 대군주는 전국의 금과 은과 진주와 귀금속을 모두 소유한다.

여러분에게 이야기할 만한 가치가 있는 것 한 가지를 더 이야기해주겠다. 누군가 이 지폐들을 너무 오랫동안 보관해서 찢어지거나 더러워지면 그것을 조폐소로 갖고 가서 새롭고 깨끗한 것으로 교환하는데, 100분의 3을 그곳에 남겨준다.[79] 또한 이 책에 잘 어울리는 재미있는 이야기를 하나 더 해주겠다. 만약 누군가 그릇이나 혁대 혹은 다른 것들을 만들기 위해 금이나 은을 필요로 한다면, 그는 이 지폐를 들고 대군주의 조폐소로 가서 그것을 주는 대신 조폐소의 책임자로부터 그 액수에 상당하는 금이나 은을 받아올 수 있다.

이제까지 여러분에게 대군주가 어떻게 또 무슨 연유로 이 세상 어느 누구보다도 더 많은 재물을 소유하고 있는지를 설명해주었다. 내가 말하건대 지상의 모든 군주들의 재화는 이 대군주 혼자 갖고 있는 재화만도 못하다. 지금까지 대군주가 어떻게 지폐를 만드는가에 대해 모든 사실들을 설명하고 이야기했으니, 이제는 대군주를 대신하여 캄발룩시에서 외부로 나가는 고관들에 대해서 이야기해보도록 하겠다.

97장 | 여기서 그는 대카안의 모든 사무를 처리하는 12명의 신하들에 대해서 이야기한다

이제 여러분은 대군주가 12명의 매우 지체 높은 신하들을 선정했다는 사실을 알아야 할 것이다. 〔그들은 군대와 관련해 일어나는 문제들, 즉 현재 주둔하고 있는 장소에서 그들을 옮긴다거나 장교들을 교체한다거나 필요하다고 생각되는 곳으로 파견하는 일들, 또한 전쟁의 중요도에 따라 얼마만한 숫자의 군인들이 필요한지 등의 문제들을 처리한다.

이외에도 그들은 비천하고 용렬한 사람과 용맹하고 사내다운 전사들을 구별해내 그들을 보다 높은 직위로 승진시키거나 아니면 반대로 쓸모없는 겁쟁이들은 강등시키는 일도 한다. 그리고 천인장의 누군가가 비열한 행동을 했다면 상술한 신하들은 그가 그러한 지휘관으로서 부적절하다고 보아 그를 백인장으로 강등시킨다. 만약 그가 당당하고 남자답게 행동한다면 보다 높은 직급에 적절하다고 판단하여 그를 만인장으로 임명한다. 그

---

79) 훼손되거나 더러워져 못쓰게 된 지폐를 '昏鈔'라고 불렀고, 이를 새 지폐와 바꿀 때 내는 수수료를 工墨錢(인쇄비를 뜻함)이라 불렀다. 이 수수료는 처음에 3/100을 내다가 1266년(至元 3)에 2/100로 내렸다.

러나 이 모든 것은 대군주의 인지하에 이루어진다.

만약 누군가를 강등시키고자 한다면 그들은 군주에게 "이러이러한 사람은 그 같은 직책에 적합하지 않습니다"라고 보고한다. 그러면 그는 "그를 강등시켜 낮은 직급으로 하라!"고 대답하고 그대로 이루어진다. 만약 그들이 누군가를 승진시켜서 그의 장점을 현창시키려 한다면 "이러이러한 천인장은 만인장이 되기에 적합합니다"라고 말한다. 그러면 군주는 그것을 승낙하여 상술한 그 직책에 걸맞은 임명패를 그에게 수여한다. 그러고 나서 다른 사람들도 용감하게 행동하라고 자극하기 위해 그에게 매우 푸짐한 선물을 하사한다.

이 12명의 신하들이 있는 관아는 타이(thai)[80]라고 불린다. 그 뜻은 대체로 '큰 관청'이라고 할 수 있는데, 이는 대카안을 제외하고는 누구도 그들에게 명령을 내릴 수 있는 사람이 없기 때문이다.

지금 말한 이들 이외에 12명의 또 다른 신하들이 임명되는데,] 그들에게는 34개의 지방에 필요한 모든 사무를 돌보는 일이 위임된다. 여러분에게 그들의 임명과 사무에 대해 이야기해주겠다. 무엇보다 먼저 이 12명의 신하들은 캄발룩시 안에 있는 한 관청에 머무는데, 매우 크고 아름다운 그곳에는 많은 방과 사무실들이 있다. 각 지방마다 한 명의 판관과 수많은 서기들이 배당되어 있고, 그들은 이 관청 안에 있는 각자의 사무실에 주재하고 있다. 이 판관과 서기들은 거기서 자신들에게 맡겨진 지방에 필요한 모든 사무를 처리하며, 그들은 내가 여러분에게 말한 12명의 신하들의 의사와 지시에 따라 행동한다.

더구나 여러분은 이 12명의 신하들이 얼마나 막대한 권력을 지니고 있는지 알아야 할 것이며 이제 그것에 대해 내가 이야기해주겠다. 그들은 위에

---

80) 이 말은 원대에 감찰업무를 담당하던 '臺', 즉 '御史臺'를 가리키는 듯하다. 그러나 폴로가 설명하는 이 관청의 기능으로 보아 실제로 그는 軍政을 총괄하는 樞密院을 염두에 둔 것처럼 보인다.

서 말한 모든 지방들의 통치자들을 선발한다. 적절하고 합당해 보이는 사
람들을 선택한 뒤 대군주에게 보고를 올린다. 대군주는 그것을 추인하고
그 영역에 적절한 금패를 그에게 하사한다. 또한 이 신하들은 군대가 마땅
히 파견되어야 할 곳을 가려서, 그곳으로 필요하다고 생각되는 숫자를 보
내는 일을 담당하고, 이를 언제나 대군주에게 보고한다. 그들은 각 지방에
필요한 일들은 물론이고 내가 여러분에게 말한 이 두 가지 일을 수행한다.

〔그들은 또 공납과 세금의 징수, 그 지출과 통제 및 다른 많은 사무들
을 관할한다.〕 이들은 시엥(scieng)[81]이라고 불린다. 이는 '가장 큰 관청'
이라는 뜻인데, 실제로 대군주의 궁정에서 가장 커다란 권위를 지니고 있
기 때문이다. 그들은 마음만 먹으면 누구에게나 매우 좋은 일을 해줄 수
있는 힘을 갖고 있다. 〔앞서 말한 이 두 가지의 조정, 즉 시엥과 타이 위
에는 대카안을 제외하고는 아무도 없다. 그러나 타이, 즉 군대 감독의 직
무를 수행하는 관청은 또 하나의 다른 관청에 비해 더 중요하고 더 높은
것으로 여겨지고 있다.〕

그 지방들에 대해서는 이 책에서 자세히 이야기할 것이므로 여기서는
그 이름들을 열거하지 않겠다. 이 정도로 그만 하고, 여러분에게 대군주
가 전령들을 어떻게 보내고 파발마들은 어떻게 준비되는가에 대해서 이
야기하도록 하겠다.

98장 | 캄발룩시에서 시작된 도로들이 어떻게 여러 지방을 거쳐가는가

이제 여러분은 이 캄발룩시에서 출발하는 도로들이 여러 지방들을 거쳐

---

81) F(scien, scieng), R(singh). 제국의 중앙행정을 총괄하는 '省', 즉 '中書省'을 가리킨다. 『집
사』는 이것을 '싱'(shing)으로 표기하고 '대관청'(divan-i bozorg)이라고 설명하여 폴로의 '가
장 큰 관청'과 상응한다. 원제국의 영역은 크게 12개의 '行省'으로 나뉘었는데, 그것은 다시
路·府·州·縣 등으로 나뉘었다. 폴로가 말하는 34개의 지방이란 숫자는 맞지 않으나 행성을
가리키는 듯하다.

가는데, 하나의 도로는 어떤 지방으로 향하고 또 다른 도로는 다른 지방으로 향한다는 사실을 분명히 알아야 할 것이다. 모든 도로들은 그것이 어디로 향하는가에 따라 구분되는데, 이것은 매우 현명한 방법이다. 또 누군가가 캄발룩을 출발하여 내가 말한 그 길들을 따라 25마일 정도 가면, 그 25마일을 간 대군주의 전령은 역참 하나를 만나게 된다는 것을 알아야 한다. 이것은 그들의 언어로 얌(iamb)[82]이라고 부르는데, 우리 말로는 말이 준비된 역을 뜻한다.[83] 전령들은 각각의 역참에서 매우 크고 멋있는 숙사를 보게 되고, 대군주의 전령은 그곳에 숙박할 수 있다. 이 숙박소에는 사치스러운 비단으로 치장된 매우 화려한 침대와 전령의 높은 신분에 적합한 물건들이 모두 갖추어져 있다. 만약 어떤 왕이 그곳에 온다고 해도 역시 거기에서 숙박할 수 있다.

여러분에게 다시 한 번 말하지만 전령은 이 역참들에서 400마리의 말을 볼 수 있는데, 이것은 대군주가 항상 거기에 배치시켜서 그가 어떤 곳으로든 전령들을 보낼 때 그들이 사용할 수 있도록 대기시키라고 명령한 것이다. 〔그들은 그곳에 내려 피로해진 말들을 놓고 새로운 말을 가져갈 수 있다.〕 또한 여러분은 위에서 내가 언급한 각 지방으로 가는 주요 도로들 연변에 25마일 또는 30마일마다 이 역참들이 설치되어 있다는 사실을 알아야 할 것이다. 전령들은 이 역참에서 명령을 기다리며 대기중인 300~400마리의 말들을 볼 수 있다. 또한 그들은 거기서 내가 말했듯이 전령들이 숙박할 수 있는 매우 멋진 숙사를 볼 수 있는데, 그것이 얼마나 근사한지는 위에서 여러분에게 설명한 대로다.

---

82) F(ianb), R(lamb).

83) 몽골어에서는 '잠'(jam)이지만 마르코 폴로는 투르크어나 페르시아어에서의 발음인 '얌'(yam)을 옮겼다. 한자어의 站은 몽골어 '잠'을 표기한 것이며, 몽골제국의 각지를 연결하는 驛站을 가리킨다. 우구데이는 카라코룸에 수도를 건설하면서 대대적으로 역참제를 정비했고, 원대에 와서는 전국 1,500군데에 역참이 설치되었다. 공무로 여행하는 사람들에게 馬匹·宿所·食糧을 제공했고, 역참을 관리하기 위해 站戶(혹은 jamchi, 站赤)를 배치했다.

이런 방식으로 도로들은 대군주 지배하의 모든 지방과 영역을 통과한다. 전령이 도로에서 벗어나 집도 숙박소도 찾아볼 수 없는 곳을 갈 때에도, 대군주는 도로에서 벗어난 곳들에까지 역참을 설치하게 하고 다른 역참들과 마찬가지로 숙사와 말과 마구 등 모든 물건들을 갖추도록 했다. 그러나 그들은 하루에 더 많은 거리를 여행해야만 하는데, 그것은 역참들이 35마일, 더러는 40마일 이상 떨어져 있기 때문이다.

여러분이 들은 이러한 방식으로 대군주의 전령들은 온 사방으로 파견되며, 그들은 하루 거리에마다 숙박소와 말들을 찾을 수 있다. 이것은 정말로 지상의 어떤 사람, 어떤 국왕, 어떤 황제도 느낄 수 없는 최대의 자부심과 최상의 웅장함이라고 할 수 있다. 여러분은 그가 이들 역참에 특별히 자신의 전령들이 쓸 수 있도록 20만 마리 이상의 말들을 배치시켜 놓았다는 사실을 알아야 할 것이다. 또한 내가 말했듯이 멋진 가구들이 갖추어진 숙사들도 1만 개소 이상에 이른다. 그것은 너무나 경이롭고 너무나 경비가 많이 드는 일이기 때문에 올바로 말하거나 기록하는 것조차 어려울 정도이다.

〔만약 누군가 어떻게 그토록 많은 일들을 할 정도로 수많은 사람들이 있으며 그들은 무엇으로 먹고 사는지 궁금해한다면 다음과 같이 대답할 수 있을 것이다. 모든 우상숭배자들과 사라센들은 비용을 부담할 수만 있다면 각자 여섯, 여덟, 열 명의 부인들을 둘 수 있고 무수한 아들들을 낳는다. 그래서 무장한 30명 이상의 아들들을 거느리고 나서는 사람들도 많은데, 이는 부인들이 많기 때문이다. 그러나 우리는 한 명의 아내를 갖고, 만약 그녀가 아이를 낳지 못하면 남자는 아들을 갖지 않은 채 그녀와 함께 인생을 마치기 때문에, 우리는 그들처럼 사람이 많지 않다.

또한 양식 문제에 관한 한 그들은 부족함이 없다. 그들은 대부분 쌀, 피, 기장 등을 먹는데, 특히 타타르, 카타이인, 그리고 만지의 여러 지방 사람들이 그러하다. 그리고 그들 지역에서 이 세 종류의 곡식은 한 말의 종자로 100배의 수확을 올린다. 이들 주민은 빵을 먹지 않고, 단지 이 세 가지 곡식을 우유나 고기와 함께 끓여 먹는다. 밀의 소출이 그렇게 많지는 않으나, 수확되는 것은 국수로 만들어 먹거나 아니면 밀반죽을 만들어 요리해서 먹을 뿐이다. 또한 가축들의 수도 늘어나 끝이 없을 정도로 번식하여 밭에 나갈 때 여섯 마리, 여덟 마리 혹은 그 이상의 말을 끌고 가지 않는 사람이 아무도 없을 정도이다. 이 같은 사실들을 통해서 어찌해서 그 지방에 그렇게 많은 사람들이 있는지, 어떻게 해서 그렇게 풍요로운 생활을 하는지에 대한 이유가 분명해진다.]

여러분에게 이야기한 것과 관련되지만 잊어버리고 언급하지 않았던 것 하나를 이야기하고자 한다. 한 역참과 다음 역참 사이에는 3마일마다 40호 가량이 사는 마을이 하나씩 있는데, 그 마을에는 대군주를 위해 전령의 임무도 수행할 수 있는 도보 파발꾼이 살도록 되어 있다. 그들은 돌아가며 방울들이 달려 있는 커다란 혁대를 차고 있기 때문에 그들이 달리는 소리는 아주 먼 곳에서도 들을 수 있다. 이들은 매우 빠른 속도로 달리지만 3마일 이상은 가지 않는다. 3마일 지점에는 다른 사람이 그가 오는 소리를 멀리서 분명히 듣고 완전한 준비를 마치고 기다리고 있다가 그가 도달하는 즉시 그가 갖고 온 물건과 발신자가 써준 조그만 표를 받아 들고는 출발해서 두 번째로 3마일을 달려간다. 그리고는 앞사람이 했던 것과 똑같이 하는 것이다. 여러분에게 말하건대 대군주는 도보 파발꾼을 이용한 이런 방식을 통해 열흘 거리를 하루 낮과 밤 만에 주파하여 소식을 전하게 한다. 이들 도보 파발꾼들은 열흘 거리를 하루 낮과 밤 만에 달리고, 또 이틀 낮과 밤 만에 20일 거리를 달려 소식을 전한다. 따라서 100일 거리를 10주야 만에 달려서 소식을 가져오는 것이다.

여러분에게 말하지만 이러한 사람들 가운데에는 열흘 거리를 하루 낮 만에 달려서 군주에게 과일을 전해주는 경우도 흔히 있다. [과일이 생산되는 계절이면 아침에 캄발룩시에서 과일들이 수집되어 그 다음 날 저녁이면 열흘 거리나 떨어진 샨두시에 있는 대카안에게 갖다 바치는 일도 자주 있다.

3마일마다 있는 이 역참들에는 서기가 하나씩 배치되어 파발꾼이 도착한 날짜와 시간을 기재하고, 다른 파발꾼이 떠난 날짜와 시간도 마찬가지로 기재한다. 이것은 모든 역참에서 행해진다. 또 이들 역참을 돌아다니면서 검사해서 부지런하지 않은 파발꾼들이 있으면 그들을 처벌하는 일을 수행하는 사람들도 있다.]84) 대군주는 이런 사람들에게서는 세금을 걷지 않고 오히려 자기 것으로 그들을 지원해준다.85)

또 내가 말한 것처럼 전령들을 태우기 위해 역참들에 배치된 그 많은 말들과 관련해서 대군주는 다음과 같은 방식으로 그것들을 배정한다. 그가 "그 역참에 가까운 곳이 어디인가" 하고 물으면, "이러이러한 도시입니다"라고 대답한다. 그러면 그는 그 도시가 전령을 위해 얼마나 많은 마필을 내놓을 수 있는지 조사케 하는데, 만약 100마리라고 하면 그 역참에 100마리의 말을 배치하라고 지시한다. 그리고 나서 그는 다른 모든 읍과 촌락들이 얼마나 많은 말을 내놓을 수 있는지를 살핀 뒤, 내놓을 수 있는 만큼 역참에 갖다 놓도록 지시한다. 이러한 방식으로 모든 역참들은 대군주가 아무런 경비도 들이지 않고 운영되는데, 다만 도로에서 벗어난 곳의 자기 마필을 지급해야 하는 역참은 예외이다. 〔그러나 그 근처에 있는 도시 · 읍 · 촌락들이 그 일부를 부담하기도 한다.

---

84) 폴로는 '도보 파발꾼'(foot-men)이라고 해서 마치 이들이 빨리 뛰어서 소식을 전해주는 것처럼 썼지만 사실은 『元史』 권101 「兵志 · 急遞鋪兵」에 나오는 急遞鋪兵을 묘사한 것이다. 100일 거리를 晝夜로 열흘 만에 간다면 1晝夜에 10일 거리를 가는 셈인데, 도보로는 도저히 불가능한 거리이다. 『元史』에 의하면 쿠빌라이는 大都에서 上都까지, 또 上都에서 京兆에 이르기까지, 10리나 15리나 25리마다 急遞鋪驛을 두고 거기에 각기 다섯 명의 鋪丁을 배속시켜, 그들로 하여금 신속하게 문서를 전달토록 했다. 鋪兵은 말을 타고 1주야에 400리(=160킬로미터)를 주파했다고 한다. 문서 수령시 시각을 기재한다든지 임무를 소홀히 할 경우 어떻게 처벌되는지에 대한 폴로의 설명은 『元史』의 기록과 정확하게 일치하고 있다.

85) 역참의 관리를 담당하는 站戶는 400畝의 전토에 대해 면세 혜택을 받고, 急遞鋪兵은 勞役에서 면제되었다.

한 역참에서 다른 역참으로 가는 도중에 때로는 여러 도시들이 있기도 하는데 이 도시들은 상호 협약을 맺는다. 또한 이 도시들은 대카안에게 바쳐야 할 세금 대신 말을 내놓는데, 만약 어떤 사람이 말 한 마리 반에 해당되는 세금을 물어야 한다면 그만큼을 가까운 역참에 내놓는 것이다. 그러나 여러분은 한 도시에서 400필의 말을 역참에 계속해서 내놓는 것이 아니라는 점을 알아두어야 할 것이다. 그들은 말이 지칠 것에 대비해서 한 달에 200필만을 내놓고 그동안 다른 200필의 말은 살찌운다. 그 달 말이 되면 살찐 것은 역참에 내다놓고 다른 것들은 반대로 살찌우는 식으로 계속 진행하는 것이다.

그러나 강이나 호수가 있는 지역이 있어 도보 파발꾼이나 기마 전령사가 그런 곳을 통과해야 한다면, 근처의 도시들에서는 그들의 목적에 부응하기 위해 항상 3~4척의 배를 준비해놓아야 한다.[86] 또한 여러 날 거리의 사막을 건너야 하는데 거기에 아무런 주거지도 없다면 그 근처에 있는 도시는 군주의 전령들이 사막을 다 건너갈 때까지 말과 필요한 비용을 공급해주지 않으면 안 된다. 그러면 군주는 그 도시에 대해 보조를 해준다.]

여러분에게 말해두건대 이 전령들은 필요하다면 반란이 일어났을지도 모를 지역에 대해서, 또 신하들에 대해서, 혹은 군주가 필요로 하는 물건들에 대해서 말을 타고 매우 빠른 속도로 대군주에게로 가서 이야기를 해준다. 그들은 하루에 거의 200마일, 아니 250마일까지 말을 타고 달리는데, 여러분에게 어떻게 그렇게 하는지를 얘기해주겠다. 전령이 긴급히 먼 거리를 하루에 가야 할 필요가 있는 경우, 그는 특급으로 간다는 것을 알리는 상징물로 해청패를 차고 간다. 만약 전령이 두 사람 있다면 그들은 각기 강하고 빠른 준마를 타고 출발한다. 그들은 배를 묶고 머리를 동여 맨 뒤 힘닿는 만큼 최대한의 속도로 25마일 떨어진 다음 역참에 도달할

---

86) 강남지역에 두어진 이런 것을 水站이라고 불렀다.

때까지 달린다. 〔목표에 가까이 다가가면 멀리에서도 들을 수 있는 일종의 뿔피리를 불어서 말을 준비하도록 한다.〕 그리고 거기서 다시 싱싱하고 빠른 두 마리의 준비된 말을 갈아탄다. 어찌나 신속하게 갈아타는지 조금도 휴식을 취하지 않는다. 그리고 말에 올라타면 그들은 즉시 출발하여 말이 낼 수 있는 최대의 속도로 다음 역참에 도착할 때까지 질주한다. 거기서 또 다른 말을 갈아타고 다시 신속하게 길을 달리는데, 그들은 이렇게 밤이 될 때까지 계속한다.

여러분에게 말한 이러한 방식으로 전령들은 대군주에게 소식을 전하기 위해 250마일을 달리며, 필요하다면 300마일까지도 달리는 것이다.[87) 〔만약 매우 심각한 문제가 생기면 그들은 밤에도 말을 달리며, 달이 밝지 않은 경우에는 역참에 있는 사람들이 앞에서 횃불을 들고 다음 역참까지 달리면서 길을 밝혀준다. 그렇지만 상술한 전령은 밤에는 낮처럼 빨리 질주하지 못하는데, 그 까닭은 앞에서 횃불을 들고 뛰어가는 사람들이 그렇게 빨리 달릴 수 없기 때문이다.〕 이 같은 전령들은 매우 소중하게 여겨진다.

전령에 관해서는 사실 여러분에게 매우 분명하게 설명했기 때문에 이 정도로 그만 해두고, 이제는 대군주가 1년에 두 번씩 백성에게 베푸는 커다란 은덕에 대해서 이야기해보도록 하자.

99장 | 대카안이 곡식과 가축으로 고통받는 백성을 어떻게 도왔는가

대군주는 백성의 실정을 파악하기 위해서 그가 통치하는 여러 지역과 지방으로 전령들을 보내어, 기후의 이변이나 메뚜기떼 혹은 다른 역병으로 백성이 곡식을 잃어버리지 않았는지 알려고 한다. 만약 어떤 백성이라도 피해를 입어 곡식을 갖지 못하게 되면 그는 그들이 마땅히 내야 할 세금을 걷지 않고, 오히려 자신의 곡식을 그들에게 내주어서 그것을 먹고 파

---

87) 하루 낮밤에 300마일을 갔다는 폴로의 주장은 과장인 것 같다.

가난한 백성들
에게 구휼을 베
푸는 장면

종할 수 있게 한다. 이것은 실로 군주의 커다란 은택이다. 그는 여름에 이같이 행하고, 겨울에는 가축에 대해서 그런 은택을 베푼다. 즉 어떤 사람의 가축이 죽었을 경우 군주는 자기 가축을 그에게 주어 돕고, 그해에는 그에게서 세금을 받지 않는다.[88]

〔대카안은 어떻게 하면 자기 밑에 있는 백성을 도울까, 혹은 어떻게 하면 그들의 재산을 늘리게 할 수 있을까 하는 데에 온 생각과 걱정이 쏠려 있다. 대카안의 또 다른 특징에 대해서 이야기하자면, 어떤 우연한 기회에 양떼 혹은 어떤 종류의 동물떼든 번개가 그들을 내리치면, 그것을 소유한 사람이 하나든 그 이상이든, 아니면 그 가축떼가 얼마나 많든, 대카안은 3년 동안 십일조의 세금을 받지 않는다. 마찬가지로 상품을 가득 실은 배에 번개가 내리쳤을 경우에도 대선료나 이익배당을 받지 않는다. 왜

---

88) 농경지에서 旱魃이나 洪水가 나서 흉년이 들었을 경우 각지에 설치된 義倉에서 양식을 공급했
　　고 그러한 양식을 義糧이라 불렀다. 또한 초원에서 風雪·旱魃·疾病 등으로 가축이 폐사하는
　　사태가 벌어지면 賑鈔를 주어서 가축을 다시 살 수 있도록 하는 구휼책이 자주 실시되었다.

냐하면 누군가의 물건에 번개가 치는 것을 그는 나쁜 징조로 생각하기 때문이다. 그래서 대카안은 신이 그를 싫어했기 때문에 번개를 내리친 것이라고 말하며, 신의 분노를 받은 그러한 물건을 자신의 창고로 들이기를 희망하지 않는다.][89]

여러분이 들은 이러한 방식으로 대군주는 자기 백성을 돕고 지원해주는 것이다. 이 주제에 대한 이야기를 마쳤으니, 이제 다른 것에 대해 이야기해보도록 하자.

100장 | 대카안은 어떻게 도로변에 나무를 심도록 했는가

여러분은 대군주가 전령과 상인과 다른 사람들이 오가는 주요 도로의 변두리에 2보 간격마다 나무를 한 그루씩 심도록 했다는 사실을 알아야 할 것이다. 그 나무들은 멀리에서도 잘 보일 정도로 상당히 크다. 대카안이 이렇게 한 까닭은 사람들이 도로를 잘 식별하여 길을 잃지 않게 하려 함이다. 외딴 길가에 있는 이런 나무들은 상인이나 행인들에게 매우 커다란 위안이 된다. 이것들은 어떤 지역이든 어떤 왕국이든 [나무심기에 적당한 곳이라면] 심어져 있다. 그러나 모래가 많거나 사막지대 혹은 험한 산지로 상술한 도로가 지나간다면, 그곳에는 나무를 심을 수 없기 때문에 돌이나 기둥으로 된 다른 표지를 세워 길을 나타낸다.

그리고 그는 항상 그 나무들을 관리하는 책무를 지닌 몇 명의 신하들을 두고 있다. 위에서 나무에 대해서 이야기한 것 이외에도, 대카안의 점쟁이들이 그에게 나무를 심어야 장수할 수 있다고 말했기 때문에 그는 더욱

---

89) 폴로가 서술한 내용을 중국측 기록에서는 발견할 수 없으나, 『집사』에는 번개에 대한 몽골인들의 독특한 관념이 설명되어 있다. 즉 「부족지」의 우량카트(Uriangqat)족 부분에서 "그들은 번개와 천둥이 심하게 칠 때 하늘과 구름과 번개를 향해 욕을 해대고 그것들에 고함치는 관습을 지니고 있다. 만약 벼락이 가축에 떨어져 죽으면 그 고기를 먹지 않으며 그것을 기피한다. 그렇게 해야 번개가 그치고 무력화된다는 것이 그들의 생각이다"라는 내용이 보인다.

즐겨 나무를 심는 것이다.] 여러분에게 도로변에 심은 나무에 대해 이야기했으니, 이제는 다른 것에 대해 이야기하도록 하자.[90]

101장 | 여기서 그는 카안의 백성이 마시는 술에 대해서 이야기한다

여러분은 카타이 지방의 주민들 대부분이 이제 내가 설명하려는 그러한 술을 마신다는 점을 알아두어야 할 것이다. 그들은 쌀로 빚고 다른 많은 좋은 향료들을 섞어서 만든 술을 마신다. 그것은 어떻게나 잘 만들어졌는지 다른 어떤 술보다도 마시기가 좋다. 그것은 매우 투명하고 아름답다. 매우 독하기 때문에 다른 술보다 더 빨리 사람을 취하게 만든다.[91] 이제 이 정도로 그만 해두고 어떻게 돌이 장작처럼 불이 붙는가에 대해서 이야기하도록 하자.

102장 | 여기서 그는 장작처럼 타는 일종의 돌에 대해서 이야기한다

카타이 지방 전역에 걸친 산지의 광맥에서 캐낸 검은 돌의 일종이 장작처럼 탄다는 것은 사실이다. 그 돌은 나무보다도 더 잘 탄다. 더구나 여러분에게 말하건대 저녁에 불을 잘 붙여놓으면 이 불은 밤새도록 계속되고 더러는 아침까지 가기도 한다. 장작과 같은 나무도 충분히 있지만, 카타이

---

90) 『집사』에 의하면 이미 칭기스칸 시대에 大路를 항상 깨끗하게 정비하여, 枯木의 가지나 가시와 같은 것이 통행을 방해하지 않도록 하라는 명령이 내려졌다. 또한 쿠빌라이는 즉위한 뒤 성곽의 주변과 강의 兩岸, 혹은 急遞鋪가 가는 길가에는 각지의 풍토에 따라 楡, 柳, 槐樹 등을 심도록 하고, 각지의 관리들에게 그 나무가 잘 자랄 수 있도록 보호하라고 지시했다. 그리고 군인들이나 권세있는 사람들이 가축을 마음대로 풀어놓아 나무를 갉아먹게 하거나 도끼로 벌목하는 일이 없도록 하라는 명령을 내리기도 했다. 『元典章』권 59 ; 『元代社會生活史』, p. 249.

91) 원대에는 말젖을 발효시킨 馬乳酒(qumiz)와 포도로 만든 葡萄酒 등이 크게 유행했지만, 쌀이나 수수 등을 원료로 한 穀酒(darasun)를 만들기도 했다. 원조 건국 후 大都에는 수많은 酒家들이 들어서고 술의 소비량도 상당했다고 한다. 그래서 흉년이 들어 곡식이 부족해지면 종종 禁酒令이 내려지기도 했다. 국가는 술에 대해 세금을 거두었는데, 원대 중기의 통계에는 그 액수가 대도에서 5만 6,000錠, 浙江行省에서는 무려 20萬錠이 걷혔다고 한다. 『元代史會生活史』, pp. 140~149.

전역에서는 이 돌들이 태워지고 있다. 〔왜냐하면 얼마나 많은 사람과 난로와 욕탕이 있는지 거기에 계속해서 열을 공급하려면 나무로는 충분치 못하기 때문이다. 일주일에 세 번 난로를 데워서 목욕하지 않는 사람은 아무도 없고, 겨울에는 할 수만 있다면 매일 한다. 귀족이나 부자들은 모두 자기 집에 난로를 두고 목욕을 한다. 그토록 많이 때기 때문에 나무로는 충분치 못한데, 이 돌들은 엄청나게 많은 양이 존재한다.〕 그들이 이 돌을 때는 이유는 비용이 적게 들고 나무를 많이 절약할 수 있기 때문이다. 이제 이 문제에 대해서 이야기했으니 다른 문제 즉 대군주가 어떻게 해서 곡식이 너무 비싸지지 않도록 하는가에 대해서 이야기하도록 하자.

103장 | 어떻게 대카안이 다량의 곡식을 모아서 백성에게 분배해주는가

여러분은 대군주가 곡식들이 엄청나게 풍부하고 대량으로 매매되는 것을 보고는 굉장히 많은 양의 곡식을 모아서 커다란 창고에 보관하도록 하고 3~4년이 지나도 못쓰게 되지 않도록 잘 살피라고 했다는 사실을 알아야 할 것이다. 또한 그는 밀, 보리, 기장, 쌀, 피 등 모든 종류의 곡식을 보관하는 공공창고를 만들어서 거기에 엄청나게 많은 곡식을 모아두었다. 그래서 만약 어떤 곡식의 수확이 잘 안 되었거나 심하게 부족해지면 대군주는 내가 말한 것처럼 그렇게 많이 모아두었던 자기 곡식의 일부를 내놓도록 했다. 만약 한 가마에 1베잔트로 매매되는 시세라면—내가 말하는 것은 밀의 경우—그는 그 가격에 네 가마를 주도록 한다. 그가 얼마나 많은 곡식을 내놓는지 누구라도 웬만큼은 갖게 될 정도이고, 그래서 각자 곡식을 풍부하게 소유하게 된다. 대군주는 이런 방식으로 자기 백성이 기근에 들지 않도록 한다. 그리고 그는 자기가 다스리는 모든 지역에서 행해지도록 한다.[92]

---

92) 1269년(至元 6) 처음 두어진 常平倉을 말하는 것이다. 이것은 전국 각지에 설치되어 풍년이 들었을 때 국가에서 곡식을 대량으로 사들여 보관하다가, 흉년이 되어 곡식이 귀해지면 비교적 저렴한 가격에 내다파는 제도이다.

여러분에게 이것에 대해 이야기했으니, 이제는 다른 문제에 대해서, 즉 대군주가 어떻게 자선을 베푸는가에 대해서 말해보도록 하자.

104장 | 대카안이 가난한 백성들에게 어떻게 자선을 베푸는가

여러분에게 대군주가 어떻게 모든 재산을 백성을 위해 쓰는가를 말했는데, 이제 그가 캄발룩시의 빈민들을 위해 베푸는 큰 자선에 대해서 이야기해보도록 하자. 그는 캄발룩시에서 가난해서 먹을 것이 아무것도 없는 가족들을 선발하도록 했는데, 그런 가족의 식구가 여섯일 수도, 여덟일 수도, 열일 수도 있으며, 때로는 그보다 많기도 하고 적기도 하다. 대군주는 밀이나 그외의 곡식을 그들에게 주도록 해서 먹을 것을 충당케 하는데, 매우 많은 사람들에게 그렇게 한다.

〔만약 지위나 살림이 괜찮았던 어떤 가족이 불행을 당했거나 혹은 병으로 일할 수 없게 되어서 어떤 종류의 곡식도 수확할 수 없는 처지가 되면, 그는 그런 가족에게 1년 내내 필요한 경비를 충당하기에 충분할 정도로 지급하도록 한다. 그러면 이 가족들은 궁전 안에 위치한 별도의 관아에서 대카안이 행하는 모든 지출을 처리하는 관리를 정해진 시간에 찾아가서 각자 전년에 생계를 위해 얼마를 받았는지를 적은 증서를 내보이고 그것에 따라 그해의 분량을 지급받는다.

그들은 또 의복도 지급받는다. 대카안은 옷감의 재료인 양털, 비단, 대마 등에 대해 십일조를 거두어 그것으로 옷감을 짜게 한 뒤, 이러한 목적을 위해 따로 만들어진 창고에 보관하고 있다. 모든 장인들은 약정에 따라 일주일에 하루는 그를 위해 일하도록 되어 있기 때문에, 대카안은 그런 것들을 재료로 옷을 만들도록 하고, 그것을 앞서 말한 가난한 가구들에게 겨울과 여름에 각기 필요한 것들을 나누어주는 것이다. 그는 군인들에게도 의복을 준다. 그는 각 도시에서 십일조로 거두어들인 것으로 모직물을 짜도록 한다.

타타르들은 우상들의 율법을 배우기 전에는 초기 관습에 따라 자선을 베풀지 않았다. 가난한 사람들이 찾아가면 오히려 그를 내몰며, "신이 네게 준 악운을 갖고 꺼져라! 만약 신이 나를 사랑하듯이 너를 사랑했다면, 네게도 무엇인가 좋은 일을 해주지 않았겠느냐"라며 욕을 퍼부었다. 그러나 우상숭배자들 가운데 현자들, 특히 앞에서 말한 박시들이 대카안에게 빈자를 돕는 것은 그 자신에게도 좋은 일이며 그들의 우상신들이 매우 기뻐할 것이라고 말하자, 이 말을 들은 그는 위에서 말한 것처럼 빈자들에게 보시를 베풀게 된 것이다.〕

여러분에게 다시 한 번 말하지만 궁전으로 가서 군주의 빵을 받기를 원하는 사람이 있다면 어느 누구든 가서 퇴짜를 맞지 않으며, 찾아가는 사람은 모두 무엇인가를 받는다. 여러분은 매일 그곳으로 가는 사람들이 3만 명 이상이라는 사실을 알아야 할 것이다. 〔지정된 관리들이 매일같이 2만 사발의 쌀, 기장, 피를 나누어주고 있다.〕 그는 이런 일을 1년 내내 행하니, 이는 가난한 백성을 불쌍히 여기는 군주의 지극한 자애로움이며, 백성은 그를 어찌나 좋아하는지 신처럼 여기며 숭배할 정도이다. 여러분에게 이것을 이야기했으니 다른 것에 대해 이야기하도록 하자.

〈캄발룩 시내에는 기독교도, 사라센, 카타이인 등 약 5,000명에 이르는 점쟁이와 점성술사들이 있는데, 대카안은 앞서 말한 빈자들에게 그랬던 것처럼 그들에게도 매년 식량과 의복을 지급해준다. 그들은 시내에서 계속해서 점치는 일을 한다. 그들은 별의 기호가 썩어져 있고 1년 전체의 시간과 분이 표시되어 있는 천체의를 소유하고 있다. 그래서 매년 상술한 기독교도, 사라센, 카타이 등 각 종족 출신의 점성술사들은 이 천체의에 보이는 한 해의 진행과 배열이 각각의 달들의 흐름에 따라 어떻게 나타나는가를 관찰한다. 그래서 그해의 각각의 달들이 자연의 운행과 별들의 배열 및 그 기호와 특징에 따라 어떤 종류의 날씨를 만들어낼지를 알아낸다. 즉 이런 달에는 천둥과 폭풍이 있을 것이요, 이런 달에는 지진이, 이런 달에는 천둥과 번개와 폭우가, 이런 달에는 질병과 역병과 전쟁과 끝없는 분란이 있을 것이라는 식으로 각각의 달에 따라 그 내용을 알아보게 된다.

그들은 자연의 운행과 이치에 따라 일이 생겨날 수밖에 없지만 신이 거기에 약간의 변화를 줄 수 있다고 말한다. 그래서 그해 각달에 일어날 모든 것들을 적은 조그만 책자를 많이 만드는데 그 책자를 타쿠이니(tacuini)[93]라고 부른다. 그들은 그해에 무슨 일이 생기는지 알고자 이 책자를 사기를 원하는 사람이 있으면 1그로트를 받고 판다. 그리고 더 정확히 맞히는 것으로 알려진 사람들은 그 방면에서 완벽한 도사로 인정되어 대단한 존경을 받는다.

또한 누구든 어떤 큰일을 시작한다거나 장사를 위해 어떤 곳으로 떠나려 할 때, 혹은 해야만 하는 어떤 일이 있거나 무엇인가를 하려고 계획하고 있을 때, 그 일이 어떻게 끝날지를 알고자 희망한다면 그러한 것들을 그들에게 묻는 것이다. 〔그는 이들 점성술사 중의 한 사람을 찾아가 "지금 내가 이러이러한 장사를 하러 가려고 하니 당신 책에 하늘이 지금 어떤 상인지 봐주시오"라고 말하고는〕 자신이 태어난 해, 〔달〕, 날, 시, 분을 말해준다. 누구든 자신이 언제 출생했는지를 알고 있다.

그들이 따르는 관습은 다음과 같다. 12개의 기호로 12년을 표시하는데, 첫째는 사자로 표시하고, 둘째는 소, 셋째는 용, 넷째는 개 등 이런 식으로 열두 번째의 숫자까지 계속된다. 그래서 누군가 언제 태어났느냐는 물음을 받으면 그는 "사자의 해, 어떤 낮 혹은 밤에, 몇 시 몇 분에, 다시 말해 어떤 띠의 해에 어떤 시점에 태어났다"고 대답한다. 그리고 해가 12개의 표시를 다 돌면 첫번째 숫자에서부터 다시 시작하며, 언제나 동일한 순서를 따라서 진행한다.

그래서 누군가가 점성술사나 점쟁이에게 자기가 계획한 것의 결과가 어

---

93) 아랍 · 페르시아에서 '달력'을 뜻하는 '타크윔'(taqwim)을 옮긴 말이다.

떠한지를 물으려면 먼저 자기가 출생한 해의 달과 날과 시와 분을 말해준다. 그러면 점쟁이는 별자리를 살펴 그가 태어난 별을 찾아보고는 그가 여행할 때 일어날 일들을 순서대로 모두 이야기해주며 그의 계획이 모두 잘될지 아니면 안 될지를 말해준다. 다시 말해 만약 그가 상인이라면 마침 그때 상승하는 별이 그의 장사와 상치되는 것이라면 그는 좋은 징표가 나타날 때까지 기다려야 한다.

혹은 그가 도시를 떠나 나가려는 성문과 마주하는 징표가 그 자신의 징표와 충돌할 경우 그는 다른 문으로 나가든가 아니면 징표가 바뀔 때까지 기다려야만 한다. 또 언제 어느 때 강도를 만나게 될 것이다, 언제 비나 폭풍우를 만날 것이다, 말다리가 부러질 것이다, 혹은 재산을 잃을 것이다 아니면 더 얻을 것이다 하는 식으로, 징표가 그에게 부합하느냐 또는 상치되느냐에 따라 각각의 시점에서 그에게 일어날 좋은 일과 나쁜 일을 예언해준다.

대카안은 카타이 지방의 사람들이 다른 어느 민족보다도 더 좋고 훌륭한 관습을 지니고 있고 항상 학습과 학문에 열의를 보이고 있다고 보았다. 그러나 그는 한 가지 관습에 대해서는 끔찍하게 여겨 완전히 금지시켜버렸다.[94] 그들은 사실 상냥하고 조리있게 말하고, 웃고 즐거운 얼굴로 인사를 하며, 식사할 때에도 점잖고 깨끗하게 행동한다. 다른 일들을 할 때도 그러하다.〉

〔그들은 부모를 공경하고, 만약 자식이 그들을 기분나쁘게 한다거나 혹은 어려움에 처한 부모를 돕지 않는다면, 그런 경우를 위해 지정된 관리가 그 같은 불효를 범한 못된 자식들을 엄하게 처벌한다. 다른 죄를 범하여 붙잡혀 투옥된 죄인들은 만약 사망하지만 않았다면 대카안이 정해준 석방시기가 되면 풀려 나오지만, 한쪽 턱에 낙인을 찍어서 눈에 띄도

---

94) Z본에 언급된 '한 가지 관습'은 뒤에 언급되는 도박을 가리킴이 분명하다.

록 만든다.

현재의 대카안은 이 세상 어느 곳에서보다 더 만연해 있는 도박과 사기를 모두 금지시켜버렸다. 그는 그들에게 그것을 금지시키며 "나는 무기로 너희들을 정복했고 너희들이 갖고 있는 것은 모두 나의 것이다. 만약 너희가 도박을 한다면 그것은 내 것으로 도박하는 것이다"라고 말했다. 그러나 그는 그들로부터 아무것도 빼앗지 않았다.

나는 대카안의 백성과 신하들이 그에게 다가갈 때 취하는 절차와 예법에 대해서 이야기하는 것을 빼놓을 수 없다. 먼저 사람들은 대카안이 머무는 곳 주위 0.5마일 이내에서는 그분에 대한 존경의 표시로 공손하고 다소곳하며 조용히 해야 한다. 소리치거나 크게 말하는 어떤 사람의 목소리나 소음도 들려서는 안 된다. 신하 귀족을 불문하고 모두 조그맣고 예쁘게 생긴 항아리를 갖고 다니는데, 접견실에 있을 때 어느 누구도 감히 바닥에 침을 뱉을 수 없기 때문에 그 안에 뱉는다. 침을 뱉은 뒤에는 뚜껑을 덮어서 보관한다.

마찬가지로 그들은 흰색 가죽으로 만든 예쁜 슬리퍼를 갖고 다니는데, 궁정에 도착한 뒤 군주의 분부에 응하여 접견실 안으로 들어갈 때에는 이 흰 슬리퍼로 갈아 신고 그때까지 신고 있던 다른 것은 하인에게 준다. 이 것은 아름답고 정교하게 만들어진 황금색이나 다른 색 비단 카펫에 흙을 묻히지 않기 위해서이다.[95)]

〈이들은 우상숭배자들이다. 그러나 자기 신들에게 경배할 때 다음과 같은 방식으로 한다. 각자 자기 집 방의 벽에다 하늘의 높은 신을 나타내는 상 하나를 걸어놓거나 아니면 거기에 신의 이름만 적어놓는다. 그들은 신에게 경배하면서 두 손을 쳐들고 동시에 이를 세 번 갈면서 장수와 행

---

95) 『원사』 권78 「興服志」에는 궁정 안의 衛士들이 신는 네 종류의 신발이 기재되어 있는데, 이 가운데 비단으로 만든 '行縢'이 폴로가 말한 것과 같은 일종의 슬리퍼가 아닌가 싶다.

복을 달라고 기원한다. 또한 바닥에도 또 다른 상 하나가 있는데 나티가이[96]라고 불리는 대지의 신으로, 그것은 오로지 대지에 관한 것과 대지에서 자라는 것들에게만 관여한다.

이 신상과 더불어 그 아내와 아이들도 있다. 그들은 영혼에 대해서는 아무런 생각이나 염려도 없고, 단지 육체를 살찌우고 쾌락을 얻는 것에만 몰두한다. 그들은 사람이 죽으면 즉시 다른 사람의 몸 속으로 들어간다고 생각하며, 그가 인생을 어떻게 살았느냐에 따라 그 다음 인생이 더 좋을 수도 더 나쁠 수도 있다고 본다. 즉 만약 어떤 기사의 아들이 인생을 잘 살았다면, 죽음과 동시에 그는 어떤 공작 부인의 자궁에서 태어난다. 또 다시 죽으면 그는 공주의 자궁에서 태어나게 된다. 이렇게 해서 그는 신에게 불려갈 때까지 계속해서 상승하는 것이다. 만약 반대로 〔그가 행동을 잘못했다면 신사의 아들이었던 그는 어떤 촌사람의 아들로 태어날 것이고,〕 촌사람에서 개로, 계속해서 비천한 인생으로 하강하게 된다.〉

〔카타이 지방과 캄발룩시의 행정과 통치 및 대카안의 위용에 대한 이야기를 모두 끝냈으니 마르코님이 대카안의 통치를 수행하러 갔던 다른 지역들에 대해 이야기하기 위해〕 이제 캄발룩시를 떠나 카타이로 들어가서 그곳에 있는 재화와 놀라운 일들에 대해서 말해보도록 하자.

---

96) 70장의 주를 참조하시오.

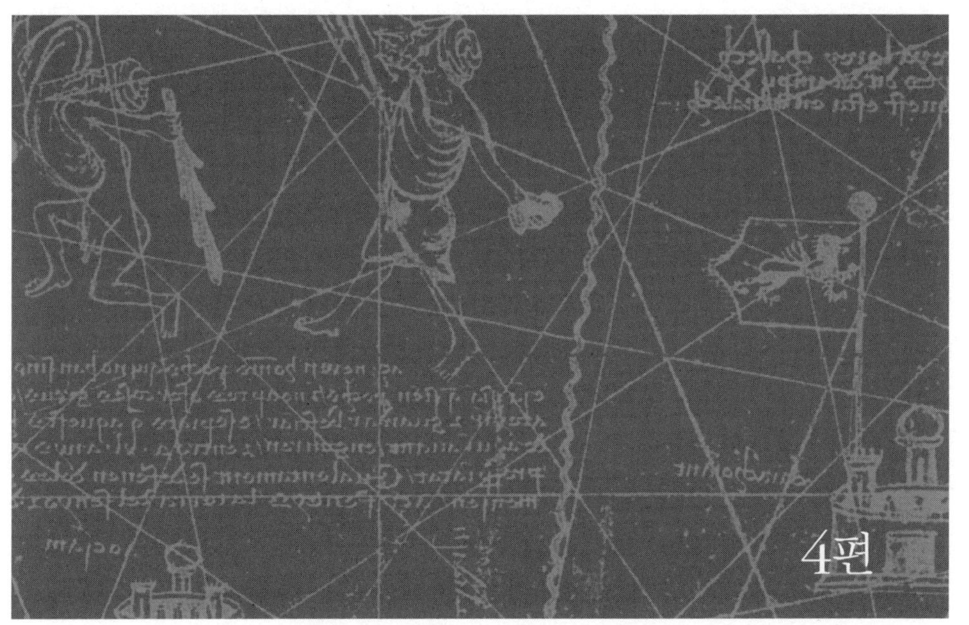

4편

중국의 북부와 서남부

| 105장~130장 |

105장 | 여기서 그는 카타이라는 거대한 지방에 대한 이야기를 시작하고, 풀리상긴(Pulisanghin)강[1]에 대해서 말한다

여러분은 대군주가 마르코님을 서쪽에 전령으로 보냈다는 사실을 알아야 할 것이다. 그는 캄발룩을 떠나 서쪽으로 거의 4개월을 갔으니, 이제 여러분에게 그가 오가는 연도에서 본 것들에 대해 이야기하겠다. 그 도시를 떠나 10마일쯤 가면 풀리상긴이라 불리는 커다란 강을 만나게 되는데 그 강은 바다로까지 흘러가며 많은 상인들이 이를 이용해서 상품을 운반한다. 그리고 이 강 위에는 매우 아름다운 돌다리가 하나 있는데, 여러분은 그렇게 아름다운 것, 아니 그것에 버금갈 만한 것은 이 세상 어디에도 없다는 것을 알아야 할 것이다. 어찌해서 그러한지 여러분에게 보여주리라.

여러분에게 말하지만 그 길이는 거의 300보이고 폭은 8보이어서, 10명의 기사들이 나란히 서서 갈 수 있다. 그것은 잘 다듬어진 회색 대리석으로 기초가 잘 세워져 있다. 다리 양쪽에는 대리석으로 된 난간과 기둥들이 다음과 같은 모양으로 세워져 있다. 다리 시작 부분에 대리석 기둥이 세워져 있고, 그 기둥 아래에는 대리석으로 된 사자 한 마리가 있으며 기둥 위에 또 한 마리의 사자가 있는데, 매우 아름답고 크며 아주 잘 만들어져 있다. 그리고 이 기둥에서 1.5보 정도 떨어져서 마찬가지로

---

1) F(pulisanghinz), R(pulisangan), Z(pulisanghyn). Z본에 따른다. 'pul-i sangin'에서 pul이라는 말은 페르시아어로 '다리'(橋)를 뜻한다. sangin은 페르시아어의 '돌'로 이해할 수도 있고, 大都의 남쪽을 흐르던 桑干水를 나타낸 것으로도 볼 수 있다. 펠리오는 후자 쪽 해석에 더 기울고 있고, 『集史』(Boyle, *The Successors*, p. 276)에도 이 강의 이름이 Sangin으로 표기되어 있다. 둘 중 어떤 해석을 취하든 語義上으로는 '강'이 아니라 '다리'임이 분명하며, 그것을 '강'의 이름이라고 한 마르코 폴로의 주장은 옳지 않다. 桑干水는 盧溝河라고도 불렸으며, 大都 西南郊에 있던 盧溝橋는 바로 그 하천 위에 놓인 다리이다. 中日戰爭의 기폭제가 되었던 盧溝橋事件(1937년)의 무대이기도 했던 이 다리는 서양인들에게 마르코 폴로의 상세한 묘사로 유명해졌기 때문에 'Marco Polo Bridge'라는 이름으로 널리 알려졌다.

노구교(盧溝橋, 일명 Marco Polo Bridge)와 그 난간에 세워진 사자상(獅子像)

두 마리의 사자가 붙어 있는 똑같은 기둥 하나가 세워져 있다. 하나의 기둥에서 다른 기둥까지의 공간은 회색 대리석으로 된 돌판으로 막았는데, 그것은 사람들이 물에 빠지지 않게 하기 위해서이다. 이런 식으로 처음부터 끝까지 되어 있는 이 다리는 너무도 아름답다. 이제 여러분에게 이 아름다운 다리에 대해서 이야기했으니 다른 새로운 것에 대해서 말해보도록 하자.

106장 | 여기서 그는 조주(Giogiu)[2]라는 큰 도시에 대해서 이야기한다

이 다리를 지나 서쪽으로 30마일을 가는 동안 계속해서 아름다운 여인숙들과 과수원과 전답을 보게 되고, 그리고는 조주라 불리는 매우 크고 아

---

2) R(gingui, gouza), Z(çonça, çonçu, çuçu). 大都 서남쪽에 있는 涿州를 가리키며, 『集史』 (Boyle, *The Successors*, p. 276)에는 Joju로 표기되어 있다. 중국측 자료에도 大都에서 남쪽으로 가는 驛站路는 涿州에서 둘로 갈라지는 것을 확인할 수 있어 마르코 폴로 기록의 신빙성을 뒷받침해준다.

름다운 도시를 만나게 된다. 그곳에는 우상숭배자들의 수도원이 많고,[3] 주민들은 교역과 수공업으로 살아가며, 비단과 금실 그리고 아름다운 센달(sendal)[4]로 짠 옷들이 만들어진다. 거기에는 여행자들이 머물 수 있는 여인숙이 있다. 이 도시를 출발해서 1마일쯤 가면, 하나는 서쪽으로 또 하나는 동남쪽으로 향하는 두 갈래의 길을 만나게 된다. 서쪽으로 향한 길은 카타이로 이어지고, 동남쪽으로 향한 길은 만지라는 큰 지방으로 이어진다.

여러분은 서쪽으로 카타이 지방을 경유하여 10일 거리를 기행하면 계속해서 매우 아름다운 도시들과 촌락을 보게 되는데, 교역과 수공업이 매우 활발하다. 아름다운 과수원과 전답이 나타나고, 주민들은 정착민이다. 〔많은 도시들이 각기 조금씩 떨어져 있고 여러 상품들이 이 도시에서 저 도시로 끊임없이 운반되므로 그런 곳에서는 모두 시장이 열린다. 여기서 카타이 지방으로 포도주가 수송되는데, 그 까닭은 그곳에서는 포도주가 만들어지지 않기 때문이다. 주민들은 많은 수의 뽕나무를 심어 비단도 많이 생산해낸다.

상술한 열흘 거리 중에서 닷새가 끝날 때, 다른 것들에 비해 더 아름답고 커다란 악크발룩크(Achbaluch)[5]라 불리는 도시를 만나게 된다. 그쪽 방향으로 군주의 수렵지는 거기에서 경계에 다다른다. 그곳에서는 군주를 비롯해 그의 근시들과 매꾼들의 지휘관으로 등록되어 있는 사람들을

---

3) 陳得芝(「馬可·波羅補注數則」, 『中西文化交流先驅』, pp. 39~41)는 당시 중국의 도시마다 佛寺들이 많았음에도 불구하고 마르코 폴로가 涿州의 佛寺에 대해 특기한 까닭은 1275(至元 12)년 帝師 팍파(八思巴)의 지시에 따라 그곳에 마하칼라(摩訶葛剌) 神을 모시는 大寺가 지어졌기 때문이라고 설명한다.

4) 비단의 일종인 琥珀緞(silk taffeta). 그리스어에서 비롯된 단어로 보이지만 아직 정확한 어원은 분명치 않은 상태이다.

5) 투르크어 악크 발릭크(Aq Baliq)를 옮긴 말로서 '흰색의 都城'을 뜻한다. 이것은 몽골어로는 차간 발가순(Chaǧan Balǧasun)이 되며 『集史』의 설명(Boyle, *The Successors*, p. 165)에서도 확인되듯이 眞定府(현재 하북성 石家莊市 부근)를 가리킨다.

제외하고는 어느 누구도 감히 사냥할 수 없다. 그러나 이 경계를 넘어선 곳에는 귀족이라면 누구든 들어갈 수 있다. 그렇지만 실제로 대카안이 그곳까지 사냥을 간 적은 한 번도 없었고, 그래서 야생동물들이 얼마나 많이 번식했는지 모른다. 특히 토끼가 그러해서 상술한 지방 전역에 걸쳐 농작물에 피해를 끼친다. 이 같은 사실이 대카안에게 보고되자 그는 모든 신하들을 데리고 그곳으로 가서 수없이 많은 동물들을 잡았다.] 이제 더 이상 여러분에게 언급할 만한 것이 없으니, 이 정도로 그만 하고 타얀푸라 불리는 왕국에 대해서 이야기하기로 하자.

107장 | 여기서 그는 타얀푸(Taianfu)[6] 왕국에 대해서 이야기한다

조주를 떠나 말을 타고 열흘 거리를 가면 타얀푸라고 불리는 왕국에 도달한다. 이 지방에서 으뜸되는 이 도시 역시 타얀푸라고 부른다. 매우 크고 아름다운 그곳은 교역과 수공업이 무척 활발하다. 이 도시에서는 대군주의 군대에 필요한 장비들이 정말로 엄청나게 많이 만들어진다. 포도가 풍성하게 열려 있는 아름다운 과수원들이 많은데, 포도주는 카타이 지방 어디에서도 만들어지지 않고 오로지 이곳에서만 생산되므로, 이 도시에서 다른 모든 지방으로 운반되어 나간다. 또한 뽕나무와 누에고치가 매우 풍부하기 때문에 많은 양의 비단도 만들어진다.

타얀푸를 출발해서 서쪽으로 거의 이레 거리를 기행하면, 아름다운 지방을 통과하면서 교역과 수공업이 활발히 이루어지는 읍과 촌락들을 지나게 된다. 이곳에는 여러 곳으로 가서 이익을 올리는 다수의 상인들이 있다. 이레 거리를 다 가면 비로소 피안푸(Pianfu)[7]라 불리는 한 도시를 만나게 된다. 대단히 크고 고급스런 도시이며 상인들도 많다. 주민들은

---

6) F(taianfu, tanianfu), R(tainfu), Z(tayanfu). 太原府(현재 山西省 소재).
7) Z(pyanfu). 平陽府(현재 山西省 소재).

교역과 수공업으로 살아가며, 굉장히 많은 양의 비단이 만들어진다. 이제 이 정도로 그만 해두고 카촌푸[8]라고 불리는 매우 커다란 도시에 대해서 이야기하도록 하겠다. 그러나 먼저 여러분에게 카이추라는 이름의 당당한 성채에 대해서 말하기로 한다.

108장 | 여기서 그는 카이추(Caiciu)[9]라는 성채에 대해서 이야기한다

피안푸를 떠나 서쪽으로 이틀 거리를 가면 카이추라는 한 아름다운 성채를 만나게 되는데, 과거에 '금왕'(King of Gold)[10]이라고 불리던 국왕에 의해 세워진 것이라고 한다. 이 성채 안에는 매우 아름다운 궁전이 있는데 그 안에는 과거 그 지방의 모든 국왕들의 초상화가 아름답게 그려져 있어서 아주 장관을 이루고 있다.[11] 이 모든 것은 그 나라를 지배했던 국왕들이 이룩한 것이다. 여러분에게 이 금왕과 프레스터 요한과의 사이에 일어났던 재미있는 일화 하나를 그 나라 사람들이 말하는 것에 근거해서 이야기해주도록 하겠다.

그 사람들이 말하는 바에 따르면 이 금왕은 프레스터 요한과 전쟁을 벌였는데, 난공불락의 요새에 위치해 있었기 때문에 프레스터 요한은 그를

---

8) 110장의 주석을 참조하시오.

9) F(cacianfu, caiciu), R(thaigin). 이 지명의 위치와 원명에 대한 정설은 아직 없다. 마르스덴은 山西省 絳州로, 유울은 平陽府 서쪽에 위치한 吉州로, 포티에르는 太慶關으로 비정했다. 이러한 견해에 대해 펠리오는 音價·位置 등의 면에서 회의적인 견해를 보였지만, 자신의 가설은 내놓지 않았다. 愛宕松男은 이곳이 平陽路 解州의 屬縣인 聞喜로 보았다. 본 역자도 '카이주'가 平陽府에서 河中府 사이에 위치한 解州(元代의 발음은 '카이주'였을 것이다)로 보는 것이 타당하리라고 생각한다. 폴로는 여기서 황하까지 20마일 된다고 했는데, 사실 현재의 거리도 50킬로미터 남짓 된다. 解州는 1266년 河中府에 속해 있다가 1271년 平陽路에 귀속되었고, 鹽池로 특히 유명했다.

10) 金朝의 皇帝를 지칭하며, 몽골어로는 알탄 칸(Altan Qan : '金王'을 의미)이라고 불렸다.

11) 『元史』 권8 「世祖·五」와 권76 「祭祀」에는 1275년에 "伏羲·女媧·舜·湯 等의 廟를 河中府 解州에 세웠다"는 기록이 보이는데, 폴로가 말하는 '국왕들의 초상화'가 이것을 가리키는 것이 아닐까 추측된다.

정복할 수도 해칠 수도 없었다. 그것 때문에 그는 무척 화가 났고, 프레스터 요한의 일곱 하인들은 자신들이 금왕을 산 채로 데려오겠노라고 그에게 말했다. 그러자 프레스터 요한은 그들에게 만약 그래 주기만 한다면 자신은 무척이나 기쁠 것이고 그들에게 대단히 감사해할 것이라고 했다. 일곱 명의 하인은 프레스터 요한에게 하직을 고한 뒤 기병들을 데리고 모두 함께 길을 출발해서 이 금왕에게로 갔다. 그들이 그를 섬기러 왔노라고 말하자, 왕은 그들에게 진심으로 환영하며 후대하겠다고 말했다. 여러분에게 설명한 이런 방식으로 프레스터 요한의 일곱 하인들은 금왕을 위해 봉사하기 시작했다.

그들은 그곳에 2년 정도 머물면서 열심히 봉사했기 때문에 왕으로부터 깊은 총애를 받게 되었다. 이에 대해 내가 여러분에게 무엇을 말하겠는가. 왕은 그들을 마치 일곱 명의[12] 아들처럼 여기면서 신뢰했다. 이제 여러분은 그 하인들이 어떤 간교한 짓을 했는지 듣게 되리라. 마침내 이 불충한 배신자들로부터 그를 막아줄 사람이 아무도 없었을 때 일이 벌어지고 말았다. 금왕은 몇몇 사람들만 데리고 놀러갔는데 이 일곱 명의[13] 간교한 하인들도 거기에 있었다. 그들이 내가 여러분에게 말한 그 궁전에서 1마일 떨어진 곳에 있는 어떤 강을 건너게 되었을 때, 이 일곱 명의[14] 하인들은 왕을 호위할 사람이 아무도 없음을 보고는 자신들이 온 목적을 이룰 수 있게 되었다고 생각했다. 그러자 그들은 손에 칼을 들고 왕에게 말하기를 자기들과 같이 가든가 아니면 죽음을 택하라고 했다. 왕이 이를 보고 매우 놀라면서 그들에게 "착한 아들들아! 지금 너희들은 무슨 말을 하는 것이냐? 또 너희들은 나를 어디로 데려가려 하는 것이냐"라고 물었다. 그들은 "당신은 우리의 주군인 프레스터 요한에게로 가야 합니다"라고 대답했다.

---

12) 원문은 '여덟 명'으로 되어 있으나 잘못이다.
13) 원문은 '13명'으로 되어 있으나 잘못이다.
14) 원문은 '13명'으로 되어 있으나 잘못이다.

109장 | 프레스터 요한이 어떻게 그들을 시켜 금왕을 잡게 했는가

이를 들은 금왕은 너무나 분노로 가득 차서 비통함 때문에 죽을 것만 같았다. 그는 그들에게 이렇게 말했다. "착한 아들들아! 나를 살려다오. 내가 너희들을 나의 숙소에서 얼마나 후대해주었느냐? 그런데도 너희들은 나를 적의 수중으로 넘기려 한단 말이냐? 만약 너희들이 그렇게 한다면 분명히 커다란 죄악과 불충을 범하는 것이리라." 그러나 그들은 그렇게 해야만 한다고 말했다.

그 뒤 그들은 그를 프레스터 요한에게로 데리고 갔고, 프레스터 요한은 그를 보자 매우 기뻐하면서 그에게 "꼴좋게 되었구나"라고 말했다. 그러나 그는 대답하지 못했고 뭐라고 말해야 할지도 몰랐다. 그러자 프레스터 요한은 금왕을 밖으로 끌고 나가 가축떼를 돌보게 하라고 명령했다. 금왕은 가축을 돌보기 시작했는데, 프레스터 요한이 그에게 이런 일을 시킨 것은 그를 경멸하고 모욕을 줌으로써 그가 아무것도 아니라는 것을 보여주기 위해서였다.

그는 2년 동안 가축을 돌보고 난 뒤 프레스터 요한 앞으로 불려왔다. 프레스터 요한은 금왕에게 화려한 외투를 주도록 했고 또 정중히 그를 대우하도록 했다. 그러고 나서 말하기를 "왕이여! 이제 그대가 나와 전쟁을 할 정도로 강력한 사람이 아니라는 것을 분명히 깨닫지 않았는가"라고 했다. 이에 금왕이 대답하기를 "선하신 폐하! 분명히 그렇습니다. 나는 그것을 잘 알고 있을 뿐 아니라, 전에도 당신과 맞설 만한 사람이 하나도 없다는 것을 줄곧 알고 있었습니다"라고 했다. 프레스터 요한은 "그대가 그렇게 말하니 왕이여, 이제 그대에게 더 이상 아무것도 묻지 않겠소. 앞으로 나는 그대를 돕고 명예로써 대할 것이오"라고 말했다.

그 뒤 프레스터 요한은 금왕에게 말과 마구를 주고 상당히 많은 사람들을 붙여주어 떠나도록 했다. 금왕은 떠나서 자신의 왕국으로 되돌아갔고,

그 시간 이후 프레스터 요한의 친구이자 그의 신하가 되었다.[15] 이제 이 이야기는 그만 하고 또 다른 이야기를 해보도록 하자.

110장 | 여기서 그는 카라모란(Caramoran)[16]이라는 매우 커다란 강에 대해서 이야기한다

이 성채에서 출발하여 서쪽으로 20마일 정도 가면 카라모란이라 불리는 강을 만나게 되는데 다리로는 건널 수 없을 정도이다. 그 강은 매우 넓고 깊으며 바다로 흘러들어간다. 이 강가에는 도시와 촌락들이 매우 많으며, 상인들도 많고 교역도 활발하게 이루어진다. 이 강 근처의 지방에서는 생강이 재배되고 비단도 무척 많이 만들어진다. 새들의 숫자도 놀라울 정도로 많다. 그래서 1베네치아 그로트, 아니 그보다 약간 더 비싼 1아스퍼(asper)[17]로 꿩을 세 마리 살 수 있을 정도이다.

이 강을 건너서 서쪽으로 이틀 거리를 가면 카촌푸(Cacionfu)[18]라고 불리는 훌륭한 도시를 만나게 된다. 주민들은 모두 우상숭배자들인데, 여러분은 카타이 지방의 모든 주민들이 우상숭배자라는 사실을 알아야 할 것이다. 무역과 수공업이 매우 활발하게 이루어지는 도시이며, 비단이 풍부하게 생산된다. 각종 금실과 비단으로 수많은 옷감들이 만들어진다. 더 이상 언급할 것이 없으므로 우리는 이제 이곳을 떠나 더 앞으로 가서, 켄잔푸라고 불리는 왕국의 도읍지이기도 한 당당한 도시에 대해서 이야기해보도록 하자.

---

15) 폴로가 전하는 이 일화는 다른 어떠한 문헌에서도 발견할 수 없다. 역사적으로 '금왕', 즉 금국의 황제가 '프레스터 요한'이나 다른 군주의 포로가 되어 생활했던 일도 없다.

16) 몽골인들이 카라 무렌(Qara Müren : 黑水)이라 부른 黃河를 가리킨다.

17) 유율은 아스퍼가 아시아 여러 곳에서 사용되던 銀貨에 대한 범칭이며, 특히 폴로는 元代의 50錢짜리 화폐를 지칭하는 것으로 보았다.

18) F · R · Z 모두 cacianfu로 되어 있지만 펠리오는 이 말이 河中府를 옮긴 것이므로 cacionfu로 교정했다. 폴로의 말과는 달리 河中府는 황하의 동쪽에 위치해 있고, 風陵渡에서 황하를 건넌다.

난주(蘭州) 근처를 흐르는 황하의 모습

111장 | 여기서 그는 켄잔푸(Quengianfu)[19]라는 커다란 도시에 대해서 이야기한다

내가 위에서 말한 카촌푸시를 떠나서 서쪽으로 여드레 거리를 기행하는 동안 줄곧 활발한 교역과 수공업이 이루어지는 수많은 도시와 촌락을 보게 되고, 아름다운 정원과 전답도 많이 볼 수 있다. 다시 한 번 여러분에게 말하지만 이 고장은 온통 뽕나무로 가득한데, 이것은 비단을 만드는 누에가 그 잎을 먹고 사는 바로 그 나무이다. 주민들은 모두 우상숭배자들이며, 사냥할 만한 여러 종류의 새와 짐승들이 많다. 내가 말했듯이 여드레 거리를 기행하면 마침내 켄잔푸라는 크고 훌륭한 도시에 이르게 된다.

이 도시는 매우 크고 아름다우며 옛날에는 당당하고 부유하고 또 강력

---

19) F(quengianfu, quegianfu), R(quenzanfu), Z(qen anfu, quen anfu). 京兆府, 즉 현재 陝西省 西安을 가리킨다.

한 켄잔푸 왕국의 도읍으로서 용맹하고 명망있는 군주들이 많았다. 그러나 지금은 대군주의 아들인 망갈라이(Mangalai)라는 사람이 그곳의 군주이자 왕이다.[20] 그의 아버지가 그에게 이 왕국을 주고 왕으로 삼았기 때문이다.

이곳은 교역과 수공업이 활발하게 이루어지는 도시이며, 많은 양의 비단이 있고 각종 금실과 비단으로 옷감들이 만들어진다. 군대에 필요한 모든 장비들도 그곳에서 제작되며, 사람이 생활을 위해 필요로 하는 물건이라면 무엇이든 매우 풍부할 뿐 아니라 값도 아주 저렴하다. 도시는 서쪽에 위치해 있고 주민들은 우상숭배자들이다.

도시 바깥에는 망갈라이 왕의 궁전이 있는데, 얼마나 아름다운지 여러분에게 이야기해주겠다.[21] 그것은 강과 호수와 연못과 샘물이 많은 거대한 평원 안에 위치해 있다. 무엇보다도 매우 두껍고 높은 성벽이 있는데, 그 둘레는 5마일이며 총안들이 있고 아주 잘 만들어졌다. 이 성벽 가운데에 어느 누구도 그보다 설계를 잘 할 수 없을 정도로 크고 멋진 궁전이 자리잡고 있다. 거기에는 수많은 아름다운 접견실과 방들이 있고 모두 금박으로 치장되었다.

이 망갈라이는 자기 왕국을 아주 공평하고 정의롭게 다스리고 있으며

---

20) 쿠빌라이의 三子인 망갈라(忙哥剌, Mangğala). 1272년(至元 9) 安西王에 봉해져 京兆府를 分地로 받고 秦·蜀·夏·隴의 경계지역도 통할하다가, 1278년(至元 15)에 사망했다. 따라서 마르코 폴로가 이곳을 지난 시점은 그 이전이 되어야 마땅할 것이다. 그러나 카라잔 지방을 설명하는 118장에서는 '에센테무르'라는 인물이 왕으로 기록되어 있고, 그는 쿠빌라이의 五子인 雲南王 忽哥赤의 아들 也先帖木兒로서 1280년(至元 17) 10월에야 운남왕에 봉해졌다. 따라서 마르코 폴로가 카라잔에 도착한 시점 역시 그 이후가 되어야 옳을 것이다. 이렇게 보면 위의 두 기사는 시기적으로 서로 모순을 드러내는 셈이다. 그러나 망갈라가 죽은 다음 해인 1279년에 그의 아들 아난다(阿難答)가 왕위를 계승했으나 아직 어린 나이였기 때문에 그의 모친이 실권을 휘둘렀고, 또 망갈라가 사망한 뒤 한동안은 그의 이름이 여전히 회자되었을 것이다. 따라서 마르코 폴로가 1280~81년경에 京兆府를 통과했다면 망갈라를 그곳의 왕으로 오해했을 가능성도 있다고 할 수 있다. 陳得芝, 「馬可·波羅補注數則」, pp. 41~43 참조.
21) 이 궁전의 유적지에 대해서는 馬得志, 「西安元代安西王府勘査記」, 『考古』 1960년 第5期 참조.

백성들에게 많은 사랑을 받고 있다. 궁전 주변에 주둔해 있는 군대는 거기서 사냥을 하며 즐거움도 만끽한다. 그럼 여러분에게 이 이상 이야기하지 않고 이 왕국을 떠나서, 산지에 위치해 있는 쿤쿤이라는 지방에 대해서 말해보도록 하겠다.

112장 | 여기서 그는 카타이와 만지 사이의 변경지역에 대해서 이야기한다

망갈라이의 궁전을 떠나 서쪽으로 사흘 거리의 매우 아름다운 평원을 가다 보면 줄곧 많은 읍과 촌락들을 보게 된다. 그 주민들은 교역과 수공업으로 살아가며, 비단이 매우 많이 생산된다. 사흘 거리의 마지막에 쿤쿤(Cuncun)[22] 지방에 속하는 거대한 산지와 계곡들을 만나게 된다. 산지와 계곡 사이에 도시와 촌락들이 있고, 주민들은 모두 우상숭배자들이다. 그들은 땅을 일구면서, 또 숲에서 사냥을 하며 살아간다.

여러분은 그곳에는 야생동물들이 풍부한 숲들이 많다는 사실을 알아야 할 것이다. 사자, 곰, 살쾡이, 황갈색 사슴, 노루, 숫사슴 그리고 그외의 짐승들이 매우 많기 때문에, 그 지방 사람들은 그것을 포획하여 큰 수입을 올린다.

이런 식으로 20일 거리를 산지와 계곡과 숲을 통과하여 기행하는 동안 줄곧 읍과 촌락을 보게 되며, 여행자들이 편안하게 묵을 수 있는 좋은 숙사들을 발견한다. 이제 이 지방을 떠나서 또 다른 지방에 대해서 여러분에게 이야기해주겠다.

---

22) F(cuncun, cuncon), R(cunchin). 이 역시 확인하기 힘든 지명이다. 클라프로트와 유울과 펠리오의 漢中說, 포티에의 興元說, 샤리뇽의 關中說 등이 제시되었으나 만족할 만하지 못하다. 어쨌든 '쿤쿤'의 산지는 渭水 유역에서 漢水 유역으로 갈 때 지나야 하는 秦嶺을 가리키는 듯하다.

113장 | 여기서 그는 악크발렉크 만지(Acbalec Mangi)[23] 지방에 대해서 이야기한다

여러분에게 위에서 설명한 쿤쿤의 산지를 거쳐 20일 거리를 기행하면 비로소 악크발렉크 만지라고 불리는 온통 평지인 한 지방에 도달하게 된다. 도시나 촌락도 많으며 서쪽에 위치해 있다. 주민들은 모두 우상숭배자들로 교역과 수공업으로 살아간다.

또한 여러분에게 말하건대 이 고장에는 엄청난 양의 생강이 자라고 있어 카타이 전지방으로 실려 나간다.[24] 그 지방 사람들은 그것으로 큰 수익을 올린다. 밀과 쌀 그리고 다른 곡물들도 매우 풍부하고 가격도 저렴하며, 좋은 것들이 풍부하게 산출되는 지역이다. 도읍은 악크발렉크 만지라고 불리는데 '만지 변경의 〔하얀〕 도시'라는 뜻이다.

이 평원은 이틀 거리를 뻗쳐 있는데 여러분에게 말한 것처럼 너무나 아름답고, 읍과 촌락들도 매우 많다. 이틀 거리의 끝에는 거대한 산지와 계곡과 숲이 많이 나오는데, 거기서 서쪽으로 20일 거리를 가는 동안 많은 읍과 촌락들을 보게 된다.

주민들은 우상숭배자이고, 땅에서 나는 과일과 사냥감 및 가축을 기르며 생계를 유지한다. 사자, 곰, 살쾡이, 황갈색 사슴, 노루, 숫사슴 등이 있고, 사향을 만드는 조그만 동물들도 매우 많다. 이제 이 지방을 떠나 또 다른 지방에 대해서 이야기해보도록 하자.

---

23) F(acmelec mangi), Z(acbaluch mançi). 페르시아 · 투르크식 표현인 Aq Baliq-i Manzi('만지의 악크 발릭크')를 옮긴 것이며, 漢水 유역에 있는 興元(오늘날의 漢中)을 가리킨다. 元代에는 興元路 總管府가 두어졌다. 興元은 만지의 영역에 속하는 것은 아니지만, 앞에서 나온 카타이 지방의 악크발룩크인 眞定府와 구별하기 위해 악크발렉크 만지라는 표현을 쓴 것이며, 폴로가 '만지 변경의 〔흰색의〕 도시'라는 설명을 붙인 것도 그 때문인 듯하다. 『集史』에 나오는 망갈라의 영지에 속하는 '악크 발릭크'(Aq Baliq)도 같은 곳이다(Boyle, *The Successors*, p. 323).

24) 『元史』 권94 「食貨志 · 額外課」에는 興元路에서 수확하는 生薑에 대해 매년 162錠 27兩 9錢의 薑課를 거두었다는 기록이 보인다.

114장 | 여기서 그는 신두푸(Sindufu)[25]라는 큰 지방에 대해서 이야기한다

내가 여러분에게 위에서 말한 산지를 서쪽으로 20일 동안 가면, 역시 만지의 변경지역의 하나인 평원에 위치한 신두푸라 불리는 어떤 지방에 도달하게 된다. 그곳의 도읍은 한때 매우 크고 당당했으며 신두푸라는 이름을 가졌고, 옛날에는 강력하고 부유한 왕들이 있었다. 주위는 거의 20마일이다. 이 지방은 이제 여러분에게 설명하려는 다음과 같은 방식으로 분열되어버렸다. 이 지방의 왕이 죽을 때 세 아들이 있었는데, 그들은 이 커다란 도시를 세 영역으로 나누었다. 이 세 부분은 각각 성벽들을 갖고 있지만, 그 모두는 도시 전체를 둘러싼 성벽 안에 있었다. 여러분에게 말하지만 그 왕의 세 아들들은 모두 왕이 되었고 각자 넓은 영역과 많은 재산을 보유하게 되었다. 그들의 아버지가 그만큼 막강하고 부유했기 때문이다. 대카안은 이 왕국을 취한 뒤 이 세 왕들에게서 소유권을 거두고 자기자신의 영토로 삼아버렸다.[26]

여러분은 이 거대한 도시 가운데로 물이 맑은 아주 커다란 강이 흐르고 그곳에서 고기가 풍부하게 잡힌다는 사실을 알아야 할 것이다. 너비는 거의 반 마일이고 매우 깊으며, 80일 거리 이상 아니 최대한 100일 거리를 흘러서 바다로 들어간다. 이 강은 키안수(Quiansui)[27]라고 불린다. 이 강

---

25) 成都府(현재 四川省 소재).

26) 成都는 羅城·子城·小城의 세 성으로 이루어져 있고 唐末에 지어진 것이다. 그러나 폴로가 말하는 것처럼 어떤 왕의 세 아들이 독자적인 구역으로 나누어 가졌던 것은 아니었으며, 그가 전하는 설화가 무엇에 근거했는지 확인하기 어렵다.

27) Z본(R본도 매우 유사)에서는 이 부분이 다음과 같이 되어 있다. "이 도시를 관통하는 매우 커다란 강들이 역시 많은데, 이것들은 멀리 산지에서 흘러내려와 도시를 감싼 뒤 그 중앙을 여러 갈래로 관통한다. 이 강들은 대략 반 마일 정도의 폭에, 약 200보 정도—더러는 150보 정도—의 깊이로서 매우 깊다. 그 위로는 매우 아름답고 커다란 돌다리들이 아주 많이 놓여져 있고, 그 너비는 8보이고 길이는 강의 폭에 따라 다르다." 그리고 나서 F본에 있는 다리에 관한 묘사가 약간 추가부분과 함께 나온다. R본(Z본은 아님)은 다리에서 거두어들이는 세금에 관해 설

주변으로는 정말로 많은 도시와 촌락들이 있다. 얼마나 크고 많은 배들이 다니는지 어느 누구도 그것을 직접 보지 않는다면 믿지 않을 정도이다. 또한 상인들이 이 강을 따라 위로 아래로 수송하는 물자들이 얼마나 풍부한지 직접 보지 않는다면 아무도 믿지 않으려 할 것이다. 그것은 강이라기보다는 바다라고 할 정도로 넓다.

그 도시 안에의 큰 강 위에는 커다란 다리 하나가 세워져 있는데 여러분에게 그것에 대해서 이야기해주겠다. 그 다리는 모두 돌로 되어 있는데, 너비는 족히 8보이고 길이는 여러분에게 강의 폭이라고 말했던 것처럼 반 마일 정도이다. 다리의 끝에서 끝까지 양쪽으로 대리석으로 된 기둥들이 세워져 있고, 그 기둥들이 다리의 지붕을 받치고 있다. 여러분에게 말하지만 이 다리는 온통 붉은색으로 곱게 칠해진 정말로 아름다운 나무로 된 지붕으로 덮여 있다. 또한 다리 위에는 조그만 집들이 많이 있어 거기서 장사를 하고 여러가지 물건을 만든다. 그렇지만 여러분에게 말하건대 그것들은 장대로 만들어진 것이어서 아침에 갖고 왔다가 저녁이 되면 갖고 간다. 또한 거기에는 대군주의 관세소가 있어 다리 위에서 매매되는 물건에 대한 관세, 즉 군주에게 내는 세금을 걷는 사람이 있다. 여러분에게 말해두지만 그 다리에서 거둬들이는 관세는 금화 1,000베잔트에 달한다. 주민들은 모두 우상숭배자이다.

이 도시를 나서서 평원과 계곡을 거쳐 닷새 거리를 기행하면 많은 촌락과 부락을 보게 된다. 사람들은 곡식을 주식으로 삼는다. 야생짐승도 많고 사자나 곰과 같은 다른 동물들도 있다. 그들은 수공업으로 살아가는

명한 뒤 다음과 같이 추가하고 있다. "상술한 강들이 도시를 떠나면 합류하여 키안(Quian)이라 불리는 거대한 강을 이룬다. 이것은 100일 거리를 흘러 바다에 도달하며, 그 특징에 대해서는 이 책 아래에서 말할 것이다." 여기서 '키안'은 물론 '江'(=楊子江)을 가리키지만 '키안수'가 무엇인지는 단언하기 힘들다. 여러 학자들은 '江水'가 아닐까 추측하지만 양자강이 과연 그런 표현으로 불렸는가는 불분명하다.

데, 아름다운 센달과 또 다른 옷감들이 거기에서 만들어진다. 그들은 바로 신두푸에 소속되어 있다. 내가 위에서 말한 닷새 거리를 가면 비로소 매우 황량한 지방에 이르게 되는데, 테베트라 불리는 그곳에 대해 이제부터 여러분에게 설명해주도록 하겠다.

115장 | 여기서 그는 테베트 지방에 대해서 이야기한다

여러분에게 말했던 닷새 거리를 지나면, 몽구 카안의 공격으로 파괴되어 크게 황폐해진 지방으로 들어서게 된다. 읍과 촌락과 부락들이 많으나 모두 허물어지고 폐허가 되었다. 그곳에는 놀라울 정도로 굵고 큰 대나무가 있는데, 얼마나 굵은지 둘레가 세 뼘이고 길이는 15보나 되며, 한 마디에서 다음 마디까지가 세 뼘이다.

여러분에게 말하건대 그런 지방을 여행하는 상인과 여행자들은 밤에 그런 대나무들을 몇 개 가져다가 불을 지핀다. 그것에 불이 붙어서 갈라지는 소리가 어찌나 큰지, 사자나 곰이나 다른 짐승들이 겁을 집어먹고 멀리멀리 도망쳐 절대로 그 근처에 오지 않으려 한다. 사람들은 그 지방 전역에 걸쳐 수없이 사는 무서운 들짐승들의 공격으로부터 자기 가축을 보호하기 위해서 이같이 불을 지피는 것이다.

내가 여러분에게 이야기해주고 싶은 것은 이 대나무에서 나는 소리가 얼마나 멀리에서 들리는지, 또 얼마나 큰 공포를 일으키는지, 그래서 어떤 결과가 초래되는지 하는 것이다. 녹색의 이런 대나무들을 몇 개 잘라서 장작불 위에 놓아두면 그것들은 한동안 큰 불에 휩싸여 있다가 뒤틀리면서 반으로 갈라진다. 그리고는 어찌나 큰소리를 내는지 밤에는 10마일 밖에서도 들릴 정도이다. 그 소리에 익숙지 않은 사람들은 그것을 듣고 크게 겁을 집어먹는데, 정말로 듣기에도 끔찍한 소리라는 것을 여러분은 알아두기 바란다. 그런 소리를 들어본 적이 없는 말이 그것을 들으면 너무나 심하게 놀라 묶어놓은 밧줄과 끈을 모두 끊어버리고 달아나버릴 정도인데

티베트 동부지방의 협곡

이런 일은 매우 자주 일어난다. 그래서 만약 그런 소리를 한 번도 듣지 않은 말을 데리고 갈 경우에는, 눈을 가리개로 덮고 네 발은 밧줄로 묶어서 대나무가 내는 큰소리를 듣고 도망치지 못하도록 조치를 취해놓는다.

그리고 다시 한 번 이야기해두지만 사람들은 밤중에 이렇게 해서 그 지방에 많이 나타나는 사자나 스라소니 혹은 다른 무서운 짐승들로부터 자신과 가축을 보호할 수 있다. 이 고장을 20일 거리 지나는 동안에는 숙소도 음식도 찾을 수 없기 때문에, 사람들은 이 20일 거리 동안 자신이나 가축을 위해 필요한 음식을 모두 가져가야 한다. 그러고 난 뒤에야 비로소 촌락과 부락들이 나온다.

이제 여자와 혼인하는 관습이 어떠한지 여러분에게 이야기해주겠다. 남자들은 무슨 일이 있어도 처녀를 아내로 맞아들이는 법이 없다. 그들은 만약 여자가 많은 남자들에게 길들여지고 익숙해 있지 않다면 아무런 가치가 없다고 말한다. 그래서 그들은 다음과 같은 방식으로 짝을 맞는다. 여러분에게 말하지만 다른 낯선 땅에서 온 사람이 이 고장을 지나가다가 유숙하기 위해 천막을 치게 되면, 촌락과 부락의 나이든 여자들은 자기 딸을 이 천막으로 데리고 온다. 20명 혹은 40명 정도의 여자들을 데리고 와서 남자들에게 건네면서, 그들이 원하는 대로 해도 무방하고 동침해도 좋다고 말한다. 그러면 남자들은 그녀들을 취하고 즐기면서 머물고 싶은 만큼 머물면서 데리고 있을 수 있다. 다만 여자를 다른 곳으로 데리고 갈 수는 없다.

남자는 자기가 하고 싶은 대로 한 뒤 동침한 여자에게 보석이나 정표를 주는 것이 관습이다. 그래야지 그 여자는 결혼할 때 정부를 둔 적이 있었음을 입증할 수 있기 때문이다. 그런 식으로 여자들은 목에 스무 개 이상의 정표를 걸어 보임으로써 자기가 얼마나 많은 정부와 또 얼마나 많은 남자와 동침했는가를 과시하는 것이 그들의 풍습이다. 많은 정표를 소유함으로써 남보다 더 많은 정부를 지녔었고 따라서 남보다 더 많은 남자와 동침했음을 입증할 수 있는 여자가 더 좋게 여겨지고, 사람들은 그런 여자를 더 기꺼이 부인으로 맞이하려 하고 또 다른 여자보다 더 낫다고 생각한다. 그들이 이러한 여자들을 부인으로 삼으면 그녀를 매우 대단하게 여기지만, 다른 사람의 아내를 건드리는 것은 크나큰 죄악으로 생각하기 때문에 그런 일은 극도로 기피한다. 여러분에게 결혼에 대해서 이야기했는데, 16세에서 24세 사이의 청년이라면 그 고장에 가봄직할 것이다.

우상숭배자인 주민들은 아주 사악해서 강도질이나 악행을 저지르는 것을 죄악으로 여기지 않는다. 그들은 세상에서 가장 나쁜 악당이며 도적들이다. 그들은 사냥감을 잡아서 살아가기도 하고 가축을 치거나 땅에서 거둬들이는 수확물에 의존해서 살아간다. 여러분에게 분명히 말해두지만 그 고장에는 사향을 내는 동물들이 많이 있다. 〈얼마나 많은지 그 지방 전체가 냄새로 가득 찰 정도이다. 이 동물들은 한 달에 한 번씩 사향을 뿜어낸다. 앞의 어디에선가 이야기했듯이 마치 혹같이 생긴 핏덩어리가 그 동물의 배꼽 근처에 있는데, 그 피가 바로 사향이다. 만약 그 핏덩어리에 피가 너무 많이 차면 매달 그 피의 일부를 쏟아낸다. 그곳에는 그러한 동물들이 많아서 여기저기에 피를 쏟아놓기 때문에 그 지방 전체가 사향 냄새로 진동하게 된 것이다.〉 그것들은 그들의 언어로 굿데리(gudderi)[28]라고 불린다. 이 사악한 사람들은 그것들을 잘 잡는 아주 좋은 개들을 많이 갖고 있다.

그들은 화폐를 갖고 있지 않으며 대카안의 지폐도 없다. 다만 소금을 화폐로 삼는다. 그들의 옷은 초라하고 의복이라고는 동물가죽이나 삼베 혹은 부크람으로 만든 것이 고작이다. 그들은 자기들의 언어를 갖고 있으며, 테베트인으로 불린다. 테베트는 매우 큰 지방으로 이제부터 그곳에 관해 여러분에게 간략하게 설명해주겠다.

116장 | 테베트 지방에 대해서 한 번 더 이야기한다

테베트는 매우 커다란 지방으로, 주민들은 자기 고유의 언어를 갖고 있으며 우상숭배자들이다. 만지라든가 다른 여러 지방들과 경계를 접하고 있다. 주민들은 강도질에 아주 능하다. 이 지방은 얼마나 큰지 그 안에 여덟 개의 왕국이 있고 수도 없이 많은 도시와 촌락들이 존재한다. 강과 호수와 산간 여러 곳에서 많은 사금이 나오며, 계수나무도 무수히 자란다. 이 지방 사람들은 산호를 아주 귀한 보석으로 여겨 자기 아내의 목이나 우상에 걸어주기 때문에 값이 매우 비싸다. 또한 이 지방에는 낙타털로 짠 천이나 금실과 비단 등으로 짠 여러 옷들이 있고, 우리 고장에서는 보지 못했던 여러 종류의 향초들이 자라고 있다.

---

28) 몽골어로 사향사슴을 가리키는 küderi를 나타낸 말이다.

또 여러분에게 말하지만 그들 가운데에는 아주 영악한 마술사와 노련한
점쟁이들이 있어 그 지방에서 유행하는 그들 특유의 행동을 한다. 그들은
듣고 보기에도 진기한 마술과 놀라운 술수를 부리는데, 너무나 깜짝 놀랄
만한 것들이어서 이 책에서는 여러분에게 이야기하지 않겠다. 그들은 못된
관습들을 갖고 있다. 또한 크기가 노새만한 아주 크고 사나운 개를 기르는
데 그 개들은 들짐승을 잡는 데 노련하다. 〈특히 베야미니(beyamini)[29]라
는 들소를 잡는 데 아주 능란하다.〉 그밖에도 여러 종류의 사냥개들이 있
다. 또한 빨리 날고 사냥에도 능한 랜너 매도 자란다.

이제 여러분에게 사실들만을 정리해서 설명해준 이 테베트 지방을 떠
나 가인두라고 불리는 또 다른 지방으로 가보도록 하자. 그런데 이 테베
트와 관련해서 여러분은 그곳이 대카안에게 예속된 곳임을 알아야 할 것
이다. 이 책에 기록한 다른 모든 왕국과 지방과 영역들 역시 대카안에게
속해 있다. 다만 이 책의 처음에서 아르곤의 아들에게 속한 것으로 기록
한 그 지방들만은 예외이다.

따라서 그 지방들을 제외하고 이 책에 나오는 다른 모든 곳들은 대카안
에게 예속되어 있기 때문에, 여러분은 특별히 그렇다고 하지 않은 지방일
지라도 그렇게 이해하면 될 것이다. 자, 이제 이쯤에서 그만두고 가인두
지방에 대해서 이야기해보도록 하겠다.

117장 | 여기서 그는 가인두(Gaindu)[30] 지방에 대해서 이야기한다

가인두는 서쪽에 위치한 한 지방으로 왕은 한 사람뿐이다. 주민들은 우상

---

29) 야크를 가리키는 것으로, 이 말의 어원은 불분명하나 여러 학자들은 티베트어의 ba-men과 관
련짓고 있다.

30) F(caindu, gaindir, gheindu, gaindu), R(caindu), Z(ghindu). 『元史』에 자주 등장하는 建都
라는 지명을 옮긴 말이다. 이곳은 元代 羅羅斯宣慰司 建昌路治(현재 西昌市)에 해당된다. 펠
리오는 처음에 이를 筇都에 비정했으나 후일 철회하고 建都說에 찬동했다. 그러나 버마 영내
에 또 다른 '建都'가 있었음에 주의할 필요가 있다(『元史』 권13).

'가인두'(建昌) 지방 근처의 계곡

숭배자이고 대군주에게 예속되어 있다. 많은 도시와 촌락이 있고, 진주가 나오는 호수가 있다. 그러나 대카안은 아무도 그것을 채취하지 못하도록 했다. 그 까닭은 만약 사람들이 거기서 마음대로 갖고 나오면, 진주가 너무나 흔해져서 그 가격은 아무 가치도 없이 폭락할 것이기 때문이다. 그래서 대군주는 만약 그 진주들을 갖고 싶으면 그 중 몇 개만 꺼내와 자기만이 소유하는 것이다. 어느 누구도 목숨을 잃을 각오를 하기 전에는 그것을 꺼내올 수 없다. 여러분에게 또 이야기할 것은 그곳에 '투르크석'(turquoise)이라는 돌이 나오는 산이 있다는 사실이다. 그러나 대군주는 자신의 명령이 아니면 그것을 캐내지 못하도록 했다.

이 지방에서는 아내에 대해 이제 여러분에게 설명하려는 다음과 같은 풍습이 있다. 그들은 이방인이나 다른 남자가 자기의 아내나 딸이나 누이, 혹은 집안의 어떤 여자와 동침한다고 해도 그것을 수치로 생각하지 않는다. 오히려 그들과 동침하는 것을 좋아하면서 말하기를, 그런 행위로 말미암아 신과 우상들이 자기들에게 혜택을 주고 세속적인 물건들을 무수히 가져다 준다고 한다. 그렇기 때문에 그들은 이방인에게 자기 아내들을 마음대로 하게 그냥 내버려둔다. 그것에 대해 여러분에게 설명해주겠다. 이 지방의 남자들은 어떤 이방인이 묵을 곳을 찾기 위해서 ─ 혹은 묵을 생각이 없더라도 ─ 자기 집으로 오는 것을 보면, 그가 집에 들어오기도 전에 재빨리 밖으로 나가서 자기 아내에게 낯선 사람이 원하는 것은 무엇이든지 들어주라고 명령한다. 그러고 나서 그는 밭이나 과수원으로 가서 나그네가 자기 집에 머무를 동안 되돌아오지 않는다. 여러분에게 말하지만 나그네가 사흘 동안 그곳에 머물며 그런 불쌍한 친구의 부인과 동침하는 일은 흔히 일어난다. 그리고 나그네는 자기가 집 안에 있다는 것을 알리는 표시로 자기 모자나 다른 물건을 걸어놓는다. 그 집에 이 같은 표지가 보이는 한 주인은 절대로 집으로 되돌아가지 않는다. 이 같은 풍습은 그 지방 전역에서 행해진다.

〈이러한 풍습이 연유한 것에 대해서 그들은 다음과 같이 생각한다. 이방인들에게 이 같은 쾌락과 편의를 선사해주기 때문에 신들이 그것을 가상히 여겨 그들에게 세속의 물건들을 많이 준다는 것이다. 대카안이 이 풍습을 금지시켰지만 이 같은 이유 때문에 그들은 계속해서 똑같은 행동을 하고 있다. 그들은 즐거운 마음으로 행할 뿐 아니라 아무도 다른 사람의 그런 행동을 욕하지 않는다. 도로 가까이의 험한 산지에 사는 사람들은 흔히 나그네 상인에게 예쁜 부인들을 그들 마음대로 하라고 맡긴다. 그러면 상인들은 그 부인에게 반 완척 정도 길이의 얇은 천조각이나 다른 싸구려 물건을 준다. 상인들이 즐거움을 만끽한 뒤 말에 올라 길을 나서면, 그제서야 그 남자와 여자가 나와서 그의 등뒤에 대고 놀리면서 이렇게 소리친다. "야! 너 어디로 가니? 네가 우리 것을 가지고 가는 것이 있으면 보여봐라! 에이, 이 나쁜 놈아! 네가 가진 것이 무엇이냐? 봐라! 네가 잊어버리고 우리에게 놓고 간 것이 무엇인지!" 그러면서 그들이 받은 천조각을 보여준다. "우리는 네 것을 갖고 있지 않느냐? 야, 이 망할 놈아! 너는 아무것도

못 가져가지"라고 하면서 그를 조롱한다. 이것이 그들의 관습이다.〉

이제 그들의 화폐에 대해서 이야기해주겠다. 그들은 금괴를 사용하는데, 사기오를 단위로 그 무게를 재며 무게에 따라 가치가 결정된다. 그들은 주조되거나 인쇄한 화폐는 갖고 있지 않다. 그리고 소액 화폐에 대해서도 말해주겠다. 그들은 채취한 소금〔물〕을 〔그릇에 넣고 한 시간 가량〕 끓여서 〔반죽처럼 구덕구덕해지면〕 그것을 어떤 틀 속에 넣어서 〔2디나르짜리 빵덩어리처럼 아래는 평평하고 위는 둥그런 모양으로 만드는데〕, 무게는 반 파운드 정도가 나가도록 만든다. 〔그렇게 만들어지면 불에 뜨겁게 달구어진 돌 위에 올려놓아 말려서 단단하게 굳힌다. 이런 종류의 화폐 위에 군주의 인장을 찍는데, 군주가 임명한 관리가 아니면 어느 누구도 이런 종류의 화폐를 만들 수 없다.〕 여러분에게 묘사한 이러한 소금 화폐 80개는 정금 1사기오의 가치가 있다. 이것이 바로 그들이 사용하는 소액 화폐이다.[31]

〔상인들은 이 화폐를 갖고 험한 산지나 외딴 지역에 살고 있는 사람들에게로 가서 그 같은 소금화폐 60개나 50개 혹은 40개를 주고 금 1사기오와 바꾼다. 그곳 주민들은 도시나 문명인들로부터 멀리 떨어진 험한 곳에 살고 있기 때문에 금이나 다른 물건들, 예를 들어 사향과 같은 것들을 살 만한 사람들이 없고 자기들이 원할 때 마음대로 팔 수가 없기 때문에 싸게 팔 수밖에 없는 것이다. 앞서 말한 대로 그들은 강이나 호수에서 금을 채취한다.[32] 그리고 이들 상인들은 소금화폐가 통용되는 테베트의 산지와 험지를 돌아다니면서 엄청난 수익을 올리는 것이다. 왜냐하면 그곳 사람들은 그 소금을 음식에 넣기도 하고 필요한 물건을 살 때에도 사용하기 때문이다. 그러나 도시에서는 그 소금화폐가 부서진 조각일 때에만 음식에

---

31) 이 같은 鹽貨의 존재는 아직 문헌자료에서 입증된 바 없다.
32) 『元史』 권16 「世祖・十三」에는 建都 지방에서 金이 많이 나온다는 기록이 보인다.

넣어서 쓰고, 온전한 경우에는 화폐로 사용한다.]

그곳에는 사향을 내는 동물이 수도 없이 많아 사냥꾼은 그것을 잡아 많은 양의 사향을 채취한다. 좋은 물고기도 많은데, 내가 앞에서 말했듯이 진주가 나는 그 호수에서 잡아온다. 사자와 살쾡이와 곰과 황갈색 사슴과 숫사슴이 많으며 온갖 종류의 새들도 있다. 포도로 만든 술은 없지만 밀이나 쌀에 여러 향료를 넣어서 빚은 술이 있는데 아주 훌륭한 음료이다. 이 지방에서는 정향나무가 많이 자라는데, 나무의 키는 작고 잎은 월계수 같지만 그보다는 약간 가늘고 길게 생겼다. 흰색 정향꽃을 피운다. 생강도 많고 계피나 다른 향료들도 풍부한데, 우리 고장에는 한 번도 알려진 적이 없기 때문에 언급하지 않겠다.

이제 여러분에게 필요한 것들은 설명했으니 이 도시를 그만 떠나서 전방에 있는 고장에 대해서 말하기로 하자. 이 가인두시를 떠나 열흘 거리를 기행하면 많은 촌락과 부락을 보게 되는데, 사람들은 내가 여러분에게 말했던 것과 똑같은 관습을 갖고 있고 사냥감으로 새와 들짐승들이 많다. 이 열흘 거리를 다 지나가면 브리우스(Brius)[33]라는 커다란 강[34]에 도달하게 되며 거기서 가인두 지방이 끝난다. 이 강에서는 사금이 굉장히 많이 나오고 계피나무도 자라고 있다. 이 강은 바다로 흘러들어간다. 이 강에 대해서는 더 이상 이야기할 것이 없으니 이곳을 떠나 카라잔이라 불리는 또 다른 지방에 대해서 이야기해보도록 하겠다.

---

33) Z(brus).

34) 양자강의 상류에 해당되는 金沙江을 가리킨다. 클라프로트 이래 여러 주석가들은 Brius라는 명칭에 대해서 이 강을 가리키는 티베트어인 Bri-chu('야크의 강'이라는 뜻)와 연관지으려 했다. 그러나 펠리오는 몽골어로 이 강이 Murus(혹은 Murui)라고 불렸다는 사실에 주목하여, 어두음 m이 b로 바뀌어 Burus로 불렸고, 이것이 Brius(Z)나 Brius(F)가 된 것이 아닐까 추정했다. 『元史』 권131 「速哥傳」에는 1272년 建都蠻의 반란을 진압한 몽골군이 '不魯思河'에서 회합했다는 기사가 보이는데, 不魯思의 음이 Burus이기 때문에 펠리오의 가설을 뒷받침하는 자료이다.

금사강(金沙江, 虎跳峽)의 모습

118장 | 여기서 그는 카라잔(Caragian)[35]이라는 커다란 지방에 대해서 이야기한다

이 강을 건너면 카라잔이라는 지방으로 들어가는데, 그곳은 얼마나 넓은지

---

35) F(caragian, caraian), R(carazan, caraian), Z(caraçan). 이 말은 雲南지방을 가리키는 몽골어 카라장(Qarajang)을 옮긴 것이며, 『集史』의 Qarajang, 『元史』의 哈剌章 · 合剌章 · 阿剌章 · 哈剌張이 이에 해당한다. 몽골군은 1253~57년 이 지방에 있던 大理國을 정복했고 후일 雲南 行省을 설치했다. 行省의 治所인 雲南府가 그 동반부에 있는 야치(Yachi, 鴨赤, 鴨池)에 두어 졌기 때문에, 서반부에 있던 大理國의 수도인 大理가 카라장이라 불리게 되었다. 따라서 카라 장이라는 말은 폴로가 뒤에서 서술하듯이 이 지방 전체의 명칭이자 동시에 大理市를 부르는 이름으로도 사용된 것이다. '카라'는 검은색을 가리키는 몽골어인데, 아마 그곳 주민들의 의복 이 검은색이었기 때문인 듯하다. 이렇게 外貌를 두고 족명을 붙인 경우는 운남지방의 '자르단 단'(Zardandan, 金齒), '예케부세'(Yekebüse, 亦奚不薛, 즉 '큰 벨트') 등의 이름에서도 보인

실제로는 일곱 개의 왕국으로 되어 있다. 서쪽에 위치해 있으며 주민들은 우상숭배자로 대카안에 복속하고 있다. 그러나 에센테무르(Esentemur)[36] 라는 이름을 지닌 그의 아들이 군림하고 있는데, 그는 권위있고 강력하며 부유한 왕이다. 또한 현명하고 경험이 많기 때문에 정의롭게 잘 통치하고 있다. 위에서 말한 그 강에서 출발하여 서쪽으로 닷새 거리를 가다 보면 도시와 촌락들이 많고 거기에서는 좋은 말들이 사육되고 있다. 주민들은 가축으로 또는 땅에서 거두는 수확물로 살아간다. 자기들 고유의 언어를 쓰는데 알아듣기가 매우 어렵다. 이 닷새 거리의 마지막에 그 왕국의 도읍인 야치(Iaci)[37]라는 매우 크고 훌륭한 도시가 있다.

주민들은 여러 부류인데 마호메트를 숭배하는 사람들, 우상숭배자들, 그리고 소수의 네스토리우스파 기독교도들이 있다. 밀과 쌀이 풍족하지만, 그 지방에서는 밀빵이 나쁘다고 하여 밀을 먹지 않고 쌀만 먹는다. 쌀에 향료를 섞어 빚은 음료수는 매우 훌륭하고 투명하며, 마치 포도주가 그러하듯이 사람을 취하게 만든다. 그들이 사용하는 화폐는 다음과 같다. 그들은 바다에서 나는 자패(紫貝)를 사용하는데 개의 목에 걸기도 한다.[38] 80개의 자패가 은 1사기오의 가치를 지니는데 이는 2베니스 그로트에 해당된다. 여러분은 순은 8사기오가 순금 1사기오와 같은 가치를 갖는다는 사실을 알아둘 필요가 있다.[39] 그곳에는 소금을 채취하는 소금우물이 있어

다. 한편 jang이라는 말의 어원은 분명치 않으나 티베트어의 jan, 혹은 그곳에 살던 고대 南詔 國의 성씨인 爨(찬)과 관련이 있다는 가설이 있다. 당시 운남의 토착민은 크게 두 종류였다. 하나는 烏蠻·羅羅斯·哈剌章 혹은 爨이라 불리던 티베트-버마어를 말하는 집단이고, 다른 하나는 白蠻·茶罕章 혹은 爨이라 불리던 타이(Thai)어를 말하던 집단이다. 『元史』 권98「兵志」에는 운남에서 寸白軍을 징발했다는 기사가 보이는데, 이는 軍을 옮긴 말이다.

36) F(esentemur, sentemur), R(centemur). 쿠빌라이의 아들인 후게치(Hügechi)의 아들 에센테무르(Esen Temür)를 가리킨다. 그는 1280년에 雲南王으로 봉해져 1287~88년에는 버마를 원정했고, 1308년에는 營王으로 移封되어 遼東으로 근거를 옮겼다.

37) F(chiaci, iaci, iacin), R(iaci), Z(yaci). 鴨赤(Yachi), 즉 현재의 昆明.

38) 元朝는 雲南行省에서만 예외적으로 貝貨의 통용을 인정했다.

39) 일반적으로 元朝에서의 金銀 比價는 1:10이었다.

그 지방의 모든 사람들은 이 소금으로 살아간다. 여러분에게 말해두지만 국왕은 바로 이 소금으로 막대한 수익을 올린다. 또한 그들은 남이 자기 아내를 건드리더라도 그것이 여자의 희망에 의한 것이라면 상관하지 않는다.

여러분에게 이 왕국에 대해서 이야기했으니 이제 카라잔 왕국에 대해서 말해보도록 하자. 그러나 깜박 잊고 이야기하지 않은 것이 하나 있는데, 그곳에는 둘레가 100마일인 호수[40]가 있고 그 안에는 세계에서 가장 좋은 물고기들이 엄청나게 많다는 사실이다. 물고기들은 매우 크고 종류도 다양하다. 그들은 가금류나 양·소·들소의 고기를 날로 먹는다. 가난한 사람들은 동물의 몸에서 꺼낸 생간을 고깃간으로 가져가 잘게 썰어서는 마늘로 만든 장에 찍어 즉석에서 먹는다. 그들은 다른 날고기들도 같은 방식으로 먹는데, 교양있는 사람도 날고기를 그대로 먹는다. 그들은 그것을 잘게 썰어서 좋은 향료를 섞어서 만든 마늘로 된 장에 찍어서 마치 우리가 요리한 음식을 먹듯이 맛있게 잘 먹는다. 그러면 이제 앞서 언급한 바 있는 카라잔 지방에 대해서 이야기해보도록 하자.

119장 | 여기서 그는 다시 카라잔 지방에 대해서 이야기한다

야치시를 떠나 서쪽으로 열흘 거리를 가면 카라잔 지방에 당도하게 되는데, 이 왕국의 수도 역시 카라잔이라 불린다. 주민들은 우상숭배자이며 대카안에게 예속되어 있다. 대카안의 아들인 코가친(Cogacin)[41]이 그곳의 왕이다. 이 지방의 강과 호수에서는 사금이 나며, 산에서는 사금보다 더 큰 금이 산출된다. 여러분에게 말하건대 얼마나 많은 금이 나오는지

---

40) 현재 昆明 남쪽에 있는 滇池.
41) 쿠빌라이의 아들인 후게치(Hügechi)를 가리킨다. 『元史』는 그를 다섯째 아들이라고 했으나, 『集史』에는 여섯째로 되어 있다. 『元史』 권6에 의하면 쿠빌라이는 1267년 그를 '大理·鄯闡·茶罕章·赤禿哥兒·金齒等處'를 통치하라고 보냈지만, 1271년 독살되었다. 따라서 그는 폴로가 오기 수년 전에 이미 사망한 셈인데, 121장에는 그가 죽었다는 내용이 기록되어 있다.

카라잔 지방의
호수

금 1사기오를 은 6사기오와 바꿀 정도이다. 이 지방에서도 앞서 얘기한 자패를 화폐로 사용하는데, 이 자패들은 그 지방에서 나지 않기 때문에 인도에서 운반돼오는 것이다.

이 지방에는 매우 큰 구렁이가 있는데, 이 뱀이 얼마나 큰지 보는 사람마다 모두 경악을 금치 못할 정도이며 생긴 것도 아주 징그럽다. 그것이 얼마나 크고 굵은지 여러분에게 이야기해주겠다. 사실대로 말하지만 어떤 것은 길이가 10보나 되며 둘레가 10뼘이나 될 정도로 굵은데 그 정도면 가장 큰 것이다. 머리에 가까운 앞부분에는 두 개의 다리가 있는데, 거기에 발은 달려 있지 않고 다만 매나 사자의 발톱과 같은 것이 하나 있을 뿐이다.

머리 역시 굉장히 크고 눈은 빵덩어리보다 더 크며, 입 또한 얼마나 큰지 단번에 사람을 삼킬 정도이다. 이빨도 매우 크다. 이처럼 끔찍하고도 크고 무섭게 생겼기 때문에 사람이나 짐승이나 모두 두려워한다. 그러나 길이가 8보, 혹은 6보나 5보 정도 되는 작은 것들도 있다.[42]

---

42) 사실은 구렁이가 아니라 악어에 대한 묘사이다.

사람들은 이 뱀을 다음과 같은 방법으로 포획한다. 여러분은 그것들이 낮에는 너무 더워서 땅 밑에 머물러 있다가 밤이 되면 밖으로 나와 먹이를 사냥한다는 사실을 알아야 할 것이다. 그들은 따라잡을 수 있는 동물이라면 무엇이든 잡아먹고, 강이나 호수나 샘물로 들어가서 물을 마시기도 한다: 이것들은 얼마나 크고 무겁고 또 얼마나 단단한지, 이것들이 먹거나 마시기 위해 밤중에 모래톱 위를 쓸고 지나가면, 모래 위에는 마치 포도주가 가득 찬 술통이 굴러간 것처럼 커다란 고랑이 생긴다. 사냥꾼들은 그 구렁이들을 잡기 위해 이놈들이 지나다니는 길목을 봐두었다가 그곳에 덫을 놓는다. 그들은 굉장히 굵고 강한 나무말뚝을 땅에, 즉 구렁이가 지나가는 곳에 박고, 그 말뚝 위에 면도칼이나 창끝처럼 생긴 쇠로 만든 칼을 한 뼘 정도 솟아나오게 고정시켜놓는다. 그리고는 구렁이가 보지 못하도록 그것을 모래로 덮어둔다. 사냥꾼들은 그런 쇠칼이 달린 말뚝을 여러 곳에 설치해둔다. 이 구렁이, 아니 이 뱀이 쇠칼이 설치된 길 한가운데로 내려오면, 그것이 얼마나 강한 힘으로 지나가는지 쇠칼이 가슴에서 시작해서 배꼽이 있는 곳까지 찢고 내려가 구렁이는 즉사하고 만다. 이런 방식으로 사냥꾼은 그것을 잡는다.

그것을 잡으면 배꼽을 통해 담즙을 꺼내서 비싼 값에 판다. 여러분은 그것으로 놀라운 약을 만든다는 것을 알아야 할 것이다. 미친 개에게 물린 사람에게 그것을 작은 1디나르 무게 정도로 조금만 주어 마시게 해도 즉석에서 치유된다. 또 여자들이 출산을 하지 못하고 고통으로 비명을 지를 때에도 그 뱀의 담즙을 조금만 마시면 마시는 즉시 아이를 낳는다. 세 번째 효험은 사람 몸에 나는 어떤 종양이든 이 담즙을 조금만 바르면 며칠 안으로 치료된다는 것이다. 지금 설명한 이런 까닭으로 이 큰 뱀의 담즙은 그 지방에서 매우 귀한 것으로 여겨진다. 뿐만 아니라 이 뱀은 고기 맛이 좋아서 사람들이 즐겨 먹기 때문에 매우 비싸다. 여러분에게 또 말하고 싶은 것은 이 뱀이 사자나 곰이나 다른 맹수들이 새끼를 낳는 곳으로 가서 큰 것이든 작은 것이든 잡을 수 있는 것은 모두 먹어치운다는 사실이다.

또 한 가지 그 지방에서는 커다란 말이 사육되며 그것을 인도로 운반해서 판매한다. 사람들은 그 꼬리뼈를 두 마디나 세 마디 정도 잘라내는데, 그것은 사람이 말에 탈 때나 타고 달릴 때 그 말이 꼬리를 휘둘러 사람을 때리지 못하게 하기 위해서이다. 그들은 말이 달리면서 꼬리를 휘두르는 것을 매우 망측한 것으로 생각한다.

그들은 프랑스인들처럼 기다란 〈등자〉를 사용한다. 〈그것을 길다고 하는 이유는 타타르나 다른 대부분의 사람들은 활을 쏘기 위해 짧은 것들을 달고 다니기 때문이다. 그래야지만 말 위에서 몸을 꼿꼿이 일으켜세워 활을 쏠 수가 있다.〉 그들은 들소 가죽으로 된 갑옷을 입고, 창과 방패와 노궁(弩弓)을 갖고 있으며, 화살촉에는 모두 독을 바른다. 〈남자나 여자나 모두, 특히 사악한 일을 꾸미는 사람들은 독을 갖고 다니는데, 만약 잘못을 저질러 어쩌다가 붙잡혀서 고문을 당하게 되면 그는 채찍을 맞는 고통을 당하기 전에 독을 입에 넣고 삼켜서 스스로 즉사해버린다. 반면 국가에서는 이 같은 사실을 알고 언제나 개똥을 준비해두었다가, 만약 누군가 위에서 말한 이유로 독을 삼키면 즉시 그에게 개똥을 먹여 독을 토해내도록 한다. 이처럼 국가는 그런 일에 대비해서 이 같은 종류의 대책을 마련해놓았고 그런 방법을 자주 사용한다.〉

대카안이 그들을 정복하기 전에 있었던 일 한 가지에 대해서 여러분에게 이야기해주겠다. 어쩌다가 누군가 용모가 잘생기고 점잖으며 또 모습이 수려한 사람이 이 지방을 지나가다가 그곳 어느 집엔가 유숙하게 되면 밤중에 독이나 다른 방법으로 그를 죽인다. 그러나 돈을 빼앗기 위해서 그를 죽이는 것이라고는 오해하지 않기 바란다. 그들이 그렇게 하는 것은 그가 지닌 훌륭한 외모와 좋은 품격, 그의 지식과 영혼을 자기 집에 남겨두기 위해서이다.

대카안이 정복하기 전에 그들은 이런 이유로 많은 사람들을 죽였지만, 약 35년 전 대카안이 그들을 정복한 뒤로는 그런 것을 전혀 허용하지 않는 대군주를 두려워하여 이 같은 나쁜 짓을 저지르지 않는다. 여러분에게 이 지방에 대해서 이야기했으니, 이제 또 다른 지방에 대해서 말해보도록 하자.

120장 | 여기서 그는 차르단단(Çardandan)⁴³⁾이라는 커다란 지방에 대해서 이야기한다

카라잔을 떠나 서쪽으로 닷새 거리를 가면 차르단단이라는 지방에 도달하게 된다. 그곳 주민은 우상숭배자들이며 대카안에게 예속되어 있다. 이 지방의 수도는 운찬(Uncian)⁴⁴⁾이라고 불린다. 주민들은 모두 금이빨을 갖고 있다. 다시 말해 그들은 치아를 모두 금으로 덮어씌웠다. 그들은 금으로 이빨 모양을 만들어 윗니와 아랫니를 덮어씌우는데, 남자들만 이렇게 하고 여자는 하지 않는다. 그들의 관습에 따르면 남자들은 모두 전사로서 전쟁을 하고 사냥을 하거나 매사냥 하는 것 이외에는 아무것도 하지 않는다. 여자들이 모든 일을 하며, 약탈하거나 정복해서 노예로 삼은 다른 남자들을 부린다. 그들은 여자들과 함께 주어진 의무를 다 해야 한다.

여자들이 아이를 낳게 되면 그 아이를 씻겨 천으로 둘러싸고, 여자의 남편은 침대에 누워서 갓난애를 돌본다. 그는 꼭 필요한 일이 아니면 이런 식으로 40일 동안 침대에서 꼼짝하지 않는데, 그의 친구와 친척들이

---

43) F(arddandan), R(cardandan)과 Z(çardandan). 페르시아어의 자르단단(Zar Dandan)을 옮긴 말로서 '金齒'라는 뜻을 갖고 있다. 중국측 기록에도 그 뜻을 나타내 金齒로 표기되어 있다. 『元史』 권61 「地理志」에는 이곳의 위치를 大理의 西南, 蘭滄江(메콩)의 西, 緬地(버마)의 東이라고 했다. 1260년 元朝에 예속되었고, 1261년에는 按撫司가 두어졌으며, 1278년에는 宣撫司로 바뀌었다가, 1286년 大理金齒等處宣撫司로 통합되었다.

44) F · Z(uocian), R(vociam)이나 大理金齒等處宣撫司의 治所가 두어졌던 永昌府를 가리키기 때문에 uncian으로 수정.

그를 찾아와 함께 머물면서 아주 즐겁게 해준다. 그들이 이렇게 하는 까닭은 그의 부인이 자궁으로 아이를 낳는 동안 너무나 애를 썼기 때문에, 그 40일 동안만이라도 더 고생하지 않았으면 하고 바라기 때문이다. 그의 부인은 아이를 낳자마자 침대에서 일어나 집안의 모든 일을 처리하고 침대에 누워 있는 남편의 뒷바라지를 한다.

그들은 모든 종류의 고기를 먹는데 익히기도 하고 또 날로도 먹는다. 그들은 쌀을 고기나 다른 것들과 섞어서 그들 나름의 방식대로 요리를 해서 먹는다. 여러분에게 사실대로 말하건대 그들은 금 1사기오를 은 5사기오와 교환한다. 이런 현상이 생기는 것은 그 근처 다섯 달 거리 안에 은광이 하나도 없기 때문이다. 따라서 상인들은 은을 잔뜩 갖고 그곳으로 가서 그 사람들과 은 5사기오와 금 1사기오를 교환해 가지고 온다. 이렇게 해서 상인들은 많은 이익을 올리는 것이다.

이 사람들은 우상도 교회도 없이 다만 집안의 조상을 숭배한다. 그러면서 그들은 "이분으로부터 우리가 나왔다"라고 말한다. 문자도 없고 글도 쓰지 않는다. 그것도 이상한 일은 아닌 것이 그들이 태어난 곳은 아주 외딴 곳 깊은 삼림이며 험한 산중이어서 세상에 무슨 일이 있어도 여름에는 그곳에 들어갈 수 없다. 공기가 나쁘고 오염되어 있기 때문인데, 어떤 이방인도 그곳에서는 죽음을 피할 수 없다.

그들은 다른 사람과 거래해야 할 일이 있으면 둥그렇거나 혹은 네모난 조그마한 나뭇조각을 갖고 와서, 그것을 반으로 가른 뒤 한 사람이 그 반쪽을, 또 다른 사람이 다른 반쪽을 갖는다. 그들은 먼저 그 위에 눈금을 둘이나 셋, 혹은 원하는 숫자만큼 표시한 다음, 돈을 갚을 때가 되면 만나서 돈이나 다른 물건을 준 뒤 상대방에게 준 반쪽의 조각을 되돌려받는다.

여러분에게 말해두지만 위에서 설명한 이 지방들, 즉 카라잔과 운찬과 야치에는 의사가 하나도 없다. 그들은 병이 들면 마술사를 부르는데, 이들은 악마를 부르는 사람이나 우상을 모시는 사람들이다. 이러한 마술사들이 오면 병자는 자신의 병을 말하고, 마술사는 그 즉시 악기를 연주하고 펄쩍펄쩍 뛰면서 춤을 춘다. 어떤 마술사들은 땅바닥이나 길바닥에 쓰러져 입에서 거품을 뿜어내며 마치 죽은 사람처럼 되어버린다. 악마가 그의 몸 속으로 들어갔기 때문이라고 하는데, 그는 죽은 사람처럼 한동안 그렇게 있는다. 그러면 옆에 있던 다른 마술사들이 그런 식으로 쓰러져 있는 마술사에게 말을 걸어 병자의 병이 무엇이냐고 물어본다. 그러면 그가 대답하기를 "그가 어떤 몹쓸짓을 해서 이러이러한 혼령이 그를 후려친 것이다"라고 말한다. 마술사들은 그에게 "그를 용서해주실 것을 당신에게 비옵나이다. 그를 살려주는 대가로 당신이 원하는 것을 가져가시기를 비옵나이다"라고 말한다. 이 마술사들은 한참 뭐라고 말을 하고 쓰러진 마술사의 몸 속에 있는 혼령에게 열심히 기도를 올린다. 그러면 그가 대답을 하는데 만약 병자가 죽어야 한다면 그는 이렇게 말한다. "이 병자는 혼령에게 몹쓸짓을 너무 많이 해서 나쁜 사람이 되었기 때문에, 혼령이 무슨 일이 있어도 그를 용서해주시지 않으려 한다." 죽어야 할 사람에게는 이러한 대답이 나온다.

만약 나을 병자라면 그 마술사의 몸 속에 있는 혼령은 이렇게 말한다. "만약 병자가 낫기를 바란다면 양 두세 마리를 잡고 아주 비싸고 좋은 술 열 병을 준비하라." 그리고 또 양은 검은 머리를 가진 것이어야 한다, 아니면 다른 식이어야 한다는 설명을 해주기도 한다. 그것들을 희생으로 잡아 어떠어떠한 우상이나 혼령에게 바치라든지, 그 같은 혼령이나 우상을 섬기는 마술사들과 무녀들 몇 명을 불러 모아라, 혹은 이러이러한 우상과 혼령을 찬양하는 거대한 잔치를 베풀어라는 등의 이야기도 한다. 이러한 대답이 나오면 병자의 친구들은 마술사들이 말한 것을 즉시 수행한다. 그들은 마술사가 묘사했던 것과 똑같은 양을 잡고 정해준 것과 동일한 질과 양의 술을 준비한다. 그들은 혼령에게 제사를 지내고 희생을 바치기 위해 양을 잡은 뒤 지시한 곳에 그 피를 뿌린다. 그 뒤 병자의 집에서 양을 요리한 뒤, 정해준 숫자만큼의 마술사와 무녀들을 집으로 부른다.

그들이 모두 도착하고 양과 술 준비가 끝나면, 그들은 혼령을 찬양하는 노래와 춤판을 벌이기 시작한다. 그들은 고깃국과 술을 뿌리고 향불도 피운다. 향목을 태워 여기저기에 냄새를 피우고 커다란 등불로 사방 환하게 밝힌다. 한동안 이렇게 한 뒤 그들 중 한 사람이 쓰러지면 다른 사람들은 그에게 병자가 용서를 받았는지 또 그가 분명히 치유될 것인가를 묻는다. 그러면 그때 그는 아직 용서받지는 못했으나 이러이러한 일들을 하면 용서받을 수 있을 것이라고 대답한다. 그러면 사람들은 그것을 즉시 이행한다.

희생을 바치는 것을 비롯하여 모든 일이 끝나면 혼령은 그가 용서받았고 곧 치유될 것이라고 말한다. 이러한 대답이 나오면 그들은 국과 술을 뿌리고 큰 등불과 향을 피우면서, 혼령이 자기들 편에 있다고 말한다. 그러고 나서 아직 그 혼령에 씌워 있는 마술사와 무녀들은 양고기를 먹고 술을 마시고 즐기며 잔치를 벌인다. 그런 뒤에 각자 집으로 돌아간다. 이 모든 것이 끝나면 병자는 금세 나아버린다.

이제까지 여러분에게 이 사람들의 풍습에 대해서 그리고 마술사들이 혼령을 어떻게 불러내는지에 대해서 이야기했으니, 이제 다른 사람들에 대해서 말해보도록 하겠다.

121장 | 대카안은 미엔(Mien)[45]과 방갈라(Bangala)[46] 왕국을 어떻게 정복했는가

그런데 운찬 왕국에서 벌어진 아주 멋진 전투에 대해서 이 책에서 마땅히

---

45) 緬(緬甸이라고도 함)을 옮긴 말로서 버마(현재 미얀마)를 가리킨다.

46) F(bangala, bangalan), R(bangala), Z(banganla). 뱅갈(Bengal), 즉 오늘날의 방글라데시를 가리킨다. 이미 11~12세기에 그곳 주민들은 방갈라(Vangala)라는 명칭을 사용했고, 『集史』에도 Bangala로, 14세기 중반에 씌어진 『島夷志略』에는 朋家剌로 표기되어 있다. 폴로는 처음에 미엔의 국왕이 방갈라를 다스리고 있으며 쿠빌라이가 그에게서 이 나라를 빼앗았다고 기술했다가, 뒤에 가서는 쿠빌라이가 아직 방갈라를 정복하지 못했다고 기록해서 앞뒤가 맞지 않는

언급했어야 했는데도 깜빡 잊어버렸다는 것을 여러분이 알아주기 바란다. 이제 그 전투가 어떻게 어떤 방식으로 벌어졌는지에 대해 분명히 이야기 해주도록 하겠다. 그리스도께서 강림하신 지 1272년 되던 해 대카안은 운 찬 왕국과 카라잔 왕국으로 대군을 보내 그곳 주민들이 다른 사람들로부터 피해를 당하지 않도록 보호해주라고 명령했다. 대카안은 그때까지 자기 아 들을 그곳에 보낸 적이 없었지만, 그 뒤 자신의 죽은 아들에게서 출생한 에 센테무르를 그곳의 왕으로 삼아 보냈다. 그런데 당시 영토나 재화나 백성 의 숫자로 보아 막강한 군주였던 미엔과 방갈라의 왕이 있었다. 이 국왕은 대카안에게 복속하지 않았지만, 오랜 시간이 지나지 않아 대카안은 그를 복속시키고 상술한 두 왕국을 빼앗을 수 있었다.

미엔과 방갈라의 국왕은 대카안의 군대가 운찬에 있다는 사실을 알게 되자, 대단히 많은 사람들을 데리고 가서 그들을 공격하여 완전히 절멸시 켜서 대카안이 앞으로는 또 다른 군대를 자기에게 보낼 생각조차 못하도 록 해야겠다고 스스로 생각했다. 그러고 나서 이 왕은 대단한 준비를 했 는데, 그것에 대해 여러분에게 말해주겠다. 그는 2,000마리의 엄청나게 큰 코끼리를 동원해 이 코끼리들 위에 나무로 만든 매우 단단한 전투용 누각을 세우도록 했다. 누각 하나에 최소한 12명의 전사들이 들어갔는데 어떤 것은 16명 혹은 그보다 더 많이 들어가기도 했다. 그는 또한 그 중 간중간에 거의 6만 명의 기병과 보병을 배치했다. 그는 정말로 강력한 군 주답게 많은 준비를 했고, 과연 대단한 성과를 내기에 손색이 없는 군대 였다. 이에 대해서 내가 여러분에게 무엇을 말할 수 있겠는가.[47]

서술을 했다. 유율과 베네데토는 방갈라를 페구(Pegu)로 보았으나 운남에서 버마를 거쳐 도달 하는 벵갈로 보아야 할 것이다. 단 폴로는 그곳에 직접 가본 것이 아니라 운남에서 傳聞으로 들은 것에 불과하기 때문에 정확한 지식은 갖지 못했던 것 같다.

47) 『元史』 권210 「緬國傳」에는 이 전투에 대한 비교적 상세한 묘사가 보이며, 폴로의 설명과 매우 흡사하다. 1277년 음력 3월, 緬國人들이 군대 4~5만 명, 코끼리 800마리, 말 1만 필을 이끌고 공격해왔는데, 기마병·코끼리·보병의 순서로 전열을 배치했다. 코끼리에게 갑옷을 입히고

그같이 거창한 준비를 마친 이 국왕은 주저하지 않고 곧바로 자기 사람
들과 함께 원정길에 나서 운찬에 주둔해 있는 대카안의 군대를 공격하러
갔다. 그들은 이렇다 할 만한 특별한 어려움을 겪지 않고 타타르 군대가
있는 곳에서 사흘 거리까지 접근했다. 그는 그곳에 캠프를 치게 하고 사
람들을 쉬게 했다.

122장 | 여기서 그는 대카안의 군대와 미엔 국왕 사이에 벌어진 전투에 대해서 이야기한다

타타르 군대의 지휘관은 이 국왕이 그렇게 많은 사람들을 데리고 공격하
러 왔다는 사실을 분명히 알게 되자 사실 두려움을 느꼈다. 왜냐하면 그에
게는 불과 1만 2,000명의 기병밖에 없었기 때문이다. 그러나 확실히 그는
매우 용맹하고 탁월한 지휘관으로서 그의 이름은 네스라딘(Nescradin)[48]
이었다. 그는 자기 부하들을 매우 잘 배치하고 독려했으며, 그 지방과 주
민들을 보호하기 위해 자신이 할 수 있는 최대한의 노력을 했다.

　내가 여러분에게 장황하게 설명해서 무엇하겠는가? 이들 1만 2,000명
의 타타르 기병들은 모두 운찬 평원으로 나가 적이 전투하러 오기를 기다
렸다. 그들은 아주 지혜롭게 또 훌륭한 지휘체계에 따라 움직였다. 여러분

등 위에는 '戰樓'를 세운 뒤 그 양쪽으로 큰 대나무통에 수십 개의 短槍을 꽂아서 코끼리에 올
라탄 병사들이 그것을 빼서 던질 수 있도록 했다. 이에 맞선 몽골군은 700명에 불과했으나 오
랜 전투 끝에 적을 물리쳤고, 緬人들 가운데 코끼리와 말들에 짓밟혀 죽은 사람들이 커다란 구
덩이 세 개를 채울 정도였다고 한다. 그러나 이 전투를 지휘했던 장군들은 忽都, 信苴日, 脫羅
脫孩 등이었다. 샤리뇽은 이 전투가 永昌 부근이 아니라 龍川江 左岸의 지류인 芒市河 유역에
서 벌어진 것으로 보았다. 한편 『元史』 권125에는 나스르 웃 딘이 1279년 군대를 이끌고 金
齒·蒲·驃·曲蠟·緬國 등을 정벌한 뒤, 훈련된 코끼리(馴象) 12마리를 조정에 공물로 바쳤
다는 기록도 보인다.

48) R(nestardin). 나스르 웃 딘(Nasr ad-Din ; 納速剌丁). 그는 1273년 雲南지역의 책임자였던
　샴스 웃 딘 우마르 사이드 아잘(Shams ad-Din 'Umar Sayyid Ajjal)의 장남이었다. 그의 略傳
　은 『元史』 권125, 『蒙兀兒史記』 권80 등에 보인다.

누각을 실은 코끼리를 동
원한 버마 군대와의 전투

은 그 평원 옆에 나무가 가득 들어찬 매우 큰 숲이 있었다는 것을 알아두기 바란다. 이런 식으로 타타르들은 그 평원에서 적을 기다렸다. 타타르들에 관해서는 뒤에서 다시 설명할 테니 여기서는 잠시 이야기를 멈추고 그들의 적에 대해서 살펴보도록 하자.

미엔 국왕은 전군을 이끌고 한동안 주둔해 있다가 거기서 출발하여 타타르들이 전진을 펴고 있는 운찬 평원까지 행군해갔다. 그들이 적으로부터 1마일 떨어진 그 평원에 도착하자, 그는 코끼리들과 누각과 무장한 전사들을 준비시켰다. 그리고 그는 현명한 왕답게 기병과 보병도 아주 지혜롭게 배치했다. 모든 상황을 계획대로 완료한 뒤 그는 모든 부하와 함께 적을 향해 돌진하기 시작했다. 타타르들은 그들이 오는 것을 보았지만 결코 낙담하지 않았고, 과연 전쟁에 단련되어 있는 대단한 용사들임을 보여주었다. 여러분이 분명히 알아두어야 할 사실은 그들은 전열을 흐트러뜨리지 않고 질서있고 지혜롭게 적을 향해 행군하기 시작했다는 것이다. 그러나 적과 근접해져서 전투가 벌어지게 되었을 때 타타르의 말들이 코끼리를 보고 겁을 집어먹어 타타르들은 적을 향해 도저히 말들을 내몰 수 없었다. 말은 계속 뒷걸음치기만 했고 국왕과 그의 군대와 코끼리들은 계속해서 앞으로 나아갔다.

123장 | 여기서 그는 동일한 전투에 대해서 이야기한다

타타르들은 이를 보자 크게 당황하며 어찌해야 할 바를 몰랐다. 그들이 말을 전진시킬 수 없다면 완패당할 것은 뻔한 일이었기 때문이다. 그러나 그들은 매우 현명하게 행동했는데, 이제 여러분에게 그들이 어떻게 했는지를 말해주겠다. 타타르들은 말들이 극도의 공포에 사로잡힌 것을 보자 모두 말에서 내려 숲 속으로 데리고 가서 나무에 묶었다. 그러고 나서 활을 들고 화살을 당겨서 코끼리를 향해 쏘았다. 그들은 정말 놀라울 정도로 많은 화살을 쏘았고 코끼리들은 심한 상처를 입게 되었다. 왕의 군사들도 타타르들에게 거센 공격을 가했지만, 타타르들은 적들보다 무기를 다루는 데 더 능숙했고 자신을 용감히 방어해냈다. 이에 대해 내가 무엇을 이야기할 수 있겠는가?

코끼리들은 내가 이야기한 대로 거의 모두가 상처를 입게 되자 뒤로 돌아 국왕의 병사들이 있는 쪽으로 도망치기 시작했다. 그 소리가 얼마나 요란한지 온 세상이 갈라지는 듯했다. 그들은 계속 달려서 숲이 있는 곳까지 가서 숲 속으로 뛰어들어가는 바람에 누각과 모든 것이 부서지고 말았다. 왜냐하면 놀란 코끼리들이 숲 사이를 이쪽저쪽으로 뛰어다니며 엄청난 소동을 부렸기 때문이다. 이 코끼리들이 내가 설명한 것처럼 뒤돌아 도망쳐버리자 타타르들은 한시도 지체하지 않고 즉시 말 위에 올라타 국왕과 그 군대를 향해 돌진해갔다.

그들은 서로 화살을 쏘아댔는데 정말로 끔찍하고 잔인한 전투가 벌어졌다. 국왕과 그의 군대도 용감하게 수비했다. 그들은 활을 쏘다가 화살이 떨어지자 칼과 몽둥이를 들고 상대방을 향해 무섭게 달려들었고 엄청난 타격이 가해졌다. 칼과 몽둥이가 교차되는 모습이 보이는가 하더니, 곧 기병과 말이 죽어 나뒹구는 모습이 보이고 손과 팔이 잘리는 모습도 보였다. 많은 사람들이 땅바닥에 고꾸라지거나 상처를 입고 죽음을 당했다. 울부짖음과 고함소리가 어찌나 큰지 신이 천둥을 쳐도 듣지 못할 정도였다. 전투는 몹시 치열했고 양측 모두 끔찍한 피해를 입었다.

그러나 여러분은 그래도 타타르가 우세했다는 것을 알아야 할 것이다. 국왕과 그의 군대는 그날의 전투에서 너무나 많은 전사자를 내게 되었으니 불운한 시점에 전투를 한 셈이었다. 전투가 오후까지 계속되자 국왕과 그의 군대는 상황도 불리한데다가 너무 많은 사람이 죽어서 더 이상 버티는 게 힘들어졌다. 그들은 더 이상 버티다가는 모두에게 죽음밖에 없음을 분명히 깨달았기 때문에, 그곳에 머무르지 않고 가능한 빠른 속도로 도주하기 시작했다. 타타르들은 도망치는 그들을 추격하기 시작했는데, 그들을 치고 쫓고 죽이는 것이 어찌나 처절한지 보기에도 애처로울 정도였다.

그들은 적을 추격하다가 더 이상 그 뒤를 쫓는 것을 중지하고 코끼리들을 잡으러 숲으로 향했다. 그들은 코끼리가 앞으로 도망쳐 나오지 못하게 코끼리 앞에 있는 커다란 나무들을 잘라 넘어뜨렸지만 포획하는 데에는 아무런 효과가 없었다. 그러나 포로로 잡힌 국왕의 부하들이 그들을 잡을 수 있었는데, 그 까닭은 코끼리야말로 다른 어느 동물보다도 지능이 뛰어나기 때문이다. 이런 방법으로 그들은 200마리 이상의 코끼리를 잡을 수 있었고, 이 전투 이후로 카안은 코끼리를 많이 소유하게 되었다. 이 전투는 여러분이 들은 그런 방식으로 치러졌다.

124장 | 어떻게 커다란 내리막길을 내려가는가

내가 여러분에게 말한 이 지방을 나서면 거대한 내리막길이 나타나면서 거의 이틀 반 거리를 내리막길로 가게 된다. 이 이틀 반의 여정 내내 언급할 만한 가치있는 것은 아무것도 없고, 다만 커다란 장이 서는 넓은 공터가 있다는 사실만 여러분에게 이야기하고 넘어가겠다. 그 고장 사람들은 일주일에 사흘, 정해진 날에 그 공터로 나온다. 그들은 금과 은을 교환하는 것에 익숙해 있어, 금 1사기오와 은 5사기오를 바꾼다. 상인들은 아주 먼 곳에서 은을 갖고 와서 이 사람들과 금을 바꾸고 그렇게 해서 매우 많은 이익을 올린다. 금을 가지고 오는 그 고장 사람들은 험준하고 외딴 곳에 살고 있어서 어느 누구도 그들을 해칠 목적으로 그들의 집이 있는 곳에 갈 수 없다. 누구도 그들의 집에 가본 적이 없기 때문에 아무도 그들이 어디에 사는지 모른다.

이 이틀 반 거리를 내려가면 남쪽으로 한 지방이 있는데 인도와 접경해 있으며 미엔이라고 불린다. 큰길에서 멀리 떨어진 깊은 삼림을 통과하며 보름 거리를 가는 동안 코끼리와 유니콘을 비롯하여 진기한 야수들을 많이 볼 수 있다. 그곳에는 사람도 거주지도 없다. 그러니 이 숲을 벗어나서 여러분에게 다른 이야기를 들려주도록 하겠다.

125장 | 여기서 그는 미엔[49] 시에 대해서 이야기한다

내가 위에서 말했듯이 큰길에서 벗어나 외딴 곳으로 보름 거리를 기행하다 보면 미엔이라는 도시에 당도하게 된다. 그곳은 매우 크고 훌륭한 도시로 왕국의 수도이기도 하다. 주민들은 모두 우상숭배자이며 고유한 언어를 갖고 있고 대카안에 예속되어 있다. 그런데 이 도시에는 한 가지 매우 고귀한 것이 있어서 그에 대해 여러분에게 말해주겠다.

옛날에 이 도시에는 강력하고 부유한 국왕이 살았는데 그는 죽음에 임박해서 다음과 같이 명령했다. 즉 자신을 기념하는 무덤 위에 두 개의 탑을 짓되 하나는 금으로 또 하나는 은으로 만들고, 그 모습은 내가 지금 설명하려는 것처럼 하라고 했다. 탑 하나는 아름다운 돌을 깎아 만든 뒤 그

---

49) 『元史』 권210 「緬國傳」에는 1286~87년에 행해진 緬國원정에서 몽골군이 타가웅(Tagaung, 太公城)을 거쳐 파간(Pagan, 蒲甘)에 진주하여 비로소 원정이 끝났다는 기록이 보인다. 마르코 폴로가 말하는 '미엔시'는 파간으로 보아야 할 것이다. 파간은 8세기 이래 버마의 도읍이었고, 그 국왕은 1274년 금으로 도금된 화려한 탑(Mangala Chatiya라고 불렸다)을 완성시켜 그 안에 불교의 갖가지 聖物을 비롯하여 자신과 자기 조상들의 초상을 안치했다고 한다.

버마의 파간(미엔)에 있는 금탑(金塔)

위를 손가락 하나 두께의 금으로 덮어서, 탑 전체가 온통 금으로만 되어 있는 것처럼 보이도록 했다. 높이는 족히 10보가 되고 폭은 그 높이에 적당한 정도이다. 위는 둥글고 그 둥근 부분 주위에는 금으로 도금된 종들이 잔뜩 달려 있어 바람이 불 때마다 소리를 낸다. 은으로 된 또 다른 탑도 금으로 된 것과 똑같은 형식으로, 즉 그 크기나 형태가 동일하게 만들어졌다. 그 왕은 이 탑들을 자신의 영광과 영혼을 기리기 위하여 만들도록 한 것이다. 여러분에게 말해두지만 이것은 세상에서 가장 아름다운 탑이며 값으로 따져도 엄청날 것이다.

이제 대카안이 이 지방을 어떠한 방식으로 정복했는지에 대해 여러분에게 말해주겠다. 대카안의 궁정에는 많은 수의 어릿광대와 곡예사들이 있었는데, 대카안은 그들에게 미엔 지방으로 가서 그곳을 정복하라고 말하면서, 그들을 군지휘관으로 임명하고 지원도 해주겠다고 말했다. 그러자 어릿광대들은 기꺼이 그렇게 하겠노라고 대답했다. 이렇게 해서 그들은 지휘관이 되어 원정에 나서게 되었고 대카안은 그들을 지원해주었다. 이에 대해서 내가 여러분에게 무슨 이야기를 하겠는가?

이 어릿광대들과 같이 간 병사들은 마침내 미엔 지방을 정복했는데, 그들은 정복을 끝내자 이 훌륭한 도시로 들어오게 되었다. 그들은 아름답고 화려하기 그지없는 두 개의 탑을 보고는 모두 놀라움을 금치 못했고, 대카안에게 그것이 어떻게 생겼고 얼마나 아름다우며 고귀한가를 보고하며, 만약 그가 원한다면 그것들을 허물어뜨려서 금과 은을 올려 보내겠다고 말했다.

그곳의 국왕이 자기가 죽은 뒤에 자신을 기념하고, 또 자신의 영혼을 위해 지은 것이라는 사실을 알게 된 대카안은 절대 그것을 허물지 말라고 하면서 국왕이 계획하여 만든 그곳에 그대로 세워져 있도록 하라고 말했다. 이것은 결코 놀라운 일이 아니다. 왜냐하면 타타르들은 죽은 사람의 물건에는 결코 손을 대지 않기 때문이다. 그들은 코끼리, 크고 아름다운 들소, 숫사슴, 황갈색 사슴, 노루 등 갖가지 동물들을 많이 데리고 왔다.

여러분에게 이 미엔 지방에 대해서 이야기했으니, 이제 이곳을 떠나 방갈라라고 하는 다른 지방에 대해서 말해보도록 하겠다.

126장 | 여기서 그는 방갈라라는 커다란 지방에 대해서 이야기한다

방갈라는 남쪽에 위치한 지방으로, 나 마르코가 대카안의 궁정에 있던 그리스도 탄생 1290년 되던 해에 그는 아직도 그곳을 정복하지 못했다.[50] 여러분에게 말해두지만 이 지방들에는 왕들이 있고 고유한 언어를 갖고 있다. 주민들은 아주 사악한 우상숭배자들이다. 인도와 접경하고 있다. 주민

---

50) 여기서 마르코는 다시 '나'라는 일인칭으로 등장하고 있다. 또한 앞에서의 미엔과 방갈라를 대카안이 정복했다고 한 내용과도 다르다. 혹시 마르코가 원래 루스티켈로에게 구술시킨 내용에 다가 후일 자신이 직접 가필한 부분이 아닌가 추측된다.

들 중에는 고자가 많으며 그 지방 주변에 있는 고관과 군주들은 그곳에서 그런 사람들을 공급받는다. 소는 코끼리처럼 크지만 그렇게 힘이 세지는 않다. 주민들은 고기와 우유와 쌀을 주식으로 하며, 면화가 많이 생산되고 교역도 활발하다. 감송(甘松), 방동사니, 생강, 사탕수수를 비롯하여 기타 진귀한 향료들이 많다. 인도인들은 그곳에 와서 내가 말한 고자들과 함께 여자 노예들도 많이 사간다. 여러분은 상인들이 이 지방의 고자와 여자 노예를 사서 다른 여러 곳으로 데리고 가서 판매한다는 사실을 알아야 할 것이다. 이제 이 지방에 관해서 더 이상 언급할 것이 없으므로, 이제 이곳을 떠나 동쪽으로 카우지구라 불리는 지방에 대해서 말해보도록 하겠다.

127장 | 여기서 그는 카우지구(Caugigu)[51]라는 지방에 대해서 이야기한다

카우지구는 동쪽에 위치한 한 지방이다. 국왕이 있고 주민들은 우상숭배자이며 고유한 언어를 갖고 있다. 그들은 대카안에게 항복하여 매년 조공을 바치고 있다. 여러분에게 말해두지만 이 왕은 얼마나 쾌락에 탐닉하는지 거의 300명의 부인을 두고 있다. 그는 예쁘게 생긴 여자만 자기 부인으로 삼는다. 이 지방에는 금이 풍부하고 진귀한 향료들도 많이 생산되지만, 바다에서 너무 멀리 떨어져 있어 그들의 물건은 아무런 가치를 지니지 못한 채 그곳에서 값싸게 거래된다. 코끼리가 많고 다른 여러 종류의 짐승들도 있다. 주민들은 사냥을 즐기며 고기와 우유와 쌀을 주식으로 하여 살아간다. 포도로는 술을 만들지 않고 쌀과 향료를 써서 좋은 술을 빚는다.

주민들은 남자든 여자든 할 것 없이 몸에 온통 색칠을 하는데, 어떻게 하는지 여러분에게 이야기해주겠다. 그들은 바늘을 이용해서 사자나 용이

---

51) F(caugigu, gaugigu), R(cangigu), Z(cauçugu, cauzugu). 交趾國을 가리키며, 『集史』에는 Kafje-guh로 표기되어 있다.

나 새 혹은 그와 비슷한 것들의 그림을 자기 몸 전체에 새겨넣는다. 바늘로 새겨넣는 것이기 때문에 절대로 지워지지 않는다. 그들은 얼굴과 목과 배꼽, 손과 발 등 전신에 새기는데 〈다음과 같은 방법으로 한다. 먼저 자기가 원하는 문양을 검은색으로 전신에 그려넣는다. 이것이 끝나면 그의 손과 발을 묶고 두 사람 혹은 그 이상이 그를 붙잡는다. 그리고 전문가가 다섯 개의 침을 갖고 와서 네 개는 사각형의 모양으로, 다섯 번째는 그 가운데에 위치시킨다. 그는 이 침들을 이용하여 그려놓은 문양에 따라 전신을 찔러 나간다. 찌르는 것이 끝나면 즉시 잉크를 그 위에 붓는데 그러면 찌른 곳에 그려진 모양이 새겨진다. 그러나 문신을 받는 사람은 얼마나 고통스러운지 연옥에 있는 것처럼 느낄 정도이다.〉 그들이 이것을 하는 이유는 멋있게 보이기 위해서이며, 문신을 많이 하면 할수록 더 뛰어나고 멋있는 것으로 여긴다.

그럼 이제 이 지방을 떠나 다른 지방, 즉 동쪽에 위치한 아무라는 지방에 대해서 이야기하도록 하자.

128장 | 여기서 그는 아무(Amu)[52] 지방에 대해서 이야기한다

아무는 동쪽에 위치한 지방이며 대카안에게 예속되어 있다. 주민들은 우상숭배자이고, 가축과 곡식을 먹고 살아가며 고유한 언어를 갖고 있다. 여인들은 다리와 팔에 금이나 은으로 된 아주 값비싼 팔찌를 차고 있다. 남자들도 그런 팔찌를 차고 있는데 여자보다 더 많이, 또 더 고급 팔찌를 차고 있다. 품종이 좋은 말이 사육되며 그것을 다량으로 인도인들에게 팔고, 인도인들은 그것으로 활발하게 무역을 한다. 들소, 암소, 황소도 굉장히 많고, 그것들을 기르기에 아주 좋은 목장이 있다. 생활에 필요한 온갖

---

52) F · R · Z(amu), R(ania). 유울은 이것을 Anin으로 읽어 운남 동남쪽의 阿寧萬戶府 혹은 安寧州로 보았고, 포티에는 운남의 臨安府 阿迷州로 비정했으며, 펠리오는 이것이 安南의 음이 잘못 옮겨진 것으로 추정했다.

것들이 풍부하다. 이 아무에서 뒤쪽으로 카우지구까지 이르려면 30일 거리를 가야 하고, 카우지구에서 뒤쪽으로 셋째 지방인 방갈라까지 가려면 또 30일이 걸린다. 이제 이 아무 지방을 떠나 톨로만이라는 이름을 가진 또 다른 지방으로 가보자. 그곳은 동쪽에 위치해 있고 이곳에서 여드레 거리 떨어져 있다.

129장 | 여기서 그는 톨로만(Toloman)[53] 지방에 대해서 이야기한다

톨로만은 동쪽에 위치해 있는 지방이다. 주민은 우상숭배자이며 고유의 언어를 갖고 있고 대카안에게 복속해 있다. 주민들은 매우 잘생겼는데, 아주 하얀 피부는 아니고 황색을 띠고 있다. 그들은 정말로 뛰어난 용사이다. 도시도 많지만 거대한 산지와 험로에 세워진 성채들이 아주 많다. 그들은 사람이 죽으면 시체를 태운 뒤 타지 않고 남은 뼈는 조그만 항아리에 넣어 높고 깊은 산으로 갖고 간다. 그리고 그것을 동굴 속의 사람이나 짐승의 손길이 닿지 않는 곳에 걸어둔다.

이곳에서는 금이 많이 생산된다. 내가 여러분에게 설명했던 자패를 화폐로 삼아 조금씩 사용한다. 방갈라, 카우지구, 아무와 같은 지방들과 마찬가지로 금과 자패를 사용한다. 상인들은 숫자는 많지 않으나 매우 부유하고 다량의 상품을 취급한다. 고기와 우유와 쌀을 주식으로 삼고, 향료도 매우 훌륭하다. 이제 더 이상 언급할 만한 것이 없으니 이 지방을 떠나 동쪽으로 쉬주라 불리는 지방에 대해서 이야기해보도록 하자.

130장 | 여기서 그는 쉬주(Cuigiu)[54] 지방에 대해서 이야기한다

쉬주는 동쪽에 위치한 지방이다. 톨로만을 출발하여 강[55]을 따라 위로 열

---

53) R(tholoman). 『元史』에 禿老蠻, 禿刺蠻, 土老蠻 등으로 표기된 곳이다. 운남의 동북방에 위치해 있으며 雲南府에서 敍州府(마르코 폴로의 Cuigiu)로 가는 驛站을 설명하는 대목에서 언급되는 지명이다.

이틀 거리를 가는 동안 많은 읍과 촌락을 보게 되는데 특별히 언급할 만한 것이 없다. 열이틀 거리를 이 강을 거슬러 올라가면 쉬주라는 매우 크고 훌륭한 도시를 만나게 된다.

주민들은 우상숭배자이고 대카안에게 예속되어 있으며, 교역과 수공업으로 생활한다. 여러분에게 말하지만 그들이 여름에 입는 나무껍질로 만든 옷은 매우 아름답다. 모두 전사들이다. 자기들의 화폐를 갖고 있지 않지만 내가 여러분에게 말했던 대카안의 화폐를 사용한다.

사자들이 어찌나 많은지 밤에 집 밖에서 자다가는 곧 사자에게 잡아먹히기 때문에 아무도 감히 밖에서 자지 못한다.[56] 여러분에게 또 다른 이야기를 해주겠다. 이 강을 따라가다가 아무 곳에서든 하룻밤을 머물게 될 때, 만약 뭍에서 멀리 떨어진 곳에서 자지 않으면 사자가 배에까지 뛰어올라와 사람을 낚아채 어디론가 끌고 가서는 먹어버린다. 그러나 그 사람들은 자신을 어떻게 보호해야 하는지 잘 알고 있다. 분명히 사자들은 매우 크고 위험하지만, 여러분은 내가 이제 이야기하려는 놀라운 일을 알아두어야 할 것이다.

이 지방에는 사자에게 덤벼들 정도로 사나운 개들이 있는데, 두 마리씩 다니기를 좋아한다. 그래서 이제 여러분에게 사람 하나와 개 두 마리가 어떻게 커다란 사자를 죽이는지 이야기해주겠다. 어떤 사람이 활과 화살을 차고 말을 탄 채 두 마리의 큰 개와 함께 길을 가다가 커다란 사자를 만나면, 사납고 힘이 센 개들은 사자를 보자마자 아주 용감하게 달려들고 사자는 개들을 향해 몸을 돌린다. 그러나 개들은 사자의 뒤꽁무니를 쫓아 뒤에

---

54) F(cuigiu, cugui), R(cintigui), Z(sugçu). F본의 cuigiu는 敍州(현재 四川省 소재)를 가리키므로 '쿠이주'가 아니라 '쉬주'로 읽어야 옳을 것이다. 폴로는 운남까지밖에 가지 않았고 거기에서 들은 미엔, 방갈라, 카우지구, 아무, 톨로만 등을 차례로 설명한 뒤, 다시 雲南府(야치)에서 四川을 경유하여 귀환하는 루트를 취한 것으로 보인다.

55) 양자강을 말한다.

56) 이 역시 사자가 아니라 호랑이이다.

서 달려들어 그 다리나 꼬리를 깨문다. 그러면 사자는 격렬하게 몸을 뒤틀지만 개들을 잡을 수는 없다. 왜냐하면 개들은 자신을 어떻게 보호해야 할지를 잘 알고 있기 때문이다. 내가 더 무엇을 이야기하겠는가? 그 사자는 개들이 짖어대는 큰소리에 잔뜩 겁을 집어먹고 길로 도망치다가 나무를 발견하면 거기에 등을 댄 채 개들과 마주한다. 사자가 물러나면 개들은 계속해서 뒤에서 물어대기 때문에 사자는 이쪽저쪽으로 몸을 돌리기만 할 뿐이다. 사람이 이러한 장면을 보면 비로소 활을 들고 그 사자를 향해 한두 발이나 그 이상의 화살을 쏘아 사자를 쓰러뜨려 죽인다. 그들은 이런 식으로 많은 사자를 잡는데, 그것은 사자가 두 마리 개를 데리고 말을 타고 다니는 사람으로부터 도저히 자기를 방어할 수 없기 때문이다.

비단도 많고 각종 상품들도 매우 풍부한데, 이것들은 이 강을 따라 여러 지역으로 운반된다. 여러분은 이 강을 거슬러 위쪽으로 열이틀 거리를 가는 동안 줄곧 많은 도시와 촌락들을 만나게 된다는 사실을 알아두어야 할 것이다. 주민들은 우상숭배자이고 대카안에게 복속되어 있다. 그들의 화폐는 지폐, 즉 군주가 만든 화폐이며, 주민들은 교역과 수공업으로 생계를 유지한다.

열이틀 거리의 마지막에 이 책 앞에서 설명한 신두푸에 당도하게 되고, 신두푸를 지나 70일 거리를 여행하면 우리가 이 책에서 설명하면서 살펴보았던 여러 지방과 지역들을 거치게 되며, 70일 거리의 마지막에 역시 우리가 보았던 조주에 이르게 된다. 조주를 떠나 나흘 거리를 여행하면 많은 도시와 촌락을 보게 되는데, 주민들은 교역과 수공업에 능하고 우상숭배자들이며, 그들의 군주인 대카안의 화폐, 즉 지폐를 사용한다. 나흘 거리의 마지막에는 남쪽에 위치해 있으며 카타이 지방에 속하는 카칸푸시에 이르게 된다. 이제 이 카칸푸에 대한 여러 정황을 여러분에게 이야기해주겠다.

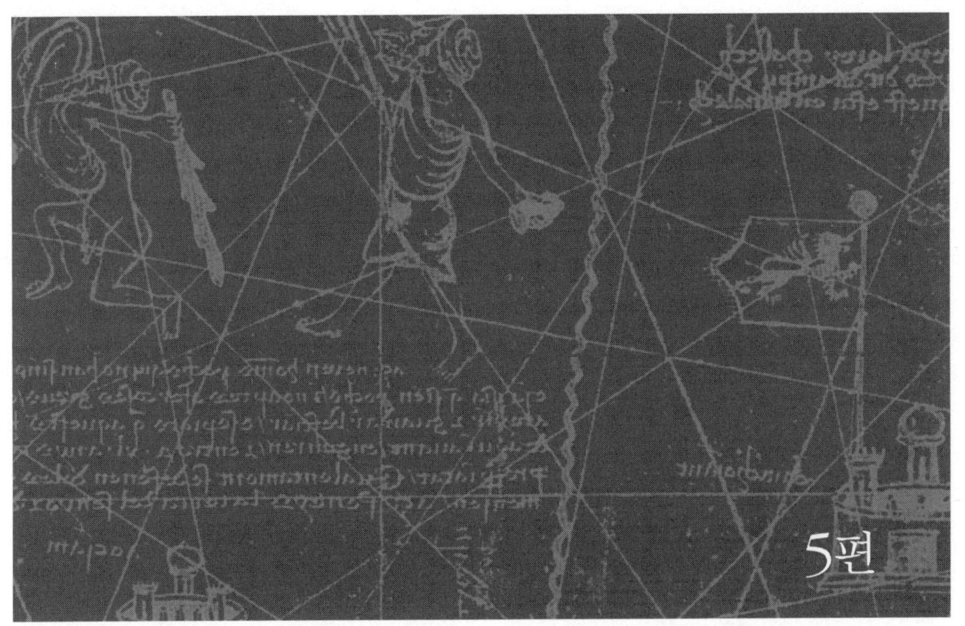

5편

중국의 동남부

| 131장~157장 |

131장 | 여기서 그는 카칸푸(Cacanfu)[1] 시에 대해서 이야기한다

카칸푸는 카타이에 있는 크고 훌륭한 도시로서 남쪽에 위치해 있다. 주민들은 우상숭배자이고 사람이 죽으면 화장을 한다. 대카안에게 예속되어 있으며 지폐를 사용하고 주민들은 교역과 수공업으로 살아간다. 비단이 많이 생산되고 금실과 비단과 센달로 짠 옷감을 굉장히 많이 만들어 낸다.

이 도시는 여러 도시와 촌락을 관할하에 두고 있다. 〈커다란 강 하나가 도시 중심을 관통하고 있으며, 그것을 따라 많은 상품들이 캄발룩시로 운반된다.〉 여기를 떠나 남쪽으로 사흘 거리를 더 가면 창루라는 이름의 또 다른 도시가 나오는데, 이제 그곳에 대해서 이야기하도록 하자.

132장 | 여기서 그는 창루(Cianglu)[2] 시에 대해서 이야기한다

창루 역시 남쪽에 위치한 매우 큰 도시로 대카안에게 예속되어 있으며 대카타이 지방의 경계 안에 있다. 지폐를 화폐로 사용한다. 주민들은 우상숭배자이고 시체는 화장한다. 여러분은 이 도시에서 엄청난 양의 소금이 생산된다는 사실을 알아야 하는데, 그것이 어떻게 만들어지는지 말해주겠다.

그들은 소금기가 많이 밴 흙을 퍼서 거대한 흙무더기를 만들고는 그 무더기 위에 물을 잔뜩 뿌린다. 그리고는 그 물을 받아 커다란 항아리와 쇠로 된 솥에 넣고 오랫동안 끓인다. 그러면 거기서 소금이 만들어지는데 희고 고우며 질도 아주 좋다. 여러분에게 한 가지 더 말해둘 것은 이 소금의 일부를 여러 지역으로 운반하여 거기서 막대한 이익을 올린다는 사실이

---

1) F(cacanfu, cacianfu), R(pazanfu). 河間府(현재 河北省 河間)를 가리킨다. 도시 중간을 가로지르는 강은 河間河이다.

2) 長蘆鎭(현재 하북성 滄州 부근). 그러나 이곳은 河間府에서 涿州로 가는 公道에서 동쪽으로 벗어난 지점이다. 따라서 마르코가 이곳에 들른 것은 河間府에서 올라오면서가 아니라 언젠가 다른 시점이었던 것으로 추측된다.

다. 이제 더 이상 언급할 것이 없는 이 도시를 떠나서, 남쪽에 위치한 창리라고 불리는 또 다른 도시에 대해서 이야기해주겠다.

133장 | 여기서 그는 창리(Ciangli)³⁾시에 대해서 이야기한다

창리는 남쪽에 위치해 있으며 카타이의 한 도시로서 대카안에게 복속하고 있다. 주민들은 우상숭배자이고 지폐를 사용한다. 창루에서 닷새 거리 떨어져 있으며, 이 닷새간의 여정 동안 모두 대카안에게 복속된 많은 읍과 촌락들을 볼 수 있다. 무역이 활발하게 이루어져 대군주에게 커다란 수입을 가져다 주는 곳이다. 창리시 가운데로 크고 넓은 강 하나가 관통하며, 그것을 통해 위 또는 아래로 향료나 다른 진귀한 물건 등 엄청나게 많은 상품들이 운반된다. 이제 창리에 대해서 더 말할 만한 것이 없으므로 이곳을 떠나서, 여기서 남쪽으로 엿새 거리 떨어진 툰딘푸라는 또 다른 도시에 대해서 이야기해보도록 하자.

134장 | 여기서 그는 툰딘푸(Tundinfu)⁴⁾시에 대해서 이야기한다

창리를 떠나 남쪽으로 엿새 거리를 가는 동안 계속해서 여러 도시와 촌락들을 보게 되는데, 그곳들은 아주 고상하고 규모도 대단히 크다. 주민들은 우상숭배자이고 시체는 화장한다. 대카안에게 예속되어 있고 지폐를 사용하며, 주민들은 교역과 수공업으로 살아간다. 생활에 필요한 모든 것이 풍부하지만 여러분에게 특별히 언급할 만한 것이 없기 때문에, 이제 툰딘푸에 대해서 말하기로 하겠다.

　그곳은 매우 큰 도시로서 옛날에는 커다란 왕국이 있었지만 대카안이

---

3) F(ciangli, cinagli), R·Z(ciangli), Z(çiangli). 대부분의 주석가들은 이곳을 濟南府로 보았으나, 펠리오는 東平府와 涿州 사이에 위치한 陵州로 비정했다. 陵州는 宋·金代에 將陵으로 불렸고 이것이 폴로의 Ciangli(n)가 된 것이다.

4) R(tudinfu) 대신 F·Z본의 tudinfu를 취함. 東平府를 가리킨다.

무력으로 점령해버렸다. 어쨌든 그 지방 전체에서 가장 큰 도시라는 것만 이야기해두겠다. 많은 교역을 하는 대상인들이 있고 비단이 놀랄 만큼 풍부하다. 아름다운 정원들이 많고 거기에는 맛있는 과일들로 가득 차 있다. 여러분은 이 툰딘푸시가 11개의 대도시들을 그 관할하에 거느리고 있다는 사실을 알아야 할 것이다. 여기서는 이루 말로 표현할 수 없을 정도로 많은 비단이 생산되며 무역이 활발히 이루어지고 막대한 수입을 거두기 때문에, 이곳은 당당하고 또 중요한 지위를 차지하고 있다.

그리스도가 강림한 지 1272년 되던 해 대카안은 리이탄 상곤(Liitan Sangon)[5]이라는 이름의 신하를 이 도시로 보내 그 지방을 안전하게 지키고 관리하도록 했다. 나아가 그는 이 리이탄에게 8만 명의 기병을 주어 그곳을 안전하게 수비하도록 했다. 그러나 이 리이탄은 그 병사들과 함께 이곳에 머물면서 반역자처럼 매우 불충한 일을 생각하게 되었으니, 그것이 무엇인지 여러분에게 말해주겠다.

그는 이 도시에 있는 지혜로운 사람들을 모두 모아 대카안에 대해서 반란을 일으키기로 계획을 세웠다. 그들은 이 지방사람들 모두의 지지하에 일을 진행시켜, 대카안에 대항하는 반란을 일으키고 그에게 복종하기를 일체 거부했다. 이를 알게 된 대카안은 아줄(Agiul)[6]과 몽가타이(Mongatai)[7]라는

---

5) F(liitam sangon, liitan, litam), R(lucansor), Z(lutan sangon, lutan). '리이탄'은 李璮을 가리킨다. '상곤'은 相公을 옮긴 몽골어 '셍군'(senggün)을 나타낸 것이다. 이단은 몽골군의 화북정복을 도와 공을 세운 뒤 益都行省을 총괄하는 권력을 부여받았다. 그러나 쿠빌라이의 집권화 정책에 불안을 느낀 그는 1262년 반란을 일으켰다가 실패하여 그해 가을 처형되고 말았다. 그의 반란은 쿠빌라이로 하여금 화북의 한인 군벌들이 갖고 있던 軍·民·財政에 관한 권한을 줄이고 보다 집권적인 체제를 갖추게 하는 계기를 가져다 주었다. 이단은 益都에서 반란을 일으켜 濟南府에서 처형되었기 때문에 그를 '둔딘푸'(東平府)와 연관시킨 폴로의 주장은 옳지 않다. 그의 略傳에 대해서는 『元史』 권206 ; In the Service of the Khan, pp. 500~519를 참조하시오.

6) F(aguil), R(angul). 아줄은 『元史』 권128에 立傳되어 있는 阿朮이며, 그는 수베에테이의 아들인 우량카타이(兀良合台)의 아들이다. 그는 이단의 반란을 진압했고 후일 장군 바얀과 함께 南宋을 무너뜨리는 공로를 세웠다. 펠리오는 이 이름의 정확한 발음이 Ajul임을 입증한 바 있다.

7) 이 이름은 망구타이(Mangutai)를 옮긴 것으로 보이나, 이단의 반란을 진압한 몽골 장군들 가운

이름을 가진 두 사람의 신하에게 거의 10만 명의 기병을 주어 보냈다. 이에 대해서 내가 장황하게 이야기해서 무엇하겠는가? 이 두 신하는 군대를 이끌고 가서 반역자 리이탄과 그 휘하 병사들과 전투를 벌였는데, 리이탄에게는 10만 명 정도의 기병과 엄청나게 많은 보병이 있었다. 그러나 행운은 리이탄에게 따르지 않아 그는 패배하여 다른 많은 사람들과 함께 죽음을 당하고 말았다. 리이탄이 패사한 뒤 대카안은 그 같은 반역죄를 범한 모든 사람들을 조사해서 유죄로 판명된 사람들은 잔인하게 사형에 처했다. 그후로 그들은 언제나 충성을 바치게 되었다.[8]

〈여러분은 카타이 지방의 처녀들이 어느 누구보다 순결하고 겸양의 미덕을 갖추고 있다는 것을 알아야 할 것이다. 실제로 그들은 깡총대거나 춤을 추지 않고, 까불거리지도 않으며 쉽게 흥분하지도 않는다. 그들은 창가에 붙어 앉아 지나가는 사람들의 얼굴을 바라보거나 자기 얼굴을 남에게 보여 주지도 않는다. 황당한 이야기에 쉽게 귀기울이지도 않고, 연회나 오락을 즐기는 곳에 드나들지도 않는다. 그들은 어쩌다가 우상을 모셔놓은 절이나 일가친척집과 같이 방문해도 무방한 장소에 갈 때조차 어머니와 함께 다니며 사람을 이상한 눈으로 쳐다보지 않는다. 머리에는 언제나 예쁘게 생긴 모자를 쓰는데 그것 때문에 눈을 위로 치켜떠서 볼 수가 없다. 그래서 걸을 때 그들은 항상 발밑의 땅만 쳐다보면서 다닌다. 어른들 앞에서는 겸손하며 절대로 허튼말을 하지 않는다. 아니 질문을 받기 전에는 결코 한마디도 하지 않는다고 하는 것이 옳을 것이다. 그들은 방에만 들어앉아 자기 일에 몰두하기 때문에 아버지나 형제 혹은 집안의 어른들에게 모습을 나타내는 일조차 드물다. 그리고 구혼자에게도 신경을 쓰지 않는다.

데 망구타이는 찾을 수 없다. 아줄과 함께 반란을 진압한 나이만 부족 출신의 낭기아다이 (Nangiadai)를 잘못 들은 것이 아닌가 추측된다.

8) 폴로의 말처럼 이단의 반란이 진압된 뒤 쿠빌라이는 이단과 미리 내통했다는 혐의로 王文統을 처형시키고, 그를 추천했던 고관들에 대해서도 조사를 벌여 처벌했다.

마찬가지로 젊은 청년들도 질문을 받기 전에는 절대로 어른들 앞에서 먼저 이야기하지 않는다. 이런 것으로 또 무엇이 있을까? 그들이 서로간에 지키는 예절은 정말로 대단해서, 예를 들어 친척들이 함께 목욕탕이나 증기탕에 가는 일은 결코 없다.

누군가 자기 딸을 출가시키려 하거나 혹은 다른 사람으로부터 혼인 요청을 받았을 때, 아버지는 그 딸을 장래의 남편에게 처녀의 몸으로 넘겨주어야 한다. 이 점에 관해서 아버지와 남편은 의무와 서약으로 동의하며, 만약 그렇지 않다는 사실이 드러나면 혼인은 무효가 된다. 서약과 동의가 적절한 절차에 의해 이루어지고 확인되면, 그 처녀는 처녀임을 알아보기 위해 목욕탕이나 증기탕으로 인도되는데, 그곳에는 그녀와 상대방의 어머니와 친척들이 나와 있다. 그리고 양측을 대신해서 특별히 이런 일을 하도록 지정된 매파가 있어서 먼저 비둘기알로 그녀의 처녀성을 검사한다. 남편측을 대표하는 여자들이 그 같은 시험에 만족하지 못할 수도 있는데, 그 까닭은 여자의 음부를 의료적인 방법을 통해 축소시켜놓았을 수도 있기 때문이다. 그러면 앞서 말한 매파가 희고 고운 헝겊으로 싼 손가락을 교묘하게 여자의 음부 안에 삽입해서 처녀막을 약간 파열시킴으로써 처녀막이 터져 헝겊이 피로 조금 물들게 한다. 그 피는 한번 묻으면 아무리 빨아도 지워지지 않는 특성과 강도를 갖고 있다. 만약 지워지면 그것은 여자의 몸이 더럽혀져 있다는 것을 의미하고, 그 피도 진짜 그런 피가 아님을 보여주는 것이다. 검사가 끝나 그녀가 처녀라는 것이 입증되면 혼인이 합법적으로 성립된다. 그러나 만약 그렇지 못하면 혼인은 성립되지 않으며, 처녀의 아버지는 그가 동의한 내용에 따라 국가로부터 처벌을 받게 된다.

여자들은 이 처녀성을 지키기 위해 걸을 때 어찌나 조심스럽게 발을 내디디는지 한 발이 다른 발보다 한 손가락 이상 더 나가지 않도록 할 정도이다. 왜냐하면 만약 함부로 행동하면 처녀의 음부가 넓어져버리는 경우가 매우 흔하기 때문이다. 이것은 카타이 지방 출신 사람들만 지키는 것이고, 타타르들은 이런 종류의 관습에 대해 신경쓰지 않는다. 그들의 딸들은 말을 타기 때문에 아내 될 사람도 어느 정도는 손상을 입었으리라고 생각한다. 만지 지방 사람들의 관습도 카타이와 같다.[9]

카타이에서 행해지는 일 가운데 여러분이 알아두어야 할 것이 또 한 가지 있다. 우상숭배자들에게는 각기 이름을 갖고 있는 84개의 우상이 있다. 우상숭배자들은 최고의 신이 각각의 우상들에게 나름대로 독특한 권능을 부여했다고 말한다. 그래서 어떤 것은 잃어버린 것을 찾는 능력을, 어떤 것은 토지에 비옥함을 주고 좋은 날씨를 나타내는 능력을, 또 어떤 것은 가축을 돌보는 능력을 갖고 있다는 식으로, 좋은 것과 나쁜 것에 모두 관계한다고 생각한다. 각각의 우상은 고유한 이름을 갖고 있는데, 어떤 우상이 어떤 의무와 능력을 갖고 있는지 그들은 잘 알고 있다.

잃어버린 물건을 찾아준다는 우상의 경우, 그들은 나무를 깎아서 열두 살짜리 소년의 모습을 본뜬 두 개의 조그만 조각을 만들어 거기에 예쁜 장식들을 걸어놓는다. 지킴이의 역할을 하는 어떤 노파가 절 안에서 그 우상들과 줄곧 같이 지낸다.

만약 누군가 무엇을 잃어버리면 — 다른 사람이 훔쳐갔든, 어디에 두었는지 잊어버렸든 어쨌든간에 찾지 못하게 되면 — 상술한 그 노파를 찾아가거나 사람을 보내 그 우상에게 분실한 물건에 대해서 물어본다. 노파가 우상에게 향불을 봉헌해야 한다고 말하면 그는 향불을 지핀다. 향불이 붙으면 노파는 분실물에 대해서 물어보고 우상들은 그것에 대해 이런저런 대답을 해준다. 그러면 노파는 잃어버린 물건을 누가 갖고 있는지 말해주면서 "이러이러한 곳을 찾아보아라! 그러면 그것을 찾을 수 있을 것이다"라고 한다.

---

9) 사실은 纏足 때문에 보폭을 크게 할 수 없기 때문인데, 폴로는 纏足을 몰랐던 것 같고 그것에 대해서는 아무런 언급도 하지 않았다.

만약 누가 훔쳐간 것이라면 그녀는 이렇게 말할 것이다. "아무개가 그 것을 갖고 있으니 그에게 되돌려달라고 말하라. 혹시 그가 부인하면 내게 다시 와라. 그러면 내가 그로 하여금 분명히 돌려주도록 만들겠다. 그렇 지 않으면 내가 그의 팔이나 다리를 분지르거나, 그가 넘어져서 팔이나 다리가 부러지게 하거나, 아니면 다른 모종의 사고를 당하도록 만들어서 결국 그로 하여금 네게 돌려주도록 하겠다."

실제 경험을 통해서 그 같은 일이 사실이라는 것을 알 수 있다. 만약 누 군가 다른 사람의 물건을 훔치고 돌려주라는 지시를 받았는데도 그것을 거 부하고 돌려주지 않을 경우, 그가 여자라면 부엌에서 칼을 갖고 무슨 일을 할 때 또는 다른 무엇인가를 하다가 손을 베거나 아니면 불에 넘어지거나 다른 사고를 당하게 된다. 만약 그가 남자라면 나무를 팰 때 똑같은 방식으 로 자기 발을 찍거나, 팔이나 다리 혹은 신체의 다른 부위를 다치게 된다.

사람들은 그 동안의 경험을 통해서, 훔쳤다는 것을 부인했다가는 이런 일들이 벌어지리라는 것을 알기 때문에 훔친 물건을 곧바로 되돌려준다. 만약 우상들이 즉시 대답해주지 않을 경우, 그 노파는 "혼령이 이곳에 안 계신다. 돌아갔다가 이러이러한 시각에 다시 오라. 그 사이에 혼령이 돌 아올 테니 내가 물어보겠다"라고 말한다. 그가 지정해준 시각에 다시 찾 아가면, 혼령은 그러는 사이에 노파에게 대답해준다. 그 대답은 일종의 가늘고 낮은 속삭임과도 같이 쉿쉿 하는 소리를 낸다.

그러면 노파는 다음과 같은 방식으로 감사의 뜻을 표시한다. 그녀는 우 상들 앞에서 손을 치켜들고 이를 세 번 갈며, "오! 얼마나 귀하고 성스러 우며 또 얼마나 고결하신가"라고 말한다. 그리고는 만약 누가 말들을 잃 어버렸다면, 그를 향해 "당신은 이러이러한 곳으로 가보라! 그러면 거기 서 그것을 찾을 수 있을 것이다"라든가 혹은 "도둑들이 이러이러한 곳에 서 그것을 훔쳐서 이러이러한 쪽으로 끌고 갔다. 빨리 가보아라. 그러면 그것들을 찾을 수 있을 것이다"라고 말해준다. 그러면 과연 그녀가 말한 대로 거기에 있는 것이다.

이런 식으로 해서 그들은 잃어버린 것은 무엇이든 찾아낸다. 분실물을 찾으면 사람들은 공손하고 열렬하게 우상에게 헌물을 바치는데, 아마 비단이나 금실로 짠 고급 옷감 1완척쯤은 될 것이다. 나 마르코도 잃어버린 반지를 이런 식으로 찾은 적이 있지만, 우상들에게 헌물을 바치거나 경의를 표하지는 않았다.〉

이제 이 주제에 대해서는 그만 하도록 하자. 여러분에게 순서에 따라 이야기했으니, 남쪽에 위치한 신주(Singiu)라는 또 다른 고장에 대해서 말해보도록 하겠다.

135장 | 여기서 그는 신주 마투(Singiu Matu)[10]라는 훌륭한 도시에 대해서 이야기한다

툰딘푸를 출발해서 남쪽으로 사흘 거리를 가다 보면, 크고 좋은 도시와 촌락들을 내내 보게 되는데, 교역과 수공업이 매우 활발하다. 여러 종류의 사냥감도 매우 풍부하다. 이 사흘 거리를 다 가면 신주 마투라는 훌륭한 도시에 도착하게 되는데, 그곳은 아주 크고 부유하며 활발한 교역과 다양한 기술이 눈에 띈다.

주민들은 우상숭배자이며 대카안에게 예속되어 있고 지폐를 사용한다. 강이 하나 있고 거기서 많은 수입을 올리는데, 어찌해서 그런지 여러분에게 말해주겠다.

이 큰 강은 남쪽에서 흘러와 이 신주 마투시까지 오는데, 도시의 주민들은 이 커다란 강을 두 갈래로 나누어 하나는 동쪽으로 다른 하나는 서쪽으로, 즉 만지와 카타이로 각각 흐르게 했다. 이 도시에는 대형 선박들이 얼

---

10) R(singuimatu), Z(sin umatu, sing umatu). '신주'는 新州를 가리키고, '마투'는 馬頭, 즉 나루를 의미한다. 元代의 新州(馬頭)의 治所는 濟寧 혹은 鉅野에 있었다.

마나 많은지 그것을 보지 않은 사람은 도무지 믿으려 하지 않을 것이다.

그러나 그것들이 지나치게 거대한 배라고는 생각하지 않기 바란다. 다만 큰 강을 항해하는 데 필요한 정도의 크기이다. 이 배들은 놀라울 정도로 많은 물건을 싣고 만지와 카타이로 갔다가 돌아올 때 역시 물건을 가득 싣고 온다. 그 강을 따라 위아래로 상품을 싣고 다니는 배들의 모습은 정말로 경이롭다. 이제 이 신주 마투를 떠나서 또 다른 고장에 대해서 말해주겠다. 그곳은 남쪽에 위치해 있으며 린주라고 불리는 커다란 지방에 속해 있다.

136장 | 여기서 그는 린주(Lingiu)[11]라는 큰 도시에 대해서 이야기한다

신주시를 출발해서 남쪽으로 여드레 거리를 가는 동안 줄곧 크고 부유하며 훌륭한 많은 도시와 촌락들을 보게 된다. 교역과 수공업이 활발하며, 주민들은 우상숭배자이고 시체는 화장한다. 대카안에 예속되어 있고 지폐를 사용한다. 여드레 거리의 마지막에 린주라는 지방에 도달하는데, 그것은 그 왕국의 수도 이름이기도 하다. 매우 훌륭하고 부유한 도시이다.

주민들은 전사이지만 교역도 활발하게 하고 있다. 짐승이나 새와 같은 사냥감들이 풍부하고, 먹을 것은 무엇이든 넘칠 정도로 충분하다. 그 도시는 위에서 여러분에게 이름을 말해준 강 위에 있고, 앞에서 설명했듯이 보통의 것보다 훨씬 더 큰 배들이 많은 상품과 귀한 물건들을 싣고 다닌다. 이제 이 지방과 이 도시를 떠나서 전방에 있는 또 다른 새로운 것들에 대해서 말해주겠다. 우리가 다룰 도시는 핀주라고 불리는데 그곳은 매우 크고 부유한 도시이다.

---

11) F(lingiu, ligiu), Z(lin çifu). 폴로의 설명으로 보아 이곳은 대운하와 황하가 만나는 곳의 徐州(130장에 나오는 四川省의 徐州와는 다름)를 가리키는 것으로 보인다. 마치 濟寧이 '신주(마투)'라고도 불렸듯이, 徐州도 당시에는 '린주'라는 별칭이 있었던 것 같으나, 문헌자료에서는 그 흔적을 찾아볼 수 없다.

137장 | 여기서 그는 핀주(Pingiu)[12]라는 도시에 대해서 이야기한다

린주시를 떠나 남쪽으로 사흘 거리를 가는 동안 줄곧 훌륭한 많은 도시와
촌락을 보게 된다. 카타이 안에 위치해 있고, 주민들은 우상숭배자이며
시체를 화장시킨다. 그들은 대카안에 예속되어 있고 내가 위에서 말한 다
른 사람들도 마찬가지이다. 지폐를 화폐로 사용한다. 짐승이든 새든 할
것 없이 세계에서 가장 좋은 사냥감들을 볼 수 있으며, 생활에 필요한 모
든 것들이 풍부하다.

이 사흘 거리의 끝에서 핀주라고 불리는 크고 당당하며 교역과 수공업
이 활발하게 이루어지는 한 도시를 만나게 되는데, 비단이 엄청나게 많이
생산된다. 이 도시는 만지라는 커다란 지방으로 가는 입구에 위치해 있다.
이 도시의 상인들은 수레에 많은 물건들을 싣고 여러 도시와 촌락을 경유
해서 만지로 운반해간다. 대카안에게 엄청난 수익을 가져다 주는 도시이
다. 이밖에는 특별히 언급할 것이 없으므로 이 정도로 그만 해두고, 역시
남쪽에 위치한 추주라는 또 다른 도시에 대해서 이야기해보도록 하자.

138장 | 여기서 그는 추주(Ciugiu)[13]라는 도시에 대해서 이야기한다

핀주시를 떠나 남쪽으로 이틀 거리를 가다 보면 매우 아름다운 고장을 지
나가게 되는데, 온갖 좋은 물건들이 풍족한 곳이다. 짐승이든 새든 각종
사냥감이 많다. 이틀 거리의 마지막에 매우 크고 부유하며 교역과 수공업
이 활발한 추주라는 도시에 당도하게 된다. 주민들은 우상숭배자이고 시
체를 화장시킨다. 지폐를 사용하며 대카안에게 예속되어 있다. 그곳에는
비할 데 없이 아름다운 평원과 전답이 있어 밀과 각종 곡식들이 풍족하다

---

12) Z(pinçu). 徐州에서 황하를 따라 내려가면 만나는 邳州를 가리킨다.
13) F(ciugiu, cuigiu, cuigui), Z(cinçu). 邳州에서 황하를 따라 淮安州로 가는 도중에 나오는 宿
    遷을 가리킨다.

는 것 외에는 특별히 언급할 만한 것이 없다. 따라서 이곳을 떠나 전방에 있는 다른 지역에 대해서 말해보도록 하겠다.

이 추주시를 출발하여 남쪽으로 거의 사흘 거리를 가면 아름다운 고장과 촌락, 또 부락들과 전답을 보게 된다. 사냥감이 많고 밀과 곡식이 풍부하다. 주민들은 우상숭배자이고 대카안에게 복속해 있으며 지폐를 사용한다. 이 이틀 거리의 끝에서 카라모란이라는 커다란 강을 만난다. 그것은 프레스터 요한의 땅에서 발원하는 것으로 폭이 굉장히 넓다. 여러분은 그 폭이 1마일이며 또 대단히 깊어서 커다란 배들도 충분히 다닐 수 있다는 사실을 알아야 할 것이다. 큰 물고기도 많다.

이 강에는 대카안에게 속한 배들이 거의 1만 5,000척이 있는데, 그의 군대를 바다에 있는 섬들로 수송하기 위한 것들이다. 바다는 이곳에서 가까워 하루 거리밖에 되지 않는다. 이 배들에 대해서 이야기하자면, 그것은 각기 20명의 선원들을 필요로 하고 15필의 말과 기병 및 그들의 식량을 운반할 수 있다. 강 이쪽에 큰 도시가 하나 있고 건너편 저쪽에 또 하나가 있다. 하나는 이름이 코이간주이고 다른 하나는 카구이(Caguy)[14]인데, 전자가 크고 후자는 작다. 이 강을 건너게 되면 만지라는 거대한 지방으로 들어가게 되는 셈인데, 이제 여러분에게 대카안이 이 만지 지방을 어떻게 정복했는가에 대해 이야기하도록 하겠다.

139장 | 어떻게 대카안이 만지라는 커다란 지방을 정복했는가

만지라는 큰 지방의 군주는 팍푸르(Facfur)[15]였는데, 그는 재화와 백성과

---

14) F(caigiu), R(quanzu), Z(quaçu). 淮安州의 맞은편에 있는 (淸)河口를 옮긴 말이다.

15) Z(facfur, factur, fucfur), R(fanfur). '신의 아들'을 의미하는 페르시아어 fagfur를 옮긴 말로 중국의 '天子'를 나타낸 것이다. 펠리오의 연구에 의하면 이 말은 처음에 파르티아(Parthia) 시대의 파흘라비(Pahlavi)어에서 사용되었고, 후에 소그드인들에게 받아들여졌다가 이슬람권에서 중국 황제를 가리키는 말로 광범위하게 쓰여졌다.

영토면에서 매우 당당하고 강력한 왕이었다. 대카안을 제외하고는 그만큼 강력하고 부유한 사람은 분명히 없었다. 그러나 여러분은 그가 용감한 사람이 아니었고 여자들과 지내는 것에서 즐거움을 찾았지만, 가난한 사람들에게도 좋은 일을 했다는 사실은 알아두어야 할 것이다.

그 지방에는 말이 없고, 사람들은 전투하거나 무기를 다루거나 군대를 움직이는 것에 익숙하지 않다. 그것은 이 만지라는 지방이 대단히 험준한 곳이기 때문이다. 모든 도시들은 넓고 깊은 해자로 둘러싸여 있다. 주변에 적어도 화살이 도달하는 거리의 폭과 아주 깊은 해자가 없는 도시는 한 곳도 없다.

따라서 여러분에게 말하지만 만약 그 사람들이 용맹한 전사였다면 결코 그곳을 잃어버리지 않았을 것이다. 그러나 그들은 용맹하지 않았고 무기사용에도 숙련되어 있지 않았기 때문에 그 나라를 잃어버리고 만 것이다. 모든 도시의 입구에는 다리가 놓여 있다.

그리스도가 강림한 지 1268년 되던 해, 지금 통치하는 대카안 즉 쿠블라이는 바얀 칭산(Baian Cingsan),[16] 즉 '100개의 눈을 가진 바얀'이라는 이름을 가진 신하를 파견했다. 그런데 만지의 국왕이 점을 쳐보니 100개의 눈을 가진 사람이 아니면 그의 왕국을 빼앗을 수 없을 것이라는 점괘가 나왔다.[17] 이 바얀은 대카안이 그에게 준 엄청난 숫자의 기병과 보병을 데리

---

16) F(baian cinqsan), R(chinsambaian, chinsanbaian), Z(bayan).
17) '바얀'은 인명이고 '칭산'은 丞相이라는 직함을 옮긴 것이다. 바얀이라는 이름은 몽골어에서 '부유한'을 뜻하나 한자의 '百眼'과 발음이 같기 때문에 '100개의 눈을 가진 바얀'이라 불렸던 것 같다. 바얀이 襄樊戰鬪에 처음으로 투입된 것은 실제로 1268년의 일이었다. 현재 폴로가 전하는 일화—남송의 점성술사가 말했다는 내용—는 다른 자료에서는 찾을 수 없지만, 바얀에 관한 흥미로운 일화가 『輟耕錄』 권1에 소개되어 있다. 즉 南宋이 정복되기 전 강남에서 유행하던 민요가 있었는데, 그 가사는 "강남이 망하면 100마리의 기러기가 날아오리라!(江南若破 百雁來過)"였다. 당시는 아무도 그것이 무엇을 뜻하는지 몰랐으나, 남송이 망한 뒤 비로소 '100마리의 기러기'(百雁 ; '바이얀'으로 발음)가 바로 丞相 바얀(伯顔)인 줄 알게 되었다고 한다. 한편 와싸프(Waṣṣaf)의 글에도 바얀의 남송함락에 관한 예언적인 이야기가 보인다(Hammer-

고 만지로 왔다. 또한 그는 필요한 경우 기병과 보병을 실어 나를 수 있는 많은 수의 선박들도 갖고 있었다. 바얀은 전군을 이끌고 만지의 입구, 즉 우리가 지금 있고 뒤에서 여러분에게 설명해줄 코이간주라는 도시에 도착했을 때, 그는 대카안에게 항복하라고 요구했다. 대답은 결코 불가하다는 것이었다. 그러자 바얀은 더 전진하여 다른 도시로 갔지만, 그곳 역시 항복을 거부하여 계속 앞으로 나아갔다. 그 까닭은 대카안이 그의 배후로 엄청나게 많은 수의 군대를 다시 보내리라는 것을 알고 있었기 때문이다.

이에 대해서 내가 무엇을 말하겠는가? 그는 다섯 개의 도시에 갔지만 어느 한 곳 투항하지 않았고 점령하지도 못했다. 그러다가 여섯 번째 도시에 간 바얀은 무력으로 그것을 장악했고, 그러고 나서 또 다른 도시를 점령한 뒤 곧이어서 그 다음 도시를 취했다. 이렇게 해서 그는 12개의 도시를 차례차례 점령해 나간 것이다. 내가 무엇 때문에 이야기를 장황하게 끌겠는가? 여러분이 분명히 알아두어야 할 사실은 내가 말한 것처럼 여러 도시들을 점령한 바얀이 곧바로 왕국의 수도이자 왕과 왕후가 있는 킨사이로 향했다는 것이다. 왕은 바얀이 전군을 거느리고 온 것을 보자 큰 두려움에 사로잡혀 많은 사람들을 데리고 거의 1,000척의 배를 타고 도시를 떠나 바다의 섬으로 들어갔다.

도시에 남은 왕후는 여러 사람들을 독려하며 방어를 위해 최선을 다했다. 그때 왕후가 그 장수의 이름이 무엇인가 묻자, 누군가가 그의 이름이 '바얀, 즉 100개의 눈'이라고 말했다. 왕후는 그 남자의 이름이 100개의 눈이라는 말을 듣자 곧바로 100개의 눈을 가진 사람이 왕국을 빼앗아갈 것이라는 점괘를 기억해냈다. 그러자 왕후는 바얀에게 투항하고 말았고, 왕후가 항복하자 다른 모든 도시와 왕국은 아무런 저항도 하지 않고 항복

Purgstall tr., *Geschichte Wassaf's*, Wien, 1856, p. 42). 몽골 바아린(Ba'arin)部 출신인 바얀의 생애에 대해서는 『元史』 권127 「伯顔傳」과 蘇天爵 撰 『元朝名臣史略』 권2 「丞相淮安忠武王」 및 *In the Service of the Khan*, pp. 584~607 등을 참조하시오.

하고 말았다. 그것은 정말로 위대한 정복이었으니 이 왕국의 절반의 가치를 지닌 것조차 이 세상 어디에도 없기 때문이다. 왕이 소유한 재산이 얼마나 많았는지 정말로 놀라울 정도였다.[18]

여러분에게 왕이 행한 몇몇 고상한 일들에 대해서 이야기해주겠다. 그는 매년 2만 명에 이르는 어린아이들을 돌보도록 했는데, 이제 어떻게 했는지 설명하겠다. 그 지방에서는 아이가 태어나자마자 내다버리는데, 그들을 먹여 살릴 수 없는 가난한 여자들이 그런 짓을 한다. 왕은 그들을 모두 데려다가 각자 어떤 성좌 어떤 별의 위치에서 태어났는가를 적도록 한다. 그 뒤 거느리고 있는 아이들을 돌볼 많은 보모들에게 여러 곳 여러 지방에서 그들을 양육시키도록 한다.

만약 어떤 부자가 아이를 갖지 못하게 되면 그는 왕을 찾아간다. 그러면 그는 자기가 가장 마음에 들어하는 아이들을 갖고 싶은 만큼 가질 수 있다. 또한 소년 소녀가 결혼할 나이가 되면 그는 소녀를 소년에게 아내로 짝지워주고, 그들이 편안하게 살 수 있을 정도로 많은 것을 대주기도 한다. 이런 식으로 그는 매년 2만 명의 남녀를 데려다 키웠다.[19]

이 왕이 했던 또 다른 일은 다음과 같다. 그가 말을 타고 길을 나서다가 두 채의 아름다운 집을 보게 되고 그 사이에 한 채의 작은 집이 있으면,

---

18) 바얀의 남송정복에 대한 폴로의 설명은 디테일에서 약간의 어그러짐이 있으나 대부분은 사실과 합치한다. 남송정복전은 1273년 呂文煥의 투항과 襄陽의 함락과 함께 본격적으로 시작되어, 그해 바얀은 쿠빌라이의 지시에 따라 양자강 중류 지역에서의 작전을 지휘하기 시작했다. 1274년 그는 20만 병력을 이끌고 전략적 요충인 鄂州를 점령하기 위해 중간에 위치한 郢州와 漢口를 통과하여 그해 1월 악주를 손에 넣고, 1276년 초에는 수도 臨安에 무혈입성함으로써 남송정복을 완료했다. 마지막 황제인 어린 恭宗과 모후인 全太后는 쿠빌라이에게로 끌려갔고, 文天祥을 비롯한 항전파는 공종의 동생인 端宗을 옹립하여 福州로 도주했고 단종 사후에는 동생인 衛王을 내세웠으나 1278년 廣州灣에 있는 涯山島에서 최후를 고하고 말았다.

19) 남송대에는 嬰兒遺棄가 빈번하게 행해졌는데, 특히 하층민의 경우에는 더욱 심했다. 그래서 해산하자마자 아이를 곧바로 물 속에 넣어 죽이는 '洗兒'라는 풍습이 있었다. 이런 까닭에 국가에서는 1138년 그러한 관습을 금하고 유기된 아이들을 데려다 키우는 양육시설을 설립하기도 했다. 자크 제르네, 『전통중국인의 일상생활』(김영제 역 ; 서울, 1995), p. 155.

왕은 왜 그 집이 다른 것들만큼 크지 않고 그토록 작냐고 물어본다. 누군가가 그 집은 능력이 없는 가난한 사람의 것이라서 그렇다고 대답하면, 왕은 그 조그만 집을 옆에 있는 크고 아름다운 두 채의 집만큼 만들라고 명령하곤 했다.

또 여러분에게 말해두지만 이 국왕은 언제나 1,000명 이상의 소년 소녀들의 시중을 받았다. 그가 나라를 얼마나 정의롭게 다스렸는지 아무도 나쁜 짓을 하지 않았고, 상품이 들어찬 집들을 밤중에 열어놓아도 아무것도 도난당하지 않을 정도였다. 밤에도 낮처럼 마음대로 다닐 수 있었다. 이 왕국 안에 있던 재화가 얼마나 되는지는 어느 누구도 단언하기 힘들 정도였다.

여러분에게 이 왕국에 대한 이야기를 했으니, 이제는 대카안에게 끌려간 그 왕후에 대해서 말해주도록 하겠다. 그녀를 본 대군주는 그녀를 후히 대접하고 귀부인처럼 품위있게 모시도록 했다.[20] 그러나 그녀의 남편인 왕은 바다 가운데 있는 섬에서 결코 나오지 않은 채 그곳에서 죽고 말았다.

이제 그와 그의 부인, 그리고 이 주제에 관해서는 이 정도로 그만 해두고, 만지 지방에 대한 이야기로 되돌아가도록 하자. 이제 여러분이 이해할 수 있도록 그들의 예절과 관습과 생활에 대한 모든 것을 분명하게 순서대로 말해주겠다. 먼저 코이간주라는 도시부터 시작하도록 하자.

140장 | 여기서 그는 코이간주(Coigangiu)[21] 시에 대해서 이야기한다

코이간주는 매우 크고 당당하고 부유한 도시이며, 만지 지방으로 들어가

---

20) 아마 恭宗의 조모인 謝太后가 大都로 가 쿠빌라이로부터 壽春郡夫人이라는 작위를 받은 것을 말하는 듯하다.

21) F(coigangiu, cougangiu, coygangiu), R(coiganzu), Z(coigançu). 황하 하류에 위치한 淮安州(현재 江蘇省 소재)를 옮긴 말이다.

는 입구의 동남쪽에 위치해 있다. 주민들은 우상숭배자이고 시체는 화장하며 대카안에게 복속하고 있다. 굉장히 많은 수의 선박이 있는데, 그것은 이 도시가 여러분에게 말했던 카라모란이라 불리는 커다란 강가에 위치해 있기 때문이다.

이 도시로 엄청나게 많은 물자들이 들어온다는 사실을 여러분은 알아두어야 할 것이다. 왜냐하면 그곳은 그 지방에 위치한 왕국의 수도이고, 여러 도시에서 생산된 물자들이 강을 통해 그곳으로 운반되었다가 다른 도시로 다시 분배되기 때문이다. 여러분에게 말해둘 것은 이 도시에서는 소금도 생산되어 거의 40개 도시에 공급하고 있다는 사실이다. 대카안은 염세를 통해, 또 그곳에서 행해지는 활발한 교역에 대한 세금을 통해 이 도시에서 매우 많은 수입을 올리고 있다. 여러분에게 이 도시에 관해 이야기했으니, 이제 그곳을 떠나 파우긴이라 불리는 또 다른 도시에 대해서 말해보도록 하자.

141장 | 여기서 그는 파우긴(Paughin)[22]시에 대해서 이야기한다

코이간주를 출발해서 동남쪽으로 하루 거리의 둑길을 가면 만지로 들어가는 입구에 도달한다. 아주 고운 돌로 만들어져 있는 이 둑길 양옆은 모두 물이다. 이 둑길을 통하지 않고는 그 지방으로 들어갈 수 없다. 이 하루 거리의 끝에 파우긴이라 불리는 매우 아름답고 커다란 도시가 나오는데, 주민들은 우상숭배자이고 시체는 화장시킨다. 대카안에게 복속하고 있고 지폐를 사용한다.

〈그곳에는 네스토리우스파 기독교도인 투르크인들이 소수 살고 있고 교회도 하나 있다.〉 주민들은 교역과 수공업으로 살아가며, 비단이 아주

---

22) F(pauchin), R(paughin), Z(paughin, paugin). 寶應(현재 江蘇省 소재). 1283년부터 高郵府
　　에 소속되었다.

카우유(高郵) 부근의 운하가 가장 광활한 곳

많이 생산된다. 또한 그곳에는 비단과 금실로 만들어진 여러 종류의 옷감이 풍부하고, 생활에 필요한 물건들도 넘쳐난다. 그러나 그외에 특별히 언급할 것이 없으므로, 이곳을 떠나 카우유라 불리는 또 다른 도시에 대해서 이야기하겠다.

142장 | 여기서 그는 카우유(Cauyu)[23]시에 대해서 이야기한다

파우긴시를 떠나 동남쪽으로 하루 거리를 가면 카우유라는 크고 당당한 도시에 이르게 된다. 주민들은 우상숭배자이고 지폐를 사용하며 대카안에게 복속하고 있다. 교역과 수공업으로 생계를 유지하고 생활에 필요한 물건들이 풍부하다. 물고기가 헤아릴 수 없을 정도로 많으며, 짐승이든 새든 사냥감도 굉장히 많다. 여러분에게 말해두지만 베니스 은화 1그로트로 꿩 세 마리를 살 수 있다. 이제 이 도시를 떠나서 티주라는 또 다른 도시에 대해서 이야기해보자.

---

23) F(caiu, cayu), R(caim). Z본의 표기를 따름. 高郵를 가리킨다. 이 지방에 호수가 많아 짐승과 물고기가 풍부했음은 원대에 高郵屯田打捕提擧司와 漣海高郵湖泊提擧司 등이 두어졌던 사실에서도 알 수 있다. 『元史』 권87 「百官志 · 三」 참조.

143장 | 여기서 그는 티주(Tigiu)[24] 시에 대해서 이야기한다

카우유시를 떠나 하루 거리 동안에는 줄곧 많은 부락들과 전답을 보다가 마침내 티주라는 도시에 이르게 되는데, 그곳은 결코 큰 도시라고는 할 수 없지만 좋은 물산들이 풍부하다. 주민들은 우상숭배자이고 지폐를 사용하며 대카안에게 복속하고 있다. 교역과 수공업으로 살아가며 여러 가지 교역을 통해 많은 이익을 얻는다. 도시는 동남쪽에 위치해 있다. 선박들이 많고, 짐승이든 새든 사냥감이 풍부하다. 여러분이 알아두어야 할 것은 왼쪽, 즉 여기서 동쪽으로 사흘 거리 떨어진 곳에 바다가 있고, 바다가 있는 거기에서 이곳에 이르기까지 각지에서 엄청난 양의 소금이 만들어진다는 사실이다.

친주(Cingiu)[25]라고 불리는 매우 크고 부유하며 품위있는 도시가 있는데, 이 도시에서는 그 지방 전역에 공급할 만큼의 많은 소금이 생산되며, 대카안은 그것을 통해 많은 수익을 올리고 있다. 너무나 놀라운 광경이기 때문에 그것을 보지 않은 사람은 도저히 믿으려 하지 않을 것이다. 주민들은 우상숭배자이고 지폐를 사용하며 대카안에게 복속하고 있다. 그러면 이곳을 떠나 티주로 돌아갔다가, 여러분에게 상세한 설명을 마친 티주를 다시 떠나서 얀주라는 또 다른 도시로 가보도록 하자.

---

24) F(tigiu, tingiu), R(tingui), Z(tinçu). 주석가들은 이곳을 泰州(현재 江蘇省 소재)로 보고 있다. 1277년 泰州路總管府가 두어졌다가 1284년 泰州로 개칭되어 揚州路에 예속되었다. 이곳은 淮安州에서 揚州로 이어지는 運河上에 위치해 있지 않고 高郵에서 동남쪽으로 벗어난 곳에 있다.

25) R(cingui), Z(cinçu). 폴로는 泰州에서 '친주'로 갔다가 거기서 다시 泰州로 돌아온 뒤 '얀주'로 갔다고 했는데, 이로 미루어보아 '친주'는 泰州에서 더 동남쪽으로 떨어진 곳에 위치한 것으로 보인다. 유울은 이곳을 소금이 많이 생산되는 通州로 보았으나, 펠리오는 Cingiu가 *Caigiu 즉 '海州'(=海門)를 잘못 옮긴 것으로 추정했다. 그러나 펠리오의 가설은 그 자신도 지적했듯이 원대 자료에 '海州'라는 지명이 보이지 않는다는 데에 문제가 있다.

144장 | 여기서 그는 얀주(Yangiu)[26] 시에 대해서 이야기한다

티주를 출발해 동남쪽으로 하루 거리를 가면 많은 촌락과 부락이 있는 아름다운 고장을 통과해서 마침내 얀주라는 크고 훌륭한 도시를 만나게 된다. 그 도시는 얼마나 크고 강력한지 무역이 활발한 27개의 큰 도시들을 그 관할하에 두고 있다. 그리고 12명의 대카안 신하들 가운데 하나가 이 도시에 관아를 두고 있는데, 그 까닭은 이곳이 12개의 행정소재지 가운데 하나이기 때문이다.[27] 주민들은 우상숭배자이고 지폐를 사용하며 대카안에게 복속하고 있다. 이 책의 주인공인 마르코 폴로님 자신이 3년 동안 이 도시를 통치했었다. 주민들은 교역과 수공업으로 생활한다. 그곳에서는 기병과 군인의 장비들이 다량으로 제작된다. 여러분에게 말해두지만 정말로 많은 수의 군인들이 이 도시에, 그 주변에, 또 그 속령에 주둔하고 있다. 더 언급할 것이 없으므로 이곳을 떠나 역시 만지[28]에 속하는 두 개의 커다란 지방에 대해서 이야기해보도록 하겠다. 그것들은 서쪽에 위치해 있으며, 그들의 관습과 풍속에 대해서는 이야기할 것이 많다. 먼저 남긴이라는 곳에 대해서 말해보도록 하겠다.

145장 | 여기서 그는 남긴(Namghin)[29] 지방에 대해서 이야기한다

남긴은 서쪽에 위치한 지방으로 마찬가지로 만지 안에 있다. 매우 훌륭한

---

26) F(angiu, yangiu), R(iangui), Z(yançu). 揚州(현재 江蘇省 소재)를 가리킨다.

27) 1276년 江淮行省이 세워지고 그 치소가 揚州에 두어졌으나 1284년에는 杭州로 옮겨졌다. 라시드 웃 딘은 『집사』에서 12개의 shing(省)을 열거하고 있는데, 이 가운데 揚州를 다섯 번째 shing으로 기록했다(Boyle, *The Successors*, p. 282).

28) F본에는 '카타이'로 되어 있고, R본과 Z본에는 빠져 있다. 그러나 다른 사본들에 나와 있듯이 '만지'가 되어야 옳을 것이다.

29) 이곳에 대해서는 安慶(현재 安徽省의 省都)으로 보는 견해와 南京(=開封)으로 보는 견해로 나뉘어 있다. F와 R본에는 nanghin으로, Z본에는 nanghyn으로 표기되어 있으며, 펠리오는 이것이 namghin을 나타내는 것으로 보아 수정했다. 安慶으로 볼 경우 nanghin의 語頭音 n을 해석하기 어려워지므로, 본 역자도 南京說에 동의한다.

양주(揚州) 시가지의 모습

지방이며 주민들은 우상숭배자이고 지폐를 사용하며 대카안에게 복속하고 있다. 교역과 수공업으로 살아간다. 비단이 많이 생산되어 금실이나 비단으로 만든 각종 옷감들이 있다. 또한 땅이 매우 비옥하기 때문에 온갖 곡식과 생활필수품들이 풍부하다. 사냥감도 많다. 시체는 화장을 시킨다. 사자도 많다. 부유한 상인들이 많아 대카안은 그들로부터 많은 세금과 조공을 받아낸다. 이밖에는 더 말할 것이 없으므로 이제 이곳을 떠나서, 이 책에서 언급할 만한 가치가 충분한 이야깃거리를 갖고 있는 사얀푸라는 아주 훌륭한 도시에 대해서 살펴보도록 하자.

146장 | 여기서 그는 사얀푸(Saianfu)[30]시에 대해서 이야기한다

사얀푸는 커다란 도시로서 사실 그 휘하에 12개의 크고 부유한 도시를 두고 있으며, 무역과 수공업이 활발하게 이루어진다. 주민들은 우상숭배

여러 종류의 투석기들

자이고 지폐를 사용하며 시체는 화장시키고, 대카안에게 복속하고 있다. 비단이 많이 생산되며 금실과 갖가지 실로 짠 옷감이 만들어진다. 사냥감도 풍부하다. 대도시에 걸맞은 모든 훌륭한 것들이 갖추어져 있다.

여러분에게 분명히 말해두지만 만지 전역이 항복한 뒤에도 이 도시는 3년 동안이나 버티었다. 그 동안 대카안의 무수한 군대가 그 위에 포진하고 있었지만 한쪽 면, 다시 말해 북면을 제외하고는 어디에도 주둔할 데가 없었다. 왜냐하면 다른쪽은 모두 크고 깊은 호수였기 때문이다. 따라서 대카안의 군대는 오로지 북면에서만 포위할 수 있을 뿐이어서, 상대방

---

30) 1273년 몽골군이 함락한 襄陽府(현재 湖北省에 있으며, 발음은 '샹양')를 가리킨다. 襄陽은 양자강으로 유입되는 漢水 중류의 南岸에 위치한 도시였고 그 北岸에는 樊城이 있어 이를 통칭하여 襄樊이라고 불렀다. 남송을 정복하기 위해서는 양자강을 따라 내려가야 했고 그러자면 먼저 襄樊을 장악하는 것이 필수적이었다. 쿠빌라이는 1268년 장군 阿朮과 劉整을 보내 襄樊에 대한 공략을 시작했고, 이를 포위한 6년 만인 1273년 回回砲의 공격에 견디지 못한 守將인 呂文煥의 투항으로 비로소 함락했다.

은 수로를 통해 다른쪽으로 충분한 식량을 공급받을 수 있었다. 따라서 내가 이제 여러분에게 이야기하려는 그것이 없었다면 결코 그 도시를 점령할 수 없었을 것이다.

대카안의 군대는 3년 동안 이 도시를 포위하고 있으면서도 점령하지 못하자 매우 화가 나 있었다. 그러자 니콜로님과 마페오님과 마르코님은 "저 도시가 즉시 자발적으로 항복하게 만드는 방법을 고안해보겠다"고 말했다. 군대에서 온 사람들은 진정으로 그렇게 되었으면 좋겠다고 말했다. 이러한 대화는 모두 대칸의 어전에서 주고받은 것이었다. 왜냐하면 그 군대에서 파견된 전령이 대군주에게로 와서 그 도시를 공략하지 못하는 이유가 무엇인지, 즉 그들이 장악할 수 없는 쪽에서 식량이 공급되고 있기 때문이라는 것을 설명하고 있었다. 〔이 말을 들은 대카안은 매우 불쾌해했다. 만지의 다른 모든 지방들이 그에게 복속했는데 이곳만이 저항을 계속했기 때문이다.〕

대군주는 "그 도시를 함락하기 위한 방법을 강구해야만 할 것이다"고 말했다. 그러자 두 형제와 그들의 아들 마르코님이 이렇게 말했다. "대군주시여! 저희 식솔들 가운데 거대한 돌을 던지는 〔서방식의〕 투석기 (mangonel)를 제작할 줄 아는 사람이 있습니다. 그 투석기로 돌을 도시 안에 던져넣으면 그곳 주민들은 견디지 못하고 즉시 제 발로 투항할 것입니다." 대군주는 니콜로님과 그의 동생과 아들을 향해 정말로 그렇게 해주었으면 좋겠다고 말하면서 가능한 한 신속하게 투석기를 만들라는 지시를 내렸다.

니콜로님과 그의 형제와 아들은 식솔들 가운데(in their household) 그 같은 일에 능통한 장인인 게르만 사람(Alamainz)과 한 네스토리우스파 기독교도에게 300파운드짜리 돌들을 투척할 수 있는 투석기를 두세 개쯤 만들라고 이야기했다. 이 두 사람은 〔며칠 만에〕 세 개를 만들었는데, 대군주는 그것을 사얀푸시를 포위하고도 함락시키지 못하고 있던 군대에게 전해주었다. 투석기가 군대에 도착하자 그것을 설치했는데, 타타르들의 눈에는 세상에서 가장 놀라운 물건처럼 보였다.[31]

이에 대해서 내가 무엇을 이야기하겠는가? 설치한 투석기를 당겼다가 돌을 시내로 투척하니, 돌이 가옥을 치면서 그것을 부수고 온통 폐허로 만들어버렸고, 커다란 소음과 혼란을 일으켰다. 도시의 주민들은 여태까지 한 번도 본 적이 없는 이 같은 재난을 목도하자, 너무나 간담이 서늘해지고 경악해서 어찌해야 할 바를 몰랐다. 그들은 모여서 협의를 했지만 이 투석기를 어찌 피할 수 있는지 묘책을 찾아내지 못했다. 그들은 만약 투항하지 않으면 모두 죽은 목숨이니 항복하는 수밖에 없다는 결정을 내렸다.

그러고 나서 그들은 군대의 사령관에게 사람을 보내 그 지방의 다른 도시들이 했던 것과 같은 방식으로 항복해서 대카안의 지배하에 들어가기를 희망한다고 말했다. 군대 사령관도 적극 그렇게 하겠다고 대답했다. 그래서 그는 그들을 받아들이고 도시민들은 항복을 하게 된 것이다. 이런 일은 니콜로님과 마페오님과 마르코님의 노력 때문에 생겨난 것으로, 그것은 결코 작은 일이 아니었다. 여러분은 대카안이 소유하고 있는 것들

---

31) 여기서 폴로가 말하는 投石機는 유럽에서는 mangonel 혹은 trebuchet라고 불렸고, 서아시아에서는 manjaniq라고 불렸으며, 『元史』에는 回回砲라 칭해진 것이다. 『元史』에 의하면 襄陽 공격에 투입된 투석기는 150斤(약 90킬로그램)의 돌을 던질 수 있었다고 하여, 폴로가 말하는 300파운드와는 약간의 차이가 있다. 그런데 여기서 폴로가 자기들이 주선하여 제작한 投石機로 襄陽을 함락했다고 기록한 것은 논란의 초점이 되고 있다. 『元史』 권7 「世祖 · 四」 至元 9년 11월 己卯條에 "回回亦思馬因創作巨石砲來獻, 用力省而所擊甚遠, 命送襄陽軍前用之"라는 기사가 보이고, 권203에 보이는 이스마일(亦思馬因)과 알라 웃 딘(阿老瓦丁)의 열전에는 그들이 砲匠을 보내달라는 쿠빌라이의 요청을 받고 일 칸국의 아바카(阿不哥)가 보내서 온 인물들이며, 元朝에 도착한 것은 至元 8년, 즉 1271년이었다. 반면 폴로 일행이 라이아스를 출발한 시점은 아무리 빨라도 교황 그레고리 10세가 선출된 1271년 9월 이후가 되어야만 할 것이다. 따라서 폴로의 주장과 『元史』의 기사 사이에 보이는 相違는 일부 학자들로 하여금 투석기 제작과 양양 함락과 관련된 폴로의 주장에 대해 심각한 의문을 품게 했다. 혹자는 폴로가 중국에 다녀왔다는 사실 자체에 대해 회의를 품게 하는 중요한 근거로 삼았고, 모울과 펠리오와 같이 그렇게 생각지 않는 학자들조차 마르코 폴로의 기록에 "의도적이든 아니든 중대한 잘못이 있었다"(Moule & Pelliot, *Marco Polo*, vol.1, p. 27)고 하면서 당혹감을 감추지 못했다.

가운데 이 도시와 그 지방이 가장 뛰어난 곳들 가운데 하나라는 사실을 알아야 할 것이다. 그는 그곳에서 막대한 세금과 수입을 거두고 있다. 니콜로님과 마페오님과 마르코님이 만든 투석기 덕분에 이 도시가 어떻게 투항하게 되었는가에 대해 이야기했는데, 이제 이 주제에 대한 이야기는 그만 하고 신주라는 도시에 대해서 말하기로 하자.

147장 | 여기서 그는 신주(Singiu)[32]시에 대해서 이야기한다

얀주시를 출발하여 동남쪽으로 15마일을 가면 신주라는 도시를 만나게 되는데, 그렇게 크지는 않으나 선박이 많고 교역이 활발한 곳이다. 주민들은 우상숭배자이고 대카안에게 복속하고 있으며 지폐를 사용한다. 여러분은 그곳이 키안(Quian)[33]이라는 세상에서 가장 큰 강가에 있다는 사실을 알아두어야 할 것이다. 그 강의 폭은 어떤 곳에서는 10마일이나 되고 어떤 곳에서는 8마일 혹은 6마일이 되기도 하며, 길이는 100일 거리도 넘는다. 이 강 덕택에 이 도시는 많은 물건과 상품을 운반하는 선박을 엄청나게 많이 보유하고 있다. 따라서 대카안이 많은 세금과 수입을 올리는 도시이기도 하다.

더구나 여러분에게 분명히 말해두지만 이 강이 얼마나 멀리 또 얼마나 여러 지역을 경유하여 흐르는지, 또 그 주변에는 얼마나 많은 도시들이 있는지, 이 강을 따라 진귀한 물건과 값비싼 것들을 싣고 다니는 선박들의 숫자는 기독교도들이 다니는 모든 강들 아니 모든 바다 위에 떠 있는 선박들보다 더 많다. 나는 이 도시에 있을 때 이 강 위를 항해하는 1만 5,000척의 선박을 일시에 본 적도 있다. 이제 여러분은 그리 크지도 않은

---

32) R(singui), Z(sinçu). 揚州에서 서남쪽 — 동남쪽이라고 한 폴로의 주장은 옳지 않다 — 양자강 하반에 위치한 眞州(현재 江蘇省 儀徵縣)를 가리킨다. 아마 Cingiu(친주)를 Singiu로 잘못 옮긴 듯하다.
33) 楊子 '江'을 가리킨다. 이에 대해서는 114장의 주석을 참조하시오.

이 도시가 이 정도의 많은 배를 갖고 있다면 다른 도시들의 경우는 어떠한지 쉽게 상상할 수 있을 것이다. 이 강은 16개의 지방을 관통하며 흐르는데 그 주변에는 200개 이상의 대도시들이 있으며, 그들 도시 모두 이보다 더 많은 선박을 갖고 있다.

〈또한 이 강의 본류로 흘러드는 지류들에 위치한 도시와 지역들에도 역시 많은 선박이 있다. 이 같은 선박이 모두 상품을 싣고 이 신주라는 도시를 왕래하는데, 이 강을 통해 운반되는 주된 상품은 소금이다. 상인들은 이 도시에서 그것을 선적한 뒤 강을 따라 어떤 지역으로든 운반해가는데, 내륙인 경우에도 강의 본류를 떠나 그리로 들어오는 지류를 거슬러 항해함으로써 그런 지류들 주변의 모든 지역으로 갈 수 있다. 이런 까닭에 소금은 해안 근처의 각지로부터 전술한 신주시로 운반되어오고, 거기서 그것을 배에 실어 앞서 말한 지역들로 가져가는 것이다. 철(鐵)도 운반한다. 선박들은 강을 따라 내려올 때는 나무, 석탄, 대마 및 다른 많은 물자들을 싣고 이 도시로 와서 해안 근처의 지역에 공급한다.

그러나 배만으로는 이 같은 모든 물자들을 운반하기에 충분치 않아, 많은 물자들이 뗏목에 실려서 운반되기도 한다.〉 선박들은 위가 덮여 있고 돛대는 하나만 갖고 있지만 적재량은 엄청나게 많아서, 우리나라 방식으로 계산하면 4,000칸타르(cantar)에서 1만 2,000칸타르[34]까지 운반할 수 있다.

여러분에게 여러 사실에 대해 이야기한 이곳을 떠나서 이제 카이주라 불리는 또 다른 도시에 대해서 말해보도록 하겠다. 그러나 이 책에서 응당 언급했어야 했는데 잊어버린 것이 한 가지 있어 먼저 그것을 짚고 넘어가도록 하자. 여러분은 모든 배들이 돛대와 돛을 매달 때를 제외하고는 대마

---

34) 이 말은 아랍어의 qintar를 옮긴 것으로, 페골로티의 책에는 cantare로 표기되어 있다. 칸타르의 중량은 지역에 따라 차이가 나며, 제노아에서 1칸타르는 150파운드와 같은 무게였다. 반면 유울은 1만 2,000칸타르를 약 500톤에 해당하는 것으로 보았고, 愛宕松男은 1칸타르를 78킬로그램으로 계산했다.

로 삼은 노끈을 사용하지 않는다는 사실을 알아야 할 것이다. 그러나 대나무로 만든 밧줄로 배를 상류로 끌어올린다. 그 대나무들은 위에서 여러분에게 말했듯이 굵고 긴데, 길이가 15보 되는 것도 있다. 그들은 이것을 가늘게 쪼갠 뒤 서로를 묶어서 거의 300보의 길이로 만든다. 그것은 대마로 된 것보다 더 강하다. 이제 이곳을 떠나 카이주로 되돌아가도록 하자.

148장 | 여기서 그는 카이주(Caigiu)[35]시에 대해서 이야기한다

카이주는 조그만 도시로 동남쪽에 위치해 있다. 주민들은 우상숭배자이며 대카안에게 복속하고 있고 지폐를 사용한다. 강가에 있는 이 도시에서는 많은 양의 곡물과 쌀이 집적된다. 이 도시에서 저 멀리 대카안의 궁정이 있는 대도시 캄발룩까지도 운반된다. 수로로 운반되는데 강이나 호수를 통해 가는 것이지 바다로 가는 것이 아니라는 것을 알아두기 바란다. 대카안의 궁정에 있는 대부분의 사람들은 그 도시에서 운반되는 곡식에 의존하고 있기 때문에, 대카안은 이 도시에서 캄발룩에 이르는 수로들을 잘 정비하도록 했다. 또한 강과 강을 잇고 호수와 호수를 잇는 넓고도 깊은 아주 큰 운하들을 만들게 했다. 그것들은 마치 커다란 강처럼 보이는데, 상당히 큰 배들이 그곳을 지나다니고 있다. 이런 식으로 사람들은 만지에서 캄발룩시까지 갈 수 있는 것이다. 물론 육로로도 갈 수 있다. 그 까닭은 이 같은 수로 옆을 따라 둑길이 만들어져 있기 때문에 여러분이들은 그대로 수륙 양로를 모두 이용하는 것이 가능하다.

이 강 한가운데에 도시 맞은편으로 바위섬 하나가 있는데, 그 위에 우상

---

35) F(caicui, caigiu), R(cayngui), Z(cayçu). 揚州와 鎭江 사이에 위치한 瓜洲(현재 江蘇省 瓜洲)를 가리킨다. 원래는 양자강 중간에 있던 조그만 섬이었으나 퇴적토로 인해 모래톱으로 바뀌었고, 11세기에는 瓜洲鎭이 두어졌다. 양자강을 건널 때 전략적으로 매우 중요하기 때문에 1161년에는 金과 宋 사이에 치열한 전투가 벌어진 곳이기도 하다. 1275년 원의 남송정복에서도 아줄(阿朮)이 이끄는 몽골군이 揚州를 공격하기 위해 주둔한 곳으로, 양주에서 45리 떨어져 있다.

과주(瓜洲) 부근의 운하

숭배자들의 절이 세워져 있고 거기에는 200명의 수도승들이 있다. 이 커다란 절에는 많은 수의 우상들이 있다. 이 절은 우상을 모셔놓은 다른 많은 절들의 본산으로 마치 대주교구와 비슷한 것이라고 할 수 있다. 이제 이곳을 떠나서 강을 건너 친기안푸라는 도시에 대해서 말해보도록 하자.

149장 | 여기서 그는 친기안푸(Cinghianfu)[36] 시에 대해서 이야기한다

친기안푸는 만지의 도시이다. 주민들은 우상숭배자이고 대카안에게 복속하고 있으며 지폐를 사용한다. 교역과 수공업으로 살아가며, 비단이 많이 나서 금실과 비단으로 만든 각종 옷감이 풍부하다. 부유한 대상인들이 있고, 짐승이나 새와 같은 사냥감들도 많다. 곡식이 대단히 풍부하며 생활

---

36) F(cinghianfu, cinghinanfu), R(cinghianfu), Z(cinghyanfu). 瓜洲와 마주보며 양자강 남안에 위치한 鎭江府(현재 江蘇省 鎭江)를 가리킨다.

에 필요한 물품들도 많다. 네스토리우스파 기독교도의 교회가 두 군데 있는데, 이것은 그리스도가 강림한 지 1278년 되던 해 이래로 그렇게 된 것으로 그 연유를 여러분에게 설명해주겠다.

1278년 이전에는 그곳에 기독교의 수도원도 없었고 기독교의 하나님도 인식하고 있지 않았다. 네스토리우스파 기독교도였던 마르사르키스 (Marsarchis)가 대카안의 총독으로 그곳에 3년 동안 머물렀다. 이 마르사르키스가 그 두 교회를 짓도록 한 것이며, 그때 이후로 교회도 기독교도도 없던 곳에 교회가 존재하게 된 것이다.[37] 이제 이 주제에 대한 이야기는 그만 하고 창주라는 매우 큰 또 다른 도시에 대해서 이야기하도록 하겠다.

150장 | 여기서 그는 창주(Ciangiu)[38]시에 대해서 이야기한다

친기안푸를 떠나 동남쪽으로 사흘 거리를 가는 동안 줄곧 교역과 수공업이 활발한 도시와 촌락을 많이 보게 되는데, 주민들은 우상숭배자이고 대카안에게 복속하고 있으며 지폐를 사용한다. 사흘 거리의 마지막에 비로소 매우 크고 훌륭한 도시인 창주에 도착하게 된다. 교역과 수공업으로 살아가며, 비단이 많아서 금실과 비단 그리고 온갖 실로 짠 옷감들이 만들어진다. 짐승이나 새와 같은 사냥감들이 많고, 생활에 필요한 물자들이 넘치며, 땅이 매우 비옥하다. 이제 여러분에게 그 도시 사람들이 잘못을 범해서 그로 인해 비싼 대가를 치르게 된 이야기를 해주고자 한다.

---

37) R · Z(marsachis). '마르사르키스'는 시리아어로 '마르 사르기스'(Mar Sargis)를 나타낸 것이다. 그의 선대는 원래 사마르칸드에 거주하고 있었으나, 1268년 쿠빌라이의 부름을 받은 마르사르키스는 궁정에서 '샤르바치'(舍里八赤, sharbachi)로 일하다가, 1273년 사이드 아잘을 따라 운남으로 갔다. 그 뒤 1277년 鎭江路總管府의 副다루가치로 임명되어 5년 동안 재임했다. 재임시 그는 鎭江에 6座의 景教寺院을 건축했고, 이외에 杭州에도 1座를 건축했다. 원대의 법전인 『通制條格』에 수록된 한 문서는 그가 1295년에도 생존해 있었음을 보여주고 있다. 『蒙兀兒史記』 권117에 수록된 그의 열전을 참조하시오.

38) F(tinghingiu), R(tinguigui), Z(tingçu). 鎭江 동남쪽에 위치한 常州(현재 江蘇省 소재)를 옮긴 것이며 원대에는 常州路가 두어졌다.

상주(常州) 시내를
관통하는 운하

　만지 지방은 대카안의 사람들에 의해 정복되었는데, 그들의 지휘관은 바얀이었다. 이 바얀이 자기 휘하에 있던 기독교도 알란(Alain)인[39]들을 이 도시를 정복하러 보냈을 때 생긴 일이다. 이 알란인들은 도시를 취하고 입성했는데, 거기서 매우 좋은 술을 발견하고는 그것을 어찌나 많이 마셨는지 술에 취해 잠에 곯아떨어져 옳고 그름조차 구별하지 못할 정도가 되어버렸다. 도시의 주민들은 그곳을 정복한 사람들이 거의 죽은 사람이나 마찬가지로 되어버린 것을 보고는, 그날 밤 즉시 한시도 지체하지 않고 그들 모두를 죽여서 한 사람도 살아 도망치지 못했다.

　대군의 사령관인 바얀은 이 도시 주민들이 반역해서 자기 부하들을 죽였다는 것을 알게 되자, 많은 부하들을 보내 도시를 강제로 점령해버렸다. 여러분에게 사실대로 말하지만 그들은 그곳을 점령했을 때 칼로 얼마

---

39) 코카서스 지방에 거주하는 민족으로 원대에는 阿速(As, 복수형은 Asud)이라는 이름으로 알려졌고, 용맹하고 전투에 능하여 친위군으로 편성되기도 했다.

나 많은 사람들을 죽였는지 모를 정도이다.[40] 이제 이 고을을 떠나 더 앞으로 가서 수주라는 도시에 대해서 말하기로 하자.

151장 | 여기서 그는 수주(Sugiu)[41]시에 대해서 이야기한다

수주는 매우 크고 훌륭한 도시이다. 주민들은 우상숭배자이고 대카안에게 예속되어 있으며 지폐를 사용한다. 비단이 대단히 많이 생산되며, 사람들은 교역과 수공업으로 살아간다. 비단으로 된 옷감을 많이 만들어 옷을 해 입는다.

대상인들이 있고, 도시가 얼마나 큰지 둘레가 40[42]마일에 이른다. 사람들도 엄청나게 많아서 누구도 그 숫자를 알지 못할 정도인데, 그들이 만약 용사였다면 만지 지방의 사람들은 아마 전세계를 정복할 수도 있었을 것이다. 그러나 그들은 용사가 아니다. 여러분에게 말해두지만 그들 중에는 영리한 상인과 갖가지 손재주가 뛰어난 장인들, 또한 자연에 대해서 매우 잘 아는 훌륭한 철학자와 의사들이 있다. 이 도시에는 돌로 만든 다리가 거의 6,000개나 있으며, 그 아래로는 한두 척의 갤리선이 충분히 지나갈 정도이다. 또한 이 도시에 있는 산지에서는 대황이 자라고 있고 생강도 아주 많다. 여러분에게 말해두지만 베니스 1그로트면 신선하고 품질 좋은 생강 40파운드를 살 수 있다.

이 도시는 규모가 매우 크고 교역과 수공업도 활발한 16개의 도시들을

---

40) 『元史』권127 「伯顔傳」에 따르면 常州는 1275년 몽골군에 투항했으나 곧 다시 이를 거부했고, 자발적 투항을 권유하는 바얀의 제의를 거절했기 때문에, 火砲와 弓弩 등으로 성을 함락한 뒤 "그 성을 도륙했다"는 기록이 보이기는 하지만 '알란인'(阿速)들은 일체 언급되지 않고 있다. 그러나 양자강 북쪽의 鎭巢에서는 실제로 알란인들이 살해된 사건이 일어났다. 『元史』卷132 「昂吉兒傳」에는 鎭巢가 점령된 뒤 그곳에 阿速軍을 주둔시켰는데, 주민들이 그들의 횡포를 참지 못하고 주둔 군인들을 죽이고 반란을 일으키자, 昂吉兒가 다시 그 성을 함락했다는 기사가 보인다.

41) F(ciugiu, siugiu, tiugiu), R(singui), Z(fuçiu, fuçui). 蘇州(현재 江蘇省 소재)를 가리킨다.

42) R본은 '20', Z본은 '60'.

관할하고 있다. 이 도시의 이름은 수주라고 불리는데 프랑스어로 하자면 그 뜻은 '땅'이 된다. 그 근처에는 '하늘'이라고 불리는 또 다른 도시가 있다. 이들이 그런 이름으로 불리는 것은 크고 훌륭하기 때문이다. 여러분에게 '하늘'이라고 불리는 다른 도시에 대해서 곧 이야기해줄 것이다.[43] 이제 수주를 떠나서 부주(Vugiu)[44]라는 도시로 가보자.

이 부주는 수주에서 하루 거리 떨어져 있는데, 매우 크고 훌륭한 도시이고 교역과 수공업이 활발하다. 그러나 언급할 만한 흥미로운 것이 없기 때문에 이곳을 떠나 부긴(Vughin)이라는 또 다른 도시에 대해서 말하도록 하겠다. 부긴 역시 매우 크고 중요한 도시로서, 주민들은 우상숭배자이고 대카안에게 예속되어 있고 지폐를 사용한다. 많은 양의 비단이 있고 다른 값비싼 물건들도 많다. 그들은 영리한 상인들이고 수공업에도 뛰어나다.

이제 이 도시를 떠나 창안(Ciangan)[45]이라는 도시에 대해서 말해보자. 이 창안이라는 도시는 매우 크고 훌륭하며, 주민들은 우상숭배자이고 대카안에게 예속되어 있고 지폐를 사용한다. 교역과 수공업으로 생활하며 여러 모양의 센달들이 다량으로 만들어진다. 사냥감도 풍부하다. 더 이상 이야기할 것이 없으므로 이곳을 떠나 더 앞으로 가서 다른 도시에 대해서

---

43) 물론 蘇州라는 말에는 '땅'이라는 뜻이 없고, 뒤에서 나오듯이 킨사이(杭州)에도 '천상의 도시'라는 뜻이 없다. 당시 '위에는 천당이 있고, 아래에는 소주와 항주가 있다(上有天堂 下有蘇杭)'라는 말이 널리 유행했는데, 마르코 폴로가 이를 소주와 항주는 '천상의 도시나 마찬가지'라는 뜻으로 이해했으리라고 추측된다.

44) F(uugiu, vugiu), R(vagiu), Z(vugui). 鎭江에서 杭州로 가는 도중에 언급된 '부주'와 '부긴'이라는 지명은 고증하기가 매우 어렵다. 폴로의 행로는 鎭江을 출발하여 常州를 거쳐 蘇州에 도착한 뒤, 하루 만에 '부주'에 도달했고 이어 '부긴'과 '창안'에 대해서 —며칠 거리인지는 언급하지 않은 채— 간략히 설명한 뒤 사흘 거리에 있는 杭州에 대한 이야기를 시작했다. 『經世大典』에는 鎭江에서 杭州까지 ①陸路로는 鎭江 → 丹陽 → 呂城 → 洛社 → 常州 → 新安 → 平江 → 吳江 → 平望 → 阜林 → 長安 → 赤岸 → 杭州이고, ②海路로는 鎭江 → 丹陽 → 呂城 → 常州 → 武錫 → 平江 → 平望 → 崇德 → 臨平 → 杭州에 이르는 여정이 제시되어 있다. '창안'은 長安에 해당되는 것이 확실해 보이나, '부주'와 '부긴'이 이 가운데 어느 곳을 가리키는지는 분명치 않다. 주석가들은 대체로 부주를 吳江(江蘇省), 부긴을 嘉興(浙江省)으로 비정하고 있다.

45) F(caiugan, ciangan), Z(çangan).

소주(蘇州) 교외를
지나는 운하

이야기해보도록 하자. 그곳은 만지 국왕의 수도였던 킨사이라는 훌륭한
도시이다.

152장 | 여기서 그는 킨사이(Quinsai)[46]라는 훌륭한 도시에 대해서 이야기한다

창안시를 떠나 사흘 거리를 가면 매우 중요하면서도 부유한 여러 도시와
촌락을 보게 된다. 주민들은 교역과 수공업으로 살아가고, 우상숭배자이
며 대카안에게 복속하고 있고 지폐를 사용한다. 사람에게 필요한 양식이
풍부하다. 사흘 거리를 다 가면 아주 멋진 도시에 당도하게 되는데, 프랑
스어로 '천상의 도시'를 뜻하는 킨사이라고 불리는 곳이다. 이제 우리가

---

46) 杭州를 가리키며, 킨사이라는 말은 황제의 임시거처를 가리키는 '行在'라는 말을 옮긴 것이다.
외국인들의 여행기에 나타난 항주시에 관한 묘사는 유울의 역주본, vol. 2, pp. 212~215에 소
개되어 있다.

이곳에 왔으니 여러분에게 그곳이 지닌 모든 멋진 것들에 대해서 이야기
해주겠다. 왜냐하면 그곳이 세상에서 가장 당당한 최고의 도시라는 것은
분명하고, 따라서 그것에 대해 이야기하는 것이 마땅하기 때문이다. 그
멋진 곳에 대해서는 이 왕국의 왕후가 이 지방을 정복한 바얀에게 써보낸
글에 기초해서 여러분에게 설명하도록 하겠다. 그는 그 글을 대카안에게
보내 이 도시의 웅대함을 알도록 했고, 그럼으로써 그것이 파괴되고 황폐
화되지 않도록 했던 것이다.[47]

그 글에 포함된 것은 사실이고 그것을 나 마르코 폴로는 그 뒤에 분명
히 내 눈으로 똑똑히 보았다. 〔마르코 폴로님은 이 도시에 여러 번 왔고
그곳의 모든 정황을 주목하고 이해하기 위해 많은 노력을 기울였으며, 아
래에서 간략하게 서술되듯이 그의 노트에 그것들을 기록했다.〕[48] 무엇보
다도 먼저 킨사이시의 주위가 100마일이라고 적혀 있다. 〔그곳의 거리와
운하들은 매우 넓고 크다. 그리고 시장이 열리는 광장들이 있는데, 거기
에는 많은 사람들이 모이기 때문에 크고 널찍할 수밖에 없고, 다음과 같
이 위치해 있다. 한쪽에는 깨끗한 물로 가득 찬 담수호가 있고 다른쪽에
는 커다란 강이 있다.[49] 시내 각지를 흐르는 크고 작은 수많은 운하들이
그 강으로 흘러드는데, 그것은 더러운 것들을 모두 싣고 상술한 호수로
들어갔다가 거기서 바다로 흘러간다. 이 때문에 공기는 아주 쾌적하다.
시내 어느 곳에서나 뭍으로 혹은 이 수로를 통해 다닐 수 있으며, 거리와
운하는 넓고 커서 배가 손쉽게 다닐 수 있고 수레는 주민들에게 필요한

---

47) 남송의 '왕후'가 이러한 글을 바얀에게 써주었는지 여부를 확인할 수는 없으나, 마르코 폴로가
그러한 일종의 기밀문서를 보았으리라고는 상상하기 힘들다. 그러나 몽골인들이 1276년 2월
남송의 수도 杭州를 점령한 뒤 百官誥命·符印圖籍을 모두 수거해갔기 때문에, 그가 혹시 거
기에 기재된 내용을 본 사람들로부터 남송의 사정을 전해들었는지는 모르겠다.
48) 앞문장에서는 '나 마르코 폴로'라고 했다가 R본에 삽입된 다음 문장에서는 '마르코 폴로님'이
라고 하여 인칭의 변화가 보이는 점이 주목된다.
49) 항주시 서쪽에는 西湖가 있고 동쪽에는 錢塘江이 흐르며 이 강은 杭州灣으로 흘러들어간다.

물건들을 싣고 다닐 수 있다.〕

1만 2,000개의 돌다리가 있고, 이 다리들 모두 아니 대부분의 경우 아치 아래로 배들이 쉽게 통과할 수 있도록 되어 있고, 나머지 다리들도 작은 배들은 지나다닐 수 있다.[50]

〔주요 운하와 주요 도로 위에 세워진 다리들의 아치가 얼마나 높고 또 얼마나 기술적으로 잘 만들어졌는지 그 아래로 배가 돛대를 접지 않고도 지날 수 있고, 그러면서 그 위로도 수레와 말들이 다닐 수 있으며, 거리의 높이도 다리의 높이에 맞추어져 있을 정도로 잘 지어져 있다.〕 그러나 이렇게 많은 다리가 있다고 해서 결코 놀랄 필요는 없다. 여러분에게 말해두지만 이 도시는 모두 물 한가운데에 있고 물로 둘러싸여 있어, 시내 여러 곳을 다니려면 많은 다리가 필요하기 때문이다.

〔도시의 또 다른 쪽에는 아마 40마일쯤 되는 해자가 있어 그쪽을 차단하고 있다. 매우 넓은 그곳은 앞서 말한 강에서 끌어댄 물로 가득 차 있다. 이것은 옛날에 그 지방 왕들의 명령으로 강물이 방죽보다 더 높아질 때마다 그 물을 빼내기 위해서 만들어진 것이다. 또한 그것은 도시 방위에도 도움이 되는데, 그것은 파낸 흙을 그 안쪽에 쌓아서 마치 해자를 둘러싼 작은 언덕과 같이 만들어놓았기 때문이다.

광장으로는 10개의 중요한 것들이 있고, 그외 각 지구마다 그런 것들이 수없이 많이 있다. 방형 모양의 그것은 한 면의 길이가 반 마일 정도이다. 그 전면을 따라서 40보 넓이의 간선도로가 도시의 한쪽 끝에서 다른쪽 끝까지 직선으로 달리고 있고, 그 길에는 쉽게 건널 수 있는 평평한 다리들이 있다. 이처럼 둘레가 2마일 정도인 광장들은 4마일마다 하나씩 나온다.

마찬가지 방식으로 광장 후면에는 앞서 말한 도로와 평행으로 달리는

---

50) 항주에 다리가 많이 있었던 것은 사실이나 1만 2,000개는 과장임이 분명하다. 1271년에 성벽 안의 다리 숫자는 117개였고 교외에 230개가 있었다고 한다. 제르네, 『일상생활』, p. 39.

아주 넓은 운하가 있는데, 거기서 가까운 제방 위에는 인도를 비롯한 각지에서 온 상인들이 상품과 물건들을 쌓아두는 석조로 된 거대한 건물이 세워져 있다. 그들에게는 광장과 가까워 편리한 셈이다. 그리고 이 모든 광장에는 일주일에 사흘씩 4~5만 명의 사람들이 몰려드는데, 그들은 온갖 종류의 식량을 갖고 시장을 보기 위해 오는 것이다. 따라서 언제나 식량은 충분히 공급된다.[51]

사냥으로 잡은 짐승들도 많아서 숫사슴, 붉은 사슴, 황갈색 사슴, 산토끼, 토끼가 있고, 조류 중에는 자고새, 꿩, 프랭콜린, 메추라기, 닭, 거세된 닭이 있으며, 오리와 거위는 말로 다 할 수 없을 정도로 많다. 이런 것들을 어찌나 많이 기르는지 베니스 은화 1그로트로 두 마리의 거위와 두 마리의 오리를 살 수 있을 정도이다.

또한 송아지, 소, 새끼염소, 양과 같이 몸집이 큰 동물들을 잡는 도살장들도 있는데, 그 고기는 부자와 영주들이 먹는다. 그리고 비천한 지위에 있는 나머지 사람들은 깨끗하지 못한 다른 종류의 고기일지라도 상관치 않고 먹는다.

상술한 광장에는 언제나 각종 야채와 과일들이 있는데, 다른 무엇보다도 한 덩어리에 10파운드나 나가는 엄청나게 큰 배가 눈에 띈다. 안쪽은 밀가루 반죽처럼 하얗고 매우 향기롭다. 제철이 되면 나오는 복숭아로는 황도와 백도가 있는데 아주 맛이 좋다. 이곳에는 포도나 포도주는 없지만, 아주 고급의 건포도가 다른 곳에서 수입된다. 포도주도 그렇기는 마찬가지이지만 주민들은 쌀과 향료로 빚은 술에 익숙해 있어 그것을 대단

---

51) 西湖와 錢塘江 사이에 위치한 항주시는 13세기에 남북으로 7킬로미터, 동서로 1.5~2킬로미터 정도의 성벽으로 둘러싸여 있었다. 성 중앙에는 남북으로 달리는 넓은 御街가 있었고 도시 남쪽에 皇宮이 위치해 있었다. 또한 남북 방향의 大路들과 직각으로 교차하는 동서 방향의 大路들이 있었으며, 시내에는 수많은 운하들이 흐르고 있었고, 그 교차지점에 광장과 시장이 위치해 있었다. 크고 작은 도로들에 의해 나뉜 거주구역은 坊이라 불렸다. 이에 관해서는 제르네, 『일상생활』, pp. 20~22 참조.

하게 여기지 않는다.

또한 바다에서 엄청난 양의 물고기가 매일같이 강을 거슬러서 25마일의 거리를 운반되어온다. 물고기는 호수에서도 잡히는데 ─ 고기잡이 이외에는 아무것도 안 하는 사람들이 있다 ─ 계절에 따라 잡히는 종류가 다양하지만 시내에서 흘러나오는 찌꺼기들 덕택에 고기들은 통통하고 맛이 좋다. 이 같은 고기들이 얼마나 많은지 그것을 본 사람은 다 팔리리라고는 도저히 상상하기 어려울 정도인데도, 그것들은 몇 시간 안에 모두 팔려 나간다. 왜냐하면 한 끼 식사에 고기와 물고기를 모두 다 먹을 정도로 고급스럽게 살아가는 주민들의 숫자가 굉장히 많기 때문이다.

앞서 말한 10개의 광장들은 모두 커다란 건물들로 둘러싸여 있는데, 그 지하에 있는 상점에서는 온갖 물건을 만들어내고 향료와 보석과 진주 등 각종 상품을 판매하고 있다. 어떤 상점에서는 쌀과 향료로 빚은 술만 파는데, 계속해서 신선한 것들만 만들어내고 값도 싸다.[52] 다른 거리에는 기녀들이 살고 있는데 그 수가 얼마나 많은지 내가 말하기도 힘들 정도이다. 그들은 일반적으로 지정된 구역인 광장 근처뿐만 아니라 시내 전역에 흩어져 있다. 그들은 고급 향수를 쓰고 여러 명의 여자 하인들을 거느리며 집을 온통 장식한 채 호화로운 생활을 하고 있다. 이 여자들은 영리하고 노련해서 갖가지 사람의 비위를 맞춰주고 그럴 듯한 말로 기분좋게 구워삶는다. 그래서 그들에게 한번 빠져버린 외래인들은 말하자면 황홀경을 경험하고 그들의 애교와 매력에 온통 정신을 잃는 바람에 그 후로는 그들을 결코 잊지 못하게 된다. 이런 까닭에 그들은 고향으로 돌아간 뒤

---

52) R본에는 여기에 공중욕탕에 관한 다음과 같은 글이 삽입되어 있다. "상술한 광장들 쪽으로 면해 있는 거리에는 여러 곳의 냉수욕탕이 있고, 그곳을 찾는 남녀가 목욕할 때 시중을 들기 위해서 기다리는 남녀 하인들이 많이 있다. 그들은 어렸을 때부터 항상 냉수로 목욕하는 것에 익숙해 있고, 건강을 위해 그렇게 하는 것이 아주 좋다고 말한다. 찬물에 익숙지 않아 그것을 싫어하는 외래인들을 위해 그런 욕탕의 몇몇 방에는 뜨거운 물도 준비해두고 있다. 그들은 매일 목욕하는 것에 익숙해 있고, 목욕한 뒤가 아니면 식사도 하지 않으려 한다."

킨사이, 즉 '천상의 도시'에 있었다고 말하면서 이곳으로 다시 돌아올 날만을 손꼽아 기다리게 되는 것이다.

또 다른 거리에는 의사와 점성술사들이 있는데 그들은 읽고 쓰는 것도 가르친다. 각종 다른 상인들도 상술한 광장을 에워싼 채 각자 자리를 잡고 있다. 각각의 광장 양쪽 끝의 커다란 건물에는 왕이 파견한 관리들이 주재하고 있는데, 그들은 상인들 사이에 분쟁이 일어나면 즉각 조사할 뿐만 아니라 그 구역 주민들 사이의 분쟁도 처리한다. 이 관리들은 근처 다리에 배치된 파수꾼이 실제로 그곳에 서 있는지 아닌지를 매일같이 감시하는 의무를 부여받아 자기들의 판단에 따라 처벌을 내리기도 한다.

우리가 이야기한 주요 도로, 즉 도시의 한쪽에서 다른쪽까지 달리고 있는 도로를 따라 양쪽으로 주택들이 있는데, 건물들이 크고 정원도 붙어 있다. 그 옆으로는 각자의 상점에서 작업하는 장인들의 집이 있다. 어느 시간이든지 각자의 용무 때문에 오르내리는 사람들을 볼 수 있고, 그 많은 사람을 보고 있노라면 그들을 충분히 먹일 식량을 조달하는 것이 불가능하다고 생각할 정도이다. 그러나 시장이 서는 날이면 항상 그 광장들은 수레나 배로 물건을 싣고 와서 파는 상인과 사람들로 인산인해를 이룬다.]

또한 그 글에는 다음과 같은 내용도 들어 있었다. 이 도시에는 각각 다른 직종에 종사하는 12개의 동업조합이 있고 각 조합은 1만 2,000개의 점포, 즉 1만 2,000호를 갖고 있다.[53] 각각의 점포에는 적어도 10명, 15명, 20명, 심지어 40명까지 있는데, 이들을 모두 장인으로 오해하지는 말기 바란다. 그 중에는 장인의 지시에 따라 행동하는 사람들도 있다. 이렇

---

53) 앞에서도 그런 예가 여러 번 나왔지만 마르코 폴로는 '12'라는 숫자에 특별히 상징적인 의미 — 구약성경에 나오는 유태 12지파에 기원한 관념일지도 모른다 — 를 부여했던 것으로 보이며 반드시 實數를 나타낸다고 보기는 어렵다. 그러나 杭州의 수공업자와 상인들이 '行' 혹은 '團'이라는 명칭으로 불리는 길드조직을 이루고 있었던 것은 사실이다. 예를 들어 구두제조업자는 雙線行, 목욕업자들은 香水行, 보석상은 散兒行 등의 길드를 운영하고 있었다. 제르네, 『일상생활』, p. 87.

게 많은 사람들이 필요한 까닭은 이 지방의 다른 많은 도시들이 이 도시에서 물품을 공급받기 때문이다. 그곳에 상인들이 얼마나 많고 부유하며 얼마나 규모가 큰 교역을 하는지, 그 진실을 말할 만한 사람은 하나도 없을 것이다. 정말로 경악할 정도이다.

여러분에게 말해두지만 귀족과 그 부인들 그리고 앞서 말한 조합 점포의 우두머리들은 자기 손으로 아무것도 하지 않고, 마치 왕이나 되는 것처럼 품위있고 깨끗하게 살아간다. 그들의 부인 역시 아주 고상하고 천사같이 지내고 있으며, 〔앞서 말한 것처럼 자신을 매우 곱고 우아하게 가꾸고 계산할 수 없을 만큼 값비싼 비단과 보석 장식품들로 치장하고 있다〕.

그들의 왕은 누구든 자기 아버지가 하던 직종을 계속해야 한다는 명령을 내린 적이 있었다. 설령 그가 10만 베잔트의 재산을 갖고 있어도 자기 아버지가 했던 것 이외의 직업은 가질 수 없었다. 〈그러나 그들이 자기 손으로 직접 일하는 것이라고는 오해하지 마라. 다만 앞서 말한 것처럼 그 사람으로 하여금 같은 직종에 종사하도록 하려는 것이다. 그런데 대군주에 의해 이러한 구속을 전혀 받지 않고, 만약 어떤 장인이 재산을 많이 모아 자기 직업을 그만두고 싶어하고 또 그럴 능력만 있다면, 아무도 그에게 그 직업을 계속하라고 더 이상 강요하지 않게 되었다. 그것은 대카안의 판단이 다음과 같기 때문이다.

만약 누군가 가난해서 다른 방법으로는 자신의 필요를 충족시킬 수 없었기 때문에 어떤 직업을 갖게 되었지만, 시간이 흐르면서 많은 행운을 얻어 자기 직업을 수행하지 않고도 품위있게 인생을 즐길 수 있게 되었다면, 그가 원하지도 않는데 무엇 때문에 그에게 그 직업을 계속하라고 강요하는가? 신이 그에게 성공을 가져다 주었음에도 불구하고 인간이 그것에 역행한다는 것은 적절하지도 정당하지도 않은 것이다.〉

〔사람들은 집을 아주 잘 짓고 사치스럽게 치장한다. 장식품이나 서화나 건축을 얼마나 좋아하는지 거기에 퍼붓는 돈은 실로 엄청나다. 킨사이시

의 원주민들은 천성이 양순했던 왕들에 의해 순화되었기 때문에 평화로운 사람들이다. 그들은 무기를 다루지도 않고 집에 갖다 두지도 않는다. 싸움이나 분쟁이 일어났다는 소리는 듣지도 보지도 못했다. 그들은 상품과 공예품을 정말로 성실하게 만들고 이웃간에 사랑한다. 한 구역 주민들은 남자든 여자든 이웃에 대해 갖는 친밀감 때문에 한 가족으로 여길 정도이다. 그들이 갖고 있는 친근함이 어느 정도인지 부인들에 대해서 질투나 의심을 전혀 하지 않고 극진한 예의를 갖추어서 대한다. 감히 결혼한 여자에게 불순한 말을 하는 사람이 있으면 그는 아주 못된 사람으로 간주된다.

또한 그들은 장사하러 온 외국인들에 대해서도 똑같이 친절하며 자기 집으로 기꺼이 맞아들여 인사하고, 사업에 필요한 모든 도움과 조언을 아끼지 않는다. 반면 그들은 군인들을 보기 싫어하는데, 대카안의 경비병에 대해서도 마찬가지이다. 그것은 자신들이 원래의 왕과 군주를 빼앗겼다고 생각하기 때문이다.]

여러분에게 말하건대 남쪽으로 호수가 하나 있는데 둘레는 거의 30마일이다.[54] 그 주위에 귀인과 귀족들 소유인 수많은 아름다운 누각과 집들이 세워져 있는데, 얼마나 멋있는지 그보다 더 훌륭히 설계하고 더 화려하게 치장해서 만들 수 없을 정도이다. 또한 수도원과 우상을 모신 절의 숫자도 굉장히 많다. 호수 가운데에는 두 개의 섬이 있고 그 각각에 아주 멋있는 누각이 서 있다. 어찌나 잘 지어지고 장식이 잘되어 있는지 마치 황제의 궁전처럼 보일 정도이다. 그래서 누군가 결혼식이나 연회를 할 생각이 있으면 이 누각에 그런 것들을 개최한다. 그곳에는 접시와 천과 그

---

54) 西湖는 인공적인 굴착에 의해 원래의 크기보다 더 확장되었는데, 1275년에는 둘레가 9마일 정도였다고 한다. 유울은 호수의 둘레인 30里(약 12킬로미터)를 30마일이라고 쓴 것이 아닌가 추측했다. 폴로가 묘사했던 것처럼 호수 위로 크고 작은 갖가지 배들이 떠다녔고, 큰 것은 바닥이 평평하며 길이가 90~180피트에 달해 100명의 인원까지 태울 수 있을 정도였다고 한다. 제르네, 『일상생활』, pp. 51~54.

백제(白堤)가 바라다보이는 서호(西湖)의 모습

릇 등 연회에 필요한 모든 물건들이 있다.

〔그 누각은 이 도시의 주민들이 지은 것이기 때문에, 그들이 그 같은 목적으로 사용할 수 있도록 그런 집기들을 보관하고 있다. 때로 100명이나 모여들기도 하고 또 어떤 이들은 연회나 결혼식을 올리려고 하는데, 이 모두를 여러 방과 베란다에 질서있게 배당해서 서로 아무런 불편을 느끼지 않도록 한다.

이밖에도 호수에는 크고 작은 선박과 유람선들이 수없이 떠 있어 그것을 타고 다니며 오락과 유희를 즐길 수 있다. 그 같은 배에는 10명, 15명, 20명 혹은 그 이상도 탈 수 있고, 바닥의 길이가 15~20보 정도인데다가 넓고 평평해서 어느 한쪽으로 기울지 않은 채 항해할 수 있기 때문이다. 그리고 누구든 여자들 혹은 친구들과 즐기고 싶은 사람은 이런 배를 탄다. 배는 아름다운 의자와 탁자로 장식되어 있고 연회를 열 때 필요한 다른 모든 집기들도 갖추어져 있다. 위는 평평한 지붕으로 덮여 있고 거기에 남자들이 막대기를 호수 바닥에 꽂고 서서—호수의 깊이가 2보밖에 되지 않기 때문에—지시하는 대로 유람선을 인도한다. 유람선들이 다 그렇듯 지붕 안쪽은 여러 색깔과 문양으로 장식되어 있고, 열고 닫을 수 있는 창문이 빙 둘러 나 있다. 따라서 창문 옆에 앉아서 식사하는 사람들은 바깥을 바라보면서 눈에 들어오는 아름다운 장면을 즐길 수 있다.〕

〈여기서 최고의 술이 나오고 이어서 맛있는 사탕이 나온다. 이런 식으로 이 호수를 유람하는 사람들은 서로 즐기고, 그들의 마음은 연회를 즐기면서 쾌락을 추구하는 것 외에는 아무것도 생각지 않게 된다. 여러분은 이 호수가 그들에게 어떤 무엇보다도 큰 기쁨과 위안이 된다는 사실을 알아야 할 것이다.〉〔왜냐하면 그 한쪽 편[55]에 도시가 있어서 유람선 안에서는 멀리서도 그 웅장함과 아름다움을 감상할 수 있기 때문이다. 수많은 누각, 절, 수도원, 높은 나무가 있는 정원들이 호숫가에 위치해 있다.

또한 이 같은 유람선은 항상 그 호수에 떠 있기 때문에 사람들은 그곳에만 가면 언제든 타고 즐길 수 있다. 이 도시 주민들의 머릿속은 일이나 사업을 끝내고 하루 몇 시간만이라도 여인들이나 기녀들과 함께 보내려는 생각으로 가득하다. 그 같은 유람선이나 도시 안을 다니는 마차 안에서 즐거움을 만끽하려는 것이다. 이 마차에 대한 설명을 조금 덧붙인다면, 마치 유람선이 호수 위에서 그러한 것처럼 마차 역시 도시를 돌아다니면서 시민들에게 즐거움을 선사한다는 것이다.〕

도시 안에는 아름다운 주택이 많다. 또 시내 전역에는 여기저기 돌로 된 높은 망루가 있는데, 그것은 도시에 불이 났을 경우 사람들이 물건을 옮겨다 놓기 위함이다. 여러분은 이곳에 나무로 된 집이 많기 때문에 시내에 불이 자주 일어난다는 사실을 알아야 할 것이다. 주민들은 우상숭배자이고 대카안에게 복속하고 있으며 지폐를 사용한다. 〔남자나 여자나

---

55) 항주는 西湖의 동쪽에 연접해 위치해 있었다.

잘생겼고 대부분 비단으로 된 옷을 입고 다니는데, 그 까닭은 킨사이 전역에서 엄청난 양의 비단이 생산되는데다가 상인들이 다른 지방에서 계속해서 들여오기 때문이다.〕그들은 기독교도라면 절대 먹지 않을 온갖 야수와 동물의 고기와 개고기를 먹는다.

또한 여러분에게 말하지만 1만 2,000개의 다리에는 매일 밤낮으로 경비를 서는 10명의 파수꾼이 배치되어 있다. 이들은 어느 누구도 나쁜 짓을 못하도록 또 반란을 일으키지 못하도록 도시방위를 위해서 두어졌다. 〔각 경비초소에는 나무로 만든 커다란 북과 큰 징, 그리고 하루의 시각을 확인할 수 있는 시계가 비치되어 있다. 저녁이 되면서부터 일경(一更)이 되면 파수꾼 중의 한 사람이 북과 징을 한 번 쳐서 그 구역 사람들에게 한 시간이 지났음을 알려준다. 이경이 되면 두 번 치는 식으로 각 시각마다 두드리는 횟수를 늘려간다. 그들은 절대로 자지 않고 깨어서 줄곧 경비를 서는데, 아침이 되어 해가 뜨면 밤에 그런 것과 마찬가지로 시간마다 두드리기 시작하고 시간이 지나갈 때마다 그것에 맞추어서 두드린다.

그들 가운데 일부는 구역을 돌아다니며 혹시 허가된 시간 이후에 불을 켜놓은 곳이 없는가 살펴보다가, 그런 곳을 보면 문에다가 표시를 해놓고 아침에 그 주인으로 하여금 수령에게 오도록 한다. 만약 합법적인 이유가 없으면 그는 처벌을 받는다. 누군가 정해진 시간이 넘어 밤에 걸어다니는 것을 발견하면 그를 붙잡아 아침에 수령 앞에 대령시킨다. 낮이라 할지라도, 만약 다쳐서 일을 할 수 없는 가난한 사람을 보면 병원으로 데리고 가 그곳에 머물도록 한다. 병원은 옛날의 왕들에 의해 도시 전역에 수도 없이 많이 지어졌고 많은 보조금을 받는다. 만약 건강한 사람이 붙들리면 무엇인가 노역을 해야 한다.

또한 어떤 집에 불이 난 것을 보면 그들은 북을 두드려 알리는데, 다른 다리에 배치된 파수꾼들도 달려와서 함께 불을 진화한다. 그들은 상인이나 다른 사람들의 물건의 안전을 위해 그것들을 상술한 망루에 옮겨다 놓기도 하고, 배를 이용해 호수 안에 있는 섬으로 옮기기도 한다. 왜냐하면 도시의 주민들은 밤시간에 감히 밖으로 나올 생각도, 불이 난 곳으로 갈 생각도 하지 못하기 때문이다. 다만 물건의 주인들만이 그곳으로 달려가는데, 일을 돕는 파수꾼들의 숫자까지 합해야 결코 1,000~2,000명이 넘지 않는다. 파수꾼을 둔 데는 도시민들이 일으킬지도 모를 반란에 대비하려는 목적도 있다.]

또 한 가지 여러분에게 말해둘 것은 이 도시 안에 언덕이 하나 있는데, 그 위에 탑이 서 있고 그 탑 위에 나무판이 하나 걸려 있다. 한 사람이 그 판을 들고 안쪽을 방망이로 두드려 아주 멀리에서도 소리가 잘 들리도록 한다. 이 판은 시내에 불이 났을 때, 혹은 시내에서 어떤 종류이든 소동이 일어났을 때 두들긴다. 그런 일이 일어나면 즉각적으로 그 판을 두드려 소리를 낸다.[56]

대카안은 아주 많은 군대를 주둔시켜 이 도시를 세심하게 방위하도록 했는데, 그 까닭은 이곳이 만지 전역의 중심이자 수도로서 많은 재화가 이 도시에 있어, 대카안은 어느 누구도 믿지 않으려 할 정도의 막대한 세금을 이곳에서 거두어들이고 있기 때문이다. 또한 대군주는 그들이 반란을 일으키지 않을까 하는 걱정 때문에 많은 군대로 하여금 철저하게 방위하도록 했다.

시내의 모든 도로는 돌과 구운 벽돌로 포장되어 있다.[57] 만지의 모든 지방에 있는 도로와 둑길 역시 말을 타고 가거나 걸어서 갈 때 깨끗이 지

---

56) 항주는 인구가 조밀하고 여러 층으로 된 집들의 대부분이 목재로 지어졌기 때문에 화재에 아주 취약했다. 남송 때에도 여러 차례 대화재가 일어나 큰 재난을 당했던 기록이 있다. 예를 들어 1208년 4월 15일에 일어난 화재로 무려 5만 8,097가구가 소실되었고 59명이 불에 타죽었으며 피난하다가 밟혀 죽은 사람이 부지기수였다고 한다. 1229년의 대화재도 3만 가구를 태웠다는 기록이 보인다. 남송 때에는 밤늦게까지 거리에 불이 켜져 있고 등불을 들고 거리를 다니는 사람들이 많았는데, 원조가 밤이 되면 통행을 금지시킨 것도 防犯 이외의 防火 목적도 있었던 것으로 보인다. 제르네, 『일상생활』, pp. 36~37.

57) 항주의 도로 대부분이 커다란 板石으로 포장되어 있었던 것은 사실이다. 13세기에는 '흙길'이라는 이름으로 불리는 길이 있을 정도로 포장되지 않은 길은 예외적인 것이었다.

날 수 있도록 포장되어 있다. 〔그러나 대카안의 전령은 포장도로 위로는 말을 빨리 달릴 수 없기 때문에, 이런 전령을 위하여 길 한쪽은 포장하지 않은 채 놓아두었다. 사실 앞에서 이야기했듯이 도시 한쪽 끝에서 다른쪽 끝까지 달리는 주요 도로의 양쪽이 10보씩 돌이나 벽돌로 포장되어 있고, 그 중앙부는 작고 고운 자갈로 채워져 있으며, 거기에 빗물이 근처 운하로 빠질 수 있도록 움푹 팬 도랑을 만들어놓아 길은 언제나 마른 상태를 유지할 수 있다.

그리고 항상 이 길로 오가는 긴 마차 행렬들을 볼 수 있는데, 비단으로 된 커튼과 쿠션으로 치장되어 있고 여섯 명이 그 안에 탈 수 있다. 그 마차는 놀러가려는 남녀들이 매일같이 타고 다닌다. 이러한 마차의 긴 행렬이 그 도로를 따라 항상 오가고, 사람들이 이것을 타고 정원으로 놀러가면 그곳의 정원사는 그런 목적을 위해 준비된 그늘로 그들을 영접한다. 그들은 여자들과 하루종일 즐거운 시간을 보내며 그곳에 머물다가 저녁이 되면 상술한 마차를 타고 집으로 돌아가는 것이다. 이 도시 안에는 그같이 크고 훌륭한 도로가 1만 개나 된다.〕

여러분에게 또 하나 이야기해줄 것은 이 도시 안에 무려 3,000개의 욕탕, 즉 증기탕이 있다는 사실이다. 사람들은 목욕을 매우 즐기는데 한 달에 여러 차례 그곳으로 간다. 그들은 몸을 아주 청결하게 유지한다. 여러분에게 말해두지만 그 욕탕들은 세상에서 가장 아름답고 멋지고 큰 것들이다. 얼마나 큰지 100명의 남자 혹은 여자가 동시에 목욕할 수 있을 정도이다.[58]

---

58) 앞에서도 욕탕에 관한 서술이 나왔지만 중국에서는 지역에 따라 목욕의 빈도에 큰 차이가 있다. 전반적으로 남부와 동부의 주민들이 북부와 서부의 주민들보다 자주 하는 편이었다. 고대 중국의 귀족층들은 열흘에 한 번씩 목욕하는 관습을 지녔는데, 여기서 열흘을 뜻하는 '浣'이라는 말이 나왔다. 특히 항주에서는 목욕이 유행하여 시민들은 매우 자주 욕탕에 갔다. 중국인들은 보통 찬물로 목욕했으나, 색목인으로 분류되는 외국인들을 위한 증기탕도 설치되었다.

또 한 가지 말해줄 것은 이 도시에서 북동동 방향으로 25마일 떨어진 곳에 바다가 있고 거기에 감푸(Gampu)[59]라는 이름의 도시가 있다는 사실이다. 매우 훌륭한 항구로서 인도나 다른 지역을 떠난 큰 배들이 값진 상품을 많이 싣고 도착하는 곳이다. 킨사이시에서 그 항구까지는 큰 강이 하나 있는데 그것을 통해 배들이 오르내린다. 그리고 이 강은 그 도시를 지나 더 먼 여러 지역을 거쳐 간다.

대카안은 만지 지방을 아홉 개의 영역으로 나누었다. 다시 말해 그는 그곳에 아홉 명의 매우 강력한 왕들을 두고 각각이 커다란 왕국을 이루도록 했다. 그러나 여러분은 이 왕들이 모두 대카안을 위해서 그곳에 두어졌다는 것을 알아야 할 것이다. 그렇기 때문에 그들은 매년 각각의 왕국에 관해, 예를 들어 세금이나 다른 여러 사항에 대해 개별적으로 대군주에게 보고를 올린다. 이 도시에는 아홉 명의 왕들 가운데 한 사람이 살고 있는데, 그는 크고 부유한 도시들을 140개 이상 지배한다.[60]

한 가지 더 말해줄 것이 있는데 아마 여러분이 들으면 흥미로울 것이다. 만지 지방에는 1,200개 이상의 도시들이 있고 그 각각에는 대카안을 위한 수비대가 주둔해 있는데, 그 규모가 어떠한지 이야기해주겠다. 각 도시에는 가장 적은 경우에도 1,000명의 군대가 두어지고, 보통 1만 명이나 2만 명 혹은 3만 명이 두어지는데, 그 숫자는 정말로 많아서 모두 헤아리기조차 어려울 정도이다.[61]

---

59) F(ganfu), R(gampu). 항주만에 위치한 澉浦를 옮긴 말로서 당시의 발음도 '감푸'였을 것이다.
60) 여기서 아홉 개의 왕국이 무엇을 지칭하는지는 분명치 않다. 『집사』는 쿠빌라이 치하의 12개 'shing'(省)을 열거했는데 그 중 만지의 땅에 속하는 것으로 杭州(Khingsai), 福州(Fuju), 隆興府(Lukinfu), 廣州(Kongi)의 네 개만 꼽았다. 폴로는 만지로 생각하지만 『집사』에는 카타이의 일부로 되어 있는 南京(Namging), 揚州(Yangju)까지 합친다고 해도 여섯 개에 불과하다. Boyle, *The Successors*, pp. 282~283.
61) 원대에 이처럼 漢地와 江南에 배치·주둔된 군대를 鎭戌軍이라고 불렀고, 방어의 전략적 중요성에 따라 上·中·下의 萬戶府가 두어졌는데 각각 7,000·5,000·3,000명의 병사로 구성되었다. 그밖에 千戶가 두어진 곳도 있었다. 1290년경 揚州·建康·鎭江의 삼각지대에는 7만 호

〔각 도시에서 징수해 대카안의 재고로 들어가는 세금의 가장 큰 부분은 이 같은 용병 수비대의 유지를 위해 사용된다. 만약 어떤 도시에서 반란이 일어나면 — 왜냐하면 사람들은 더러 어떤 광기나 미혹에 빠져 자기 주군을 살해하기 때문이다 — 그 사건이 보고되는 즉시 인근 도시들에서 군인들을 대량으로 보내 잘못을 범한 도시를 진압한다. 왜냐하면 카타이의 다른 지방에서 군대를 보내려 하면 일이 너무 복잡해지고 시간도 두 달이나 걸리기 때문이다.〕

그러나 이 수비병들이 모두 타타르라고 오해해서는 안 될 것이다. 그들은 카타이 출신 사람들이다. 〔왜냐하면 타타르들은 기마민이라서 습한 지대가 아닌 도시 부근, 즉 그들이 말을 타고 훈련할 수 있는 건조하고 땅이 단단한 지역이 아니면 머무를 수 없기 때문이다.〕 그래서 이들 도시를 수비하는 사람들은 기마병이 아니라 대부분 보병이다. 〔이 습한 지역에 위치한 도시들로는 무기를 소지하는 카타이인들과 일부 만지인들이 파견된다.〕 그들 모두는 대카안의 병사이다. 〔그는 매년 자기 백성 가운데 무기를 들기에 적합하다고 생각되는 사람들을 선발하여 군적에 등록시키며, 그들은 모두 병사라고 불린다. 그리고 만지 지방에서 선발된 사람들에게는 자기 고향 도시를 수비하는 임무를 맡기지 않고, 20일 거리쯤 멀리 떨어진 다른 곳으로 보내, 거기서 4~5년 근무하다가 고향으로 돌아오게 한 다음 다른 사람들을 그 자리로 파견한다. 카타이인들과 만지 지방 출신 사람들은 이 규정을 지켜야 한다.〕[62]

가 두어졌고, 杭州에는 4만 호가 설치되었다.

62) 폴로의 말대로 강남지방의 鎭戍軍에는 소수의 몽골인들도 있었지만 대다수는 漢軍과 新附軍으로 충원되었다. 또한 징발된 병사들은 자기 집이 있는 州縣에서 근무할 수 없었으며, 교대근무제가 시행되었다. 교대기간은 지역에 따라 달랐지만 일반적으로는 2년마다 교대했다. 다만 멀리 떨어진 兩廣·南海·四川 등지에서는 번거로움을 이유로 3년마다 교대하라는 규정이 있었지만, 실제상으로는 1년마다 교대되었는데 그 이유는 남방에 유행하는 각종 질병들을 견디기 어려웠기 때문인 것으로 보인다.

간단히 말해 만지 지방의 사무는 대카안이 거두어들이는 재화나 세금이나 수입 면에서 볼 때 너무나 엄청난 것이어서, 어느 누구도 직접 듣거나 보지 않고는 믿지 않으려 할 것이다. 이 지방이 지닌 그 웅장함에 대해서 기록한다는 것도 거의 불가능한 일이다. 따라서 그것에 대해서 나는 침묵을 지킬 것이며 앞으로 더 이상 많은 이야기를 하지 않을 것이다. 그러나 여러분에게 조금은 더 보충해줄 것이 있어, 그것만 이야기하고 나서는 그만두도록 하겠다. 여러분이 알아두어야 할 것은 만지 주민들이 어떤 관습을 갖고 있는가 하는 것인데 그것은 다음과 같다.

부모는 갓난아이가 태어나면 출생한 날과 시와 분을 적고 어떤 상징에 어떤 별자리에 태어났는가를 기록하기 때문에 모두 자신의 출생에 관해서 알고 있다. 그래서 누구든 다른 곳으로 여행을 떠나려고 하면 점성술사를 찾아가 자신의 출생을 말하고 여행을 해도 좋은지 아닌지를 묻는다. 그 결과 여행을 포기하는 경우도 많은데, 점성술사들은 술수와 점치는 데에 매우 능하여 사람들이 그들의 말을 굳게 믿기 때문이다. 〔이 같은 점성술사나 마술사는 광장마다 무척 많이 있다. 점성술사가 좋다고 하지 않으면 어떤 약혼도 성립되지 않으며,〕 〈결혼식을 올리기 전에도 점성술사는 장래의 신랑과 신부가 궁합이 맞는 별자리에 태어났는가 아닌가를 살펴본다. 만약 맞으면 결혼이 성립되지만 서로 어긋나면 깨지고 만다.

주민들은 죽은 사람의 시체를 화장한다.〉 여러분에게 말해두지만 시체를 화장터로 옮길 때 친척을 비롯해 남녀 모두 삼베로 된 상복을 입고 운구되는 시신을 따라가는데, 악기를 연주하고 우상의 기도문을 읊으며 간다. 화장터에 도착하면 그들은 멈추어서 말이나 남녀노비, 낙타, 금실옷 등 여러가지 것들을 모두 종이로 만들도록 한다. 그것을 마치면 불을 붙여 이것들과 함께 시체를 태우면서 죽은 사람이 저승에서 그런 모든 것을 살과 뼈가 붙어 있는 형태로 소유하게 될 것이며 금화도 갖게 될 것이라고 말한다. 시체가 화장되는 동안 그들이 그에게 바치는 모든 공경이 꼭

그대로 저승에서 신들과 우상들에 의해서도 행해질 것이라고 한다.[63]

〈이러한 종류의 믿음 때문에 그들은 죽음을 두려워하지도 신경쓰지도 않는다. 앞에서 말한 것처럼 자기들에 대해서도 그 같은 공경이 바쳐질 것이며, 그와 똑같이 저승에서도 공경받으리라 굳게 믿고 있기 때문이다. 그래서 다른 지방 사람들보다 더 감정적인 만지 지방의 사람들은 분노나 슬픔을 당하면 더러는 자살하기도 한다. 어쩌다가 누군가 자신을 한 대 때리거나 머리를 잡아당기거나 어떤 피해를 주어 상처를 입혔을 경우—가해자가 권력이 세고 지위가 높기 때문에 도저히 복수할 힘이 없을 때—상처 입은 피해자는 슬픔을 이기지 못하고는 밤중에 가해자 집의 문에 스스로 목을 매달아 죽음으로써 상대방에게 더 큰 비난과 멸시가 돌아가도록 한다. 왜냐하면 그것을 목격한 이웃사람들이 가해자를 향하여 피해자에게 보상을 해주고 시체를 화장할 때에는 관습에 따라 성대한 장례식을 치르도록 하고 앞서 말한 것처럼 음악과 하인들과 다른 것들로써 그에게 예우를 갖춰주라고 압력을 가하기 때문이다.

그가 스스로 목을 매는 가장 큰 이유가 바로 이것이니, 즉 돈 많고 권력이 강한 사람으로 하여금 자신의 죽음에 대해 온전히 경의를 표시함으로써 저승에서도 마찬가지의 공경을 받겠다는 것이다. 그래서 그들은 이러한 관습을 지키고 있는 것이다.〉

이 도시 안에는 만지의 군주였다가 도망친 왕의 궁전이 있는데, 이 세상에서 가장 아름답고 훌륭한 건물이다. 이제 그것에 대해 조금 이야기해 보겠다. 그 궁전은 둘레가 10마일이고 총안들이 나 있는 높은 성벽으로 둘러

---

63) 유교적 관습은 화장이 아니라 매장을 선호한다. 그러나 10세기 이후 항주에서는 화장의 풍습이 퍼지기 시작해 국가의 거듭된 금령에도 불구하고 확산되었던 것으로 보인다. 제르네는 그 원인으로 항주의 비싼 땅값 때문에 매장지를 구입하기 힘들어졌을 뿐 아니라, 불교 승려들 사이에 유행하던 화장의 풍습이 일반에게 영향을 미친 것으로 보았다. 특히 화장을 통해 死者가 새로운 생명을 얻게 된다는 믿음도 그 같은 풍습의 확산에 기여한 듯하다.

싸여 있다. 성벽 안에는 아름다운 정원이 많은데 뭐라고 형언하기조차 어려운 갖가지 좋은 과일들이 있다. 분수가 많고 고기들이 뛰노는 호수도 몇개 있다. 그 가운데에 아주 장려한 궁전이 있는데, 얼마나 큰지 굉장히 많은 사람들이 그 안에 머물며 탁자에서 식사할 수 있을 정도이다. 접견실에는 금색으로 된 초상화나 그림들이 그려져 있는데, 여러 이야기, 짐승과 새, 기사와 숙녀, 또 많은 놀라운 것들이 묘사되어 있다. 너무도 아름다운 장관으로, 모든 벽과 천장에서 금칠로 된 그림 이외에 다른 것은 볼 수 없다.

이에 대해서 내가 무슨 이야기를 더 하겠는가? 여러분은 내가 도저히 이 궁전의 빼어난 아름다움을 묘사할 수 없다는 것을 알아야 할 것이다. 그러니 그 진실에 대해 간략하게 말하는 것으로 그치겠다. 이 궁전에는 크기와 장식이 똑같은 20개의 접견실이 있는데, 얼마나 큰지 1만 명이 탁자에 앉아서 편안하게 식사할 수 있을 정도이다. 모두 금색으로 그림이 그려져 있고 멋지게 장식되어 있다. 또한 이 궁전에는 잠자고 식사하는 용도로 사용되는 방이 거의 1,000개나 있으며 크고 아름답다.[64] 과일과

---

[64] 궁전에 대한 더 자세한 묘사가 R본에 다음과 같이 나와 있다. R본에는 팍푸르(Facfur)가 판푸르(Fanfur)로 표기되어 있으나 여기서는 팍푸르로 일관되게 옮겼다.

"이제 팍푸르 왕이 살았던 매우 아름다운 궁궐에 대해 이야기해보도록 하자. 그의 조상들은 야외의 공간을 둘레가 10마일이나 되는 매우 높은 성벽으로 둘러싸게 하고, 그것을 세 구역으로 나누었다. 커다란 문을 통해 중앙 구역으로 들어가게 되는데, 그곳의 양쪽 바닥에 매우 크고 넓찍한 전각들이 서 있다. 그 지붕은 금색과 아주 고운 남색으로 칠해지고 장식된 기둥들이 받치고 있다. 가장 앞쪽에 다른 것들보다 더 크고 중심되는 전각이 있는데 마찬가지로 기둥은 금박으로 칠해져 있고 천장은 매우 아름다운 금색 장식으로 꾸며져 있다. 벽에는 빙 돌아가면서 과거 왕들의 이야기가 정교한 솜씨로 그려져 있고, 매년 우상에게 제사지내도록 지정된 날이 되면 팍푸르는 그곳에서 대회를 열고 중요한 영주들과 뛰어난 장인들과 킨사이시를 꾸민 훌륭한 기술자들에게 연회를 베푼다. 앞서 말한 전각들 아래에 한꺼번에 1만 명이 탁자에 편안하게 앉는다. 이 대회는 10일 혹은 12일간 계속되는 거창한 행사로서 그 화려한 광경은 상상을 초월할 지경이다. 손님들은 모두 비단과 금실로 된 옷을 입고 온갖 보석으로 장식하는데, 모두 자신의 재력을 있는 대로 뽐내기 위해서 최대한의 노력을 하기 때문이다.

내가 말한 커다란 문을 거쳐 중앙구역으로 들어오면 보게 되는 이 전각 뒤로는 문이 달린 벽이 하나 있어 궁궐의 다른 구역과 구분하고 있다. 그곳으로 들어가면 또 하나의 넓은 공간을 보게 되는데, 마치 수도원과 같이 회랑을 떠받치는 기둥들이 그 공간 주위를 두르고 있다. 거기에

물고기에 대해서는 여러분에게 이미 이야기했다.

여러분이 또 알아두어야 할 것은 이 도시에 160토만의 불(fires), 즉 160토만의 가구가 있다는 사실인데, 토만은 1만이기 때문에 모두 합해서 160만 채의 집이 있는 셈이다.[65] 그 중에는 으리으리한 저택도 많다. 네스토리우스파 기독교 교회는 한 곳뿐이다.[66]

이 도시에 대해서는 여러분에게 설명해줄 이야기가 하나 더 있다. 이

는 왕과 왕후를 위한 방이 여럿 있고 마찬가지로 여러 모양으로 장식되어 있으며 벽도 그렇게 되어 있다. 그리고 이 수도원에서 폭이 6보쯤 되는 복도로 들어가게 되는데 모두 지붕으로 덮여 있다. 그러나 그것은 매우 길어서 호수 있는 곳까지 뻗쳐 있다. 이 복도를 따라 한쪽으로 10개의 궁정이 있고 다른쪽으로도 또 10개의 궁정이 있는데 그것들은 서로 마주보고 있으며, 회랑으로 둘러싸여 있어 마치 기다란 수도원같이 생겼고, 수도원 모양의 궁정들은 각각 50개의 방과 정원을 갖고 있다. 이 방들에는 왕을 모시는 1,000명의 소녀들이 머물고 있다.

왕은 가끔 왕후와 그 소녀들 몇몇을 데리고 호수로 놀러나가서 비단으로 덮개를 한 유람선을 타고 우상이 모셔진 절을 방문하기도 한다. 앞서 말한 궁성 안의 다른 두 구역에는 숲과 호수가 있고, 과실나무가 심겨져 있고 숫사슴, 황갈색 사슴, 붉은 사슴, 산토끼, 토끼 등 온갖 동물들이 있는 아름다운 정원들이 있다. 왕은 후궁들을 마차나 말에 태워 놀고 즐기는데 남자는 거기에 없다. 또한 그는 후궁들로 하여금 개라든가 그와 비슷한 동물들을 쫓게 만든다. 그녀들은 지치면 호수를 마주보고 있는 숲으로 들어가 거기에 옷을 벗어놓고 알몸으로 나와서, 물 속에 들어가 일부는 여기서 또 일부는 저기서 헤엄을 치고, 왕은 그 모습을 보면서 즐기다가 다시 처소로 돌아온다. 때로 그는 높은 나무가 울창한 그 숲으로 음식을 가져오게 하여 후궁들에게 시중을 들게 한다. 이처럼 여자들과 끊임없는 희롱을 즐기다 보니 왕은 무기가 무엇인지도 모르면서 자라는 것이다. 그것이 결국은 그에게 유약함과 무능함을 가져다 주게 되었고, 여러분이 위에서 들었듯이 대카안은 그로부터 나라의 모든 것을 빼앗고 수치와 모욕을 주게 된 것이다.

이 모든 이야기는 내가 그 도시에 있을 때 킨사이의 한 부유한 상인으로부터 들은 것으로, 그는 나이가 매우 많고 팍푸르 왕과도 절친한 사이여서 그의 생활에 대해서 자세히 알고 있었다. 그는 상술한 궁궐을 보았고 나를 기꺼이 그곳으로 안내했었다. 대카안이 파견한 왕이 그곳에 머물고 있기 때문에, 처음 나오는 전각들은 아직도 예전 그대로이지만, 여자들이 머물던 방들은 모두 폐허가 되어 흔적밖에는 아무것도 남지 않았다. 마찬가지로 숲과 정원을 둘러싸고 있던 성벽도 무너져내렸고 동물도 나무도 남아 있지 않다."

65) 오도릭은 10호 내지 12호가 하나의 '불'이라는 단위를 구성한다고 하면서, 항주에는 사라센 4만 '불'을 포함해서 모두 89만의 '불'이 있다고 기록했다. 유울은 '불'이라는 것이 '煙戶'를 나타내는 것이라고 하며 원대의 '保甲'에 해당된다고 보았다(*Cathay and the Way Thither*, vol.2, London, 1913, p. 198).

66) 항주에는 네스토리우스파 기독교회(十字寺) 1개소가 있었고 그 유적지도 발굴된 바 있다. 佐白好郎, 『景教の研究』(東京, 1935), p. 903.

도시는 물론 다른 도시의 시민들도 다음과 같은 관습을 갖고 있다. 즉 누구나 자기 이름을 위시해서, 부인과 자식과 노예들과 모든 집안사람의 이름을 자기 집 문에다 써놓는다는 것이다. 또한 말을 얼마나 기르는지도 적어둔다. 만약 그 중 누가 죽으면 그의 이름을 지워버리고 누가 태어나면 마찬가지로 거기에 첨가한다. 이런 방식 때문에 각 도시의 수령들은 시내에 있는 사람들 모두를 알 수 있는데, 이것은 만지와 카타이 전지방에서 행해지고 있다.

여러분에게 한 가지 그들의 또 다른 좋은 관습을 말해주겠다. 여인숙을 경영하며 여행자를 재우는 사람들은 누구든 자기 여인숙에 들어오는 사람들의 이름과 투숙한 월일을 기록한다. 그렇게 함으로써 대카안은 1년 내내 전국적으로 누가 오고가는지를 알 수 있으니, 정말로 현명한 사람들에게 어울리는 관습이다. 〈그리고 만지 지방의 거의 모든 빈자와 약자들은 부유하고 지체 높은 사람들에게 아들딸을 팔아서 그 돈으로 생계를 유지하고 있고, 그 아이들은 그런 사람들과 살면서 보다 편안한 생활을 누릴 수 있다.〉

〔이 도시에서 소비되는 후추의 양을 보면 모든 사람의 수요를 충당하기 위해 이곳에서 얼마나 많은 식량과 고기와 술과 향료가 공급되는지를 알 수 있을 것이다. 마르코님은 대카안의 관세국에서 일하는 어떤 사람이 계산한 것을 보았는데,〕〈조사결과 킨사이시에서 후추의 하루 소비량은 43대의 수레에 실을 정도인데, 수레 한 대에는 223파운드를 실을 수 있다. 이를 기초로 여러분은 다른 향료의 소비량이나 또 얼마나 많은 생필품이 소요되는지를 계산할 수 있을 것이다.

바얀이 이 도시를 포위했을 때 일어난 한 가지 놀라운 일에 대해서 이야기해보자. 팍푸르 왕은 그의 눈앞에서 도망쳐버렸고, 도시의 수많은 사람들도 그 도시 한쪽으로 흐르던 넓고 깊은 강을 따라 배를 타고 도망치고 있었다. 그들이 이렇게 도망치던 바로 그때 강이 완전히 말라버리게 되었다. 이를 알게 된 바얀은 그곳으로 가서 도망친 사람들을 모두 도시로 돌아가게 했다. 그때 마른 강바닥에 물고기 한 마리가 가로누워 있었는데 보기에도 진기한 모습이었다. 왜냐하면 길이는 100보 정도인데 굵기는 그 길이에 어울리지 않을 정도로 터무니없는데다 몸에는 온통 털이 나 있었기 때문이다. 여러 사람이 그것을 먹고 죽고 말았다. 마르코님은 그 물고기의 머리를 어떤 우상의 절에서 자기 눈으로 직접 보았다고 말한다.)[67]

이제 여러분에게 이러한 이야기들의 일부를 말해주었으니, 다음에는 만지의 아홉 부분 가운데 하나인 이 도시와 그 속령에서 거두어들이는 엄청난 세금에 대해서 말해보도록 하겠다.

153장 | 여기서 그는 대카안이 킨사이에서 거두어들이는 막대한 세금에 대해서 이야기한다

이제 나는 여러분에게 대카안이 만지 지방에 있는 아홉 부분 가운데 하나인 이 킨사이시와 그 관할하에 있는 지역에서 얼마나 많은 세금을 거두는지에 대해서 말하고 싶다. 먼저 염세에 대해서 말하겠는데 그것이 매우 중요한 세금의 하나이기 때문이다. 여러분은 이 도시가 매년 염세로 평균 80토만의 금을 물고 있다는 사실을 알아야 할 것이다. 1토만이 금 7만 사기오와 같으니, 80토만은 560만 사기오의 금에 해당되는 셈이고,[68] 1사기오는 금 1플로린(florin)이나 금 1두카트(ducat)보다 더 가치가 높다.

---

67) 이 거대한 고기는 고래를 가리키는 것으로 보인다. 실제로 1282년 항주의 성벽이 면해 있는 浙江 연안에서 길이 30미터나 되는 고래가 붙잡혀 시내의 무뢰배들이 사다리를 이용해 고래 위로 올라가 고기를 잘라 먹었다는 기록이 있고, 1291년에도 또 다른 고래가 성벽에 붙어 죽은 것이 발견되었다는 기록이 보인다. 실제로 바다로 유입되는 錢塘江에서는 干滿의 차이가 무척 컸기 때문에 이러한 현상이 충분히 일어날 수 있었을 것이다. 그러나 폴로가 100보, 즉 150미터에 이른다고 한 것은 과장인 것으로 보인다. 제르네, 『일상생활』, p. 33.

68) R본에는 1토만이 8만 사기오이고 총계는 640만 사기오라고 했고, Z본에는 1토만이 7만 사기오라고 되어 있을 뿐 총액은 제시되지 않았다.

이것은 정말 엄청난 액수이고 또 놀랄 만한 것이다.[69] 〈이 도시에서의 염세가 이렇게 많은 까닭은 그곳이 바다 가까이에 위치해 있어 많은 양의 소금이 만들어지고, 만지의 다섯 왕국의 소금 소비가 이 도시에 의존하고 있기 때문이다.〉

소금에 대해서 이야기했으니 또 다른 상품에 대해서 말해보면, 이 지방에서 생산되는 사탕은 세계 나머지 지역 모두에서 생산되는 것보다도 많다. 이것 역시 중요한 세원을 이룬다.

향료에 대해서는 여러분에게 하나씩 설명하지 않고 그 전체에 대해서 한꺼번에 이야기하겠다. 모든 향료는 3.3%를 세금으로 물고 다른 상품들 역시 3.3%를 문다. 쌀로 만든 술이나 석탄에서도 많은 세금을 거두어들인다. 또 내가 앞에서 12가지 직업을 말했는데, 그 각각의 직업과 1만 2,000개의 점포로부터도 많은 세금을 걷는데 그것은 그들이 만드는 모든 것에 대해 세금을 물기 때문이다. 〈또 무엇이 있을까? 육로를 통해 이 도시로 물건을 들여오거나 다른 곳으로 가져가는 상인들, 그리고 바다를 통해 상품을 내가는 상인들로부터는 상품의 1/30, 즉 3.3%를 취한다. 그러나 바다를 통해 상품을 들여오는 사람들은 10%를 내야 한다. 또한 가축에서 나오는 것이든 토지에서 수확하는 것이든 모두 1/10을 나라에 납부해야 한다.〉 엄청나게 많이 생산되는 비단에 대한 세금 역시 대단히 많다. 내가 이야기를 장황하게 해서 무엇하겠는가? 비단에 대해서는 1/10의 세금을 부과하는데 그것만 해도 엄청난 액수이다. 그밖에도 1/10의 세금을 무는 것들이 많다.

그래서 나 마르코 폴로는 이 모든 것들로부터 거두는 세액 ─ 염세를 제외하고 ─ 이 매년 금 210토만이라는 말을 여러 차례 들었다. 그것은 1,500

---

69) 유울은 80만 토만이라는 숫자가 중국의 '兩'을 단위로 한 것이라고 보았다. 그러나 愛宕松男은 560만 사기오의 금을 은으로 환산하면 26만 3,200킬로그램이고, 이는 兩浙鹽으로 거두어들이는 세금 총액 600만 관을 은으로 환산한 11만 2,500킬로그램에 비해 너무나 많다는 점을 지적했다.

만하고도 70만이 되는 셈이니,[70] 실로 이는 들은 적도 없고 계산하기도 불가능할 정도로 엄청난 액수의 세금이다. 그리고 이것은 그 지방의 아홉 부분 가운데 하나에서만 나오는 것이다. 이 킨사이시에 관해 대부분의 이야기를 했으니 이제 이곳을 떠나 앞으로 가서 탄피주라 불리는 도시에 대해서 말하도록 하겠다.

154장 | 여기서 그는 탄피주(Tanpigiu)[71]라는 큰 도시에 대해서 이야기한다

킨사이를 떠나 동남쪽으로 하루 거리를 가면 계속해서 가옥과 멋진 정원들이 보이는데, 거기에는 생활에 필요한 모든 물자가 풍부하다. 하루 거리의 끝에서 내가 위에서 거명한 도시 즉 탄피주를 만나게 되는데, 매우 크고 아름다우며 킨사이에 소속되어 있다. 주민들은 대카안에 복속하고 있고 지폐를 사용한다. 우상숭배자이며 시체는 위에서 내가 말한 방식대로 화장한다. 교역과 수공업으로 살아가며 생활에 필요한 모든 물자들이 풍부하다. 더 이상 언급할 것이 없으므로 여기를 떠나 부주(Vugiu)[72]에 대해서 이야기해보도록 하자.

이 탄피주시를 떠나 동남쪽으로 사흘 거리를 가다 보면 계속해서 크고 아름다운 도시와 촌락을 보게 되는데, 값싸고 좋은 물자들이 풍부하다.

---

70) F본은 앞에서 금 1토만은 금 7만 사기오와 같다고 했기 때문에, 210토만이라면 금 1,470만 사기오가 되어야 마땅할 것이다.

71) R(tapinzu), Z(taipinçu, tanpinçu). 유울과 샤리뇽은 이곳을 항주 동남쪽에 위치한 紹興으로 비정했으나, 음성상의 차이를 설명하기 어려운 추정이다. 愛宕松男은 東安州 富陽으로 보았다. 펠리오는 이곳을 항주 서남쪽에 있는 嚴州로 보았는데, 그 근거는 嚴州의 원대 발음이 *gam(p)ju였으리라고 추정했기 때문이다. 즉 그는 *gampgiu → campigiu → tanpigiu로 바뀐 것으로 보았다.

72) F(vugiu, uugiu, uulgiu, viugiu), R(vguiu), Z(vugui). 婺州(현재 浙江省에 위치)를 가리킨다. 그러나 愛宕松男은 富陽縣의 송대 명칭인 睦州로 보고, 뒤에 나오는 '규주'를 婺州로 비정하고 있다.

사람들은 우상숭배자이고 대카안에게 복속하고 있으며 킨사이의 영역에 속한다. 새로이 언급할 만한 것은 없다. 사흘 거리의 마지막에 부주라는 도시에 이르게 되는데, 부주는 대도시이고 그 주민들은 우상숭배자이며 대카안에게 복속하고 있다. 교역과 수공업으로 살아가고 킨사이의 영역에 속한다. 이곳에 대해서는 이 책에 더 추가할 것이 없으므로 앞으로 더 전진해서 규주(Ghiugiu)[73]시에 대해서 말해보도록 하자.

부주를 떠나 동남쪽으로 이틀 거리를 가는 동안 줄곧 많은 읍과 촌락들을 보게 되어 마치 하나의 도시를 지나는 듯한 느낌을 받는다. 모든 것이 풍부하고, 그 지방 전역에는 아주 굵고 긴 대나무가 있다. 어떤 대나무는 둘레가 네 뼘이고 길이가 15보나 되는 것들도 있다는 것을 알아두기 바란다. 그외에는 특별히 언급할 만한 것이 없다.

이틀 거리의 끝에 규주라는 도시가 나오는데 매우 크고 아름답다. 주민들은 대카안에게 복속하고 있고 우상숭배자이며 역시 킨사이의 영역에 속한다. 비단이 많고 주민들은 교역과 수공업으로 살아간다. 생활에 필요한 모든 물자가 풍부하다. 역시 그밖에는 언급할 만한 것이 없으니 이곳을 떠나 앞으로 가기로 하자.

규주시를 출발하여 동남쪽으로 나흘 거리를 가다 보면 줄곧 많은 도시와 촌락과 부락을 보게 되는데, 생활에 필요한 물자가 풍부하고 주민들은 우상숭배자이며 대카안에게 복속하고 있다. 이곳 역시 킨사이의 영역에 속한다. 주민들은 교역과 수공업으로 살아가고, 짐승이나 새와 같은 사냥감이 풍부하다. 크고 사나운 사자도 많다. 만지 전체를 통틀어 양이나 암양은 없지만 암소, 황소, 숫염소, 암염소, 돼지 등은 많다. 이외에 달리 언급할 만한 것이 없으니 이곳을 떠나 앞으로 나가서 다른 것에 대해서 이야기하도록 하겠다.

---

73) F(chengiu, ghingiu, ghengiu), R(gengui), Z(ghengui). 衢州(현재 浙江省에 위치)를 가리키므로 ghiugiu로 복원.

이곳을 떠나 나흘 거리를 여행하면 찬샨(Cianscian)[74]이라는 도시를 만나게 되는데 매우 크고 아름답다. 언덕 위에 위치해 있는데, 그것으로 강이 나뉘어 한쪽은 위로, 다른 한쪽은 아래로 흐른다. 이 역시 킨사이의 영역에 속하고, 주민들은 대카안에 복속하고 있으며 우상숭배자이다. 교역과 수공업으로 살아간다. 이밖에 더 언급할 것이 없으므로 이곳을 떠나서 앞으로 더 가보도록 하자.

찬샨을 출발하면 사흘 동안 도시와 촌락과 부락이 많은 아름다운 고장을 통과하게 되는데, 그곳에는 상인과 수공업자들이 많다. 주민들은 우상숭배자이고 대카안에게 예속되어 있으며, 역시 킨사이의 영역에 속한다. 생활에 필요한 물자들은 대단히 풍부하다. 짐승과 새와 같은 사냥감도 많다. 그밖에는 특별히 언급할 것이 없으므로 더 앞으로 가보도록 하자. 사흘 거리의 마지막에 쿠주(Cugiu)[75]라는 도시에 도달하게 되는데 매우 크고 아름답다. 주민들은 대카안에게 복속하고 있고 우상숭배자이다. 이곳이 킨사이의 영역 중에 마지막 도시이다. 여기서부터는 킨사이와 아무런 관계가 없는 두 번째 왕국—만지의 아홉 부분 가운데 하나—인 푸주가 시작된다.

155장 | 여기서 그는 푸주(Fugiu)[76] 왕국에 대해서 이야기한다

킨사이 왕국의 마지막 도시인 쿠주를 떠나면 푸주 왕국으로 들어가게 된다. 여기서 시작해 동남쪽으로 엿새 거리를 가는 동안 도시와 촌락이 여럿 있는 산지와 계곡을 지나게 된다. 주민들은 우상숭배자이고 대카안에게 복속하고 있으며, 우리가 얘기를 막 시작한 푸주의 관할하에 있다. 교

---

74) F(cianscian, ciansan), R(zengian), Z(çansan). 常山縣(현재 浙江省에 위치)을 가리킨다.

75) R(gieza), Z(chuçu, cuçu). 대부분의 주석가들은 이곳이 信州(현재 浙江省에 위치)에 해당된다고 보고 있다.

76) Fugiu시에 대해서 R(cangiu, fugiu), Z(fugui). Fugiu 왕국에 대해서는 R(Concha), Z(Fugui)로 표기되었지만, F본은 모두 fugiu로 되어 있고 그것이 정확한 표기이다. 이는 원대 福州行省의 치소가 있었고 오늘날 福建省의 성도인 福州를 가리킨다.

역과 수공업으로 살아가고 생활에 필요한 물자들이 풍부하다. 짐승과 새 같은 사냥감이 많고, 크고 사나운 사자들도 있다. 생강과 방동사니가 헤아릴 수 없이 많아서, 베니스 1그로트면 거의 80파운드의 생강을 살 수 있을 정도이다. 사프론(saffron)[77]과 비슷하기는 하지만 전혀 다른 과일이 있는데, 사프론과 비슷한 용도로 쓰인다.

이야기할 것이 또 하나 있다. 주민들은 온갖 더러운 것들을 먹는데, 만약 자연사한 경우가 아니라면 사람의 고기까지 아주 기꺼이 먹는다. 칼로 죽음을 당한 사람들의 경우를 매우 좋은 고기로 여겨 모조리 먹어치운다.[78] 군대에 가서 무장하고 다니는 사람들은 다음과 같이 변해버린다. 그들은 머리를 깎고 얼굴 한가운데에 남색(藍色)으로 칼날과 같은 모양을 그려넣는다.[79] 대장을 빼놓고는 모두 도보로 행군하는데, 창과 칼을 들고 다니며 세상에서 가장 잔인한 사람들이다. 여러분에게 말해두지만 그들은 하루 종일 사람을 죽이고 그 피를 마시고 또 그 고기를 먹는다. 그들은 언제나 기회만 있으면 사람을 죽여서 그 피를 마시고 고기를 먹고 싶어한다. 이제 이 정도로 그만 해두고 다른 이야기를 해주겠다.

내가 위에서 말한 엿새 중에 사흘 거리가 끝나면 켄린푸(Quenlinfu)[80]라는 도시에 이르게 된다. 매우 크고 훌륭한 도시로 대카안에게 복속하고 있다. 이 도시에는 세상에서 가장 뛰어나고 아름다운 다리가 세 개 있다.

---

77) 붓꽃과의 다년초로서 잎이 가늘고 길다. 꽃에서 가루를 얻어 염료나 향신료로 사용하기도 한다.

78) 『輟耕錄』 권9에는 인육을 먹었던 사례들을 전거를 들어 밝히면서, 전쟁이 빈번히 일어난 원대에 淮右 지방의 군인들도 그런 일을 자행했음을 기록하고 있다. 저자는 이런 풍습을 '想肉'이라 부르며, 인육으로는 小兒가 최상이고, 婦女가 다음이며 男子가 그 다음으로 여겨졌다고 한다.

79) 원대의 사료에는 손이나 얼굴에 문신을 한 군인을 지칭하는 手號軍, 手記軍, 涅手軍, 手額號禁軍 등의 명칭으로 불리던 군인들이 있었는데, 이들은 대체로 南宋에 속했던 사람들이다. 군인의 손이나 얼굴에 문신하는 관습은 五代부터 생긴 것으로, 지휘관들이 휘하 군인들이 도주하지 못하게 하려는 목적에 의한 것이었다. 이에 대해서는 曾我部靜雄의 「宋代軍隊の入墨に就いて」(『東洋學報』24-3, 1937)를 참조하시오.

80) F(qenlifu), R(quenlinfu), Z(qenlinfu). '建寧府'를 옮긴 말로서 quenlinfu로 복원.

길이는 1마일이고 폭은 9보이며, 모두 돌로 만들어졌고 난간은 대리석으로 되어 있다. 어찌나 아름답고 멋있는지 그렇게 만들려면 많은 돈을 들여야 할 것이다. 주민들은 교역과 수공업으로 살아간다. 비단이 많고, 생강과 방동사니도 많이 자란다. 여자들은 예쁘게 생겼다.

여기서 한 가지 괴상한 것에 대해서 말해보면, 그곳에는 털이 하나도 없고 살갗이 고양이같이 생겨 온통 까만색인 닭들이 살고 있다고 하는데, 알은 우리나라에서 보는 것과 동일하며 아주 맛이 있다.[81] 이밖에 언급할 만한 특별한 것이 없으니 이곳을 떠나 앞으로 가보도록 하자.

엿새 거리 중에서 나머지 사흘 거리를 가는 동안 역시 많은 도시와 촌락을 보게 되는데, 거기에는 상인과 수공업자와 상품들이 무척 많다. 비단도 많으며 주민들은 우상숭배자이고 대카안에게 예속되어 있다. 사냥감도 풍부하다. 여행자들에게 많은 해를 끼치는 크고 사나운 사자들도 있다. 이 사흘 거리의 마지막에서 15마일을 가면 부겐(Vuguen)[82]이라 불리는 도시에 당도하게 된다. 그곳에서는 많은 양의 사탕이 만들어지며, 대카안은 궁정에서 그가 사용하는 사탕 전부를 이 도시에서 가져간다. 그 양은 정말로 많아서 엄청난 거액이다.

〈그러나 대카안이 그들을 정복하기 전까지 그 지역의 주민들은 사탕을 마치 바빌론 지방에서 하듯이 그렇게 곱게 만드는 법을 몰랐다. 그들은 사탕을 틀 속에 넣어서 덩어리로 굳히는 방법에 익숙지 않아서, 단지 그것을 끓여서 그 웃더껑이를 걷어서 그대로 놓아두었다. 그러면 검은색의 반죽 같은 것이 되었다. 그러나 바빌론 지방에서 온 사람들이 그곳으로 가서 어떻게 하는지를 가르쳐주었다.〉 그밖에 달리 언급할 것이 없으므로 앞으로 더 가보도록 하자. 이 부겐시를 떠나서 15마일을 가면 이 왕국

---

81) 뼈도 고기도 검다고 하는 烏骨鷄를 말한다.
82) F(uuqen, vuqeun), R(vnguem), Z(vuiaen). 福州에 거의 다 가서 이르게 되는 侯官을 가리킨다.

의 수도인 푸주라는 당당한 도시에 이르게 된다. 이제 여러분에게 그에 대해 아는 것을 말해주도록 하겠다.

156장 | 여기서 그는 푸주시에 대해서 이야기한다

여러분은 이 푸주시가 만지 지방에 있는 아홉 부분 가운데 하나인 콘카 (Choncha)[83]라고 불리는 왕국의 수도라는 사실을 알아두어야 할 것이다. 이 도시에서는 활발한 무역이 이루어지고 상인과 수공업자도 많다. 주민들은 우상숭배자이고 대카안에게 복속하고 있다. 대단히 많은 수의 군인들이 그곳에 주둔하고 있는데, 그 지방의 도시나 촌락 여러 곳에서 반란이 자주 일어나기 때문에 대카안의 군대가 다수 주둔하고 있는 것이다. 이 도시에 주둔하는 군대는 반란이 일어나면 곧장 그곳으로 가서 점령하고 진압해버린다. 이런 까닭에 대카안의 많은 군대가 이 도시에 주둔해 있는 것이다.

이 도시 가운데로 폭이 거의 1마일인 커다란 강이 관통하고 있고, 그 강을 따라 많은 배가 이 도시로 들어온다. 그곳에서는 얼마인지 추측하기조차 어려울 정도로 많은 양의 사탕이 생산되고 있다. 진주를 비롯하여 다른 보석들의 교역도 활발히 이루어지는데, 그것은 인도의 섬들에 자주 드나드는 상인과 함께 인도로부터 많은 선박이 들어오기 때문이다.

〈이 고장에는 사자가 많은데 그들은 덫을 놓아서 잡는다. 다시 말해 적당한 장소에 두 개의 깊은 구덩이를 나란히 파놓는데, 두 구덩이 사이로 1완척 정도의 땅을 남겨둔다. 그리고 그 구덩이 옆으로 높은 담을 쌓되 구덩이가 있는 쪽에는 그대로 놓아둔다. 이 구덩이를 판 사람은 밤에 작은 개를 그 중간의 땅에 묶어놓은 뒤 가버린다. 그러면 묶인 채 주인에게 버려진 이 개는 계속해서 짖을 것이다. 이때 이 개는 흰색이어야 한다. 사

---

83) F · Z(choncha), R(concha). 이 이름의 對音에 대해서는 아직 명확한 설명이 없다. 福建, 福州, 江浙, 泉州 등의 한자음을 잘못 표기한 것이 아닐까 하는 추정 정도가 있을 뿐이다.

자는 어디에 있든간에 이 개짖는 소리를 듣고는 개에게로 무섭게 달려온
다. 개의 몸이 희뿌옇게 빛나는 것을 보고는 잡으려고 성급하게 달려들다
가 구덩이 속에 빠지고 마는 것이다. 아침이 되면 구덩이를 판 사람이 와
서 구덩이 속의 사자를 죽이고는 맛있는 고기는 먹고 가죽은 비싸기 때문
에 팔아버린다. 만약 그 녀석을 산 채로 잡고자 한다면 도르래에 매달아
끌어올린다.

그 지역에는 파피오네(papione)라고 불리는 동물이 있는데 마치 여우
처럼 생겼다. 그것은 사탕수수를 갉아먹어 많은 피해를 준다. 그리고 상
인들이 대상(隊商)을 끌고 이 지역을 지나가다가 쉬거나 밤에 자려고 어
느 곳에 머물면, 파피오네들은 몰래 접근하여 훔칠 수 있는 것은 무엇이
든 훔쳐서 달아나버려 상인들에게도 막대한 손실을 입힌다. 그놈들을 잡
는 방법은 이러하다. 커다란 조롱박 윗부분의 손잡이가 있는 곳을 잘라내
고는 파피오네 한 마리가 억지로 머리를 쑤셔넣을 정도의 넓이로 구멍을
만든다. 그리고 파피오네 머리의 심한 압력을 받아 조롱박의 구멍이 부서
지지 않도록 그 구멍 둘레를 송곳으로 뚫은 뒤 끈으로 돌아가며 꿰맨다.
이렇게 한 뒤 조그만 비곗덩어리를 그 조롱박 안에 넣어두고는, 그런 것
들 여러 개를 대상이 머무는 곳에서 조금 떨어진 장소 여기저기에 설치한
다. 파피오네는 무엇인가를 가져가려고 대상이 있는 곳에 접근했다가 조
롱박 안에 있는 비곗덩어리 냄새를 맡고는 그리로 달려간다. 머리를 넣어
보려고 하지만 잘 되지 않자, 그 안에 놓인 먹이를 먹으려는 욕심에 온 힘
을 다해 머리를 안으로 처박는다. 그러면 다시 뺄 수 없기 때문에 조롱박
을 쓴 채 ― 조롱박이 가볍기 때문에 ― 달리기 시작한다. 그러나 그놈은
어디로 가야 할지를 모르기 때문에 상인들의 손에 쉽게 잡히는 것이다.
고기는 먹기에 아주 좋고 가죽은 비싸게 팔린다. 이 지역에는 무게가 24
파운드나 나가는 아주 커다란 거위도 자란다. 그것들은 목에 큰 혹을 달
고 있는데, 마치 고니가 코 근처의 부리 위에 혹을 달고 있는 것과 비슷하

지만 고니의 혹보다 훨씬 더 크다.〉

여러분에게 말해두지만 이 도시는 차이톤 항구와 가깝다. 그곳은 바다에 연해 있어 인도로부터 많은 물건을 실은 배가 수없이 드나든다. 그리고 이곳에서부터 내가 위에서 말한 큰 강을 따라 배들이 푸주까지 올라간다. 이런 방식으로 인도로부터 그곳으로 값비싼 것이 많이 들어온다. 생활에 필요한 물자가 매우 풍부하며, 아름다운 정원과 맛있는 과일도 많다. 매우 훌륭한 도시이며 놀라울 정도로 모든 것이 잘 정비되어 있다.

〈마르코님이 말했던 것 한 가지만 이야기하겠는데, 여기서 응당 이야기해야 할 내용이기도 하다. 마르코님의 숙부인 마페오님과 마르코님 자신이 상술한 푸주시에 있었을 때 어떤 현명한 사라센 사람 하나가 그들과 함께 있었는데 그가 다음과 같은 이야기를 했다고 한다. "누구도 알지 못하는 종교를 믿는 어떤 사람들이 이러이러한 지점에 살고 있습니다. 우상을 모시지 않으므로 우상숭배자도 아니고, 불을 숭배하지도 않으며 마호메트를 믿는다고도 하지 않고 기독교의 규정을 받아들이는 것 같지도 않습니다. 만약 당신들만 괜찮다면 그들에게로 가서 이야기해보지 않겠습니까? 아마 당신들이 그들의 생활에 대해서 무엇인가를 알게 될 테니까요." 이렇게 해서 마르코님 일행은 그곳으로 가서 그들과 이야기하며 살펴보고 그들의 생활과 종교에 관해 물어보았다. 그러나 그들은 마르코님 일행이 자신들의 종교를 박탈하려는 목적으로 심문하고 있다고 생각하여 두려워했다. 그것을 본 마페오님과 마르코님은 그들을 달래면서 "겁내지 마시오! 우리는 결코 당신들을 해치려고 온 것이 아니라 당신네 생활을 더 낫게 해주려고 온 것이오"라고 말했다. 그들은 마르코님 일행이 대군주에 의해 파견되어 조사하고 있는 것이며 자기들에게 해를 끼칠지도 모른다고 두려워했던 것이다.

그러나 마페오님과 마르코님은 매일같이 그곳을 드나들면서 그들과 편안한 사이가 되었고, 그래서 그들이 하는 일에 대해서 물어본 결과 그들이 기독교를 믿고 있다는 사실을 알게 되었다. 그들이 갖고 있는 책들이 있었는데, 마페오님과 마르코님이 그것을 읽고 글을 번역하면서 글자 하나하나를, 또 말 하나하나를 옮겨보니, 그것이 바로 『시편』의 구절들임을 깨닫게 되었다. 그래서 그들에게 이 종교와 교리를 어떻게 받아들이게 되었는가 물었더니 "우리 조상으로부터"라고 대답했다.

그들의 어떤 사원에는 세 사람의 모습이 그려져 있는데, 그것은 온 세상으로 전도하러 떠났던 70인의 사도 가운데 세 사도였다. 그들은 바로 이 사도들이 옛날 자기 조상들에게 이 종교를 가르쳐주었으며 이 신앙은 그들 사이에서 700년 동안 보존되어오고 있다고 말했다. 그러나 오랫동안 가르침을 받지 못해 중요한 것들을 알지 못하게 되었다고 했다. 그들은 "그러나 우리는 이것을 우리 조상들로부터 물려받았고, 우리의 책들에 따라서 우리는 이 세 분, 즉 세 사도를 경배하는 것입니다"라고 말했다. 그러자 마페오님과 마르코님은 "당신들은 기독교도이고 우리도 같은 기독교도요. 당신들에게 충고하는데 대카안에게 사람을 보내서 당신네들의 사정을 설명하여, 그가 당신들에 대해서 알게 되어 자유로이 종교와 교리를 지킬 수 있도록 하시오"라고 말했다. 왜냐하면 우상숭배자들 때문에 그들은 감히 자기 종교를 드러내놓고 표방하거나 믿지 못했기 때문이다.

그래서 그들은 대카안에게 두 사람을 보냈는데, 마페오님과 마르코님은 그 둘에게 대카안의 궁정에 있는 기독교도들의 우두머리를 먼저 찾아가서 그가 군주의 어전에서 사정을 잘 말할 수 있도록 하라고 일러주었다. 그 사신들은 그렇게 했다. 어떻게 되었을까? 기독교도의 우두머리는 대카안에게 이들은 기독교도이며 그의 영토 안에서 마땅히 기독교도로 인정받아야 한다고 역설했다. 우상숭배자들의 우두머리가 이를 듣고는 그렇게 해서는 안 된다고 반대의견을 제시하면서, 상술한 사람들은 우상숭배자이고 또 여태까지 줄곧 그렇게 간주되어왔다고 주장했다.[84] 이렇게 해서 군주의 어전에서 이 문제를 놓고 큰 논전이 벌어지게 되었다.

마침내 군주가 화를 내며 모두를 물리친 뒤, 그 사신들을 자기에게로 오게 하고는 기독교도가 되고 싶은지 아니면 우상숭배자가 되고 싶은지 물어보았다. 그러자 그들은 "만약 폐하의 뜻에 어그러지지 않는다면 조상들이 그래왔던 것처럼 기독교도로 남고 싶습니다"라고 대답했다. 대카안은 그들이 기독교도로 불릴 것과 그들이 기독교의 교리를 지킬 수 있도록, 또 이 교리를 받드는 모든 사람들도 그렇게 되도록 하는 특허장을 그들에게 발부하도록 지시했다. 그래서 만지 지방의 이곳저곳에서 이 교법을 따르는 사람들이 70만 호 이상이나 된다는 사실이 밝혀지게 되었다.〉

이에 대해서는 여러분에게 그만 이야기하고 다른 것들에 대해서 설명하도록 하겠다.

157장 | 여기서 그는 차이톤(Çaiton)[85] 시에 대해서 이야기한다

푸주를 떠나 강[86]을 건너서 동남쪽으로 닷새 거리를 가는 동안 줄곧 훌륭한 도시와 촌락과 부락을 많이 보게 된다. 모든 물자가 풍부하고, 언덕과 계곡과 평원이 있으며, 장뇌를 얻을 수 있는 나무들로 들어찬 넓은 숲도 나온다. 짐승과 새와 같은 사냥감이 많고, 주민들은 교역과 수공업으로 살아간다. 대카안에게 복속하며 푸주의 영역, 즉 그 왕국 안에 있다. 이 닷새 거리를 다 가면 매우 크고 훌륭한 도시 차이톤에 도착하게 된다.

---

84) 원대에는 제국의 불교와 티베트 사무를 담당하는 宣政院이 두어졌고, 기독교 특히 네스토리우스교에 관한 사무는 崇福司가 담당했다. 전자의 장관은 종1품, 후자는 종2품이었다.

85) F(airon, aitem, aiton, caiton, airon), R(zaitum), Z(cayton, caytum, aintum, aitum, aytum, aytun, zaytun). 이곳은 泉州를 가리킨다. 당시 서구나 이슬람측 자료에는 이 도시를 '차이톤', '자이툰'(Zaitun) 등의 이름으로 표기했는데, 클라포르트 이래 이것이 이 도시의 별칭인 刺桐을 옮긴 말이라는 설명이 대체로 받아들여지고 있다. '刺桐'은 가시가 많은 오동나무를 가리키며 과거 천주의 성벽을 따라 이 나무가 심어졌기 때문에 이러한 이름이 붙여진 것이다. 泉州城에 刺桐이 심어진 시기는 五代로 알려지기도 했으나, 唐代에 '泉州刺桐花'를 상찬하는 시들이 다수 지어진 것으로 보아 이미 8세기 말 혹은 9세기 초부터 그런 이름으로 불렸을 가능성이 있다. 泉州와 刺桐에 관해서는 펠리오의 주석과 愛宕松男의 「泉州刺桐城考」를 참조하시오.

86) 閩江을 지칭한다.

차이톤(泉州) 항으
로 들어오는 인도의
선박들

이 도시에는 값비싼 보석과 크고 좋은 진주를 비롯하여 비싸고 멋진 물
건들을 잔뜩 싣고 인도에서 오는 배들이 정박하는 항구가 있다. 만지의
상인들은 이 항구에서 주변의 모든 지역으로 간다. 수많은 상품과 보석이
이 항구로 들어오고 나가는 모습은 보기에도 놀라울 정도인데, 그것들은
이 항구도시에서 만지 지방 전역으로 퍼져나간다. 여러분에게 말해두지
만 기독교도들의 지방으로 팔려 나갈 후추를 실은 배가 한 척 알렉산드리
아나 다른 항구에 들어간다면 이 차이톤 항구에는 그런 것이 100척이나
들어온다. 이곳은 세계에서 상품이 가장 많이 들어오는 두 개의 항구 가
운데 하나라는 사실을 여러분은 알아야 할 것이다.[87]

대카안은 이 항구와 이 도시에서 엄청나게 많은 관세를 받는데, 그것은
인도에서 들어오는 배들이 모든 물건이나 보석, 그리고 진주의 10%, 즉 물

---

87) 그가 말하는 '두 개의 항구' 중 나머지 하나가 어디를 지칭하는지 확인되지 않으나, 특정한 대
   상을 염두에 둔 것이 아니라 단순히 상투적인 표현법일 가능성도 있다.

건 열 개 가운데 하나를 바치기 때문이다. 게다가 배를 빌리는 값, 즉 용선
료로 작은 물건의 경우는 30%, 후추는 44%, 침향과 백단, 기타 부피가 큰
상품은 40%를 문다. 그래서 용선료와 대카안에게 바치는 관세를 제외하면
상인들은 수입해 오는 것들의 절반만 갖게 된다. 따라서 대카안이 이 도시
에서 얼마나 많은 수입을 거두어들이는지 짐작할 수 있을 것이다.

주민들은 우상숭배자이고 대카안에게 복속하고 있다. 생활에 필요한 모
든 물자가 풍부하다. 〈앞에서 언급했지만 북부 인도(upper Indie) 사람들
은 문신을 하기 위해 이 도시로 모두 몰려든다.[88] 차이톤으로 흘러드는 강
은 매우 크고 넓으며 유속이 빠르다. 그 속도 때문에 수많은 수로가 만들어
져 여러 곳에서 지류들이 갈라진다.[89] 이 강에는 다섯 개의 아름다운 다리
가 있는데, 강이 여러 지류로 갈라지는 곳에는 다리의 길이가 3마일이나
되는 것도 있다. 다리는 다음과 같은 방식으로 지어졌다. 교각들은 거대한
돌을 차례로 쌓아서 만들었는데, 그 돌들은 가운데 부분은 두껍고 양끝으
로 갈수록 가늘어진다. 그래서 그 뾰족한 끝은 강물이 흘러오는 쪽을 향하
면서, 동시에 바다로부터의 강한 역류에 대비하기 위해 바다를 향해 있다.〉

여러분에게 말해두지만 이 지방에 있는 틴주(Tingiu)[90]라는 도시에서는
설명하기조차 어려울 만큼 아름다운 크고 작은 각종 자기(porcelain)[91]가

---

88) 127장 참조.

89) R본은 여기에 다음과 같은 내용을 첨가하고 있다. "그것은 킨사이시에서부터 흘러오는 강에
　　의해 만들어진 지류이다. 그 지류가 본류에서 갈라지는 곳에 틴구이(Tingui)가 있고, 거기에서
　　그릇과 자기 접시가 만들어진다는 것 외에는 특별히 언급할 것이 없다." 그러나 킨사이(杭州)
　　에서 차이톤(泉州)으로 흐르는 강은 없다.

90) F(tinugiu), R(tingui), Z(tinçu). 이곳이 어디를 지칭하는지에 대해서는 일치된 견해가 없다.
　　泉州 동북쪽에 위치한 德化縣이라는 지적이 있는가 하면, 도자기의 생산지로 유명한 景德鎭으
　　로 보는 견해도 있고, 處州(*Ciugiu 〉Tingiu)를 꼽는 사람도 있다. 愛宕松男은 이를 Tyunju로
　　읽고 '泉州'의 讀音이라고 추정했다.

91) F(porcelaine), R(porcellana), Z(porcelane). 서구어에서 '瓷器'를 뜻하는 porcelain이라는
　　말은 폴로 자신이 창안한 것은 아니겠지만 문헌상으로는 그의 글에서 처음 발견된다. 이미 펠리
　　오가 자세히 논증한 바이지만 이 말의 기원은 '돼지'를 뜻하는 라틴어 porcus에서 나왔고, 돼지

만들어진다. 이 도시를 제외하고는 어느 도시에서도 그렇게 만들지 못한다. 그것들은 그곳에서 전세계로 실려 나간다. 물건이 많고 매매도 얼마나 활발한지 실제로 베니스 1그로트면 더 이상 아름다울 수 없는 자기 세 개를 살 수 있을 정도이다. 〈이들 자기는 다음과 같은 흙으로 만든다. 즉 도시 주민들은 진흙과 부식토를 모아서 큰 둔덕을 쌓은 뒤 30~40년 동안 둔덕을 건드리지 않고 그대로 놓아둔다. 그러면 오랫동안 둔덕에 쌓여 있던 흙은 변용되어 그것으로 자기를 만들면 청색을 나타내게 되는데, 말로 형언할 수 없을 정도의 좋은 광택과 아름다움을 보인다.[92] 여러분은 그들이 흙을 모으는 것이 자신의 아들들을 위해서라는 것을 알아야 할 것이다. 흙을 그토록 오랫동안 방치한 채 변용시켜야 하기 때문에, 그 자신은 그것을 이용하여 이익을 보겠다는 희망은 갖지 않고 다만 그가 죽은 뒤 아들이 그 열매를 거두게 되는 것이다.〉[93]

이 도시의 주민들은 고유한 언어를 갖고 있다. 〈만지 지방 전체에서 한 종류의 언어와 문자가 사용되지만, 방언은 지역에 따라 달라서 마치 평민인 롬바르드인과 프로방살인과 프랑스인들이 서로 다른 것과 마찬가지이다. 그렇지만 만지 지방에서는 어느 지역의 사람이라도 인근 주민들의 방언을 알아듣는다.〉 이제까지 아홉 왕국 가운데 하나인 푸주 왕국에 대해서 여러분에게 이야기했는데, 대카안은 킨사이 왕국에서 거두어들이는

____

의 몸이나 등처럼 생긴 紫貝 — 학명은 Cypraea. 서구어에서는 cowry라고 불리는데 이 말은 힌디어의 kauri에서 기원했다 — 를 칭하는 말로도 사용되었다. 혹자는 紫貝의 모양이 '암퇘지의 陰部'처럼 생겨서 그렇게 불린 것이라는 추측을 하기도 하지만 속설에 불과하다. 이 porcelain이 '瓷器'의 명칭이 된 것은 아마 그것이 紫貝가루로 만들어졌다는 잘못된 믿음과 자기의 매끈한 표면이 紫貝를 연상시켰기 때문인 것으로 보인다. 이슬람권에서는 瓷器를 chin이라고 불렀는데 이는 '중국'(China)이라는 말에서 비롯된 것이고, 현재 영어에서 자기를 의미하는 china라는 단어와 마찬가지로 자기의 생산지가 중국이었기 때문에 붙여진 이름에 불과하다.

92) R본은 여기에 "이 기간 동안 그 흙이 그릇을 만들 만큼 충분히 정화되면 그들은 거기에 원하는 색을 넣고 가마에 넣어 굽는다"라는 구절을 삽입했다.

93) 폴로는 자기의 원료가 紫貝가루가 아니라 특수한 종류의 흙이라는 사실을 분명히 밝힌 셈이나, 수십 년을 부식시킨 흙으로 자기를 만든다는 그의 주장은 사실과 다르다.

것만큼, 아니 그 이상의 관세와 세금을 이곳에서 거두어들인다. 〈그것은 오로지 차이톤 항구에서 받는 세금 때문이다.〉

여러분에게 만지의 아홉 왕국 중에서 세 개만 이야기했다. 그것은 얀주, 킨사이, 푸주인데 여러분도 잘 알리라 생각한다. 나머지 여섯 개에 대해서도 잘 알고 있지만 그것을 다 이야기하려면 너무나 길어지기 때문에 여기서 그만 침묵하려고 한다. 여러분에게 만지와 카타이와 다른 많은 지방들에 대해서, 그 주민들과 짐승과 새와 금은보석과 진주와 상품들과 많은 물건들에 대해서 이야기해주었다. 우리의 이 책에는 아직도 더 써야 할 것들이 남아 있다. 왜냐하면 인도에 관한 것들이 빠져 있기 때문이다. 그러나 이 세상 어느 곳에서도 보지 못한 놀라운 것들이 거기에 있기 때문에, 사실 그것을 모르는 사람들은 마땅히 알아두어야 할 것이다. 그런 까닭으로 이 책 안에 그것을 기록해두는 것이 적절하고 또 유익할 것이다. 그리고 작가는 마르코 폴로님이 묘사하고 말한 그대로 매우 요령있게 글로 옮겨놓을 것이다.

여러분에게 말하지만 사실 마르코 폴로님은 인도에 오랫동안 머물렀고 그들에 대해서 또 그들의 사정과 관습과 무역에 대해서 너무나 잘 알고 있기 때문에, 아마 그보다 진실을 더 잘 말해줄 사람은 없을 것이다. 그곳에는 너무나 놀라운 것들이 있어 그것에 대해 들은 사람은 정말로 경탄을 금치 못할 것이다. 그러나 어쨌든 그것들을 마르코님이 진실대로 말하는 것을 따라서 하나씩 글로 적어보겠다. 이 책에서 앞으로 나아가는 순서에 따라 곧바로 시작하도록 하자.

인도양

| 158장 ~ 197장 |

6편

158장 | 여기서 그는 인도에 관한 이야기를 시작한다. 그리고 거기에 있는 모든 놀라운 것들과 주민들의 생활에 대해서 묘사한다

여러분에게 수많은 지방과 육지에 대해서 이야기했으니, 이제는 그런 것들로부터 떠나서 인도로 들어가 그곳에 있는 놀라운 것들에 대해서 말해보도록 하자. 먼저 상인들이 인도를 오갈 때 타는 배에 대한 이야기를 시작해보자.

그 배는 다음과 같은 방식으로 만들어진다. 재료는 전나무나 소나무와 같은 나무이고, 갑판에는 대개 60개의 선실이 있어 거기서 상인 한 사람씩 편히 지낼 수 있다. 키가 하나 있고 돛대는 네 개인데, 그들이 원하면 두 개의 돛대를 추가로 세우는 경우도 많다.

〈대형 선박에는 안쪽으로 단단한 판자로 끼워맞춰 만든 차단실, 즉 수조(水槽)가 13개 있다. 이것은 배의 어떤 곳이 파손될 때, 예를 들어 암초에 부딪치거나 고래가 먹이를 찾다가 부딪칠 때를 대비해서 만든 것이다. 사실 그런 일이 종종 일어난다. 밤에 배가 항해하다 보면 물결이 일어나는데, 근처에 있던 고래는 번쩍이면서 움직이는 그 물결을 먹이로 생각하여 빠른 속도로 달려와 배를 쳐서 그 일부를 부수어뜨린다. 그러면 구멍으로 물이 들어와 아무런 물건을 놓아두지 않아 항상 비워놓는 배의 바닥으로 차오른다. 선원들은 어느 곳이 파손되었는가를 찾아낸 뒤 깨진 곳이 있는 수조를 비우고 다른 곳으로 짐들을 옮겨놓는다. 수조들은 워낙 단단히 차단되어 있기 때문에 물은 그 수조에서 다른 수조로 흘러가지 못한다. 그러는 사이에 그들은 배를 수리하고 다른 곳으로 옮겨놓았던 짐들을 다시 갖다놓는 것이다.〉

못을 박는 방식은 다음과 같다. 두 개의 판자를 겹쳐서 전체를 두른 뒤, 그 안팎을 뱃밥으로 메우고 쇠못을 박는다. 그들에게는 역청이 없기 때문에 역청을 바르지 않고, 역청보다 더 좋아 보이는 다음과 같은 것으로 칠

한다. 즉 석회와 삼베를 잘게 썰어 빻은 뒤 나무에서 짜낸 기름과 섞는데, 이 세 가지를 섞어 잘 빻으면 마치 끈끈이처럼 접착성이 강한 물질이 된다. 이것을 배에 바르면 마치 역청과 같은 효과를 나타내는 것이다.[1]

〈이 배들은 그 크기에 따라 300명, 200명, 150명, 혹은 그보다 더 많거나 적은 선원들을 태우며, 짐도 우리 배보다 더 많이 싣고 다닌다. 과거에는 배들이 지금보다 더 컸지만, 바다의 격한 파도가 여러 섬들을 강타해서 이제는 그렇게 큰 배를 정박시킬 만한 곳이 없어져버림으로써 배도 작아지게 된 것이다.〉 그래도 얼마나 큰지 거의 5,000상자, 때로는 6,000상자의 후추를 실을 정도이다.

여러분에게 말해두지만 그 배들은 큰 노를 달고 다니는데 노 하나에 네 명의 선원이 달라붙는다. 또 이 배들에는 후추 1,000상자를 실을 정도의 큰 보조선이 따라다니는데, 거기에는 40명〈더러는 60, 80, 100명〉의 선원이 있어 이들이 노를 저어서 간다. 그것들은 큰 배를 예인하는 일도 자주 하는데, 〈노를 저어 가거나 혹은 돛으로 옆바람을 받아서 갈 때에는 큰 배를 밧줄로 묶어서 예인한다. 그러나 맞바람칠 때는 예인하지 않는데, 그것은 큰 배의 돛이 작은 배의 돛으로부터 바람을 막아버려 큰 배가 작은 배를 덮치게 되기 때문이다.〉 그들은 이러한 큰 보조선을 두 척 거느리고 가는데, 하나가 다른 것보다 더 크다. 또한 그들은 닻을 댈 때나 고기를 잡을 때 혹은 큰 배를 기다릴 때 사용하기 위해 10개 정도의 작은 거룻배들도 갖고 간다. 그들의 선박은 이런 거룻배들을 배 옆에다 달아 매고 항해한다. 여러분에게 말하건대 이 두 척의 큰 보조선 역시 거룻배들을 갖고 다닌다.

또한 큰 배들이 1년 정도 항해한 뒤 수리하거나 장식을 고치려고 할 때에는 다음과 같은 방식으로 한다. 그들은 두 개의 판자 위에 다시 판자 하

---

1) 당시 중국 선박의 크기·구조·추진력 등에 관해 마르코 폴로가 기록한 내용의 정확함은 斯波義信의 『宋代商業史研究』, pp. 57~64에 의해서도 입증된다.

나를 배 전체에 돌아가면서 못으로 박아서 붙인다. 그러면 판자는 세 겹이 되는데 그 틈을 메우고 기름을 바른다. 이것이 그들이 하는 수리작업이다. 두 번째로 수리할 때는 그 위에 또 다른 판자를 붙이는데, 이런 방식으로 그들은 판자를 여섯 개까지 붙인다.

〈그러면 이제 여러분에게 배들이 항해를 나갈 때 사업이 잘 될지 안 될지를 어떻게 확인하는가에 대해서 이야기해주겠다. 선원들은 버드나무 가지로 만든 창살틀을 갖고 있는데, 그 틀의 네 귀퉁이와 네 면에 끈을 달아서 여덟 개의 끈을 만든 뒤, 그것을 모두 묶어서 긴 줄에 다시 맨다. 그리고는 어떤 바보 같은 사람이나 술취한 사람을 찾아내어 그를 이 틀에다 묶는데, 똑똑한 사람이나 정신 나가지 않은 사람이라면 자신을 그 같은 위험에 내맡기지 않으려 하기 때문이다. 이것을 끝내고 난 뒤 강한 바람이 불면, 그 틀을 바람을 거슬러 세워놓는다. 그러면 바람에 의해 그 틀이 들어올려져 하늘로 띄워지고, 사람들은 긴 줄을 붙잡고 있다. 그 틀이 공중에 있다가 바람부는 쪽으로 기울어지면, 그들은 줄을 조금 잡아당긴다. 그러면 틀은 다시 곧추서게 되고, 줄을 조금 놓아주면 그 틀은 위로 올라간다. 그러다가 그것이 다시 기울어지면 줄을 얼마만큼 당겨서 틀을 세우고 올렸다가 줄을 약간 풀어준다. 이런 식으로 줄이 길기만 하면 그것은 눈에 보이지 않을 정도까지 높이 올라간다. 이런 식으로 시험하는 것이다. 즉 틀이 하늘로 곧장 올라가면 그런 징험을 갖는 배는 순조롭고 성공적인 항해를 할 것이라고 하면서, 상인들은 그 배를 타고 항해하기 위해 무리지어 그 배로 달려간다. 만약 틀이 올라가지 못하면 어떤 상인도 그런 징험을 나타낸 배에는 오르려 하지 않는다. 그 까닭은 그런 배는 항해를 마치지도 못한 채 많은 재난을 당하게 될 것이기 때문이라고 말한다. 그런 배는 그 해에는 항구에 머물러 있을 수밖에 없다.〉

여러분에게 인도로 오가는 상인들이 타는 배에 관해서 설명했는데, 배에 관해서는 이 정도로 하고 이제부터는 인도에 대해서 이야기하도록 하겠다. 그러나 먼저 이 바다에 있는 여러 섬들에 대해서 설명하기로 한다. 이 섬들은 동쪽에 위치해 있는데, 먼저 치핑구라 불리는 섬에 대해서 말해주겠다.

159장 | 여기서 그는 치핑구(Çipingu)[2] 섬에 대해서 이야기한다

치핑구는 육지에서 동쪽으로 해상 1,500마일 떨어진 곳에 있는 섬이다. 매우 큰 섬이고, 주민들은 피부가 희고 깨끗하며 잘생겼다. 우상숭배자들이고, 다른 어느 누구의 지배도 받지 않고 자기들끼리 독립해 있다. 또한 여러분에게 말하건대 그곳에서는 헤아릴 수도 없이 많은 금이 나기 때문에 금이 대단히 많다. 그러나 아무도 그 섬에서 금을 가지고 나오지 못하는데, 그것은 어떤 상인도 어떤 사람도 대륙에서 그곳으로 가지 않기 때문이다. 그래서 그들이 그렇게 많은 금을 갖고 있다고 내가 말한 것이다.

또 한 가지 놀라운 것은 이 섬 군주의 궁궐이다. 그는 온통 순금으로 뒤덮인 멋진 궁전을 갖고 있는데, 우리가 집이나 교회를 납판으로 덮듯이 금으로 씌워놓았다. 그것이 얼마나 값비쌀지는 말로 다 하기 힘들 정도이다. 또한 그의 궁실에 있는 보도들 역시 모두 순금으로 되어 있고 두께는 두 손가락 정도나 된다. 궁궐의 모든 곳들과 접견실과 창문들 역시 금으로 장식되어 있다. 이 궁궐이 지닌 가치는 누가 그것을 계산하려 해도 할 수 없을 정도로 엄청난 것이다.

그들은 진주도 많이 갖고 있는데, 붉은색으로 매우 아름다우며 크고도 둥글다. 그것은 흰색 진주만큼, 아니 그보다 더 높은 가치를 지닌다. 〈이 섬에서는 사람이 죽으면 어떤 사람들은 매장하고 어떤 사람들은 화장을 시킨다. 그러나 매장되는 사람의 경우에는 누구나 그 입에 이러한 진주

---

2) '日本國'을 옮긴 것이 분명한 이 말은 일반적으로 '지팡구'로 알려져 있지만, F, Z를 비롯한 대부분의 사본들은 çipingu 혹은 cipingu로 표기되어 있고, R본에만 zipangu로 되어 있다. 라시드 웃 딘의 『집사』에도 JMNGW로 표기되어 있으며 Jimingu로 읽는 것이 옳을 것이다.

한 알을 물려주는 관습이 지켜지고 있다.〉 각종 다른 보석들도 많으며,
이 섬이 지닌 재화에 대해서는 누구도 말할 수 없을 정도이다.

　여러분에게 말하지만 누군가가 대카안에게 바로 이 같은 엄청난 재화
에 대한 이야기를 하자, 지금의 통치자인 쿠블라이는 그 섬을 정복하고
싶어했다. 그래서 그는 수많은 배에 기병과 보병을 싣고 신하 두 사람에
게 지휘하도록 하여 보냈다.

　이 신하들 가운데 하나는 이름이 아바칸(Abacan)[3]이고 다른 하나는
본삼진(Vonsamcin)[4]이었다. 이 두 신하는 지혜로우면서도 용맹했다. 그
들에 대해서 내가 무엇을 말할 수 있겠는가? 그들은 차이톤과 킨사이에
서 출항해서 바다를 항해하여 그 섬까지 갔다. 그들은 그곳에 상륙하여
많은 평원과 부락들을 함락시켰지만, 이제 여러분에게 설명하려는 재난
이 그들에게 닥쳐 도시나 성채는 하나도 정복하지 못했다.

---

3) F(abatan), R(abbaccatan), Z(abaccatum). 일본원정을 지휘한 몽골인 장군 가운데 '아바칸'이
　라는 이름은 찾아볼 수 없다. 『元史』 권129 「阿剌罕傳」과 「阿塔海傳」에 따르면 처음에 일본원
　정의 소임을 부여받은 인물은 잘라이르部 출신의 알라칸(Alaqan, 즉 阿剌罕)이었으나 그는 원
　정을 떠나기 전인 1281년에 病死한 뒤 술두스部의 아타카이(Ataqai, 즉 阿塔海)가 그 자리를
　맡게 되었다. 마르코 폴로의 '아바칸'은 이 두 사람의 이름 가운데 하나가 變形 혹은 誤寫된 것
　으로 보인다. 음운상으로는 알라칸에 더 가까우나, 일본원정을 지휘하고 또 실패했던 사실에서
　는 아타카이에 더 가깝다. 아타카이는 그해 여름 일본원정에 나섰으나 폭풍으로 선박과 병사 대
　부분을 잃어버렸다. 『元史』 권11 「世祖·八」 至元 18년 8월 庚寅 "忻都·洪茶丘·范文虎·李
　庭·金方慶諸軍, 船爲風濤所激, 大失利, 餘軍回至高麗境, 十存一二." 이 원정은 강남에서 출
　발한 阿塔海·范文虎 지휘하의 江南軍과 고려의 合浦에서 출발한 忻都·洪茶丘·金方慶 지휘
　하의 東路軍으로 구성되었으며, 총병력 14만 명에 병선은 4,400척에 이르렀다. 8월 말에 불어
　닥친 태풍으로 인해 元軍 약 10만 명과 高麗軍 약 3,000명이 사망하고 불과 3만여 명만이 생환
　했다. 쿠빌라이는 1281년의 일본원정('弘安의 役')이 실패로 돌아간 뒤 1283년 다시 阿塔海를
　征東行省의 丞相으로 임명하고 선박의 제조와 병력·군량의 징발을 명했으나 국내문제의 어려
　움으로 인하여 실행에 옮겨지지 않았다.
4) F(vonsanicin), R(vonsancin), Z(vonsanciri)로 표기되어 사본마다 다르나, 펠리오는 이것을
　vonsamcin으로 복원했다. 이는 '范參政', 즉 參政 范文虎를 옮긴 말로 보아야 할 것이다. 參政
　(=參知政事)이라는 관직명은 『集史』에도 samjing으로 표기되어 있다. 『元史』 권10 「世祖·
　七」의 기사에 의하면 사실 范文虎는 參知政事의 직함을 받은 적이 있었다. 范文虎의 열전이
　『元史』에는 보이지 않으나, 屠寄가 『蒙兀兒史記』 권112에 수록했다.

여러분은 이 두 신하가 서로에 대하여 깊은 반감을 품고 있었다는 사실을 알아야 할 것이다.[5] 어느 날 하루는 바람이 북쪽에서부터 어찌나 세차게 불어오는지, 군인들은 만약 지금 떠나지 않으면 배들이 모두 부서지고 말 것이라고 말했다. 그들은 모두 배에 올라 그 섬을 떠나 바다로 들어갔다. 그들이 4마일쯤 갔을 때 〈바람은 더욱 세차게 불었고 워낙 많은 배들이 있었기 때문에 서로 부딪쳐서 상당수가 부서지고 말았다. 그러나 부서지지 않은 배들은 바다로 흩어져 난파는 모면했다.[6] 그때 그들은 그 근처에서〉 그리 크지 않은 또 다른 섬을 발견했다. 그래서 그 섬까지 헤쳐간 배들은 그곳에 피신할 수 있게 되었지만, 헤쳐나가지 못한 배들은 그 섬에 좌초하고 말았다.[7] 〈난파된 배에 탄 사람들 가운데 다수는 그 섬으로 피신했지만 섬에 이르지 못한 사람들은 죽었다.

성난 바람과 무서운 폭풍이 잠잠해지자 두 신하는 넓은 바다에서 난파를 모면했던 많은 배들을 이끌고 그 섬으로 돌아왔다. 사람들의 숫자가 너무 많아 그 모두를 배에 태울 수 없었기 때문에, 그들은 지위가 높은 사람들, 즉 백인장, 천인장, 만인장들을 배에 타도록 했다. 그리고는 그곳을 출발해서 고향으로의 항해를 시작했다.〉 이 섬에 피신해 남아 있던 사람들의 숫자는 거의 3만 명이었는데, 그들은 모두 이제 죽은 목숨이라고 생각했

---

5) 『元史』의 기록에 의하면 쿠빌라이는 1281년 음력 정월 일본원정군이 떠나기 직전 지휘관들을 불러 "朕이 실로 걱정하는 일이 하나 있으니, 그것은 卿들이 서로 不和하는 것이다. 만약 그 나라 사람들이 와서 경들과 논의를 하게 되면, 경들은 마땅히 한마음으로 협력하여 마치 한입으로 하는 것처럼 대답해야 한다"(권208 「外夷一·日本」)라고 충고했다고 한다. 아마 范文虎가 南宋 출신의 新降者였기 때문에 다른 지휘관들이 업신여기지 않을까 걱정한 듯하다(屠奇, 『蒙兀兒史 記』 권112 「范文虎傳」).
6) 당시 중국에서 제작된 배들은 거의 대부분 파손되었지만 고려에서 만든 함선은 견고하여 피해 가 비교적 적었다고 한다. 당시 고려의 선박제조술의 수준을 보여주는 예이다. 金庠基, 『新編 高麗時代史』(서울대 출판부, 1985), p. 508 ; 旗田巍, 『元寇』(中央公論社, 1965), p. 143 참조.
7) 麗元聯合軍은 太宰府를 공격하기 위해 鷹島(다카시마)를 거점으로 삼았는데, 태풍으로 대부분 의 선박이 파손된 뒤 이 섬을 비롯하여 부근의 조그만 섬들로 피신했다. 폴로가 말하는 '또 다른 섬'이란 鷹島를 가리키는 것으로 보인다.

다. 그들은 다른 배들이 고향을 향해 떠나고 자신들은 도망칠 길이 없다는 것을 알게 되자 깊은 절망에 빠졌다. 항해를 한 사람들은 고향땅으로 돌아 갔다. 떠나간 사람들은 그렇다고 하고, 섬에 남아 이제는 죽은 목숨이나 다름없다고 생각하게 된 그 사람들에 대해서 이야기해보도록 하자.

160장 | 어떻게 대카안의 병사들이 폭풍의 바다를 빠져나왔으며 그 뒤에 적의 도시를 정복했는가

섬으로 피신한 3만 명의 사람들은 도저히 도망갈 길이 없었기 때문에 죽은 목숨이라고 생각했다. 그들은 격심한 분노와 슬픔을 느꼈지만 달리 해결할 방도가 없었다. 이제 그 섬에 남아 있던 사람들에게 무슨 일이 벌어졌는지 이야기해주겠다. 큰 섬에 있던 군주와 사람들은 적군이 혼비백산해서 도망쳤다는 것과 섬으로 도망친 사람들이 있다는 사실을 알게 되자 매우 기뻐했다. 바다가 잠잠해지자마자 그들은 그 섬에 있는 수많은 배들을 모아서 타고 곧바로 섬으로 항해해갔다. 모두 다 섬에 있는 사람들을 붙잡기 위해 즉시 상륙했다. 그 3만 명은 적이 모두 뭍에 내렸기 때문에 타고 온 배를 지키는 사람이 하나도 없다는 사실을 알게 되었다. 그들은 지혜로운 사람답게 행동하여, 적이 자기들을 공격하러 오는 사이에 섬의 다른편에 있다가 재빨리 적의 배가 있는 곳으로 달려가 곧장 그 배에 올라탔다. 그들이 쉽게 이렇게 할 수 있었던 것은 그곳을 지키는 사람이 아무도 없었기 때문이다.

내가 이에 대해서 무엇을 말하겠는가? 배에 올라탄 그들은 그 섬을 떠나 다른 섬으로 갔다. 그들은 섬에 상륙한 뒤 그 섬의 군주의 깃발과 문장을 갖고 수도를 향해 출발했다. 이 깃발을 본 사람들은 그들이 정말로 자기네 군대로 생각해 그들을 시내로 맞아들였다. 그들은 그곳에 늙은 사람들 이외에는 아무도 없다는 것을 알고 그곳을 점령한 뒤, 자신들을 위해 시중을 들어줄 예쁜 여자들을 빼놓고는 모두 밖으로 쫓아버렸다. 대카안의 군인들은 여러분이 들은 그런 방식으로 그 도시를 점령했다.

그 섬의 군주와 군인들은 도시가 점령되고 사태가 이렇게까지 된 것을 보고는 원통함으로 죽고 싶은 심정이었다. 그들은 다른 배를 타고 섬으로 돌아와 그 도시를 완전히 포위하고는, 어느 누구도 자기 마음대로 들어가지도 나오지도 못하게 했다.

내가 이에 대해서 무엇을 말하겠는가? 대카안의 병사들은 7개월 동안 그 도시를 방어하면서, 이런 상황을 대카안에게 알릴 수 있는 방법을 궁리하느라 밤낮으로 고민했다. 그러나 그에게 알릴 만한 아무런 방법도 없었고 이런 식으로 계속할 수 없다는 것을 깨닫게 되었다. 그들은 바깥에 있는 사람들과 강화를 맺었는데, 투항하여 그곳에 평생 동안 살면 목숨을 살려준다는 조건이었다. 이것은 그리스도 강림 후 1269년의 일이었다.[8]

사태는 여러분이 들은 대로 막을 내리게 되었다. 대카안은 그 군대의 사령관이던 신하들 가운데 한 사람의 머리를 베도록 했고, 다른 하나는 많은 사람들이 끌려가 죽은 곳인 〈초르차라는〉 섬으로 보내서 거기서 죽게 했다.[9] 〈그는 상술한 섬으로 사람을 보내 죽게 할 때는, 껍질을 벗긴 지 얼마 안 된 들소 가죽으로 그의 손을 꽁꽁 싼 뒤 단단히 꿰매게 한다. 손을 싼 가죽이 마르면 줄어들어서 무슨 수를 써도 그것을 벗길 수가 없다. 그곳에 버려진 사람은 먹을 게 아무것도 없는데다 풀을 뜯어먹으려면 땅바닥을 기어야 하기 때문에, 죽을 때까지 말 못할 고통을 겪게 된다. 그

---

8) 1281년의 잘못이다. 1269년이라면 폴로가 원조에 도착하기 전인데 그가 어찌하여 이러한 잘못을 범했는지 이해하기 어렵다. 생존한 원정군의 운명에 관해 폴로가 전하는 내용은 사실과 상당한 차이를 보인다. 范文虎 등이 도주한 뒤 다카시마에 버려진 2~3만 명의 원정군들은 張百戶라는 인물을 總管으로 추대한 뒤 벌목하여 배를 만들어 귀환하려 했으나 일본군의 공격으로 모두 포로가 되었다. 이들은 博多로 끌려갔고 거기서 몽골인·한인·고려인들은 모두 처형되고 남송 출신의 新附軍만이 노예가 되어 목숨만 건졌다. 旗田巍, 『元寇』, p. 144.

9) 이 섬의 이름에 대해서는 R·Z본 모두 '초르차', 즉 주르체(女眞)라고 기록하고 있다. 물론 초르차는 앞에서도 설명했듯이 만주지방을 일컫는 지역명이기 때문에 섬의 이름이라고 보기는 힘들다. 샤리뇽은 아마 黑龍江 하구에 있는 어떤 섬이 아닐까 추측했다.

신하도 이런 식으로 죽었다.〉 그가 이렇게 처리한 것은 그들이 맡은 일에 대해 잘못 처신했다는 사실을 알았기 때문이다.[10]

여러분에게 이야기해 줄 것이 하나 더 있다. 두 신하는 그 섬에 있는 한 성채에서 많은 사람들을 붙잡았는데, 그들이 항복하지 않으려 했기 때문에 그들 모두를 머리를 베어 죽이라고 명령했고, 여덟 사람을 빼놓고는 명령대로 모든 사람의 머리를 잘랐다. 그 여덟 사람의 머리는 도저히 자를 수 없었는데, 그것은 그들이 지니고 있던 돌 때문이었다. 그들은 팔 아래, 즉 살과 살갗 사이에 돌을 지니고 있었는데 겉에서는 보이지 않았다. 이 돌은 마술이 걸려 있어서 그것을 지닌 사람은 결코 쇠에 의해 죽지 않게 하는 마력을 갖고 있었다. 신하들이 왜 그들을 쇠로 죽일 수 없는지에 대한 이유를 듣고는, 몽둥이로 치라고 하자 그들은 그 자리에서 즉사하고 말았다. 그 뒤 팔에서 그 돌들을 빼내서 매우 귀중하게 간직했다. 이 이야기는 실제로 일어난 일이다.[11]

여러분에게 이제까지 대카안의 군대가 패배한 이야기를 했는데, 이제 이 정도로 마치고 우리 책에서 다루는 이야기로 돌아가도록 하자.

161장 | 여기서 그는 우상들의 종류에 대해서 이야기한다

여러분은 카타이와 만지와 이들 섬에 있는 우상들이 모두 같은 종류라는 사실을 알아두어야 할 것이다. 그런데 다른 섬의 주민들과 우상숭배자들

---

10) 范文虎는 일본원정에서 돌아온 뒤 처벌되기는커녕 1284년 음력 11월 中書左丞, 1287년 음력 2월에는 中書右丞에 보임받았다. 阿塔海 역시 1283년 정월 3차 일본원정을 위해 征東行省의 丞相으로 임명되었고, 1285년 음력 10월에는 左丞相으로 승진되었다. 忻都 역시 원정 실패에 대한 책임으로 처벌되었다는 기사는 찾아볼 수 없다.

11) 14세기 초에 원나라를 다녀간 오도릭은 보르네오 지방의 토인들 사이에서 이와 비슷한 관습이 있음을 보고했고, 유울에 의하면 버마인 죄수들이 사형당한 뒤 그 피부 아래에서 금전이나 은전을 빼내 보여준 예가 1868년 한 학회에서 발표되었다고 한다. 인도지나의 여러 지방에서도 일종의 護身用으로 이러한 방법이 사용되었음을 알 수 있다.

은 소나 돼지의 머리, 혹은 개나 양의 머리 등 갖가지 우상을 섬기고 있다. 어떤 것은 머리 하나에 얼굴이 넷인 것도 있고, 어떤 것은 머리가 세개인 것도 있는데 얼굴 하나는 보통처럼 생겼지만 다른 두 개는 양쪽 어깨 위에 솟아나 있는 모습이다. 어떤 것은 손이 네 개인 것, 어떤 것은 10개인 것, 어떤 것은 1,000개의 손을 가진 것도 있다.[12] 많을수록 좋은 것으로 여겨 더 공손하게 경배한다.

기독교도들이 그들에게 무엇 때문에 우상들을 그렇게 서로 다르게 만드느냐고 물으면, 그들은 "우리 조상들이 우리에게 이런 모양으로 물려주었으니, 우리도 자식에게 또 그 뒤에 올 후손에게 그대로 물려줄 것입니다"라고 대답한다.

이 우상숭배자들이 하는 짓은 너무나 기이하고 악마적인 것이라서 이 책에서 이야기하기에는 적합치 않다. 왜냐하면 기독교도로서 그런 것을 듣는 것은 지극히 좋지 않기 때문이다. 따라서 이 우상숭배자들에 대해서는 이 정도만 얘기하고 다른 것에 대해서 이야기하도록 하겠다. 그러나 여러분도 다음 사실만큼은 알아두었으면 좋겠다.

이 섬들에 사는 우상숭배자들은 자기 친구가 아닌 어떤 사람을 붙잡은 후 그로부터 몸값을 받을 수 없을 것 같으면 친척과 친구를 모두 불러 모은다. 그리고는 "여러분은 우리집에서 나와 같이 식사를 했으면 좋겠습니다"라고 말하고는, 그가 잡은 사람을 죽여서 친척들과 함께 먹는다. 여러분이 알아두어야 할 것은 사람을 잡아서 요리한다는 것인데, 그들은 사람 고기를 자기들이 구할 수 있는 최고의 음식으로 여기고 있다. 이제 이 정도로 하고 우리의 이야기로 돌아가도록 하자.

여러분은 이 섬이 위치해 있는 이 바다가 '친해'(Sea of Cin)[13]라고 불

---

12) 千手觀音이나 八面六臂神像 등을 가리킨다.
13) 폴로는 '친해'를 '만지의 맞은편에 있는 바다'라고 했고, 이는 淮水 이남의 중부·남부 중국의
    연안에 있는 동지나해·남지나해뿐만 아니라 필리핀 부근의 태평양 일부까지를 포괄하는 개념

린다는 사실을 알아두어야 할 것이다. 그것은 만지의 맞은편에 있는 바다라는 뜻이다. 섬사람들의 언어로 친이라는 것은 곧 만지를 가리키는 것이다. 이 바다는 동쪽에 있는데, 그곳으로 항해를 해보아서 잘 알고 있는 지혜로운 안내인과 현명한 선원들의 말에 의하면 그곳에는 7,448개의 섬이 있고 대부분 사람들이 살고 있다고 한다. 또한 여러분에게 말하건대 그 모든 섬에는 향기가 좋고 쓰임새가 많은 나무들이 가득하고, 크기도 침향만하거나 더 크다. 여러 종류의 진귀한 향료들도 많다. 또한 이 섬들에는 눈처럼 하얀 후추가 — 더러는 검은 것도 있지만 — 많이 자라고 있고, 황금이나 다른 귀한 물자들의 가치도 실로 놀라울 정도로 엄청나다.

그러나 너무나 멀기 때문에 무진 고생을 해야 그곳에 갈 수 있지만, 차이톤이나 킨사이에서 출발한 배들은 그곳에 가서 많은 이익과 수입을 올린다. 1년 동안 열심히 노력해야 그곳에 도달할 수 있는데, 겨울에 출항해서 여름에 회항하기 때문이다. 그곳에는 두 종류의 바람밖에 불지 않는데, 하나는 갈 때 이용하고 또 하나는 올 때 이용하며 각기 여름과 겨울에만 분다.[14]

으로 보인다. 이렇게 볼 때 '친해'에 7,448개의 섬이 있다는 것도 이해할 만하다. 한편 'Chin' 혹은 'China'라는 말의 어원을 한때는 日南이나 滇 등에서 구하려는 학자들도 있었지만 오늘날은 대부분 秦에서 그 기원을 찾고 있다. 외국에서 중국을 일컫던 다양한 명칭에 대해서는 펠리오의 상세한 연구("L'origine du nom de 'Chine'" *T'oung Pao*, vol. 13,1912, 727~747)가 있는데, 이에 따르면 秦이라는 나라이름이 중앙아시아를 거쳐 인도와 이란으로 전해져 Chin 혹은 China(支那)로 불리게 되었고, ch음이 없는 아랍인들에게는 Sin 혹은 Shin으로 알려졌다. 산스크리트 문헌에 보이는 Chinasthana라는 표현 역시 중앙아시아의 호탄 지역에서 Chin이라는 말에 이란식 어미 –stan(a)이 첨가되어 Chin(a)stan(a)이 된 것이고, Chintan(震旦)은 그 가운데 s음이 탈락한 형태라고 한다. 무슬림 사료에 자주 등장하는 'Chin과 Machin' 이라는 표현에서 Machin은 Mahachin('커다란 친')을 줄인 말로서, 남중국의 Chin에 대응하여 북중국을 가리키는 명칭으로 이해되었다. 秦이라는 국명에서 유래된 이러한 명칭 이외에도 고대 그리스와 로마에서 중국을 칭하던 Seres가 있는데, 펠리오는 이 말을 중국어 絲(한국어의 '실', 몽골어의 širkäg)와 연관짓는 것에 대해 회의적인 견해를 표명했다. 또한 한때 북중국을 지배하며 北魏를 건설했던 拓跋部의 이름에서 나온 Tabǧač/ Tambǧač, 遼나라를 세운 契丹族에서 나온 Kitan/Kitai/Katai/Cathay 등의 이름들도 중국의 명칭으로 사용되었다.

14) 물론 몬순성 계절풍을 가리킨다. 중국에서 출발할 때 겨울에는 偏西風을 이용하여 남쪽을 향해 항해하고, 여름에는 東南風을 이용하여 북쪽으로 회항했다. 반면에 아라비아나 인도에서

이 지방은 인도로부터 매우 멀리 떨어져 있다. 또한 여러분에게 이 바다가 '친해'라고 불린다고 말했는데, 그렇다 하더라도 그것은 여전히 대양의 일부라는 것을 말해두고 싶다. 우리가 마치 '영국해'나 '에게해' 하는 것처럼 그 지방에서도 '친해'라든지 '인도해' 혹은 '아무개해'라는 식으로 부르고 있지만, 모두 한 대양의 일부이다.

이제 이 지방과 이 섬들에 대해서는 더 이상 말하지 않겠다. 왜냐하면 그곳은 항로에서 너무 멀리 벗어나 있고 가본 적도 없기 때문이다. 또한 대카안은 그곳과 아무 관계도 없고, 그들은 그에게 조공은커녕 아무것도 바치지 않는다. 따라서 우리는 차이톤으로 돌아갔다가 거기서 우리 책의 이야기를 다시 시작하기로 하자.

162장 | 여기서 그는 참바(Ciamba)[15]국에 대해 이야기한다

차이톤항을 출발해서 서남쪽 방향으로 약간 기울어 1,500마일을 가면 〈케이남(Cheynam)[16]〉이라는 이름을 가진 커다란 만을 지나가게 된다. 이 만은 북쪽으로 항해해서 2개월이 걸릴 정도로 길다. 동남쪽으로는 만지 지방과 접경해 있고, 다른쪽으로는 아무와 톨로만[17] 및 이들과 함께 위에서

중국으로 갈 때는 정반대로, 여름에 출발해 겨울에 돌아왔다. 따라서 바람이 부는 절기에 기일이 맞지 않으면 출발하지 못한 채 항구에서 기다려야만 했다.

15) F(çinba, cianba, cianban), R(ziamba, ziambi), Z(çamba). 그러나 펠리오는 어두음이 ç가 아니라 j에 가까웠을 것이라고 추정했다. 베트남의 중부와 남부 지방은 원대에 占八 혹은 蘸八로 표기되어 모두 jampa의 발음을 보여주며, 오도릭 역시 zampa라는 형태로 기록했다. 唐代에는 占婆라고 표기되었으며, 그 수도 명칭을 따라 占城이라고도 불렀다. 산스크리트어에서는 이 지역을 çampa로 그 주민은 çam으로 표기했고, 오늘날 학계에서도 '참파'라는 발음으로 통용되고 있다.

16) R(cheinan), Z(cheynam). '海南'을 옮긴 말이나 폴로의 이 말이 지칭하는 것은 반드시 海南島 그 자체만은 아니다. 『元史』 권63 「地理 · 六」에 의하면 현재 海南島의 對岸에 있는 海康(당시 雷州)에 1280년 '海北海南道宣慰司'의 治所가 두어졌다. 이로 미루어 '海南'은 海南島는 물론이지만 그 부근 지역을 총칭하는 이름으로 사용되었던 것 같다. 따라서 폴로가 여기서 말하는 '케이남만'은 통킹만을 가리키는 것으로 보아야 마땅할 것이다.

17) 운남 남부와 베트남 북부를 가리키는 것으로 보이는 이 두 지명에 대해서는 128~129장의 주

언급한 여러 지방들과 접해 있다. 그 만 안에는 수없이 많은 섬들이 있는데 거의 모두 사람들이 살고 있다. 많은 양의 사금이 나오는데, 바닷가에서 그것을 채취한다. 대단히 많은 양의 구리와 놋쇠뿐만 아니라 다른 것들도 생산된다. 그들은 한 섬에서는 나오지만 다른 섬에서는 나오지 않는 이런 것들을 서로 교역하는데, 대륙과도 교역을 행하여 금과 놋쇠 및 다른 것들을 팔고 자기들이 필요로 하는 것들을 사온다. 대부분의 지역에서 곡물이 잘 자란다. 이 만이 얼마나 크고 또 그곳에 얼마나 많은 사람이 사는지 그 자체가 하나의 독립된 세계를 이루고 있는 듯하다.

이제 처음 주제로 다시 돌아가도록 하자. 즉 앞에서 말했듯이 차이톤을 떠나서 이 만을 곧바로 가로질러 항해하면서 1,500마일을 가면〉 참바라고 불리는 매우 풍요롭고 큰 나라에 도착하게 된다. 그들은 자기들의 국왕과 독특한 언어를 갖고 있으며 우상숭배자이다. 그 왕은 대카안에게 매년 코끼리를 조공으로 바치는데, 코끼리〈와 침향〉만 많이 바칠 뿐 다른 것은 주지 않는다. 이제 여러분에게 그가 어떻게 해서 대카안에게 이것을 조공으로 바치게 되었는지 이야기해주겠다.

그리스도가 강림한 지 1278년 되던 해 대카안은 신하들 가운데 소가투(Sogatu)라는 사람에게 수많은 기병과 보병을 주어 참바로 보냈다.[18] 그는 이 왕국에 대해서 커다란 전쟁을 시작했고, 나이가 아주 많았던 왕은

석을 참조하시오.

18)『元史』권212「外國傳 · 占城」에는 남송이 평정된 뒤 1278년 左丞 唆都가 군대를 占城으로 보내 招諭하자 연로한 國王 인드라바르만(Indravarman)이 복속의 뜻을 전해왔고, 1280년에는 사신을 통해 方物을 보내고 臣屬의 뜻을 표하자 占城行省을 설치하여 唆都로 하여금 그곳을 按撫케 했다는 기록이 보인다. 唆都는 수에투(Sö'etü←Sögetü)를 옮긴 말로서, 폴로의 '소가투'와 동일인물이다. 그러나 참파가 몽골지배에 항거하자 수에투는 1282년 겨울 전함 1,000척을 이끌고 참파를 원정하게 된다. 그는 참파의 수도인 차반(Chaban)을 점령했지만 곧 저항에 부딪쳐 회군하고 말았다. 쿠빌라이는 1285년 아들 토곤을 보냈는데, 하노이까지 진격했지만 델타 지역인 츠엉으엉(章陽)에서 패배해 본국으로 돌아갔다. 수에투는 해로를 통해 참파에 상륙한 뒤 토곤과 합류하기 위해 북상하다가 적의 기습을 받아 1285년 살해되고 말았다. 이에 관해서는『元史』권129「唆都傳」, 권212「占城」; 그루쎄,『유라시아 유목제국사』, p. 419 등을 참조하시오.

대카안의 군대처럼 그렇게 많은 무장병력을 갖추지 못했기 때문에 넓은 평지에서의 전투에서는 그들을 도저히 방어해낼 수 없었다. 그래서 그는 아무것도 두려워할 게 없을 정도로 강한 성채와 도시에 들어가 방어하기 시작했다. 그러나 모든 평원과 부락은 약탈되고 파괴되었다.

왕은 그 사람이 자기 왕국을 이처럼 약탈하고 파괴하는 것을 보고 매우 비통해하며 즉시 대카안에게 사신을 보내서 다음과 같은 말을 전했다. 사신은 서둘러 대카안에게 와서 말하기를 "폐하! 참바의 국왕이 당신의 신하로서 인사를 드리며 폐하께 이렇게 말씀을 올립니다. 그는 매우 연로하고 오랫동안 왕국을 평화롭게 다스려왔지만, 기꺼이 폐하의 신하가 되어 폐하께 많은 코끼리〈와 침향〉을 매년 조공으로 바치고자 합니다. 그리고 그는 폐하께서 자비를 베푸셔서 지금 그의 왕국을 파괴하고 있는 폐하의 신하와 군대를 그곳에서 떠나도록 명령하시기를 간절히 청원합니다"라고 했다. 그러고 나서 사신은 침묵을 지키고 더 이상 말하지 않았다. 대카안은 이 늙은 왕이 보내온 전갈을 듣자 그에 대해 측은한 생각이 들어 즉시 자기 신하와 군대에게 전갈을 보내 그 왕국을 떠나 다른 곳을 정복하러 가라고 명령했고, 그들은 주군의 명령에 따라 즉시 그곳을 떠나 다른 곳으로 갔다. 이렇게 해서 이 국왕은 자기가 찾아낼 수 있는 코끼리들 중에서 가장 아름답고 가장 큰 20마리를 매년 대카안에게 조공으로 보낸다. 여러분이 들은 그런 식으로 이 왕은 대카안의 신하가 되었고 코끼리를 조공으로 바치게 된 것이다.

이제 이 정도로 해두고 그 왕과 그의 나라에 대한 이야기를 해주겠다. 이 왕국에서는 어떤 아름다운 처녀라도 결혼하기 전에 반드시 왕을 먼저 만나보아야 한다. 만약 왕이 그녀가 마음에 들면 부인으로 삼고, 마음에 들지 않으면 그녀가 시집갈 수 있도록 돈을 준다. 1285년[19]에 나 마르코

---

19) VA(1275), LT(1288), Z · P(缺), 기타(1285). 유올은 1288년이 맞을 것으로 보았는데, 그 이유는 마르코 폴로가 1290년 중국을 떠나기 직전에 참파에서 돌아왔다고 기술했기 때문이다.

폴로는 그곳에 있었는데, 그때 이 왕은 남녀 통틀어 326명의 자식들이 있었고 정말로 150명 이상은 무기를 사용할 수 있는 남자들이었다. 그 왕국에는 코끼리가 굉장히 많고 침향도 대단히 풍부하다. 거기에는 보누스 (bonus)[20]라는 나무가 자라는 숲이 있는데, 그것은 새까만색의 나무로서 장기말과 잉크통을 만드는 데 쓰인다. 그밖에는 이 책에 언급할 만한 것이 없으므로 이곳을 떠나 더 앞으로 나아가서, 자바라고 불리는 큰 섬에 대해서 이야기하기로 하자.

163장 | 여기서 그는 자바(Java)라는 큰 섬[21]에 대해서 이야기한다

참바를 출발해 남쪽과 동남쪽 사이로 1,500마일 가면 자바라 불리는 대단히 큰 섬에 도착하게 된다. 그곳을 잘 아는 경험 많은 선원들의 말에 의하면 그곳은 세상에서 가장 큰 섬이라고 하는데, 정말 그 둘레가 3,000마일 이상이나 된다.

대왕의 지배하에 있는 주민들은 우상숭배자인데 이 세상 누구에게도 조공을 바치지 않는다. 이 섬은 온갖 재화들로 가득하다. 그곳에는 후추, 육두구, 감송, 방동사니, 쿠베브(cubeb), 정향나무 등 세상에서 찾아볼 수 있는 각종 진귀한 향료들이 있다. 매우 많은 선박과 상인들이 이 섬에

---

20) R(ebano), Z(ebanus). '黑檀'(ebony)을 가리키는 말이다. 그리스어의 ebenus, 이집트어의 heben, 아랍-페르시아어의 abnus에 해당된다.

21) 일부 주석가들은 '대자바'를 보르네오로 보고 '소자바'를 수마트라로 보았다. 그 까닭은 두 가지인데 하나는 섬의 크기 때문이고 또 하나는 남지나해에서 인도양으로 들어갈 때 보르네오와 수마트라 사이를 지나기 때문이다. 그러나 '자바라는 큰 섬'은 오늘날의 자바로 보아야 할 것이다. 왜냐하면 이 섬을 크다고 한 것은 당시 항해인들이 자바의 북쪽 해안만을 보았고 그래서 자바섬이 수마트라(폴로의 '소자바')보다 더 작다는 사실을 몰랐기 때문에 생겨난 것이고, 항로에 관한 혼동은 폴로가 '너무 멀어서 거기까지 항해하는 것이 위험하다'고 한 것에서도 알 수 있듯이 그가 자바에 직접 가본 것이 아니어서 생겨난 것으로 볼 수 있다. 『元史』의 爪哇·爪瓦가 말해주듯이 자바섬은 당시에도 '자바'라고 불렸고, 보르네오에 대해서는 算泥라는 별도의 이름이 있었다. 아랍의 지리학자들 역시 Jawah라는 이름으로 수마트라를 지칭했고 주로 이 섬의 동남 해안을 가리키는 표현이었다.

와서 물건들을 사고 많은 수입을 올린다.

이 섬에는 얼마나 재화들이 많은지 이 세상 어느 누구도 그것을 다 말할 수 없을 것이다. 여러분에게 말하지만 대카안도 그곳을 정복하지 못했는데, 그것은 너무 멀어서 거기까지 항해하는 것이 위험하기 때문이다.[22] 차이톤과 만지의 상인들은 과거에도 이 섬에서 막대한 재화를 가져갔지만 지금도 여전히 그러하다. 이제 이 섬에 대해서는 그만 이야기하고 다른 것을 이야기하도록 하자.

164장 | 여기서 그는 손두르(Sondur)[23]섬과 콘두르(Condur)[24]섬에 대해서 이야기한다

이 자바[25]섬을 떠나 남쪽과 서남쪽 사이로 700마일을 항해하면 두 개의 섬을 보게 되는데, 하나는 크고 하나는 작으며 각각 손두르와 콘두르라 불린다. 〈이 섬에는 아무도 살지 않으므로 그냥 지나치기로 하자.〉

이 섬을 떠나서 다시 동남쪽으로 500마일 가면 로칵(Lochac)[26]이라는

---

22) 폴로 일행이 중국을 떠난 직후인 1292년 쿠빌라이는 군사 2만, 전함 1,000척을 투입하여 자바 원정을 지시했고, 그 다음 해 자바에 도착하여 처음에는 상당한 성공을 거두어 수도인 케디리 (Kediri)까지 점령했으나 곧 수세에 몰려 회군하고 말았다. 『元史』 권210 「爪哇傳」 ; 그루쎄, 『유라시아 유목제국사』, pp. 420~421 참조.

23) '손두르'는 Culao Cham섬을 가리킨다. 아랍측 기록에 보이는 Sundur-fulat에서 나온 말로, fulat는 말레이어에서 섬을 뜻하는 pulau로 보인다. 아랍인들의 기록에는 중국으로 갈 때 Kundurung(콘도르섬)에서 참파로 갔다가 거기서 Sundur-fulat를 거쳐서 간다고 했다. 중국측 기록에는 孫陀羅로 표기되어 있다.

24) 콘두르는 베트남의 호치민시 남쪽 해상으로 약 230킬로미터 떨어진 곳인 북위 8°40′, 동경 106°37′에 위치한 섬의 이름이다. '콘도르'라는 명칭은 말레이어로 이 섬을 지칭하는 Pulo Condor('호리병〔모양의〕섬'이라는 뜻)를 옮긴 것에 불과하다. 콘도르는 13세기 말 이래 중국측 기록에는 '崑崙'이라는 이름으로, 아랍 여행가들의 글에는 Kundurunj 혹은 Kundurung 으로 표기되었다.

25) 모든 사본에 '자바'라고 되어 있지만 '참바'가 되어야 옳을 것이다.

26) F(locac, lochac), R(lochac), Z(lothac). 이 이름에 대해서는 여러가지 추측이 있으나 태국 남 부지방을 가리키는 것으로 보이며, 한자로 羅斛으로 표기되어 있다. 羅斛國은 메남(Menam) 강 하류에 있던 롭부리(Lopburi)를 수도로 두었지만, 1349년 暹國(타이)에 합병되고 말았다.

매우 크고 부유한 지방에 도착하게 된다. 대왕이 있고 주민들은 우상숭배자이며 독자적인 언어를 갖고 있다. 아무에게도 조공을 바치지 않는데, 그것은 누군가 가서 그들을 해칠 수 없는 그런 곳에 살고 있기 때문이다. 만약 그곳에 가는 것이 가능하기만 하면 대카안은 그들을 쉽게 지배하에 두었을 것이다.[27]

이 지방에서는 브라질 소방목[28]이 많이 재배된다. 금도 얼마나 많이 나오는지 보지 않은 사람은 믿기지 않을 정도이다. 코끼리가 있고 사냥감도 풍부하다. 다른 지방에서 사용되는 자패들은 모두 이 왕국에서 채취되는 것이다. 얼마나 미개한 지역인지 그곳을 찾는 사람이 거의 없다는 것 이외에는 달리 언급할 만한 것이 없다. 왕 자신도 다른 사람들이 그곳에 오거나 자신의 재산과 실상을 알게 되는 것을 원치 않는다. 이제 이곳을 떠나 또 다른 이야기를 해보도록 하자.

165장 | 여기서 그는 펜탄(Pentan)[29] 섬에 대해서 이야기한다

로칵을 출발해서 남쪽으로 500마일을 가면 펜탄이라 불리는 매우 미개한 섬에 도착하게 되는데, 그곳의 나무들은 모두 강한 향기를 뿜고 매우 단단하다. 이곳을 떠나 60마일 정도 가면 두 섬 사이에 도착하게 된다. 그

---

27) 그러나 『元史』에는 이 나라가 1289년 처음으로 方物을 보내왔으며, 1291년에는 그 왕이 "사신을 보내 金字로 쓴 表文을 올렸고, 黃金, 象牙, 丹頂鶴, 五色鸚鵡, 翠毛, 犀角, 篤縟, 龍胸 등의 물건을 보내왔다"는 기록이 보인다.

28) 중세에 염료로 많이 이용되던 식물. 브라질이라는 나라 이름이 그곳에 이 나무가 많이 자라기 때문이라는 속설은 아무런 근거가 없다. '브라질'이라는 명칭이 왜 붙여졌는가는 불확실하나, 이 염료가 붉은색을 띠기 때문에 '벌겋게 달아오른 숯'을 뜻하는 프랑스어의 brésil, brasil 등에서 기원했다는 주장이 있다. 오늘날에는 이 나무를 sappan(蘇枋)이라 부르는데, 이것은 말레이 계통의 단어 sapan에서 나온 것이다.

29) F(pentain), R·Z(pentan). 싱가포르 남쪽 해상에 있는 빈탄(Bintan) 섬을 가리킨다. 선박들은 대개 싱가포르와 빈탄섬 사이의 해협, 즉 싱가포르 해협을 지나 수마트라섬의 서북쪽을 향해 올라간다. 이 해협은 마르코 폴로의 말대로 수심이 얕은 것으로 알려져 있다.

곳의 수심은 4보밖에 안 되기 때문에 큰 배가 지나갈 때에는 키를 들어올려야 한다. 왜냐하면 배가 물에 잠길 수 있는 깊이가 4보 정도밖에 되지 않기 때문이다.

그리고 60마일을 다 간 뒤, 거기서 다시 30마일 정도 동남쪽으로 가면 하나의 왕국을 이루고 있는 섬에 도착하게 되는데, 그곳의 도시는 말라유르(Malaiur)[30]라 불리고 섬은 펜탄이라고 한다. 왕이 있고 독자적인 언어를 사용한다. 도시는 매우 크고 훌륭하며 각종 물건과 향료가 풍부하기 때문에 무역도 활발하게 이루어진다. 이외에는 달리 언급할 만한 것이 없으니 이곳을 떠나 더 앞으로 나아가서, 소자바라는 곳에 대해서 이야기하도록 하겠다.

166장 | 여기서 그는 소자바(Little Java)[31]라는 섬에 대해서 이야기한다

펜탄섬에서 100마일 정도 동남쪽으로 가면 소자바라는 섬에 도착한다. 둘레가 적어도 2,000마일은 되니 그렇게 작은 섬이 아니라는 사실을 알아야할 것이다. 이제 여러분에게 이 섬에 관한 모든 것을 이야기해주겠다.

이 섬에는 여덟 개의 왕국과 여덟 명의 왕이 있다.[32] 그들은 모두 우상

---

30) F·Z(malauir), R(malaiur). 이 명칭은 Malayu(=Malay)를 옮긴 것인데, 펠리오가 고증한 바와 같이 원대 자료에 '말리유르'(麻里予兒)로, 타밀어로 된 비문에도 Malaiur라는 표기가 보이기 때문에, 마지막 r음은 결코 誤寫라고 할 수 없다. 그런데 이 이름이 구체적으로 어디를 가리키는가에 대해서는 추측이 무성하며, 싱가포르·팔렘방·말라카 등지가 거론되어왔다. 마르코 폴로의 텍스트에 이미 혼란의 소지가 있다. 그는 펜탄을 떠난 뒤 60마일을 가서 다시 동남쪽으로 30마일을 가면 말라유르라는 도시가 나오고 그 도시가 있는 섬이 펜탄이라고 했기 때문이다. 펠리오는 마르코 폴로가 자신의 행로에서 벗어나 있는 말라유르를 잠시 삽입한 것인데, 이것이 후대의 필사자들에게 혼란을 일으킨 것으로 추측하고 있다. 펠리오는 말라유르를 팔렘방으로 보았던 자신의 舊說을 수정하고, 이를 수마트라 동남부, 잠비(Jambi) 강을 중심으로 건설되었던 말레이 왕국 미낭카바우(Minangkabaw)로 비정했다.
31) 수마트라 섬을 가리킨다. 앞의 주 23) 참조.
32) 뒤에서 폴로는 여덟 왕국 가운데 페를렉, 바스만, 수마트라, 다그로얀, 람브리, 판수르 등 여섯 개의 이름만을 열거했다. 학자들은 당시 수마트라섬에 15~29개의 소국가들이 존재했을 것으로 보고 있다.

숭배자이고, 각각의 왕국에서는 독자적인 언어를 사용하고 있다. 이 섬에는 재화가 엄청나게 풍부한데, 우리 고장에는 들어온 적도 없는 진귀한 향료들, 즉 침향과 감송과 그외 여러 종류의 향료가 난다. 여러분에게 그 주민들의 생활방식에 대해서 하나씩 이야기해주겠다.

먼저 모두가 놀랄 만한 일을 한 가지 말해볼까 한다. 여러분은 이 섬이 어느 정도 남쪽에 위치해 있는지 북극성은 적든 많든 불문하고 아예 보이지 않는다는 사실을 알아야 할 것이다. 이제 주민들의 생활에 대한 이야기로 돌아가서 먼저 페를렉(Ferlec)[33] 왕국에 대한 모든 것을 이야기하겠다.

이 페를렉 왕국의 주민들은 배를 타고 그곳을 자주 드나드는 사라센 상인들 때문에 마호메트의 율법으로 개종했다. 그러나 도시민들만 그렇고, 산에 사는 사람들은 짐승이나 다름없어 인육을 비롯해서 모든 고기를 먹는다. 그들은 여러가지를 숭배하는데, 아침에 일어나 처음 눈에 띄는 것을 숭배한다. 페를렉에 대해서 이야기했으니 다음에는 바스만(Basman)[34] 왕국에 대해서 말해보기로 하자.

페를렉 왕국을 벗어나면 곧 이 바스만 왕국으로 들어가게 되는데, 바스만 왕국은 독립해 있다. 주민들은 고유한 언어를 가졌지만, 아무런 법률도 없이 살아가는 짐승과 같은 사람들이다. 대카안은 종주권을 주장하지만 그들은 그에게 조공을 바치지 않는다. 너무 멀리 떨어져 있어 대카안의 군대가 그곳까지 갈 수 없기 때문이다. 그러나 그 섬의 모든 주민들은

---

33) R(felech), Z(felech, forlech). 말레이어의 Perlak을 나타내며 수마트라 북안 지점을 가리킨다. 원대 자료에는 法理郎, 法理剌, 別里剌, 八剌剌 등 다양하게 표기되었다.

34) R·Z(basma). F본에는 basman 이외에 basma로도 표기되었다. 유울은 이 이름을 수마트라 북부의 해안지방을 가리키는 말레이어 파세이(Pasei)와 연관지었다. 그러나 펠리오는 파세이라는 말이 수마트라 전체를 가리키는 명칭으로 사용된 예들을 지적하면서, 폴로가 뒤에서 다시 수마트라라는 이름을 사용하고 있기 때문에 '파세이＝수마트라'설에 대해 유보적인 태도를 취했다. 대신 수마트라 서남 해안지방을 가리키는 파사만(Pasaman)이라는 이름이 아랍어에서는 바스만(Basman)으로 표현되는 사실을 들어 '파세이＝파사만'설을 주장했다. 다만 폴로가 바스만 지방에 직접 간 것이 아니기 때문에 그에 관한 설명은 傳聞에 의한 것으로 보인다.

그의 예속민이라고 칭하면서 가끔 진기한 물건들을 그에게 선물로 보내기도 한다.

야생코끼리가 있고, 코끼리에 비해 결코 크기가 작지 않은 일각수도 있다. 그것의 털은 들소의 털과 같고 발은 코끼리와 비슷하며 이마 한가운데에 검고 매우 굵은 뿔이 하나 있다. 여러분에게 말하지만 그놈은 〈뿔이 아니라〉 혀로 사람을 해친다. 매우 긴 가시가 돋아나 있는 혓바닥으로 사람을 해치는 것이다. 머리 꼭대기는 야생멧돼지처럼 생겨서 언제나 머리를 땅 쪽으로 숙이고 다니며, 진흙이나 늪에 있기를 매우 좋아한다. 보기에도 징그러운 짐승이다. 그것은 우리가 말하고 묘사하듯이 소녀에게 사로잡히게 스스로 몸을 내맡기는 그런 동물이 아니라 오히려 우리가 상상하는 것과는 정반대로 생겼다. 원숭이도 많은데 그것들의 모양도 여러가지로 모두 이상하게 생겼다. 까마귀처럼 온통 새까만 매도 있는데, 매우 크며 매사냥에 아주 좋다.

여러분에게 알려주고 싶은 또 한 가지 사실은 사람들이 인도에서 난쟁이를 데려왔다고 말하는 것이 완전히 거짓말이고 속임수라는 것이다. 그들이 말하는 그 사람들은 이 섬에서 다음과 같은 방식으로 만들어진다. 사실 이 섬에는 매우 작고 얼굴이 사람과 아주 비슷한 일종의 원숭이가 살고 있는데, 사람들은 그런 원숭이를 붙잡아 〈어떤 연고를 써서〉 털을 모두 없애고 턱과 가슴에 털을 심는다. 〈살갗이 마르게 되면 털을 심은 구멍이 쪼그라들어서 마치 자연적으로 자란 털처럼 보이게 된다. 팔다리를 비롯해서 사람의 몸처럼 보이지 않는 부분은 늘이거나 줄여서 억지로 사람과 비슷한 모양으로 만든다.〉 그러고 나서 그것들을 말리고 통 속에 넣어 장뇌나 다른 것들을 발라서 사람처럼 보이게 만드는 것이다.

내가 말한 그런 식으로 만든 것이기 때문에 그것은 완전한 속임수일 뿐이다. 인도 전역 그리고 그보다 더 미개한 다른 어떤 곳에서도 나는 그렇게 작은 사람을 본 적이 없다. 이제 이 왕국에 대해서는 더 할 말이 없으므로

아시아의 코뿔소들

이곳을 떠나서 수마트라라고 불리는 다음 왕국에 대해서 이야기하겠다.

167장 | 여기서 그는 수마트라(Sumatra)[35] 왕국에 대해서 이야기한다

바스만을 떠나면 같은 섬에서 수마트라 왕국을 만나게 된다. 나 마르코
폴로는 우리의 갈 길을 터주지 않은 날씨 때문에 다섯 달 동안 그곳에 머
물러 있었다. 여러분에게 다시 말하지만 그곳에서는 북극성이 보이지 않
고 북두칠성도 많든 적든 전혀 볼 수 없다. 주민들은 모두 미개한 우상숭
배자이지만, 부유하고 강력한 왕이 있다. 대카안은 그들에 대해서도 종주

---

35) F · R(samara), Z(samatra, sumatra). 이 명칭은 15세기 이후 수마트라라는 섬 전체를 가리키
는 이름으로 사용되었지만 13세기에는 아직 섬의 서북부만을 지칭하는 이름으로, 『集史』의
Sumutra, 오도릭의 Sumoltra, 이븐 바투타의 Sumutra, 원대 자료의 蘇木都剌(Sumudura) 등
도 마찬가지이다.

권을 주장한다. 우리는 그곳에 다섯 달 동안 있었는데, 배에서 내려 〈약 2,000명의 동행자들과 함께〉 막대기와 통나무로 〈다섯 채의〉 요새를 지었다. 사람을 잡아먹는 그 몹쓸 짐승 같은 사람들이 두려워 우리는 그 요새 안에 머물러 있었다. 그곳에는 세상에서 가장 좋은 물고기들이 있다. 밀은 없고 쌀을 주식으로 삼는다.

포도주는 없지만 다음과 같은 술이 있다. 그들은 어떤 나뭇가지를 잘라 잘리고 남아 있는 부분에 커다란 항아리를 받쳐놓는다. 하루 낮과 밤이 지나면 거기에는 마시기에 아주 좋은 술이 꽉 차게 된다. 작은 대추야자처럼 생긴 나무에는 가지가 네 개 나 있어, 그것을 자르면 여러분에게 이야기했던 것처럼 정말로 좋은 술이 얼마나 많이 나오는지 모를 정도이다. 또 다른 한 가지를 이야기하면 이러하다. 그 가지에서 술이 더 이상 나오지 않으면, 그들은 물을 받아다가 그 나무 아래에 붓는다. 그러면 얼마 지나지 않아 그 가지에서 다시 술이 나오기 시작한다. 하얀 것도 있고 붉은 것도 있다.[36] 커다란 인도호두도 다량으로 산출된다. 주민들은 고기라면 좋은 것이든 나쁜 것이든 가리지 않고 모두 먹는다. 이 왕국에 대해서 이야기했으니, 이제 이곳을 떠나서 다그로얀에 대해서 말해보자.

168장 | 여기서 그는 다그로얀(Dagroian)[37] 왕국에 대해서 이야기한다

다그로얀은 독립된 왕국이며 고유한 언어를 갖고 있다. 이 역시 같은 섬

---

36) 소위 술이 나온다는 이 나무는 Areng Saccharifera라는 학명으로 불린다. 趙汝适의 『諸蕃志』에는 수마트라의 三佛齊(팔렘방-잠비) 지방에 나무에서 받는 花酒·椰子酒·檳榔 蜜酒 등이 언급되어 있으며, 『太平環宇記』에는 버마의 토착민들이 수액을 받아 만든 樹頭酒가 기록되어 있다.

37) F(dagraian, dagroian), R(dragoian), Z(dagroyan). 이 지명의 확실한 비정에는 어려움이 많다. 폴로에 따르면 수마트라 왕국과 람브리 왕국 사이에 위치해 있는 셈인데, 아마 수마트라섬 북부 페디르(Pedir) 지방을 가리키는 듯하다. 펠리오는 이 명칭을 『瀛涯勝覽』에 보이는 答魯蠻과 연관시킨 바 있다. 바탁(Battak)이라는 족명을 지닌 그곳의 주민들은 얼굴에 문신을 하여

안에 있으며 왕이 있다. 주민들은 매우 야만적이며 대카안은 그들에 대해 종주권을 주장한다.

주민들은 우상숭배자이다. 먼저 그들의 매우 나쁜 관습 하나를 전해주겠다. 그들은 남자든 여자든 병에 걸리면 그의 친척이 마술사를 불러와 병자가 분명히 나을 수 있는지 어떤지를 보게 한다. 이 마술사가 마술과 우상을 통해서 그가 나을지 아니면 죽을지를 알아내면, 그들은 사람을 불러서 병자의 목을 누르고 그 입에 무엇인가를 넣어서 숨이 막혀 죽게 만든다. 그가 죽으면 그를 요리하여 죽은 사람의 친척들이 모두 모여서 먹는다. 여러분에게 말하지만 그들은 뼛속에 있는 골수까지 모두 먹어치운다. 그들이 이렇게 하는 것은 그의 어떤 작은 것이라도 남지 않기를 바라기 때문인데, 만약 어떤 물질이 남게 되면 그 물질은 벌레로 변해서 먹을 것도 구하지 못한 채 죽어버린다고 말한다. 또한 그들은 이 벌레들의 시체에 의해 죽은 사람의 영혼이 크게 해를 입게 될 것이며 그것은 죄를 범하는 결과가 된다고 하는데, 〈그것은 그의 물질에서 생겨 나온 수많은 생명들이 죽어버리기 때문이다〉. 그래서 그를 모두 먹어치우는 것이라고 말한다. 그들은 그를 모두 먹어버린 뒤 아름다운 상자 안에 뼈를 넣어서 어떤 짐승이나 나쁜 것들이 건드릴 수 없는 산 속의 커다란 동굴 안으로 옮겨 걸어 놓는다. 여러분에게 말해두지만 만약 그들은 자기 고장 출신이 아닌 사람을 붙잡아 몸값을 받아내지 못하면 그를 곧바로 죽여서 먹어치울 것이다. 이것은 정말로 사악하고 못된 관습이다. 이제 이 왕국을 떠나서 람브리라는 곳에 대해서 이야기해보겠다.

169장 | 여기서 그는 람브리(Lambri)[38] 왕국에 대해서 이야기한다

람브리는 독자적인 왕을 갖고 있는 왕국이지만, 대카안은 그들에 대한 종

중국인들에게 '花面'으로 알려졌고, 食人의 풍습도 있었던 것으로 보인다.
38) F(labri, lanbri), R(lambri), Z(lambri, lanbri). 수마트라섬 서북단의 지명으로 아친(Achin)

주권을 주장한다. 주민들은 우상숭배자이다. 브라질 소방목이 매우 많고, 장뇌라든가 다른 값비싼 향료들도 풍부하다. 소방목에 대해서 말해보겠다. 그들은 씨를 뿌려 작은 가지가 자라면 그것을 파내 다른 곳에 옮겨 심는다. 그곳에 3년 동안 그대로 놓아두었다가 그 뒤 다시 뿌리째 파낸다. 여러분에게 말하지만 우리는 그 씨앗을 얼마간 베니스로 갖고 와서 땅에 심어보았다. 그러나 그것은 아예 자라지도 않았는데 그 까닭은 그곳이 추웠기 때문이다.

또 한 가지 놀라운 것을 말해보면, 이 왕국의 사람들은 길이가 한 뼘이 넘는 긴 꼬리를 달고 있는데 몸에는 털이 많지 않고, 그런 사람들이 다수를 점한다. 이렇게 생긴 사람들은 도시가 아닌 산중에 살고 있고, 꼬리의 굵기는 개의 꼬리만하다. 일각수가 많고, 새나 짐승과 같은 사냥감도 많다. 이제 람브리에 대한 이야기를 했으니, 이곳을 떠나 판수르에 대해서 말해보도록 하자.

170장 | 여기서 그는 판수르(Fansur)[39] 왕국에 대해서 이야기한다

판수르는 독립된 왕국으로 왕이 있고, 주민들은 우상숭배자이며 대카안은 그들에 대한 종주권을 주장한다. 그들은 내가 위에서 말한 똑같은 섬에 위치해 있다. 최고의 판수리(fansuri) 장뇌가 이 왕국에서 자라는데, 그 가치는 다른 것보다 훨씬 더 높다. 여러분에게 말하지만 그것은 동일한 무게의 금과 같은 가격으로 팔린다. 밀이나 다른 곡식은 없지만, 쌀을

지방 부근이었던 것으로 보인다. 자바어로는 라무리(Lamuri)라 불렸고, 오도릭은 라모리(Lamori)라 표기했다. 중국에서 송대에는 藍里, 藍無里로 표기되다가, 『元史』에는 南巫里 · 南無力 등으로 씌어졌다.

39) R(fanfur). 수마트라섬 서남 해안에 있는 바로스(Baros) 지방을 가리킨다. 중국에서는 이미 6세기경에 이 지방에서 수입된 樟腦(camphor)가 婆律香 · 婆律膏 등으로 알려졌는데, 婆律은 '바로스'를 옮긴 말이다. 13~14세기가 되면서 이 지방은 賓窣 · 班卒로 표기되었는데, 이는 '판수르'(Pansur)를 나타낸 것이다. 아랍측 기록에도 9세기 중반부터 Fansur라는 이름이 보이기 시작한다.

주식으로 삼고 우유를 마신다. 그들은 내가 앞에서 말한 그 나무들에서 술을 받는다.

매우 놀라운 사실 하나를 여러분에게 이야기해주겠다. 이 지방에서는 나무에서 곡물가루를 받아내는데 다음과 같은 방식으로 한다. 매우 크고 굵은 나무가 있는데 이 나무의 안쪽은 곡물가루로 가득 차 있다. 이 나무는 껍데기가 매우 얇고 그 안쪽은 모두 곡물가루이다. 〈이 나무들은 두 사람이 팔을 벌려서 감싸야 할 정도로 굵다. 곡물가루를 물이 가득 찬 통에 담아 막대기로 휘저으면 찌꺼기와 쭉정이는 물 위에 뜨고 순수한 곡물가루만 바닥에 가라앉는다. 이것이 끝나서 물을 부어버리면 바닥에 깨끗한 곡물가루만 덩어리가 되어 남는다.〉 그들은 이것으로 아주 맛있는 떡을 많이 만들어 먹는데, 여러분에게 말하지만 우리도 그것을 많이 그리고 자주 먹었다.

〈그러나 이 나무는 쇠처럼 무거워 물 속에 던지면 즉시 가라앉아버린다. 이 나무는 마치 대나무처럼 위에서 아래로 결을 따라 곧바로 자를 수 있는데, 나무의 곡물가루를 비우고 나면 앞에서 이야기한 것처럼 3인치 정도의 껍데기만 남게 된다. 그 사람들은 이 나무로 짧은 창을 만드는데, 나무가 어찌나 무거운지 어느 누구도 그것을 휘두르는 것은 고사하고 들고 다닐 수조차 없다. 그들은 창끝을 날카롭게 한 뒤 불로 살짝 지지는데, 이렇게 해서 만들어진 창은 어떤 종류의 갑옷도 뚫을 수 있어 쇠로 만든 창보다 더 우수하다.〉[40] 이제까지 여러분에게 이 섬의 이쪽 편에 있는 왕국들에 대해서 이야기했지만, 반대편에 있는 다른 왕국들에 대해서는 말해줄 것이 없다. 왜냐하면 우리는 그쪽에 가보지 않았기 때문이다. 따라서 이제 이곳을 떠나서 고에니스폴라(Gauenispola)[41]라고 불리는 매우 작은 섬에

---

40) 오도릭도 싸고(Sago)라 불리는 이 나무에 대해서 주목했는데, 마르스덴은 창의 재료가 되는 이 나무가 싸고목이 아니라 니봉(Nibong : 학명 Caryota urens)이라고 했다.

41) R(nocueran), Z(necuueran). 고미스폴라(Gaumispola)를 오사한 것으로 보인다. 이는 수마

대해서 이야기해보도록 하자.

171장 | 여기서 그는 네쿠베란(Necuveran)[42]섬에 대해서 이야기한다

자바와 람브리 왕국을 떠나서 북쪽으로 150마일쯤 가다 보면 두 개의 섬을 발견하게 되는데, 그 하나는 네쿠베란이라 불린다. 이 섬의 주민들은 왕을 갖지 않고 짐승처럼 살아간다. 여러분에게 말하지만 그들은 남자든 여자든 모두 도대체 아무것도 걸치지 않은 채 벌거벗고 다닌다. 그곳의 숲에는 고급의 값비싼 나무들로 가득하다. 자단, 인도 호두나무, 정향목, 브라질 소방목 외에 기타 여러 좋은 나무들이 있다. 〈그들은 다양한 색깔의 비단으로 만들어진 아름다운 천 혹은 수건을 갖고 있는데, 그 길이는 3완척 정도이다. 그들은 지나가는 상인들에게서 그것을 사서 보물처럼 진귀하게 여기면서 집 안에 있는 장대 위에 걸어두는데, 그것은 마치 우리가 진주나 보석이나 금은으로 만든 그릇을 보관하고 있는 것과 같다. 그들은 그것을 어디에 쓰기 위해서가 아니라 남에게 자랑하기 위해서 갖고 있는 것이며, 더 많이 또 더 아름다운 것을 갖고 있는 사람을 보다 품위있고 지체가 높은 것으로 여긴다.〉 이밖에는 더 언급할 것이 없으므로 이곳을 떠나 또 다른 섬 안가만에 대해서 이야기하기로 한다.

172장 | 여기서 그는 안가만(Angaman)[43]섬에 대해서 이야기한다

안가만은 매우 큰 섬이다. 주민들은 왕을 갖지 않고 우상숭배자이며 야수

트라섬 북단 아친곶(Achin Head) 건너편의 작은 섬을 가리키며, 여행기에는 Gomispola 혹은 Pulo Gommes 등으로 표기되었다. 1500년경 아랍자료에 나오는 Jamis-fulah(즉 Gamispula) 역시 이 이름을 나타낸 것이다. 이 섬에 대해 설명하겠다는 마르코 폴로의 말과는 달리 아무런 설명도 이어지지 않고 있다.

42) 수마트라섬 서북쪽에 위치한 니코바르(Nicobar) 군도를 가리킨다. 오도릭은 니코베란 (Nicoberan)이라 불렀고, 『集史』에는 나카바람(Nakavaram)으로 표기되어 있다.
43) 니코바르 북방에 위치한 안다만(Andaman) 군도를 가리킨다. 아랍권(Andaman)이나 중국측

견인(犬人 ; Cynocephali)

여러 종류의 괴물들. 마르코 폴로의 글에 이런 괴물에 대한 묘사는 없으나, 14~15세기 유럽에서 유행했던 필사본에 삽입된 그림

나 마찬가지이다. 이 책에서 언급해야 마땅할 한 종류의 사람들에 대해서 여러분에게 이야기해보겠다. 이 섬에 사는 사람들은 모두 머리와 이와 눈이 개의 모양이다. 그들의 머리는 정말로 커다란 마스티프(mastiff) 개와 비슷하게 생겼다.[44] 향료가 풍부하며, 사람들은 잔인해서 사람을 잡아먹는다. 잡히는 것은 모두 먹는데 자기 동족에 대해서만은 그렇게 하지 않는다. 온갖 향료들이 풍부하게 존재하며, 그들의 음식은 우유와 각종 고기이다. 과일은 우리의 것과는 다르다.

〈이 섬 주변의 바다는 얼마나 깊고 조류가 강한지 배들이 닻을 내릴 수도 없고 그곳으로 다가갈 수도 없다. 그래서 배들은 어떤 만으로 빨려들어가 다시는 거기서 빠져나오지 못한다. 그 이유는 다음과 같다. 거친 바다가 육지를 침식해 들어가면서 땅을 파내면 나무들이 뿌리째 뽑혀 만 안으로 쓰러져 넘어진다. 이 만으로 수많은 나무들이 끌려들어와서는 절대로

자료(『諸蕃志』의 晏陀蠻, 『瀛涯勝覽』의 桉篤蠻), 나아가 서구의 기록에도 모두 이 군도의 명칭이 '안다만'이었음을 말해준다. 따라서 폴로의 '안가만'은 필사자의 오사에 기인한 것으로 추측된다.

44) 힌두계통 인종에 대한 폴로의 편견이 이러한 기술을 낳았다고 보는 학자들도 있으나 단언하기는 어렵다.

밖으로 나가지 못한 채 있게 된다. 그래서 배가 이 만으로 한번 들어가면 그 나무들 사이에 갇혀 그곳에서 꼼짝도 못하고 남아 있게 되는 것이다.〉 이제 이 이상한 사람들에 대해서 이야기했으니, 이곳을 떠나 더 나아가 세일란이라 불리는 섬에 대해서 이야기해보자.

173장 | 여기서 그는 세일란(Seilan)[45] 섬에 대해서 이야기한다

안가만섬을 출발하여 서쪽에서 약간 서남쪽으로 기울면서 1,000마일 정도 가면 세일란이라는 섬을 만나게 되는데, 그것은 크기면에서 정말로 세계에서 가장 으뜸가는 섬이다. 그 이유는 둘레가 2,400마일이나 되기 때문이다. 그쪽 바다를 항해하는 선원들의 세계지도에 보이는 바에 의하면 3,600마일이나 되었기 때문에 옛날에는 더 컸었다. 그러나 북풍이 그곳으로 어찌나 세차게 불었는지 이 섬의 상당 부분이 물 속으로 가라앉았는데, 이 섬이 전처럼 크지 않은 이유도 바로 거기에 있다. 이제 여러분에게 이 섬 주민들의 생활에 대해서 말해주겠다.

이 섬에는 센데르남(Sendernam)[46]이라 불리는 왕이 있고, 주민들은 우상 숭배자이며 누구에게도 조공을 바치지 않는다. 국부만을 가렸을 뿐 모두 벌거벗고 다닌다. 쌀 이외에 다른 곡식은 없고, 기름을 짜내는 깨가 있다. 우유와 고기와 쌀을 주식으로 하며, 세상에서 가장 좋은 브라질 소방목이 많이 자란다. 세상 다른 곳에도 있는 이런 것들에 대해서는 그만 이야기하기로 하자.

여러분에게 말하건대 이 섬에는 다른 어느 곳에서도 나지 않는 훌륭한 루비가 있다. 또한 사파이어, 토파즈, 자수정을 비롯한 다른 여러 보석들

---

45) 물론 세일론을 가리키며, 『집사』를 위시한 이슬람측 자료에는 세일란(Seilan)으로 표기되어 있고, 중국자료에는 錫蘭이라고 되어 있다.

46) 당시 세일론의 왕은 Pandita Prakrama Bahu 3세(1267~1301)였으며, 수도는 콜롬보 북북동 방향으로 40마일 떨어진 담바데니아(Dambadenia)에 있었다. '센데르남'은 한때 이 지방을 침입한 말레이인들의 수령 찬드라 바누(Chandra Banu)를 나타내는 것이 아닌가 추측하는 학자도 있다.

도 나온다. 이 섬의 국왕은 세상에서 이제까지 본 것 가운데 가장 아름다운 루비를 갖고 있다. 그것이 어떻게 생겼는지 여러분에게 이야기해주겠다. 그것의 길이는 한 뼘이고 두께는 남자의 팔뚝 정도이다. 보기에도 황홀한 것으로, 아무런 흠집도 없고 불타는 듯한 붉은색이다. 그것은 돈으로는 도저히 살 수 없을 정도의 가치가 있다. 여러분에게 분명히 말해두지만 대카안이 그곳 왕에게 사신을 보내 이 루비를 사고 싶다는 뜻을 전달했다. 만약 그가 그것을 주면 그에게 한 도시에 버금가는 재화를 주겠다고 했다. 그러나 왕은 그것이 자기 조상들의 것이므로 세상 무엇과도 바꿀 수 없다고 대답했다.[47]

주민들은 전사가 아니며 겁이 많고 보잘것없다. 그러나 그들은 전사를 필요로 하는 경우에는 다른 나라 사람들, 특히 사라센인을 불러온다. 이 밖에는 언급할 만한 것이 없으므로 이 정도로 마치고 마아바르에 대해서 이야기하도록 하겠다.

174장 | 여기서 그는 마아바르(Maabar)[48]라는 큰 지방에 대해서 이야기한다

세일란섬을 출발해서 서쪽으로 60마일쯤 가면 마아바르라는 큰 지방을 만나게 되는데 그곳은 대인도라고 불린다. 그곳은 인도에서도 가장 좋은 곳으로 대륙의 일부이다. 이 지방에는 진짜 형제간인 다섯 명의 왕들이 살고 있는데,[49] 이들에 대해 한 사람씩 여러분에게 말해주겠다. 여러분에게 말하지만 이 지방은 세상에서 가장 부유하고 훌륭한 곳이다. 어찌해서

---

47) 세일론의 루비는 원대 중국에도 널리 알려져, 『輟耕錄』의 「回回石頭」편에는 '실라니(昔剌泥)'라는 이름의 紅寶石에 대해 언급되어 있다.

48) 인도 동남부의 코로만델(Coromandel) 해안을 가리키며, 이슬람측에는 마아바르(Ma'bar), 원대 중국에는 馬八兒라는 이름으로 알려졌다.

49) 『元史』권210 「外國 · 馬八兒等國」에는 이 지방에 '술탄'(算彈)의 형제 다섯 명이 있었음이 명시되어 있다.

그런지 이야기해주도록 하겠다.

그 지방에서 가장 이쪽 지역은 이들 형제 가운데 한 사람인 센데르반디 데바르(Senderbandi devar)[50]라는 사람이 통치하고 있다. 이 왕국에서는 매우 크고 아름다운 진주가 나오는데, 진주들이 어떻게 발견되고 채취되는가에 대해서 말해보도록 하겠다. 이 바다에는 육지와 섬 사이에 만이 하나 있고, 그 만의 수심은 기껏해야 10보나 12보 정도밖에 되지 않는데 어떤 곳은 2보가 채 안 된다. 이 만에서 진주를 채취하는데 다음과 같이 한다. 그것을 채취하려는 사람들은 큰 배와 작은 배를 타고 4월에서 5월 중순 사이에 이 만에 있는 베탈라(Bettala)[51]라는 지점으로 들어가야 한다. 바다로 60마일 정도 들어가 닻을 내린 뒤 작은 거룻배로 옮겨탄다. 그리고 그들은 다음과 같이 진주잡이를 한다.

여러 상인들이 조합을 만들어서 많은 사람을 고용하는데, 4월에서 5월 중순까지, 즉 진주잡이가 계속될 때까지 얼마를 주고 그들을 사는 것이다. 그리고는 그들에게 다음과 같은 임무를 부여한다. 먼저 왕에게 1/10을 바치고, 또 진주를 찾으러 물 속으로 들어가는 사람들이 해를 입지 않도록 물고기들에게 주술을 거는 사람들에게도 약간을 준다. 즉 브라아만(braaman)[52]인 그들에게는 1/20을 준다. 그들은 고기들에게 낮에만 주술을 걸고 밤에는 주술을 풀어 자기가 지시하는 대로 행하게 한다. 이 브라아만들은 새나 짐승과 같은 야생동물에게도 주술을 건다. 그렇게 해서

---

50) 와싸프의 글에는 마아바르 지방의 군주인 칼레사 데바르(Kalesa Devar)에게 두 아들이 있었는데, 정처에서 출생한 순다르 반디(Sundar Bandi)와 또 다른 부인이 낳은 피라반디(Pirabandi)였다. 후자가 계승자로 임명되자 순다르 반디는 델리로 가 알라 웃 딘에게 지원을 요청했고, 이를 계기로 1311년 델리의 무슬림 군대가 이 지방을 정복했다고 한다. 폴로의 '센데르반디'는 바로 순다르 반디를 가리키며, '데바르'는 하늘을 뜻하는 말로 군주의 칭호에 자주 사용되었다.

51) F(bettalar), R(betala), Z(bettala). 이븐 바투타의 글에는 바탈라(Batthala)로 표기되어 있으며, 유울은 세일론 연안에 있는 파틀람(Patlam)으로 추정했다.

52) F(abraiamain, abraiemant, abriuamam, abruemain), R(bramini), Z(abraaman, braaman).

진주잡이

조그만 거룻배에 탄 사람들, 즉 상인들이 고용한 사람들이 거룻배에서 내려 물 속으로 들어가는데, 4보나 5보 정도 혹은 12보까지 잠수해서 참을 만할 때까지 물 속에 머무른다. 그들은 바다 바닥에서 흔히 굴이라고 부르는 조개를 찾아내는데, 이 굴 안에는 크고 작은 각종 진주가 있다. 굴은 이 조개들의 살 속에 있다.

이런 식으로 채취하는 조개는 그 양이 얼마나 많은지 말로 다 할 수 없을 정도이다. 그리고 이 바다에서 채집되는 진주는 전세계로 수출된다. 이 왕국의 왕은 거기에서 막대한 액수의 관세를 받아 거대한 재화를 모으고 있다. 여러분에게 진주가 어떻게 채취되는가에 대해 이야기했는데, 5월 중순이 되면 이곳에서는 진주가 있는 이 조개들을 더 이상 찾을 수 없게 되고, 거기에서 약 300마일 떨어진 다른 곳에서는 9월에서 10월 중순 사이에 발견된다.

또 한 가지 이야기할 것은 이 마아바르 지방 전역에서는 사람들이 1년 내내 벌거벗고 다니기 때문에 옷감을 자르거나 꿰매야 할 필요가 없다는 것이다. 사철 내내 날씨가 따뜻하고, 춥지도 덥지도 않기 때문에 항상 알몸으로 다니는 것이다. 다만 국부만큼은 조그만 천으로 가리고 있으며, 왕도 다른 사람처럼 하고 다니지만 다음과 같은 것을 달고 있다는 점이 다르다. 즉 그들의 왕은 예쁜 천으로 국부를 가린 채, 목에는 보석으로 잔뜩 장식한 목걸이를 차고 있다. 그 보석들은 루비, 사파이어, 에메랄드 및 여러 귀한 돌들이니, 이 목걸이만 해도 대단한 재산인 셈이다.

또한 왕은 목에 1보 정도 길이의 가는 비단끈을 걸고 있는데, 이 끈에는 104개의 크고 아름다운 진주와 값비싼 루비들이 달려 있다. 여러분에게 그 끈에 왜 104개의 보석이 달려 있는지에 대해 설명해주겠다. 그것은 그가 매일 아침 저녁으로 자신의 우상을 공경하기 위해 104번 기도를 올리기 때문이다. 그들의 종교와 관습에 그렇게 하도록 규정되어 있기 때문에, 그의 조상인 다른 왕들은 물론 이 왕에 이르기까지 그렇게 하게 된 것이다. 이것이 바로 그 왕이 104개의 보석을 목에 걸고 있는 이유이다. 〈그 기도는 "파우카, 파우카, 파카우카"라는 것이다.〉[53]

여러분에게 또 이야기할 것은 그 왕은 팔 세 군데에 금으로 된 팔찌를 차는데 모두 크고 값비싼 보석과 진주로 장식되어 있다는 것이다. 또한 다리에도 세 군데에 값진 진주와 보석으로 장식된 금으로 된 고리를 차고 있다. 발에도 정말 아름다운 진주와 보석들을 끼고 있다. 이에 대해서 더 이상 무엇을 이야기하겠는가? 이 왕이 두르고 있는 수많은 보석과 진주들은 웬만한 도시 하나 값보다 비쌀 것이다. 어느 누구도 왕이 몸에 지니고 있는 것들의 값이 어느 정도인지 말할 수 없을 것이다. 내가 설명했듯이 이 왕국에서 그토록 많은 보석과 진주가 산출되기 때문에, 그가 그렇게 많은 것을 지니고 있다고 해도 전혀 놀랄 일은 아니다.

또한 여러분에게 말해두지만 어느 누구도 커다란 보석이나 반 사기오

---

53) 104는 108의 誤寫가 아닌가 추측된다. 불교에서 108이 상징적인 의미로 사용되는 경우는 많아도 104라는 숫자는 찾아보기 힘들기 때문이다. '파우카(pauca)' 혹은 '파카우카(pacauca)'는 타밀(Tamil)어로 '神'을 부르는 말인 '바가바타'(Bhagavata)를 나타낸 것으로 보인다.

이상의 무거운 진주를 그의 왕국에서 반출해 나갈 수 없다. 또한 왕은 매년 아름다운 진주나 좋은 보석을 갖고 있는 사람들은 반드시 궁정으로 갖고 와야 하며, 그러면 그 가격의 두 배만큼 지불해줄 것이라는 포고령을 내린다. 이 왕국에는 좋은 보석들에 대해서 두 배로 값을 쳐주는 관습이 있다. 상인이나 그밖의 사람들도 그같이 좋은 보석을 손에 넣게 되면 기꺼이 궁정으로 가져가는데 그 까닭은 많은 돈을 보상받기 때문이다. 이것이 이 왕이 그렇게 많은 재산과 진귀한 보석들을 갖게 된 까닭이다. 이제 이것에 대해 끝냈으니 또 다른 놀라운 것에 대해서 이야기해보도록 하자.[54]

이 왕은 거의 500명의 여인들을 거느리고 있는데 모두 그의 부인들이다. 그는 아름다운 여자나 소녀를 보면 자기 아내로 취하고자 한다. 그리고 이 문제와 관련해 그는 다음과 같은 행동을 했다. 그는 〈자기 동생의 부인인〉 어떤 아름다운 여자를 보고는 그녀를 빼앗아 자기가 취해버렸다. 지혜로운 그의 동생은 고통스러웠지만 아무런 말썽을 일으키지 않았다. 〈그것이 빌미가 되어 왕은 자기 동생에게 여러 번 전쟁을 일으키려고 했지만, 그들의 어머니는 왕에게 자기 젖가슴을 보여주며 "만일 네가 분쟁을 일으킨다면 나는 너희를 먹였던 이 젖가슴을 도려내고 말겠다"고 말했다. 그래서 싸움은 가라앉았다.〉[55]

이 왕에 관해 또 한 가지 놀랄 만한 이야기를 여러분에게 해주겠다. 이

---

54) 『元史』 권210 「外國·馬八兒等國」에는 쿠빌라이가 보낸 사신이 마아바르에 도착하자, 그곳의 군주들이 "백성들에게 이 나라가 貧陋하다고 칭했지만 이것은 실로 망언이다. 대저 回回國의 金珠寶貝는 모두 이 나라에서 나가는 것이며, 그밖의 回回들 역시 모두 이곳에 와서 무역을 한다. 이들 지역에 있는 나라들이 모두 (원조에) 투항할 마음이 있으니, 만약 마아바르를 복속시키고 사신을 보내 예속을 권하는 글을 보낸다면 모두 투항할 것이다"라는 기사가 보인다. 마아바르의 財力과 주변나라들에 대한 영향력을 보여주는 대목이라 할 수 있다.
55) 『몽골비사』에 기록되어 있듯이 칭기스칸이 동생 조치 카사르를 의심하여 불화가 일어났을 때 어머니인 후엘룬이 자기 젖가슴을 내보이며 한 말을 연상시킨다. 마르코 폴로가 몽골인 사이에 유포되었던 그 이야기를 여기에 적용한 것인지, 아니면 마아바르 지방에 실제로 존재했던 이야기였는지는 불분명하다.

왕은 많은 충신들을 거느리고 있는데, 그들은 다음과 같이 행동한다. 그들의 주장에 따르면 그들은 이승에서는 물론 저승에서도 주군의 충신이라고 한다. 그래서 다음과 같은 아주 놀라운 일을 이야기해주겠다. 이 충신들은 궁정에서는 주군을 모시고 왕과 함께 말을 타고 다니며 그의 주위에 머물면서 막대한 권력을 행사한다. 왕이 어디를 가든 이 신하들은 그를 수행하며 전국에서 매우 강력한 권위를 갖고 있다. 왕이 죽어 그의 시신이 커다란 불에 태워지면, 그의 충신이었던 이 신하들도 모두 불 속에 몸을 던져서 저승으로 가는 왕을 수행한다.

또 한 가지 이 왕국에는 다음과 같은 관습이 있다. 왕이 죽으며 막대한 재산을 남겨놓았다 하더라도, 그의 자식은 어느 하나 절대 손을 대지 않는다. 그리고 이렇게 말한다. "나는 부왕의 왕국과 백성 모두를 갖게 되었다. 아버지가 했던 것처럼 나도 재산을 모을 수 있는 방법을 찾을 것이다." 이런 방식으로 이 나라의 왕은 조상들의 재산을 건드리지 않고 다음 사람에게 그대로 물려주면서 각자 자기 재산을 또 모으기 때문에 재산의 양은 실로 엄청나다.

또한 이 왕국에서는 말이 제대로 자라지 않기 때문에 매년 거두어들이는 세금의 전부, 아니 그 대부분을 말을 사는 데 소비한다. 어떻게 해서 그런지 여러분에게 이야기해주겠다. 쿠르모스, 키시, 두파르(Dufar),[56] 시에르(Scier),[57] 아덴(Aden)[58]과 같은 지방에는 모두 전마나 다른 말들

---

56) R(diufar, duifar, dulfar), Z(dufar, duffar). 아라비아 반도 남해안 오만 영내에 있는 도파르 (Dhofar). 주파르(Zufar)나 조파르(Zofar)로 발음되기도 했다. 『諸蕃志』에는 奴發로, 15세기 전반에는 祖法兒로 표기되었다.

57) F(escer, escier), R(escier), Z(scier). 아라비아 반도 남안의 하드라마우트(Hadramaut) 해안에 위치한 시흐르(Shihr) 혹은 시하르(Shihar)를 가리키며, 『諸蕃志』의 施曷이 이에 해당된다. 도파르 서쪽에 있으며 현재 예멘에 속해 있다.

58) 역시 현재 예멘에 속한 도시로 시흐르에서 더 서쪽에 위치해 있다. 중국에서는 15세기에 들어와서야 阿丹이라는 이름으로 알려졌다.

이 있는데, 그 지방 상인들은 좋은 말을 구입하여 배에 싣고 이 왕이나 그의 형제들인 다른 네 명의 왕에게로 운반해온다. 그들은 한 마리를 금 500사기오―은 100마르크보다 더 비싸다―에 판매한다.

여러분에게 말해두지만 이 왕은 그들로부터 매년 2,000마리 이상의 말을 사들이며, 그의 형제들 역시 그만큼 사들인다. 그러나 한 해가 지나면 아무도 100마리조차 갖고 있지 못한다. 왜냐하면 마부도 없고 어떻게 말을 돌보아야 할지 몰라, 즉 관리를 잘못해서 모두 죽어버리기 때문이다. 말들을 파는 상인들은 그곳에 마부들을 데리고 가지도 않고 그들이 가도록 내버려두지도 않는다. 왜냐하면 그들은 왕들의 말이 수없이 죽는 것을 바라기 때문이다.

이 왕국에서 볼 수 있는 또 다른 관습에 대해서 말해주겠다. 죄를 지은 어떤 사람이 처형을 받게 되어 군주가 그를 처형하라는 명령을 내리면, 죽음을 당하는 사람은 어떠어떠한 우상에 대한 사랑과 숭배를 위하여 스스로 목숨을 끊고 싶다는 자신의 희망을 말한다. 왕이 그에게 그렇게 해도 좋다는 허락을 내리면, 자살하는 그 사람의 모든 친척과 친구들은 그를 의자에 앉히고 그에게 12개의 칼을 준 뒤, 시내 온 거리를 데리고 다니면서 "이 용감한 사람이 이러이러한 우상을 사랑하기 때문에 스스로 목숨을 끊으려고 한다"고 외친다. 이런 방식으로 그들은 시내 곳곳으로 그를 데리고 다니다가 형이 집행될 장소에 도착한다. 그러면 죽어야 할 사람은 칼을 빼들고 "나는 이러이러한 우상을 사랑하기 때문에 목숨을 끊노라!"고 큰 소리로 외친다. 이 말을 하고 나서 칼 하나로 팔 가운데를 찌르고 다른 칼로 다른 팔을 찌른다. 그리고 또 다른 칼을 집어들어 배꼽 한가운데를 찌른다.

이에 대해서 내가 무엇을 말하겠는가? 그는 칼들로 자신을 수없이 찔러 스스로 목숨을 끊는다. 〈모든 칼을 꽂은 뒤―그는 테를 제작할 때 사용하는―손잡이가 두 개 달린 칼을 자기 목덜미에 찔러넣고는 강하게 잡아당겨 자기 목을 그어버린다. 그 칼은 아주 예리하기 때문에 그런 식으로 하면 목숨이 끊어진다.〉 그가 죽으면 친척들은 기쁜 마음으로 그의 시체를 태운다.

이 왕국의 또 다른 관습에 대해서 이야기해주겠다. 사람이 죽어 그의 시체를 태우고 나면 그의 아내는 그 불에 스스로 몸을 던져 남편과 함께 화장된다. 이렇게 하는 여인들은 사람들로부터 크게 칭송받는다. 사실 내가 말한 이런 것을 실제로 많은 부인이 행한다.

또한 여러분에게 말하건대 이 지역의 주민들은 여러 우상을 숭배하지만 그 중에서도 소를 가장 숭배한다. 그들은 소가 영물이기 때문이라고 말하는데, 나아가 어느 누구도 쇠고기를 먹으려 하지 않고 또 무슨 일이 있어도 소를 도살하지 않으려 한다. 그러나 여러분에게 말해두지만 쇠고기를 먹는 가비(gavi)[59]라고 불리는 종족이 있는데, 그들도 감히 소를 도살하지는 않는다. 다만 소가 자연적으로 또는 다른 이유로 죽었을 때 그 고기를 먹는 것이다. 또 그들은 쇠똥으로 집을 온통 칠한다.[60]

또 다른 한 가지 관습을 여러분에게 이야기해주겠다. 왕과 신하와 다른 사람들은 흙바닥에 앉는다. 누군가 그들에게 왜 좀더 고상하게 앉지 않느냐고 물어보면, 그들은 자신들이 흙에서 왔고 흙으로 돌아가기 때문에 흙바닥에 앉는 것이 가장 고상한 일이라고 대답한다. 그러므로 땅은 아무리 숭배해도 지나치지 않고 절대 그것을 멸시해서도 안 된다는 것이다.

여러분에게 말하건대 이 가비 종족, 즉 소가 죽으면 그 죽은 고기를 먹는 종족의 조상들이 바로 오래 전에 사도 성 토마스를 죽인 사람들이다. 가비라고 불리는 이 후손들은 어느 누구도 성 토마스의 유해가 있는 곳으

---

59) 이 이름은 산스크리트어의 '소'를 의미하는 고(go)라는 말에서 기원한 가비아(gavya : 뜻은 '소를 숭배하는')와 연관된 것으로 보인다. 그러나 카스트의 계층으로 '가비'라는 이름은 문헌상 확인되지 않는다.

60) 집 안을 쇠똥으로 칠하는 것은 소에 대한 경배심에서 비롯된 풍습인 듯하다. 오도릭의 글에는 인도인들이 소의 오줌과 똥을 각각 은그릇에 담아 왕에게 바치면, 왕은 오줌으로 얼굴과 손을 씻고 똥을 얼굴에 칠하며 경배의 뜻을 표시했다는 기록이 보인다.

소를 신성시하는 인도인들

로 들어갈 수 없다. 10명이 아무리 애를 써도 이 가비족 한 사람을 성스러운 유해가 있는 곳으로 끌고 갈 수 없고, 20명이나 그 이상이라도 이가비족 한 사람을 성 토마스의 유해가 있는 곳에 아무리 밀어넣으려고 해도 안 된다는 사실을 여러분은 알아야 할 것이다. 그 이유는 성스러운 유해의 능력이 그들을 그곳으로 받아들이지 않기 때문이다.

이 왕국에서는 쌀을 제외하고 어떠한 곡물도 생산되지 않는다. 또한 여러분에게 마땅히 이야기해주어야 할 매우 놀라운 것이 있는데, 그것은 훌륭한 전마를 또 다른 훌륭한 전마와 교배시켜도 그들로부터 태어나는 것은 다리가 온통 뒤틀린 왜소한 말뿐이라는 사실이다. 그것은 탈 수도 없을 뿐만 아니라 아무런 가치도 없다. 또 이 사람들은 창과 방패를 갖고 전투를 할 때 거의 알몸으로 나간다. 그들은 용맹하지도 않고 경험도 없는 단지 볼품없는 겁쟁이들일 뿐이다. 그들은 짐승이나 다른 동물을 죽이지 않고, 양이나 다른 짐승의 고기를 먹고 싶을 때에는 자신들과 종교와 관습을 달리하는 사라센이나 다른 사람들을 시켜 도살케 한다.

그들의 또 한 가지 관습은 남자든 여자든 할 것 없이 하루에 두 번씩, 즉 아침에 한 번, 저녁에 한 번 물에 들어가 전신을 씻는다는 것이다. 씻을 때까지 먹거나 마시지도 않으며, 하루에 두 번씩 씻지 않는 사람을 파타린(patarin)[61]으로 간주한다.

〈그들은 음식을 먹을 때 오른손만 사용하는데, 왼손으로는 절대 음식을 건드리지 않는다. 그리고 깨끗하고 아름다운 것은 모두 오른손으로 하거나 만진다. 왼손이 하는 일은 오로지 불쾌하고 깨끗지 못한 일, 예를 들어 코를 후비거나 엉덩이를 닦는 그러한 것들이다. 또한 그들은 컵으로만 마시는데 각자 자기의 컵을 갖고 있어 다른 사람의 것으로는 절대로 마시지 않는다. 마실 때는 컵을 입에 대지 않고 위로 받쳐든 채 입 속에 부어넣는다. 그들은 절대로 컵에 입을 대지도 않고 그것을 낯선 사람에게 주지도 않는다. 그러나 만약 낯선 사람이 자기 컵을 갖고 있지 않은데 마시고 싶어하면, 물이나 포도주를 그의 손에 따라주어 손을 컵으로 해서 마시도록 한다.〉

이 왕국에서는 살인이나 강도짓 혹은 다른 나쁜 짓을 한 사람들에게 대단히 엄한 처벌이 내려진다. 〈부채에 대해서는 다음과 같은 규정이 엄수되고 있다. 만약 채무자가 채권자로부터 여러 차례 빚 갚으라는 요청을 받았는데 약속을 지키지 않고 하루하루 연기만 하면, 채권자는 다음과 같은 방식으로 채무자를 붙잡을 수 있다. 즉 채권자가 채무자의 둘레에 원을 그려놓으면, 채무자는 채권자에게 빚을 갚든지 아니면 그날 안으로 분명히 빚을 갚겠다는 합당한 맹세를 하지 않는 한 절대로 원 밖으로 나올 수 없다. 만약 채무자가 빚을 갚지도 않고 또 그날 안으로 갚겠다는 맹세도 하지 않은 채 그 원 밖으로 나오려고 성급하게 시도한다면, 그는 군주

---

61) 11세기 롬바르디 지방에서 기원한 말로 '이단자'를 의미한다.

가 정해놓은 권리와 정의를 어긴 사람으로 여겨져 사형에 처해진다.[62]

마르코님은 이런 일이 왕에게도 일어난 것을 목격했다. 왕 자신이 어떤 외국 상인에게서 산 물건값을 갚아야만 했는데, 그 상인이 여러 차례 요구했는데도 사정이 좋지 않다는 핑계로 지불을 미루었다. 그러나 그 같은 연기가 그 상인의 사업에 치명적이었기 때문에, 어느 날 왕이 말을 타고 있을 때 상인은 잽싸게 왕과 그의 말들이 포위되도록 땅바닥에 원을 그렸다. 이것을 본 왕은 말이 앞으로 가지 못하도록 했고 그 자신도 상인이 완전히 만족할 때까지 그 자리에서 움직이지 않았다. 그 주위에 서 있던 사람들이 이러한 장면을 보고는 매우 놀라면서, "저것 봐라! 왕이 얼마나 법을 잘 지키는지!"라고 말했다. 왕은 그들에게 "이 엄정한 법을 만든 사람이 바로 난데 그것이 내게 안 좋다고 어겨서야 되겠는가? 아니다. 나도 남들처럼 그것을 지켜야만 한다"라고 말했다.〉

그들 대부분은 술을 마시지 않고, 술을 마시는 사람은 증인이나 보증인으로 받아주지 않는다. 바다를 항해하는 선원으로도 받아주지 않는데, 그것은 바다로 가는 사람은 절망적이 되기 때문이다. 그런 사람은 증인으로 받아주지도 않고 그의 증언도 효력을 갖지 못한다. 그러나 어떠한 쾌락도 죄로 여기지 않는다는 사실을 여러분은 알아야 할 것이다.

이곳은 놀라울 정도로 더운 곳으로 그들은 벌거벗고 다닌다. 6·7·8월을 제외하고는 비가 오지 않는데,[63] 그나마 석 달 동안 내리는 비가 공기를 습하게 만들지 않으면 너무나 더워서 아무도 견딜 수 없을 것이다.

---

62) 인도나 세일론에서 행해지는 이와 비슷한 관습에 대한 기록들이 남아 있다. 이슬람측 자료에 따르면 세일론에서는 왕이 채무자 주위에 원을 그어놓고 그가 빚을 갚을 때까지 나오지 못하도록 하는데, 만약 그가 이를 어기고 금 밖으로 나오면 빚의 세 배를 물어야 하고 그 중 1/3은 채권자에게, 2/3는 왕에게 돌아간다고 한다.

63) 마아바르(=코로만델) 해안은 동북 몬순이 불기 시작하는 10월부터 비가 온다. 6·7·8월에 비가 오는 것은 인도 서남의 말라바르 해안의 경우이다. 폴로는 말라바르 해안의 정황을 마아바르 해안의 것으로 혼동한 듯하다.

그 비 때문에 그렇게 덥지는 않은 셈이다.

여러분에게 말하지만 그들 가운데에는 관상술이라는 방면의 지식을 갖고 있는 사람들이 있는데, 그것은 남자나 여자의 생긴 모습을 보고 착한지 악한지를 아는 기술이다. 그들은 새나 짐승을 만나면 그것이 무슨 조짐인지를 훤히 알아내고, 누구보다도 그런 징조들을 관찰하여 좋고 나쁜 것을 잘 알아맞힌다. 어떤 사람이 여행을 하다가 다른 사람이 재채기하는 소리를 들으면 그것을 좋은 징조로 여기고 자기 길을 계속 간다. 그러나 〈더 이상 재채기를 하지 않으면〉 그는 불길한 징조로 여겨 즉시 그곳에 주저앉거나 혹은 되돌아가는 경우도 많다.

〈또한 한 주일에 매일 한 시간씩은 불길한 시간으로 낙인찍어놓고 있는데, 그들은 그것을 코이악(coiach)이라고 부른다. 말하자면 월요일은 낮 1시 반, 화요일은 3시, 수요일은 9시 하는 식으로 1년 내내 그런 것이 있고, 그 모든 것을 책에 적어서 정해놓았다. 그들은 사람 그림자의 길이를 측량하여 그런 시간을 아는데, 예를 들어 어떤 날 사람의 그림자 길이가 7피트면 그 시간은 낙인찍힌 시간, 즉 '코이악'이 되는 것이다. 그러나 길이가 더 길어지거나 짧아지면 ― 왜냐하면 해가 올라가면 그림자는 짧아지고 내려가면 길어지기 때문에 ― 코이악이 아니게 된다. 또 어떤 날은 그림자가 12피트가 되면 코이악이 되고 그 길이가 변하면 코이악도 지나가는 것이다. 그들은 이 모든 것을 글로 써놓았다.

여러분은 그런 시간에 그들이 교역은 물론 어떤 일도 하지 않으려 한다는 것을 알아야 한다. 두 사람이 어떤 것을 거래하고 있다가 한 사람이 햇볕 아래로 나가서 그림자 길이를 재보고, 만약 그것이 그날 정해진 바로 그 시간이 다가왔음을 알리면 그는 즉시 상대방에게 "코이악이니 아무것도 하지 맙시다"라고 말하며 거래를 중단해버린다. 그러고 나서 다시 한번 길이를 재본 뒤 그 시간이 지났음을 확인하면 "코이악이 지났으니 당신이 하고 싶은 대로 하시오"라고 말한다. 그들은 그런 계산을 아주 쉽게 한다. 그들은 만일 누가 그런 시간에 홍정을 한다면 결코 성공하지도 못할 뿐 아니라 나쁜 결과를 가져다 줄 것이라고 말한다.

그들의 집에는 타란툴라(tarantula)라고 불리는 동물이 사는데 도마뱀처럼 생긴 그것은 벽을 기어올라 다닌다. 이 타란툴라에게는 독이 있어서 사람을 물면 상처를 입는다. 그들은 마치 '치스'(cis)라고 하는 듯한 소리를 내고 그런 식으로 운다. 그들은 이 타란툴라를 통해서 다음과 같은 징조를 찾아낸다. 즉 어떤 사람이 타란툴라가 살고 있는 집에서 거래하려고 할 때 그 타란툴라가 상인들 위에서 울어대면, 그들은 그것이 상인의 어떤 쪽에서 울었는가, 즉 사는 사람 쪽인가 파는 사람 쪽인가, 혹은 왼쪽인가 오른쪽인가, 앞에서인가 뒤에서인가 아니면 머리 위에서인가 하는 식으로 어떤 방향이냐에 따라 길조인지 흉조인지를 알아낸다. 만약 좋은 징조면 거래를 끝내고 흉조면 거래를 시작하지도 않는다. 어떤 때는 파는 사람에게는 좋지만 사는 사람에게는 나쁘고, 어떤 때는 파는 사람에게는 나빠도 사는 사람에게는 좋을 수 있고, 또 어떤 때는 양측 모두에게 좋거나 나쁠 수도 있다. 그들은 이런 것에 따라 행동한다. 그들은 경험에 의해서 이런 지식들을 얻은 것이다.〉

이 왕국에서는 부모들은 남자든 여자든 갓난아기가 태어나자마자 그의 출생에 관한 사항, 즉 태어난 달과 날과 시를 적어놓는다. 이렇게 하는 까닭은 그들이 어떤 행동을 하든 항상 주술이나 마술 혹은 점술에 뛰어난 지식을 갖고 있는 점성술사나 점쟁이와 상의해서 하기 때문이다. 어떤 사람은 내가 말했듯이 천문학에 대한 지식도 갖고 있다. 〈또한 아들을 둔 사람은 누구나 그가 13세가 되면 즉시 음식을 빼앗고 집에서 멀리 내쫓아버린다. 그렇게 하는 것은 이제 그가 자기 손으로 장사 같은 것을 통해 수입을 올리고 스스로 식량을 구할 수 있는 나이가 되었기 때문이라고 말한다. 그리고 아들 각각에게 20∼24그로트 혹은 그 정도의 돈을 주고 그것으로 돈을 벌라고 한다. 아버지가 이렇게 하는 것은 물론 자식들이 모든 것을 빨리 익혀서 장사에 능숙해지게 만들기 위해서이다.

정말로 이 소년들은 하루종일 쉬지 않고 여기저기 뛰어다니면서 물건을 사고 판다. 또한 진주가 잡히면 그들은 항구로 달려가 낚시꾼이 갖고 있는 진주를 대여섯 개 산 뒤, 햇빛을 피해 집 안에 머물러 있는 상인들에게로 달려가서는 "이걸 안 사시겠어요? 제가 정말 비싸게 주고 산 것입니다. 제게 조금만 이익을 남겨주고 사시죠"라고 말한다. 상인들이 그들이 산 가격보다 조금 더 비싸게 사면 그들은 다시 되돌아간다. 아니면 그들은 상인들에게 "다른 것을 사다드릴까요" 하고 말하기도 한다. 이렇게 해서 그들은 매우 뛰어나고 영리한 장사꾼이 되는 것이다. 그리고 그들이 어머니 집으로 필요한 물건을 사들고 가면 그녀가 요리를 하고 식사를 준비해주는데, 결코 아버지의 돈으로 산 것을 얻어먹지 않는다.〉

이 왕국과 인도 전역에 살고 있는 짐승과 새들은 메추라기 하나만 빼놓고 우리 고장에 있는 것과 모두 다르다. 그 새는 분명히 우리 것과 똑같지만, 다른 모든 것들은 이상하게 조금씩 다르다. 거기에도 박쥐가 있는데 ― 이것은 밤에만 날아다니는 새이고, 깃도 깃털도 없다 ― 그 크기는 매처럼 크다. 그곳에 사는 매는 까마귀처럼 새까맣고 우리 지방에 있는 것보다 훨씬 크며, 매우 잘 날고 새를 잡는 데에도 능숙하다. 여러분에게 또 한 가지 흥미로운 것을 이야기하면, 그들은 말에게 쌀에 고기를 넣어 요리한 것을 먹이로 준다는 것이다.

또한 그들은 사원에 남자 우상이나 여자 우상을 많이 모셔두고 있는데, 다음과 같은 방식으로 그 우상에게 소녀들을 제물로 바친다. 부모는 자기들이 가장 좋아하는 우상에게 소녀를 바치는데, 그 우상을 모셔둔 사원의 승려가 그 소녀에게 사원으로 와서 우상을 즐겁게 하라고 요구할 때마다 그녀는 즉시 달려와서 노래를 부르고 춤을 추며 커다란 연회를 베풀어야 한다. 그러한 소녀들의 숫자는 굉장히 많다. 또 그런 소녀들은 자기가 바쳐진 그 우상에게 음식도 가지고 가는데, 일주일 혹은 한 달에 여러 차례 그렇게 한다.

그러면 그들이 어떤 식으로 음식을 갖고 오고 또 우상은 어떻게 그것을 먹는가에 대해서 이야기해주겠다. 내가 말한 이런 수많은 소녀들은 고기나 다른 좋은 음식을 준비해서 우상이 있는 사원으로 간다. 그리고는 자기들이 준비해온 온갖 산해진미를 우상 앞에 차려놓고 한동안 그대로 놓아둔다. 그러는 동안 이 소녀들은 노래와 춤을 추며 세상 최고의 즐거움을 선사한다. 고관대작이라도 충분히 식사를 마칠 정도의 시간이 흐르면 이 같은 오락이 끝나고, 그들은 우상의 넋이 그 음식의 내용물을 먹었다고 하면서 나머지는 자신들이 모두 걷어서 큰 잔치를 벌이고 오락을 즐기면서 먹는다. 그리고 나서는 각자 집으로 돌아가는 것이다. 이 소녀들은 남편을 얻을 때까지 이런 행동을 한다.

〈그러면 그들은 왜 우상들을 즐겁게 하는 것일까? 우상을 모시는 승려들의 말에 의하면 남신들은 여신과 사이가 나빠져서 서로 화합하지 않고 이야기도 하지 않는 수가 많기 때문이라고 한다. 그래서 그들이 무척 화가 나고 기분이 나빠 있기 때문에, 그들을 달래주고 화해시켜주지 않으면 자기의 모든 일이 어그러지고 더 나빠질 것이라고 한다. 즉 우상들이 그들에게 축복과 은총을 내려주지 않는다는 것이다. 그래서 앞에서 말한 대로 소녀들이 사원에 가서, 국부만 가리고 알몸이 된 채 남신과 여신 앞에서 노래를 부르는 것이다.

남신은 한쪽 제단의 차양 아래 있고 여신은 다른쪽 제단의 그 역시 차양 아래 있는데, 이 남신은 자주 여신과 어울려 쾌락을 즐긴다고 한다. 그러나 그들 사이가 틀어지면 서로 결합하지 않고, 그렇게 되면 위에서 말한 소녀들이 그곳으로 와 그들을 달랜다. 소녀들은 노래하고 춤도 추고, 뛰고 뒹굴고 하면서 여러가지 오락으로 남신과 여신을 즐겁게 하고 화해시킨다. 그렇게 즐겁게 해주면서 "오, 신이시여! 무엇 때문에 여신과 사이가 나빠져 그녀를 돌보지 않는 것입니까? 그녀가 예쁘지 않나요? 아니면 그

녀 때문에 언짢아지셨나요? 그녀는 정말로 아름다우시니, 부디 두 분이
화해하시고 그녀와 함께 즐거움을 나누시기를 빕니다"라고 말한다. 그렇
게 말하고 난 뒤 그녀는 다리를 들어 목에 걸치고 남신과 여신을 기쁘게
하기 위해 팽이처럼 몸을 돌려 회전한다. 이렇게 그녀는 그들을 충분히 달
랜 뒤에 집으로 돌아간다. 아침이 되면 우상을 모시는 승려는 아주 기뻐하
면서 남신과 여신이 함께 있는 것을 자기 눈으로 보았고 그들이 이제는 화
해했다고 공표한다. 그러면 모두들 기뻐하며 감사를 드리는 것이다.

이 소녀들은 처녀로 있을 때에는 살집이 어찌나 팽팽한지 누구라도 그
살집의 어떤 부분을 손으로 집거나 꼬집을 수도 없을 정도이다. 그녀들은
돈을 조금 받으면 남자로 하여금 마음대로 살을 꼬집을 수 있도록 하기도
한다. 결혼한 뒤에도 그들의 살집은 여전히 팽팽하지만 전처럼 그렇지는
못하다. 살이 팽팽하기 때문에 유방도 축 처지지 않고 오똑 선 채 앞으로
튀어나와 있다.〉 내가 여러분에게 설명한 이 같은 행동을 하는 소녀들은
이 왕국 안에 무척 많다.

〈주민들은 대나무로 만든 매우 가벼운 침대를 사용하는데, 잠을 자고
싶으면 침대 속에 들어간 상태에서도 끈을 잡아당겨 침대를 천장 가까이
까지 끌어올린 뒤 거기에 묶을 수 있도록 만들었다. 이렇게 하는 까닭은
앞서 말했던 타란툴라나 벼룩, 그밖의 다른 곤충들에게 물리지도 않고,
열기를 피하고 시원한 바람을 쐬기 위해서이다. 물론 모두가 이렇게 하는
것은 아니고 귀족들이나 집안의 어른만 그렇게 하고, 그외에는 바닥에서
잠을 잔다.

왕이 시행하는 엄격한 정의에 대해서 한마디 해보자. 누군가 밤에 여행
을 하다가 — 낮보다 밤이 덥지 않기 때문에 주로 밤에 여행을 한다 — 자
고 싶으면 자기가 갖고 가던 진주 주머니 혹은 다른 보석을 넣은 주머니
를 머리에 베고 잠을 잔다. 그런데도 어느 한 사람도 도둑으로 인해 그 물
건을 잃어버리는 적이 없다. 만약 그가 잃어버리면, 그리고 그가 길거리

에서 잠이 들었다가 그렇게 되었다는 사실이 확인되면 즉시 그에게 배상을 해준다. 그러나 길이 아닌 다른 곳에서 잤다면 그렇지 않을 뿐 아니라, 오히려 그에게 형벌이 가해진다. 국가는 "네가 다른 사람의 물건을 강탈하려는 생각이 아니었다면 무엇 때문에 길에서 벗어난 곳에서 잤느냐"라고 하면서, 그를 처벌하고 잃은 물건도 되돌려주지 않는다.〉

여러분에게 이 왕국에 대해서, 그들의 관습과 습속과 생활방식에 대한 대부분의 이야기를 했으니, 이제 이곳을 떠나 무티필리라고 불리는 또 다른 왕국에 대해서 말해보도록 하자.

175장 | 여기서 그는 무티필리(Mutifili)[64] 왕국에 대해서 이야기한다

마아바르를 출발해서 북쪽으로 1,000마일[65] 정도 가면 만나게 되는 곳이 무티필리 왕국이다. 매우 현명한 한 여왕이 이 영역을 다스리고 있다. 그녀의 남편인 국왕은 죽은 지 거의 40년이 되었는데, 남편을 존경했고 또 그가 잘되기를 바랐던 그녀는 이렇게 말한다. 자기 자신보다도 더 사랑했던 사람이 죽었으므로 이제 신께서는 또 다른 남편을 맞아들이는 것을 바라지 않으신다고. 그녀가 다른 남편을 맞아들이지 않는 이유가 바로 거기에 있다. 또한 여러분에게 진실로 말하건대 이 여왕은 그 40년이라는 기간 동안 남편이 그랬던 것처럼 아주 공평하고 정의롭게 나라를 다스려왔다. 그래서 그녀는 과거 어떠한 왕이나 왕후보다도 그 나라 사람들에게 사랑을 받고 있다.[66]

---

64) F(montifi, mutfili, mutifili), R(murfili, murphili), Z(muthphyli). 하이더라바드 동북방에 위치한 텔링가나(Telingana) 왕국 소속의 항구였다. 무티필리라는 이름은 아랍인들이 부르던 모투팔리(Motupalli), 무타팔리(Mutapali) 등의 발음을 옮긴 것으로 보인다. 이 도시는 마드라스에서 북방으로 272킬로미터 떨어진 곳에 있다.

65) R본에는 500마일.

66) 이 이야기는 사실 무티필리가 아니라 텔링가나 왕국에 관한 것으로, 여왕의 이름은 루드라마 데바(Rudrama Deva)로 죽은 왕의 부인이 아니라 딸이었다. 그녀는 남편이 죽은 뒤 아들이 없

주민들은 우상숭배자이고 아무에게도 조공을 바치지 않는다. 쌀과 고기와 우유로 살아간다. 이 왕국에서는 다이아몬드가 산출되는데 그것에 대해서 이야기해주겠다. 이 나라에는 다이아몬드가 매장되어 있는 산들이 많은데, 비가 오면 이 산들 사이로 물이 흘러내리면서 계곡이나 동굴을 거쳐가며 큰 피해를 입힌다. 비가 그치고 물이 빠지고 나면 사람들은 물이 지나갔던 계곡을 뒤져서 많은 다이아몬드를 찾아낸다. 여름에는 그곳에 비 한 방울 내리지 않는데, 그때가 되면 그들은 산으로 들어가 그것을 많이 찾아낸다.

그러나 그곳은 거의 참기 힘들 정도로 너무 덥고, 크고 굵은 뱀들이 어찌나 많은지 사람들은 그 산으로 들어가는 것을 무척 무서워한다. 그래도 그들은 가능한 한 들어가서 아주 크고 좋은 다이아몬드를 찾아내기도 하지만, 이 뱀은 독이 매우 강하고 무서워서 사람들은 감히 그 무시무시한 뱀이 있는 동굴에 들어갈 엄두를 내지 못한다.

여러분에게 그들이 다이아몬드를 캐내는 또 다른 방법에 대해 말해주겠다. 그 계곡들은 어찌나 깊고 가파르고 암벽으로 둘러싸여 있는지 아무도 내려갈 수 없을 정도이기 때문에 다음과 같은 방법을 사용한다. 그들은 고기 몇 조각을 잘라서 깊은 계곡 아래로 던지는데, 다이아몬드가 무척 많은 곳에 던지기 때문에 그것들이 고기에 박히게 된다. 그 산지에는 뱀들을 잡아먹으려는 흰색 독수리가 많이 살고 있는데, 그 독수리들이 계곡 깊은 곳에 떨어진 고기를 보고는 날아가 그 고기를 낚아채 다른 장소로 갖고 간다. 독수리가 가는 곳을 유심히 관찰하고 있던 사람들은 독수리가 멈추어서 고기를 먹고 있는 것을 보는 즉시 재빨리 그곳으로 달려간다. 독수리는 갑자기 들이닥친 사람들을 보고는 겁을 먹고 고기를 놓아둔

어 28년 (혹은 다른 기록에 의하면 38년) 동안 왕국을 통치하다가, 자기 딸의 아들 즉 외손자가 장성한 뒤 1292년(혹은 1295년)에 왕위를 물려주었다.

채 다른 곳으로 날아가버린다. 그러면 사람들은 고기를 빼앗아 거기에 박힌 여러 개의 다이아몬드를 차지하는 것이다.

또 다음과 같은 방식으로 다이아몬드를 채취하기도 한다. 독수리들이 내가 말한 그 고기들을 먹게 되면, 다이아몬드도 몇 개 삼키게 된다. 밤이 되어 독수리가 둥지로 돌아와서는 삼켰던 다이아몬드를 똥과 함께 배설하면 사람들은 그곳으로 가서 독수리의 똥을 갖고 와 거기서 다이아몬드를 끄집어내는 것이다.[67]

여러분은 다이아몬드를 채취하는 이 같은 세 가지 방법을 들었는데, 다이아몬드는 전세계 모든 곳에서 발견되는 것이 아니라 오로지 이 왕국에서만 산출된다. 그곳에서 질이 좋고 커다란 것이 무척 많이 나오지만, 여러분은 그 좋은 다이아몬드가 우리 기독교도의 나라들로 온다고 오해하지 마시라. 그것들은 대카안과 그 여러 다른 지역이나 강역에 있는 왕과 신하들에게 흘러가니, 그것은 그들이 온갖 보물과 값비싼 보석을 구매하기 때문이다.

여러분에게 다이아몬드에 관한 이야기를 했으니 이제 다른 것에 대해 말해보도록 하겠다. 최상의 부크람이 이 왕국에서 나오는데, 그것은 세상에서 가장 아름답고 얇으며 최고의 가치를 지닌 것이다. 그것은 마치 렌스(Rens) 지방[68]의 아마포와 흡사하다. 이 세상의 어떤 왕이나 여왕이라도 위엄과 장려함을 과시하기 위해 그것을 입지 않을 사람은 없을 것이다. 그곳에는 짐승도 많고 세상에서 제일 큰 양들도 있다. 살아가는 데 필요한 모든 물건이 엄청나게 풍부하다. 이밖에는 특별히 언급할 것이 없으므로, 이제 이 왕국을 떠나서 사도 성 토마스의 유해가 있는 곳에 대해서 이야기해보도록 하겠다.

---

67) 金나라 劉郁의 『西使記』에 인도에 관한 부분에서 "金剛鑽出印毒, 以肉投大澗底 飛鳥食其肉 糞中得之"라는 기록이 보여 폴로의 묘사와 매우 흡사하다.
68) 라인강 유역의 지방.

176장 | 여기서 그는 사도 성 토마스의 유해가 안치된 곳에 대해서 이야기한다

사도 성 토마스의 유해는 마아바르 지방에 있는 조그만 읍에 안치되어 있다.[69] 그곳은 매우 외지고 가져갈 만한 상품도 전혀 없기 때문에 상인들조차 찾아오지 않는다. 그러나 많은 기독교도와 사라센들이 순례를 위해 그곳에 온다. 그 고장의 사라센들은 그를 무척 숭배하고 그가 사라센이었다고 말하며, 그를 위대한 예언자라고 하면서 '아바리운'(avariun)[70]이라고 부르는데 이는 '성자'를 뜻하는 말이다.

〈그곳의 교회를 지키는 기독교도들은 파라오 호두(Pharaoh nut) 열매가 달리고 술도 빚을 수 있는 나무를 많이 심는다. 그 열매 하나에서 한 사람이 충분히 먹을 만큼의 음식과 음료수가 나온다. 먼저 그들은 실과 같은 것으로 덮인 껍데기를 벗기는데, 그것은 여러가지를 만드는 데 유용하게 쓰인다. 첫번째 껍데기 속에는 한 사람이 충분히 먹을 만한 양의 속살이 있다. 사실 그것은 매우 맛있고 사탕처럼 달며 우유처럼 희고, 바깥 껍데기처럼 컵 모양으로 생겼다. 그 속살 한가운데에는 약병에 가득 담을 정도로 많은 즙이 있는데, 그 즙은 맑고 차가우며 정말로 맛이 있다. 사람들은 열매의 속살을 다 먹고 나서 그것을 마시므로, 이렇게 하나의 열매로써 음식과 음료가 모두 충족된다. 기독교도들은 마아바르 지방에 있는

---

69) 성 토마스의 유해는 마드라스 근교의 마일라푸르(Mailapur)라는 조그만 마을에 안치되어 있다. 폴로와 거의 비슷한 시기인 1292~93년 이곳을 방문한 몬테코르비노도 성 토마스 교회에 대해 언급했다. 유울은 성 토마스가 이곳에서 순교했다는 이야기가 사실무근의 설화만은 아닐 것이라고 보았다. 설화에 따르면 그리스도 생전에 인도의 어떤 왕이 서쪽으로 사신을 보내 궁전을 지을 만한 장인을 보내달라고 요청했는데, 그리스도가 성 토마스를 그에게 보냈고 성 토마스는 그 왕을 기독교로 개종시킨 뒤 인도의 다른 곳으로 가 전도하다가 창에 찔려 죽었다는 것이다.

70) F(auarian), R(anania), Z(auarium). 이 말은 그리스도의 사도들을 가리키는 아랍어 '하와리운'(hawariyun)을 옮긴 것으로, 어두음 h가 탈락한 것이다.

마아바르 해안의 파루르
(Parur)에 있는 옛 기독교 교회

네 왕들 가운데 한 사람에게 이런 나무 한 그루당 매달 1그로트의 돈을
내고 있다.〉

여러분에게 다음과 같은 놀라운 일을 이야기해주겠다. 기독교도들은
순례를 위해 그곳에 가서 성스러운 유해가 묻혀 있는 곳의 흙을 퍼서 자
기 고장으로 갖고 가는데, 4일열이나 3일열 혹은 그 같은 열병에 걸린 병
자에게 이것을 물에 조금 타서 마시게 하면 마시자마자 곧 치유되어버린
다. 그것은 붉은색 흙이다. 〈마르코님도 베니스로 이 흙을 조금 가져가
그것으로 여러 사람을 고쳐주었다.〉

또한 그리스도가 강림하신 지 1288년쯤 되던 해에 일어난 아름다운 기
적 하나를 소개하겠다. 그 나라의 어떤 신하 한 사람이 쌀이라고 불리는 곡
식[71]을 엄청나게 많이 갖고 있어 그 교회 근처에 있던 집들을 모두 그것으
로 채웠다. 교회와 성스러운 유해를 참관하러 가는 기독교도들은 우상을 숭

---

[71] 쌀에 관한 언급은 이미 앞에서 여러 번 나왔기 때문에 여기서 그것이 곡식의 일종임을 다시 밝
혀야 할 까닭은 없다. 모울과 펠리오는 마르코 폴로가 원래 준비해놓았던 '노트'의 내용을 옮
기는 과정에서 이렇게 불필요한 설명이 그대로 반복된 것이 아닌가 추측하고 있다.

마드라사에 있는 성상(聖像)으로 성 토마스를 나타낸 것으로 여겨지고 있다.

배하는 그 신하가 쌀로 모든 집을 채워놓아 기독교도가 머물 곳을 없앤 것을 보고 매우 당황해하며 그가 그런 짓을 못하게 해달라는 탄원을 올렸다.

그러나 그는 매우 잔인하고 거만해서 그들의 탄원에 귀기울이지 않고, 그 교회를 보러 온 기독교도들의 희망을 무시한 채 자신의 뜻대로 집을 모두 채워버렸다. 이 신하가 성 토마스 부근의 모든 집들을 쌀로 채워넣은 것에 대해 신도들이 크게 분노하자 이제 내가 말하려는 커다란 기적이 일어나게 된 것이다.

그 신하가 집에 쌀을 채워놓으라고 말한 그날 밤, 사도 성 토마스가 손에 포크를 들고 꿈에 나타나 그의 목을 겨누면서 "오! 아무개여! 네가 지금 당장 내 집들을 비우지 않으면 너는 끔찍한 죽음을 당하고 말리라"고 말했다. 성 토마스가 이렇게 말하면서 포크로 목을 어찌나 세게 눌렀는지, 그 신하는 너무나 고통스러워서 곧 죽을 것만 같았다. 성 토마스는 그렇게 한 뒤 사라져버렸다. 그 신하는 아침 일찍 일어나자마자 곧바로 모든 집들을 비우게 하고는 성 토마스가 자기에게 어떻게 했는지를 이야기했고, 그것은 정말 놀라운 기적으로 받아들여졌다.

〈왕은 그 뒤 수도원과 교회를 지키던 기독교도들에게 전과는 달리 나무에 대한 세금을 물리지 않게 되었다.〉 기독교도들은 크게 기뻐하고 즐거워하며 성 토마스에게 깊은 감사와 큰 영광을 드리고 그의 이름을 크게 축복했다.

그해에 일어난 또 다른 여러 기적들에 대해서 이야기해주겠다. 그것은 누가 들어도 정말로 대단히 경이로운 일로서, 특히 신체 일부분이 다치거나 불구가 된 기독교도들의 치유에 관한 것이다. 이제 어떻게 그런 일이 일어났는지에 대해 이야기해보겠다. 성 토마스가 숲 속의 은둔처에서 나와 주 하나님께 기도를 드리고 있을 때 주위에는 많은 공작새들이 있었다. 여러분은 이 세상 어디에서보다 그 지방에 공작이 많다는 사실을 알아야 할 것이다.

성 토마스가 그렇게 기도를 올리고 있을 때, 가비족인 한 우상숭배자가 성자 주변에 있던 공작들 가운데 한 마리를 죽이려고 활을 쏘았다. 그러나 이 사람은 그를 보지도 못했을 뿐 아니라 자신이 공작을 쏘아 맞혔다고 생각했지만, 실은 사도 성 토마스의 몸 오른쪽 한가운데를 맞혔다. 그는 이 활에 맞자 창조주에게 진정으로 감사하는 기도를 드린 뒤 사망하고 말았다. 그는 이곳으로 오기 전에 누비아(Nubie)에 있던 많은 사람들을 개종시켰다. 그가 어떻게 그렇게 했는가 하는 것은 적절한 시간과 장소가 되면 이 책에서 여러분에게 설명하겠다.[72]

여러분에게 성 토마스에 대해서 말했으니 이제 다른 것에 대해 이야기하도록 하자. 〈남자나 여자 아이들은 검은 피부를 갖고 태어나지만, 크면서 변해가듯이 처음부터 그렇게 새까만 것은 아니다.〉 갓난아기가 태어나면 매주 한 번씩 참기름을 발라주어 태어날 때보다 훨씬 더 검게 만든다. 여러분에게 말해두지만 그들은 피부가 더 검은 사람을 덜 검은 사람

---

72) 193장 참조.

들보다 더 귀하고 훌륭하다고 생각한다.

또 다른 이야기를 해보면, 그들은 모든 신과 우상들도 검은색으로 그리거나 표현하지만 악마는 눈처럼 희게 나타낸다. 그들 말에 따르면 신과 모든 성인들은 검은색이고 악마는 흰색이라고 한다. 그래서 그들은 그런 식으로 그리거나 묘사하는 것이다. 다시 한 번 말해두지만 그들은 모든 우상들의 모습을 검은색으로 만든다.

이 지방 남자들은 들소의 털을 갖고 전쟁하러 나가는데, 그 까닭은 내가 앞에서도 언급했듯이 소를 성스럽게 여겨 숭배하기 때문이다. 만약 그가 기병이라면 그 소의 털을 말 목에다 붙이고, 보병이라면 방패에다 붙인다. 어떤 사람은 자기의 머리카락에 묶어놓기도 한다. 그들이 그렇게 하는 것은 그 소털이 자신들을 모든 역경에서 구해준다고 믿기 때문이며, 군인으로 출정하는 사람들이 그렇게 한다. 이런 까닭으로 그곳에서는 들소의 털이 매우 비싸며, 그것을 하나도 갖지 못한 사람은 자신이 안전하다고 여기지 않는다. 이 문제에 대해서 이야기했으니, 이제 브라아만족이 사는 지방에 대해서 말해보도록 하겠다.

177장 | 여기서 그는 브라아만(Braaman)족이 태어난 라르(Lar)[73] 지방에 대해서 이야기한다

라르는 사도 성 토마스가 안치된 곳의 서쪽에 있는 지방이다. 이 세상의 모든 브라아만족은 이 지방에서 시작되었고 처음에 그곳에서 나왔다. 여러분에게 말해두지만 이들 브라아만 가운데 어떤 사람들은 세상에서 가

---

73) R(lac). '브라아만'은 물론 인도 카스트 제도에서 가장 상층을 점하는 브라만 집단의 이름이다. 그런데 '라르'는 인도 서북부의 구자라트(Gujarat)와 북부 콘칸(Konkan) 지방을 가리키는 옛 명칭이기 때문에, 성 토마스의 교회가 있는 마드라스 지방의 서쪽에 있다고 한 마르코 폴로의 기술은 이해하기 힘들다. 주석가들은 폴로가 마드라스 부근에 있던 브라만과, 콘칸 지방에서 그곳으로 와 활동하던 '반얀'(banyan)이라 불리던 상인들을 혼동한 것이 아닌가 보고 있다.

장 뛰어나고 가장 신뢰할 만한 상인들이다. 그들은 무슨 일이 있어도 절대 거짓말하지 않고 진실만을 말한다. 〈만약 어떤 상인이 장사를 하러 이 고장에 왔는데 그곳의 예절과 관습을 잘 모르면, 이런 브라아만 상인 한 사람을 찾아서 그에게 돈과 상품을 맡기고, 자신은 관습을 잘 몰라 속을지도 모르니 자기를 대신해서 모든 장사를 해달라고 부탁한다. 그러면 외국 상인의 상품을 위탁받은 브라아만 상인은 사고 파는 데에 있어 모두 적법하게 처리하며, 외국 사람에게 이익을 가져다 주기 위해 자기 자신을 위해서 하는 것보다 더 세심하면서도 훌륭하게 일을 처리한다. 그리고 외국인이 스스로 고마움의 표시로 무엇인가를 주기 전에는 절대 자기가 일한 대가를 요구하지도 않는다.〉

그들은 고기를 먹지 않고 술도 마시지 않는다. 그들은 고유한 관습에 따라 매우 성실하게 살아가며, 자기 부인이 아닌 다른 여자와는 쾌락을 추구하지 않는다. 다른 사람의 것을 빼앗지도 않고 동물도 죽이지 않으며, 죄라고 생각되는 짓은 결코 하는 법이 없다. 여러분에게 말해두지만 브라아만들은 그들이 입는 옷을 보고 알 수 있다. 이 세상의 브라아만들은 모두 어깨 위에 무명옷을 걸치고는 그것을 반대쪽 팔 아래로 묶어서, 무명옷이 가슴 앞과 등뒤에 걸쳐지게 한다. 그들은 어디에 가든지 이런 모습을 하고 있기 때문에 쉽게 식별할 수 있다.

그곳에는 권력도 강하고 많은 재화를 갖고 있는 왕이 있는데, 이 왕은 진주나 다른 진귀한 보석들을 사들이기를 좋아한다. 그는 그 지방 모든 상인들과 협정을 맺어 그들이 마아바르 왕국의 솔리(Soli)[74]라고 부르는 곳 — 이곳은 인도에서 가장 개화되고 가장 훌륭한 지방이며 최고의 진주들이 나오는 곳이기도 하다 — 에서 가져오는 진주들을 산 가격의 두 배를

---

74) 이것은 칸치(Kanchi)를 수도로 하던 촐라(Chola) 혹은 솔라데삼(Soladesam)이라는 왕국을 가리킨다. 세일론측의 기록에는 그곳에서 온 침입자들을 '솔리'(solli)라고 부른 예가 많이 보인다고 한다.

치러주겠다고 했다. 브라아만들은 마아바르 왕국으로 가서 그곳에 있는 좋은 진주를 사서 왕에게 갖고 와서는 돈이 얼마나 들었는지 사실대로 이야기한다. 그러면 왕은 그 즉시 그들이 지불한 가격의 두 배를 치러주는데, 결코 그들이 산 가격보다 적게 주는 법이 없다. 이런 이유로 그들은 그에게 매우 좋고 커다란 진주를 다량 갖고 오는 것이다.

이 브라아만들은 우상숭배자이고 세상 누구보다도 짐승이나 새들이 나타내는 행동과 조짐을 믿는다. 그래서 여러분에게 그들이 어떤 방식으로 그렇게 하는지 그 일부를 소개해주겠다. 그들은 다음과 같은 관습을 갖고 있다. 만약 그들이 어떤 상품을 구입하는 경우가 생기면, 물건을 사려는 사람은 똑바로 일어나서 햇빛 아래 자신의 그림자를 본다. 그리고는 "오늘이 어떤 날이지?" 하고 묻고, 누군가 "이러이러한 날입니다"라고 대답하면, 그는 자기 그림자의 길이를 재보게 한다. 만약 그림자가 그날에 마땅한 정도로 길면 물건을 사고, 만약 그림자가 당연히 되어야 할 길이만큼 안 되면 물건을 사지 않은 채 율법에서 정해진 그 지점에 이를 때까지 기다린다. 내가 여러분에게 말한 것처럼 그날뿐만 아니라 일주일의 모든 날마다 그림자 길이가 얼마여야 하는지 정해져 있다. 그래서 그림자 길이가 마땅히 되어야 할 만큼 될 때까지 그들은 물건을 사지도 않고 아무런 조치도 취하지 않는다. 그러나 그림자가 그날의 적절한 길이가 되면 물건을 사고 또 행동도 시작한다.

또 한 가지 중요한 것을 말해주겠다. 그들이 집 혹은 다른 곳에서 물건을 살 때 그곳에 굉장히 많이 사는 타란툴라가 나오는 것이 목격될 경우, 그것이 길조로 생각되는 쪽에서 나오면 즉시 물건을 사고, 반대로 길조로 생각되지 않는 쪽에서 나오면 행동을 멈추고 아무것도 사지 않는다. 또한 그들이 집 밖으로 나설 때 누군가 재채기하는 소리를 들을 경우, 길조가 아니라고 생각되면 멈추고 더 이상 앞으로 가지 않는다.

또 이 브라아만들은 여행을 갈 때 참새 몇 마리가 그들에게 날아올 경우, 그것이 앞으로인가 왼쪽으로인가 아니면 오른쪽으로인가를 보고, 자신들의 관습에 따라 참새가 길조가 되는 방향에서 혹은 길조가 되는 쪽으로 날아오면 계속 앞으로 가고, 길조가 되는 방향에서 날아오지 않으면 더 이상 가지 않고 되돌아와버린다.

또한 이 브라아만들은 이 세상 어느 민족보다도 장수하는데, 그것은 그들이 조금밖에 먹지 않을 뿐만 아니라 엄격하게 절제를 실행하기 때문이다. 치아도 매우 좋은데, 그들이 늘상 먹는 약초 때문으로, 그것은 소화를 잘되게 하고 인간의 신체에 매우 좋은 결과를 가져다 준다. 이 브라아만들은 혈관이든 아니면 신체의 다른 부위에서든 피를 흘리지 않고 또 피를 빼지도 않는다.

그들 중에는 추기(ciugui)[75]라고 불리는 수도사들이 있는데 다른 사람보다 더 오래 살아 150세에서 200세까지 산다. 그런데도 그들의 몸은 아주 건강해서 원하는 곳은 어디든 오갈 수 있고, 마치 젊은 사람들처럼 사원이나 우상에게 필요한 봉사도 너끈히 수행할 수 있다. 이런 것은 그들이 행하는 절제, 즉 매우 좋은 음식을 적게 먹는 것을 실천하고 있기 때문이다. 그들은 다른 것보다 주로 쌀과 우유를 먹는 것에 익숙해 있다.

내가 그렇게 장수하는 이들 추기가 무엇을 먹는지 말해주면 여러분은 정말로 놀랄 것이다. 그들은 수은과 유황이 섞인 것을 마시는데, 그것을 마시면 생명이 연장되고 그로 인해 장수하게 된다고 말한다. 그들은 한 달에 두 번씩 그것을 마시는데, 여러분은 이 사람들이 장수하기 위해서 갓난아이 때부터 그것을 마시는 것에 습관이 되어 있고, 내가 말했듯이 그렇게 장수하는 사람들은 예외없이 유황과 수은을 섞은 이 음료를 복용하는 사람들이다.

또한 이 마아바르 왕국에는 추기라고 불리는 교단이 하나 있는데, 그들은 매우 엄격하게 절제된 생활을 하고 있다. 그들이 얼마나 강인하고 힘

---

75) F(ciugui, cuigui), R(tingui), Z(cuigui). 인도의 수행자 '요기'(yogi)를 가리킨다. 馬驩도 『瀛涯勝覽』에서 요기를 濁肌(jogi)라고 표기했다.

든 생활을 하는지 여러분에게 이야기해주겠다. 그들은 몸에 아무것도 걸치지 않는데, 심지어 국부조차 가리지 않은 채 알몸으로 다니며, 소를 숭배하여 대부분 구리나 청동으로 도금한 조그만 소를 이마 가운데에 붙이고 다닌다. 또한 그들은 쇠똥을 태워 가루를 낸 것을 아주 경건하게 몸의 여러 군데에 바르는데, 그것은 마치 기독교도가 성수(聖水)로 그렇게 하는 것과 같다. 〈누군가 지나가다가 그들에게 인사를 올리면 마치 대단히 성스러운 것인 양 이 가루를 그 사람의 이마에 발라준다.〉

그들은 음식을 그릇이나 나무 쟁반에 담지 않고 '천국의 사과'[76] 잎이나 다른 커다란 잎사귀 위에 받아서 먹는다. 그러나 잎이 푸를 때가 아니라 건조해졌을 때 그렇게 하는데, 그 까닭은 푸른 잎에는 영혼이 있어 그것을 먹는 것은 죄악이라고 생각하기 때문이다. 그들은 세상의 모든 생물체에 대해서 죄가 될 만한 어떠한 행동도 범하지 않으려고 조심하며, 죄라고 생각되는 행동을 범하느니 차라리 자기가 먼저 죽으려 한다. 그리고 만약 다른 사람들이 그들에게 무엇 때문에 벌거벗고 다니고 국부를 드러내놓고도 창피한 줄 모르느냐고 물으면 이렇게 대답한다.

"우리는 이 세상에서 바라는 것이 아무것도 없고, 또 이 세상에 나올 때 아무런 옷도 걸치지 않고 알몸으로 태어났기 때문에 벌거벗고 다니는 것이다. 우리가 국부를 보이면서도 아무런 수치심을 느끼지 않는 것은 그것으로 아무런 죄도 범하지 않았기 때문이다. 당신이 성적인 쾌락이나 죄악을 범하지 않는 당신의 손이나 얼굴이나 신체의 다른 부위를 보여주는 것과 마찬가지로 아무런 수치심을 느끼지 않는다. 그러나 당신은 신체 일부분이 죄악을 범하고 성적 쾌락에 빠지기 때문에 그것을 부끄러워하여 옷을 입어 가리는 것이다. 그러나 우리는 그것으로 아무런 죄를 짓지 않기 때문에 마치 손가락을 보이듯이 그것도 보이는 것이다." 그들은 자기

---

[76] 36장의 주를 참조하시오.

국부를 내보이면서도 아무런 수치심을 느끼지 않는 이유에 대해 묻는 사람들에게 이러한 대답을 해준다.

그들은 지상의 동물을 비롯한 어떠한 피조물도 살생하지 않는다. 심지어 파리나 벼룩이나 벌레까지도 죽이는 일이 없는데, 그 까닭은 그것들도 영혼을 갖고 있어 그것을 먹는 것은 죄를 짓는 결과가 되는 것이라고 생각하기 때문이다. 또한 그들은 녹색의 풀이나 약초나 뿌리 등이 마를 때까지는 먹지 않는데, 그것은 녹색 풀들이 영혼을 갖고 있기 때문이라고 한다. 〈실제로 이들은 바닷가나 강가에 갔을 때 대변을 보고 싶으면, 물가 모래밭에 변을 본 뒤 자신의 몸을 물에 깨끗이 씻는다. 몸을 씻은 뒤에는 작은 막대기나 가지로 똥을 흩뜨려 모래밭 이리저리 흩어져 아무것도 보이지 않도록 한다. 왜 그렇게 하느냐는 질문을 받으면 그들은 "왜냐하면 그곳에 벌레가 생겨나기 때문이다. 벌레가 생겨났는데 태양에 의해 먹을 것이 다 말라버리면 그것들은 먹이가 없어 죽어버릴 것이다. 그 물체는 우리 몸에서 배설되는 것으로 우리 몸에서 나온 그렇게 많은 영혼이 죽음을 당한다면—먹이가 없으면 사람 역시 살 수 없기 때문에—우리는 크나큰 죄를 범하는 것이 된다. 따라서 우리는 그 배설물을 없애서 아예 거기서 벌레가 생겨나지 않도록 하고, 또 우리의 잘못으로 인해 먹을 것이 없어져도 그것들이 죽지 않도록 하는 것이다."〉

또 내가 여러분에게 말하지만 그들은 알몸으로 땅바닥에서 자는데 위나 아래 도대체 아무것도 덮거나 깔지도 않는다. 그리고 앞에서도 이야기했듯이 그래도 그들이 죽지 않고 그렇게 오래 사는 것은 경이로운 일이다. 또 다른 이야기로, 그들이 우상을 모시는 수도사들을 어떻게 시험해서 선발하는가에 대해서 말해주겠다. 그들은 우상들에게 바칠 처녀들을 불러 이 처녀들로 하여금 우상들을 모실 그 남자들을 애무하게 한다. 그들은 그의 몸 여러 부위를 여기저기 애무하고 껴안으며 최상의 환락을 느끼게 한다. 처녀들에 의해 이런 식으로 애무를 받은 어떤 남자의 국부가 처녀들이 건드리기 전이나 똑같이 아무런 미동도 없다면, 그 사람을 선발해서 같이 머물게 하는 것이다. 만약 처녀에게 애무를 받은 어떤 사람이 그 국부가 움직이고 발기하면 그 사람을 즉시 쫓아내면서, 쾌락을 즐기는 사람을 같이 머물게 할 수는 없다고 말한다.

또한 이 우상숭배자들은 매우 잔인하고 비열한데 그것에 대해서 여러분에게 이야기해주겠다. 그들 말에 따르면 시체를 화장하는 이유는 다음과 같다고 한다. 즉 시체를 태우지 않으면 거기서 벌레들이 생기고 그 벌레는 자신이 배태되어 나온 시체를 다 먹고 나면 더 이상 먹을 게 없어 죽을 수밖에 없는데, 그 벌레들이 죽게 되면 죽은 사람의 영혼이 그로써 큰 죄를 범하게 된다는 것이다. 이런 이유로 그들은 시체를 태운다고 말하며, 또 벌레들도 영혼을 갖고 있다고 말한다. 여러분에게 이 우상숭배자들의 이야기를 했으니, 이제 이 정도로 그만 해두고 깜박 잊고 이야기하지 않은 재미있는 이야기 한 가지를 하도록 하겠다. 여러분도 들어보면 정말로 놀라게 될 것이다.

178장 | 그는 세일란섬에 대해서 다시 이야기한다

이 책의 한참 앞에서 설명했듯이 세일란은 매우 커다란 섬인데, 사실 이 섬에는 높은 산들이 있고 암벽이 어찌나 가파른지 어느 누구도 다음과 같은 방법이 아니면 오를 수 없다. 이 산에는 쇠사슬이 걸려 있어 사람들은 그 쇠사슬을 타고 산꼭대기까지 올라간다. 여러분에게 이야기하고 싶은 것은 그 산꼭대기에 우리 최초의 조상인 아담의 유적이 있다는 사실이다.[77] 사라센들은 그 무덤이 아담의 것이라고 말하지만, 우상숭배자들은

---

77) 세일론에 있는 이 산은 『元史』 권210 「外國·馬八兒等國」에 '僧伽耶山'(僧伽耶는 僧伽那의 誤記이고 세일론을 가리킨다)이라 불렸고, 서양인들은 '아담의 山頂'(Adam's Peak)이라고 불렸다. 뒤에서 확인되듯이 폴로는 이 산 위에 '무덤'이 있다고 했지만, 다른 여행가들의 글에는 무덤에 관한 기록은 없고 다만 그 절벽에 남아 있는 거대한 두 개의 발자국에 대한 묘사만 있

사가모니 부르칸(Sagamoni Burcan)[78]의 유적이라고 말한다. 이 사가모니는 사람들이 최초로 그의 이름으로 우상을 만들어 바친 인물이다. 그들의 관습에 따르면 그는 이제까지 살았던 사람들 가운데 그들 내에서 최고의 인간이며, 그들은 그를 성인으로 존경하고 그의 이름으로 우상을 만든 최초의 인간이라고 한다.

그는 부유하고 강력한 어떤 대왕의 아들이었는데, 이 아들은 얼마나 착한 사람이었는지 어떠한 세속적인 것뿐만 아니라 왕이 되는 것조차 바라지 않았다. 그의 아버지는 이 아들이 왕이 되는 것도 원치 않고 또 세속적인 것에 대해서 들으려고도 하지 않는 것을 보고 매우 괴로워했다. 그래서 그에게 다음과 같은 한 가지 큰 제안을 했다. 즉 그를 나라의 국왕으로 세워줄 테니 자기 마음대로 무엇이든 할 수 있는 군주가 될 수 있을 것이라고 했다. 또한 그 자신은 기꺼이 왕관을 포기할 각오가 되어 있고 어떠한 통치권도 갖지 않을 것이니, 그 아들이 유일한 군주가 될 것이라고 말했다.

그러나 그의 아들은 자기가 원하는 것은 아무것도 없다고 대답했다. 왕은 아들이 무슨 일이 있어도 통치할 의향이 없는 것을 보고 크게 괴로워했고 그런 슬픔으로 거의 죽을 지경이었다. 그것도 놀라운 일은 아닌 것이 그에게는 이 아들 외에 다른 아들이 없었고 왕국을 유산으로 물려줄 사람이 아무도 없었기 때문이다.

다. 이에 대해서 종교를 달리하는 신도들이 각자 나름대로의 종교적인 의미를 부여하여, 힌두교도들은 그것이 시바신의 발자국이라고 하고, 불교도는 석가모니, 무슬림은 아담, 기독교도는 예수의 발자국이라고 믿었다.

78) F(Sergamoni borcain), R(Sogomonbar can 혹은 Sogomon-barchan), Z(Sogomoni burchan). 사본마다 이 이름의 표기가 조금씩 다르지만 펠리오는 폴로가 원래 표기한 형태가 '사가모니 부르칸'이었을 것으로 추정했다. '사가모니'는 물론 '샤캬무니'(Sakyamuni)를 옮긴 것이다. '부르칸'은 원대에 부처를 지칭하는 말로 몽골인들 사이에서 널리 사용되었으나 그 어원은 분명치 않다. 일부 학자들은 이 말이 부처를 뜻하는 佛(bur)과 군주를 의미하는 칸(qan)의 합성어로 보았으나 단정하기 어렵다. 그러나 이미 11세기 마흐무드 카쉬가리의 저작에 '부르칸'이라는 말이 등장하는 것으로 보아 이 말이 순수한 몽골어가 아님은 확실하다.

　그래서 왕은 다음과 같은 행동을 취했다. 그는 자기 아들이 기꺼이 세속적인 일에 매달리고 왕위와 왕국을 소유하려는 마음이 생기도록 어떤 조치를 취하기로 했다. 그래서 왕은 아들을 매우 아름다운 궁전에 데려다 놓고 그에게 사람 마음을 휘어잡는 어여쁜 여자 3만 명을 붙여주어 그의 시중을 들게 했다. 남자들은 그곳에 절대로 출입하지 못하게 하고 그 여자들만 머물도록 했다. 그래서 그 여자들은 그를 침대에 누이기도 하고 식탁에서 시중을 들기도 하며 하루종일 그를 따라다녔다. 왕의 명령에 따라 그들은 그 앞에서 노래를 부르고 춤을 추었으며 그를 즐겁게 하기 위해 온갖 오락을 다 해보였다.

　그러나 그들이 아무리 노력해도 왕자는 어떤 쾌락에도 마음이 흔들리지 않았는데, 오히려 전보다 더 굳건하고 순결해졌으며 그들의 관습에 따라 정말로 올바른 생활을 해나갔다.

　또한 그는 매우 귀하게 자란 젊은이였기 때문에 일찍이 왕궁 밖으로 나간 적이 없었다. 그의 아버지가 노인이나 불구자를 그의 눈에 띄게 하지 않았기 때문에, 그는 지체가 부자유스런 사람을 본 적조차 없었다. 그런데 하루는 이 젊은이가 말을 타고 길을 가다가 죽은 사람을 보게 되었다. 그는 여태까지 그런 사람을 본 적이 없었기 때문에 크나큰 충격을 받았다. 그가 즉시 옆에 있던 사람들에게 그것이 무엇이냐고 물어보자 그들은 죽은 사람이라고 대답했다. 왕의 아들이 "그러면 모든 사람이 죽는단 말인가?"라고 묻자, 그들은 "예, 정말로 그렇습니다" 하고 대답했다. 그러자 젊은이는 아무 말도 하지 않고 말을 탄 채 깊은 생각에 잠겼다.

　그러고 나서 얼마 가지도 않았는데 어떤 대단히 늙은 사람을 보게 되었다. 그는 걷지도 못할 뿐 아니라 노쇠했기 때문에 이빨이 모두 빠져버린 상태였다. 왕의 아들이 그 노인을 보고는 "저것이 무엇이냐? 무엇 때문에 저 사람은 걷지도 못하는가?" 하고 물어보았다. 그와 함께 있던 사람들은 노인이 늙었기 때문에 걷지도 못하고 이빨도 빠진 것이라고 대답했다.

죽는 것과 늙는 것에 대해 제대로 알게 된 왕의 아들은 왕궁으로 돌아가서 "악으로 가득 찬 이 세상에서 더 이상 머무르지 않겠다"고 스스로에게 말하면서, 영원히 죽지 않는 사람, 또 그를 창조한 사람을 찾아 나서겠다고 말했다. 그러고는 아버지와 왕궁을 떠나, 아주 깊고 외딴 산중으로 들어가서 그곳에서 일생을 정직하고 순결하게 살았고 극도로 금욕적인 생활을 했다. 정말로 그가 기독교도였다면 우리 주 예수 그리스도와 함께하는 위대한 성자가 되었을 것이다.

이 왕의 아들이 죽자 그의 시체가 부왕에게로 옮겨졌다. 왕이 자기 자신보다도 더 사랑했던 아들의 시체를 보았으니, 얼마나 큰 고통과 슬픔에 빠지게 되었을지는 말하지 않아도 잘 알 것이다. 왕은 금과 보석으로 자신의 아들과 닮은 모양의 조각을 만들게 하고, 그 나라 사람들 모두에게 신처럼 경배하고 공경하라고 했다. 그들은 그가 84번 죽었다고 말한다. 그가 처음 죽었을 때에는 소가 되었고, 그 다음에 죽었을 때에는 말이 되는 식으로 84번 죽었다는 것이다. 매번 죽을 때마다 그는 개 혹은 다른 동물로 태어났지만, 그가 84번째로 죽음으로써 신이 되었다고 한다. 우상숭배자들은 그를 최고의 신으로 여기고 지금까지 출현한 가장 위대한 자라고 생각한다. 이렇게 해서 그는 우상숭배자들이 모시게 된 최초의 우상이 되었고, 그에게서 다른 우상들이 갈라져 나오게 되었다. 이것은 인도의 세일란에서 일어난 일이다.[79]

이제 여러분은 최초의 우상이 어떻게 해서 생겨났는지 들었다. 우상숭배자들은 매우 먼 곳에서부터 그곳으로 순례를 하러 오는데, 마치 기독교

---

79) 석가모니의 출생과 입적을 세일론에서 일어난 일이라고 한 것은 물론 옳지 않으나, 석가모니에 관한 폴로의 설명은 전체적으로 상당히 정확한 편이라고 말할 수 있다. 왕자로 태어나 인간이 생로병사의 고통 속에 매여 있는 것을 본 뒤 수도자의 길을 택하여 깨달음을 얻었다는 것이나 윤회에 관한 설명 등이 그러하다. 흥미로운 것은 기독교도들이 대체로 경멸하는 불교의 창시자 석가모니에 대해서 그가 매우 높은 평가를 내리고 있다는 점이며, 다른 문화에 대한 그의 개방적이고 유연한 태도를 보여주는 예라고 할 수 있다.

도들이 사도 성 자크(Saint Jaque)⁸⁰⁾의 묘지를 순례하는 것과 같다. 이 우상숭배자들은 그 산 위에 있는 무덤이 내가 여러분에게 말한 그 왕자의 무덤이며, 그곳에 있는 이빨과 머리카락과 주발 역시 그 왕자의 것이라고 말한다. 그의 이름은 사가모니 부르칸으로, 이는 성 사가모니라는 뜻이다.

사라센 사람들 역시 순례를 위해 그곳에 많이 오는데, 그들은 그것이 우리의 첫번째 조상인 아담의 무덤이며, 이빨과 머리카락과 주발도 아담의 것이라고 말한다. 여러분도 들었다시피 우상숭배자들은 그가 최초의 우상이자 최초의 신이 된 그 왕자였다고 하고, 사라센들은 우리 최초의 조상인 아담의 것이라고 주장하지만, 그가 누구인지 또 무엇을 하는 사람이었는지는 오로지 하나님만이 아신다. 그러나 우리는 그 장소에 아담이 있다고는 보지 않는데, 그것은 우리 성서에 그가 다른 곳에 묻혀 있다고 적혀 있기 때문이다.

그런데 대카안은 〔1281년 그 산에 다녀온 적이 있는 사라센들로부터〕 아담의 무덤이 그 산에 있다는 사실과 그의 이빨과 머리카락, 그리고 그가 식사할 때 사용하던 주발이 그곳에 있다는 것을 듣고 대규모 사신단을 보냈는데, 그리스도가 강림하신 지 1284년 되던 해의 일이었다. 그것에 대해서 내가 무엇을 말하겠는가. 대카안의 사신들은 굉장히 큰 규모의 사절단을 이끌고 길을 나서서, 육로로 그토록 멀리까지 간 뒤 세일란섬에 도달하게 되었다.

그들은 왕을 찾아가 열심히 설득해서 크고 굵은 어금니 두 개와 약간의 머리카락과 주발을 얻을 수 있었다. 대카안의 사신들은 여러분에게 이야기한 그것들을 얻은 후 다시 군주에게 돌아갔다. 그들은 대카안이 머무는 큰 도시 캄발룩이 가까워오자, 자신들이 그가 구하고자 했던 물건들을 갖고 가는 중이라는 소식을 알렸다. 그러자 대카안은 종교인이든 아니든 모든 주민

---

80) 예수의 12사도 가운데 하나인 야곱을 지칭. 전설에 의하면 그가 예루살렘에서 사망한 뒤 시신이 스페인의 Santiago de Compostela로 옮겨졌다고 하는데, 이곳은 중세에 가장 유명한 순례지 중의 하나가 되었다.

들에게 아담의 것으로 생각되는 그 성물들을 마중하러 나가라고 명령했다.

내가 무엇 때문에 장황하게 이야기를 늘어놓겠는가? 여러분은 캄발룩 시민 모두가 이 성물을 맞으러 나갔고, 종교인들은 그것들을 봉안해서 대 카안에게로 모셔갔다는 사실을 알아야 할 것이다. 그는 대단히 기뻐하며 커다란 연회를 열고 아주 공손하게 그것들을 맞이했다. 그들은 어느 누구 나 그 주발에 한 사람이 먹을 만한 음식을 넣으면 다섯 사람이 충분히 먹 을 수 있게 된다는 글을 보았다. 대카안은 그것을 시험해보도록 하여 과 연 사실이 그렇다는 것을 알게 되었다.

여러분이 들은 그런 방식으로 대카안은 그 성물들을 얻게 되었고, 대카 안이 그 성물을 위해 지불한 액수가 얼마나 많았는지 정말로 엄청난 액수 였다.[81] 이제까지 여러분에게 이 모든 사실들을 순서대로 이야기했으니, 이제 이곳을 떠나 다른 곳, 먼저 카일이라는 도시에 대해서 말해보도록 하겠다.

179장 | 여기서 그는 카일(Cail)[82]이라는 훌륭한 도시에 대해서 이야기 한다

카일은 크고 훌륭한 도시로서 다섯 명의 왕들 가운데 맏형인 아시아르 (Asciar)[83]에게 속해 있다. 서쪽, 즉 쿠르모스와 키시와 아덴과 아라비아

---

81) 『元史』 권131 「亦黑迷失傳」에는 1284년 僧迦剌國, 즉 세일론에 사신으로 간 이그미쉬(Igh-mish, 亦黑迷失)가 그곳에서 佛鉢과 佛舍利를 본 뒤 그 사실을 쿠빌라이에게 보고했다는 기록이 보인다. 마르코 폴로는 이 이야기를 잘못 전해 듣고 聖物을 가져온 것으로 기술한 것이다.

82) R(cael). 탐라파르니(Tamraparni) 강의 하구에서 1.5마일쯤 떨어진 곳에 있는 옛 카얄(Kayal), 즉 팔라야카얄(Palayakayal)이 이에 해당된다. 서구나 아랍측 기록에도 '카일' 혹은 '카얄'이라는 이름으로 기록되었다. 『元史』 권210 「外國·馬八兒等國」에는 1280년 "현재 술탄(算彈) 형제 다섯 명이 모두 加一이라는 곳에 모여, 俱藍과 전쟁할 것에 대해 논의하고 있었는데……"라는 기사가 보인다. 여기서 加一이 폴로의 '카일'이고 俱藍이 '코일룸'과 동일함은 분명하다.

83) R(astiar). 이 사람의 이름은 다른 사료에서 확인되지 않는다.

각지에서 상품과 말을 싣고 오는 모든 선박들이 이 도시에 정박한다. 상인들이 이 도시에 들르는 까닭은 그곳에 교역하기에 좋은 시장이 있고, 상품과 말과 기타 물품을 사기 위해 각지에서 모여든 상인들도 많기 때문이다. 이 왕은 재산이 매우 많고 그가 걸치고 있는 의복은 각종 비싼 보석으로 치장되어 있다. 그는 대단한 위엄을 갖고 지내며, 자신의 왕국을 엄격한 정의로써 잘 다스리고 있다. 특히 다른 나라에서 그곳으로 온 상인, 즉 외국 상인들에게 아주 공정하게 대해주고 있다. 상인들은 자기들을 편안하게 대해주는 이 훌륭한 왕이 있기 때문에 그곳을 즐겨 방문한다. 사실 그들은 거기서 막대한 이익을 거두기도 한다.

여러분에게 말해주고 싶은 것은 이 왕이 300명 이상의 여자들을 거느리고 있는데, 그것은 아내를 많이 거느린 사람일수록 지체가 더 높다고 여겨지기 때문이다. 한 부모에게서 태어난 친형제인 이 다섯 왕들 사이에 불화가 생겨나 서로 싸우려고 하면, 아직도 살아 있는 그들의 어머니가 중재에 나서서 싸우지 못하게 한다. 그런데 아들들은 그녀의 간청을 받아들이지 않고 싸우려고 한 적이 여러 번 있었는데, 그러면 그들의 어머니는 칼을 들고 나와 이렇게 말했다. "만약 너희들이 이 싸움에서 물러나지 않는다면, 또 너희들이 서로 화평하지 않는다면, 나는 즉시 내 목숨을 끊고 말겠다. 그러기에 앞서 너희들에게 젖을 먹였던 유방을 내 가슴에서 도려내겠다!" 자식들은 어머니가 그렇게 슬퍼하고 또 지극히 간청하는 것을 보고는—자신들도 그렇게 하는 것이 더 낫다는 것을 알기 때문에—서로 화해하기로 합의했다. 이런 일이 여러 번 있었다. 그러나 내가 여러분에게 말하지만 그들은 어머니가 죽으면 필시 커다란 싸움을 일으켜 서로를 파괴시키고 말 것이다.

〈또한 이곳 주민들과 인도에 사는 사람들은 모두 다음과 같은 습관을 갖고 있다. 즉 그들은 버릇으로 또는 재미로 입 안에 탐부르(tambur)[84]라

---

84) R(tambul), Z(tambur). 베텔(betel) 나뭇잎을 가리키는 이 말은 페르시아어의 tambul(산스크

는 잎사귀를 언제나 넣고 다닌다는 것이다. 그들은 이 잎을 계속 씹어 침이 생기면 뱉어버린다. 특히 귀족과 대인과 왕들이 이런 행동을 한다. 그들은 그런 잎에다가 장뇌나 다른 향료를 섞고 끈끈이를 넣어서 계속 씹는다. 그것은 그들을 매우 건강하게 해준다.

또한 누군가 다른 사람을 모욕하고 비난하거나 욕을 하고 싶을 때에는, 길가에서 그를 만나 씹고 있던 그것을 꺼내 그의 얼굴에 내던지면서, "너는 이보다도 못한 놈이야!"라는 말을 내갈긴다. 그러면 그는 이것을 엄청난 피해요 모욕이라고 생각하기 때문에, 즉시 왕에게로 달려가서 아무개가 자신을 비난하고 모욕을 가했다고 불평하면서 자신에게 복수를 허락해줄 것을 요청한다. 만약 그 사람이 자신과 자기의 친지들에 대해서까지 비난을 가했다면, 그는 자기와 자기의 친지들에게 모욕을 가한 그 사람과 그의 친지들에 대해 복수할 수 있도록 허락해달라고 요청한다. 그래서 자신이 그렇게 가치가 있는지 없는지를 보여주려고 한다. 만약 자기 하나만을 모욕했다면 그는 일 대 일의 복수만 요청할 것이다. 그러면 왕은 양측 모두에게 허락을 내린다.

만약 싸움이 집단 대 집단인 경우에는 각자 자기측 사람들과 함께 전투를 준비한다. 그들이 자신을 방어하기 위해 걸치는 갑옷은 그들이 태어날 때 받은 피부뿐이다. 그들이 전투장에 나서면 싸움이 시작되어, 서로 치고 상처를 입히고 죽이기도 한다. 왜냐하면 모두 적의 공격에 맨몸으로 노출되어 있어 칼은 간단히 상대방을 뚫고 들어가기 때문이다. 왕도 그곳에 임석하고 많은 사람들도 이를 지켜본다. 왕은 양측의 많은 사람들이 죽거나, 혹은 한쪽이 다른쪽보다 우세해 보이면, 자신이 두르고 있던 옷의 한쪽 끝을 입에 물고 또 다른쪽 끝을 손으로 쥔다. 그러면 투사들은 싸

리트어의 tambula에서 기원)을 옮긴 것이다. 이 말이 인도 이외의 문헌에서 처음 보이는 것은 玄奘의 전기인데, 거기서 擔步羅(tambula)라고 표기되었다.

움을 즉시 중지하고 더 이상 공격을 가하지 않는다. 이런 식의 싸움은 자주 일어난다.

만약 사건이 일 대 일로 벌어진 것이라면 두 사람은 항상 그렇듯이 모두 벌거벗고 손에 칼을 들고 〔방패를 든다. 그러면 모든 사람들이 구경하러 그리로 달려가고, 거기서 그들은 한 사람이 죽어 넘어질 때까지 싸운다. 그들은 칼 끝으로 찔러서는 안 되는데 그것은 왕이 이를 금지했기 때문이다.〕 그들은 그 칼로 자신을 어떻게 방어해야 하는지 아주 잘 알고 있다. 실제로 그들은 그것으로 자신을 방어하면서 적을 잽싸게 공격한다. 실제로 그런 식으로 행동을 취한다.

여러분도 알다시피 그들의 피부는 검은데, 상대방 피부의 원하는 곳에 흰색으로 원을 그리고는 이렇게 말한다. "두고 봐라! 다른 곳이 아니라 바로 이 원이 그려진 곳을 칠 테니! 네가 할 수 있으면 막아보아라!" 상대편 역시 그렇게 한다. 이것은 잘 싸우는 사람에게는 유리하지만 그렇지 못한 사람에게는 불리하다. 왜냐하면 잘 싸우는 사람은 어디를 가격하든 제대로 치기 때문이다.〉 이제까지 여러분에게 이 왕에 대해서 설명했으니, 이제 그에 대해서는 그만 하고 코일룸 왕국에 대해서 이야기하도록 하겠다.

180장 | 여기서 그는 코일룸(Coilum)[85] 왕국에 대해서 이야기한다

코일룸은 마아바르를 출발해서 서남쪽으로 500마일 가면 나오는 왕국이다. 주민들은 우상숭배자이지만 기독교도와 유대인들도 있다. 고유한 언어를 갖고 있으며, 왕은 누구에게도 조공을 바치지 않는다. 이제 여러분에

---

85) F(coilon, coilum), R(coulam), Z(coilon). 인도 남단의 서해안에 있는 오늘날의 퀼론(Quilon)을 가리킨다. 이 도시는 아랍이나 서구의 글에 Kaulam, Columbum, Columbo 등으로 등장하며, 중국에서도 『諸蕃志』(1225)와 『嶺外代答』(1778)에는 故臨으로 표기되었고, 원대의 자료에는 俱藍, 閣藍으로 자주 표기되었다. Kaulam이라는 말은 페르시아어로 '검은 후추'를 뜻하며, 이 도시에서 그것이 많이 생산되기 때문에 명명된 것이라는 설명이 있다.

게 이 왕국에서 무엇이 생산되고 또 무엇이 자라는지에 대해서 말해주겠다. 그곳에는 아주 고급의 코일룸산(産) 소방목(Coilomin brazil)이 자라고 있다. 후추도 풍부한데 5월, 6월, 7월에 수확한다. 여러분에게 말해두지만 후추를 만들어내는 나무는 사람이 심고 물을 주어서 키우는, 즉 재배하는 나무이다.

매우 좋은 인디고도 많은데, 그것은 어떤 풀에서 만들어진다. 그들은 그 풀을 따서 커다란 통 안에 넣은 뒤 물을 붓는다. 그리고 그 풀이 용해될 때까지 기다렸다가 뜨거운 태양 아래 놓아 졸아붙게 하면 여러분이 보는 그런 것이 된다. 여러분에게 말하건대 이 지방의 태양은 어찌나 뜨거운지, 너무나 더워서 참는 것이 거의 불가능할 지경이다. 만약 달걀을 강물에 담가놓으면 그리 오래 지나지 않아 익어버릴 정도이다. 만지나 아라비아나 레반트의 상인들은 자기 나라에서 배에다 많은 물건들을 싣고 이 왕국에 왔다가 이 왕국에서 생산되는 물품들을 배에다 싣고 돌아간다.

세계 어느 곳에서도 볼 수 없는 희한한 짐승들이 있다. 그곳에는 다른 어떤 색이나 반점도 섞이지 않은 새까만 사자가 있다. 여러 종류의 앵무새가 있는데, 발과 부리만 빨갛고 나머지는 모두 눈처럼 하얀 것이 있는가 하면 흰색과 붉은색이 섞인 것도 있다. 모두 정말로 아름답다. 이밖에 아주 작지만 역시 매우 아름다운 것들도 있다. 우리의 것과는 종류가 다른 대단히 크고 아름다운 공작이 있고, 역시 우리의 것과는 다른 닭이 있다.

내가 또 무엇을 더 말할 수 있을까? 그들의 것은 모두 우리의 것과 다르며, 우리 것보다 더 크고 아름답다. 그들에게는 우리의 것과 같은 과일도 짐승도 새도 없는데, 그 이유는 그곳의 엄청난 더위 때문이다. 쌀을 빼고 곡식이라고는 아무것도 없다. 사탕수수로 술을 만드는데, 마시기에 매우 좋고 포도로 만든 술보다 더 빨리 취하게 한다. 쌀 외에 다른 곡식들이 없다는 것을 제외하면, 사람의 생활에 필요한 모든 것들이 아주 풍부하고 값도 싸다.

뛰어난 점성사들이 많고, 어떻게 하면 사람의 몸을 건강하게 지키는가에 대해 잘 아는 의사들도 있다. 남녀 모두 피부가 검고, 아름다운 천으로 국부만을 가린 채 모두 알몸으로 다닌다. 그들은 육체적인 쾌락이나 육욕적인 죄악을 죄로 여기지 않는다.

혼인은 다음과 같이 이루어진다. 그들은 사촌을 짝으로 맞아들이고, 아버지가 죽으면 그의 부인을 맞으며, 형제의 부인에 대해서도 마찬가지로 한다. 인도의 모든 주민들은 이러한 관습을 갖고 있다. 여러분에게 이 왕국에 대해서 더 이상 이야기할 게 없으니, 이곳을 떠나 코마리라는 곳에 대해서 말하기로 하자.

181장 | 여기서 그는 코마리(Comari)[86] 시에 대해서 이야기한다

코마리는 인도의 한 지방으로, 자바섬 이후 볼 수 없었던 북극성이 조금 보이기 시작하는 곳이다. 이곳에서 30마일 정도 바다로 가면 북극성이 수면에서 1구(goue)[87]쯤 떠올라 있는 것을 볼 수 있다. 이곳은 그리 문명화되지 않은 상당히 미개한 곳이다. 여러 종류의 짐승들이 있고, 특히 원숭이들이 있는데 그것들 가운데 일부는 사람이라고 해도 좋을 만큼 희한하게 생겼다. 정말로 놀라울 정도로 특이하게 생긴 메르카트(mercat)[88]가 있다. 사자, 표범, 살쾡이 등이 무척 많다. 이밖에는 더 언급할 것이 없다. 그러므로 이곳을 떠나 전방에 있는 엘리 왕국에 대해서 이야기해보도록 하자.

---

86) R(cumari), Z(quomari, comari). 인도 남단의 코모린(Comorin) 곶을 가리킨다. '코마리'라는 명칭은 산스크리트어에서 '처녀'를 뜻하는 쿠마리(Kumari)에서 나왔고, 이미 프톨레미의 글에도 언급되었다.
87) 즉 1큐빗(cubit). 팔꿈치에서 손가락끝까지의 길이로 46~56센티미터. 폴로는 이 길이로 북극성의 높이를 측정한 것이다.
88) 사람의 얼굴과 비슷한 모양을 한 동물의 이름. 166장 참조.

바다에서 바라본 엘리산의 모습

182장 | 여기서 그는 엘리(Eli)[89] 왕국에 대해서 이야기한다

엘리는 코마리에서 서쪽으로 300마일 떨어진 곳에 있는 왕국이다. 왕이 있고, 주민들은 우상숭배자이며, 누구에게도 조공을 바치지 않고 자기들 고유의 언어를 갖고 있다. 여러분에게 그들의 관습과 그곳에서 자라는 것들에 대해서 아주 간략하게 설명하겠는데, 그것은 우리가 보다 문명화된 곳 가까이로 왔기 때문에 여러분이 그들을 보다 쉽게 이해할 수 있기 때문이다.

이 지방과 왕국에는 커다란 강에 매우 좋은 하구가 있을 뿐 항구는 따로 없다. 후추가 많이 자라고 생강도 마찬가지이며, 이밖에 다른 향료들

---

89) 유울은 서구에 알려진 '델리山'(Mount Dely)이 실은 '엘리山'(Mount d'Ely)이었음을 밝혔다. 무슬림들의 기록에는 힐리(Hili)로, 15세기 중국의 기록에는 曷力(Heli)으로 표기되어 있으며, 망갈로레(Mangalore)의 남쪽, 즉 카나노레(Cananore)에서 북방으로 16마일 떨어진 곳의 해안으로 뻗어 있는 갑(岬)의 이름이다.

도 풍부하다. 왕은 재산이 매우 많지만 권력은 강하지 않다. 그러나 왕국으로 들어가는 입구가 얼마나 견고한지 아무도 그곳으로 들어갈 수 없고 그를 해칠 수도 없기 때문에, 그는 아무도 겁내지 않는다.

또 다른 이야기를 해주겠다. 만약 어떤 배가 하구에 도착하여 닻을 내릴 때 그것이 그들을 특별히 방문하러 온 배가 아니면, 그들은 모든 물건을 빼앗아 가면서 이렇게 말한다. "너희들은 다른 곳으로 가려고 했는데, 신이 너희들을 우리에게 보냈으니, 내가 너희들 물건을 모두 취하겠다." 그러고 나서 그들은 배에 있는 모든 물건을 빼앗는데, 그것이 죄라고 생각하지 않는다. 그래서 인도의 이 같은 지방에서는 만약 어떤 배가 악천후를 만나 예상치 않았던 곳으로 가게 되면, 그런 배는 가지 않으려고 했던 그 지점에서 모든 물건과 상품을 강탈당하게 된다. 그리고 "너희는 다른 곳으로 가려고 했지만, 내게 행운이 있어 너희가 이곳으로 온 것이니, 내가 마땅히 네 것을 가져야겠다"라는 말을 듣게 되는 것이다.

만지와 다른 곳의 배들은 여름에 이곳으로 와서 나흘이나 여드레 만에 짐을 모두 싣고는 가능한 한 빨리 떠나가버린다. 이곳에는 항구는 없이 해안과 모래만 있어서 거기에 머무는 것이 위험하기 때문이다. 그러나 만지에서 오는 배들은 다른 곳에서 온 배들과는 달리 해안으로 가는 것을 두려워하지 않는데, 그들은 나무로 된 거대한 닻을 갖고 있어 극심한 폭풍 속에서도 배를 고정시킬 수 있기 때문이다. 그곳에는 사자를 비롯한 맹수들이 있고 사냥감들도 풍부하다. 이제까지 엘리 왕국에 대해서 이야기했으니, 멜리바르 왕국에 대해서 말해보도록 하자.

183장 | 여기서 그는 멜리바르(Melibar)[90] 왕국에 대해서 이야기한다

멜리바르는 서쪽에 위치한 매우 커다란 왕국이다. 주민들은 왕과 고유한

---

90) 인도 서해안, 즉 말라바르(Malabar)를 가리키며, 앞에서 나온 '마아바르'와는 구별되어야 한

언어를 갖고 있으며 우상숭배자이고, 누구에게도 조공을 바치지 않는다. 이 왕국에서는 북극성이 더 잘 보여, 수면에서 2구 정도 위에 보인다. 이 멜리바르, 그리고 그 근처 지방인 고추라트(Goçurat)[91]에서는 매년 100척 이상의 배들이 바다를 돌아다니며 다른 배와 상인들을 약탈한다. 그들은 흉악한 해적이다. 그들은 자기 아내와 어린아이들을 데리고 여름 내내 배를 타고 다니며 상인들에게 막대한 손실을 입힌다. 이 못된 해적들이 타고 다니는 배들은 대부분 상선을 찾아내기 위해 여기저기 흩어져서 기다린다.

그들은 이밖에도 다른 못된 짓을 자행한다. 그들은 옆 배와 5마일 정도 거리를 두고 바다 위에서 일렬로 포진해 있다. 이렇게 해서 20척의 배들이 100마일의 바다를 막고 있다가, 상선이 포착되면 서로에게 불빛으로 신호를 보낸다. 이렇게 하기 때문에 어떤 배도 그들의 손아귀에서 벗어날 수 없다.

그러나 이 흉악한 해적들의 방식을 잘 알고 또 그들에게 발견될 수밖에 없음을 잘 아는 상인들은 무장을 하고 철저히 준비해서, 그들에게 포착되더라도 아무런 두려움 없이 용감하게 방어전을 펼쳐 오히려 그들에게 커다란 피해를 입힌다. 그렇다고 해적들이 상선을 하나도 잡지 못하는 것은 물론 아니다. 해적들은 상인이 탄 선박을 탈취하면 배와 함께 모든 물건을 빼앗아버린다. 그들은 사람을 해치지는 않고 다만 이렇게 말한다. "가서 또 다른 물건으로 장사해라! 그러다 보면 또 우리에게 이익을 가져다 줄지도 모르지."

이 왕국에는 후추와 생강이 극히 풍부하며, 계피와 다른 향료들도 매우

다. 무슬림들은 이곳을 '말리바르'(Malibar)라고 불렀고, 『嶺外代答』에는 麻離拔·麻囉拔로, 『諸蕃志』에는 麻哩抹로 표기되어 있다.

91) F(goçurat, gusurat), Z(goçurat, gozurat, guçurat). 인도 서북부 해안의 구자라트(Gujarat)를 가리키며, 『集史』에서는 Guzarât로 표기했고, 13세기 전반 趙汝适의 『諸蕃志』에는 胡茶辣로 나온다.

많다. 터어빗(turbit)[92]과 인도 호두도 있다. 세상에서 가장 아름답고 고급스런 부크람도 나오며, 진귀한 물건들이 많다. 외국 상인들이 배를 타고 물건을 사기 위해 이 나라로 올 때 갖고 오는 물품이 어떤 것인지에 대해서도 여러분에게 말해주겠다. 상인들은 구리를 싣고 오는데, 이 구리는 배를 안정시키는 역할도 한다. 그들은 또 금실로 짠 옷감, 비단으로 짠 옷감, 센달, 금, 은, 정향, 감송향을 비롯하여 그곳에 없는 향료들을 싣고 온다. 그들은 이 고장의 물품과 갖고 온 것을 교환한다. 배들은 여러 곳에서 오는데, 특히 만지라는 큰 지방에서 온 상인들은 물품을 여러 지역으로 운반해간다. 그런데 아덴으로 운송되는 것들은 다시 알렉산드리아로 운반된다.

이제까지 멜리바르 왕국에 대해서 이야기했는데, 이곳을 떠나 고추라트 왕국에 대해서 말하기로 하자. 여러분은 지나치게 장황해질 것을 우려하여 내가 왕국의 모든 도시를 설명하지 않았다는 것을 알아두기 바란다. 각각의 왕국에는 많은 도시와 촌락들이 있다.

184장 | 여기서 그는 고추라트(Goçurat) 왕국에 대해서 이야기한다

고추라트 역시 커다란 왕국이며, 주민들은 우상숭배자이고 왕을 갖고 있다. 고유한 언어를 사용하며 누구에게도 조공을 바치지 않는다. 서쪽에 위치해 있으며, 이 왕국에서는 북극성이 조금 더 높이 보여 수면에서 거의 6구 정도 떠올라 보인다. 이 왕국에도 아주 지독한 해적들이 있는데, 그들의 악랄함에 대해서 이야기해주겠다.

〈상인들은 상술한 해적이 돌아다니는 해역을 지나가려 할 때, 만약 진주나 보석을 갖고 있으면 해적들에게 빼앗기지 않기 위해 그것을 삼켜버린다. 만약 해적들에게 붙잡히면 얼마간의 물건은 잃어버려도 보석은 이

---

92) 약초의 일종으로 학명은 Radex Turpethi이다.

런 식으로 간직할 수 있다. 해적들은 상인을 붙잡아 무엇이든 찾아내면 즉시 돌려보내준다. 그러나 요즈음 해적들은 더 악랄해졌다.〉 이 악랄한 해적들은 상인을 붙잡으면 타마린드(tamarind)[93]〈라는 일종의 약〉을 바닷물에 타서 마시라고 한다. 그러면 상인들은 엄청나게 설사를 하여 뱃속에 있는 것을 모두 배설해낸다. 해적들은 상인들이 설사한 것들을 모두 모아서 그 안에 진주나 보석이 있는지 수색시킨다. 해적들은 상인들이 붙잡히면 진주나 보석을 빼앗기지 않으려고 그것을 삼켜버린다는 것을 알고, 이 못된 해적들은 내가 말한 그 나쁜 약을 마시라고 주는 것이다.

그곳에는 후추가 굉장히 많고, 생강과 인디고도 풍부하다. 목화도 많이 나는데, 커다란 목화를 맺는 나무들이 있기 때문이다. 20년 정도 지나면 그 높이는 6보나 된다. 그러나 이 나무가 너무 늙어서 실을 뽑기에 좋은 목화를 맺지 않게 되면 방석이나 담요에 쓰는 솜으로만 사용한다. 이 나무에서 나오는 것에 관해서 말하자면, 12년이 될 때까지는 실을 뽑기에 좋은 목화를 내지만, 12년에서 20년 사이에는 어렸을 때처럼 그렇게 좋은 목화를 맺지 못한다.

이 왕국에서는 엄청나게 많은 가죽이 만들어진다. 즉 그들은 염소, 버팔로, 들소, 일각수 및 여러 짐승들의 가죽껍질을 무두질한다. 얼마나 많은 가죽이 무두질되는지 매년 헤아릴 수도 없이 많은 선박이 그것을 싣고 아라비아나 다른 지방으로 출발한다. 여러 왕국과 여러 지방이 이 왕국으로부터 가죽을 공급받고 있다. 또한 이 왕국에서는 새나 짐승 문양 장식의 붉은 가죽으로 만든 아름다운 담요가 생산되는데, 그 가장자리를 금실과 은실로 정교하게 바느질해 놓아 보기에도 정말 놀라울 정도로 아름답다. 사라센들은 내가 지금 말한 가죽으로 된 이 담요 위에서 잠을 잔다.

---

93) 코르디에는 이 말이 '타마리 힌드'(tamar-i Hind), 즉 '인도의 타마르'라는 말에서 기원했을 것으로 추측했다. 타마르는 '과일'(thamar) 혹은 '대추야자'(tamar)를 가리키는 것으로 보이며, 열매는 청량음료, 약제, 조미료 등으로 사용되었다.

잠자기에는 안성맞춤이다. 또 금실로 아름답게 장식된 쿠션의 가격은 은화 6마르크 정도를 호가한다. 내가 말한 이 담요들 가운데 어떤 것은 은화 10마르크까지 나간다. 이에 대해서 내가 또 무엇을 말하겠는가? 여러분은 이 왕국에서 만들어지는 가죽이 세상 어느 곳에서 만들어지는 것보다 더 정교하고 뛰어나다는 것을 알아두어야 할 것이다. 이제 이 왕국에 대한 모든 사실들을 순서대로 이야기했으니, 이곳을 떠나 전방에 있는 다른 곳, 즉 타나라고 불리는 한 왕국에 대해서 말해보도록 하겠다.

185장 | 여기서 그는 타나(Tana)[94] 왕국에 대해서 이야기한다

타나는 서쪽에 위치한 매우 크고 훌륭한 왕국이다. 그들에게는 왕이 있고, 어느 누구에게도 조공을 바치지 않는다. 우상숭배자이며 고유한 언어를 갖고 있다. 앞서 말했던 다른 지방과는 달리 이곳에서는 후추나 다른 향료들이 나오지 않는다. 그러나 유향이 많이 자라는데, 다만 흰색이 아니라 갈색이다.

교역이 아주 활발하여 수많은 선박과 상인들이 그곳으로 가서, 거기에서 여러가지 모양의 매우 질이 좋고 아름다운 가죽들을 갖고 나온다. 또한 그곳에서는 양질의 부크람이 다량으로 반출되며 목화도 마찬가지이다. 상인들은 선박에 여러가지 물품을 싣고 오는데, 금·은·동을 비롯하여 왕국에 필요한 물건들이다. 또한 그들은 자신에게 이익을 가져다 주리라 확신하는 그 왕국 토산품들도 갖고 나온다.

여러분에게 또 한 가지 좋지 않은 이야기를 하자면, 이 왕국에도 수많은 해적들이 있다는 사실이다. 그들은 바다를 돌아다니며 상인에게 많은 피해를 입힌다. 또한 왕의 희망에 따라―그는 이렇게 해적질하러 다니는 사람들과 협정을 맺은 적이 있다―이 해적들은 빼앗은 말을 모두 왕에게

---

94) F(tana, tima), R(canam), Z(tana). 봄베이(현재는 뭄바이) 북방 20마일 떨어진 살세테(Salsette) 섬에 있는 항구 Thana를 가리킨다.

주도록 되어 있다.

사실 그들은 자주 말을 빼앗곤 한다. 왜냐하면 앞에서도 설명했듯이 인도 전역에서 말의 매매가 활발하기 때문이다. 그래서 상인들은 많은 말을 그곳에 가지고 가서 파는데, 인도로 오는 배들 가운데 말을 싣지 않은 것이 거의 없을 정도이다.

여러분에게 말해준 바로 그런 이유 때문에 해적들은 왕과 협정을 맺어 빼앗은 모든 말을 그에게 주겠다고 약속하고, 그외의 금과 은과 보석들은 자신들이 차지하기로 한 것이다. 그러나 이 같은 것은 매우 나쁜 짓이기 때문에 왕에게는 어울리지 않는다. 이제까지 타나 왕국에 대해서 이야기 했으니, 이곳을 떠나 캄바에트 왕국으로 가보기로 하자.

186장 | 여기서 그는 캄바에트(Cambaet)[95] 왕국에 대해서 이야기한다

캄바에트는 서쪽에 있는 큰 왕국이다. 왕이 있고 고유한 언어도 갖고 있다. 어느 누구에게도 조공을 바치지 않으며 주민들은 우상숭배자이다. 이 왕국에서는 북극성이 더 높이 보인다. 여러분은 여기서부터 서쪽으로 가면 갈수록 북극성을 더 잘 보게 된다. 이 왕국에서는 무역이 활발하고, 인디고가 매우 많이 산출된다. 부크람과 목화도 다량으로 생산되어, 다른 여러 지방과 왕국으로 수출한다. 그곳에서는 잘 무두질된 가죽의 매매도 활발한데, 다른 곳에서도 그러하듯이 그들은 그것을 다량으로 가공한다. 여러분에게 말하지만 너무 길어질 것 같아서 내가 이 책에다 모두 기록하지 못할 정도로 수많은 물자들이 있다.

상인들이 배에 싣고 오는 물건들 중에는 주로 금과 은과 놋쇠가 많다. 그들은 자기 나라의 물산을 갖고 와서, 이 왕국의 산물 가운데 많은 이익

---

95) F(canbaet), R(cambaia), Z(cambaeth). 구자라트 지방의 항구도시 캄바이(Cambay)를 가리킨다. 과거 무슬림 문헌에서의 칸바야트(Kanbayat), 서구인들의 글에서 볼 수 있는 콤바에트(Combaeth)와 캄베트(Cambeth) 등이 이에 해당한다. 『諸蕃志』에는 甘琶逸로 나온다.

을 거둘 것으로 예상되는 것들과 교환하여 갖고 나간다. 이 왕국에는 해적이 없고 백성들은 교역과 수공업으로 살아가는 선량한 사람들이다. 이 밖에는 더 언급할 것이 없으므로 이곳을 떠나 전방의 다른 곳, 즉 세메나트 왕국에 대해서 이야기하도록 하자.

187장 | 여기서 그는 세메나트(Semenat)[96] 지역에 대해서 이야기한다

세메나트는 서쪽에 있는 매우 큰 왕국이다. 주민들은 우상숭배자이며 왕이 있고, 고유한 언어를 갖고 있으며 누구에게도 조공을 바치지 않는다. 해적이 없고 교역과 수공업으로 살아가는 착한 백성이다. 이곳은 교역이 활발하게 이루어지는 왕국이며, 상인들은 여러 곳에서 많은 물건을 이 왕국으로 갖고 와 팔고, 이곳의 토산품을 갖고 나간다. 그들은 매우 잔인하고 또 자부심이 강한 우상숭배자들이다. 그밖에는 언급할 것이 없으므로 이곳을 떠나서 전방에 있는 또 다른 왕국, 케스마코란이라 불리는 곳에 대해서 이야기하자.

188장 | 여기서 그는 케스마코란(Kesmacoran)[97] 왕국에 대해서 이야기한다

케스마코란은 왕과 고유한 언어를 갖고 있는 왕국이다. 주민들은 우상숭배자이며 〈대부분은 사라센이고〉 교역과 수공업으로 살아간다. 쌀이 풍

---

96) R(seruenath), Z(semenath). 솜나트(Somnath)를 가리키는데, 이탈리아의 메디치家 지도에는 소메나트(Somenat)라는 표기도 보인다. 유율을 비롯하여 다수의 학자들은 『元史』에 나오는 蘇木達 혹은 須門那를 솜나트로 보았지만, 펠리오는 이를 비판하며 그것이 마아바르 북방에 있던 사무드라(Samudra) 혹은 사문두르(Samundur)를 나타낸 것으로 보았다.

97) F(kesmacora, kesmacoran, kesmucoran), R(chesmacoran), Z(ckesmacoran). 이것은 케즈(Kez)라는 도시와 무크란(Mukran)이라는 지방, 즉 두 지명의 합성어이며, 무크란 즉 마크란(Makran)은 현재 이란과 파키스탄 최남단에 위치하여 오만(Oman) 만과 마주하는 지방의 이름이다. 15세기 중국 지도에도 客實과 木克郞이라는 두 지점이 나란히 붙어서 표기되어 있다. 따라서 Kesmacoran보다는 Kesmocoran이라고 하는 것이 보다 원음에 가까웠을 것이다.

부하고, 주민들은 쌀과 고기와 우유를 주식으로 삼는다. 많은 수의 상인들이 바다와 육지를 거쳐 물건을 싣고 들어와서는 이 왕국의 토산물을 갖고 나간다. 그밖에는 특별히 언급할 것이 없다. 이 왕국은 인도에서 서쪽과 서북쪽 사이를 가는 사람이 거치는 마지막 지방이다. 마아바르에서 이 지방에 이르기까지 모든 왕국과 지방을 설명했는데, 그것들은 대인도에 속하며 세상에서 가장 멋진 곳이다.

여러분이 알아두어야 할 것은 이 대인도 가운데에서 바다에 연한 지방과 도시들만 설명했다는 사실이다. 내륙에 있는 곳들을 이야기하면 너무 장황해질 것 같아 하지 않았다. 그러면 그만 이 지방을 떠나서 인도에 속하는 섬들에 대해서 이야기하도록 하자. 먼저 남도(男島)와 여도(女島)라고 불리는 두 섬에 대한 이야기를 시작하자.

189장 | 여기서 그는 남도와 여도[98]에 대해서 이야기한다

남도라 불리는 섬은 케스마코란을 출발해 500마일 정도 남쪽으로 바다 가운데로 들어가야 나타난다. 주민들은 세례를 받은 기독교도이고 구약의 신앙과 규범을 지키며 살고 있다. 아내가 임신을 하게 되면 출산할 때까지 그녀에게 손대지 않으며, 아이를 낳고 나서도 40일 동안은 그렇게 지낸다. 40일이 지난 뒤에는 남편이 원하는 대로 동침할 수 있다.

그러나 여러분에게 말하지만 부인이나 다른 여자들은 이 섬에 머물지 않고 모두 여도라 불리는 다른 섬에 살고 있다. 이 섬의 남자들은 여도로 가서 거기서 석 달간 머무는데, 3월과 4월과 5월에 그렇게 한다. 남자들은 이 석 달 동안 그 섬으로 가서 아내와 지내면서 즐기다가 석 달이 지나면

---

98) 폴로가 케스마코란과 소코트라 사이에 위치해 있다고 한 이 두 섬의 실체에 대해 그동안 여러 학자들의 추정이 있었지만 아직 확실한 해답은 구해지지 않은 상태이다. 이와 관련된 문제들에 대해서는 동서의 사료들을 망라한 펠리오의 자세한 연구(*Notes on Marco Polo*, vol.2, pp. 671~725)를 참조하시오.

이 섬으로 되돌아오는 것이다. 나머지 아홉 달 동안은 수입을 올린다.

이 섬에서는 매우 아름답고 고급스런 용연향(龍涎香)이 많이 생산된다. 주민들은 쌀과 우유와 고기를 주식으로 삼는다. 그들은 뛰어난 어부인데, 이 섬 근처의 바다에서는 아주 좋은 고기들이 잡힌다. 그들은 얼마나 많은 물고기를 잡는지, 상당량을 건조시켜 1년 내내 그것을 풍족하게 먹고 또 다른 사람들에게 팔기도 한다. 그들에게는 군주는 없이 다만 주교만이 있는데, 그는 스코트라에 있는 대주교의 지휘를 받는다. 그들은 고유한 언어를 갖고 있다.

이 섬에서부터 아내들이 사는 곳까지는 30마일 정도 떨어져 있다. 〈그들이 말하는 바에 따르면, 1년 내내 그들이 자기 아내와 같이〉 지내지 않는 까닭은 그렇게 같이 살면 장수할 수 없기 때문이라고 한다. 그들 사이에서 태어난 아이들은 어머니들이 그 섬에서 기른다. 그러나 사내아이인 경우 14세가 되면 어머니는 즉시 그를 아버지가 있는 섬으로 보내버린다. 이것이 바로 이들 두 섬에 사는 사람들의 관습과 생활방식이다. 여자들은 아이를 기르는 것 이외에는 다른 일을 하지 않는데, 〈남자들이 여도에 오면 그들이 씨를 뿌려주기 때문에, 여자들은 그것을 가꾸고 수확하며,〉 그 섬에 있는 과일들을 채집해서 생활한다. 이제 이곳에 관해 모두 이야기했는데 이외에 달리 특별히 설명할 것이 없다. 이제 이 두 섬을 떠나 스코트라섬에 대해서 이야기해보도록 하자.

190장 | 여기서 그는 스코트라(Scotra)[99] 섬에 대해서 이야기한다

이 두 섬을 출발해서 남쪽으로 500마일 정도 가면 스코트라섬에 이르게 된다. 여러분은 이 섬의 주민들이 세례를 받은 기독교도이고 대주교가 있다는 사실을 알아야 할 것이다. 용연향이 대량으로 생산되는데, 〈그것은

---

99) 소말리아의 대안에 있는 소코트라(Socotra) 섬을 가리킨다.

바다에 사는 고기들 가운데 가장 큰 고래와 말향고래의 뱃속에서도 나온다. 여러분에게 그 지방에서 고래를 어떻게 잡는지 이야기해주겠다.

그들은 다랑어를 다량으로 잡는데 그것은 오로지 다음과 같은 목적 때문이다. 다랑어는 아주 살이 많기 때문에 여러 조각으로 잘라서 커다란 통이나 항아리에 넣은 뒤 소금을 뿌려 절인 고기를 많이 만든다. 이것이 끝나면 12명 정도의 어부들이 조그만 배의 갑판 위에서 소금물에 뒤섞여 절여진 이 고기들을 싣고 바다로 나간다. 그들은 찢어진 헝겊이나 다른 버릴 천조각들을 한덩어리로 묶어서 기름이 번들거리는 통 속에 넣어 푹 적신다. 그러고 난 뒤 그것을 바다에 던져넣고 끈으로 조그만 배에 매달아놓고는 돛을 올린 채 온종일 대양 한가운데를 여기저기 돌아다닌다. 그들이 어디를 가든 기름은 마치 물 위에 난 길처럼 자국을 뚜렷이 남긴다. 그러다가 만일 고래가 있는 곳을 지나가게 되거나 혹은 어쩌다가 고래가 다랑어의 기름냄새를 맡게 되면 고래는 이 작은 배가 지나간 곳으로 오게 된다. 고래는 다랑어를 실은 그 조그만 배가 멀리 100마일이나 떨어진 곳에 있다 할지라도 그 냄새를 따라 쫓아오게 된다. 더구나 고래는 다랑어를 따라잡기 위해 열심히 헤엄쳐온다.

그 녀석이 작은 배가 있는 곳까지 온 것을 보면 사람들은 그들에게 두세 조각의 다랑어를 던져준다. 고래는 그것을 먹고 나서는 마치 사람이 술을 마시고 취하듯이 즉시 취해버린다. 그때 그들 가운데 몇 명이 끝에 작살이 달려 있어 한번 박히면 빠지지 않는 쇠창을 들고 고래 위로 올라간다. 한 사람이 고래 머리에 쇠창을 대고 다른 사람이 나무방망이로 그 쇠창을 박아서 순식간에 고래의 머릿속에 박아넣어 버린다. 고래는 취해 있어 사람들이 올라타고 있는 것조차 느끼지 못하기 때문에 그들은 하고 싶은 대로 행동할 수 있다. 그 쇠창의 다른쪽 끝에는 길이가 300보는 족히 되는 두꺼운 줄이 매여 있고, 그 줄에는 50보 간격으로 병과 판자가 매달려 있다. 그 병에는 깃발이 하나 달려 있고 병바닥에는 추가 들어 있어 병이 뒤집어지지 않고 깃발이 곧바로 서 있을 수 있도록 해놓았다. 끈의 가장 끝은 그들이 타고 온 배에 묶여 있다.

그 배에는 어부들 중의 일부가 타고 있는데, 고래가 상처 때문에 아픔을 느끼기 시작해서 도망치려고 하면 쇠창을 박기 위해 물에 있던 사람들이 헤엄쳐서 배로 돌아온다. 그러고 나서 그들은 깃발이 달린 병 하나를 물 속에 던지고 50보 길이의 밧줄을 풀어준다. 그러면 고래는 물 속으로 뛰어들어 도망치면서 끈이 매여 있는 배를 잡아당기는데, 만약 그 녀석이 물 밑으로 상당히 끌고 내려간 것처럼 보이면 깃발이 달린 또 다른 병을 던진다. 그러나 고래는 빈 병을 물 속으로 끌고 들어갈 수 없기 때문에, 계속 그것들을 끄느라고 힘을 소진하고 결국 상처로 인해 지쳐서 죽어버리고 만다. 어부들은 배를 타고 깃발을 보고 쫓아가서 그 녀석이 죽었으면 배로 당겨놓은 뒤 자기들의 섬이나 근처 섬으로 끌고 가서 팔아버린다. 그 가격은 실로 한 마리에 1,000파운드나 나간다.〉

그곳에는 매우 아름다운 무명옷과 다른 물품들도 많다. 특히 소금에 절인 크고 좋은 물고기가 많다. 주민들은 쌀과 고기와 우유를 주식으로 삼는데, 쌀 이외에는 곡식이 없다. 모두 거의 알몸으로 다니며, 인도의 다른 우상숭배자들의 풍습과 비슷하다. 또한 상인과 상품을 잔뜩 실은 배들이 이 섬으로 와서 물건을 팔고 이 섬에서 나는 물산들을 갖고 떠난다. 그것으로 그들은 많은 수입을 올린다. 아덴으로 가려고 하는 배나 상인들은 모두 이 섬에 들른다.

이곳의 대주교는 로마의 교황과는 아무런 관계가 없고, 내가 앞에서 말했던 바우닥에 사는 대주교에게 복속해 있다. 바우닥에 있는 대주교가 이 섬의 대주교를 파견한 것이다.[100] 〈혹은 그 사람 중에서 한 사람을 뽑아 총주교(Catholicus)가 그를 추인한다.〉 또 그는 마치 로마 교황이 하는 것

---

100) 바우닥(=바그다드)에 있는 대주교는 실상 네스토리우스교단의 首長인 총주교를 가리킨다.

처럼 다른 여러 지역으로 사람들을 파견하는데, 이 모든 성직자들은 로마 교회에 순종하는 것이 아니라 바우닥에 있는 최고의 성직자를 자신들의 교황으로 생각하고 그에게 복종하고 있다.

많은 해적들이 배를 타고 바다를 돌아다니다가 이 섬으로 와서 캠프를 치고는 자기들이 훔친 물건을 판다. 이것들은 아주 잘 팔리는데, 그 까닭은 그곳 기독교도들은 그 물건들이 모두 우상숭배자나 사라센들로부터 훔친 것이지 기독교도의 것을 빼앗은 게 아니라는 것을 잘 알고 있어 즐거운 마음으로 그것을 사기 때문이다.

또한 이 스코트라섬의 대주교가 죽으면 그 후임자는 바우닥에서 오는 것이 규칙이고, 그렇지 않고서는 그곳에 주교를 둘 수 없다. 〈만약 그들이 누군가를 뽑을 경우에는 바우닥으로부터 승인을 얻어야 한다.〉

이 섬의 기독교도는 세상에서 가장 뛰어난 마술사들이다. 대주교는 물론 그들이 이 같은 마술을 하는 걸 원치 않아 그들을 꾸짖기도 하며 충고도 하지만 아무 소용이 없다. 그들은 조상 때부터 오랫동안 그것을 해왔고 자신들도 그렇게 할 것이라고 말한다. 결국 대주교도 아무런 방법이 없기 때문에 그대로 참는 수밖에 별도리가 없다. 이 섬의 기독교도들은 마음대로 마술을 부리는데, 여러분에게 그들이 하는 마술에 대해 조금 이야기해주겠다.

이 마술사들은 이상한 일을 많이 하고 자기들이 원하는 것을 할 수 있다. 만약 어떤 배가 돛을 세우고 항해하면서 좋은 바람을 만나 상당히 멀리 갔을 때에도, 그들은 반대 바람을 불게 하여 그 배를 되돌아오게 할 수 있다. 그들은 자기가 바라는 방향대로 바람을 불게 할 수 있다. 또 바다를 잔잔하게도 하고 거대한 폭풍을 일으키기도 한다. 그들은 여러가지 신기한 마술들을 부리지만 이 책에서 설명하기에는 적당하지 않다. 그것을 말하면 사람들이 너무나 의아하게 생각할 것이기 때문이다. 그러므로 이 정도에서 그만 하기로 하고 더 이상 그들에 대해서는 이야기하지 않겠다.

이 섬에 대해서는 더 이야기할 것이 없으므로 여러분에게 또 다른 것, 즉 모게다쇼섬에 대해서 말하기로 하겠다.

191장 | 여기서 그는 모게다쇼(Mogedaxo)[101]섬에 대해서 이야기한다

모게다쇼는 스코트라에서 약 1,000마일 떨어져 남쪽에 위치한 섬이다. 주민들은 마호메트를 숭배하는 사라센이고, 네 명의 에쉬크(esceqe)[102]들이 있는데, 이것은 네 명의 장로를 뜻한다. 이들 장로 네 명이 이 섬을 모두 지배하고 있다. 여러분은 이 섬이 부근에서 가장 크고 훌륭하다는 사실을 알아야 할 것이다. 사람들의 말에 따르면 그 둘레는 4,000마일이고 교역과 수공업으로 살아간다. 이 섬에는 다른 어느 지방보다도 많은 코끼리들이 살고 있다. 세상 어느 곳에서보다 이 섬과 찬기바르섬에서 상어가 가장 많이 매매될 것이다. 이 섬 사람들은 낙타고기 이외에 다른 어떤 고기도 먹지 않는다. 그래서 매일같이 얼마나 많은 낙타들이 도살되는지 그것을 보기 전에는 누구도 믿지 않으려 할 정도이다. 그들은 이 낙타고기가 다른 고기에 비해 더 훌륭하고 몸에도 좋다고 말하며, 1년 내내 그것을 먹는다.

　이 섬에서는 우리나라의 것과 크기가 비슷한 자단목이 자란다. 이 나무

---

101) F(madeigascar, mogelasio), R(magastar), Z(mogdaxo). 여러 주석가들은 이 지명을 F본에 근거하여 마다가스카르(Madagascar)로 읽고 그 실체도 현재 이 이름으로 불리는 섬으로 보았다. 그러나 펠리오는 Z본의 모게다쇼(Mogedaxo)가 원래 마르코 폴로가 부르려던 이름에 가깝다고 주장했다. 즉 원래 'Mogdasio라고 표기되었고 현재 소말리아 연안의 무가디슈 지방을 가리키는 것이었으나, 필사하는 과정에서 와전되어 Madeigascar가 되었고, 후일 탐험가들이 현재의 마다가스카르섬을 발견한 뒤 그것이 바로 폴로가 말하던 것이라고 생각하여 '마다가스카르'라는 이름을 부여했다는 것이다. 또한 이것을 '섬'이라고 한 것은 폴로에게 아프리카 동부 해안에 대한 구체적인 지식이 전혀 없었기 때문이거나, 아니면 그가 실제로 섬이 아닌 해안지방도 '섬'이라고 부르기도 했기 때문이라고 설명했다. 사실 위치상으로도 이 지점은 스코트라(소코트라)와 잔지바르(찬기바르) 사이에 위치해 있기 때문에, 마다가스카르섬이 되기는 어렵다. 무가디슈는 아랍인들의 글에는 무크다슈(Muqdash)로 표기되었고, 15세기 중국의 문헌에도 木骨都束(Mugudushu)으로 나타났으며, 이것은 바로 폴로의 '모게다쇼'와 동일한 것이었다.

102) R(siechi), Z(sech). 아랍어에서 '長老'를 뜻하는 셰이흐(shaykh)를 옮긴 말이다.

들은 다른 나라에서는 상당히 비싼 것이지만, 그곳에서는 마치 우리가 흔히 야생나무를 보듯이 많이 자란다. 용연향도 많이 생산되는데, 그 까닭은 바다에 고래와 말향고래가 많기 때문이다. 여러분도 알다시피 용연향은 고래에서 나오기 때문에, 고래와 말향고래가 많이 잡히는 그곳에서 용연향이 대량으로 생산되는 것이다. 표범과 살쾡이와 사자도 헤아릴 수 없이 많고, 숫사슴, 노루, 황갈색 사슴을 비롯한 여러 짐승들도 풍부하다. 사냥감이 될 만한 여러 종류의 새들도 많고, 몸집이 매우 큰 타조도 있다. 우리 것과는 다른 이상한 새들이 있어 보기에도 신기할 정도이다. 많은 선박이 갖가지 상품을 싣고 그곳으로 오는데, 그것들은 금실과 비단으로 짠 옷감을 비롯하여 여러 종류의 물건들로서 그것에 대해서는 일일이 설명하지 않겠다. 그들은 그것을 모두 팔고 이 섬의 물건들과 교환한다. 상인들은 배에 잔뜩 싣고 온 물건을 부려서 모두 판매한 뒤 이 섬의 물건을 싣는다. 그리고 선적이 끝나면 떠나간다. 상인들은 많은 수익을 올린다.

여러분에게 말해두지만 배들은 이 섬과 찬기바르섬 아래로는 더 이상 남쪽으로 내려가지 못한다. 왜냐하면 그곳의 바다는 〈빠른 속도로〉 남쪽으로 흘러서 그곳에서 벗어나기 어렵기 때문이다. 그런 까닭에 배들은 그곳으로 가지 않는다. 배들은 마아바르에서 이 섬까지 20일 만에 오지만, 마아바르로 돌아갈 때는 석 달이 걸려도 가기 어렵다. 왜냐하면 해류가 하루종일 남쪽으로 흐르는데, 남쪽 이외의 다른 방향으로는 결코 흐르지 않기 때문이다.

사람들 말에 의하면, 그쪽으로 해류가 흐르기 때문에 배들이 가지 않으려고 하는 매우 남쪽에 위치한 다른 섬들에는 그리폰(grifon) 새가 있는데 그 새는 1년중 특정한 계절에만 그곳에 나타난다고 한다. 그러나 여러분이 알아야 할 것은 그 새가 우리가 믿고 또 그리고 있는 것과 같은 그런 모습이 아니라는 사실이다. 즉 우리는 그것이 반은 새이고 반은 사자라고 하지만, 그것을 직접 본 사람들의 말에 따르면 반은 새이고 반은 사자 모습이 아니라고 한다. 그것은 꼭 독수리처럼 생겼는데, 다만 그 크기가 엄청나게 크다는 것이다.

여러분에게 그것을 직접 본 사람들과 또 나 자신이 본 것들을 이야기해주겠다. 그들 말에 따르면 그것은 얼마나 크고 힘이 센지, 코끼리를 집어서 하늘 높이로 날아올랐다가 땅에 떨어뜨려 코끼리를 박살낸 다음 그것을 배불리 뜯어먹는다고 한다. 그것을 본 사람들의 얘기에 의하면 날개를 펴면 30보, 깃털의 길이는 12보나 되고 두께도 그 길이에 걸맞을 정도라고 한다.

내가 본 것에 대해서 이야기하도록 하겠는데, 그렇게 하는 것이 이 책의 내용에도 부합될 것이다. 이제까지 그리폰새를 본 사람들이 하는 이야기를 전해주었는데, 실은 대카안이 그 섬들에 대해서 알고자 사신을 그곳으로 보낸 적이 있었다. 또한 그는 그 사신에게 전에 사신으로 갔다가 포로로 잡힌 사람을 풀어달라는 요청도 전달케 했다. 그래서 이 사신들과 포로로 잡혔다가 풀려난 그 사람은 대카안에게 그 이상한 섬에 관한 진기한 이야기들을 해주었다. 그 사신들은 대카안에게 엄청나게 큰 멧돼지의 이빨도 갖다 바쳤다. 대군주가 그것을 달아보게 했더니 무게가 14파운드나 되었다. 그들이 말하는 바에 따르면 그곳에는 버팔로만큼 커다란 멧돼지가 많으며, 기린이나 야생나귀도 많다고 한다. 그곳에 있는 짐승과 새들은 우리의 것들과는 너무나 달라 그것에 대해 듣거나 실제로 본다면 대단히 놀랄 것이다.

이제 그 그리폰새에 대한 이야기로 되돌아가보도록 하자. 그 섬에 사는 주민들은 그것을 루크(ruc)라고 부르지 다른 이름으로는 부르지 않으며, 그리폰이 무엇인지 알지도 못한다. 그러나 그들이 그 새에 관해 이야기할 때 크기가 얼마나 되는지를 생각해보면 그리폰임에 틀림없다. 이제 이 섬 주민들의 관습과 행동에 대해서 대부분을 이야기하여 달리 더 이상 말할 것이 없으므로, 이곳을 떠나서 찬기바르섬에 대해서 이야기해보도록 하자.

코끼리까지 들어올리는 거대한 새 루크

192장 | 여기서 그는 찬기바르(Çanghibar)[103] 섬에 대해서 이야기한다

찬기바르는 매우 크고 훌륭한 섬이다. 둘레가 거의 2,000마일이나 된다. 주민은 우상숭배자이고 왕을 갖고 있다. 고유한 언어를 사용하고 어느 누구에게도 조공을 바치지 않는다. 주민들은 체격이 크고 다부진데, 다부진 것에 비해서 키는 그렇게 큰 편이 아니다. 그래도 그들은 몸집이 단단하고 사지가 크기 때문에 거인처럼 보인다. 그들은 힘이 얼마나 센지 혼자네 사람분을 질 수 있을 정도이다. 그래서 혼자서 5인분을 먹는 것을 보아도 그리 놀랄 일은 아니다. 피부는 모두 검고 국부만 가렸을 뿐 거의 알

---

103) F(canghibar, anchibar, anghibar), R(zenzibar), Z(zanghibar, zaghybar, zanghibar, zanghybar, zanghibar). 탄자니아 연안에 있는 잔지바르(Zanjibar)를 가리키며, 위치는 실제로 마다가스카르 서북방에 해당된다. 이 말은 무슬림들이 이 지역을 가리켜 부르던 zängi 혹은 zänjibar에서 연원했다. zanji라는 말은 흑인을 가리키는 용어로 사용되었고, 중국문헌에도 인도네시아 등지에서 노예로 끌려온 아이들을 僧祇·僧耆라고 불렀다. 원래 남방의 흑인들을 崑崙이라고도 불렀기 때문에, 이 두 말이 서로 혼용되어 『嶺外代答』에는 崑崙層期(Kunlun + Zängi)라는 말도 보인다.

몸으로 다닌다. 그들의 머리카락은 어찌나 꼬불거리는지 물에 적셔도 똑바로 펼 수 없을 정도이다. 입은 매우 크고 코는 납작하며, 입술과 눈이 어찌나 큰지 보기만 해도 무시무시하다. 다른 고장 사람들이 그들을 본다면 누구나 악마라고 말할 것이다.

많은 코끼리가 살고 있고 상아교역이 활발히 이루어진다. 그곳의 사자는 다른 곳의 사자들과 다르게 생겼다. 살쾡이와 표범도 많다. 그것에 대해서 내가 무엇을 말하겠는가? 모든 동물이 다른 지역의 것들과 다르다. 또한 양과 암양들도 몸통은 희지만 머리는 검은색으로, 형태나 색깔이 한 가지로 통일되어 있다. 여러분은 이 섬에서 내가 설명한 것처럼 그렇게 생기지 않은 양과 암양은 어디에서도 찾아볼 수 없을 것이다.

기린도 매우 많은데 정말로 보기에도 아름다운 동물이다. 그것이 어떻게 생겼는지 이야기해주겠다. 몸통은 짧고 엉덩이가 약간 처져 있는데, 이것은 앞다리는 길지만 뒷다리가 짧기 때문이다. 목이 얼마나 긴지 머리가 지상에서 3보나 높은 곳에 있다. 머리가 작고 남을 해치지 않는다. 몸에 온통 붉고 흰색의 점이 박혀 있는 것이 정말로 예쁘게 생겼다.

깜박 잊고 이야기하지 않았는데 코끼리에 대해서 잠시 설명을 하겠다. 수놈 코끼리가 암놈과 짝을 맺고 싶으면, 그는 땅에 구덩이를 파서 여자가 취하는 자세로 암놈 코끼리를 똑바로 눕게 한다. 이것은 암놈의 국부가 배꼽 쪽에 아주 가까이 있기 때문이다. 수놈 코끼리는 마치 남자가 그러하듯이 암놈 위에 올라타는 것이다.

이 섬의 여자들에 대해서 이야기하자면 그들은 아주 못생겼다. 그들은 입과 눈과 코가 모두 크고, 젖가슴은 다른 여자들에 비해 네 배나 더 크다. 정말로 보기에도 끔찍하다. 주민들은 쌀과 고기와 우유와 대추야자를 주식으로 삼는다. 포도로 빚은 술은 없고, 쌀과 사탕과 향료로 빚은 술이 있는데 마시기에 매우 좋다. 그곳에서는 교역이 매우 활발하며, 수많은 상인들이 배에 물건을 싣고 그곳에 와서 판매한 뒤, 이 섬에서 산출되는 여러 물건, 특히 엄청나게 많은 양의 상아를 싣고 나간다. 또한 용연향도 풍부한데, 그것은 고래가 많이 잡히기 때문이다.

이 섬의 남자들은 훌륭한 전사이며 전투에서 매우 거칠다. 그들은 강인하며 도무지 죽음을 두려워하지 않는다. 말이 없기 때문에 낙타나 코끼리를 타고 전투한다. 그들은 코끼리 위에 누각을 세워 그것을 잘 둘러친 뒤, 창과 칼과 돌로 무장한 16~20명의 남자들이 그 위에 올라가서 치열한 전투를 벌인다. 무기라고는 가죽으로 된 방패와 창과 칼밖에 없으며, 서로 싸우며 살육을 일삼는다. 여러분에게 이야기해줄 것이 있는데, 코끼리를 전쟁터로 끌고 나갈 때는 코끼리에게 술을 잔뜩 마시게 한다. 그것은 코끼리가 술을 마시고 취하면 더 난폭해지고 자신만만해져 훨씬 더 잘 싸우기 때문이다.

이제까지 이 섬에 관한 대부분의 것들, 그 주민과 동물과 상품에 관해서 이야기했는데 더 말할 것이 없다. 따라서 이곳을 떠나 아비쉬라는 커다란 지방에 대해서 이야기해보도록 하자. 그러나 그에 앞서 먼저 인도에 대해서 약간 언급해둘 것이 있다. 여러분은 인도에서 가장 유명한 지방이나 지역, 그리고 섬들에 대해서만 설명했다는 점을 알아두어야 할 것이다. 인도의 모든 섬들에 대해서 이야기할 만한 사람은 세상 어디에도 없을 것이다. 그러나 인도에서 제일 좋고 뛰어난 것들에 대해서는 이야기한 셈이다. 인도에서 내가 설명하지 않은 대부분의 섬들은 지금까지 설명했던 바로 그 섬들에 종속되어 있다. 여러분은 인도양을 자주 항해하는 노련한 선원들의 나침반이나 기록에 따르면 이 인도양에 있는 유인도와 무인도가 모두 1만 2,700개나 된다는 사실을 알아야 할 것이다.

이제까지 나는 여러분에게 대인도(Greater Indie), 즉 마아바르에서부터 케스마코란에 이르는 지역에 있는 13개의 거대한 영역들 가운데 10개를 설명했다. 소인도(Lesser Indie)는 참바에서 무티필리까지의 지역인데 모두 여덟 개의 거대한 영역들이 있다. 여러분은 이것들도 모두 대륙에 있는 것뿐이지, 엄청나게 많은 수의 섬들을 빼놓았다는 점을 알아야 할 것이다. 이제 여러분에게 아바쉬라고 불리는 중인도(Middle Indie)에 대해서 이야기해보도록 하겠다.[104]

193장 | 여기서 그는 중인도 아바쉬(Abasce)[105]에 대해서 이야기한다

여러분은 아바쉬가 매우 큰 지방으로 중인도라고 불린다는 사실을 알아야 할 것이다. 이 지방 전체에서 가장 강력한 왕은 기독교도이며 다른 여섯 명의 왕들은 모두 그에게 복속하고 있다. 그 가운데 셋은 기독교도이고 셋은 사라센이다. 이 지방 기독교도들의 얼굴에는 세 개의 낙인이 있는데, 하나는 이마에서 코 중앙에 이르기까지, 그리고 나머지 두 개는 양뺨에 각각 하나씩 있다. 이 낙인은 뜨거운 쇠로 지져서 만든 것으로 그들의 세례이다. 즉 그들은 물로 세례를 받은 뒤에 다시 내가 설명한 그런 낙인을 받는다. 그것은 고귀함의 표시이자 동시에 세례의 완결을 의미한다.

그곳에는 유대인도 있는데 그들의 얼굴 양뺨에 하나씩 두 개의 낙인이 찍혀 있다.[106] 사라센들에게는 하나의 낙인만 있는데 그것은 이마에서 코 중앙에 이르는 부분에 있다. 대왕은 그 지방 중앙에 살고, 사라센 사람들은 아덴 쪽에 살고 있다. 사도 성 토마스는 이 지방에서 포교를 하여 주민 일부를 개종시킨 뒤 마아바르로 간 것이다. 그는 거기서 살해되었고 내가 앞에서 이야기했던 것처럼 그의 유해도 거기에 있다.

---

104) 유럽인들이 사용하던 '인도'라는 막연한 개념은 점차 분화되면서 '대인도'·'소인도'·'중인도'의 세 영역으로 구분된다. 폴로는 기본적으로 이 삼분법을 답습하면서 자신의 경험에 비추어 그 지리적 범위를 보다 분명히 규정하고 있다.

105) F(abasce, abasie), R(abascia), Z(abasce, abas, abbas). 에티오피아 지방을 가리키는 아랍어 하바쉬(Habash → Abyssinia)를 옮긴 말이다.

106) 아비시니아 지역의 기독교도들이 이마(혹은 양미간 사이)와 관자놀이 부분에 인두로 낙인을 찍는 풍습을 지녔고, 그것이 그들의 독특한 세례방식이라는 내용의 주장은 이미 중세 이래 여러 사람들의 글에 보이며, 특히 야곱파(Jacobite) 기독교도들이 그러하다는 이야기들이 있다. 반면 이러한 낙인은 종교적인 의식이 아니라 어린아이들에게 감기와 같은 병에 대한 면역성을 길러주기 위한 것이라는 주장도 있다.

이 아바쉬 지방의 주민들은 뛰어난 전사이다. 기병도 많고 말도 풍부하다. 여러분이 알아두어야 할 필요가 있는 것은 그들이 아덴의 술탄과 전쟁을 했고 또 누비아나 다른 지역 사람들과도 여러 차례 전쟁을 치렀다는 사실이다. 그리스도가 강림하신 지 1288년에 생겨난 흥미로운 이야기 하나를 해주겠다. 아바쉬 지방 전역의 군주이자 기독교도인 그 왕이 예루살렘에 있는 그리스도의 성묘를 순례하고 경배하러 갔으면 좋겠다고 말했다. 그의 신하들은 그곳에 가는 것이 너무 위험하다면서, 대신 주교나 몇몇 고위 성직자들을 보내라고 충고했다. 왕은 신하들의 권유를 받아들여, 매우 성스러운 생활을 하던 주교에게 자기 대신 예루살렘까지 가서 주 예수 그리스도의 성묘를 참배하고 오라고 말했다. 그러자 그 주교는 주군의 신복으로 지시대로 이행하겠노라고 대답했고, 왕은 가능한 한 신속하게 준비를 마치고 출발하라고 했다.

이에 대해서 내가 무엇을 말하겠는가? 주교는 왕에게 하직을 고하고 출발했다. 준비를 마치고 그럴 듯하게 차린 뒤 순례자의 행색으로 길을 나섰다. 그는 바다로 또 육지로 여행을 해서 마침내 예루살렘에 도착했다. 곧바로 성묘가 있는 곳으로 간 그는 그곳을 참배하고 기독교도로서 그토록 고귀하고 지고한 성묘에 대해서 마땅히 드려야 할 공경과 경배를 드렸다. 그는 또한 자신을 보낸 왕을 대신하여 많은 헌물도 바쳤다. 주교는 현명한 사람답게 자신이 온 목적을 모두 지혜롭게 수행한 뒤, 일행과 함께 다시 귀로에 올라 아덴까지 오게 되었다. 여러분은 기독교도가 그곳에서는 증오의 대상임을 알아야 할 것이다. 그들은 기독교도를 보기조차 싫어하며 자신들의 철천지 원수처럼 미워한다.

아덴의 술탄은 이 주교가 기독교도이고 아바쉬 대왕의 사신이라는 것을 알게 되자 즉시 그를 체포하라고 했다. 그리고는 그가 기독교도인가 물었다. 그 주교는 물론 기독교도라고 대답했다. 그러자 술탄은 만일 그가 마호메트의 율법으로 개종하지 않으면 치욕과 불명예를 당하게 될 것이라고 말했다. 그러나 그는 그렇게 하느니 차라리 자기를 죽이라고 대답했다. 주교의 대답을 들은 술탄은 그에게 모욕을 주면서 할례를 시키라고 명령했고, 주교는 여러 사람들에게 끌려나와 사라센의 방식대로 할례를 당했다. 그에게 이런 짓을 한 뒤 술탄은 그를 이처럼 욕보인 것은 그의 군주인 왕에 대한 경멸과 치욕을 표시하기 위함이라고 말했다. 이 말을 한 뒤 그를 풀어주었다. 주교는 그 같은 치욕을 당하고 나서 큰 슬픔에 잠겼다. 그러나 한 가지 위안되는 일이 있었으니 그것은 자신이 그 같은 치욕을 당한 것이 기독교의 율법을 위해서이고, 주 하나님께서 자신의 공덕을 저세상에서 자신의 영혼에게 갚아주시리라는 것을 알았기 때문이다.

내가 무엇 때문에 이야기를 장황하게 하겠는가? 주교는 상처가 아물고 말을 탈 수 있게 되자 일행 모두와 함께 출발해서, 바다로 또 육지로 해서 그의 군주인 왕이 있는 아바쉬에 도착하게 되었다. 왕은 그를 보자 환대하며 연회를 베풀고는 성묘에 관해서 물었다. 주교가 그것에 관해 모든 진실을 말하자, 왕은 성묘를 매우 성스럽게 생각하고 깊은 신앙을 갖게 되었다. 주교는 성묘에 관한 모든 것들을 이야기한 뒤, 아덴의 술탄이 자신을 할례시키고 그럼으로써 어떻게 자신을 수치와 경멸의 대상으로 만들었는가에 대해서도 말했다. 주교가 능욕과 경멸을 당했다는 말을 들은 왕은 너무도 분개하여 비통함으로 곧 죽을 것만 같았다. 그는 주위에 있는 모든 사람들이 똑똑히 들을 수 있을 정도로 크게 소리치며, 만약 자신이 술탄에게 앙갚음을 해서 세상 사람들이 그것에 관해서 이야기하도록 만들지 않는다면 자신은 절대로 왕관을 쓰지도 영토를 소유하지도 않을 것이라고 말했다.

내가 그것에 대해서 무엇을 말하겠는가? 왕은 기병과 보병으로 구성된 엄청나게 많은 군대를 준비시키고, 아울러 한 마리에 20명씩 태운 잘 무장된 코끼리들도 수없이 동원했다. 모든 군대의 준비를 완료시킨 뒤 그는 아덴 왕국으로 출정했다. 아덴 지방의 왕들도 자기 나라를 방어하기 위해 수없이 많은 사라센 기병과 보병을 동원해, 적이 침투해 들어오지 못하도록 그들을 험로에 배치했다. 이 험로에 도착한 아바쉬 왕과 군대는 굉장히 많은 수의 적이 배치되어 있음을 알게 되었다.

양측은 매우 치열하고 잔인한 전투를 벌였다. 그러나 세 명의 사라센 왕들은 아바쉬 왕 휘하 군대의 월등한 군사력에 견디지 못하고 패주하기 시작했다. 기독교도들은 사라센들보다 훨씬 더 우월했기 때문에, 사라센들은 도망치기 시작했고 기독교도의 왕은 부하들과 함께 아덴 왕국으로 들어갔다. 물론 많은 수의 사라센들이 그 험로에서 죽음을 당한 뒤였다.

여러분에게 내가 무엇을 이야기하겠는가? 아바쉬 왕은 군대와 함께 아덴 왕국으로 들어갈 때 세 군데, 아니 네 군데로 들어갔는데, 사라센들이 길목을 장악한 채 그의 앞을 막았다. 그러나 그들을 막으려는 그 모든 노력은 아무 소용이 없었고, 수없이 죽음을 당할 뿐이었다. 기독교도의 왕은 적지에 한 달 정도 머물렀는데, 많은 것을 파괴했고 수많은 사라센들을 죽였다. 그는 자신의 주교가 당한 치욕에 대해 충분히 복수했다고 보고, 발길을 돌려 당당하게 자기 나라로 돌아갔다. 그가 더 많은 적을 치지 못한 이유는 길목들이 너무 험준해서 통과하기가 힘들어 적은 수의 병력으로 커다란 피해를 줄 수 있었기 때문이다. 그런 이유로 그들은 아덴 왕국을 떠나 자기 나라인 아바쉬로 돌아간 것이다.

여러분은 이제까지 그 주교가 사라센놈들[107]에게 당한 치욕을 어떻게 복수했는가에 대해서 들었다. 정말로 수를 헤아리기도 어려울 정도의 많은 사람이 죽었고, 수많은 영토가 파괴되고 황폐화되었다. 그것이 놀랄 일도 아닌 것이 사라센놈들은 기독교도보다 결코 더 나을 수 없기 때문이다.

이 지방에는 생활에 필요한 모든 물자가 풍부하다. 주민들은 쌀과 고기와 우유와 깨를 주식으로 삼는다. 코끼리가 있기는 하지만 거기서 자라는 것이 아니라 인도의 또 다른 섬들로부터 들여온 것이다. 그러나 기린은 그

---

107) 원문에는 'Saracen dogs'라는 비하적인 표현이 사용되었다.

곳에서 자라고 있으며 그 수도 대단히 많다. 사자와 표범과 살쾡이도 많고, 우리나라의 것들과는 다른 야생동물도 대단히 많다. 야생나귀도 있고, 우리 것과는 다른 여러 종류의 새들도 있다. 그곳의 닭은 정말로 보기에도 아름답다. 타조도 있는데 크기가 결코 나귀보다 작지 않다. 그외에도 여러가지가 많지만 모두 설명하려면 너무 길어질 것 같아 여기서는 이야기하지 않겠다. 그렇지만 짐승이나 새나 사냥감들이 풍부하다는 점은 알아두어야 할 것이다. 예쁜 앵무새가 많고, 원숭이의 종류도 여러가지이다. 사람의 얼굴을 거의 빼어닮다시피 한 메르카트나 다른 개코원숭이들이 있다.

이제 여러분에게 이런 이야기는 그만 하고 아덴 지방에 대해서 말하기로 하겠다. 그러나 그에 앞서 먼저 아바쉬 지방에 대해서 말할 것이 하나 더 있는데, 그것은 이 아바쉬에 도시와 촌락들이 많으며, 교역으로 생활하는 상인도 무척 많다는 사실이다. 아름다운 목면과 부크람이 다량으로 제조되며, 그외에도 이 책에서 다 말할 필요가 없는 다른 물산들도 대단히 많다. 그러면 이곳에 대해서는 그만 이야기하고 아덴에 대해서 설명해보도록 하자.

194장 | 여기서 그는 아덴 지방에 대한 이야기를 시작한다

여러분에게 아바쉬 지방에 대해서 이야기해주었으니, 이제는 아덴 지방에 대해서도 말해주겠다. 이 아덴 지방에는 '아덴의 술탄'이라 불리는 군주가 있다는 사실을 알아야 할 것이다. 주민들은 모두 마호메트를 숭상하는 사라센으로 기독교도를 매우 싫어한다. 도시와 촌락이 많다. 이 아덴에는 항구가 있는데, 인도 각지에서 각종 물건과 상인을 실은 배들이 들어온다. 상인들은 이 항구에서 다른 작은 배들에 짐을 옮겨 싣고 강을 따라 이레 거리를 간 뒤, 그 이레 거리의 여행 끝에 배에서 내린 짐을 낙타에 싣고 다시 30일 거리를 운반한다. 이 30일 거리의 마지막에서 〈나일이라고도 불리는〉 알렉산드리아강을 만나게 되고, 그리고 나서는 그 강을 따라 쉽게 알렉산드리아까지 곧바로 운반된다. 이런 방식으로 그리고 이 길을 따라 아덴 방향에서 알렉산드리아의 사라센 사람들에게 후추와 향료와 값비싼 상품이 수송되는데, 다른 방법으로는 알렉산드리아로 올 수 없다.

이 아덴항에서 많은 상인과 상품을 실은 배들이 인도의 여러 섬으로 출항한다. 이 상인들은 이 지역에서 값비싸고 아름다운 아랍의 전쟁용 말을 인도로 많이 수출하며 그것으로 막대한 이익을 올린다. 여러분에게 말하고 싶은 것은 그 상인들은 좋은 말 한 마리를 은화 100마르크나 그 이상의 가격으로 판다는 사실이다. 아덴의 술탄은 자기 나라를 들락거리는 상인과 선박으로부터 많은 관세를 거두어 막대한 수입과 재산을 얻고 있다. 이런 식으로 그는 자기 나라에 오는 상인들에게 관세를 걷기 때문에 지상에서 가장 부유한 왕들 가운데 하나가 되었다.

여러분에게 한 가지 이야기해줄 것이 있는데, 그것은 이 술탄이 기독교도들에게 매우 큰 피해를 입히는 일을 저질렀다는 사실이다. 바빌로니아의 술탄이 아크레시로 가서 그곳을 점령하고 기독교도에게 많은 피해를 입혔을 때, 이 아덴의 술탄은 휘하 기병 3만 명과 낙타 4만 마리를 그 바빌로니아의 술탄에게 공급해서 도움을 주었는데, 그것이 사라센들에게는 큰 힘이었고 기독교도에게는 커다란 손실이었다. 그런데 그가 이렇게 행동한 것은 바빌로니아의 술탄을 친근하게 생각했다거나 혹은 그를 사랑해서라기보다는 기독교도들을 증오했기 때문이었다.[108]

〈아덴, 쿠르모스, 키시 및 다른 지역의 배들은 인도양을 항해하다가 선체 때문에 조난당하는 일이 많다. 만약 그들의 바다에서 일어나는 격랑이 우리의 바다에서 일어난다면 아마 어떤 배들도 제대로 항해를 마치지 못하고 난파되고 말 것이다. 그러면 그러한 배를 타고 다니는 선원과 상인은 어떻게 하는가? 그들은 가죽으로 만든 푸대 하나를 갖고 배에 오르는

---

108) 여기서 '바빌로니아'는 맘룩 왕조를 가리킨다. 이와 관련된 13장의 내용을 참조하시오.

데, 기후가 나빠지고 바다가 요동친다고 생각되면 갖고 있던 진주와 보석, 그리고 옷과 약간의 필요한 음식 등을 그 푸대에 넣은 뒤, 그 모두를 끈으로 묶어서 마치 보트나 뗏목처럼 만든다. 그래서 만약 바다의 격랑으로 배가 가라앉아도 그들은 푸대 위에 올라타고, 아무리 바다 한가운데에 있어도—설령 육지에서 200마일이나 떨어져 있어도—바람에 밀려 매일 매일 육지를 향해 다가가게 되는 것이다. 그들은 바다 가운데에서 그 푸대 위에 있을 때 그들이 무엇인가를 먹고 마시고 싶으면, 그 푸대에서 음식과 음료수를 꺼낸 다음 다시 바람을 불어 부풀린다. 이런 방식으로 그들은 조난을 피하지만, 물론 배와 대부분의 물품을 잃어버린다.〉

이제 이 술탄의 이야기는 그만 하고, 마찬가지로 아덴에 속하는 커다란 도시에 대해서 말해보도록 하자. 그곳은 한 영주가 통치하며 서북쪽에 위치하고 있는 씨에르(Scier)[109]라는 곳이다. 씨에르는 아덴항에서 서북쪽으로 400마일 떨어진 곳에 있는 매우 큰 도시이다. 이 도시에는 영주가 하나 있어 자기 지방을 공정하게 잘 다스린다. 그는 이밖에도 몇 개의 도시와 촌락들을 지배하지만 아덴의 술탄에게 예속되어 있다. 주민들은 마호메트를 숭배하는 사라센들이다.

이 도시는 아주 좋은 항구이기 때문에 인도로부터 많은 선박과 상인들이 물건을 싣고 이곳으로 온다. 그리고 상인들은 이 도시에서 다시 배에 많은 물건을 싣고 인도로 출항한다. 여러분에게 말해두지만 상인들이 인도에서 이 도시로 갖고 오는 것은 좋은 전쟁용 말과 두 개의 안장을 놓는 좋은 말들로 매우 귀하고 가격도 비싸며, 상인들은 그것을 팔아서 커다란 이익을 거둔다.

---

109) R(pecher 등), Z(descer, scier), F(escer). 펠리오는 사본에 보이는 이러한 표기들이 'de scier'(de는 프랑스어의 전치사 '……의')라는 표현을 필사자들이 'd'escier'로 잘못 끊어 적었기 때문에 생긴 것이라고 보았다. 아랍인들은 Shi'ar로 표기했고, 『諸蕃志』에는 施曷이라는 이름으로 나온다. 폴로의 기록과 달리 이곳은 아라비아 반도 남해안에 위치하며 아덴 동쪽 330마일 되는 지점에 있다.

이 지방에서는 고급스러운 백유향(白乳香)이 많이 생산된다. 대추야자도 풍성하게 자란다. 쌀을 제외하고 다른 곡식이라고는 없으며, 쌀도 조금밖에 없다. 그러나 외국에서 곡식을 들여오고 그것을 통해 많은 수입을 거두는 사람들이 있다. 물고기도 많은데 특히 몸집이 큰 다랑어가 풍부하다. 그것은 어찌나 많이 잡히는지 베니스 1그로트로 큰 놈 두 마리를 살 수 있다. 주민들은 쌀과 고기와 물고기를 주식으로 삼는다. 포도로 만든 술은 없지만, 사탕과 쌀 혹은 대추야자로 빚은 것이 있다.

여러분에게 또 한 가지 이야기를 해주겠다. 여러분은 그곳의 양들이 귀도 없고 귓구멍도 뚫려 있지 않으며, 귀가 있을 자리에 조그만 뿔이 나 있다는 사실을 알아야 할 것이다. 매우 조그맣고 예쁜 동물이다. 또 한 가지 여러분에게 매우 신기한 이야기를 해주겠다. 그들이 기르는 동물, 즉 양과 소와 낙타와 망아지는 물고기를 주식으로 삼아 먹고 있는데, 그 까닭은 그 지역 어디에서도—심지어 시골에도—풀이 자라지 않기 때문이다. 그곳은 지상에서 가장 건조한 지역이다. 동물들이 먹는 매우 작은 물고기는 3월·4월·5월에 놀랄 만큼 많이 잡힌다. 사람들은 그것을 말려서 집 안에 두었다가 1년 내내 동물에게 먹이로 준다. 동물들은 물에서 막 잡아 올린 물고기를 산 채로 먹기도 한다.

매우 크고 좋은 물고기들이 많고 값도 굉장히 싸다. 그들은 물고기 비스킷을 만든다. 물고기를 무게 1파운드 정도로 작게 길이로 자르고 나서 그것을 햇볕에 말린 뒤 집 안에다 보관해두고, 비스킷처럼 1년 내내 먹는다. 내가 설명한 백유향도 그곳에서 다량으로 자라는데, 영주는 1칸타르(cantar)의 백유향을 금화 10베잔트에 사들인 뒤, 그것을 그곳에 오는 다른 상인이나 사람들에게 1칸타르에 40베잔트의 가격으로 되판다. 〈씨에르의 영주는 아덴 지방의 술탄을 위해 그것을 수집하며, 아덴의 술탄은 자기가 다스리는 지방 전역에서 나오는 백유향을 10베잔트에 사들여 40베잔트에 다시 파는 것이다.〉 이렇게 해서 이 도시의 영주는 매우 많은 수입과 이익을 올린다. 이 도시에 관해서는 더 이상 언급할 것이 없으므로, 이곳을 떠나 두파르라 불리는 다른 도시에 대해서 이야기하도록 하자.

195장 | 여기서 그는 두파르(Dufar)[110]시에 대해서 이야기한다

두파르는 아름답고 크며 훌륭한 도시이다. 씨에르시에서 서북쪽으로 500마일 떨어져 있다. 그들 역시 마호메트를 숭배하는 사라센이며, 한 공작을 영주로 모시고 있으나 그 역시 아덴의 술탄에게 예속되어 있다. 여러분은 이 도시도 아덴 지방에 속해 있다는 것을 알아야 할 것이다. 이 도시는 바다에 연해 있으며 수많은 배들이 상인과 엄청난 물건을 싣고 들어오는 항구가 있다. 상인들은 아랍이나 다른 지방에서 좋은 말을 들여와 판매하여 막대한 수입을 올린다.

이 도시는 그 아래에 여러 도시와 촌락을 그 아래에 거느리고 있다. 그곳에서도 역시 질좋은 백유향이 많이 생산되는데, 그것이 어떻게 자라는지 설명해주겠다. 그 나무는 결코 크지 않고 조그만 소나무처럼 생겼다. 사람들은 칼로 여러 군데에 상처를 내는데, 그러면 이 상처에서 백유향이 흘러나온다. 상처를 내지 않아도 백유향이 그 나무에서 나오는 경우가 있는데, 그 원인은 그곳이 너무나 덥기 때문이다. 또한 아라비아에서 이 도시로 아름다운 전쟁용 말이 다량 수입된다. 상인들은 그것을 배에 실어 인도로 가지고 간 뒤 그곳에서 큰 이익을 올린다. 이밖에는 더 언급할 것이 없으므로, 이제 이곳을 떠나서 칼라투만(灣)에 대해서 이야기해보도록 하자.

196장 | 여기서 그는 칼라투(Calatu)[111]시에 대해서 이야기한다

칼라투는 같은 이름으로 불리는 만 안에 위치한 도시 이름이기도 하다.

---

110) 이 도시에 대해서는 173장의 주를 참조하시오.
111) R(calaiati). 오만 해안에 있는 칼하트(Qalhat)를 말하며 현재는 폐허가 되어 있다. 두파르에
　　서 해안을 따라 동북쪽으로 500마일 정도 되는 지점에 위치한다. '칼라투灣'은 곧 '오만灣'을

두파르에서 서북쪽으로 600마일 떨어진 곳에 있다. 바다에 연한 훌륭한 도시이며, 주민들은 마호메트를 숭배하는 사라센이다. 그들은 쿠르모스에 예속되어 있으며, 쿠르모스의 멜릭(melic)[112]은 자기보다 더 강한 나라들과 전쟁할 때마다 이 도시로 오는데, 그 까닭은 그곳이 아무도 겁낼 필요가 없을 정도로 방위가 잘된 요새이기 때문이다. 곡식이 없기 때문에 상인들이 다른 지역에서 배로 운반해 들여온다. 인도에서 많은 물품을 싣고 온 배들이 이 도시에 도착해서 판매하는데, 그것은 이 도시에서 내륙의 여러 도시와 촌락으로 물자와 향료가 운반되기 때문이다. 또한 전쟁용 좋은 말이 이 도시에서 인도로 수출되어 상인들은 그것으로 막대한 이익을 올린다. 여러분에게 말하지만 이 도시나 내가 앞에서 말한 여러 도시에서는 인도로 막대한 수의 아름다운 말을 수출하는데, 그 숫자는 헤아리기도 힘들 정도이다.

이 도시는 칼라투만의 입구에 위치해 있기 때문에, 그 사람들이 허락하지 않으면 어떤 배도 들어가거나 나오지 못한다. 바로 그 때문에 이 도시의 멜릭은 자신이 예속되어 있는 케르만의 술탄에 대해서도 여러 번 큰 힘을 과시하기도 했다. 만약 그 술탄이 쿠르모스의 멜릭이나 그의 다른 형제들에 대해서 세금을 부과하려고 하면 그들은 그것을 거부하기도 한다. 술탄이 그들을 압박하기 위해 군대를 보내면, 그들은 쿠르모스를 떠나 배에 오른 뒤 이 칼라투시로 대피한다. 그리고 이곳에 머물면서 어떠한 배도 통과시키지 않으면, 케르만의 술탄은 그것으로 인해 커다란 손실을 입게 되는 것이다. 따라서 케르만의 술탄에게는 쿠르모스의 멜릭과 강화를 맺고 그에게 지나치게 많은 돈을 요구하지 않는 것이 더 낫다. 쿠르모스의 멜릭은 이 도시보다 더 강력한 또 하나의 성채를 갖고 있는데, 그

가리킨다.
112) 아랍어의 말릭(malik), 즉 '왕'을 뜻한다.

곳은 만과 바다를 통제하기에 더 좋은 조건을 갖추고 있다.

이 지방 사람들은 대추야자와 소금에 절인 물고기로 살아가는데, 그런 것이 매우 풍부하다. 그러나 일부 지위가 높고 부유한 사람들은 그밖에 더 좋은 음식을 먹기도 한다. 여러분에게 이 칼라투시와 만, 그리고 그곳 사정에 대해서 이야기했으니, 이곳을 떠나 쿠르모스로 가보도록 하자. 칼라투시를 떠나 서북쪽과 북쪽 사이로 300마일 가면 쿠르모스시에 도착하게 된다. 또 칼라투를 출발해서 서북쪽과 서쪽 사이로 500마일을 가면 키시를 만나게 된다. 그러면 키시에 대해서는 그냥 지나치고 쿠르모스에 대해서 이야기해보도록 하자.

197장 | 여기서 그는 쿠르모스[113]에 대해서 이야기한다

쿠르모스는 바다에 연한 매우 크고 훌륭한 도시이다. 멜릭이 있으며, 그는 휘하에 여러 도시와 촌락을 거느리고 있다. 주민들은 마호메트를 숭배하는 사라센이다.

매우 더운 곳인데, 너무나 더워서 집을 지을 때 통풍구를 만들어 바람을 받아들이도록 했다. 바람이 불어오는 쪽으로 통풍구를 설치해서 바람이 집 안으로 들어오게 한 것이다. 그들이 이렇게 하는 이유는 끔찍한 더위를 견딜 수가 없기 때문이다. 그러나 그것에 대해서는 이 책 앞에서 키시와 케르만과 함께 설명했으므로 더 이상 이야기하지 않겠다. 다만 우리는 다른 길로 갔기 때문에 다시 이곳으로 돌아올 수밖에 없게 된 것이다. 이제 우리는 이 지방의 사정에 대해서 모두 이야기했기 때문에, 이곳을 떠나서 대투르키아에 대해서 설명해보도록 하자.

---

113) 26장의 주를 참조하시오. 쿠르모스는 물론 페르시아만으로 들어가는 입구에 위치한 호르무즈를 가리킨다.

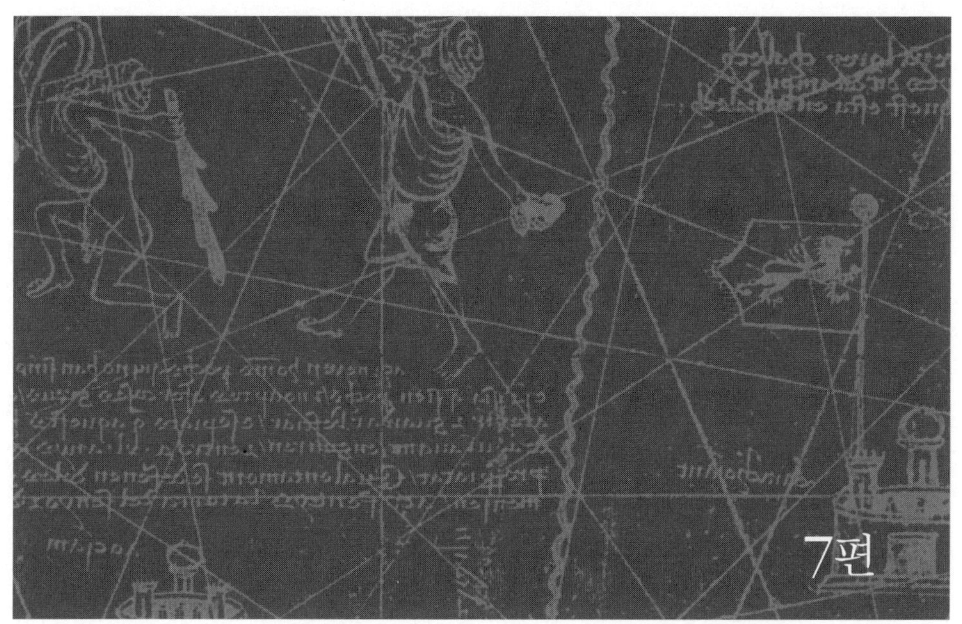

대초원

| 198장 ~ 232장 |

198장 | 여기서 그는 대투르키아(Great Turquie)[1]에 대해서 이야기 한다

대투르키아에는 카이두(Caidu)라는 이름의 왕이 있는데 그는 대카안의 손자이다. 그가 대카안의 친형제인 차가타이(Ciagatai) 아들의 아들이기 때문이다.[2] 수많은 도시와 촌락을 지배하는 정말로 강력한 군주이다. 그는 타타르이고 그의 백성들도 타타르이며 모두 뛰어난 전사들이다. 그들 모두는 전쟁에 단련된 사람들로서 그것이 이상한 일도 아니다. 카이두는 대카안과 한 번도 화평한 적이 없었고 언제나 큰 전쟁을 계속했다. 여러분은 이 대투르키아가 앞서 내가 설명한 쿠르모스로부터 서북쪽에 위치해 있다는 사실을 알아야 할 것이다. 대투르키아는 지온(Gion)[3] 강 너머에 있고 북쪽으로 대카안이 있는 곳까지 계속되고 있다. 이 카이두는 이미 여러 차례 대카안의 군대와 전투를 벌였는데, 이제 여러분에게 그가 싸웠던 전투에 대해서 이야기해주겠다.

그는 무엇보다도 카타이 지방과 만지 지방에서 자신의 몫을 달라고 요구했었다. 대카안은 그에게도 다른 아들들에게와 마찬가지로 기꺼이 몫을 주겠다고 하면서, 다만 그런 것을 요구할 때에는 항상 궁정으로 와서 회의에 참석해야 한다고 말했다. 대카안은 다른 아들이나 신하들이 하는 것처럼 그도 자신에게 복종하기를 바랐다.

---

1) 폴로와 동시대의 다른 사람들은 '투르키아'라는 말로 흔히 아나톨리아 지방을 가리켰다. 그러나 폴로는 그곳을 '투르크메니아'라는 명칭으로 불렀다. 폴로의 '투르키아' 혹은 '대투르키아'는 중앙아시아의 동서 투르키스탄, 즉 카이두의 지배하에 있던 지역을 지칭한다.

2) 카이두는 쿠빌라이의 손자가 아니라 조카였고, 폴로 자신도 잠시 뒤에는 그를 조카라고 적고 있다. 차가타이 역시 쿠빌라이의 형이 아니라 숙부였으며, 카이두는 차가타이의 손자가 아니라 우구데이의 손자였다. 이와 관련된 52장의 주를 참조하시오.

3) F(ion), R(geichon), Z(gyon). 무슬림들이 아무다리아를 지칭하던 '제이훈'(Jayhun) 혹은 '지훈'(Jihun)이라는 말을 나타낸 것이다. 폴로는 여기서 '대투르키아'의 영역을 아무다리아 너머에서 대카안 직할령의 경계까지를 모두 포함하는 개념으로 보고 있다.

이런 식으로 대카안은 그가 지금 지적한 것들을 따르기만 한다면 그에게 정복의 몫을 기꺼이 주겠다고 말했다. 그러나 카이두는 대카안인 자기 숙부를 믿지 않았고, 자신은 결코 그곳에 가지 않을 것이라고 말했다. 물론 그는 어디에 살든간에 대카안에게 복종할 생각을 갖고 있었지만, 그의 조정에는 무슨 일이 있어도 가지 않으려 했는데, 그것은 그가 자신을 죽이지 않을까 두려워했기 때문이다.[4]

이것이 대카안과 카이두 사이의 분쟁의 원인으로 이러한 분쟁으로 인해 그들 사이에 엄청나게 큰 규모의 전쟁이 여러 번 발생했다. 여러분에게 말하지만 대카안은 자기 군대를 카이두 영역의 변경지대에 1년 내내 주둔시켜 카이두와 그의 군대가 자신의 영토나 사람들을 해치지 못하도록 했다. 그러나 대카안의 군대가 아무리 막아도 카이두 왕은 여지없이 대카안의 영토에 들어옴으로써 이를 막으러 달려온 군대와 여러 차례 전투를 벌였다.

사실 카이두 왕이 총병력을 동원하기로 마음먹으면 거의 10만 명의 기병을 전쟁터에 투입할 수 있는데, 그들은 모두 전쟁과 전투에 단련되고 익숙한 사람들이라는 사실을 알아야 할 것이다. 또한 그는 주위에 황족의 가문, 즉 칭기스칸의 가문 — 그가 바로 제국의 시작이었고 처음으로 온 세상의 반을 정복하고 지배한 사람이었기 때문에, 나는 칭기스칸의 가문을 황족의 가문이라고 부른 것이다 — 출신의 신하들도 여럿 두고 있다. 이것에 대해서는 이 정도로 해두고 카이두 왕이 대카안의 군대와 벌였던 몇몇 전투에 대해서 이야기하도록 하겠다.

먼저 그들이 어떻게 전쟁터로 나가는지에 대해서 설명하겠다. 그들은 명령에 따라 각자 60대의 화살을 갖고 전쟁터에 나가야 하는데, 그 가운데 30개는 짧은 것으로 멀리에서 적을 쏘기 위한 것이다. 나머지 30개는

---

4) 폴로의 이러한 설명은 역사적 사실과도 부합한다. 쿠빌라이는 1265년 칭기스칸의 四子 가문에 식읍을 나누어줄 때 카이두에게 蔡州를 사여했고 그에게 궁정으로 찾아오라고 명령했으나, 카이두가 이를 거부한 것이다.

긴 것으로 끝에 굵은 쇠촉이 달려 있으며 근거리에서 적의 얼굴이나 팔을 관통시키기 위한 것인데, 그것은 활시위를 끊어버리기도 하며 커다란 피해를 입힌다. 그들은 화살을 다 쏘고 나면 칼이나 몽둥이를 손에 들고 휘두른다. 여러분에게 그들이 전투에 나가는 방식에 대해서 설명했으니 원래의 주제로 되돌아가기로 하자.

그리스도가 강림하신 지 1266년 되던 해에 이 카이두 왕은 예수다르(Iesudar)[5]를 비롯한 자기 사촌들과 함께 정말로 매우 많은 사람들을 소집해서 대카안 휘하의 두 신하들—카이두 왕의 사촌이기도 하나 대카안의 영토를 지키고 있었다—을 치러 갔다. 한 사람의 이름은 치바이(Cibai)이고 또 한 사람은 카반(Caban)이었다.[6] 그들은 세례를 받았던 차가타이의 아들[7]이었고 대카안 쿠블라이와는 형제간이었다.

내가 이에 대해서 무엇을 말하겠는가? 카이두와 그의 군대는 역시 많은 군대를 거느리고 있던 그의 사촌들과 전투를 벌였는데, 양측 군사를 합하면 약 10만 명에 달했다. 양측은 치열한 전투를 벌여 서로 많은 사람들을 죽였지만, 결국 카이두 왕이 승리를 거두고 적에게 커다란 피해를 입혔다. 카이두 왕의 사촌들인 두 형제는 매우 신속하게 달리는 말이 있어서 상처를 입지 않고 도망칠 수 있었다. 이렇게 해서 카이두 왕이 전투에서 승리를 거두게 된 것이다.

그러자 그는 의기양양해지고 자만에 차게 되었다. 여러분이 들은 그런 식으로 그는 이 전투에서 이긴 뒤 자기 고장으로 돌아가 거의 2년 동안

---

5) Z(josudar), 즉 예수데르(Yesüder).

6) R·Z본의 Caban은 F본에 Ciban으로 표기되어 있다. 펠리오는 라시드 웃 딘의 『집사』에 나오는 기록에 주목하여 이 두 사람이 누구인지를 처음으로 밝혔다. 즉 카이두와 쿠빌라이 사이의 충돌이 처음 일어난 곳은 카라호초 부근으로 그곳은 차가타이의 손자이자 알루구(Alughu)의 아들들인 추베이(Chübei)와 카반(Qaban)의 所領이었다는 『집사』의 기록에 비추어볼 때, '치바이'와 '카반'이 추베이와 카반을 가리킨다는 것은 의심할 여지가 없다.

7) Z본에는 손자. 물론 그들은 아들도 손자도 아닌 증손자였다.

평화롭게 지내면서 아무런 전쟁도 일으키지 않았고, 대카안도 그 기간 내내 그에게 군대를 보내지 않았다. 그러다가 2년이 돼갈 즈음 카이두 왕이 대군을 소집했는데 정말로 엄청나게 많은 수의 기병이었다. 그것은 대카안의 아들 노모간(Nomogan)[8]이 카라코롬에 주둔하고 있으며 프레스터 요한의 손자인 조르지가 그와 함께 있다는 것을 알게 되었기 때문이다. 이 두 신하 역시 굉장히 많은 기병을 거느리고 있었다.

그것에 대해서 내가 무엇을 말하겠는가? 카이두 왕은 모든 병사들을 소집하자 자신의 왕국에서 그 군대를 모두 데리고 출발하여 길을 나섰다. 그들은 원정을 계속했는데 그 과정에서 특별히 언급할 만한 것은 없다. 그래서 두 신하는 많은 사람들과 함께 주둔하고 있던 카라코롬 근처까지 오게 되었다.

이 두 신하, 즉 대카안의 아들과 프레스터 요한의 손자는 카이두가 대군을 이끌고 자신들을 치러 그곳까지 왔다는 사실을 알게 되었다. 그러나 그들은 당황하기는커녕 도리어 용기를 보여주었다. 그들은 거의 6만 명이 넘는 휘하 병력들을 잘 정비시킨 뒤 출정하여 적을 맞으러 나갔다.

이것에 대해서 내가 무엇을 말하겠는가? 그들은 카이두 왕이 있는 곳으로부터 10마일 되는 지점까지 와서 질서정연하게 진을 쳤다. 카이두 왕 역시 바로 그 평원에 휘하 군대와 함께 진을 치고 있었다. 양측은 각자 휴식을 취하면서 최선을 다해 싸울 수 있도록 준비하고 있었다. 내가 무엇 때문에 여러분에게 이야기를 장황하게 하겠는가? 대카안의 아들과 프레스

---

8) 쿠빌라이의 넷째아들인 노무칸(Nomuqan)이며, 한자로는 那木罕·南木合·那沒干·那木干 등으로 표기되었다. 그는 1266년 7월 9일 北平王에 봉해졌고, 1271년에는 카이두의 세력을 견제하기 위해 군대를 이끌고 알말릭(Almaliq)에 주둔했다. 그러나 1276년 말 휘하에 있던 시리기(Shirigi : 뭉케의 아들)와 요부쿠르(Yobuqur : 아릭 부케의 아들) 등이 반란을 일으켜 노무칸과 한툰(Hantun, 安童) 등을 포로로 잡아 카이두에게 넘겨주는 사건이 발생했다. 노무칸과 한툰은 1284년이 되어서야 비로소 풀려나 쿠빌라이에게로 돌아올 수 있었다. 따라서 노무칸이 '카라코롬'에 주둔했다는 폴로의 기록은 정확치 않으며, 어느 자료에서도 '조르지'(웅구트부의 기와르기스)가 노무칸을 따라 몽골리아에 出鎭했다는 언급은 찾아볼 수 없다.

터 요한의 손자가 그곳에 도착한 지 사흘째 되던 날 이른 아침, 양측은 모두 무장을 하고 최선을 다해 채비를 마쳤다. 어느 한쪽이 다른쪽에 비해 특별히 우위를 가질 것도 없었다. 왜냐하면 양측 모두 활·화살·칼·곤봉·방패로 잘 무장된 6만 명의 기병을 갖고 있었기 때문이다. 양측은 각각 여섯 개의 연대(squadron)로 구성되었고 1개 연대는 1만 명의 기병과 뛰어난 지휘관들로 이루어져 있었다.

양측은 평원에서 전열을 갖추고 준비를 마친 뒤 북소리가 울리기만을 기다렸다. 타타르들은 군주의 북소리가 울리기 전에는 결코 전투를 시작하지 않고, 그 소리가 울려야만 전투에 들어가기 때문이다. 타타르들은 북소리가 울릴 때까지 전투에 들어가지 않고 기다리면서, 이현(二弦) 악기를 민첩하게 연주하고 노래하면서 사기를 높이는 관습을 갖고 있었다. 바로 이러한 관습 때문에, 도열하여 북소리가 울려 전투에 들어가기를 기다리던 그 사람들은 듣기에도 신날 정도로 노래도 하고 연주도 했다. 그들이 북소리가 들릴 때까지 얼마간 그렇게 서서 기다리는데 드디어 양측에서 북소리가 울리기 시작했다.

내가 이것에 대해서 무엇을 말할 수 있겠는가? 북이 울리자 사람들은 지체하지 않고 곧바로 상대방을 향해 달려갔다. 그들은 활을 집어들어 그 위에 화살을 걸었다. 그러자 곧 하늘은 마치 비가 오듯이 온통 화살로 뒤덮여버렸다. 그리고는 수많은 사람과 말들이 화살에 맞아 쓰러지는 것이 보였다.

또 들려오는 외침과 고함소리가 어찌나 큰지 신께서 천둥을 쳐도 들리지 않을 정도였다. 그들은 정말로 철천지 원수처럼 보였다. 내가 이야기를 장황하게 해서 무엇하겠는가? 그들은 화살이 있는 한 몸이 성한 사람을 향해 쏘는 것을 그치지 않았다. 그들 가운데 이미 수많은 사람들이 전사했고, 그 전투는 양측 모두에게 잔인한 시간이라고 할 정도로 그렇게 많은 사람이 죽었다.

그들은 화살을 다 쏘고 나면 활을 활통에 넣고 나서 칼이나 몽둥이를 손에 들고 적을 향해 달려든다. 이렇게 해서 칼이나 몽둥이로 상대를 치고받는 싸움, 가장 잔인하고 치열한 싸움이 시작된다. 사람들이 치명적인 타격을 가하거나 당하는 모습을 볼 수 있고, 손과 팔이 잘리는 모습도 보인다. 그리고 많은 사람들이 시체가 되어 바닥에 뒹구는 모습이 보인다. 그들이 전투를 시작한 지 그리 오래지 않아서 땅은 온통 죽은 사람들과 상처로 죽어가는 사람들로 뒤덮여버렸다.

카이두 왕은 거기서도 대단한 용맹함을 보여주었다. 만약 그 자신이 그곳에 없었다면 필시 부하들은 전쟁터에서 도망쳐 패배를 당했을 것이다. 그러나 그는 너무도 훌륭하게 행동해 그것이 부하들에게 커다란 용기를 심어주었기 때문에, 그들은 계속해서 용맹하게 싸울 수 있었다. 반대편에 있던 대카안의 아들과 프레스터 요한의 손자 역시 훌륭하게 행동했다. 내가 더 무슨 말을 하겠는가? 이 전투는 타타르들 사이에 치러진 전투들 가운데에서 가장 치열한 것이었다. 사람들이 내지르는 소리가 어찌나 큰지, 또 칼과 몽둥이가 부딪치는 소리가 얼마나 큰지 하늘의 천둥소리도 들리지 않을 지경이었다. 내가 분명히 말하지만 양측은 적을 패배시키기 위해 자신이 할 수 있는 최대한의 노력을 다했고, 각자 생각할 수 있는 것 이상을 했다. 그러나 이 모든 것도 아무 소용이 없었는데, 어느 쪽도 다른 쪽을 패배시킬 수 없었다.

전투는 해가 진 뒤에도 계속되었지만 어느 쪽도 다른쪽을 전쟁터에서 몰아내지 못했다. 그러나 양측 모두 너무나 많은 사람들이 죽었기 때문에 그것을 보는 것만 해도 끔찍할 정도였다. 전투가 불길한 시간에 시작되었기 때문에 많은 사람들이 죽은 것이고 많은 부인들이 과부가 되었으며 수많은 아이들이 고아가 되어버렸다. 그로 인해 부인들은 슬픔과 눈물 속에서 세월을 보내게 되었으니, 그들은 바로 거기서 죽은 사람들의 어머니요 아내들이기 때문이다. 여러분이 들었다시피 이 전투는 오래 계속되어 해가 진 뒤까지 끝나지 않았고 너무나 많은 사람이 죽자 이제는 전투를 부득이 중단하는 수밖에 없게 되었다. 그들은 그곳을 떠나 각자의 진영으로 되돌아갔다. 모두 지치고 힘들었기 때문에 모두에게는 싸움보다 휴식이 필요했다. 낮 동안 치열한 전투에서 온힘을 다해 싸웠기 때문에 그들은 밤에 휴식을 취했다.

그리고 아침이 되었을 때 카이두 왕은 대카안이 또 대군을 보내서 자신을 공격하려 한다는 소식을 듣고 그곳에 계속 머무르는 것이 불리하리라는 판단을 내렸다. 새벽 동이 트자 그는 자신과 부하들 모두를 무장시키고 말에 올라 자기 고장을 향해 출발했다. 대카안의 아들과 프레스터 요한의 손자는 카이두 왕과 그의 군대가 떠나는 것을 보고도 그대로 가도록 내버려두었다. 그들 역시 너무나 지치고 힘들었기 때문이다. 카이두는 자기 왕국인 대투르키아로 들어가 사마르칸드로 갔다. 그는 거기서 한동안 전쟁을 일으키지 않으며 머물러 있었다.

199장 | 카이두가 피해를 입혔다는 대카안의 주장

대카안은 이 카이두가 언제나 자기 백성과 영토에 그렇게 큰 피해를 입혀온 것에 대해서 극도로 분노했다. 대카안은 스스로에게 카이두가 정말 자기 손자가 아니라면 그에게 참혹한 죽음을 맞게 하지 않고는 도저히 참을 수 없을 것이라고 말했다.

그러나 혈육의 정이 대카안으로 하여금 카이두와 그의 나라를 파멸시키는 것을 억제했다. 여러분에게 설명한 그런 식으로 카이두 왕은 대카안의 손아귀에서 벗어났다. 이제 이 이야기는 그만 하고 카이두 왕의 딸에 관한 놀라운 일화 한 가지를 소개해주겠다.

200장 | 여기서 그는 카이두 왕의 딸이 얼마나 강하고 용맹한가에 대해서 이야기한다

카이두 왕에게는 타타르어로 아이자룩(Aigiaruc)[9]이라 불리는 딸이 있었는데, 프랑스어로는 '밝은 달'이라는 뜻이다. 이 처녀는 어찌나 용감한지 그 나라 안에서 그녀를 거꾸러뜨릴 만한 젊은이는 어디에도 없었다. 오히려 그녀가 그들을 모두 거꾸러뜨렸다. 왕인 그녀의 아버지는 그녀를 시집보내기 위해 남편을 찾아주려고 했지만, 그녀가 그러기를 원치 않으면서, 자신을 힘으로 쓰러뜨릴 수 있는 사람이 아니라면 남편으로 맞아들이지 않겠다고 했다. 부왕은 딸에게 마음에 드는 사람과 결혼할 수 있는 특권을 인정해주었다.

〈그러나 무엇보다도 먼저 타타르들 사이에는 다음과 같은 관습이 있다는 사실을 알아야 할 것이다. 어떤 왕이나 왕자나 귀족들이 아내를 맞아들이려 할 때, 반드시 귀족 여인이어야 하거나 자신과 동등한 여인이라야 맞아들이는 것은 아니다. 그녀가 곱고 예쁘기만 하면 설사 귀족이 아니더라도 부인으로 맞아들인다. 그들은 어떤 씨족이나 가족도 여자에게서 이름을 따는 것이 아니라 남자에게서만 따온다고 말한다. 그래서 누구는 베르타(Bertha)의 아들이다 혹은 마리아(Mary)의 아들이다 하는 식이 아니라 피터(Peter)의 아들이다 혹은 마르틴(Marin)의 아들이라고 말하는 것과 마찬가지이다. 이런 이유로 그들은 아내를 맞이할 때 귀족 출신의 여자를 구하는 것이 아니라 단지 상냥함과 미모를 갖춘 여인을 구하는 것이다.〉

이 공주는 아버지로부터 자기가 마음에 드는 남자와 결혼해도 좋다는

---

9) Z(ayaruc). 투르크어로 '달빛'을 뜻하는 '아이 야룩'(ay yaruq)을 옮긴 말로, 펠리오는 폴로의 '아이자룩'이라는 형태가 키르기즈 계통의 발음인 '아이 자룩'(ay jaruq)을 나타낸 것이라고 보았다. 그녀의 본명은 쿠툴룬(Qutulun)이고 '흰색'이라는 뜻의 '차간'(Chaghan)이라는 별명과 함께 '쿠툴룬 차간'이라 불렸다. 『집사』의 기록도 부분적이나마 폴로의 글과 일치하고 있다. 즉 그녀는 마치 남자처럼 행동하여 군사원정에도 참여하고 용맹을 떨치기도 했는데, 아버지 카이두는 그녀를 다른 자식들보다 특히 총애하여 다른 남자에게 시집보내려 하지 않을 정도였다. 사람들은 카이두가 혹시 아버지로서의 애정이 아닌 다른 감정을 품고 있는 것이 아닌가 오해할 정도였고, 결국 그녀를 코룰라스(Qorulas) 부족 출신의 압타쿨(Abtaqul)에게 시집을 보냈다고 한다. Boyle의 영역본(*The Successors*, pp. 26~27)에는 그녀가 '어떤 중국인'(Khitayan)에게 시집간 것으로 되어 있다.

허락과 특권을 인정받자 매우 기뻐했다. 그리고 여러 지방에 알려서 어떤 멋진 젊은이든간에 자신과 힘으로 겨루어 넘어뜨릴 수 있다면 그를 남편으로 맞아들이겠노라고 공포했다. 이 소식이 여러 나라와 왕국에 알려지게 되자, 이곳저곳의 수많은 젊은이들이 그녀와 겨루기 위해서 그곳으로 모여들었다. 시합은 이제 여러분에게 말하는 그런 방식으로 치러졌다. 왕이 여러 남녀와 함께 궁전의 주접견실에 자리를 잡으면 화려하게 장식된 센달로 된 코트를 걸친 공주가 그 가운데로 들어오고, 그 뒤 센달로 된 코트를 입은 청년도 입장한다. 서로간의 협약내용은 만약 청년이 힘으로 그녀를 땅바닥에 쓰러뜨린다면 그녀는 그의 남편이 되어야 하고, 만약 공주가 그 청년을 넘어뜨린다면 100마리의 말을 그 공주에게 주어야 한다는 것이다. 이런 식으로 하여 공주는 1만 마리 이상의 말을 빼앗았고, 정말 그녀를 꺾을 수 있는 신사나 청년은 어디에서도 찾을 수 없었다. 그도 그럴 것이 그녀는 사지가 얼마나 늘씬하고 몸이 얼마나 큰지, 조금만 더 컸다면 여자 거인이라고 해도 될 정도였기 때문이다.

그러다가 그리스도가 강림하신 지 1280년 되던 해에 어떤 왕자가 나타났다. 그는 매우 잘생긴 젊은이였는데, 그럴 듯한 시종들을 데리고 1,000마리의 멋진 말들을 끌고 공주와 힘을 겨루기 위해서 온 것이다. 그는 그곳에 도착해서 그 처녀와 힘을 겨루고 싶다고 말했다. 카이두 왕은 무척 기뻐했다. 왜냐하면 카이두는 그가 왕자라는 사실을 알았고 그가 자신의 딸을 아내로 맞이하기를 바랐기 때문이다. 그래서 카이두 왕은 자기 딸에게 은밀하게 일부러 져주라고 말했다. 그러나 그 딸은 그런 일은 결코 할 수 없다고 말했다.

내가 그것에 관해 무슨 이야기를 하겠는가? 하루는 왕과 왕비 그리고 많은 남녀들이 커다란 접견실에 모였고, 이어서 잘생기고 보기에도 멋있는 아름다운 공주와 왕자가 들어왔다. 여러분에게 말해두지만 이 청년은 힘이 얼마나 센지 그에게 맞설 만한 사람은 어디에도 없었다. 그 처녀와 청년이

홀 중앙에 섰고 내가 말했던 수많은 사람들이 거기에 모여 있었다. 이어 협약이 맺어졌는데 그것은 만일 청년이 지면 이 시합을 위해 특별히 갖고 온 1,000마리의 말을 잃게 된다는 내용이었다. 협약이 맺어지자 처녀와 청년은 서로를 붙잡았는데, 모든 사람들은 마음 속으로 청년이 이겨서 공주의 남편이 되어주기를 바랐으며, 왕과 왕비의 생각도 마찬가지였다.

내가 이야기를 장황하게 해서 무엇하겠는가? 이 두 젊은이가 서로를 움켜잡고 한 사람은 여기를 다른 사람은 저기를 밀고 당길 때, 운명의 장난인지 공주가 그를 넘어뜨려 궁전 바닥에 던져버렸다. 그렇게 해서 왕자는 져 1,000마리의 말을 잃게 되었다. 여러분에게 말하지만 그 접견실 안에 있는 사람치고 그것에 대해 아쉽게 생각하지 않은 사람은 하나도 없었다. 카이두 왕은 그 왕자를 거꾸러뜨린 딸을 여러 전쟁터에 데리고 다녔는데, 그 모든 전투에서 그녀보다 더 용맹한 전사는 없었다. 또한 이 처녀는 여러 번 적진으로 뛰어들어가 적의 장수를 붙잡아 자기 진영으로 끌고 오기도 했다.

이제까지 카이두 왕의 딸에 관한 일화를 이야기했는데 그것은 이 정도에서 그만 하기로 하고, 카이두 왕과 동방의 군주인 아바가(Abaga)[10]의 아들 아르곤 사이에 벌어진 전투에 대해서 이야기하도록 하겠다.

201 장 | 아바가가 자기 아들 아르곤을 어떻게 전쟁터에 보냈는가

동방의 군주인 아바가는 여러 지방과 영역을 소유하고 있었고, 그의 영토는 카이두 왕의 영토와 '외로운 나무' — 알렉산더에 관한 책에서는 '마른 나무'라고 불리고 있다 — 가 있는 쪽에서 접경해 있다. 아바가는 카이두 왕과 그 휘하의 군대가 자기 백성이나 영토를 침해하지 못하도록 아들인 아르곤에게 수많은 기병을 주어, 지온강까지 그 범위가 미치는 '마른 나

---

10) 훌레구의 아들이며 일 칸국의 2대 군주(1265~81)인 아바카(Abaqa).

무'의 지방으로 파견했다. 이들 군대는 거기에 주둔하면서 카이두 왕의 군대가 침범하는 것을 막고 있었다. 여러분이 들은 그런 방식으로 아르곤은 군인들과 함께 '마른 나무'의 평원에 주둔했고 그 주변의 많은 도시와 촌락들을 잘 방어했다.

그런데 카이두 왕은 수많은 기병들을 모아서, 자신의 형제이자 매우 지혜롭고 영리한 바락(Barac)[11]이라는 사람을 그 지휘관으로 임명했다. 카이두는 그에게 가서 아르곤과 싸우라고 말했다. 바락은 자신이 그의 지시대로 이행할 것이며 앞으로 전진해서 아르곤과 그의 군대에 타격을 가하겠노라고 말했다. 이 말을 마친 바락은 정말로 많은 수의 군대를 이끌고 출정하여 여러 날 행군한 뒤 지온 강가에 도착했는데, 그곳은 아르곤으로부터 10마일 떨어진 곳이었다.[12]

이에 대해서 내가 무엇을 이야기하겠는가? 아르곤은 바락이 대군과 함께 도착했다는 소식을 듣자 그 자신도 모든 군대를 준비시켰다. 사흘도 채 못 되어 양측은 무장을 마치고 전쟁터에 나섰으니, 아르곤과 바락은 각자 군대를 이끌고 그곳에 나타났다. 내가 이것에 대해서 어떻게 말해야 할까? 그들이 준비를 마치고 도열하자 북소리가 울리기 시작했다. 그들은 지체하지 않고 즉시 상대편을 향해 달려갔다. 여기저기서 화살이 날아오기 시작하자 하늘은 곧 마치 비가 오는 것처럼 화살로 뒤덮여버렸다. 수많은 사람과 말이 죽어 넘어졌다. 그러자 그들은 칼과 몽둥이를 꺼내

---

11) 앞에서도 나왔다시피 그는 차가타이 칸국의 군주(1266~71)였다. 그는 차가타이의 증손자이니 우구데이의 손자였던 카이두와 '형제' 관계가 될 수는 없다.

12) 차가타이 칸국의 군주 바락이 아무다리아(폴로의 '지온강')를 건너 일 칸국을 침공한 것은 1270년 봄의 일이었다. 그는 그해 7월 22일 헤라트 근교에서 벌어진 전투에서 패배하여 후퇴하고 말았다. 이 전투에 참가한 아바카의 진영에는 아바카의 동생 툽신(Tübshin)과 오이라트 부족 출신의 '아르군 아카'(Arghun Aqa)가 있었다. 따라서 바락과 싸운 '아르군'은 아바카의 아들이 아니었는데, 폴로는 '아르군'이라는 이름만 듣고 그렇게 착각한 것으로 보인다. 바락의 침공과 그 경과에 대해서는 *The Cambridge History of Iran*, vol.5(Cambridge, 1968), pp. 356~360 참조.

들고 상대방을 공격했고, 이렇게 해서 아주 잔인하고 치열한 전투가 시작
되었다. 손과 팔이 잘려나가고 말이 죽어 넘어졌으며 참혹하게 다루어졌
다. 고함과 외침소리가 어찌나 큰지 신의 천둥소리도 들리지 않을 정도였
다. 몇 시간 만에 대지는 시체와 죽어가는 사람들로 덮이게 되었다.

　내가 이 이야기를 장황하게 해서 무엇하겠는가? 바락과 그의 부하들은
아르곤의 군대에 견디지 못했다. 그는 부하들을 데리고 강 건너로 후퇴해
버렸다. 아르곤과 그의 군대는 얼마간 추격하며 많은 사람을 죽였다. 이
런 식으로 전투는 진행되어 결국 아르곤이 승리를 거두었다. 이제 아르곤
에 대한 이야기가 나왔으니, 나는 여러분에게 아르곤에 관한 모든 것을,
즉 그가 아버지 아바가가 죽은 뒤 어떻게 불려와서 군주가 되었는가에 대
해서 말해주겠다.

202장 | 어떻게 아르곤이 지배권을 장악하게 되었는가

아르곤이 바락과 카이두 왕의 군대와의 싸움에서 승리를 거두고 나서 얼
마 지나지 않았을 때 아버지인 아바가가 사망했다는 소식을 듣게 되었다.
이 소식에 그는 몹시 슬퍼하며 아버지가 있는 궁정으로 돌아가 지배권을
장악하기 위해 군대를 모두 준비시켜 귀환길에 올랐다. 그가 그곳에 도착
하려면 40일 거리를 가야 했다. 아바가에게는 아크마트 솔단(Acmat
Soldan)[13]이라는 이름의 형제가 하나 있었는데, 그는 사라센으로 개종한
인물이었다. 그는 자기 형제 아바가가 죽었다는 소식을 듣자마자, 아르곤
은 멀리 있으니 자신이 군주가 되어야겠다고 스스로 생각했다. 그리고 나
서 그는 많은 군대를 이끌고 곧바로 형 아바가의 궁정으로 가서 통치권을
장악하고 스스로 군주가 되었다.

---

13) 아바카의 동생이며 그의 뒤를 이어 일 칸국의 3대 군주(1281~84)가 된 인물. 본명은 테구데
　르(Tegüder)이나 이슬람으로 개종했기 때문에 '아흐마드'(Ahmad)라고 불렸고 군주의 칭호도
　이슬람식으로 '술탄'(폴로의 '솔단')을 칭했다.

거기서 그는 얼마나 많은 재물들을 보게 되었는지, 직접 보지 않고 듣기만 한다면 믿지 않으려 할 정도였다. 그는 그 많은 재물들을 신하와 기사들에게 나누어주었다. 신하와 기사들은 아크마트 솔단이 그렇게 많은 재물을 나누어주는 것을 보고는 그 사람이야말로 훌륭한 군주라고 말하면서, 모두 그를 좋아했고 그가 잘되기를 바랐으며 그 이외에 다른 군주는 원하지 않는다고 말했다. 아크마트 솔단은 정치를 잘했고 사람들을 즐겁게 하기 위해 애썼다. 그러나 그는 수많은 사람들로부터 비난을 받게 된 한 가지 못된 행동을 했다.

그것에 대해서 내가 무엇을 말하겠는가? 그가 집권한 지 오래 지나지 않아서 아르곤이 대군을 이끌고 온다는 소식을 듣게 되었다. 그는 결코 당황하는 기색을 보이지 않았고 지체없이 그리고 용감하게 자기 신하들과 군사들을 소집시켰다. 여러분에게 말해두지만 그는 일주일 만에 엄청나게 많은 기병들을 모아 자신만만하게 아르곤을 향해서 출정했다. 그리고 모든 사람들은 아르곤을 죽여서 그에게 큰 고통을 안겨주는 것 외에 무엇을 바라겠는가 하면서 입을 모아 떠들어댔다.

203장 | 어떻게 아크마트가 군대를 이끌고 아르곤을 치러 갔는가

아크마트 솔단은 6만 명의 기병을 무장시켜서 아르곤과 그의 군대를 치기 위해 출정했는데, 그들은 거의 열흘 거리를 쉬지 않고 행군했다. 열흘 거리를 다 왔을 때 그들은 아르곤이 닷새 거리 되는 지점 가까이에 왔다는 소식을 듣게 되었다. 그러자 아크마트는 매우 넓고 아름다운 평원에 캠프를 치게 하면서, 그곳이 군대가 서로 어우러져 전투하기에 좋은 곳이기 때문에 아르곤이 올 때까지 거기서 기다리겠노라고 말했다. 군영이 질서정연하게 잘 세워지자 그는 군사들을 모두 불러 모아놓고 다음과 같이 연설했다.

"여러분! 여러분은 내가 형 아바가가 차지하고 있던 모든 것을 계승하는 군주가 되어야 마땅하다는 것을 잘 알고 있습니다. 왜냐하면 나와 그는 같은 아버지의 자식이고, 나는 우리가 갖고 있는 모든 지역과 지방들을 정복하기 위해 노력했기 때문입니다. 물론 아르곤이 나의 형 아바가의 아들이고, 어떤 사람들은 그가 지배권을 가져야 한다고 말할지도 모릅니다. 그러나 그렇게 말하는 사람들의 체면은 살려주겠지만, 그것은 정당하지도 또 가치있는 주장도 아닙니다. 왜냐하면 그의 아버지가 그렇게 오랫동안 통치권을 장악하고 있었기에, 이제 그가 죽은 뒤 내가 차지하는 것이 당연한 일이기 때문입니다. 그의 생전에 내가 반을 차지하는 것이 합당했으나, 나는 겸손하게 그에게 모든 통치권을 맡겼습니다. 여러분에게 말한 것이 실상이니 나는 여러분이 아르곤에 대해서 우리의 권리를 방어하고 왕국과 통치권이 우리와 함께할 수 있도록 싸워주기를 기원할 따름입니다. 내가 원하는 것은 그 영광과 명성뿐이며, 여러분은 우리가 지배하는 모든 지역과 지방에서 나오는 이익과 소유물과 영토를 갖게 될 것입니다. 여러분은 현명하고 정의를 사랑하며 우리 모두에게 자랑스럽고 좋은 일을 하리라는 것을 잘 알고 있기 때문에 나는 여러분에게 더 이상 말하지 않겠습니다."

그러고 나서 그는 더 이상 말하지 않고 침묵을 지켰다. 그곳에 있던 신하와 기사와 다른 사람들은 아크마트의 말을 잘 이해했고, 모두 대답하여 말하기를 자신들의 몸에 생명이 붙어 있는 한 그를 저버리지 않을 것이며, 그에게 대적하는 사람이 있다면 누구라도, 특히 아르곤에 대한 공격에서 그를 돕겠다고 말했다. 그들은 아무런 두려움도 없으며 그를 붙잡아 바치겠노라고 말했다.

여러분이 들은 그런 식으로 아크마트는 휘하 사람들에게 이야기를 했고 그들의 의향을 확인했다. 그들은 아르곤과 그의 군대가 와서 자신들과 싸우기만을 바랄 뿐이었다. 이제 아크마트에 대해서는 그만 이야기하고, 아르곤과 그의 군사들에 대한 이야기로 되돌아가보도록 하자.

204장 | 신하들은 아크마트와의 전투에 대해서 아르곤에게 어떻게 충고했는가

아르곤은 아크마트가 수많은 군대를 이끌고 평원에서 자기를 기다리고 있다는 것을 분명히 알게 되자 크게 걱정했다. 그러나 그는 만약 자신이 의기소침해지거나 적에 대한 두려움이나 공포를 나타낸다면, 자기 부하들이 크게 실망하여 매우 좋지 않은 결과가 나올지도 모른다고 걱정했다. 그래서 그는 용기를 보여주어야겠다고 생각했다. 그는 신하와 현자들을 모두 소집시켰는데, 많은 수의 사람들이 그의 천막 안에 모이자 다음과 같이 말했다.

 "존경하는 형제와 친구 여러분! 여러분은 나의 아버지가 그대들을 따뜻하게 사랑했다는 것을 분명히 알고 있습니다. 그가 살아 있는 동안 그는 여러분을 형제요 자식처럼 생각했고, 여러분은 전에 수많은 전투에서 그와 함께했고 그를 도와 이 모든 지방을 정복했던 것을 잘 알고 있습니다. 또한 여러분은 내가 바로 그분의 아들이고 나 역시 여러분을 내 몸처럼 아낀다는 것을 알고 있습니다. 진실이 내가 말한 것과 같이 그러하다면, 여러분이 나를 돕는 것은 응당하고도 사리에 맞는 일입니다. 특히 그 같은 사리와 정당함을 무시하고 우리에게서 이 땅을 빼앗으려는 잘못을 저지르는 그 사람과 싸우는 것은 더욱더 그렇습니다. 더구나 여러분은 그가 우리의 법규를 따르지 않고, 오히려 그것을 버리고 사라센이 되어 마호메트를 숭배하고 있다는 것을 알고 있습니다. 사라센이 타타르들을 지배하는 것이 과연 될 법이나 한 일인지 생각해보십시오! 자, 존경하는 형제와 친구들이여! 이제 이러한 모든 이유가 우리 마음 속에 있으니 우리는 마땅히 해야 할 일을 성취해야 합니다. 그러므로 나는 여러분 각자가 용사가 되어 힘닿는 한 최선을 다해 싸워서, 우리가 전투에서 승리를 거두고 통치권이 사라센이 아니라 우리 손에 남아 있도록 노력하기를 바랍니다. 또한 우리는 정당하고 적이 부당하기 때문에 우리가 전투에서 승리하리라는 것을 모두 확신하기 바랍니다. 이제 나는 더 이상 이야기하지 않겠습니다. 다만 모두 자기 마음을 확고히 해주기를 기원할 뿐입니다." 그러고 나서 그는 침묵을 지키고 더 이상 말하지 않았다.

205장 | 신하들은 아르곤에게 무엇이라고 대답했는가

아르곤의 적절하고 지혜로운 말을 들은 신하와 기사들은 모두 죽는 한이 있어도 온힘을 다해서 전투에서 승리를 거둘 수 있도록 하겠노라고 다짐했다. 모두 조용히 침묵을 지키고 있을 때 한 대신이 일어서서 이렇게 말했다.

"아르곤 전하! 전하께서 말씀하신 대로가 진실이라는 것을 우리는 잘 알고 있습니다. 그러므로 지금 전투를 하기 위해 전하와 함께 있는 모든 사람들을 대신해서 전하께 대답을 올립니다. 우리는 몸에 생명이 붙어 있는 한 전하를 배신하지 않을 것이며 전투에서 승리를 거두기 위해 죽기를 각오하고 싸울 것임을 분명히 말씀드립니다. 정의는 우리 편이고 불의가 저들 편이므로 우리가 승리하리라는 것은 분명합니다. 그렇기 때문에 전하께 충고드리옵는데 우리가 가능한 한 신속하게 전진해서 먼저 적을 찾아내야 한다는 것입니다. 그리고 모든 동지들에게 말하고 싶은 것은 우리가 이 전투에서 최선을 다함으로써 온 세상이 우리 이야기를 할 정도가 되도록 하자는 것입니다." 그러고 나서 이 경험 많은 사람은 입을 다문 채 더 이상 말을 하지 않았다.

내가 이에 대해서 무엇을 이야기하겠는가? 그 뒤 누구 하나 더 말하려는 사람이 없었다. 모두 다 그에게 동의했고 적과 전투를 치르는 것 이외에는 아무것도 바라지 않았다. 다음 날 아르곤과 그의 군사들은 적과 전투를 하기 위해 아침 일찍 기상해서 출정했는데, 사기가 충천했다. 그들은 적의 캠프가 있는 평원에 이르러, 아크마트가 있는 곳에서 10마일 떨어진 곳에 캠프를 쳤다. 그들이 캠프를 다 친 뒤 아르곤은 자기가 신임하는 두 사람을 시켜 숙부에게 전갈을 보냈는데, 그 내용은 다음과 같다.

206장 | 아르곤은 아크마트에게 어떻게 사신들을 보냈는가

주군의 허락과 임무를 받은 매우 연로하고 지혜로운 이 두 사람은 지체하지 않고 즉시 두 마리 말에 올라 길을 떠났다. 그들은 곧바로 군영으로 가서 아크마트의 천막이 있는 곳에 이르자 말에서 내렸다. 아크마트는 여러 신하들과 같이 있었다. 그 두 사람은 아크마트를 잘 알고 있었고 아크마트도 마찬가지였다. 그들이 그에게 정중하게 인사를 올리자, 아크마트는 반가운 얼굴로 환영한다고 말하며 자기 앞쪽으로 앉으라고 했다. 그들은 잠시 앉아 있다가 사신 가운데 한 사람이 일어나서 다음과 같은 말을 했다.

"아크마트 전하! 전하의 조카인 아르곤은 전하가 하신 일, 즉 그의 통치권을 빼앗고 그와 결전을 벌이기 위해 오신 것에 대해 매우 의아하게 생각하고 계십니다. 그것은 결코 좋은 일이 아니며, 더구나 숙부가 자기 조카에게 해야 할 도리도 아닙니다. 그래서 그는 저희를 통해 전하께 말씀을 전하시기를, 그는 전하를 아버지로 또 숙부로 생각하기 때문에 전하께서 이 같은 일을 그만두시고 서로간에 전투를 벌이는 일이 없도록 열심히 기도하고 있노라고 하셨습니다. 또한 그는 전하를 연장자로 또 아버지로 생각할 각오가 되어 있으며 전하께서 군주가 되어 그의 모든 영토의 지배자가 되어도 좋다고 말씀하셨습니다. 이것이 전하의 조카가 전해주는 전갈이며, 우리에게 자신의 기도를 전하라 하셨습니다." 그러고 나서 그는 침묵을 지키며 더 이상 말하지 않았다.

207장 | 아크마트가 아르곤의 사신들에게 무엇이라 대답했는가

아크마트 솔단은 조카인 아르곤이 자신에게 전달한 말을 듣자 다음과 같이 대답했다.

"사신이여! 나의 조카가 말한 것은 허구이다. 왜냐하면 영토는 나의 것이지 그의 것이 아니기 때문이다. 그의 부친이 그랬던 것처럼 나도 그것을 정복했다. 그러니 나의 조카에게 전하라. 만일 그가 원한다면 그를 대군주로 세워주겠노라고. 나는 그에게 넓은 영토를 줄 것이며, 그러면 그는 나의 아들처럼 또 최고의 신하와 같은 지위를 갖게 될 터이니 제2인자가 되는 것이다. 만약 그가 이것을 원하지 않는다면, 나는 모든 힘을 다하여 그를 죽음에 처하리라는 것을 알려라. 이것이 내 조카에게 바라는 것이니, 그대들은 내가 그밖의 어떤 다른 것도 또 어떠한 화의도 맺을 생각이 없음을 알라."

아크마트는 이 말을 하고는 침묵을 지켰다. 사신들은 솔단이 말하는 것을 듣고 다시 한 번 그에게 말했다. "전하께서 말씀하신 것 이외에 다른 말씀은 들을 수 없단 말입니까?" 그러자 그는 "내 일생이 다 지나가도 그밖에는 아무것도 없을 것이다"라고 대답했다.

이것을 들은 사신들은 더 이상 머무르지 않고 그곳을 떠나서, 자기 주군이 있는 군영까지 와서 그의 천막 앞에 도착해서는 말에서 내렸다. 그리고는 그의 숙부가 한 말을 모두 아르곤에게 전달했다. 아르곤은 숙부가 전해준 말을 듣자 크게 괴로워하면서 주위에 있는 사람들이 모두 들을 수 있도록 크게 말했다.

"나의 숙부가 그렇게 부당하고 나쁜 짓을 하니, 만일 내가 그에게 복수를 해서 세상 모든 사람들이 그것에 대해 이야기할 정도가 아니된다면 나는 이 땅을 통치하지 않겠노라!" 이 말을 마친 뒤 그는 신하와 기사들에게 이렇게 말했다. "더 이상 지체는 없다. 가능한 한 빨리 가서 그 불충하고 패역한 자를 처형시키자. 내일 아침 그들을 공격하여 모두를 파괴시켜버리자!"

이에 대해서 내가 무엇을 말하겠는가? 그날 밤 내내 그들은 평원에서의 전투에 필요한 모든 것들의 채비를 마쳤다. 아크마트 솔단도 정탐꾼을 통해 아르곤이 다음 날 아침에 전투하러 오리라는 것을 알고, 자신은 물론 군사들에게도 준비를 갖추도록 하여 용맹하게 전투하라고 독려했다.

208장 | 여기서 그는 아르곤과 아크마트 사이에 벌어진 결전에 대해서 이야기한다

아침이 되자, 아르곤과 모든 병사들은 무장하고 전열을 가다듬었다. 아르곤은 전투에서 최선을 다하라고 병사들을 독려했다. 이렇게 모든 준비를 마친 그는 적진을 향해 출발했다. 아크마트 솔단도 마찬가지로 그렇게 했다. 즉 전열을 갖추고 군사를 정비시킨 뒤, 아르곤이 자기 캠프까지 오기를 기다리는 것이 아니라 스스로 군대를 이끌고 그를 맞으러 나갔다. 아크마트는 그리 멀리 가지 않아서 아르곤과 그의 군대를 만나게 되었다. 양측 군대가 서로 마주보며 대치하게 되었을 때, 서로 빨리 전투를 하고 싶어했으므로 지체없이 서로를 향한 공격을 시작했다.[14]

화살을 시위에 매기고는 여기저기 쏘아대니 마치 비가 오듯 하늘은 화살로 뒤덮여버렸다. 그들은 잔인하고 끔찍한 전투를 시작했다. 기병들은 쓰러져 땅바닥에 뒹굴었고, 땅에 쓰러져 죽어가는 사람들의 고함과 통곡 소리가 들려왔다. 화살을 모두 써버리자 이번에는 칼과 몽둥이를 손에 들고 상대방을 향해 격렬하게 달려들어 날카로운 칼로 사정없이 베어버렸다. 그러자 손과 팔과 어깨와 머리가 잘려나갔다. 고함과 소음이 어찌나 시끄러운지 신이 천둥을 쳐도 듣지 못할 정도였다. 이 전투는 서로에게 가장 나쁜 시각에 시작되었는지, 그곳에서 수많은 노련한 전사들이 죽었고 그로 인해 많은 여인들이 눈물을 흘리며 영원히 통곡하게 되었다. 내

---

14) 1284년 5월 4일 이란의 카즈빈 남쪽에 위치한 악크 호자(Aq Khwaja)라는 곳에서 테구데르(즉 아흐마드)의 전위대(약 1만 5,000명)와 아르군의 군대 사이에 전투가 벌어졌다. 전투에서 아르군이 우세했지만 그는 군대를 돌려 동쪽으로 철수했다가 7월 11일에 칼라트(Kalat)라는 곳에서 테구데르에게 투항했다. 테구데르는 알리낙(Alinaq)에게 아르군을 감시하도록 맡기고 자신은 본영으로 돌아갔다. 그러나 부카(Buqa)를 비롯한 테구데르의 부장들이 아르군을 지지하여 알리낙을 살해하고 반란을 일으키자, 테구데르는 오히려 쫓기는 몸이 되었고 7월 26일에는 포로가 되어 아르군에게 넘겨져 처형되고 말았다. *The Cambridge History of Iran*, vol.5, pp. 364~365 참조. 폴로의 설명은 이러한 역사적 사실과 대체로 부합하고 있다.

가 무엇 때문에 이야기를 장황하게 하겠는가? 아르곤은 그날 잘 싸웠고 대단한 용기를 보여주었다. 그는 휘하 군사들 모두에게 좋은 본보기를 보였다.

그러나 그 모든 것도 아무 소용이 없었다. 행운이 그를 따르지 않았기 때문에 그에게 패배가 돌아가고 말았다. 더 이상 견디지 못하게 된 그의 군사들은 뒤로 돌아 도망치기 시작했고 가능한 한 빨리 도망쳤다. 아크마트와 그의 군대는 그들을 추격하여 수많은 사람들을 죽였고 큰 피해를 입혔다. 여러분에게 말하지만 그 추격에서 아르곤 자신이 붙잡히고 말았다. 그들은 아르곤을 체포하자 더 이상 추격하지 않고 군영으로 돌아가서 매우 즐거워했다. 아크마트는 자기 조카를 쇠사슬로 묶고 잘 감시하도록 했다.

아크마트는 쾌락에 잘 빠지는 사람이었기 때문에, 궁전으로 돌아가 그곳에 있는 어여쁜 여자들과 즐기겠다고 생각했다. 그는 대(大)멜릭을 군사령관으로 남겨두어 그로 하여금 아르곤을 감시하도록 했다. 그리고 그에게 지시하기를 마치 자기 자신의 몸을 살피듯 그를 주의깊게 감시하라고 말했고, 또 군사들을 보호하기 위해 곧 궁정으로 귀환시키라고 했다. 멜릭은 그의 명령을 충실히 준수하겠노라고 대답했다. 이어 아크마트는 많은 일행을 데리고 궁전으로 돌아가는 귀로에 올랐다. 이렇게 아크마트가 군대를 떠나면서 내가 지금 말한 멜릭에게 군대를 지휘하도록 했으며, 아르곤은 포로가 되어 쇠사슬에 묶인 채 죽고 싶을 정도로 슬픈 신세가 되어버린 것이다.

209장 | 포로가 된 아르곤이 어떻게 풀려났는가

그런데 나이가 매우 많고 지위가 높은 타타르 신하 하나가 아르곤에 대해서 동정심을 갖게 되었고, 자신들의 주군을 포로로 잡아두는 것이 대단한 악행이자 불충이 아닌가 하는 생각을 하게 되었다. 그래서 무슨 수를 써서든지 그를 풀어주어야겠다고 마음먹었다. 그 신하는 지체하지 않고 즉시 다른 신하들을 찾아가서 그들에게 주군을 포로로 잡고 있는 것이 얼마나 사악한 짓인가, 또 만약 그를 풀어주고 도리에 합당하게 군주로 모신다면 얼마나 좋은 일이겠는가 하고 이야기했다. 이 말을 들은 신하들은 그가 그곳에 있던 여러 사람 가운데 가장 지혜로운 사람이고 진실을 말하고 있다는 사실을 알고 있었기 때문에, 모두 그에게 동의하면서 기꺼이 그의 말대로 하겠다고 대답했다. 신하들이 이렇게 동의하자 보가(Boga)[15]—이 모든 제안을 내놓은 사람—및 그와 함께 있던 엘치다이(Elcidai), 토간(Togan), 테가나(Tegana), 타가차르(Tagaciar),[16] 울라타이(Oulatai), 사마가르(Samagar)[17] 등은 모두 아르곤이 포로로 묶여 있는 텐트로 갔다. 그곳에 이르자, 가장 연장자이자 이 거사의 주역인 보가가 먼저 다음과 같이 말했다.

"아르곤 전하! 우리가 전하를 붙잡아두는 것이 큰 잘못이라는 것을 저희들은 압니다. 그래서 우리는 정의의 편으로 되돌아가서 전하를 풀어드렸으면 합니다. 그래서 전하가 마땅히 그래야 하듯이 저희들의 주군이 되어주십시오." 보가는 이 말을 마치고 침묵했다.

210장 | 아르곤이 어떻게 풀려났는가(아르곤이 어떻게 권력을 장악했는가)[18]

아르곤은 보가의 말을 듣고 분명히 자신을 놀리는 것이라고 생각하고는 다음과 같이 신랄한 어조로 대답했다.

"여러분! 여러분이 나를 조롱하는 것은 커다란 죄악이오. 여러분은 나를

---

15) F에는 boga 이외에 baga라는 표기도 보인다.

16) F(tagatiar). tagaciar로 복원.

17) '보가'는 잘라이르부 출신의 부카(Buqa), '엘치다이'는 엘치데이(Elchidei), '토간'은 토간(Toghan), '테가나'는 잘라이르부 출신의 테게네(Tegene), '타가차르'는 순니트부 출신의 타가차르(Taghachar), '울라타이'는 원조에 사신으로 갔다가 폴로와 함께 일 칸국으로 귀환한 울라타이(Ulatai), '사마가르'는 타이치우트 출신의 '사마가르'(Samaghar)를 각각 가리키는 것으로 보인다.

18) 사본에는 다음 장의 제목이 여기에 들어가 있고, 214장이 될 때까지 모두 잘못된 제목이 붙어 있다. 올바른 제목을 먼저 제시하고, 원문에 있는 잘못된 것은 괄호 안에 넣었다.

마땅히 주군으로 받들어야 함에도 불구하고 나를 붙잡아 쇠사슬로 묶는 큰 잘못을 저지른 것에 대해 매우 만족하고 있음이 분명하오. 여러분은 얼마나 큰 죄를 짓고 잘못을 범하고 있는지 알아야 할 것이오. 그러니 여러분은 각자 자기 할 일을 하고 나를 조롱하지 말아주시오."

이 말에 보가는 "아르곤 전하! 우리는 정말로 전하를 놀리는 것이 아니며, 진심으로 말한다는 것을 우리의 법률에 두고 전하에게 맹세합니다"라고 말했다. 이어 모든 신하들이 그를 주군으로 받들 것임을 맹세했다. 아르곤도 자신이 그들의 행동, 즉 자신을 포로로 붙잡은 것에 대해 보복하지 않을 것과 자신의 부친인 아바가가 그랬던 것처럼 그들을 매우 소중하게 여기겠다는 맹세를 했다.

이들의 맹세가 여러분이 들은 그런 식으로 이루어지자, 아르곤은 사슬에서 풀려나 그들의 군주로 추대되었다. 아르곤은 이렇게 말했다. "나를 포로로 잡고 이 군대를 지휘하고 있는 멜릭의 천막에 활을 쏴서 그를 죽이도록 하라!" 이 말이 끝나자마자 지체없이 모두 수많은 화살을 그 천막으로 쏘았고 멜릭은 죽고 말았다. 이 일을 마친 뒤 아르곤은 통치권을 장악하고 자신이 군주가 되겠노라고 선언했으며, 모두가 그 말에 복종했다. 여러분에게 말했듯이 살해당한 그 멜릭은 솔단(Soldan)이라는 이름을 갖고 있었는데, 그는 아크마트 다음으로 강력한 영주였다. 이렇게 해서 아르곤은 통치권을 회복하게 된 것이다.[19]

211장 | 아르곤이 어떻게 권력을 장악했는가 (아르곤이 어떻게 숙부 아크마트를 죽였는가)

아르곤은 자신이 진실로 모든 사람의 군주가 되었다는 것을 확인하자 궁

---

19) '대멜릭'은 테구데르가 아르군의 감시를 위임한 알리낙을 가리키는 것으로 보이나, 그가 '술탄'(= '솔단')이라는 칭호를 취했다는 기록은 없다.

정을 향해 출발할 것을 명령했다. 그들은 지체없이 즉각 궁정으로 돌아가는 귀환길에 올랐다. 하루는 아크마트가 제일 큰 궁전 안에서 연회를 벌이고 있을 때, 전령이 그에게 다가와 이렇게 보고했다.

"전하! 즐겁지 않은 소식, 아니 실은 매우 나쁜 소식을 가져왔습니다. 신하들이 아르곤을 풀어주고 그를 군주로 삼은 뒤 전하의 귀한 벗인 솔단을 죽였습니다. 그들은 전하를 잡아서 죽이기 위해 지금 이곳으로 오고 있습니다. 전하께서는 최상의 방법을 택해서 처리하십시오." 그 전령은 이렇게 말하고는 침묵을 지켰다.

아크마트는 그 사람이 신임할 만한 사람이었기 때문에 그의 말을 듣고는 매우 당황하여 무엇을 어떻게 해야 할지 모른 채 큰 두려움에 빠졌다. 그러나 그는 용기를 지닌 사람답게 당당하게 말했는데, 그 소식을 갖고 온 사람에게는 어떤 누구에게도 성급하게 그 소식을 발설하지 말라고 명령했다. 아크마트는 자기가 가장 신임하던 사람들을 데리고 즉시 말에 올라 바빌로니아의 술탄이 있는 곳을 향해 출발했다. 그는 거기에서 자기 목숨을 건질 수 있으리라 생각했다. 그와 함께 있던 사람을 빼놓고는 아무도 그가 어디로 갔는지 몰랐다.

그가 길을 떠나 엿새 거리를 갔을 때 한 협로에 도착했는데, 그곳이 아니면 다른 곳으로는 갈 수 없는 그런 지점이었다. 협로를 지키던 사람은 그 사람이 바로 아크마트라는 것과 그가 도망치고 있다는 것을 눈치챘다. 그 사람은 아크마트를 체포해야겠다고 생각했는데, 그것은 그가 다른 사람들을 데리고 있지 않았기 때문이다. 그래서 협로를 지키고 있던 사람은 즉시 행동을 취했다. 아크마트는 자신을 풀어달라고 하며 자비를 호소했고 그에게 많은 재물을 주겠다고 제안하기도 했다. 그러나 아르곤을 무척이나 존경했던 그 사람에게는 이 모든 이야기가 아무 소용이 없었는데, 자신의 진정한 주군인 아르곤에게 아크마트를 넘겨주지 않고 재물을 챙긴다는 것은 상상조차 할 수 없는 일이었다.[20]

내가 이에 대해서 무엇을 이야기하겠는가? 협로를 지키던 그 사람은 아크마트를 잡아서 지체없이 많은 호위대를 데리고 궁정을 향해서 출발했다. 그는 아크마트가 도망치지 못하도록 철저하게 감시하며 아크마트를 호송했고, 그들은 쉬지 않고 줄곧 행진해서 아르곤이 있는 궁전에 도착했다. 불과 사흘 전에 그곳에 도착했던 아르곤은 아크마트가 도망친 것을 알고는 매우 분노하고 있었다.

212장 | 아르곤이 어떻게 숙부 아크마트를 죽였는가(신하들이 어떻게 아르곤에게 충성을 서약했는가)

험로를 지키던 경비관이 아크마트를 그에게 데리고 오자, 그는 더할 수 없이 기뻐하면서 합리적으로 마땅한 방식에 따라 처리하겠노라고 말했다. 그리고는 자신의 면전에서 아크마트를 끌고 나가라고 한 뒤, 다른 어느 누구와도 상의하지 않고 그를 처형시켜버리라고 명령했다. 아르곤의 명령을 받은 사람은 아크마트를 끌고 누구의 눈에도 띄지 않는 곳으로 갔다. 그 사람은 아크마트를 죽이고 그 시체를 누구의 눈에도 띄지 않는 곳에 던져버렸다. 아르곤과 그의 숙부 아크마트 사이에 벌어진 일은 여러분이 들은 그대로이다.

213장 | 신하들이 어떻게 아르곤에게 충성을 서약했는가(아르곤 사후 키아카투가 어떻게 권력을 장악했는가)

아르곤이 이런 일을 모두 마치고 제일 궁전에 머물며 권력을 장악하게 되자, 그의 아버지인 아바가에게 복속하던 모든 신하들이 각지로부터 와서 군주에게 드려야 마땅한 충성을 서약하고 그에게 복종했다. 아르곤은 권력을 장악한 뒤 자기 아들인 카찬에게 3만 명의 기병을 주어 '외로운 나

---

20) 실제로 테구데르를 체포한 것은 부카가 보낸 카라우나스(Qaraunas)인들이었다.

무'라는 지방으로 보내 그의 영토와 백성을 보호하고 구원하도록 했다.
아르곤은 여러분이 들은 대로 그렇게 권력을 되찾았다. 아르곤이 정권을
잡은 것은 예수 그리스도가 강림한 지 1286년 되던 해였다.[21] 아크마트
솔단은 2년간 재위에 있었고, 아르곤은 6년간 통치했다. 6년이 지난 뒤
아르곤은 병으로 사망했는데, 실은 음주로 인해 죽었다고 말하기도 한다.

214장 | 아르곤 사후 키아카투가 어떻게 권력을 장악했는가

아르곤이 죽은 직후 그의 부친 아바가의 친동생이자 아르곤의 숙부였던
키아카투[22]라는 인물이 정권을 장악했다. 그가 그렇게 할 수 있었던 것은
카찬이 아주 멀리 '외로운 나무'에 주둔해 있었기 때문이다. 그러나 카찬
은 아버지가 죽었다는 사실과 키아카투가 정권을 잡았다는 사실을 알게
되었다. 그는 아버지의 사망소식에도 괴로워했지만 숙부가 아버지의 권력
을 빼앗아가버렸다는 소식에 더 괴로워했다. 그는 적에 대한 두려움 때문
에 그곳을 떠날 수 없었다. 그러나 그는 적절한 때가 오면 자기 아버지가
아크마트에게 복수했던 것처럼 자기도 그런 조치를 취하겠노라고 말했다.

이에 대해서 내가 무엇을 말하겠는가? 키아카투가 정권을 잡자 카찬과
함께 있던 사람들을 빼놓고는 모두 그에게 복속했다. 그는 자기 조카인
아르곤의 부인을 아내로 삼았다. 또한 그는 쾌락을 매우 즐기는 인물이었
으므로 여자들과의 환락에 탐닉해 있었다. 내가 무엇을 말하겠는가? 키
아카투는 2년 동안 권력을 누렸고 그 2년이 끝난 뒤 죽었는데, 그는 독살
된 것이었다.[23]

---

21) 1284년이 정확하다.
22) 일 칸국의 5대 군주인 게이하투(Geikhatu)는 아르군의 숙부가 아니라 동생이었다.
23) 폴로의 주장대로 게이하투의 무절제하고 방탕한 생활에 대해서는 여러 자료들이 일치하고 있
　　으나, 그는 독살된 것이 아니라 교살되었다.

215장 | 바이두가 키아카투 사후에 어떻게 권력을 장악했는가

키아카투가 죽자 그의 숙부이며 기독교도였던 바이두(Baidu)[24]가 정권을 장악했으니, 그리스도가 강림하신 지 1294년 되던 해의 일이었다. 카찬은 키아카투가 어떻게 사망했고 바이두가 어떻게 정권을 장악했는가를 알게 되었지만 복수를 할 수 없는 처지였기 때문에 몹시 분개했다. 그러나 그는 온 세상이 이야기하게끔 바이두에게 복수하리라 생각했다. 그래서 그는 더 이상 그곳에 머물러 있지 않고 바이두에게로 가서 그를 처형시켜버리겠다고 다짐했다.

그는 모든 병사들을 준비시키고 권력을 잡기 위해 귀환길에 올랐다. 카찬이 온다는 소식을 들은 바이두는 많은 수의 군사를 모아서 준비를 시킨 뒤 그와 맞서기 위해 거의 열흘 거리를 행군했다. 그곳에 군영을 치고 카찬과 그의 군대가 오기를 기다리는 동안 자기 군사들에게는 최선을 다하라고 격려하면서 사기를 북돋웠다.

내가 이야기를 장황하게 해서 무엇하겠는가? 바이두가 그곳에 온 지 채 이틀이 지나지 않아서 카찬이 전군을 이끌고 도착했다. 그가 도착한 바로 그날 매우 잔혹하고 치열한 전투가 시작되었다. 그러나 그런 노력에도 불구하고 바이두는 카찬에게 대항할 수 없었다. 특히 전투가 시작된 뒤 바이두와 함께 있던 많은 사람들이 카찬 편으로 돌아서 바이두측에 대항해서 싸우기 시작했다. 이런 까닭으로 바이두는 패배했고 그 역시 거기서 살해되었다.

카찬은 전투에서 승리를 거두고 모든 사람들의 군주가 되었다. 전투에서 승리를 거두고 바이두를 죽인 그는 궁정으로 돌아가서 정권을 장악했고, 모든 신하들은 그에게 맹세를 하고 자기들의 주군으로 받들었다. 카

---

24) Z(baydu). 바이두는 게이하투의 숙부가 아니라 사촌형제로, 그의 즉위는 1294년이 아니라 1295년이었다.

찬이 정권을 잡아 다스리기 시작한 것은 그리스도가 강림하신 지 1294년 되던 해였다.[25]

이상에서 여러분은 아바가에서 카찬에 이르는 동안에 벌어진 모든 일들에 대해서 들었다. 또한 여러분은 대카안 쿠블라이의 동생이자 바우닥을 정복한 울라우가 내가 위에서 거명했던 이들 모두의 조상이라는 사실을 알아야 할 것이다. 왜냐하면 그는 아바가의 아버지이고, 아바가는 아르곤의 아버지이며, 아르곤은 현재 통치하고 있는 카찬의 아버지이기 때문이다.

이제까지 여러분에게 동방의 타타르에 대한 이야기를 했으니, 이 정도에서 그만 하고 대투르키아로 다시 돌아가보도록 하자. 그런데 위에서 이미 카이두가 왕으로 있는 대투르키아에 대한 모든 사실들을 이야기했으므로, 더 이상 설명할 것이 없다. 따라서 그곳을 떠나 북쪽의 지방들과 그곳에 사는 사람들에 대해서 이야기해보도록 하자.

216장 | 여기서 그는 북방에 있는 콘치(Conci)[26] 왕에 대해서 이야기한다

북방에는 콘치라고 불리는 왕이 살고 있다. 그는 타타르이고 그의 백성도 모두 타타르인데, 그들은 매우 야만적인 타타르 법규를 충실히 지키고 있다. 그들은 칭기스칸이나 다른 순수한 타타르들이 그랬던 것처럼 여전히 그것을 지키고 있는 것이다. 여러분에게 그것에 대해서 이야기를 해주겠다.

그들은 펠트로 신상(神像)을 하나 만드는데 그 신을 나티가이[27]라고 부

---

25) 가잔 칸이 바이두를 처형하고 정권을 장악한 것은 1295년 10월 4일이었다.
26) 그의 본명은 코니치(Qonichi : '양치기'라는 뜻)로서 조치의 長子 오르다의 長子 사르탁타이의 長子이다. 그는 조부인 오르다의 울루스를 지배했으며, 그 영역은 시르다리야 북방의 남부 카자흐스탄 초원지역이었다.
27) 70장의 주석을 참조하시오.

르고 또 그의 아내도 만들어준다. 그들은 이 두 신, 즉 나티가이와 그의 부인이 대지의 신들로 가축과 곡식과 지상의 모든 물자를 보호해주고 있다고 말한다. 그들은 이 둘을 숭배하기 때문에 좋은 음식을 먹을 때에는 그 음식을 이 신들의 입에 발라준다. 그들은 정말로 동물과 같은 생활을 한다.

그는 누구에게도 예속되지 않지만, 칭기스칸의 후손, 즉 황족의 후예이며 대카안과 가까운 일족이라는 것은 사실이다. 이 왕은 도시도 촌락도 갖지 않으며 언제나 광활한 평원과 계곡과 산지에서 생활한다. 그들은 가축과 젖을 주식으로 삼으며 어떤 곡식도 먹지 않는다. 그 휘하 백성의 숫자는 매우 많으나 누구와도 전쟁을 하지 않고 백성을 평화롭게 다스리고 있다.

그들은 무수한 가축들, 즉 낙타·말·소·양과 다른 동물들을 기르고 있다. 거대한 백곰이 살고 있는데 그것은 키가 20뼘 이상이나 된다. 여우는 모두 검은색이며 덩치가 크고, 야생나귀도 있다. 담비가 굉장히 많은데 앞에서도 설명했듯이 바로 이 동물에서 값비싼 모피를 구한다. 남자용 모피코트 하나에 1,000베잔트를 호가한다. 다람쥐도 많다. 파라오 쥐도 매우 많은데 그것은 매우 크기 때문에 주민들은 여름 내내 그것을 잡아먹고 산다. 그들이 황야에 살고 외진 지역에 살고 있기 때문에 그곳에는 야생짐승이 풍부하다.

또한 이 왕의 지배하에 있는 지역 가운데에는 말조차 들어갈 수 없을 정도로 호수와 샘이 많은 곳이 있다. 도처에 얼음과 늪과 진창이 있어 그곳에는 말이 도저히 들어갈 수 없다. 이처럼 열악한 지역이 13일 거리나 계속되는데, 사신들이 지나갈 때 묵을 수 있는 역참이 하루 거리마다 있다. 각각의 역참에는 거의 40마리의 커다란 개들이 있는데, 나귀보다 결코 작지 않을 정도이다. 이 개들은 사신을 한 역참에서 다음 역참까지, 즉 하루 거리를 수송해주는데 어떤 식으로 하는지 여러분에게 이야기해주겠다. 그 여행 기간 내내 말들은 얼음과 진창으로 도저히 가지 못한다. 열사

개가 끄는 썰매

흘간의 여정은 두 개의 산 사이에 있는 커다란 계곡을 통과하는 길인데, 그곳은 내가 말했듯이 모두 얼음과 진창으로 되어 있고, 바로 그런 까닭으로 말들이 가지 못하는 것이다.

또한 바퀴가 달린 수레도 들어갈 수 없기 때문에 썰매를 사용한다. 이것은 바퀴가 달린 것이 아니며, 얼음이든 진흙이든 늪이든 불문하고 거기에 처박혀 빠지지 않고 그 위를 미끄러지도록 만들어져 있다. 이 같은 썰매는 우리 고장에도 매우 많다. 즉 비가 많이 와서 진창이 되는 겨울에 건초나 짚을 운반할 때 우리가 쓰는 바로 그런 것이다. 이런 썰매에 곰가죽을 덮은 뒤 그 위에 사신을 태우고, 내가 앞에서 말한 그 커다란 개 여섯 마리가 끌고 가도록 한다. 이 개들은 이끌어주는 사람이 없어도 곧바로 다음 역참까지 달려가며 눈이나 진창 위에서도 썰매를 아주 잘 끌고 간다. 그들은 이런 방식으로 다음 역참까지 가는 것이다. 때로는 역참을 지키는 사람이 개들이 끄는 썰매에 동승해서 가장 빠른 직선길로 사신들을 인도하기도 한다. 그들이 다음 역참에 도착하면 그곳에도 역시 그들을 앞쪽으로 수송시켜줄 개와 썰매가 대기하고 있다. 그리고 그들을 데리고 온 개들은 되돌아간다. 이렇게 해서 모든 여정은 개들에 의해 이루

어진다.[28]

그 열사흘 거리나 되는 계곡과 산지에 사는 사람들은 뛰어난 사냥꾼으로서 값이 매우 비싸고 체구가 작은 동물들을 포획하여 그것으로 막대한 수입을 올린다. 즉 담비, 흰 담비, 다람쥐, 에르콜린(ercolin),[29] 검은 여우, 그리고 이밖의 진귀하고 값비싼 모피를 내는 귀한 동물들을 많이 잡는다. 그들은 동물들이 꼼짝 못하도록 덫을 놓는다. 그들의 집은 모두 지하에 있는데, 그곳이 너무 춥기 때문에 항상 지하에 사는 것이다. 이밖에는 더 언급할 것이 없으므로, 이제 이곳을 떠나 항상 어둠이 덮인 지역에 대해서 말해주겠다.

217장 | 여기서 그는 암흑의 지방[30]에 대해서 이야기한다

이 왕국에서 더 북쪽으로 가면 '암흑'(Darkness)이라 불리는 지방에 이르게 된다. 왜냐하면 그곳은 항상 어둠에 싸여 있고 태양도 달도 별도 보이지 않으며, 항상 초저녁과 같은 어둠으로 덮여 있기 때문이다. 주민들은 지배자를 갖지 않고 짐승처럼 살고 있다. 그들은 다른 사람들에게 예속되어 있지 않다. 그러나 타타르들이 가끔 그들이 있는 곳으로 들어오는데, 다음과 같은 방식으로 온다.

타타르들은 망아지가 딸린 암말을 데리고 그곳으로 가서, 망아지를 그 입구에 놓아두고 들어간다. 그 이유는 암말이 사람보다 길을 더 잘 찾아서 자기 새끼가 있는 곳으로 되돌아가기 때문이다. 타타르들은 이런 식으로 암말을 타고 와서는, 망아지를 밖에다 놓아두고 주민들이 갖고 있는 모든 것들을 약탈한다. 타타르들이 약탈을 다 마치고 나면, 암말들은 망

---

28) 몽골제국의 역참 가운데 소위 '狗站'이라 불리는 것으로, 폴로의 설명은 다른 어떤 자료에도 보이지 않는 매우 귀중한 것이다.
29) F(ercolin, erculin), R(arcolini), Z(ercolini, erculini). 담비의 일종.
30) 시베리아 지방을 가리킨다.

아지가 있는 곳으로 돌아가는데 길을 아주 잘 찾아간다.[31]

　이곳 주민들은 매우 진귀한 모피를 굉장히 많이 갖고 있다. 내가 말했듯이 매우 값비싼 담비털을 갖고 있고, 이외에도 흰 담비, 에르콜린, 다람쥐, 검은 여우 등이 많다. 그들은 이러한 모피 동물을 포획하는 사냥꾼들로서 놀라울 정도로 많이 수집한다. 그들과 접경하고 있는 사람들, 즉 광명의 지방에 사는 사람들은 그들에게서 이러한 모피를 사들인다. 그들은 그런 것을 광명의 주민들에게 갖고 가서 판매한다. 또한 그들로부터 이런 모피를 사들이는 상인은 그것으로 막대한 수입을 올린다. 여러분에게 말하지만 주민들은 체구가 크고 사지가 늘씬하지만, 피부는 창백하고 아무런 색깔이 없다. 바로 이 지방의 한쪽으로 대러시아(Great Rosie)가 접경하고 있다. 이제 이곳에 대해서는 더 이상 언급할 것이 없으므로 더 앞으로 나아가서, 먼저 러시아 지방에 대해서 말해보도록 하자.

218장 | 여기서 그는 러시아 지방과 그 주민들에 대해서 이야기한다

러시아는 북쪽에 있는 매우 큰 지방이다. 주민은 기독교도이며 그리스정교를 믿는다. 왕이 여러 명 있고 고유한 언어를 사용한다. 사람들은 매우 단순하지만 남자나 여자나 모두 피부가 희고 금발로 아주 잘생겼다. 그곳에는 거칠고 접근하기 힘든 험로들이 많다. 그들은 아무에게도 조공을 바치지 않으나, 다만 톡타이(Toctai)라는 이름을 가진 타타르, 즉 서방의 왕에게는 약간의 조공을 바치고 있다. 그러나 그에게 조공을 많이 바치는 것은 아니다.

---

31) 암말과 망아지의 이야기는 『黑韃史略』에 나오는 어미낙타와 새끼낙타의 이야기를 연상시킨다. 즉 몽골인들은 왕족이 죽으면 초원에 묻은 뒤 남들이 그것을 찾아 훼손하지 못하도록 그 위로 말들을 달리게 하여 다른 땅과 구별되지 않도록 한다. 그러나 시간이 지나면 매장한 사람들조차 그 지점을 찾을 수 없기 때문에, 매장할 때에는 미리 어미낙타와 새끼낙타를 같이 데리고 가서 매장지에서 새끼낙타를 죽이면 아무리 세월이 흘러도 어미낙타는 그 지점을 정확하게 찾아오기 때문에, 사람들은 그 지점을 다시 찾아 조상들에게 제사지낼 수 있다고 한다.

그곳은 교역이 활발하지는 않지만, 값비싼 모피가 많은 것은 사실이다. 거기에는 담비, 흰 담비, 다람쥐, 에르콜린, 여우들이 무척 많고 세상에서 가장 아름다운 모피들을 구할 수 있다. 또한 그곳에는 은광이 많아서 은이 다량으로 산출된다. 이 지방은 얼마나 큰지 바다에까지 뻗쳐 있다. 또한 그곳에 있는 섬들에는 많은 수의 송골매와 페레그린매가 서식하고 있기 때문에 그들은 그것을 잡아서 다른 지방에 팔아넘긴다. 러시아에서 노르웨이(Noroech)로 가는 길은 그리 많지 않은데, 만약 혹심한 추위만 아니라면 상당히 빨리 갈 수도 있겠지만 너무나 춥기 때문에 그곳에 쉽게 갈 수 없다.

러시아에 대해 내가 깜빡 잊어버린 이야기를 하나 해주겠다. 러시아는 세상에서 가장 추운 곳이며, 그것은 매우 견디기 어려울 정도의 추위이다. 〈그렇게 혹심한 추위는 다른 지방에서는 찾아볼 수 없다. 만약 그곳에 그렇게 많은 온실(溫室)이 없었다면 사람들은 추위로 절멸되는 운명을 피하기가 힘들었을 것이다. 마치 우리가 병원을 세우듯이 그곳의 귀족이나 권력자들은 자선행위로 온실을 많이 설치해놓았다. 따라서 모든 사람들은 필요하다면 이 온실이 있는 곳으로 달려갈 수 있다. 때로는 추위가 너무 혹심해져서 어떤 사람이 집으로 돌아가는 길에, 혹은 볼일이 있어 한 곳에서 다른 곳으로 가는 동안에 몸이 거의 얼어버리기도 한다. 온실이 그렇게 곳곳에, 약 60보 정도의 간격으로 자주 설치되어 있음에도 불구하고 다음 온실까지 가기도 전에 얼어버리는 것이다.

그래서 사람들은 한 온실에서 몸을 데운 뒤 출발해서 다른 온실이 있는 곳까지 가기 전에 얼어버리지만, 곧 다음 온실이 있는 곳으로 가서 몸을 녹인다. 몸이 녹으면 다시 출발해서 다음 온실로 가서 또 녹이고, 이런 식으로 집이나 다른 목적지에 도착할 때까지 반복하는 것이다. 그들은 언제나 뛰어다니는데, 그것은 몸이 너무 얼기 전에 다음 온실이 있는 곳까지 가기 위해서이다. 그러나 옷을 두툼하게 입지 않거나, 나이가 너무 들어서 빨리 다닐 수 없거나, 다른 사람보다 몸이 약하다거나, 혹은 집이 너무 멀거나 하는 경우에는 극심한 추위로 인해 다음 온실이 있는 곳까지 가기도 전에 쓰러져 죽어버리는 사고도 흔히 일어난다. 만약 지나가던 다른 사람이 그를 즉시 온실이 있는 곳으로 데리고 가서 옷을 벗기고 몸을 녹여주면, 신체가 회복되어 다시 생명을 되찾는 경우도 있다.

온실은 다음과 같은 모양으로 만들어져 있다. 굵은 나무 들보를 사각형 모양으로 차례로 쌓아올리되, 사이에 틈이 벌어지지 않을 정도로 단단히 붙이고 틈이 있으면 석회 반죽이나 다른 것으로 잘 막아서 비 같은 것이 새지 않도록 한다. 위의 지붕에는 창을 내어 난방을 위해 불을 지필 때 연기가 밖으로 빠져나가도록 했다. 그곳에 장작을 잔뜩 쌓아놓고 그것으로 불을 지피는데, 장작에 불이 붙어 연기가 나면 지붕의 창을 열어서 연기가 빠지게 한다. 그러다가 연기가 더 이상 나지 않으면 창을 매우 두터운 펠트로 덮는다. 타고 나면 많은 찌꺼기가 남아서 온실을 여전히 덥게 해준다. 그 아래쪽, 즉 온실 옆면에도 창이 있고 매우 두껍고 좋은 펠트로 덮여 있는데, 바람이 불지 않을 때 빛이 들어오게 하고 싶으면 그것을 열어놓는다. 그러나 빛을 받아들이고 싶은데 바람이 불면 위의 창을 연다. 사람이 드나드는 문 역시 펠트로 되어 있다. 온실은 이런 식으로 만들어져 있다. 그러나 귀족이나 부자들은 모두 개인용 온실을 소유하고 있다. 가옥들도 추위를 차단하기 위해 잘 폐쇄되어 있다.

그들이 지키고 있는 한 가지 풍습에 대해서 여러분에게 이야기해주겠다. 그들은 꿀과 수수로 세르베시아(serbesia)라는 이름의 매우 훌륭한 술을 빚는데, 이 세르베시아로 다음과 같이 거창한 술잔치를 베푼다. 여러 명의 남녀 특히 귀족과 고관들이 모이는데, 더러는 30명 혹은 40명이나 50명이 모이기도 하고 그때 남편과 아내와 아이들이 모두 참석한다. 그 무리는 자기들 가운데 한 사람을 왕이나 대표로 뽑고 규칙을 정한 뒤, 만약 누가 규칙에 어긋나는 잘못된 말이나 행동을 하면 그 대표에 의해 처벌을 받도록 한다. 그들 가운데에는 세르베시아를 판매하는 여관주인과 같은 사람이 있어 그 무리는 그 사람의 술집으로 몰려가서 하루종일 술을 마신다. 그들은 그 같은 술잔치를 스트라비자(straviza)라고 부른다. 저녁이 되면 여관주인은 그들이 마신 세르베시아의 양을 계산해서 각자 자기 자신과 아내와 아이들에게 할당된 몫을 지불하도록 한다. 그들은 이 같은 스트라비자, 즉 술잔치를 하면서 외국에서 온 상인들, 즉 가차리아(Gaçarie)[32]나 솔다니아나 다른 지방에서 온 사람들에게 자식을 저당잡히고 돈을 빌린다. 그들은 이 돈을 모두 술마시는 데 탕진해버려 자식을 팔아넘기기도 한다. 부인들은 하루종일 이렇게 술을 마시다 보면 소변을 보고 싶어도 자리를 뜰 수 없으므로, 하녀들이 커다란 해면(海綿)을 갖고 와서 다른 사람들이 눈치채지 못하게 그것을 밑에다 살짝 넣어준다. 즉 다른 사람과 이야기하는 동안 해면을 아래로 넣어주면, 그 부인은 해면을 깔고 앉은 채 소변을 보고, 그 뒤에 하녀는 흠뻑 젖은 해면을 갖고 나가는 것이다. 이런 식으로 그들은 원하면 언제든 소변을 볼 수 있다.

여러분에게 그곳에서 일어난 일 한 가지를 소개하겠다. 어떤 남자가 저녁에 부인과 함께 술잔치 자리를 떠나 집으로 가는 길이었다. 부인이 도중에 소변을 보려고 앉았는데, 날이 어찌나 추웠는지 그녀의 사타구니 털이 풀에 달라붙은 채 얼어버려서 그 부인은 움직일 수 없게 되고 말았다. 고통으로 울음을 터뜨리고 있는 아내가 측은해 보여 술에 취한 그녀의 남편이 몸을 구부리고 입김을 불기 시작했다. 자신의 따뜻한 입김으로 얼음을 녹이려고 했던 것이다. 그런데 그가 분 입김의 습기가 얼어서 그의 턱수염이 여자 사타구니 털에 달라붙어버렸다. 이렇게 해서 그 역시 너무나 아파서 꼼짝하지 못한 채 그렇게 구부린 채 있었다. 다른 사람이 와서 그

---

32) '하자리아'(Khazaria), 즉 '하자르인들의 땅'을 의미하며, 유목민인 하자르인들이 살던 러시아 남부 초원지대를 가리킨다.

얼음을 깨뜨려줄 때까지 그들은 그 자리에서 꼼짝도 할 수 없었다.

〈그들이 사용하는 큰 화폐단위는 1.5피트 길이의 금괴인데, 가격은 아마 1그로트에 5실링 정도이다.〉

이밖에는 더 이야기할 것이 없으므로, 이제 러시아를 떠나 '대해'[33]에 대해서 말해보도록 하겠다. 그 주위에 어떠한 지방이 있고 어떤 사람들이 사는지 여러분에게 분명히 이야기해주겠다. 먼저 콘스탄티노플부터 시작해보자. 그러나 그에 앞서 북쪽과 서북쪽 사이에 있는 한 지방을 설명하기로 한다. 내가 말한 그 지역에는 락(Lac)[34]이라 불리는 지방이 있으며 러시아와 접경하고 있다. 왕이 하나 있고, 주민들은 기독교도와 사라센이다. 고급 모피가 많아 상인들은 그것을 다른 여러 곳으로 운반해간다. 주민들은 교역과 수공업으로 살아간다. 그밖에는 더 설명할 것이 없으므로, 이제 다른 것에 대해서 말하도록 하겠다. 이곳을 떠나 앞서 언급한 대해를 살펴보자. 그곳을 아는 상인과 사람들이 많은 것은 사실이지만, 여전히 모르는 것이 많고 글로 옮겨야 할 것이 많아서, 이제 그런 이야기들을 하려고 한다. 우선 그 입구에 해당되는 콘스탄티노플 해협에 대한 이야기부터 시작하도록 하자.

219장 | 여기서 그는 대해의 입구에 대해서 이야기한다

대해로 들어가는 입구에는 서쪽으로 파르(Far)[35]라는 산이 하나 있다. 대양에 관한 이야기를 시작했는데 그것을 글로 옮기려고 한 것에 대해서 곧 후회하는 마음이 들었다. 왜냐하면 많은 사람들이 그것에 대해 잘 알고 있기 때

---

33) 2장에서도 나왔듯이 흑해를 가리킨다.
34) 이것을 왈라치아(Wallachia)로 보는 주장도 있으나, 코카서스 지방의 레즈기(lezghi)인들을 가리키는 것이라는 견해가 더 설득력이 있다. 레즈기인들은 Laki라고 부르기도 했으며, 무슬림 측 자료에서는 Lakzi라는 이름으로도 불렸다.
35) 콘스탄티노플의 金角灣(Golden Horn)에 위치한 파로스(Pharos)를 가리키는 것으로 보인다.

문이다. 따라서 그것은 그만두고 다른 것에 대해서 이야기하도록 하자. 여러분에게 서방의 타타르와 현재 통치하고 있는 군주들에 대해서 말해주겠다.

220장 | 여기서 그는 서방의 타타르의 군주들에 대해서 이야기한다

서방 타타르들의 최초의 군주는 사인(Sain)[36]이었는데 매우 강력하고 훌륭한 왕이었다. 이 사인 왕은 러시아, 코마니아(Comanie),[37] 알라니아(Alanie),[38] 락, 멘자르(Mengiar),[39] 칙(Çic),[40] 구티아(Gutia),[41] 가차리아 등지를 정복했다. 사인 왕은 이 모든 지방들을 정복한 것이다. 그들은 그에 의해 정복되기 전에는 모두 코만(Comain)〈족〉이었지만, 그들이 모두 연합한 것도 또 하나의 통일체를 이루고 있었던 것도 아니다. 따라서 그들은 자기 고장을 잃어버리고 여러 지역으로 쫓겨나는 신세가 된 것이다. 도망치지 않고 여전히 그곳에 남아 있던 사람들은 이 사인 왕의 노예가 되었다.

사인 왕 다음에는 바투(Batu) 왕이 다스렸고, 바투 다음에는 베르카 왕이 다스렸고, 베르카 뒤에는 몽구테무르(Mongutemur)[42] 왕이 다스렸고, 몽구테무르 다음에는 토타몽구(Totamongu)[43]가 다스렸고, 그 후에는 현재의 톡타이가 다스리게 된 것이다.

---

36) 여기서는 칭기스칸의 큰아들인 주치를 지칭한다. '사인'(sayin)은 몽골어로 '좋은, 훌륭한'을 뜻하는데, 주치보다는 그의 아들인 바투가 '사인 칸'(Sayin Qan)이라는 별명으로 더 유명하다.

37) 코만(Coman)인들의 땅이라는 뜻으로 남부 러시아를 가리킨다. 코만은 비잔티움측에서 킵착인들을 일컬어 사용하던 호칭으로, 러시아에서는 폴롭츠이(Polovtsy)로 불렸다.

38) 알란인들의 땅을 뜻하며 코카서스 북부를 가리킨다.

39) 마자르(Majar)를 나타낸 것이며, 헝가리가 아니라 코카서스 북방의 지명을 가리킨다.

40) 코카서스의 시르카시아(Circassia) 지방을 가리킨다. 이 지방은 고대 이래 Zixa, Zichi 등으로 표기되어왔으며, 투르크인들은 '체르케스'(Cherkes)라고 불렀다.

41) F(gucia), Z(gutia), 고트(Goth) 인들의 땅을 의미하며, 크리미아 지방을 지칭한다.

42) 베르케의 뒤를 이은 킵착 칸국의 군주로 치세기간은 1266~80년이다. 몽골식으로는 뭉케 테무르(MöngkeTemür)이지만, 러시아나 서방측에서는 그를 망구 티무르(Mangu Timur)라고 불렀다.

43) 뭉케 테무르의 계승자인 투다 뭉케(Tuda Möngke ; 1287~90)를 가리킨다.

　이제 여러분에게 서방 타타르들의 왕에 대해 이야기했으니, 다음에는 동방의 군주인 울라우와 서방의 군주인 베르카 사이에 벌어진 큰 전투에 대해서 이야기하고, 무엇 때문에 그 전투가 벌어졌으며 어떤 식으로 벌어 졌는지에 대해서 설명하도록 하겠다.

221장 | 여기서 그는 울라우와 베르카 사이에 벌어진 전투와 전쟁에 대해서 이야기한다

그리스도가 강림하신 지 1261년 되던 해 동방 타타르의 군주인 울라우 왕과 서방 타타르의 베르카 왕 사이에 큰 분쟁이 벌어졌는데, 그것은 양 측의 변경에 위치한 한 지방 때문이었다. 각자 자기가 그곳을 차지하려고 했고 어느 쪽도 다른쪽에게 양보하지 않으려 했으며, 모두 자신이 더 강 력하며 정당하다고 생각했다. 그들은 서로 그곳을 정복하러 갈 것이며 누 가 감히 그것을 막겠느냐면서 상대방에게 전쟁을 도발했다. 이렇게 서로 에게 전쟁을 도발하자, 그들은 각자 휘하 사람들을 모두 소집하고 보기드 문 거창한 준비에 돌입했다. 거기에다가 각자 최대한의 노력을 기울였으 니, 6개월도 채 못 되어 전쟁에 필요한 모든 장비가 잘 갖춰진 기병 30만 명 정도가 소집되었다. 모든 준비를 마치자 동방의 군주 울라우가 전군을 이끌고 출정했다. 그들은 특기할 만한 일 없이 여러 날을 행군하다가 마 침내 철문(Gates of Iron)과 사라이해(Sea of Saray) 사이에 위치한 넓은 평원에 도착했다.[44] 그곳에 수많은 화려한 장전(帳殿)과 천막이 세워졌 는데, 그것은 대단한 부호들의 캠프처럼 보였다. 그는 거기서 베르카와

---

44) 베르케 휘하의 몽골군이 코카서스를 넘어 훌레구를 공격한 것은 폴로가 말하는 것보다 한 해
　 뒤인 1262년 11~12월의 일이었다. 베르케의 군대는 데르벤드('철문') 고개를 넘어 테렉
　 (Terek)까지 진격한, 쿠라(Kura) 강가에서 훌레구의 기병들을 기습하여 큰 타격을 입혔다.
　 '사라이해'는 카스피해를 가리키며, '사라이'는 카스피해로 유입되는 볼가강 하류에 위치한 킵
　 착 칸국의 수도 이름이다.

그의 군대를 기다리기로 작정하고, 그런 상태로 적을 기다렸다. 그들이 진을 친 이곳은 바로 서로의 접경지역이었다. 그러면 우리는 울라우와 그의 군대에서 눈을 돌려 베르카와 그 군대를 살펴보도록 하자.

222장 | 베르카와 그의 군대가 어떻게 울라우를 대적하러 갔는가

베르카 왕은 모든 준비를 마치고 군대를 소집했을 때 울라우가 휘하 군사를 이끌고 출발했다는 소식을 듣게 되자 더 이상 참을 수 없었다. 그는 지체없이 원정길에 올랐고, 그의 군대도 여러 날 행군하여 적이 있는 커다란 평원에 도착하여 울라우가 있는 곳에서 10마일 되는 지점에 질서정연하게 군영을 쳤다. 이 군영 역시 울라우의 것과 마찬가지로 화려하고 아름다웠다. 누구라도 금실로 짠 천으로 만들어진 화려한 그 장전과 천막을 보았다면 그렇게 아름답고 화려한 군영은 본 적이 없다고 말할 정도였다. 또한 그는 울라우보다 훨씬 더 많은 군대를 지휘했으니, 거짓말 하나 보태지 않고 베르카는 거의 35만 명의 기병을 거느리고 있었다. 그들은 그렇게 이틀간 천막에서 휴식을 취했다. 셋째 날, 베르카는 휘하 군인들에게 다음과 같이 연설했다.

"여러분! 내가 이 땅을 지배하게 된 이래 나는 여러분을 형제요 자식처럼 사랑해왔습니다. 여러분도 이미 수많은 전투에서 나와 함께 있었고 나를 도와 광대한 지역을 정복했다는 사실을 알고 있습니다. 여러분은 내가 갖고 있는 모든 것이 곧 여러분의 것임을 알고 있습니다. 진실이 그러하다면 각자 우리의 명예를 지키기 위해 최선을 다해야 할 것입니다. 지금까지 우리는 잘 해왔지만, 지금 강력하고 또 탁월한 이 울라우라는 사람이 우리와 싸우기를 원하는데 잘못은 그쪽에 있습니다. 그가 잘못했고 우리가 정당한 것이 진실이기 때문에 우리는 각자 승리를 확신하고 그렇게 서로를 격려해야 할 것입니다. 더구나 여러분은 우리의 숫자가 더 많다는 점을 생각해도 마음을 놓아야 할 것이니, 그들의 기병은 30만 명이지만 우리는 35

만 명이고 병사들도 더 뛰어납니다. 그러니 여러분, 내가 말한 이 모든 사실들은 우리가 반드시 전투에서 승리할 것임을 입증합니다. 우리가 그렇게 먼 곳에서 오직 이 전투를 치르기 위해 왔으니, 나는 여러분이 사흘 후에 전투를 시작하여 지혜롭고 질서있게 치름으로써 보다 나은 결과를 거둘 수 있게 되기를 바랍니다. 나는 여러분 각자가 용맹을 보여서 모든 세상이 우리를 두려워할 정도가 되기를 진심으로 기원하는 바입니다. 더 이상 긴 말은 하지 않겠습니다. 다만 정해진 그날을 위해 모두 준비를 마치고, 마음을 잘 다져서 용사로서의 모습을 보이기를 기원할 뿐입니다."

베르카는 이렇게 말하고는 침묵을 지켰다. 베르카와 그의 군대가 어떻게 했는지를 살펴보았으니, 이제 그들로부터 눈을 돌려 베르카가 도착했다는 소식을 들은 울라우와 그의 군대가 어떻게 행동했는지를 알아보기로 하자.

223장 | 울라우가 자기 군사들에게 어떻게 이야기했는가

베르카가 그렇게 많은 수의 군대와 함께 도착했다는 소식을 들은 울라우는 다시 한 번 여러 명의 탁월한 지휘관들을 소집했다. 그들이 다 모이자 그는 다음과 같이 말했다.

"형제, 자식, 벗들이여! 여러분은 내가 살아오는 동안 줄곧 나를 지원했고 도왔습니다. 오늘에 이르기까지 여러분은 수많은 전투에서 내가 승리하도록 도왔고 우리가 이기지 못한 전투는 한 번도 없었습니다. 우리는 베르카라는 탁월한 사람과 싸우기 위해 이곳까지 왔습니다. 그가 우리보다 더 많은 군사를 갖고 있다는 것은 사실이지만 우리만큼 뛰어난 전사들은 아닙니다. 여러분에게 진심으로 말하지만 그들이 우리보다 두 배나 더 많은 병사를 갖고 있다 하더라도 우리는 그들을 패배시킬 수 있을 정도로 뛰어난 전사입니다. 더구나 우리가 보낸 정탐꾼들을 통해서 그들이 지금부터 사흘 후에 전투를 하러 오리라는 것을 알게 되었으니 무척 기쁜 일입니다. 왜냐하면 그동안 우리는 그날에 대비하며 서로를 격려하고, 전에도 그랬던 것처럼 잘 싸울 수 있도록 마음을 가라앉힐 수 있기 때문입니다. 여러분에게 한 가지 상기시키고 싶은 것은 달리 아무런 방법이 없다면 패배를 당하는 것보다는 차라리 명예를 지키기 위해 전쟁터에서 죽는 것이 더 값지다는 점입니다. 그러므로 우리 각자 명예를 지킬 수 있도록 그리고 적을 패배시키고 죽일 수 있도록 행동합시다."

울라우는 여기까지 말하고는 침묵을 지켰다. 여러분이 들은 이런 식으로 두 위대한 군주는 연설을 했고 앞서 말했던 전투의 그날이 오기를 기다렸다. 양측의 신하들도 최선을 다해 필요한 모든 것들에 대해 준비했다.

224장 | 여기서 그는 울라우와 베르카 사이에 벌어진 큰 전투에 대해서 이야기한다

전투를 치르기로 한 날이 되자 울라우는 아침 일찍 일어나 현명한 사람답게 모든 지혜를 짜내서 전군을 배열시켰다. 이렇게 해서 그는 30개 연대를 편성했는데, 앞에서 말했듯이 그가 30만 명의 기병을 갖고 있었기 때문에 각 연대에 기병 1만 명씩을 배치하고 각각에 유능하고 탁월한 지휘관을 임명했다. 준비를 제대로 마친 그는 군대에게 적을 향해 진군할 것을 명령했다. 그의 군대는 명령에 따라 즉시 전속력으로 달리기 시작하여 상대편 캠프까지 중간 되는 지점에 이르러 정지하고는 적이 전투하러 오기를 기다렸다.

한편 베르카 왕도 같은 날 아침에 일어나 모든 군사들을 무장시키고, 연대 단위로 배열시켰다. 그는 울라우가 1만 명의 기병을 한 연대에 배치시킨 것과 마찬가지로 35개의 연대를 편성하고 유능하고 탁월한 지휘관들을 임명했다. 베르카가 이 모든 준비를 마치자 그는 군대에게 출정명령을 내렸고, 그들은 정연하게 전속력으로 달려 적이 있는 곳에서 반 마일 되는 지점까지 왔다. 그들은 그곳에 도착한 뒤 잠시 그곳에 머물렀다. 그러고 나서 그들은 다시 출발했다.

이에 대해서 내가 무엇을 말하겠는가? 그들은 화살이 미치는 두 배 정도의 거리까지 근접해서 멈추고는 전열을 가다듬었다. 그 평원은 그 근처에서는 보기 드물 정도로 넓었으며 무수한 기병들이 서로 싸우기에 적절한 장소였다. 사실 그렇게 많은 사람이 한 장소에서 싸우는 일이 드물기 때문에 그렇게 넓은 평원이 필요하기도 했다. 여러분에게 진실로 말하지만 65만 명의 기병이 그곳에 모였고, 울라우와 베르카 두 사람은 세상에서 가장 강력한 인물이었다. 그들은 서로 친척이기도 했으니 모두 칭기스칸의 황족 출신이었다.

225장 | 다시 한 번 울라우와 베르카의 전투에 대해서 이야기한다

두 사람의 강력한 왕은 휘하 군대를 이끌고 그렇게 가까운 지점에 머무르게 되었다. 모두 전투가 시작되기를 기다리면서 북소리가 울리기를 기대하고 있는데, 과연 얼마 지나지 않아 양측에서 북소리가 울리기 시작했다. 북소리를 듣자마자 그들은 그 자리에 머물러 있지 않고 즉시 상대방을 향해서 돌진했다. 그들은 화살을 시위에 걸고는 적을 향해 활을 당겼다. 화살이 양측에서 상대편을 향해 날기 시작했고 잠깐 사이에 하늘은 화살로 뒤덮여 보이지 않을 정도였다. 그러자 수많은 사람들이 땅바닥에 쓰러졌고 말들도 마찬가지였다. 여러분은 이것을 믿어야 한다. 왜냐하면 한꺼번에 그렇게 많은 화살을 쏘았으니 그럴 수밖에 없었던 것이다.

내가 이 이야기를 장황하게 해서 무엇하겠는가? 그들은 화살통 안에 화살이 떨어질 때까지 쉬지 않고 쏘았고 땅바닥은 죽은 사람과 죽어가는 사람으로 뒤덮였다. 화살을 다 쏘자 이번에는 칼과 몽둥이를 손에 들고 적을 향해 달려가서는 타격을 가했다. 보기에도 처절할 정도로 잔인하고 악랄한 전투가 시작되었다. 팔과 손과 머리가 떨어져나갔고, 사람과 말들이 죽어서 땅에 나뒹굴었다. 이 전투가 불길한 시간에 시작되었기 때문에 얼마나 많은 사람이 죽었는지, 한 전투에서 그렇게 많은 수의 사람이 죽은 경우가 거의 없었을 정도였다. 고함과 외침소리는 너무나 커서 신이 천둥을 쳐도 듣지 못할 지경이었다. 더구나 사람의 시체를 밟지 않고는 그곳을 지나가지도 못할 정도로 땅바닥은 그들의 시체와 피로 범벅이 되어 있었다.

여러분에게 진실로 말하지만 이렇게까지 많은 사람이 죽은 전투가 벌어졌던 적은 역사에도 드물 것이다. 땅에 쓰러져 죽어가는 사람들과 스스로 몸을 추스릴 수 없게 된 사람들의 통곡과 고함소리가 어찌나 큰지 보기에도 가련할 정도였다. 이 전투는 양측 모두에게 불길한 시간에 시작되었기에, 많은 여자들이 과부가 되고 많은 아이들이 고아가 될 수밖에 없었다. 그들은 거기서 서로에게 잘되기를 바라기는커녕 서로 불구대천의 원수처럼 행동했던 것이다.

경험도 많고 전투에도 뛰어난 울라우 왕은 전투를 훌륭하게 치러, 그가 영토를 장악하고 왕관을 쓸 만한 자격이 충분함을 과시했다. 그는 스스로 무기를 들어 용맹을 입증했으며, 그가 그렇게 열심히 싸우는 모습을 본 휘하 군사들도 그로 인해 힘을 얻게 되었다. 그가 무기를 들고 싸우는 모습을 본 사람들은 친구든 적이든 모두 경악을 금치 못할 정도였다. 그는 사람이 아니라 번개와 폭풍 같았다. 울라우는 내가 설명한 그런 식으로 전투에서 싸웠던 것이다.

226장 | 베르카는 어떻게 용감하게 행동했는가

베르카 왕도 어떻게 울라우 못지않게 용맹하게 행동했는가에 대해서 이야기해주겠다. 그는 매우 훌륭하게 행동했으며 용감하게 싸웠다. 정말로 그의 용기는 온 세상이 칭찬할 만한 것이었다. 그러나 그것도 아무 소용이 없어, 그의 용맹은 아무런 성과를 거두지 못하고 말았다. 너무나 많은 군사들이 죽고 다치고 땅에 쓰러졌기 때문에 더 이상 버티기 힘들 정도가 되었다. 그리하여 땅거미가 질 때까지 전투가 계속되었지만 베르카 왕과 그의 군대는 더 이상 견디지 못하고, 결국 별 도리 없이 전쟁터에서 퇴각할 수밖에 없게 되었다.

이에 대해서 내가 무엇을 말하겠는가? 더 이상 버티기 어려웠던 그들은 아주 신속하게 말머리를 돌려 도망치기 시작했다. 울라우와 그의 군대는 적이 도주하는 것을 보자 그들을 추격하여 덮치고 죽이기 시작했다. 보기에도 처절할 정도로 큰 피해를 입혔다. 어느 정도 추격하다가 더 이상 그들을 쫓지 않고 자신들의 천막이 있는 곳으로 되돌아왔다. 그들은 갑옷을 벗고, 상처를 입은 사람들은 씻고 붕대로 감쌌다. 너무나 지쳐버렸기 때문에 모두에게는 무엇보다 휴식이 필요했다.

다음 날 아침이 되자 울라우는 같은 편이든 적이든 불문하고 시체들을 모두 불태우라고 지시했고 그의 지시는 즉각 수행되었다. 이렇게 한 뒤 울라우 왕은 전투에서 살아남은 사람들을 모두 데리고 자기 고장으로 귀환했다. 그들이 승리를 거둔 것은 사실이지만 그로 인해 또 많은 사람들이 전사하기도 했다. 물론 그보다 더 많은 수의 적군이 죽은 것은 분명하다. 전투에서 죽은 숫자가 얼마나 많은지 들어도 믿기 힘들 정도이다. 이런 식으로 전투는 끝났고 울라우 왕이 승리를 거두었다. 이제 울라우와 이 주제에 대해서는 그만 하도록 하고, 서방의 타타르들 사이에 벌어진 전투에 대해서 여러분이 분명히 이해할 수 있도록 설명해주겠다.

227장 | 어떻게 토타몽구가 서방 타타르들의 군주가 되었는가

서방에서는 몽구테무르라는 인물이 타타르들의 군주였는데, 그의 통치권은 젊은이였던 톨로부가(Tolobuga)[45]에게로 넘어왔다. 톨로부가는 노가

---

45) 몽골식 이름은 툴라 부카(Tula Buqa ; 1287~90). 그러나 폴로의 주장과는 달리 그는 자신의 사촌인 투다 뭉케를 퇴위시키고 칸위에 올랐다. 칸이 된 뒤 그는 권신 노카이와 대립하다가 1290년 노카이에게 붙잡혀 뭉케 테무르의 아들인 톡타이에게 넘겨져 처형되었다. 톡타이는 노

이(Nogai)[46]라는 이름의 또 다른 타타르 왕의 도움을 받은, 매우 강력한 힘을 지닌 토타몽구에 의해 살해되었다. 이렇게 토타몽구는 노가이의 도움으로 권력을 장악하게 되었다. 토타몽구가 통치한 지 얼마 되지 않아서 사망하자, 매우 지혜롭고 사려 깊은 톡타이가 정권을 잡고 군주로 선출되어 토타몽구의 영토를 지배하게 되었다.

한편 피살된 톨로부가의 두 아들이 장성해서 무기를 잡을 수 있게 되었는데, 그들은 지혜와 분별력을 갖추고 있었다. 톨로부가의 아들인 이 두 형제는 보기에도 당당한 일행을 데리고 길을 떠나 톡타이의 궁정으로 갔다. 그곳에 도착한 그들은 매우 지혜롭게 행동했다. 두 형제가 무릎을 꿇자, 톡타이는 그들에게 환영의 뜻을 표하고 일어나라고 말했다. 두 형제가 일어나자, 그 중 형이 이렇게 말했다.

"톡타이 전하! 제가 무슨 까닭으로 전하께 왔는지에 대해서 말씀드리겠습니다. 전하도 아시다시피 우리는 토타몽구와 노가이가 살해한 톨로부가의 자식들입니다. 토타몽구는 이미 죽었으니 더 이상 이야기하지 않겠습니다. 그러나 노가이에 대해서 우리는 복수를 주장합니다. 전하께서는 공정한 군주이시니 저희 아버지를 살해한 그를 처벌해주시기를 기원합니다. 그래서 저희는 전하께서 그를 불러들여 저희 아버지의 죽음에 대한 심판을 내리시기를 바라는 바입니다. 바로 이것이 우리가 전하의 궁정을 찾아온 이유이며, 전하께 우리가 희망하는 바입니다." 그러고 나서 그 젊은이는 침묵하고 더 이상 말하지 않았다.

카이의 지원으로 칸이 되었지만, 곧 그와 다시 충돌하여 1297년 돈강 부근의 전투에서 패배했다. 그러나 1299년 드네프르 하반에서 벌어진 두 번째 전투에서 톡타이는 노카이를 꺾고 그를 처형시켜버렸다. 그루쎄, 『유라시아 유목제국사』, pp. 564~566 참조.

46) 주치의 일족으로 킵착 칸국의 권신인 노카이(Noqai)를 가리킨다.

228장 | 톡타이가 톨로부가의 죽음을 밝히기 위해 어떻게 노가이를 소환했는가

톡타이는 그들이 말하는 것을 듣자 그것이 진실임을 알았다. 그래서 이렇게 말했다. "벗이여! 노가이에 대해서 심판을 내려달라는 너의 요구를 기꺼이 들어주겠노라. 나는 그를 궁정으로 소환하여 정의대로 처리하겠노라." 그러고 나서 톡타이는 노가이에게로 두 명의 사자를 보내, 그가 톨로부가의 부친을 살해했으므로 궁정으로 와서 그의 자식들에게 해명하라고 명령했다. 사신들이 노가이에게 이 소식을 전하자, 그는 그것을 조롱하며 사신들에게 자신은 전혀 갈 생각이 없다고 말했다. 노가이의 대답을 들은 사신들은 길을 떠나 주군의 궁정이 있는 곳으로 돌아와, 절대로 오지 않겠다고 한 노가이의 말을 전해주었다.

노가이가 한 말을 들은 톡타이는 모욕을 참지 못하고 주위에 있는 사람들에게 다 들리도록 크게 이렇게 말했다. "신께서 나를 도우시면, 노가이가 내 앞으로 와서 톨로부가의 자식들에게 진실을 밝히든지, 아니면 내가 전군을 이끌고 그에게로 가서 그를 파멸시키겠노라!" 그러고 나서 그는 지체없이 두 명의 사신을 보내서 다음과 같은 전갈을 알려주도록 했다.

229장 | 톡타이는 어떻게 노가이에게 사신을 보냈는가

톡타이로부터 임무를 부여받은 두 명의 사신은 길을 떠나 노가이의 궁정으로 갔다. 그들은 그에게 가서 공손하게 절을 했다. 노가이가 그들에게 환영한다고 말하자, 사신들 가운데 한 사람이 다음과 같이 말했다.

"전하! 톡타이께서 전하께 말씀하시기를, 만일 전하가 톨로부가의 자식들에게 해명하기 위해 자신의 궁정으로 오지 않는다면, 그가 군대를 이끌고 직접 와서 재산과 인명에 피해를 가할 것이라고 했습니다. 그러므로 전하께서는 이 문제에 대해서 어떻게 하실지 숙고하신 뒤 저희에게 전갈의 말씀을 해주십시오."

톡타이가 전해온 말을 들은 노가이는 그를 매우 경멸하면서 사신들에게 다음과 같이 말했다. "사신들이여! 그대의 주군에게 돌아가 나를 대신하여 말하라. 나는 전쟁을 조금도 두려워하지 않는다고. 그리고 만일 그가 나를 칠 생각이라면 나는 그가 내 땅에 들어올 때까지 결코 기다리지 않을 것이며, 그와 싸우기 위해 중간지점까지 내가 가겠노라고 전하라. 이것이 내가 그대의 주군에게 전하는 말이며 대답이다." 그리고 그는 침묵하며 더 이상 말하지 않았다.

노가이의 대답을 들은 사신들은 더 이상 그곳에 머물지 않고 즉시 출발해서 말을 타고 자기 주군이 있는 곳으로 왔다. 그리고는 노가이가 전하는 말을 해주었고, 그가 전쟁에 개의치 않고 있으며 오히려 중간지점까지 나와서 맞싸우겠다는 말을 전해주었다. 톡타이는 이 말을 듣자 더이상 전쟁을 피할 길이 없음을 깨닫고, 지체없이 사신들을 자신이 지배하고 있는 전국 각지로 보내 모두에게 노가이 왕을 공격할 채비를 하라고 지시했다.

이것에 대해서 내가 무엇을 말하겠는가? 그는 대대적인 준비를 했다. 노가이 역시 톡타이가 엄청난 대군을 이끌고 자신을 치러 오리라는 것을 분명히 알고, 톡타이와 마찬가지로 대대적인 준비를 했다. 그러나 그는 톡타이만큼의 군대나 세력을 갖지는 못했기 때문에 그만한 규모는 아니었다. 그러나 어쨌든 그 역시 매우 강했던 것은 분명하다.

230장 | 톡타이는 어떻게 노가이를 치러 갔는가

톡타이 왕이 모든 준비를 마치고 군대와 함께 출정했다. 그는 20만 명이나 되는 기병을 이끌고 갔다. 그들은 특기할 만한 일 없이 여러 날을 행군하다가 마침내 매우 넓고 멋진 네르기(Nerghi) 평원에 도착하여 그곳에서 노가이를 기다리며 캠프를 쳤다. 그는 노가이가 전투를 하기 위해 최대한 빨리 오리라는 것을 알고 있었다. 또한 톨로부가의 두 아들도 기병으로 이루어진 많은 일행들을 데리고 아버지의 죽음을 복수하기 위해 왔다.

그러면 우리는 톡타이와 그 군대에서 눈을 돌려 노가이와 그의 군대를 알아보도록 하자. 톡타이가 출정하여 오고 있다는 소식을 들은 노가이 역시 지체하지 않고 모든 병력을 이끌고 출발했다. 그는 15만 명 정도의 기병을 갖고 있었는데, 모두 뛰어나고 용맹하여 오히려 톡타이의 군대보다 더 나을 정도였다.

이에 대해서 내가 무엇을 말하겠는가? 그는 기다리지 않고 톡타이가 그 평원에 도착한 지 이틀도 채 지나지 않아 전군을 이끌고 그곳에 와서 적으로부터 10마일 되는 지점에 정연하게 군영을 쳤다. 군영이 세워지자 금실로 짠 멋진 수많은 장전들과 아름다운 천막들이 눈에 보였다. 그것은 정말로 부유한 왕의 군영과 같았다. 톡타이 역시 보기에도 놀라울 정도로 화려한 장전과 천막을 갖고 있었다. 이 두 왕은 네르기 평원에 도착한 뒤, 휴식을 취하면서 전투의 날을 기다렸다.

231장 | 톡타이가 자기 군사들에게 어떻게 말했는가

톡타이 왕은 군사들을 모아 다음과 같은 연설을 했다. "여러분! 우리는 노가이 왕과 그의 군대와 싸우기 위해 왔습니다. 우리가 이렇게 하는 것은 정당한 일입니다. 왜냐하면 이 모든 증오와 원망은 노가이가 와서 톨로부가의 아들들에게 해명하지 않았기에 벌어진 일이기 때문입니다. 그가 정의로부터 멀어졌기 때문에 우리가 이 전투에서 승자가 되고 그가 패배해서 죽음을 당하는 것이 마땅할 것입니다. 그렇기 때문에 여러분 각자는 스스로 용기를 북돋우며 적을 파멸시키리라는 희망을 가집시다. 그리고 나는 여러분 각자가 용감한 전사로 행동하고 최선의 노력을 다해 적을 파괴하고 파멸시키도록 기원합니다." 이렇게 말하고 나서 그는 침묵을 지켰다.

한편 노가이 왕도 자신의 군사들에게 다음과 같이 연설했다. "형제, 친구 여러분! 우리가 이미 수많은 전투와 전쟁에서 승리를 거두었다는 것을 여러분은 잘 알고 있습니다. 우리보다 더 강한 사람들과 수없이 싸웠음에도 불구하고 결과는 우리 쪽이 유리했습니다. 여러분도 알다시피 진실이 그러하기 때문에, 여러분 스스로 이 전투에서 이길 수 있도록 용기를 갖기 바랍니다. 또한 정당한 것은 우리이고 부당한 것이 저들입니다. 여러분은 그가 나의 주군이 아니기 때문에 나에게 그의 궁정으로 가서 다른 사람에게 해명하라고 명령할 수 없다는 것을 알고 있습니다. 나는 더 이상 길게 말하지 않겠습니다. 다만 모두 잘할 수 있다고 마음을 다잡고, 나아가 온 세상의 화제가 될 수 있도록 전투를 훌륭하게 수행하여 후손들로 하여금 영원히 그것을 경외할 수 있게끔 용감하게 싸울 것을 기원할 뿐입니다." 이렇게 말한 뒤 노가이 왕은 침묵을 지켰다.

이 두 왕은 연설을 마친 뒤 더 이상 지체하지 않았다. 그들은 다음 날 준비를 마치고 전열을 가다듬었다. 톡타이 왕은 20개 연대를 만들어 그 각각에 훌륭한 지도자와 대장을 임명했다. 이에 관해서 내가 무엇을 이야기하겠는가? 두 왕이 전열을 정비하고 병사들을 준비시킨 뒤, 둘 다 출정을 시작하여 서로 화살이 도달할 만한 거리가 될 때까지 상대방을 향해서 진군했다. 거기서 양측은 정지하고 잠시 동안 머물렀다.

얼마 지나지 않아 북이 울리기 시작했고, 북소리가 들리자 그들은 상대방을 향해 화살을 당겼다. 아무도 그렇게 많은 수의 화살이 적진을 향해 날아가는 것을 보지 못했을 것이다. 보기에도 놀라울 정도였다. 말과 기사들은 땅바닥에 거꾸러지거나 부상으로 죽음을 당했다. 비명소리도 엄청나게 컸다. 그들은 화살을 모두 쏘아 더 이상 쏠 것이 없게 되자 손에 칼과 몽둥이를 들고 상대방을 향해 달려들어 거센 타격을 가했다. 그들은 또다시 매우 잔인하고 극도로 끔찍한 전투를 시작했다. 손과 팔과 어깨와 머리가 잘려나갔으며, 기사들이 땅바닥에 나뒹굴며 죽어 있는 모습이 보였다. 비명과 고함과 칼 부딪치는 소리가 얼마나 큰지 신이 천둥을 쳐도 듣지 못할 정도였다. 어떤 전투에서도 죽지 않았던 많은 사람들이 죽음을 당했다.

그러나 톡타이측 군사들이 노가이측 군사들보다 더 많이 죽은 것이 틀림없었다. 무장한 군사가 톡타이측보다 노가이측이 더 많았기 때문이다. 여러분들에게 분명히 말해두지만 톨로부가의 두 아들은 그 전투에서 대단한 용맹을 보여주었고, 그들은 자기 아버지의 죽음을 복수하기 위해 혼신의 노력을 기울였다. 그러나 그것도 아무 소용이 없었으니, 노가이 왕을 죽이는 것은 너무나 어려운 일이었기 때문이다.

내가 여러분에게 무슨 이야기를 할 수 있을까? 전투는 사악한 시간에 시작되었기에 그만큼 더 잔인하고 악랄했다. 아침에는 건강하고 따뜻한 마음을 지니고 있던 수많은 사람들이 전투에서 죽음을 당했고, 그들과 혼인했던 수많은 여인들이 과부가 되었다. 너무나 끔찍한 전투였기 때문에 그런 일이 생긴 것도 결코 놀라운 일이 아니다.

톡타이 왕은 자신의 군사와 명예를 지키기 위해 있는 힘을 다했고, 그곳에서 무장을 한 채 놀라운 용맹을 보여주었다. 그의 행동은 온 세상 사람들의 칭찬을 받아 마땅할 정도였다. 그는 조금도 죽음을 두려워하지 않는 듯 적진을 향해 몸을 던졌고 좌충우돌하며 적을 내리쳤다. 그는 병사들을 흩어놓으면서 공격해갔다. 그의 분전은 그날 우군과 적군 모두에게 많은 피해를 안겨주었다. 그가 많은 적을 죽였기 때문에 적군에 피해가 생겨난 것이고, 동시에 그가 그렇게 용감하게 싸우는 모습을 본 우군이 담대한 용기를 내어 적을 향해 돌진하며 죽음을 자초하는 일에 뛰어들었기 때문에 우군에도 피해가 생겨난 것이다.

232장 | 노가이 왕이 어떻게 용맹하게 행동했는가

노가이 왕에 대해서도 여러분에게 이와 비슷한 이야기를 해주려고 한다. 여러분은 그가 얼마나 훌륭히 처신했는지 이편과 저편을 막론하고 그처럼 훌륭하게 행동한 사람이 없었으며 그 전투에서 최고의 수훈과 칭찬을

받을 만한 사람이 그였다는 사실을 알아야 할 것이다. 그는 마치 맹수들
사이로 뛰어든 사자처럼 적진 속에서 용맹하게 싸웠고, 계속해서 적을 내
리치고 죽이며 적군에 많은 피해를 입혔다. 그는 운집한 적진을 향해 몸
을 던져, 마치 그들이 조그만 가축인 양 이곳저곳에서 적군을 흩어놓았
다. 그의 이런 행동을 본 그의 병사들은 있는 힘을 다해서 적을 향해 무섭
게 달려들어 커다란 피해를 입혔다.

내가 이야기를 장황하게 해서 무엇하겠는가? 여러분은 톡타이의 병사
들이 명예를 지키기 위해 스스로 할 수 있는 최상의 노력을 기울였지만
결국 아무런 소용이 없었다는 사실을 알아야 할 것이다. 왜냐하면 그들은
너무나 뛰어나고 강력한 상대와 싸워야 했기 때문이다. 그들은 견딜 수
있을 때까지 견디었지만, 더 이상 그곳에 머물다가는 모두 죽음을 당하고
말리라는 것을 알게 되었다. 그래서 더 이상 대항할 수 없음을 깨닫게 된
그들은 최대한 신속하게 도주하기 시작했다. 노가이 왕과 그의 병사들은
그들을 추격하여 죽였고 막대한 피해를 입혔다. 여러분들이 들은 이런 방
식으로 노가이는 전투에서 승리를 거두었다. 여러분들에게 말하지만 거
기서 거의 6만 명이 전사했다. 그러나 톡타이 왕과 톨로부가의 두 아들은
피신할 수 있었다.

〈더구나 이 전투에서 톡타이 왕은 자신이 모을 수 있었던 군대를 모두
집결시키지 않았는데, 그 까닭은 노가이가 자기보다 1/4이 적은 군대를
끌고 싸우러 왔기에 자신이 모은 군사만으로도 노가이를 패배시킬 수 있
으리라 굳게 믿었기 때문이다. 그러나 여러분이 들었듯이 노가이의 군대
는 톡타이의 군대에 비해 더 용맹했고 무기도 더 능란하게 다루었기 때문
에, 톡타이 왕은 전투에서 패배하고 굴복하게 된 것이다. 그래서 그 후 톡
타이 왕은 휘하의 전군을 집결시켜 노가이 왕과 남자답게 맞서 그를 죽였
고, 대단히 용맹하고 노련한 그의 네 아들도 죽였다. 이렇게 해서 톨로부
가의 죽음에 대한 복수가 이루어지게 된 것이다.〉

바투(Batu) 76, 548
縛達 111
薄羅 151
박시(bacsi) 215
班卒 436
반쿠(Vanchu) 245, 246
발라시(balasci) 154
발라씨(balasci) 34
勃律 162
발크(Balc) 151
발타사르(Baltasar) 122
鉢鐸創那 154
拔特山 154
발흐(Balkh) 16, 151
방갈라(Bangala) 327, 328, 335
방갈라(Vangala) 327
방동사니(galin-gale) 33
白達 111
백유향(白乳香) 507
樊城 363
번성(樊城) 9
范文虎 417
法理剌 431
法理郎 431
베네데토(L.F.Benedetto) 46, 47, 49
베네치아본(VA) 47
베니스 77, 83
베르카 77, 549
베르카 카안(Berca Kaan) 76
베르케(Berke) 76
베르타(Bertha) 520
베야미니(beyamini) 33, 313

베탈라(Bettala) 442
벨렐라(Bellela) 22
벨로르(Belor) 162
벵갈(Bengal) 327
벽옥(碧玉；jasper) 34, 166
別里古台 218
別里剌 431
보(pace) 180
보가(Boga) 533
보누스(bonus, 즉 ebony) 33, 427
報達 111
보드윈(Baudoin) 75
보르네오 427
寶應 358
보칸(Vocan) 160
福州 387
본독다이르(Bondocdaire) 86
본삼진(Vonsamcin) 417
볼가나(Bolgana) 91
볼가라(Bolgara) 76
볼드윈(Baldwin) 75
부겐(Vuguen) 400
부긴(Vughin) 373
부루스(Burus) 317
부주(Vugiu) 373, 396
부카라(Bucara) 78
부케팔로(bucefalo) 33, 156
부크람(buckram) 103, 487
불라르구(bularğu) 263
불라르구치(bularguci) 263
불루간 카툰(Bulughan Khatun) 91
朋家剌 327

지리학회본(F) 50
지온(Gion) 513, 523
지척(指尺, finger) 96
지팡구 416
지폐 271
鎭江 369
眞金 234
秦嶺 305
鎭巢 372
眞定府 297
眞州 366
진주 443
집사(集史) 20

ㅊ

차가타이(Ciagatai) 133, 513
차간노르(Chaǧan Nor) 207
차간노르(Ciagannor) 207
차르단단(Çardandan) 324
차르찬(Ciarcian) 167
且末 167
차반(Chaban) 425
차이톤(Çaiton) 405, 406, 417, 423
차파르(Chapar) 11
찬기바르(Çanghibar) 495, 497
찬샨(Cianscian) 398
참매(goshawk) 106
참바(Ciamba) 424, 499
참파(çampa) 424
창루(Cianglu) 343
창리(Ciangli) 344
창안(Ciangan) 373

창주(Ciangiu) 370
策勒 166
處州 407
천국의 사과 468
天德 188
천주(泉州) 19
철문(Gates of Iron) 549
철문(鐵門) 105
(淸)河口 353
청금석 156
청금석(azure) 33
첸쿠(Cenchu) 245, 246
초르차(Ciorcia) 183, 420
촐라(Chola) 465
蔥嶺 161
총주교(Catholicus) 492
총주교(Patriarch) 110
추기(ciugui) 467
추밀부사(樞密副使) 18
추베이(Chübei) 515
추주(Ciugiu) 352
출카르네인(Çulcarnein) 154
출피카르(Çulficar) 178
츠엉으엉(章陽) 425
치(ell) 157
치라츠(Çiraç) 126
치바이(Cibai) 515
치핑구(Çipingu) 416
치핑구(일본) 30
칙(Çic) 548
친기안푸(Cinghianfu) 369
친주(Cingiu) 360

마르코 폴로의
동방견문록

2000년 9월 27일 1판　1쇄
2023년 7월 20일 1판 18쇄

역주 | 김호동

편집 | 차창룡
디자인 | 김수미
제작 | 박흥기
마케팅 | 이병규·이민정·최다은·강효원
홍보 | 조민희·김솔미

출력 | (주)블루엔
인쇄 | 천일문화사
제책 | 책다움

펴낸이 | 강맑실
펴낸곳 | (주)사계절출판사
등록 | 제406-2003-034호
주소 | (우)10881 경기도 파주시 회동길 252
전화 | 031) 955-8588, 8558
전송 | 마케팅부 031) 955-8595　편집부 031) 955-8596
홈페이지 | www.sakyejul.net　**전자우편** | skj@sakyejul.com
페이스북 | facebook.com/sakyejul
블로그 | blog.naver.com/skjmail　**트위터** | twitter.com/sakyejul

값은 뒤표지에 적혀 있습니다.
잘못 만든 책은 구입하신 서점에서 바꾸어 드립니다.

사계절출판사는 성장의 의미를 생각합니다.
사계절출판사는 독자 여러분의 의견에 늘 귀기울이고 있습니다.

ISBN 978-89-7196-698-3 93990

프랑스
라인강
제노아
베니스
이탈리아
쿠르졸라
헝가리
폴란드
다뉴브강
러시아
킵착 칸국
콘치의 왕국
볼가강
토볼강
그리스
지중해
드니에스터강
드네프르강
돈강
불가르
우랄강
가자리아
코마니아
크리미아
콘스탄티노플
솔다니아
사라이
흑해
아스트라한
카라
네그로폰테
크레테
코냐
카이세리아
시바스
트레비존드
그루지아
아랄해
시르다리아강
티플리스
카스피해
소아르
메니아
아야스
에르제룸
대아르
메니아
데르벤드
호레즘
히바
아무다리아강
부하라
외로운 나무
(후라산)
메르브
사마르칸트
투르
키프로스
다마스쿠스
모술
시바르간
탈리칸
바닥산
발흐 스카셈
알렉산드리아
아크레
예루살렘
바그다드
(바우닥)
사바
엘부르즈산맥
테헤란
마쉬하드
헤라트
카불
와한
카이로
(바빌론)
카산
이스파한
야즈드
툰
카인
코비난
케르만
아프가니스탄
바스라
시라즈
나일강
메디나
페르시아만
카마디
호르무즈
케스마코란
딜리바르
메카
아라비아
칼라투
구자라트
(고추라트)
캄비
세메나트
봄베이
타나
두파르
시에르
아덴
말라바르
중인도
에티오피아
(아바쎄)
스코트라
소말리아
잔지바르

마르코 폴로의 세계

마르코 폴로의 아버지와
마르코 폴로의 여행 경로

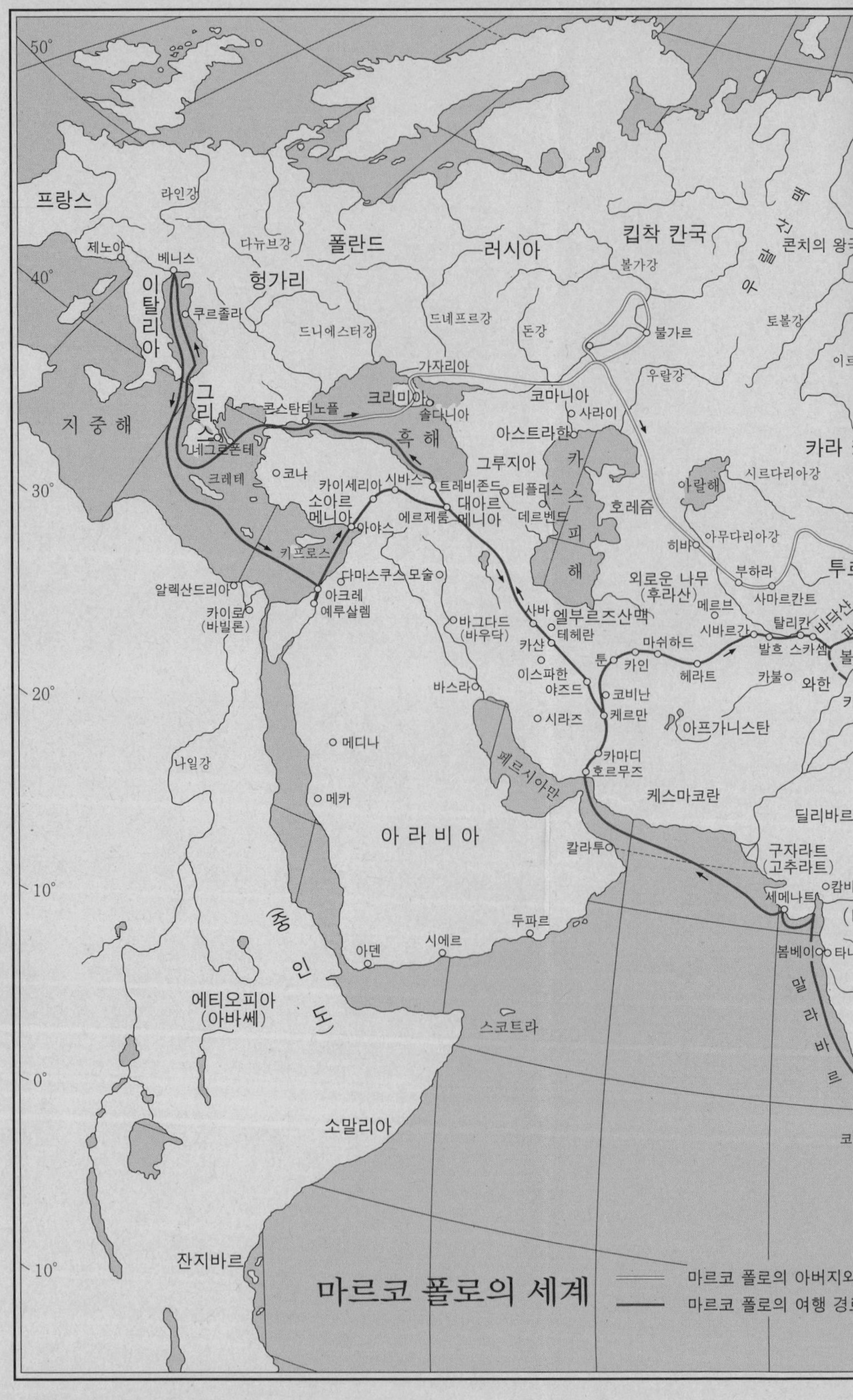